韩国坛君神话研究

Korean Tangun Mythology Study

张哲俊 著

图书在版编目(CIP)数据

韩国坛君神话研究/张哲俊著. —北京:北京大学出版社,2013.8
ISBN 978-7-301-23118-0

Ⅰ.①韩… Ⅱ.①张… Ⅲ.①神话—研究—韩国 Ⅳ.①B932.312.6

中国版本图书馆 CIP 数据核字(2013)第 207129 号

书　　名：韩国坛君神话研究
著作责任者：张哲俊　著
责 任 编 辑：李 哲
标 准 书 号：ISBN 978-7-301-23118-0/I · 2670
出 版 发 行：北京大学出版社
地　　　址：北京市海淀区成府路 205 号　100871
网　　　址：http://www.pup.cn　新浪官方微博:@北京大学出版社
电 子 信 箱：zpup@pup.cn
电　　　话：邮购部 62752015　发行部 62750672　编辑部 62759634
　　　　　　出版部 62754962
印　刷　者：北京大学印刷厂
经　销　者：新华书店
　　　　　　730 毫米×1020 毫米　16 开本　26.5 印张　450 千字
　　　　　　2013 年 8 月第 1 版　2013 年 8 月第 1 次印刷
定　　　价：59.00 元

未经许可,不得以任何方式复制或抄袭本书之部分或全部内容。
版权所有,侵权必究
举报电话：010－62752024　电子信箱：fd@pup.pku.edu.cn

国家社科基金后期资助项目
出版说明

　　后期资助项目是国家社科基金设立的一类重要项目,旨在鼓励广大社科研究者潜心治学,支持基础研究多出优秀成果。它是经过严格评审,从接近完成的科研成果中遴选立项的。为扩大后期资助项目的影响,更好地推动学术发展,促进成果转化,全国哲学社会科学规划办公室按照"统一设计、统一标识、统一版式、形成系列"的总体要求,组织出版国家社科基金后期资助项目成果。

全国哲学社会科学规划办公室

目　录

绪　论：坛君神话的基本问题与研究方法 …………………… 1
　一、坛君神话研究的状况 ……………………………………… 1
　二、坛君神话研究的基本问题 ………………………………… 12
　三、历史减法的模拟研究 ……………………………………… 20

第一章　坛君神话的原初形态不是建国神话 …………………… 27
　第一节　天孙建国还是佛孙建国？ …………………………… 27
　　一、坛君神话的人名、地名与佛教因素 ……………………… 27
　　二、阿斯达地名的起源、别名以及佛教因素 ………………… 51
　第二节　佛孙建国与天孙建国 ………………………………… 68
　　一、佛孙与天孙的本质差异与演变过程 ……………………… 68
　　二、天赐王权的渊源与感生神话 ……………………………… 77
　第二节　建国神话与国家的起源 ……………………………… 85
　　一、建国神话的诸说 …………………………………………… 85
　　二、坛君神话与王权、国家的起源 …………………………… 90
　　三、坛君神话与都市的起源 …………………………………… 103
　　　附　录：孤竹国、箕子朝鲜与㠱侯青铜器 ………………… 117

第二章　从坛君神话到檀君神话 ………………………………… 125
　第一节　是原始的坛树还是佛教的檀树？ …………………… 125
　　一、古代文献中的檀树、坛树与王沈的《魏书》 …………… 125
　　二、檀树的分布与坛树的历史 ………………………………… 146
　　三、神市与神坛、洞祭、苏涂的关系 ………………………… 160
　第二节　从檀香树到檀树与朴达树 …………………………… 173
　　一、李承休：从坛树到檀香树 ………………………………… 173
　　二、北崖子：从檀树到朴达树 ………………………………… 183

第三章　坛君神话的文化因素 ⋯⋯⋯⋯⋯⋯⋯⋯⋯⋯⋯⋯⋯ 198
　第一节　坛君神话中的三个天符印是三神器？ ⋯⋯⋯⋯⋯ 198
　　一、三个天符印不是三神器 ⋯⋯⋯⋯⋯⋯⋯⋯⋯⋯⋯ 198
　　二、三个天符印的渊源与新罗高僧圆测 ⋯⋯⋯⋯⋯⋯ 206
　　三、三个天符印与大倧教《天符经》、道教 ⋯⋯⋯⋯ 215
　第二节　三师与五主的渊源、时间 ⋯⋯⋯⋯⋯⋯⋯⋯⋯ 220
　　一、风伯、雨师、云师的来源与时间 ⋯⋯⋯⋯⋯⋯⋯ 220
　　二、主谷、主命、主病的特征 ⋯⋯⋯⋯⋯⋯⋯⋯⋯⋯ 227
　　三、主刑、主善恶的特征与五主的来源、时间 ⋯⋯⋯ 233

第四章　坛君神话中的灵艾、蒜与中医 ⋯⋯⋯⋯⋯⋯⋯⋯ 241
　第一节　艾草与蒜：是萨满的咒物？还是药物？ ⋯⋯⋯ 241
　　一、"灵艾一炷"、"蒜二十枚"与药物 ⋯⋯⋯⋯⋯⋯ 241
　　二、艾蒜组合的形成与时间 ⋯⋯⋯⋯⋯⋯⋯⋯⋯⋯⋯ 252
　第二节　灵艾、蒜的反佛教化与禁忌的医学依据 ⋯⋯⋯ 264
　　一、灵艾、大蒜与佛教的关系 ⋯⋯⋯⋯⋯⋯⋯⋯⋯⋯ 264
　　二、不见日光百日与忌三七日 ⋯⋯⋯⋯⋯⋯⋯⋯⋯⋯ 270

第五章　兽神崇拜与祖先神话 ⋯⋯⋯⋯⋯⋯⋯⋯⋯⋯⋯⋯ 280
　第一节　坛君神话与熊神崇拜的源流 ⋯⋯⋯⋯⋯⋯⋯⋯ 280
　　一、坛君神话不是外来神话 ⋯⋯⋯⋯⋯⋯⋯⋯⋯⋯⋯ 280
　　二、坛君神话与通古斯乌德盖的祖先神话 ⋯⋯⋯⋯⋯ 307
　第二节　熊神崇拜的另一起源 ⋯⋯⋯⋯⋯⋯⋯⋯⋯⋯⋯ 324
　　一、红山文化的诸神与熊龙的传播 ⋯⋯⋯⋯⋯⋯⋯⋯ 324
　　二、熊龙的文献依据：兽首蛇身与琴虫 ⋯⋯⋯⋯⋯⋯ 353
　第三节　虎神崇拜与三的形式 ⋯⋯⋯⋯⋯⋯⋯⋯⋯⋯⋯ 379
　　一、三机能主义与坛君神话虎神的意义 ⋯⋯⋯⋯⋯⋯ 379
　　二、虎神的地位与现实生活的关系 ⋯⋯⋯⋯⋯⋯⋯⋯ 387
　　三、通古斯人的虎神崇拜与虎神的渊源 ⋯⋯⋯⋯⋯⋯ 396
　结　论　坛君神话因素的来源系统与模拟原始形态 ⋯⋯ 402

参考书目 ⋯⋯⋯⋯⋯⋯⋯⋯⋯⋯⋯⋯⋯⋯⋯⋯⋯⋯⋯⋯⋯ 407
后　记 ⋯⋯⋯⋯⋯⋯⋯⋯⋯⋯⋯⋯⋯⋯⋯⋯⋯⋯⋯⋯⋯⋯ 416

绪　论：坛君神话的基本问题与研究方法

一、坛君神话研究的状况

近代学术意义上的坛君神话研究已经有了100多年的历史，积累了极其丰富的研究成果。最早从事坛君神话研究的是日本学者。明治维新之后，启动日本学术界研究坛君神话的契机是发现好太王碑。1879年，日本参谋本部为了强化谍报活动，向清朝派遣了数十名武官与学生身份的特务，酒勾景信就是其中的特务之一。他到东北旅行，偶然得到了好太王碑的拓本。1883年，他把拓本带回日本，立刻引起了一些日本学者的极大兴趣，他们投入到了拓片的研究。这是日本学者研究韩国古代史的真正开端，也是神话研究的起点。此后一些著名的汉学家与历史学家用了六年的时间研究。陆军大学教授横井忠直发表《高句丽碑出土记》(《会余录》第5集，1889)之后，菅政友、那珂通世等学者也纷纷发表了研究论文。好太王碑的研究是作为日本侵略的一环展开的，是为参谋本部的计划服务的，这就不能不带有殖民色彩。

1889年创刊的《史学会杂志》，是东亚历史研究的重要阵地，韩国神话的研究也是始于这个杂志。1892年《史学会杂志》改名为《史学杂志》，主要介绍和研究史学理论与西洋史学、东洋史学、日本史学。这个杂志发表了大量的韩国神话的研究论文，主要有菅政友《三韩文学的原始与历史考(三韓文学の原始及歷史考)》(14号，1890)、《高丽好太王碑铭考》(22～25号，1890)，吉田东伍的《古代半岛诸国兴废概考》(21～22号，1890)，林泰辅《加罗的起源》(25号，1890)、《加罗起源续考》(第5编3号，1894)，那珂通世的《高句丽古碑考》(47、49号，1893)、《朝鲜古史考》(5、6、7编，1894～1896)、白鸟库吉《朝鲜古传说考》(5编12号，1894)等等。

林泰辅的《加罗的起源》与《加罗起源续考》研究了韩国的卵生神话，此前他还发表过《朝鲜古代诸卵生的传说》。林泰辅认为金首露王的皇后许黄玉是印度人，从海上来到了朝鲜半岛的南部。《加罗起源续考》研究的卵生神话有赫居世神话、邹牟王、金首露、五伽耶王、昔脱解的传说等等。论文使用了《法苑珠林》、《唐书》南蛮传、《山海经》、《大明一统志》等文献，认为韩国的卵生神话故事与印度有一定关系。韩国的卵生建国神话多载于《三国遗事》，佛教的因素相当丰富，产生这样的看法并不奇怪。然而这些神话的卵生因素是原始因素还是后来添加入的衍生因素，必须加以深入研究与区别，否则就可能产生错误的认识：

> 这样看来伽耶一带，也就是朝鲜南部地区，曾经受到印度的影响；高句丽是朝鲜的北部地区，主要是受到了中国的余光。……这是前人没有指出过的看法。①

林泰辅认为朝鲜南部的卵生神话源于印度，北部主要是受到中国的影响。然而这种看法也存在许多问题，高句丽与中国东北也有不少卵生神话，如果说南部神话与北部神话、中国东北的卵生神话没有关系，直接跳跃到印度是非常可疑的说法。事实上朝鲜半岛南部的中国流民相当多，出土的很多考古文物也证明了这一点。如果只是注意到神话的佛教因素，没有注意佛教因素形成的时间，就会产生这样的看法。

白鸟库吉在学习院《辅仁会杂志》上发表了《檀君考》之后，在《朝鲜古传说考》重新提出了《檀君考》的基本看法，也支持了那珂通世的看法。白鸟库吉彻底否定了坛君神话，认为坛君神话是僧侣捏造的妄说。② 他还提出坛君其实是高句丽的祖先，而不是全体韩国民族的祖先。这种说法有一定的道理。从韩国的历史来看，最初形成的许多小部落，后发展为小国家，最后发展为统一的国家，这也是东亚历史的普遍现象。如果最初的神话是最初小国的神话是可能的，相反如果韩国的神话是从统一大国开始的，那么其中必有一些问题。如果坛君神话是统一大国的神话，那么韩国的历史是从统一大国开始，后来分解为了诸多小国，直到新罗时期再一次统一。但是韩国国家发展的历史事实不是如此，相反是从诸多小部落到小国家，最终在新罗时期统一为大国。由此来看坛君神话应当是北方一个部落或国家的神话，不可能是统一国家的神话。白鸟库吉的学术意识非常敏锐，他很快就发现了檀君与坛君的不同，但他认为坛君当为檀君，以为檀君带有佛教色彩，这与他认为檀君神话是僧徒编造的看法一致。这是檀君神话的重要问题，不管白鸟库吉的看法是否正确，提出的问题本身具有极重要的价值。坛君神话与佛教的关系是白鸟库吉研究的重要方面，白鸟库吉研究卵生神话时，也认为卵生神话当源于佛教，他还在林泰辅研究的基础上

---

① 〔日〕林泰辅：《朝鲜史》卷二第三编，吉川半七明治二五年，第 24 页。
② 〔日〕白鸟库吉：《朝鲜的古传说考（朝鮮の古伝説考）》，《史学杂志》五编十二号，第 11 页。

增加了两例卵生神话。① 卵生神话不一定源于印度,在佛教尚未传入之前中国与韩国已有丰富的卵生神话,遍布中国南北与朝鲜半岛。朱蒙神话的卵生神话部分与中国的卵生神话极其相似,表明二者有过交流关系。朝鲜半岛南部伽耶国的大成洞遗址、良洞里遗址出土了不少北方系统的遗物,表明朝鲜半岛南部在最初的发展过程中也受到了北方的深刻影响。

那珂通世的《朝鲜古史考》是他这个时期代表性的论文,在两年中连载于《史学杂志》。论文介绍和批判了中日韩三国的相关文献,其中也涉及了建国神话。早期日本学者的基本看法是否定坛君神话,他们的研究多被看成是殖民主义的研究。他们的部分看法可能受到了殖民主义立场的影响,但简单地认为他们的研究是殖民主义的恶意否定,显然失于偏颇。他们的很多看法对现在的日本学者仍然具有深远影响,因而必须认真对待,不可忽略。

20世纪20年代日本学者仍然很关注韩国神话的研究。今西龙(1875~1932)是日本的韩国史学家,生于岐阜县,东京帝国大学毕业,京都帝国大学教授。1906年他开始在庆州等地从事考古学的调查,1913年发现了秥蝉县碑,同年任京都帝国大学讲师。1916年任助教授,从1922年到1924年在北京留学,1926年任京城帝国大学和京都帝国大学教授,58岁去世。今西龙以《朝鲜古史研究》②在京都帝国大学获得了博士学位,这是人类历史上第一个韩国史的博士论文。今西龙偶然得到了正德本《三国遗事》,并将正德本《三国遗事》刊行于世。《朝鲜古史研究》坚持了否定坛君神话的立场,今西龙认为坛君神话是在《三国史记》(1145)之后、《三国遗事》之前形成的,因为《三国史记》没有记载坛君神话。今西龙还认为日本的素盏鸣尊即是坛君,韩国民族的真正始祖是朴赫居世。今西龙的研究为日本学术界打下了坚实的基础。近一百年来,日本学者多是在今西龙的研究基础上展开研究的。他的研究影响深远,一般认为他所创造的学术高峰是难以超越的。

京城帝国大学教授小田省吾在《朝鲜史大系》的上世编中也否定了坛君神话。认为坛君神话完全缺乏历史依据。小田省吾否定坛君神话的原因是中国的史料中完全没有记载坛君神话。其实不只是中国文献,13世纪之前的韩国文献也几乎是没有记载过坛君神话,这无疑是坛君神话研究的最大问题。其实记载坛君神话的时间不是特别迟晚,有很多民族的神话整理和记载于19世纪末或者是20世纪,但人们并不会因此认为这些民族的神话都是编

---

① 〔日〕白鸟库吉:《朝鲜的古传说考(朝鲜の古伝説考)》,《史学杂志》五编十二号,第14~21页。
② 〔日〕今西龙:《朝鲜古史研究(朝鲜古史の研究)》,近沢书店昭和十二年,后又由国书刊行会昭和四十年再刊。

造出来的。韩国学者认为战争焚毁了大多的文献,这种看法是正确的。其实没有文献记载,并不等于不存在,在没有文献或文献极为罕见的状态下如何研究,才是真正应当深入研究的问题。没有文献就简单否定,是非常容易做到的,但结果很容易从一开始就彻底悖离了历史事实。

20世纪30年代日本学术界的研究更为深入,出现了三品彰英为代表的神话研究者。日本学者多认为真正意义上的神话学研究始于三品彰英。三品彰英的《日朝神话传说的研究(日鲜神話傳說の研究)》(柳原书店1943年)是他的代表性著作之一,产生了极为广泛的影响,至今仍然时常被提及和引用。三品彰英的主要贡献是比较研究了坛君神话与萨满教通古斯诸民族的关系,将韩国的神话研究引向了朝鲜半岛与周围诸民族关系的历史。在韩国民族形成的过程中,通古斯诸民族也不断地汇入其中,也将通古斯诸民族的文化带入到了韩国文化之中。因而在坛君神话以及其他神话中含有通古斯诸民族文化的因素是必然的。三品彰英的巨大贡献使坛君神话与其他韩国神话的研究向着正确的方向推进了一大步。不过由此也带来了一些问题。这种研究由于过度地强调了通古斯诸民族的文化因素,忽略了其他的文化因素,因而也出现了一些失误。当然不能因为一些失误就否定三品彰英的巨大贡献,其实任何研究都不可能没有失误,最重要的还是要看做出了怎样的贡献。

20世纪80年代,东京大学教授大林太良也取得了令人注目的成果。他沿着三品彰英的研究方向继续推进,着重研究了韩国神话、传说与东北亚诸民族神话的关系,提出了很多新的看法。大林太良和三品彰英一样没有简单否定坛君神话,他在《东亚的王权神话:日本、朝鲜、琉球(東アジアの王権神話:日本・朝鮮・琉球)》(東京:弘文堂1984年)一书中肯定了坛君神话,并以西方的三机能理论研究了坛君神话与朱蒙神话等等。他在德文的通古斯民族的研究著作中,发现了与坛君神话相似的神话,提出了坛君神话与通古斯乌德盖民族神话有影响关系的新看法。

当前日本学术界的研究基本上还是沿着三品彰英和大林太良的研究方向发展,代表人物主要有松原孝俊、伊田千百子等学者。依田千百子《朝鲜神话传承的研究(朝鮮神話伝承の研究)》(瑠璃书房1991年)是较新的成果。金两基的《韩国神话》(青土社1995年)是比较有特色的著作,主要是围绕着熊女、虎、神树与龟展开研究的。九州大学教授松原孝俊撰写了《朝鲜神话研究的最前线》,评述了近年来的研究成就。他没有否定坛君神话,但认为不宜将坛君神话的形成时间前推太早:

其一,坛君神话的形态缺少创世神话的基本特征,难以认为坛君神话是公元前 3000 年形成的神话。

> 现在的檀君神话只讲述了建国的故事,原神话体系本来是从创造宇宙的神话开始,接着是人类的诞生、文化的起源,一直到出现政治统治者。这应当是首尾完整的宇宙论,但檀君神话只表现了一部分。非常遗憾,主张檀君神话的人们虽然记录了神话片断,但无从了解神话体系整体的具体状态,无论如何不能认为檀君神话的原神话体系可以追溯到公元前 3000 年。①

松原孝俊所说的原神话是指创世神话,创世神话是神话产生的时间标志。他从创世神话的三个基本形态讨论了坛君神话的时间性,认为坛君神话不可能是公元前 3000 年的原神话。坛君神话的确不是创世神话,神话的内容是神话形成时间的重要标志,松原孝俊看法的客观性是显而易见的。坛君神话只是一个神话片断,不是完整的神话体系。然而神话有无体系显然不是神话形成时间的根据,中国的神话基本上是片断,但中国神话并没有因此丧失原神话的本质,不能认为中国神话产生的时间很晚。

其二,坛君神话是小中华思想的主导下编造出来的故事,小中华思想绝对不是远古韩国人的思想。如果说坛君神话是小中华思想下编造出来的故事,那么坛君神话的形成时间就成了很大的问题:

> 现今流传下来的檀君神话主体会在《旧三国史》(编者未详)中有所描述,构成这个神话的背景是檀君统治的朝鲜、新罗、百济、高丽、南北沃沮、东北夫余的小中华思想,如果去除了这一点就很难想到其他的原因。……这时正是高丽国初期的 11 世纪。檀君神话一定是带着这样的目的编造出来的:创造统治和君临东亚所有民族的英雄檀君,是除了汉民族之外的唯一英雄,人们以此来对抗箕子朝鲜开国的传说,向国内外宣扬朝鲜民族的独立性。②

从意识形态的角度研究神话,有助于了解神话的本质。坛君神话确有小中华的思想,将坛君说成是与尧同时的人就是一个明显的例证。以

---

① 〔日〕松原孝俊:《朝鲜神话研究的最前线——檀君神话为中心(朝鮮神話研究の最前線——檀君神話を中心として)》,《由里伊卡(ユリイカ,Eureka)》1997 年 2 月号。

② 同上。

小中华的思想研究坛君神话的形成，是一直非常流行的研究方式，古代李氏朝鲜时期的文人就已提出过类似的看法。通常认为小中华的思想生成于高丽时期，李氏朝鲜时期有了发展。这就与松原孝俊指出的时间大体相合，也就成了松原孝俊认为坛君神话生成于高丽时期的根据。如果坛君神话确实是高丽时期的僧侣杜撰的，那么坛君神话形成的时间范围与今西龙的看法基本相同了，在松原孝俊的看法中似乎可以听得到今西龙的遗音。但是如果坛君神话经历了漫长的生成时间，这个生成的过程长达1000余年，那么坛君神话生成于高丽时期的说法，就存在一定的问题。小中华的思想是在高丽时期添加到坛君神话的可能性是存在的，但坛君神话诸因素形成的时间并不相同，有些因素的时间跨度很大。仅仅依据小中华思想，认为坛君神话生成于高丽时期显然不太可靠。另外小中华的思想是否一定生成于高丽时期也尚有可以探讨的余地，在高丽之前的文献中并不是完全没有小中华的思想。

小中华的思想流行于高丽时期有特别的政治原因，高丽与元蒙的历史关系是小中华思想流行的基础。一然恰恰生存于这一时期，很多人以为一然为了反抗元蒙统治者，根据稗史传说编撰了《三国遗事》。他记载坛君神话是为了以韩国民族的祖先坛君激励高丽人的爱国心，使高丽人奋起抗元。高丽建国于918年，从金富轼的《三国史记》到一然的《三国遗事》发生了翻天覆地的变化。1206年蒙古铁木真建国称汗，1218年入侵高丽，高丽开始称臣奉贡。元蒙此后又六次入侵高丽，使高丽彻底臣服，蒙古还派人到高丽监国。高丽王室被迫与蒙古联姻，嗣子在大都押为人质。一然的《三国遗史》不无反抗元蒙统治的意识，但他终究是一个高僧，在他的人生之中最重要的是佛教，佛教的意义高于政治。《三国遗事》的基本思想是佛教思想，他努力以逸闻逸事来解悟佛教，而不是宣扬政治意义。《三国遗事》确有抗元意识，但不可过度阐释。重要的不是以历史与政治的宏观背景阐释坛君神话，而是要微观地探究坛君神话每一要素的来源与形成。只有这样才能明白哪些因素与抗元意识有关，大而化之的结论不一定能够解决问题。

韩国的坛君神话研究始于20世纪20年代，最初主要是受到了日本学术界的深刻影响。肯定或否定坛君神话是当时的核心问题之一，这显然是日本学术界问题意识的延伸。总体来说韩国学者多肯定坛君神话，认为坛君朝鲜是历史存在过的国家。韩国学者从各个角度研究坛君神话，提出了各种看法。1926年安自山认为古朝鲜的都城平壤不是在朝鲜半岛，而是在辽宁的辽阳。① 1927年李能和认为桓因其实是桓国，桓国就是天国、光明国，桓就是光明之意。崔南善（号六堂，1890～1957）是一位诗人和出版人，也是一位学者，他是真正开始研究坛君神话与其他建国神话的学者。1904年他作为皇室的特派留学生到日本留学，就读于东京府立第一中学，三个月后因留学生违背常识事件愤然归国。1906年16岁时他再次赴日，就读于早稻田大学高师部地理历史科，可是当年又因政治事件归国。回国后他购买了印刷机，创办出版社新文馆，还创办了《少年》杂志。1914年创办文艺杂志《青春》，与李光洙一起开创了文坛的二人时代。1927年他发表了《不咸文化论》，认为由天而降的桓雄与坛君是不咸文化的象征。他还认为不咸文化是韩国民族的起源，中国与日本文化亦产生于此。不咸文化的影响范围甚至扩大到了欧洲。1928年崔南善撰写了《檀君及其研究》，认为坛君是朝鲜文化研究的出发点，也是历史的出发点，承认了坛君神话中的历史价值。崔南善认为朝鲜的名称是东方的意思，也包括了开明之地的意义。崔南善还认为"肃慎"与朝鲜的意义相同，"肃慎"即朝鲜。崔南善还在语言层面上进行研究，认为《三国史记》的仙人王俭即是坛君王俭。1928年崔南善当了日本殖民政府朝鲜总督府朝鲜史编修委员会的委员，1939年又任日本帝国在满洲长春设立的建国大学的教授。这成了1949年崔南善受到惩处的原因，但在当时也有人以为，必须在日本帝国的体系内认识韩国的状况与崔南善。

1935年郑寅普发表了《始祖檀君》，认为坛君是朝鲜民族的始祖。《广开土王陵碑》"惟昔始祖邹牟王之创基也，出自北扶余天帝之子，母河伯女郎"②中的天帝即是坛君。③ 这样坛君与朱蒙也产生了血缘关系，《三国遗事》记载朱蒙的异父兄弟夫娄是坛君的儿子，夫娄是坛君与河伯女所生，朱蒙是解慕漱与河伯女所生。把天帝释为坛君之后，朱蒙也成了坛君的子孙。

申采浩是韩国文学研究的创始者之一，他认为《三国志》记载的"苏涂"就是坛君。坛君并不是特定的名称，是普遍的泛指名称。小邑有小坛，大邑有大坛，大坛和小坛即大苏涂和小苏涂。这样解释的结果是坛君不是只有一个，而是有了无数个坛君。

安相浩是第一任文教部长官，在德国获博士学位。他从哲学角度研究了坛君神话，发表了《倍达东夷族的东亚文化创始者》等文章，认为韩国民族的祖先倍达（檀）是东夷族，倍达的君主坛君王俭是祖先。倍达族早在五六千年

---

① 〔韩〕安自山：《古朝鲜民族·二大别》，《东光》1926年7号。
② 《广开土王陵碑文》，《古朝鲜·檀君·扶余资料集》下册，首尔：高句丽研究财团2004年，第2080页。
③ 《东亚日报》1935年1月16日～22日。

前形成,主要的生活地域是白头山,延伸至中国的中南部。桓因、桓雄与坛君三神构造体现了民族主体性与坛君精神。

文定昌的《檀君朝鲜史记研究》是坛君研究的第一个单行本,书中认为:其一,《三国遗事》正德本的异本、古典刊行会的影印本与京都帝国大学影印本的古朝鲜记,将桓国篡改为了桓因,引起了研究上的重大问题。将桓国改为桓因的可能性是存在的,因与国字体相似。然而究竟是因还是国不难判断,神话的人物关系相当清楚。如果原本是桓国,那么桓国就不一定是人名,而会是国家的名称,就可以释为光明的国家。桓雄的父亲是国家的名称,显然是不通的,情节不连贯,人物关系也变得比较混乱。一然是根据《古记》记录的,一然看到的《古记》现在已经失传,无法看到《古记》记载的原始文本。不过一然的注文明确释为"谓帝释也",表明桓因是一个人物,而不是一个国家。由此来看《古记》记载的应当是因,否则一然就无法释为帝释,也无法与"释迦提桓因陀罗"(akra-devā nāmindra)"、"释提桓因"联系起来。由此来看桓国应当是误记,正确的文本应当是桓因。

其二,文定昌认为韩国民族是黄河文化圈的古族,坛君千年、箕子千年、新罗千年、高丽约 500 年、李朝约 500 年,合计约 4200 年。日本学者出于殖民地的立场,抹杀了坛君朝鲜与箕子朝鲜的 2000 年历史。坛君朝鲜的历史缺乏文献,但是箕子朝鲜的文献还是比较丰富的。否定箕子朝鲜并非始于日本学者,李氏朝鲜时期文人就否定过箕子朝鲜。李德懋云:"赵斯文(衍龟)尝见一书,录箕子以后谥讳历年,为寄余一通。虽甚荒诞,而姑记之以备《竹书》、《路史》之异闻焉。"[1]但安相浩认为箕子朝鲜不是传说,这一点可以找到考古学的证明。

尹致道在 1971 年出版的《民族正史》中认为坛君纪元前 125 年天帝桓因之子桓雄降临人间,而金与清(后金)是高丽平州人金俊的后裔。该书还认为尧、舜是山东琅琊人,这里曾是盖牟国(满州雷泽县),是朝鲜人的居住地,而汉字是在"桓文字"基础上产生的文字。尹致道主要参考了《揆园史话》与通文馆本《檀奇古史》等文献,这些文献基本上是伪史。

朴时仁以《阿尔泰文化》的论文获得了博士学位,任教于首尔大学。他在 1976 年发表的《阿尔泰语族的移动状况考察》中认为:"如果想要了解我们民族的远古历史,必须查阅中国古典文献。中国文化是三皇五帝创造的,他们都是东夷族,来到中土后开创了历史。三皇是太昊,伏羲,炎帝神农,黄帝太昊治理天地与人间社会万物,创造了《易》的八卦。他的母亲因照日光而孕,

---

[1] 〔韩〕李德懋:《青庄馆全书·盎叶记二·箕子朝鲜世系》卷五五,《古朝鲜·檀君·扶余资料集》中册,第 1667 页。

或履大人足迹而孕,因此诞生三皇。君王的父亲不是人,而是太阳,或者是神仙。太昊的太是大,昊是天上的太阳;炎帝是火,姓姜,其子孙就是周朝的始祖母亲姜嫄,大王的师圣姜太公,都是生活于山东的东夷。"①东夷说是坛君神话研究的主流说法之一,东夷说认为坛君就是东夷人。金载元认为山东半岛武氏祠石室画像记载的就是坛君神话,也是此说的具体证明。

史学家李丙焘认为韩国民族源于亚细亚民族,新石器时代的后期移居于大同江流域。桓雄与熊女代表着两个部落:"桓雄说话是天神族传说,檀君的诞生是天地雨神族的故事,熊女是熊图腾(秽貊族)的熊族女性。太阳图腾的天神族桓雄与熊图腾的地神族熊女之间诞生檀君就是说话化的结果。另外一熊一虎同居的一般应当是与熊图腾的男性,熊女与桓雄的婚姻暗示的是母系中心社会的对偶婚形态。熊女与桓雄的传统地位是后代父系社会产生影响的结果。"②亚细亚族与韩国民族的渊源关系是学术界关注的方向,熊神崇拜是亚细亚民族的普遍现象,这是韩国民族与亚细亚民族关系的最有力证据。熊女象征了母系社会的形态,这一看法与崔南善的看法有相似之处。崔南善以为:"熊与桓雄的婚姻是神婚说话,这种婚姻如同原始社会近亲婚、同族婚、群婚、乱婚、杂婚等,是从原始婚姻中发展而来。看起来檀君神话的婚姻是不同图腾的异族婚,意味着天神族的结婚形态,也意味着国家制度的形成。""檀君是熊女的儿子,是母系与母权社会的遗迹。从图腾情况来看,檀君神话体现了酋长制社会变迁史的一个侧面。即檀君王俭是酋长,也是巫君,君主的巫术,这些构成了朝鲜史的有力传统。"③桓雄、熊女与虎代表着不同的部落,坛君是部落酋长。然而这种说法的问题也很明显:通古斯诸民族神话故事的熊神性别不定,有时是女性,有时是男性;韩国神话故事的熊神性别也是不定的。如果只是研究坛君神话,探索熊神性别的象征意义,那么很容易得出熊女象征的是母系社会的看法。熊神的性别与社会形态有无关系,不是仅以坛君神话能够证明的,还需要研究更多类似的神话,至少在母系社会时期的考古文物中应该出现熊神与女性具有特定关系的证据。此说的问题还在于坛君神话的王权体制是父子承传的体制。熊女在坛君神话中是君王的生育者,而不是王权的掌握者。因为熊女是女性,就认为坛君神话体现的是母系社会,显然与坛君神话体现出来的国家体制是不同的。李丙焘将坛君神话说成是母系社会的产物,这固然提前了国家历史的上限时间,但此说确

---

① 〔韩〕朴时仁:《阿尔泰语族的移状况考察(알타이語族의移動狀況考察)》,自由社:《自由》76年3月号。
② 〔韩〕李丙焘:《韩国古代史研究》,博英社1979年,第27页。
③ 〔韩〕崔南善:《檀君及其研究》,《民族文化论丛》第一册,民族文化社1981年,第159页。

有可以商讨的余地。

李相铉以实证主义的史学研究了坛君神话,他的看法与坛君神话形成于母系社会的学说完全对立。他认为韩国历史上父子继承王权的社会制度始于高句丽故国川王(179~196),《三国遗事》记载的坛君神话年代不可能出现父子继承王位的体制,公元前 2333 年之说是完全无法验证的虚构。李相铉还认为熊虎同居的意义在于诞生政权,最后与熊女结婚的不是虎,而是天神,这其实是为了尊重和提高祖先的地位,是天神信仰的变异。① 李相铉的实证研究较为科学,他的结论比较可信。不过他的结论也存在其他的解释空间:坛君神话的诸因素是在不同的时间添加到神话之中的,父子继承王位的体制至少存在两种解释的可能性:一是坛君神话形成于 196 年之后,一是父子继承王位的体制只是坛君神话的一个因素,只能说明这一因素形成于 196 年之后,并不说明整个坛君神话或其他因素也是形成于这个时间之后。比较保守稳妥的看法是后一种,因为不同因素形成的时间不同,根据一两种因素认定坛君神话的形成时间是比较危险的。

坛君神话经历了怎样的发展过程,是学界一直关注的问题。这里存在多种可能性:一是经历了由繁而简的过程,最初坛君神话的文本是最为丰富完整的,但随着时间的流逝,逐渐失传,最后剩下了简略的故事梗概。二是坛君神话经历了由简而繁的过程,最初坛君神话比较简单,可能只有两、三句,但随着历史的发展,不断地添加各种因素,最终形成了《三国遗事》记载的故事形态。三是坛君神话从一开始就是在相对集中的时间内形成,并且一直基本保持原来形态流传到了一然的时代。四是坛君神话经历了极其漫长的形成过程,并不是在短时间内生成的。如果说经历了漫长的生成过程,那么意味着坛君神话从一开始直到最后发生了极大的变化,并没有保持基本的故事形态。这是坛君神话研究的基本问题,如果这些问题没有解决,就会产生很多后续的问题。韩国中央大学民俗学教授金善丰对此问题进行过研究,他在《三角山神话和坛君神话的结构》中认为:

> 亚历山大·阿伦(Alexander Alan)说过,凡是神话,既是隐喻史诗(Metaphoric narrative),又是人类经验的精髓(essence)。但是,我们韩民族却很不幸,因为所传下来的神话不仅数量不多,而且其内容也很简略,所以给人以很单纯的感觉。正如阿伦所说,通过其单纯的神话,必须探

---

① 〔韩〕李相铉:《关于檀君神话的历史性考察(檀君神話에대한歷史的考察)》,숭이여자대학论丛 1979 年 12 期,第 17~36 页。

明隐秘的东西象征着什么,其结构又如何,那些神话的共同分母又是什么。①

金善丰认为韩国的神话由于失传,保存下来的很少,故事内容也比较简单。显然他认为韩国神话经历了由繁而简的过程,随着时间的流逝,原本极其丰富的故事会越来越少,这也是常见的现象。按照这种观念来看,坛君神话经历了由繁到简的过程,最后坛君神话变得极为简单。然而坛君神话究竟属于哪一种类型,应当作为专门的课题进行深入的研究。在东亚的神话传说中确有不少神话的片断,此类片断究竟是残片,还是原本就是如此,不是简单能够判断的。

坛君神话的成果十分丰富,除了以上介绍的主要看法之外,还有许多其他的成果。赵东一《英雄的一生及其文学史的展开》(《东亚文化》第 10 辑,1971 年)、郑璟喜《东明型说话与古代社会》(《历史学报》,第 98 辑,1983 年)、金炫龙《檀君神话与朱蒙神话》(《韩国古说话论》,玺文社 1984 年)、卢明镐《百济建国神话的原形与成立背景》(忠南大学校《百济研究》第 20 辑,1989 年)等等。首尔大学国文学教授赵显禹研究了韩国神话传说与中国东北鄂温克等民族、蒙古族、西藏的关系,在 90 年代丰富了坛君神话的研究。韩国航空大学教授禹实夏认为红山文化的创造者是韩国的先民,坛君神话的地点应当是红西辽河流域的红山文化。② 红山文化与坛君神话的关系引起了韩国学术界的高度关注,80 年代红山文化的发现提供了坛君神话研究的新方向,然而是否能够把红山文化与坛君神话直接联系起来存在着许多的问题。

中国国内的研究也取得了一些成就,主要是韩国文学、史学、考古学与比较文学、中国文学领域的学者投入到了坛君神话的研究之中。许辉勋《朝鲜民俗文化研究——神话传承与民族文化原型》(延边大学出版社 1998 年)、李炳海《夫余神话的中土文化因子——兼论夫余王解慕漱系中土流人》(《民族文学研究》2002 年 1 期)、李东源《通过好太王碑看朱蒙建立高句丽国的年代》(《延边大学学报》1999 年第 1 期)等等。许辉勋是最为集中系统地研究了韩国神话的学者,李岩、金东勋等也研究了韩国神话与传说。叶舒宪的《熊图腾》是较新的研究成果,其中也写到了红山文化与坛君神话的关系。红山文化的动物主神是熊神,由此想到坛君神话也是合乎情理的。从红山文化到《三国遗事》相隔数千年,直接将红山文化与坛君神话联系起来显得有些急

---

① 〔韩〕金善丰:《三角山神话和檀君神话的结构》,《亚细亚民众研究》第五辑,学苑出版社 2005 年,第 136 页。

② 〔韩〕禹实夏:《超越东北工程的辽河文明论》,Sonamoo 2007 年,第 312 页。

迫。遥远的时间距离隔开了红山文化与坛君神话,从红山文化到坛君神话的时间与空间距离中,能否找到相应的传承遗迹,是不可缺少的研究工作。中国学者对坛君神话与其他建国神话,显示了越来越高涨的热情,也取得了不少的成果。

上文简要地评述了东亚学界的研究概况,不过还有一点必须补充说明。这里所述的研究史不是全部成果的评介,如果较为全面地评介坛君神话研究史,至少需要写成一本专门著作。本书的任务不是梳理研究坛君神话的研究史,只能挂一漏万地评介其中的部分成果。本书不是研究史著作,不会在绪论中提供评述的文献依据。实际上更多的先行研究移到了后文的具体研究,其目的是为了具体研究更具有针对性,这样可以更加清楚地看到先行研究与具体研究的关系。绪论部分研究史的评述是建立在后文具体研究的基础之上,然而后文的具体研究是不可能移于绪论的。

二、坛君神话研究的基本问题

坛君神话的研究有一个明显的困惑,经过一百多年的研究之后,坛君神话的问题究竟是越来越少,还是越来越多? 坛君神话的研究成果堆积如山,但问题也是堆积如山。其实无以计数的问题大多是源于坛君神话的基本问题,如果解决了基本问题,很多问题就会自然而然地得到解决。在解决基本问题之前,各种学术见解纷繁交错,难辨是非,回到基本问题是当务之急。坛君神话的问题越来越多,是因为人文科学的研究提出新说并不困难,难的是实实在在地验证和解决。坛君神话研究的很多说法未经任何验证,未经验证的说法越来越多,问题自然也会越来越多,而不是越来越少。

问题一:坛君神话是历史还是神话? 抑或是佛教故事?

坛君神话是历史还是神话,是目前坛君神话研究的基本问题。史学家、社会学家、人类学家基本上都是围绕着这一问题展开研究的。哲学家或文学研究者也是坛君神话研究队伍的一部分,他们的研究也会涉及这个问题,但他们的兴趣在别的方面,文学研究者更喜欢探讨神话的文学性。这个问题并非是近代的新问题,是古代就已争论不休的老问题。近代研究坛君神话100多年之后,这个问题仍然纠缠不休,问题的核心是坛君神话是虚构还是事实的问题。

韩国古代文人或认为坛君是韩国民族的始祖,或认为坛君神话完全是妄说,不可相信。古代文人的主流看法是承认坛君,认为其是韩国民族的祖先,承认坛君朝鲜是国家的历史。无数的诗文记述了坛君,认为坛君与箕子是韩国民族的两个祖先:一个是天命祖先,一个是教化祖先。坛君是受天命降临人间,因而是天命祖先。箕子是带着儒家思想与中国文化创建朝鲜的,他带来了文明,因而是教化祖先。一个创建的是前朝鲜,一个创建的是后朝鲜。他们共同创造了韩国民族:"檀君都平壤,为前朝鲜,箕子来都,为后朝鲜。卫满都王险城(一作王险城即平壤)为卫满朝鲜。汉武以王俭为乐浪郡,高句丽长寿王自国内城徙都。"①金诚一(1538~1592)的《朝鲜国沿革考异》云:"箕子之前有檀君朝鲜,檀君与尧并立,历年千余岁,后入太白山为神。"②古代诗人留下了不少咏赞坛君的诗歌,诗歌内容与历史文献的记载基本相同。尹凤朝(1680~1761)《檀君台》:"东壤无惭夏,檀君已并尧。圣神有生异,岩窟厥灵昭。抚旧伽蓝在,开荒土俗遥。人文自传授,箕子又姬朝。"③诗人以为坛君与尧同时,在坛君朝鲜之后又有箕子朝鲜,这一点是承认坛君神话的基点之一,无数的文人会不断地重复这一观点。

赵显命《檀君台》
天降斯人肇我东,太初民物想鸿蒙。
灵檀尧草同时产,享荄箕官一体崇。
原始谁知形气化,破荒终赖圣神功。
苍茫兴废三千岁,独立云山万叠中。④

赵显命(1690~1752)的诗歌也是肯定檀君神话,那么如何理解历史与荒诞神话之间的矛盾呢?坛君神话中的许多荒诞因素证明这不是历史,但肯定坛君神话的文人必须回答的问题是如何解释那些荒诞的因素。赵显命给出的答案是气化,其实也就是朱熹的气化理论。按照朱熹的看法来看,世界本出于气,元气后来分化为世界万物,也化为人类与禽兽、神怪。因而人类与禽兽、神怪的源头并无不同,由神而人,由人而兽,一切都是可能的。儒家思想向来是否定檀君神话的依据,但赵显命正是用儒家思想来肯定了坛君神话。李氏朝鲜是朱子学成为统治意识形态的时代,以朱子学来肯定坛君神话在当时来说是相当有力的,既符合坛君神话,也符合朱子学。将坛君与尧并立就是常见的政治想象,金允植(1835~1922)《檀君台》:"与尧时并立,晚共白云游。

---

① 〔韩〕李肯翊:《燃藜室记述·地理典故·州郡·南道平壤》别集卷十六,《古朝鲜·檀君·夫余资料集》上册,高句丽研究财团 2005 年,第 615 页。
② 〔韩〕金诚一:《鹤峰集·朝鲜国沿革考异》卷六,尹以钦编《檀:理解与资料》,第 453 页。
③ 〔韩〕尹凤朝:《圃岩集》卷之六,影印标点《韩国文集丛刊》第 193 册,韩国民族文化推进会1997 年,第 220 页。
④ 〔韩〕赵显命:《归鹿集》卷之二,影印标点《韩国文集丛刊》第 212 册,韩国民族文化推进会1998 年,第 64 页。

脱屣千年国，御风返故邱。"①此诗写了坛君与尧最终化为神的内容，以尧来肯定坛君是肯定坛君神话的常见思维。然而任何意识形态或理论都不是能够证明历史或虚构的依据，应当抛弃意识形态或理论，走向历史事实，才能够解决问题。

否定坛君神话不是主流看法，但持有这种看法的文人也相当普遍。否定坛君神话的原因很多，但主要是源于儒家思想与史学观念。儒家反对怪力乱神，也反对怪力乱神载入史书，坛君神话正是怪力乱神的故事。徐居正（1420~1488）是代表性的文人之一，他在《三国史节要序》中说："吾东方檀君立国，鸿荒莫追。箕子受周封，八条之教，有存神之妙。"②徐居正认为坛君神话是不可信的，因为"鸿荒莫追"，荒诞离奇，不符合史书的规范，不过徐居正肯定了箕子朝鲜。要把坛君神话载入史书，就必须以史家的观念来判断坛君神话的真伪。

> 居正以为当尧之时，人文昭宣，至于夏商，世渐浇漓，人君享国久长者不过四五十年，人寿上寿百年，中寿六七十年，下寿四五十年，安有檀君独寿千百年以享一国乎？知其说之诬。③

其实正史中不无荒诞之事，但正史的荒诞有一定的限度，多是给君王贤人点缀一些超乎寻常的故事，以示与常人不同。但不可过度渲染超常的故事，一般停留在感生神话的范围，或者以特异的现象预示未来，超越了限度就会失去历史的性质。帝王的出生不同于常人，但帝王的寿命与常人无异，不可能活千年以上。这是否定坛君神话的重要根据，也是不宜载入官修正史的原因。儒家思想与官修正史的观念是古代文人研究坛君神话的基本原则，一旦不符合儒家思想与历史观念，就会完全否定坛君神话。

坛君神话的荒诞性还体现在坛君的降生，李氏朝鲜后期实学派文人柳馨远（1622~1673）认为：

> 夫檀君东国首出之君，必其人有神圣之德，故人皆就以为君。古之神圣之出，固异于众人者，亦安有若此无理之甚乎？……其造诡之术，亦

---

① 〔韩〕金允植：《云养集·海西持斧集》卷之三，影印标点《韩国文集丛刊》第328册，韩国民族文化推进会2004年，第272页。
② 〔韩〕徐居正《四佳文集·三国史节要序》卷四，标点影印《韩国文集丛刊》第十一册，韩国民族文化推进会1990年，第241页。
③ 〔韩〕尹以钦等编：《檀君——理解与资料》，第428页。

狭而不博矣。①

这并非是柳馨远独有的看法,另一位实学派的文人丁若镛(1762~1836)也明确地表明了相同的看法:"……《三国遗事》有桓因降、熊坛祈化之语,妄诞鄙俚,不可复述。"②南九万(1629~1711)以为:"妖诬鄙滥,初不足以诳闾巷之儿童,作史者其可全信此言,乃以檀君神人之降,而复入山为神乎?"③神圣之出本来异于常人,中国和韩国的官修正史都记载了不少神圣之出的神异故事。所谓的神圣主要是帝王,也包括了孔子那样的圣人。坛君是韩国最早的帝王,那么产生坛君神话那样的故事无可厚非,可是不少的文人采取了极端的否定态度。为何不否定官修正史中的神异故事,偏偏只否定坛君神话呢?实际上柳馨远等人就是认为坛君的出生超出了神圣出生的限度,连小儿都不会相信,史家却把坛君神话当作信史是十分可笑的。其实官修正史的神异出生之事与坛君神话的差异不大,一个是感物而生的感生神话,一个是神熊婚媾而生的神话。坛君神话并不比感生神话离奇太多,没有理由过度地否定坛君神话。

本来神话与历史是毫不相关的两个领域,神话是完全虚构的荒诞故事,在现实世界中完全没有发生过;历史是已经过去的时间里发生的真实事件。神话与历史完全对立,韩国古代文人对坛君神话的立场也是完全对立。其实两种看法都不一定是正确的,神话与历史的关系并不全然对立,存在着千丝万缕的联系。坛君神话在形成和发展的过程中,不断地吸收历史与现实的因素,使故事内容更加丰富。如何在荒诞的神话故事中析离出历史的因素,根据历史的因素还原坛君神话的生成过程,是坛君神话研究的基本任务。坛君神话是神话、传说与历史的混合物,不能因为坛君神话是一个完整的文本,就认为坛君神话只能是神话或者是历史。这个问题的提出本身就不一定是正确的。

坛君神话与佛教的关系也是一个基本问题,由于坛君神话有浓厚的佛教色彩,不少文人以为坛君神话是僧侣编造出来的虚妄故事。朝鲜时期的文人姜再恒(1689~1756)说:"然檀君之生,最为灵怪。而事在邃古以前,且以佛

---

① 〔韩〕尹以钦等编:《檀君——理解与资料》,首尔大学校出版部1994年,第427页。
② 〔韩〕丁若镛:《大东水经·萨水》,《与犹堂全书》,首尔:民族文化推进会2002年,第374页。
③ 〔韩〕南九万:《东史辨证·檀君》,《药泉集》,首尔:民族文化推进会1994年,第484页。

书桓雄之说验之,则果为杜撰而不足究矣。"① 坛君神话写的是远古之事,但多涉佛典。如果坛君神话是僧侣编造出来的,就不会是神话,也更不会是历史,就没有必要将其作为神话探究。坛君神话究竟是否为佛教僧侣杜撰出来的,是檀君神话研究的基本问题。这也是古老的问题,但很难说现在已经解决了这个问题,不少的现代学者坚持认为坛君神话是僧侣编造的。如果坛君神话是僧侣编造的,那么坛君神话应当生成于佛教传入之后,有的学者认为是高丽时期的僧人编造了坛君神话。

坛君神话确实有太多的佛教因素,佛教因素大大降低了坛君神话作为神话的价值。② 然而透过佛教因素,仍然可以依稀看到坛君神话的原始面貌与生成过程,还原原始面貌与生成过程是学者应当完成的使命。坛君神话不可能是僧侣编造出来的,其中是有不少佛教因素,但也有不少非佛教因素,甚至是反佛教的因素,大蒜就是反佛教的因素之一。这说明坛君神话不一定是佛教僧侣编造出来的。坛君神话到底有哪些佛教化因素,有哪些非佛教化因素,需要逐一深入考论。不能仅仅根据坛君神话中的几个佛教因素,就认定坛君神话是佛僧杜撰出来的。

问题二:坛君神话形成于特定时间或者是形成于漫长时间。

各种说法纷繁并存,不能统一,在学术史上此类现象并不罕见。不过坛君神话形成时间的诸说也有比较特别的地方,诸说主张的时间跨度之大到了无法想象的程度,有的学者认为坛君神话生成于 5000 年前,有的学者认为生成于 12 世纪到 13 世纪之间,还有的学者认为生成于这期间的某个时期。简直无法相信这些说法是对同一神话的看法,然而这是事实。

那么为何会产生分歧如此巨大的诸说呢? 很多学者都预设了一个假说,预先认为坛君神话是一个完整有机的文本,就像通常的文学作品一样有一个特定集中的成书时间。这是未经论证已经设定的假说。不同的学者根据的坛君神话因素不同,坛君神话形成时间的说法就必然各不相同,差异极大。如果依据相当原始的因素研究,就会认为坛君神话形成于 5000 年前;如果依据较为晚近的因素研究,就会认为坛君神话形成的时间相当迟晚。这就如同盲人摸象,所摸之处不同,就会说出不同的说法。每一种说法都有一定的根据,但又都缺乏充分的根据。根据的部分性与判断的完全性构成了坛君神话

---

① 〔韩〕姜再恒:《立斋遗稿・东史评证・三国》卷之九,影印标点《韩国文集丛刊》第 210 册,韩国民族民族文化推进会 1998 年,第 136 页。
② 韩国学者李东欢以为:"《三国遗事》过于以新罗和佛教为中心,不能不认为这是遗憾,这是撰者自己出身于岭南的僧侣,又与当时这些方面的资料比较丰富、容易收集有关。"(〔韩〕李东欢校勘:《三国遗事》,景仁文化社 1973 年影印本)。

形成的基本问题,也是一百多年来难以突破、视而不见的障碍。

其实坛君神话与普通的文学作品或论著完全不同,并不是一个人在集中的时间范围内编写出来的。无数人参与到了坛君神话的生成过程,各种因素是在不同的阶段形成的,一部分因素形成于坛君神话生成的初始阶段,这些因素可以称之为原始因素。还有相当一部分因素是后来生长的过程中生成的,称之为衍生因素。《三国遗事》撰写于13世纪,坛君神话从最初生成的上限时间开始,一直到13世纪一直处于生长的状态。13世纪之后仍然处于生长变化的状态,只是13世纪之后坛君神话进入了相对稳定的阶段。坛君神话一直处在生长的过程,就不应当把坛君神话看成是封闭的固定文本。如果以封闭的文本研究方法进行研究,显然采用了错误的方法。必须根据坛君神话生成的实际过程,采取相应的研究方法,才能够得到正确的认识。坛君神话的各个因素形成时间各不相同,有的因素时间跨度极大,甚至有数百年、上千年的时间距离。误导出错误的坛君神话形成时间之后,就会引出更多的错误。有人认为坛君神话是母系社会的产物,有人认为是父系社会的产物,也有人认为它是国家历史高度发展后的产物。其实此类任何一种说法都不可能是正确的。如果认为是母系社会的产物,就会以各种母系社会的因素来解读坛君神话;如果认为是父系社会的产物,也会以父系社会的特征来认识。其结果永远只能是得到很少一部分的正确,同时也会带来很多的错误。只有分别对待坛君神话的诸因素,具体研究诸因素的形成,才能够真正最大限度地接近坛君神话形成的事实。

问题三:预设的观念性与随意的猜想性。

坛君神话研究中存在的最大问题之一就是随意猜想,坛君神话几乎成了可以任意猜想的自由空间。自由猜想放大了坛君神话的研究空间,也开拓了无限的解读可能性。这似乎是文学的魅力,文学的魅力就在于为读者创造了无限想象的空间,这似乎是现代文学理论追求和肯定的理想。然而这是文学研究的困境,文学成了任由学者与读者解读的东西。丧尽客观性,成为随心所欲想象的乐园,是坛君神话研究的最大困境之一。随心所欲地猜想是由多种原因造成的,预设观念与结论是最常见的原因。人文学科研究流行预设观念与理论的研究方法,在研究特定作品之前,已经预设了某种理论,并且认定预设的理论是正确的。其结果是在尚未研究之前,已经有了大体的结论。研究者的任务就是在相关的文献中寻找符合预设理论的材料,然后加以一定的解释。这种方法对于自然科学也许是正确的,自然科学往往会创造根本没有存在过的事物,那么只能是理论先行,然后根据理论的设计去实现。然而文学研究不是研究根本不存在的作品,而是要研究已经存在的作品,因而预设理论的方法可能将研究者引入到随意猜想的困境。坛君神话研究中最为常见的预设观念主要有三种，一是民族主义的立场，一是殖民主义的立场，一是神话的理论观念。一般来说带着这种预设立场研究不是完全没有依据，只是把微弱的根据无限放大，较少考虑解释空间与时间的有效性，结果是想象多于研究。

民族主义的立场是影响坛君神话研究的最大障碍之一，韩国学者李相铉已经批评了民族主义的立场，但他的批评未必能够改变已经流行的民族主义的研究立场。李承休的《帝王韵纪》记载过坛君朝鲜的疆域，由此坛君朝鲜的疆域和国都成了重要问题，其说法繁多：如辽阳说（安自山）、大同江边说（崔南善）、国都为泛称说（郑寅普）、哈尔滨说（申采浩、文完昌、李能和、孙晋泰）、天海边说（贝加尔湖边、李裕岦等）、山海关说（한밝문화원的史学者）、辽东半岛南部说（朝鲜《朝鲜考古学概要》）等等。提出这些说法不能说完全没有根据，但是最需要的是13世纪以前的文献根据，需要考古学的验证。如果在上述地方发现过史前时期的都城遗址，并且可以认定为坛君朝鲜的都城是可以理解的。然而如果没有13世纪以前的文献和考古学的依据，那么诸说就存在不少的探讨余地。上述的看法并非皆出于在野派史学家，然而学院派史学家与在野派史学家并不是水火不容。高丽大学教授金贞培曾说：

> 在试图从考古学的角度证明它确实存在的方法，以及从精神分析学的探讨出发把它和其他民族联系起来考察等的各种考证中能发现它的长处。但是，即使从肯定的观点来处理檀君神话，如果不能使之从神话的世界上升为历史的世界，只是作为神话本身的一个故事告一段落，那也不是我们期望的历史性。①

从神话世界上升到历史世界，就是要得到期望的历史结论。在研究之前已经有了期望的预设结论，研究的任务就是努力向着预设的结论靠近。金贞培还为这种研究方法辩护说，任何一种研究都不可能没有主观的立场，主观的立场就是要预设结论。

随意猜想的另一原因是没有13世纪之前的文献，一般认为最早记载坛君神话的文献是高丽中期一然的《三国遗事》。《三国遗事》内容涉及历史、地理、文学、宗教、语言、民俗、思想等等，是新罗、百济、高句丽历史文化的基本文献。一然生于1206年，卒于1289年。《三国遗事》卷首记载"国尊曹溪宗

---

① 〔韩〕金贞培：《韩国民族的文化和起源》，上海文艺出版社1993年，第133~134页。

迦智山麟角寺住持圆镜冲熙大禅师一然撰",由此可知《三国遗事》是一然的晚年著作。1259 年(55 岁),一然被尊为大禅师。1283 年(78 岁),晋为国尊。1284 年至 1289 年,任麟角寺住持。一般认为《三国遗事》是一然在 79 岁至 84 岁间撰写的,其中有一部分是一然的弟子无极增补的。存世最古版本是公元 1360 年庆州刻本(此前有 1295～1296 年晋州初刻本,失传)。李承休的《帝王韵纪》差不多是与《三国遗事》同一时期的文献,李承休(1234～1300)在《帝王韵纪》的"进呈引表"记载,进呈《帝王韵纪》的日期为"至元二十四年三月",即公元 1287 年,可见完成时间几乎与《三国遗事》相同。由于缺乏 13 世纪之前的文献,在此之前坛君神话的传承就必然会出现较多的猜想,也是这个原因。

学术界最渴望了解《三国遗事》之前坛君神话的生成与传承状况:

> 此类神话的主体部分是建国之主建立我们的国家,这些神话均载于 12 世纪或 13 世纪编辑的《三国史记》或《三国遗事》之类的史书,因此必然会提出的一个重要问题,就是在编辑这些史书之前,建国神话是如何传承下来的。①

这个道理非常简单,到现在为止对 13 世纪之前坛君神话的生成与传承几乎是一无所知。不过并不意味着相关的研究成果很少,只是很多研究成果没有多少文献和考古的依据。如果研究成果缺乏文献或考古的依据,那么剩下的就多是主观猜想,或者是理论分析。在现存的韩国建国神话之中,坛君神话的问题最多,否定者很多,随意猜想也不少。否定的主要根据是没有 13 世纪之前的文献,驰骋猜想的原因也是没有 13 世纪之前的文献。文献的匮乏是最大的难题,古代文人早已意识到这一问题。

> 当时文籍不传,其真伪不得而考。至今传袭,以《古记》为纪。②

这是徐居正的看法,在《三国遗事》之前几乎没有任何文字可考,这就使坛君朝鲜真伪难辨。考辨是还原事实的基本方法。但考辨是建立在原典文献的基础上,没有文献的考辨只能是猜想。李氏朝鲜后期的地理学者金正浩(?～1866)也谈到坛君神话的文献问题:

---

① 〔韩〕张德顺等:《韩国文学史的争点》,集文堂 1995 年第七版,第 69～70 页。
② 〔韩〕尹以钦等编:《檀君:其理与资料(檀君——그 理解 와 资料)》,汉城大学校出版部 1994 年,第 428 页。

  檀君始末不载于中华,我东正史则是后人依托神怪而追述之作。东方天皇氏之一万八千岁,恐非实有其事。唐禹典籍所传者,仅一二,而况僻海陋俗,何能记年代国都,于数千载已绝之后耶?①

  坛君神话不载于较早的中国文献,韩国最早的文献中也没有记载。一般而言韩国早期的历史主要是借助于中国的历史文献,如果中国的早期文献完全没有记载,那么不能不陷入难以解决的困境。宋人徐兢曾出使高丽,1224 年作《宣和奉使高丽图经》,此书的时间比一然的《三国遗事》早了半个世纪,但没有提及坛君朝鲜。中国的文献也不是没有提到过坛君神话,不过多是明清时期的文献,比一然的《三国遗事》迟晚得多。中国文献即使记载了坛君神话,也差不多丧失了可信度。不过中国的文献即使完全没有记载,也并不证明坛君神话不存在,毕竟能够进入到中国史书与文人笔下的韩国神话非常有限。

  文献的极其匮乏与了解欲望的极为强烈构成了难以解决的巨大矛盾,这个矛盾必然带来猜想空间的无限放大。坛君神话没有 13 世纪之前的文献,如果放弃了解 13 世纪之前传承状况的欲望,自然就会降低猜想的随意程度。可是放弃了这种欲望,也就等于无法解决坛君神话存在的诸多猜想的问题。这是一个难度极大的问题,解决这个问题有两个途径,一是找到 13 世纪之前的文献,一是必须建构特别的新研究方法,解决文献贫乏的问题。

三、历史减法的模拟研究

  目前只有 13 世纪文本的情况下,还原出坛君神话的原始形态,描述坛君神话的生成过程,似乎完全是不可能研究的问题。然而这并不是完全不可研究的问题,只是需要采用比较特别的方法,不能采用通常的研究方法。选择有效的科学方法是坛君神话研究的首要任务,总体来说可以采用历史减法的模拟研究方法。这一方法要求研究文学作品中出现的各种事物,研究事物形成的空间与时间。要追溯和确认神话中出现的历史事物的上限时间,然后根据历史事物的上限时间顺序,逐一删除后来添加的衍生因素,保留最初形成的原始因素,由此可以还原出坛君神话形成的模拟过程与模拟原始形态。这个模拟过程与实际过程不一定完全吻合,但实际过程不会超出模拟过程的范

---

① 〔韩〕金正浩:《大东地志·方舆总志》卷二九,《檀君——其理与资料(檀君——그 理解와 자료)》,汉城大学校出版部 1994 年,第 504 页。

围。模拟过程画出了大体的形成时间座标,这对于坛君神话的形成研究是有意义的。模拟原始形态具有参考价值,它应当是原始形态的近似形态。这是在几乎没有13世纪之前文献的情况下不得已采用的方法,这种方法不一定完全有效,但在没有文献的特定状态下,是极大限度地接近坛君神话形成过程的有效方法。

坛君神话的诸因素多是历史事物,历史事物起源的上限时间其实也是坛君神话因素的上限时间。坛君神话是荒诞的故事,但是如果历史上没有出现过相关的事物,就无法虚构出与历史事物完全相同或相似的因素,因而坛君神话诸因素的上限时间不可能超越历史事物的上限时间。历史事物成为坛君神话因素的时间与历史事物的上限时间不一定吻合,但是历史事物的上限时间划定了成为坛君神话因素的时间范围,因而历史事物的上限时间对坛君神话诸因素的研究有着参考座标的意义。历史事物的上限时间各不相同,可以根据历史事物上限时间排列出坛君神话诸因素形成的先后顺序。这个时间顺序并不等于坛君神话诸因素的实际形成过程,但接近于坛君神话形成的实际过程。

神话与历史的对应关系是通过诸因素建立的,通过诸因素的研究,神话研究也会成为历史研究,历史研究与文学研究在诸因素的研究层面上交汇和重合。事物的产生与发展是史学研究的对象,但由于事物成为神话的因素,也就成了神话研究的一部分。历史研究可以成为神话研究的方法,在最为荒诞的神话故事里可以找到历史的足迹,这是神话研究的客观基础。事物的产生与发展都有特定的历史时间,这个时间不是可以随意设定的。坛君神话的各种因素在历史上何时出现,如何出现,那种因素是什么,在特定因素的系统中意味着什么,都不是可以随意编造的。特定因素的上限时间只能根据历史文献与考古遗物进行研究判断,诸因素上限时间的客观性保证了坛君神话研究的客观性。这就一定程度上排除了随意猜想的可能性,使学者的想象力限定在有效的范围内。

历史的减法研究是不断地研究诸因素产生时间的过程,其目的是根据产生的时间辨析原始因素与衍生因素,为此可以采用如下的具体操作:

其一,分别研究坛君神话的各个因素,而不是把坛君神话看成统一的有机体。

坛君神话诸因素形成的时间跨度太大,选定任何一种特定的形成时间都将是错误的,只能是将诸因素看成各自独立的事物,分别研究各个因素。文学研究通常把一个文学文本看成是统一的有机体,即使将作品分解为各种因素研究,也没有改变有机体的观念。有机体并不只是形式的观念,通常都会关系到文学文本的分析方式。分解和研究各种因素时，不是作为独立的因素进行研究，更多地研究诸因素在有机整体中的性质、意义和功能。坛君神话不是有统一的有机体，诸因素不仅属于完全不同的时代，也会属于各自不同的文化系统，各个因素之间也会互相矛盾与冲突。因而坛君神话诸因素的研究虽然会注意诸因素在坛君神话中的性质与功能，但这是建立在诸因素在历史层面上所属的文化系统基础上，是在特定的历史时间与空间范围内考察诸因素的性质和功能。

分解诸因素的目的是展开诸因素的微观研究，微观研究往往会使人感觉到琐碎，然而如果不进行细致繁琐的研究，就无法判断各种学说的正误。为了得到正确的结论，还必须采用彻底实证的方法。彻底实证的意思就是要实证到极限，只有到了极限才能得到最接近事实的看法。分解研究是最基本的工作，但也要注意到整体性。整体性不一定是指整个神话文本的有机性与整体性，而是指若干相关因素构成的整体性。例如，主谷、主命、主病、主刑和主善恶，每一个词都可以当成是独立的研究对象。但仅仅当成独立的因素是不够的，它们显然组合为了一个整体。将这五个因素当成整体研究，是正确解读五个因素的来源与意义的条件。主谷是农耕文化，主病是医学文化，主命是人生意义。把每个字词只是作为独立因素，就不大容易认识到这些因素与占星学的关系。将这五个词联系起来看，占星学的特征体现得十分明显。注意到各个因素的关系，就能够避免由于诸因素的分解和独立研究诸因素带来的片面性。如果主谷、主命、主病、主刑与主善恶源于占星学，那么占星学的形成与表述对坛君神话的形成必然有着密切的关系。

其二，研究坛君神话诸因素的性质与时间。

分别研究诸因素就是要研究诸因素是什么，事物性质的认识其实不只是性质的研究，性质的研究直接关系到事物的形成时间。性质的研究通常采用分析的方法，但考证也是有效的方法，分析包含更多的主观因素，考证则需要更多的客观因素。以考证的方法研究诸事物的性质，主要是从三个方面展开的：第一，事物的形态、特征等方面的认识。事物的形态与特征并不就是事物的性质，但是不同的形态与特征往往也关系到事物的性质。学术界把坛君神话的三个天符印解释成为三个神器。这种解释始于日本学术界，后传入韩国，也成为韩国学术界的基本认识，甚至成了定说。但这种认识是错误的，符印和神器的形态与特征完全不同，是不同的两种东西。将两种完全不同的东西混为一谈，是因为没有研究过两种东西的形态与特征。两种东西的形态与特征不是通过分析的方法就能够明白的，只有借助考证的方法才能了解两种事物的形态与特征，能够明白二者不是同一事物。

第二,事物的功能、意义与时间。功能与意义体现的是事物与人类生活的关系,同样的事物在不同的历史时期具有不同的功能与意义,因而可以通过功能与意义研究事物形成的时间,也可以通过有效的时间范围来认识事物的功能与意义。坛君神话中出现了蒜,似乎不需要研究就能够明白蒜是食物,但蒜也可能是药物,或者是萨满教的咒物。无论是食物、药物或咒物,蒜本身并没有变化,其形态与特征也不会有变化。只是由于蒜的使用范围不同,蒜的功能与意义就会发生变化,使用的范围又会由于时间的不同发生变化。蒜的使用范围与时间不是仅靠坛君神话的文本能够决定的,这需要从更多的文献中考察在日常生活中的蒜的功能与时间。这些也都是需要通过考证去考察,从而最终决定这一因素在坛君神话中的功能、意义和时间。

第三,坛君神话的因素可以分解到一组词,或者一个字。字词是分解的最小单位,可以独立地考述各个因素的文献来源和形成时间。这样的研究实际就是给每一个研究对象做极为详尽的注释,尽可能解决神话诸因素形成的问题。如果能够断定文献来源,就有可能搞清楚相关因素的大体形成时间。记载诸因素的各种文献都会有撰述的时间,这个时间就提供了大体的上限时间。现今学术界根据主谷、主命、主病、主刑与主善恶,认为坛君神话所反映的是农耕社会的文化,主谷就是证明了农耕社会的标志。然而主谷、主命等五主源于星占学,星占学书籍是古代禁书。一般只能在《史记》、《汉书》等历史文献的天官书、天文志中接触到部分内容,得到完整的占星学书籍是不大容易的。《史记》等官修正史是高句丽等诸国贵族学校的教科书,古代文人非常熟悉,这就给探究五主的形成时间提供了可能性。在东亚占星学中没有主善恶之说,只有佛典中出现过主善恶。这表明主善恶应当源于佛典,由此也可以探索主善恶形成的时间。五主源自正史和佛典,文献的来源是探索五主说形成时间的重要途径。

第四,时间研究与空间研究的结合。时间研究往往和空间研究结合在一起,通过坛君神话中相关事物的空间分布,可以研究诸因素的来源,这也是确定诸因素上限时间的途径。时间和地点是研究神话诸因素的基本方面,也是最为客观的因素。空间的分布有助于确定时间的范围,时间范围的确定也有助于还原空间分布的流向。研究清楚了时间与地点,就建立了研究神话的客观基础,也可以摆脱随意猜测的困境。坛君神话和其他建国神话是在文化交流的关系中形成的,但最为普遍的问题是不大容易找到交流的直接证据。找不到证据并不意味诸因素的形成时间是不可研究的,在一定的地理和时间范围内,如果出现相似的事物,那么很可能存在过交流的关系。熊神信仰是坛君神话中最重要的因素,韩国的熊神信仰究竟可以追溯到什么时间,这无疑关系到神话形成的上限时间。熊神信仰的起源并不一定限定在朝鲜半岛,与朝鲜半岛相邻的中国北方以及东西伯利亚都是追溯的地理范围。西辽河流域的红山文化中出现了熊神信仰,如果朝鲜半岛的熊神信仰可以追溯到红山文化,那么在地理空间内应当存在流传的路径。这种空间的关系主要是通过相关事物的分布状况来研究的,从西辽河流域到辽宁东部、吉林以及黑龙江,在什么时间和空间出现过熊神信仰,熊神信仰是否能够形成一条连线是极其重要的证据。必须找到红山文化与朝鲜半岛的关系,只有复原了这种关系,红山文化的熊神崇拜与朝鲜半岛熊神崇拜的起源关系才能够建立。确定诸因素的上限时间少不了考古学的发现,这是因为几乎没有13世纪之前的文献,考古学为神话研究提供了可能性。

其三,还原坛君神话的模拟原始形态与形成过程。

确定诸因素形成的时间是为了排除衍生因素,还原原始形态。研究坛君神话诸因素的形成时间具有丰富的意义:第一,所有的因素可以分为两类,相对久远的因素是原始因素,较为迟晚的因素是衍生因素。衍生因素是坛君神话形成过程之中后来添加的因素,如果删除衍生因素,剩下的就是原始因素。原始因素是构成坛君神话原始形态的主要因素,根据这些原始因素可以描述坛君神话的模拟原始形态。这个原始形态并不就是坛君神话的原始形态,但应当是较为接近于原始形态,因而只能称之为模拟原始形态。尽管是模拟的原始形态,但对于坛君神话的研究有着不可替代的意义。

第二,研究诸因素的形成时间就可以为坛君神话的诸因素排列出形成先后的时间顺序。从诸因素的时间顺序来看,从新石器时代的因素到13世纪的因素,既有相当原始的因素,也有高度文明的因素,这表明坛君神话经历了相当漫长的形成过程。这是由简而繁的形成过程,如果比较王沈《魏书》与《古记》,就会发现王沈《魏书》记载的部分全部进入了《古记》的坛君神话之中,没有一个遗失的因素,《古记》的记载比王沈《魏书》的内容要丰富得多,这表明坛君神话经历了不断丰富的过程。《古记》成书时间不明,但是应当形成于5世纪之后,因为《古记》中出现了大量5世纪之后形成的因素。3世纪王沈《魏书》的记载相当简单,但到了《三国遗事》时期,神话故事的内容相当完整丰富。《三国遗事》记载的坛君神话全文为353个字,王沈《魏书》记载的部分是27个字,《古记》记载的部分是286个字,最后部分的孤竹朝鲜与乐浪四郡是37个字,最后部分不属于坛君神话。从《魏书》到《古记》,字数增长了差不多11倍,11倍的内容就是由简而繁丰富起来的。

坛君神话的诸因素时间跨度很大,诸因素可能是在晚近的时间一次性在集中的时间形成,因为新石器时代的因素也可以在12、13世纪加入到坛君神话,或者与其他因素一起在晚近的时期编造为神话故事。然而坛君神话中的诸因素彼此矛盾冲突,表明坛君神话并非一人一时编造出来的。坛君神话的主旨是宣扬佛教思想,但是出现了像蒜这样的反佛教的因素。蒜是佛徒生活中的大忌,即使是初入佛门的弟子,也不可能不明白这一佛徒的基本戒律。坛君神话确有不少佛教因素,但因此认为坛君神话是高丽时期的佛僧编造出来的,显然是不符合坛君神话的内容。一然记载的坛君神话的形态表明,佛僧确实参与了坛君神话的整理与改编,但佛僧只是坛君神话的改编者和丰富者,而不是坛君神话的原创者,佛僧只是借用和改编了原已流传的坛君神话。《三国遗事》的坛君神话是一个尚未完成佛教化的文本,《帝王韵纪》是与《三国遗事》同一时期的文本,但佛教化的程度比《三国遗事》的坛君神话高得多。这表明13世纪坛君神话尚处于佛教化的过程,将《三国遗事》与《帝王韵纪》放在一起比较,可以看得更为清楚。因此可以确定坛君神话不是短时间内杜撰出来的,诸因素的特征表明坛君神话经历了极为漫长的生长过程。既然坛君神话经历了由简而繁的生长过程,如果要还原这个生长过程,就只能是反其道而行。按照诸因素形成的时间先后顺序,由近而远地逐一删除衍生因素,就可以看到大体的生成过程。虽然这个还原的过程不一定与坛君神话生成的实际过程完全吻合,但也应当还原了粗略的过程。

坛君神话的生成特征表明,必须采取动态的研究方法,因为坛君神话是在漫长的过程中逐渐生成的。如果将坛君神话看成是一个早已完成的封闭的文本,必然会将坛君神话作为相对集中的时间里完成的文本来研究,就像研究普通的文学文本那样。其结果会将坛君神话的诸因素假定在较为集中的时间范围,那么就不大可能接近坛君神话生成的事实,也不可能得到正确的结论。很多学者都是根据其中的一部分因素,认定坛君神话生成的特定时间,没有想到坛君神话根本就没有特定的生成时间,只有漫长的生成过程。坛君神话的研究必须按照生成的过程来研究,才能够获得可靠的成果。

最后还要说明的一点是有关韩国文学或文献名称的问题,现今学术界并无统一的用语,或称韩国文学,或称朝鲜文学,抑或朝鲜—韩国文学。本书将采用两种说法:一是新罗、高丽、李氏朝鲜等不同时期的文学或文人,将分别以各个朝代的用语指称,而不是用韩国的名称。二是韩国文学或文人的用语主要用于指称所有的古代文学,而不是指现当代朝鲜半岛南部的文学。整个古代文学若称朝鲜文学,就容易混同为李氏朝鲜时期的文学,但韩国文学的用语不容易产生这样的混淆。古代朝鲜半岛历史上曾经存在过韩国,但那时的韩国几乎没有文学,因而韩国文学的说法不会混同于三韩文学。朝鲜—韩国文学的用语适用于现当代文学,古代文学称韩国文学并无不妥之处,如此使用也是为了方便。

第一章　坛君神话的原初形态不是建国神话

第一节　天孙建国还是佛孙建国？

一、坛君神话的人名、地名与佛教因素

1. 桓因与桓雄的佛教化与时间

通常认为坛君神话是天孙降临型建国神话,这已经是非常流行的常识。所谓的天孙降临是指天神之孙由天上来到人间,建立了人间世界的一个国家,成为某一民族或国家的始祖。这是东亚神话中极为普遍的类型,韩国大多的建国神话都是属于这一类型,中国与日本也有丰富的此类神话。建国话是韩国代表性的建国神话,建国神话的主体是建立国家的故事,国家的历史是核心问题。天孙降临、王权天授与国家建立是此类建国神话的基本因素,通过天孙降临型表现的是天授王权的思想模式。坛君神话由三个部分构成:第一个部分是天帝之子的降临,第二个部分是天神之子与熊女的交媾,第三个部分是天孙坛君出生与建立韩国历史上的第一个国家古朝鲜。坛君神话的故事内容证明坛君神话具备了天孙降临型建国神话的所有因素,定性为天孙降临型建国神话似无不妥。

然而如果细读一然记载的《三国遗事》与李承休的《帝王韵纪》,就会发现坛君神话不是天孙降临型神话,而是佛孙降临型神话。从天上降临的不是天神之子,而是佛祖之子,是佛祖之子从天上来到人间,与熊女婚媾生下坛君,建立了坛君朝鲜。广义上说佛孙也是天孙,都是天上的神,不是现实社会实在生存的人类。但是一般而言天孙降临的天孙并不是指佛祖菩萨之子,而是指东亚本土原有的天神之孙。天神可能是原始社会的天神,也可能是萨满天神,或是道教天神。东亚古代文献经常并不严格区别神与佛,因而通称神佛,但实际上佛与神是不同的。由于佛祖菩萨与东亚天神的性质不同,使坛君神话可以具有完全不同的性质。

将坛君神话称之为佛孙降临型神话,是因为神话中的天帝是佛教的天帝,而不是东亚固有的天神。18世纪的史家安鼎福在《东史纲目》中一针见血地指出了佛教与坛君神话的关系:

其所称桓因帝释,出于《法华经》。其它他称,皆是僧谈。罗、丽之代,尊崇异教,故其弊至此矣。东方累经兵火,国史秘藏,荡然无存,而僧释所记,得保于岩穴之中,以传后世。作史者闵其无事可记,至或编入正史,世愈久而言愈实,使一区仁贤之方,归于语怪之科,可胜叹哉!若是不经之说,一切不取,庶欲洗刷袭谬之陋习尔。①

这段文字谈了两个问题:第一,坛君神话荒诞不经,不可相信,这是否定坛君神话的原因。坛君神话荒诞离奇的原因主要是尊崇佛教,这种说法并非完全没有道理。佛典收录了不少怪异故事,这种奇异故事主要是用来阐释佛教真谛的。儒家思想与史家观念极力排斥的怪力乱神在佛典中大行其道,这是儒释之间的巨大差异。具有浓厚儒家思想的史家将坛君神话作为僧谈加以否定,也自有其否定的理由。金富轼的《三国史记》是官修正史,自然不会记载坛君神话。一然的《三国遗事》是一部野史,也是宣扬佛教教义为主旨的佛典。史书与佛典性质本来不同,也就会做出记录或摈弃两种全然不同的选择。安鼎福以为坛君神话依据的文献是佛僧存藏于岩穴的佛家典籍,"闵其无事可记",只好载入正史。

第二,天帝桓因是佛教的天帝。关于桓因有多种解释,此名究竟源于何处,具有怎样的意义,有各种不同的说法。一是认为桓因当为桓国,此说不确,前文已经提及。现在能够看到较早的刊本是正德本,但一然依据的是《古记》比正德本早得多。今西龙以为:"桓因的因字是刊本文字的讹误,是近于國字的略字国字,因而东京帝国大学刊本载为桓国。又有一派论者利用此字,想去除檀君传说中的帝释天桓因,以至有称桓国为正确者。但据古注'谓帝释也'一句,改订为桓因,桓国不确"②如果《古记》记载的是桓国,那么一然就不可能将桓国注释为释提桓因。显然只以现存刊本进行研究,或者只以校勘为基础进行研究,是存在较为明显的问题的。究竟是相信正德本还是相信一然看到的《古记》,其结论必然是相信一然看到的《古记》,这是因为《古记》更早,一然也不会不认识国与因的不同。二是桓与天的韩国语发音相似,桓

---

① 〔韩〕安鼎福:《东史纲目·附卷中·怪说辨证》第一上,尹以钦编《檀君:理解与资料》,首尔大学校出版部2001年增补版,第472页。此段文字版本不同,文字有异:"《古记》亦不知何人所撰,出于新罗僧俗之称,而成于高丽,亦必僧释之所编也,故荒诞之说不厌烦而为之。其人名、地号,多出于佛经,此所云桓因帝释,出于《法华经》。及他所称阿兰佛、迦叶原、多婆罗国、阿逾国之灯,皆是僧谈。罗、丽之代,尊崇释教,故其弊病至此。作史者闵其无事可记,至或编于正史,使一区仁贤之方,举归于语怪之科,可胜惜哉!"
② 〔日〕今西龙:《朝鲜古史的研究(朝鲜古史の研究)》,国书刊行会昭和四十年,第8页。

字的韩国语发音훤,훤的发音近于天(하늘)的发音。因而以桓字喻指的是天或天神,体现的是天神信仰。此说的问题不在于天神信仰,而是在语音的比较研究,훤与하늘的发音并不十分相似,音节字数也不相同,如果桓是天的汉字标音(吏读),那么应当是两个汉字,而不是一个汉字。实际上仅从语音进行研究,很难得到十分可靠的结果。同音或近音的字词相当丰富,如果仅以字词的相近发音为据,那么意味着同音或近音字词都存在着相同或近似的意义。中国古代小学的研究中经常使用此类的方法,但是此类方法是否可以移用于汉文与他国语言的关系是一个尚没有论证的问题。

桓因名字源于佛教之说是比较可靠而古老的说法,此说始于一然,一然注释桓因说:"谓帝释也"。几乎同时李承休在《帝王韵纪》中重复了这种说法,《帝王韵纪》直接把桓因记载为"帝释",没有使用桓因的名字,但"帝释"就是桓因,这一点不容置疑。"桓因"是梵文"释迦提桓因陀罗"(akra-devānāmindra)音译的略写,略称"释提桓因"。释即释迦,提桓二字亦写提婆,因即因陀罗。"释迦"意译为"能",这是姓氏。"提桓"意为"天","因陀罗"意为"帝",合起来就是"能天帝"、"天帝"。音译和意译结合,又称"帝释天"、"天帝释"或"帝释"。能天帝广大福德,是忉利天主,故名能天主。

安鼎福承袭了一然和李承休的说法,并进一步认为释提桓因的名源于《法华经》,这个说法比较可信。《法华经》(《妙法莲华经》)是释迦牟尼晚年在王舍城灵鹫山所说的教法,以为人人皆可成佛,不分贫富贵贱,是大乘佛教初期经典之一。《法华经》确实出现了释提桓因的名字:"尔时释提桓因,与其眷属二万天子俱。"①法华部的佛典还有关于释提桓因的解释:"释提桓因者此是欲界第二天,是佛天上檀越故在前列。外国名谓释提桓因,译言能为天主也。下名月、普香、宝光等,皆是帝释辅臣,故次第下列之也。四天王天此则倒列欲界第一天,即是须弥四埵头首,亦各有眷属也。"②桓因在佛教之中就是天上之主,这同坛君神话中桓因的身份与地位完全相合。宋代钱易的《南郭新书》解释帝释:

> 释提桓因者,忉利天王之号也,即帝释二字。梵相彰,帝是华言,即王主义,释乃梵字,此字译云能。今言释提桓因者,梵呼讹略,具正合云释迦婆因达罗,此云能天主余。如智度论释。③

---

① 《妙法莲华经·序品第一》卷一,《大正新修大藏经》第九册,第2页。
② 《法华经义记》卷一,《大正新修大藏经》第三三册,第581页。
③ 宋·钱易:《南部新书》,中华书局1958年,第68页。

所谓的帝是中国语,即王的意思;释是梵语,其意是能,帝释就是无所不能的天王。忉利天是帝释天居住的地方,那么忉利天又是什么地方呢?李氏朝鲜的文人李宜白(1711)记载:

> 《古记》云:忉利天宫,帝释桓因所居天也(此天须弥山顶地居天主。)①

忉利天就是须弥山顶善见城,桓雄自天而降,其实就是从须弥山来到了人间。帝释原是印度"吠陀神话"中的神,尊为"世界大王",天下皆由他统治。佛教形成之后,帝释天也被纳入到了佛教,成为佛教的护法神。须弥山是印度神话中的山名,佛教沿用了这一神山的名称,认为须弥山立于宇宙中心。帝释天居中央,四面四峰各八天,共为三十三天,三十三天亦名忉利天。这些佛教的内容没有直接出现在坛君神话之中,但通过桓因的名字带了进去,天神的名字是坛君神话佛教化的有效途径。

如果认为桓因之名源于《法华经》,那么有必要考察《法华经》的成书时间与翻译时间。一般认为《法华经》最后整理成书的时间不会迟于公元1世纪,这表明坛君神话桓因的名字不可能形成于公元1世纪之前。但实际上公元1世纪不大可能是桓因名字形成的上限时间,因为首先《法华经》需要翻译,只有翻译之后释提桓因才可能进入到坛君神话,成为坛君神话的天帝。唐代释道宣《妙法莲华经弘传序》记载:

> 妙法莲华经者,统诸佛降灵之本致也。蕴结大夏,出彼千龄。东传震旦,三百余载。西晋惠帝永康年中,长安青门、炖煌菩萨竺法护者,初翻此经,名正法华。东晋安帝、隆安年中,后秦弘始,龟兹沙门鸠摩罗什、次翻此经,名妙法莲华。隋氏仁寿,大兴善寺、北天竺沙门阇那、笈多、后所翻者,同名妙法。三经重沓,文旨互陈。时所宗尚,皆弘秦本。自余支品、别偈,不无其流。具如叙历,故所非述。②

晋惠帝永康(300~301)年间第一次翻译了《法华经》,第二次翻译《法华经》是由鸠摩罗什翻译的,是在晋安帝隆安年间(397~401)、后秦文桓帝弘始年间(399~416)翻译的,后来比较流行的就是鸠摩罗什翻译的《法华经》。依

---

① 〔韩〕李宜白:《梧溪日志集・檀君来历实记》,尹以钦编《檀君:理解与资料》,第478页。
② 《妙法莲华经》卷一,《大正新修大藏经》第9册,第1页。

此来看,桓因名字的形成不会早于公元 5 世纪初期。如果再考虑到佛教传入朝鲜半岛的 5 世纪,那么可以明确桓因的名字必然形成于 5 世纪之后,13 世纪末之前。从这个时间来判断,桓因的人名是相当晚近的时期形成的,这就意味着桓因的名字不一定是坛君神话的原始因素。一然的《三国遗事》与李承休的《帝王韵纪》,均没有记载是何人起了桓因这个名字,但从桓因的人名与释迦提桓因陀罗、释提桓因等佛名的复杂关系来看,应当是佛教僧侣或信徒所为。一然《三国遗事》的坛君神话文本中并非只有桓因一个佛教因素,此外还有其他的佛教因素,这都说明给坛君神话添加桓因等佛教化的人名需要一定的佛教修养。佛僧向来喜欢有为人名、地名、植物、事物另起佛教化名称的习惯,罗汉松、观音柳等等都是佛僧起的名字,因而可以认为桓因的人名应当是源于佛教僧侣之手。在目前的研究状况下,只能认为桓因的人名始于 5 世纪之后,不能由此进一步发挥认为整个坛君神话形成于 5 世纪之后。

桓雄的名字不见于佛经,仅见于《三国遗事》。这说明桓雄的名字不一定是直接源于佛经,而是在桓因的名字基础上改变而成的。桓雄的姓显然源于桓因,按照东亚的习惯桓是姓,桓雄是桓因之子,自然会姓桓。李氏朝鲜时期的史家洪敬模(1774~1851)解释桓因与桓雄名称的关系说:

《古记》曰:檀君姓桓,名王俭。以其桓雄之子,而盖桓因桓雄之事,在於有无之间。况其姓名有谁知之,必是后人因其因、雄之说,遂以传会而称其姓桓也。至於王俭之为名,遍载于於东人之笔。然杜氏《通典》云:高句丽居平壤城,即汉乐浪王险城。王险者乐浪郡之地名,而非俭,即险也。金侍中之撰史,即无本国信迹,故徒袭杜氏之说。又以记所云,檀君王俭之语,至云平壤者,仙人王俭之宅,自此东人撰述踵成荒谬。或曰檀君名俭,或曰名王俭,平壤号王俭,平壤遂为王俭,而以地名为檀君名,改险为俭,尤为穿凿,然则《古记》未可谓之信史也。①

洪敬模否定了坛君神话,也否定了桓因与桓雄名字的来源关系,这是因为他是从信史的角度思考这个问题的。坛君神话本来就不是信史,桓因与桓雄也不是历史人物,他们二人的名字也只能是杜撰出来的。然而桓因与桓雄二人的名字是按照东亚人的习俗编造出来的,因而二人的姓名应当存在着渊源关系。桓雄的桓是姓,当源于桓因。洪敬模否定了这一点,也否定了坛君王俭之名源于地名王险。但是坛君神话是神话故事,本来就是附会穿凿而

---

① 〔韩〕洪敬模:《丛史·外编·东史辨疑》,伊以钦编《檀君:理解与资料》,第 503 页。

成,洪警模的说法恰好指出了坛君神话形成的方式与过程。如果摆脱信史的认识思维,就会明白这完全符合神话故事形成的特征。

桓雄的姓氏源于桓因,那么名字的雄字源于何处呢?东亚人的名字经常使用雄字,不一定传达出特别的信息,也没有引起特别的注意。但桓因是佛教天帝,就有必要考察一下雄字是否与佛教有关特别的关系。申采浩曾经以为:"帝释、雄、天符之类皆是源于佛典的名词,三国史的初期社会极为尊重女性,但将男子作为神的化身,女子作为兽的化身,显然是极其鄙视了女性。因而我认为这不是朝鲜纯粹固有的神话,是佛教传入之后佛教徒点缀而成的。"①申采浩以为桓雄之名来自于佛教,雄的名字也是来自于佛教,并且表现了歧视女性的意识,因而坛君神话是佛徒编造的。正如申采浩所说,桓雄的雄字当源于佛教,雄字在佛教中极为常见。大雄是佛的德号,大指万有,雄指摄伏群魔。释迦牟尼圆觉智慧,能够雄镇大千世界。佛寺的大雄宝殿供奉的是释迦牟尼的像,这里是佛寺的中心,僧徒聚集于此。在与佛教相关的地名与人名中,时有大雄的名称,大雄山之名当源于佛教。

   举百丈问黄檗:"甚处去来?"黄檗云:"大雄山下,采菌子来。"百丈云:"还见大虫么?"黄檗便作虎声,百丈拈斧作斫势,黄檗遂与百丈一掴。百丈吟吟而笑便归。升堂谓众云:"大雄山下,有一大虫。汝等诸人,也须好看。"②

这段文字记载了百丈和尚在大雄山的故事,大雄山在洪州,百丈和尚是海东人:"洪州大雄山百丈超禅师海东人也。问祖意与教意同别,师曰:'金鸡玉兔听邀须弥。'问日落西山去林中事若何。师曰:'深云出晚,涧曲水流迟。'僧辞问曰:'今日下山有人问和尚说什么法?向他道什么?'师曰:'但向他道,大雄山上虎生师子儿。'"③大雄山的地名还有不少,一些佛寺尼庵也会名以大雄,例如庐山的大雄庵等。大雄也可以作为佛僧的名称:"三十二祖之三世,曰西京义福禅师。其所出法嗣八人,一曰大雄猛禅师者,一曰西京大震动禅师……"④可见大雄之名时常出现于佛教化的地名和人名。桓雄之父桓因是佛教天帝,那么佛教天帝之子桓雄名字的雄字应当源于佛教,而不是源于韩国人名中常见的雄字,表现了"大雄大力大慈悲"之意,这与"弘益人间"的

---

① 〔韩〕申采浩撰、李万烈注译:《注译朝鲜上古史》上册,莹雪出版社1983年,第108页。
② 《袁州仰山慧寂禅师语录》卷一,《大正新修大藏经》第四七册,第587页。
③ 《景德传灯录》卷二十,《大正新修大藏经》第五一册,第368页。
④ 《传法正宗记》卷九,《大正新修大藏经》第五一册,第766页。

思想意义完全相合。桓因的名字源于佛教,是佛教化的姓名,桓雄的名字也应当是佛教化的姓名。

其实坛君神话还有一个佛教化的人名,那就是檀君(坛君),檀树是佛教之树,檀君之名源于佛教之树,因而也只能是佛教化的人名。这一点将在后文中专门研究,在此不论。由此可知坛君神话中的三个人名其实都是佛教化的,这些佛教化的人名应当都是出现于5世纪之后,应当都是衍生因素。

2. 太伯山与妙香山的佛教化与时间

坛君神话的一个特征是出现了很多的地名,一共出现了16个地名,这在很短的神话中占了较大的篇幅。有的地名出现在坛君神话的正文,有的地名出现在一然的注释。出现这么多地名的原因有二:一是一地多名,一是地点不确定。实际地点只有五个,太伯山、三危山、阿斯达、平壤、藏唐京。前三个是山名,后两个是都城的名字,这里先研究三个山名。

桓雄要降临人间,桓因给桓雄指定的地方有两个,一是三危山,一是太伯山,最后桓雄选择的是太伯山。由此可见在坛君神话中太伯山有着特别的意义,因而有必要考察太伯山给坛君神话形成提供怎样的信息。

> 父知子意,下视三危、太伯,可以弘益人间,乃授天符印三个,遣往理之。雄率徒三千,降于太伯山顶(即太伯今妙香山)神坛树下,谓之神市,是谓桓雄天王也。①

桓因指定太伯山与三危山是因为这两个地方可以"弘益人间","弘益人间"是桓雄来到人间的主要目的,因而后世文人将坛君塑造为仁德之君的形象。这一记载非常简单,但问题很多。问题是太伯山到底在哪里,桓雄为何选择太伯山,天帝为何指定三危山与太伯山,两个山又有什么内在的联系?太伯山顶有神坛树的地方,又为何名为神市?

这些问题都是学术界的老问题,首先应当追问的是太伯和三危是什么,因为太伯和三危性质的确定,直接关系到它们成为坛君神话因素的时间。今西龙是东亚学术界较早认真研究过这个问题的学者,他的研究没有成为永远的过去,产生了深远的影响,这种影响延续到今天。今西龙被认为是韩国历史与神话研究不可绕过、难以跨越的学术大山。今西龙以为:

---

① 〔韩〕一然著、李载浩译注:《三国遗事·古朝鲜》卷一(第一册),솔출판사1997年,第71页。

下视三危、太伯是帝释桓因坐于三十三天之上,下视参星、危星、太伯星的方向,望着遥远的人间世界。有山名曰三危,是加上其他两星的名称而得的名称。这样下视三危山与太伯山意义不明,即使两山的意义不明,也可以明确这是道教语词,天符印也是如此。①

今西龙以为三危、太伯是星宿的名称,太伯就是太伯星,三危是参星、危星的合称。帝释桓因就是在佛教的三十三天之上,俯视三个星宿的方向。如果太伯与三危确实是星宿的名称,那么确实也可以说成是道教因素。尽管在道教形成之前星宿的名称已经形成,但道教毕竟也吸收了星宿的观念。然而把三危和太伯理解为星宿之后,就会面临无法理解的问题,因而今西龙也以为太伯与三危的意义不明,即使如此他仍然坚持认定三危与太伯是道教因素。三品彰英等人继承了今西龙的看法,也是认为三危与太伯是道教名词,解释得也更加清楚明白:"三危、太伯:……在西方的星之名,危也是星名,二八宿中的一个就是危宿。太白也是星名。中国各地有三危山之名的山,又有太伯的山名,阴阳家所祀之神中有太白神,此故事具有浓厚的道教色彩,应当释为三危山的太白神。"②现今学术界基本承续着今西龙的学说,在各类研究成果中时常提到并在今西龙学说的基础上展开研究。③

然而这些说法存在一定的问题,今西龙以为太伯、三危的意义不明,这是因为今西龙没有能够正确地解读坛君神话的文本。桓因下视三危、太伯,不是俯视参星、危星与太白星的方向,而是俯视三危山与太伯山的方向。桓雄"降于太伯山顶"的太伯与"下视三危太伯"的太伯当为同一地方,而非两种事物,不可能前者指山名,后者指星宿。太伯第二次出现时明确记载是山的名称,说明太伯不是星宿的名称。参星与危星确为星宿名称,二者连续标记时中间当有顿号,不可将参星与危星合称为三危。三危也不可能是参星、危星、太伯星的合称,如果三危是三个星宿的合称,那么必须提供如此使用过的用例,但今西龙没有提供任何文献依据。太伯有时确实可以混同太伯与太白,然而有时太伯和太白是有区别的,因而不能简单认为太伯即太白星。星宿的名称中确有参星、危星与太白,但坛君神话中的太伯和三危不是星宿,那么它

---

① 〔日〕今西龙:《朝鲜古史的研究》,第30~31页。
② 〔日〕三品彰英:《三国遗事考证》上册,塙书房1975年,第304~305页。
③ 日本学者平井进以为:"太伯通太白,在阴阳道太白星是金星,太白神是方角之神,主大将之象,司兵凶。中国的太白山在浙江省宁波之东,与天台山约100公里。"〔日〕平井进《韩国江华岛的檀君与牛头天王——朝鲜和倭的神祇的研究1(韓国江華島の檀君と牛頭天王—朝鮮と倭の神祇の研究1)》,《古代文化的思索(古代文化を考える)》第41期,2002年。

们是否为道教用语就存在很大的疑问了。

太伯与三危应当是山的名称,这一点确定无疑。然而三品彰英等人认为太伯山即使是山的名称,也应当源于道教:"太伯山·妙香山:太伯山是受到道教影响而起名称的山,在新罗时代称为太伯山的是在现在江原道和庆尚北道的境内。《三国史记》祭祀志中,为中祀五岳中的北岳,自古以来在山顶有太伯王堂词,据说现在仍然由巫在春秋举行大祭。"①太伯山的名称在东亚比较常见,中国有多处太伯山,日本九州也有太伯山。古代韩国人似乎也特别喜欢太伯山的名称,朝鲜半岛至少有三个太伯山,李氏朝鲜时期文人成海应《太白山辨》:

> 东国尝称神人降于太白山檀木下,人共立为君,国号朝鲜。指太白山,为妙香山,今妙香山,有檀君台,即其地云。……据此则降于檀木下者,非檀君也。东国之初,荒陋怪妄,传说如此。太白之称妙香,又未可知也。东国最多太白山之称,北则白头山及长白山也,南则顺兴之太白山也。东国之山名,多因缁徒而得之。所称妙香,亦浮屠家说也。韩百谦《东国舆地志》以妙香山为西盖马,然西盖马即今原州地,以其在白头之西志误也。②

除了长白山与妙香山之外,朝鲜半岛的南部也有一个太伯山。俞好仁(1445~1494)《安东乡校谣》:"苍苍太伯,延袤南中。新罗旧壤,开拓实雄。耕蚕千里,庶务恩恩。皇华四壮,天眷在公。来旬来宣,治化益隆。"③此诗所写的太伯山在新罗的顺兴,也就是现在的庆尚南道。太伯山的名称显然受到古代韩国人的特别喜爱,否则不会出现如此多的相同山名。

太伯山之名当源于太伯,韩国古代文献有关太伯的记载比较丰富,几乎所有关于太伯的记载都是与中国先秦贤人太伯有关,这恐怕也是太伯山名流行原因。金时习《北川金周元公址》:"元圣周元相让时,北川霖雨涨无涯。夷齐太伯那专美,千古江陵有旧祠。"④太伯的意义在于道德的尽善尽美,太伯的大德莫过于让国。如果考察韩国文人是如何以太伯来描写现实中的人,也

---

① 〔日〕三品彰英:《三国遗事考证》上册,塙书房1975年,第304~305页。
② 〔韩〕成海应:《研经斋全集续集·东国地理辨》册十六,影印标点《韩国文集丛刊》第279册,韩国民族文化推进会2001年,第429页。
③ 〔韩〕俞好仁:《𡇌谿集》卷之七,影印标点《韩国文集丛刊》第15册,韩国民族文化推进会1988年,第196页。
④ 〔韩〕金时习:《梅月堂诗集·游金鳌录》卷之十二,影印标点《韩国文集丛刊》第13册,韩国民族文化推进会1988年,第272页。

许更能够更加清楚地看到太伯在韩国文学中的意义。宋时烈《原州牧使李公墓碣铭》:"李氏上世稼亭,牧隐。以文章节义,名闻海内,其后贤而贵者相望。故韩山之李,人谓不须谱也。……公淑人李氏,国姓,让宁大君禔之后,礼曹佐郎葳之女。让宁世所称本朝之太伯者也,淑人有妇道。"①李牧隐是古代文学具有代表性的诗人,宋时烈赞美李牧隐的祖先让宁大君。让宁大君被誉为韩国的太伯,因为让宁大君也是让国的大德贤人。因而在其后人的墓志铭中总是提到祖先的让国大德,《宣川府使李公墓碣铭》:"我太宗大王有世子,曰禔,自废以让德,是为让宁大君,以启我世宗大王之圣治,故论者以为我朝之太伯云。"②许穆《朴松堂先生碣铭》:"先生姓朴氏,其先本密阳人。松堂,别号也。……父让宁大君初立为世子,我庄宪王在诸王子。有圣德,乃佯狂以让之。国人拟之太伯,上舍者也。"③这些文章既是赞美让宁大君,也是赞美让宁大君的后人。很多文人赞美让国之德,这并不是要求所有的君王都要让国,而是以太伯让之德治国。宋时烈《河西集序》:"皇天不佑,竟为志士之永叹,可胜痛哉。或疑先生晚岁沈冥之托,有非圣贤之规。余谓太伯之裸以为饰,不害为至德。"④闵仁伯《永宁殿》:"永宁殿初为穆、翼、桓四王设也,厥后文宗,亦祧于此。又祔宗庙。……恭靖以太伯之德,承太祖之命,临御一年,禅于太宗,宜与列圣同享,而庙祀阙焉,岂非欠典之大者乎。"⑤让国者的贤德与拒绝者的贤德同样都是需要的,金得臣《伯夷传解》:"伯夷传多有未解处,学士大夫病之,余抄书诸注解其疑。舜处畎亩三十载,尧让天下。舜使禹典职数十载,功用兴然后让天下。其传之也若斯之难也。而说者曰:尧让天下于许由,许由不受。……孔子贵吴太伯、伯夷、叔齐之让国,序列之。许由、卞随、务光让天下而义至高。"⑥从这些诗文可以明白为何太伯的名字受到古代韩国文人的喜爱,这正是朝鲜半岛有多个太伯山地名的原因。

从上述文献来看,太伯山地名的意义不在于道教,也不在于佛教,而在于理想君王的儒家思想意义。坛君神话记载坛君是"与尧同时"的君主,也就是

---

① 〔韩〕宋时烈:《宋子大全》卷一百七十九,影印标点《韩国文集丛刊》第114册,韩国民族文化推进会1993年,第78页。
② 同上,第118页。
③ 〔韩〕许穆:《记言别集》卷之二十,影印标点《韩国文集丛刊》第99册,韩国民族文化推进会1992年,第228页。
④ 〔韩〕宋时烈:《宋子大全》卷一百三十九,影印标点《韩国文集丛刊》第112册,第578页。
⑤ 〔韩〕闵仁伯:《苔泉集·邦礼同异》卷四,影印标点《韩国文集丛刊》第59册,景仁文化社1990年,第69页。
⑥ 〔韩〕金得臣:《柏谷集》册六,影印标点《韩国文集丛刊》第104册,韩国民族文化推进会1993年,第196页。

把坛君看成是与尧并列的理想君王。太伯曾经让国,尧也曾让国,其实坛君也是让国之君。他在御国 1500 年之后,将王位让给儿子,自己隐于阿斯达山成了山神。坛君神话没有对太伯山做任何解释,但从坛君神话的内容可以明白太伯山的意义。可以确定太伯山的地名中完全没有佛教的因素,也没有道教的因素,太伯山的地名包含的是儒家因素。坛君神话极力将坛君与尧联系在一起,尧又经常与舜、许由、太伯、伯夷、叔齐等名字联系在一起,其目的是塑造一个大贤大德的君王形象。"弘益人间"可以是儒家的仁德,也可以是佛教的慈悲,或可以是道教的善行,但在坛君神话的文本中只能是儒家的仁德。坛君神话的正文记载的是太伯山,而不是佛教化的妙香山。如果要表现佛教的慈悲,那么应当记载为妙香山,而不是记载为太伯山。太伯山与太白山固然可以相通,但以让国之君的太伯取山名时就不能通于太白,因为它们的意义完全不同。如果没有辨析太伯与太白的不同,就会误以为是道教因素,甚至会想象为星宿的名称。

如果太伯与三危是山名,那么太伯、三危就应当与坛君神话有关系。但事实上高丽前期记载太伯的文献中没有提及坛君神话,因而太伯山与坛君神话的关系是不存在的。这是今西龙的基本看法,他的根据是金富轼的《妙香山普贤寺之记》(1041)中妙香山名为妙高山,在妙高山之前名为延州山,在名为延州山时期此山与太伯山没有关系。此说影响了今人,今人以为太伯山和妙香山从来都是没有关系。① 李奎报的《妙香山普寺贤堂主毗庐遮那如来丈六塑像记》(高丽高宗王十年、1222)也没有提及坛君神话,妙高山在高丽前期的《普贤寺碑》中也与坛君神话无关。《新增东国舆地胜览》(1481)的宁边大都护府条记载了妙香山,也记载了妙香山的另一地名太伯山,但此书没有提及坛君神话。《新增东国舆地胜览》确实没有提及坛君,但是大体相同一时期的俞好仁(1445~1494)写到了太伯山与坛君神话的关系,《观水楼十绝·其九》:"观澜渡口路苍苔,万古源从太伯来。天遣吾侪吟断处,江山都作画图开。"②观澜渡是高丽时期都城开城的渡口,太伯当是太伯山,这两个地方并不在同一地方。俞好仁把两个地方连接起来,其原因在于"万古源从太伯来"一句。头两句的意思是观澜渡的苍苍古路,一直可以延伸到太伯山,太伯山

---

① "在韩国从来都没有太伯山称妙香山的证据,一然的注释是错误的。"〔韩〕都珖淳:《檀君神话历史性的研究——檀君神话形成的历史性为中心(壇君神話の歴史状に関する研究——檀君神話形成の歴史性を中心に——)》,二松学舍大学《东洋学研究所集刊》通号 15 期,1984 年)

② 〔韩〕俞好仁:《□豁集》卷之二,影印标点《韩国文集丛刊》第 15 册,韩国民族文化推进会 1988 年,第 113 页。

是一切文明与历史的源头。太伯山之所以是万古的源头,就是因为坛君降生于此,开创了韩国民族的历史与文明。诗句没有直接提到坛君,但诗句的意义非常明显,只能是指太伯山与坛君神话的关系。俞好仁将观澜渡与太伯山连接起来的目的是为了表现高丽王朝的王权源自于太伯山,也就是源自于坛君,这无非是为了表现高丽王朝的正统性和权威性。在这首诗中太伯是地名,没有表现出地名本身的意义。不过重要的不是《新增东国舆地胜览》,重要的是13世纪之前的文献,13世纪之前的文献中太伯山与坛君神话确实无关,妙香山与太伯山也没有关系。据此很容易认为坛君神话是高丽后期编造出来的,或者认为太伯山与妙香山的关系是在《三国遗事》前后编造出来的,这也就印证了坛君神话是12世纪到13世纪之间编造出来的说法。如果产生这样的看法显然超过了文献记载的有效范围,因为坛君神话的诸因素形成的时间各不相同,不能因一个因素就断定坛君神话是高丽后期编造出来的。

一然将太伯山注为妙香山,但此说遭到了否定。按照今西龙等人的看法,妙香山初称延州山,后又称妙高山,之后称妙香山,似与太伯山没有什么关系。然而太伯山的地名早在高句丽时期已经存在了,金富轼的《三国史记》记载:"初,法敏王纳高句丽叛众,又据百济故地有之。唐高宗大怒,遣师来讨,唐军与靺鞨营於石门之野。王遣将军义福、春长等御之,营於带方之野。……元述恸哭而不能去,夫人终不见焉。元述叹曰:'为淡凌所误,至於此极。'乃入大伯山(太伯山)。"①这段记载表明太伯山的地名在高句丽时期已经存在,只是这段文字记载的太伯山地理位置不是很明确,但大体当在高句丽。《三国史记》记载:"奈灵郡:本百济(高句丽)奈已郡,婆娑王取之,景德王改名,今刚州,领县二。善谷县本高句丽买谷县,景德王改名,今未详;玉马县(王马县),本高句丽古斯马县,景德王改名,今奉化县。"②又载:"五岳:东吐含山(大城郡),南地理山(菁州),西鸡龙山(熊川州),北太伯山(奈已郡),中父岳(一云公山,押督郡)。"③《三国史记》记载的太伯山当为妙香山,地理位置大体相合。这样看来太伯山的地名形成在前,妙香山的地名形成在后。太伯山即妙香山的说法并非仅见于一然的注释,《高丽史》也有相同的记载:"清塞镇:高宗四年,以御丹兵有功,升威州防御使,后投狄背国,改称熙州,为价州兼官。有妙香山[即太伯山]。"④太伯山与妙香山无关的说法并不一定

---

① 〔韩〕金富轼:《三国史记·列传三·金庾信》卷四十三,吉林文史出版社2003年,第501~502页。
② 〔韩〕金富轼:《三国史记·志四·地理二》卷三十二,第431页。
③ 〔韩〕金富轼:《三国史记·志一·祭祀》卷三十二,第405页。
④ 〔韩〕郑麟趾:《高丽史·志十二·地理三》卷五十八,首尔大学校奎章阁本。

符合事实。

太伯山和妙香山的地名确实存在先后的时间关系,那么太伯山产生佛教化的妙香山地名时间就显得非常重要,因为这个时间关系到太伯山成为坛君神话因素的时间。妙香山地名形成的上限时间是可以确定的,妙香山是朝鲜半岛的四大佛教名山之一,山中建造了 360 个左右的寺庵,成了妙香遍山的佛教圣地。妙香山主要山峰的名称几乎都是佛教化的,主峰毗卢峰海拔 1909 米,毗卢是佛经中常见的词语,是毗卢舍那的略称,又名毗卢遮那,是佛真身的通称,毗卢舍那译为光明遍照一切。此外其他的圆满峰、香炉峰、法王峰、元万峰、千塔峰、千台峰都是佛教化的,七星峰、五仙峰似有更多的道教意味。佛徒为了更有效地宣扬佛教,经常借用道教用语,但实际表达的是佛教意义。安鼎福也以为太伯山的地名形成在前,妙香山的地名形成在后。

> 太伯之变为妙香,未知在于何代。而我东诸山名号,多出于僧释,妙香之称,亦僧家文字也。①

安鼎福的说法不错,佛寺聚集太伯山的结果之一就是太伯山产生了新的名称。古代韩国的山名多是佛教化的,佛僧是起名者。妙香二字在佛典中经常出现,象征着佛教的真谛,也是佛祖菩萨本身:

> 我土如来不为菩萨文词说法,但以妙香令诸菩萨皆悉调伏。彼诸菩萨各各安坐妙香树下,诸妙香树各各流出种种香气。彼诸菩萨闻斯妙香,便获一切德庄严定,获此定已即具一切菩萨功德。②

如果闻到了妙香,就能够获得一切菩萨功德。妙香总是与佛教植物联系在一起,凡是有佛之处皆会散发出洁净的妙香。所谓的妙香树是指檀香树,是佛教神树。佛僧在太伯山建立佛寺,就产生了太伯山名为妙香山的契机。

---

① 〔韩〕安鼎福:《东史纲目·地理考》卷上,尹以钦编《檀君:理解与资料》,首尔大学校出版部 2001 年增补版,第 476 页。

② "唐开元初,有胡人上言,往狮子国求灵药。其国在天竺旁,居西南海中、旧无人民,止有鬼神及龙居之,以驯养狮子得名。诸国商贾往与贸易,鬼神不见其形,但出珍宝,题其所直,商贾依价取之。其地和适,无冬夏之异。诸国人闻其土乐,因此竞至,或有停住,遂成大国。此即佛经所言印象、天龙、夜叉之属也。其国旁所有出于习见,故以之为法象耳。今广东居民有与海神市者,造舟海上,以货置舟中,焚纸契于岸,纵舟而去,如期舟来,所命货物与原约不爽,亦师子之类也。天下事有不可以理晓者,儒者局于所闻,真夏虫之见。"(《说无垢称经》卷五,《大正新修大藏经》第十四册,第 580 页。)

太伯山产生妙香山名称的时间可以通过普贤寺进行研究,普贤寺是太伯山上最早的佛寺之一,也是韩国历史上的五大名寺之一,是朝鲜国宝文化遗物。金富轼记载妙香山最早的佛寺初建于11世纪。仁宗十九年(1041)金富轼在《妙香山普贤寺之记》(朝鲜144号国宝)中记载,1028年佛僧探密来到太伯山,建造了安心寺,1042年他的弟子、仔子宏廓创建普贤寺。普贤寺规模相当大,建寺后有佛徒三千。1067年普贤寺得到高丽国王寄赠的国土。李氏朝鲜的中期和后期又重建了普贤寺。

图 1-1　《妙香山普贤寺之记》①

在金富轼之后,李奎报的《妙香山普贤寺堂主毗盧遮那如來丈六塑像記》也记载了普贤寺:"普贤寺者,北地之名寺也,凡高人释子遗世錬真者之所尝游集也。越贞祐某年丙子,契丹阑犯封境,无佛寺神祠,皆焚灭之,是寺亦为煨烬,像设从而荡扫。师慨然发愤,思欲营妥佛像。"②李奎报(1169~1241)朝鲜高丽时期诗人,字春卿,号白云山人。他与妙香山佛教僧多有往来,有多

---

① http://blog.artron.net/space.php?uid=51976&do=blog&id=310021
② 〔韩〕李奎报:《东国李相国全集》卷第二十四,影印标点《韩国文集丛刊》第1册,韩国民族文化推进会1990年,第543页。

篇诗文中提到了妙香山与普贤寺。12世纪之后有关妙香山的诗文越来越多,可见11世纪出现妙香山地名的时间是可靠的。

这个时间对坛君神话极为重要:首先,妙香山地名时间的确定表明坛君神话是12世纪~13世纪之间僧侣编造的说法是不对的,因为坛君神话的正文没有使用妙香山的地名,而是使用了太伯山。妙香山既然是佛僧起的佛教化地名,那么在记录坛君神话时必然会记载为妙香山,而不是记载为太伯山。这证明坛君神话并非佛增编造,也证明坛君神话在佛僧着手改编翻案之前就已经存在。那应当是佛教因素没有或较少的坛君神话,佛教化的人名与地名是僧侣添加进去的。在11世纪之前太伯山还没有产生妙香山的地名,因而坛君神话的太伯山地名也没有能够佛教化。

其次,地名的记载方式证明一然采取了尊重原文的记录原则。尽管《三国遗事》中不无误载,但一然记录的态度是认真的。金富轼的《妙香山普贤寺之记》以及李奎报等人的诗文都是将太伯山记载为妙香山,11世纪妙香山已经代替了太伯山的地名。中国的《朝鲜志》也将太伯山记载为妙香山:"妙香山:在宁边府东一百三十里,一名太伯山。山之大,莫之与比。地多贞木、冬青,仙人旧迹存焉。"①在一然的时代妙香山已经是正式的地名,按照常规一然完全可以删除太伯山,直接记载为妙香山。以当时使用的地名记载更早时期的地名,是古代文献中常见的记载方式。但一然没有采用这种方式,照录了太伯山的地名,当时的地名记于注文,这样不会改变原文。显然一然照录了他看到的文献,没有删改。一然的记录原则提供了地名佛教化因素形成时间的信息,否则就无从探索如此重要的时间。《三国遗事》的记载表明太伯山成为坛君神话因素的时间应当早于地名佛教化之前,也就是早于11世纪产生妙香山地名之前。

坛君神话与朱蒙神话、朴赫居世神话、金首露神话等代表性的建国神话比较有一个十分突出的特征,那就是具有丰富的佛教因素。坛君神话的这种特征与妙香山不无关系,因为只有坛君神话的背景地是佛教名山。只要进入到妙香山,就到处都飘溢着佛教的气息。这正是坛君神话不同于其他建国神话之处,因此坛君神话生成了更多的佛教因素,也遭到了更多的否定。古代写妙香山的诗文总是喜欢写妙香山的佛教,但不一定会写到坛君神话。由此可以感受到妙香山不是笼罩在开国神话与君主的氛围之中,而是笼罩在了佛教气息之中。

---

① 《朝鲜志·山川》卷下,《文渊阁四库全书》第594册,台湾商务印书馆2008年,第390页。

申混《游香山记》

过中峰十余里,坐一壼,亦崆峻峭绝。欲名其壼,而从僧皆鄙朴,必不传也。东有一菴临水,梨花盛开,下有怪石如伏兽。问之菴为三圣壼,石为狮子岩也。遂由内院下十余里,稍北入宾钵菴。堂西揭玩虚者,即圆俊影堂。有僧桂琛者,彦机之徒,颇聪明晓禅旨。令赋诗,能成近体,依韵赠之。入山数日,所遇皆哑羊鸟鼠,绝无可语者,比西山师弟时衰陋甚矣。人才兴替之运,亦及于禅门耶?适熙川守闻此游来,亦有笛奴。明朝欲见檀君台。①

申混到了妙香山之后,总是遇到僧徒,看到寺庵。李朝中期的佛僧已经远不如高丽时期的佛僧那样具有高深的佛教与文学的修养,为此申混不无感叹,但他仍然感受到佛教的浓烈气息。申混还想为他坐过的壼取一个雅名,但随从的僧人粗俗无文,也就作罢。佛徒喜欢起地名,文人雅士也有此爱好。申混《招西谷子同赏香嶽》:"白头超超走势来,结成香岳何雄哉。镇兹三韩国西维,上有古初檀君台。香炉远出玄圃外,瀑声白日闻风雷。其中梵宇八万区,金碧照耀连崔嵬。……"②论及坛君神话的古代诗人非常多,但能像申混那样指出坛君朝鲜是佛孙所建的诗人并不多见,也许游历妙香山坛君台时突然悟到佛祖在坛君神话中的特别意义。

现在再来看一篇游记,金昌翕(1653~1722)为李朝后期诗人,字子益,号三渊,著有《三渊集》。

金昌翕《关西日记》

有老僧灵祐,沈静有道气,博综禅教,诸衲推为宗师,而耳聋不通话可叹。二十四日晴,早食越东岘至内宾钵,无何至檀君台,菴空无僧。菴后两岩交头成一穴,自是檀君所气化处。傍有石泉,澄莹冰齿。从窟后而上,有壼缥缈,俯视大壑。群峰皆在指点中,又东行崎岖,披林俯壑,得六层长瀑,垂练跳珠亦可观,乃万瀑洞也。③

金昌翕与申混描写的地方相同,都写到了佛寺与坛君台,还有妙香山的美丽景色。金昌翕《檀君台·次定而韵》:"踯躅林中太始苔,缘云缭绕上层

---

① 〔韩〕申混:《初菴集》卷之十,影印标点《韩国文集丛刊》第37册,第109页。
② 〔韩〕申混:《初菴集·西关录[上]》卷之五,影印标点《韩国文集丛刊》第37册,第53页。
③ 〔韩〕金昌翕:《三渊集拾遗》卷之二十八,影印标点《韩国文集丛刊》第167册,韩国民族文化推进会1995年,第208页。

台。悲吟坐抚神明迹,地老天荒独后来。"①云雾缭绕的景色与坛君台,使他感受到了神明之迹。他所体会的神明是来自于佛祖,还是来自于天神呢?诗中没有明确的描写,但能够感受到悠远的历史。

郑元容《赋香山图呈枫皋太史》是一首题画诗,画中的太伯山首先是佛教之山,坛君台与坛君窟只是佛教构图中的一个小点而已:"我来为官香山区,对山又作香山图。香山千叠复万叠,巧工妙手何能七分摹。盘溪灌槭始有寺,百尺飞楼金碧涂。绿圃琅玕玉菡苔,毘卢上峰缥缈陵玄都。碧萝翠藓通幽迳,峰游麋鹿藏狙鼯。又有鸣雷喧雪之悬瀑,晒以束练霏圆珠。谷谷禅扃架石广,晨钟暮磬栖僧孤。绮霞彩霭怳惚罗幢盖,来往浮邱洪崖徒巍哉。檀君台,檀君窟,循蜚异纪参唐虞。近代名释开祠宇,七宝金莲像跏趺。我曾入山最高水最深处,积空灝气生吸呼。我欲燕室长对面,呼僧洒墨试排铺。高丽太史龟头字,锺王美迹与之俱。……"②画面的佛寺禅僧处处可见,坛君台与坛君窟完全淹没在了佛教世界。宋秉璿的《西游记》:"有僧在傍,摹其像藏之云。转东而下,磴道屈曲如羊膓……复东而行十里。登檀君台。世传檀君升仙处云。俄而雨骤作,走到贝叶寺,宿西寮。"③宋能相《檀君台望诸贤讲学》:"相将贝叶寺,漠尔檀君台。宴坐溪声外,拈花聊自咍。"④由于妙香山是坛君神话的背景地,坛君神话与佛教就产生了千丝万缕的关系。妙香山不是一个假托的背景地,确实加入到了坛君神话的演化过程,起到了重要的作用。通过妙香山诗文的描写可以看出坛君神话从属于佛教,佛教的地位远远高于坛君神话。尽管 13 世纪之后,坛君神话越来越受到重视,但直到 20 世纪之前,坛君神话的地位还是非常有限的。13 世纪之前坛君神话更是没有受到重视,在这种情况下坛君神话只能是受到佛教的影响,甚至依赖于佛教存在。上述诗文都是 13 世纪之后的作品,只能说明 13 世纪之后佛教与坛君神话的关系。然而这种关系并不一定始于 13 世纪,早在 11 世纪太伯山变成妙香山时已经形成了。

太伯山与长白山的关系也是一个问题,因而也有必要在此简要地讨论。太伯山即长白山的说法源于长白山的名称,长白山又名太白山、太伯山。长

---

① 〔韩〕金昌翕:《三渊集》卷之八,影印标点《韩国文集丛刊》第 165 册,韩国民族文化推进会 1995 年,第 167 页。
② 〔韩〕郑元容:《经山集》卷二,影印标点《韩国文集丛刊》第 300 册,韩国民族文化推进会 2002 年,第 32 页。
③ 〔韩〕宋秉璿:《渊斋集》卷之十九,影印标点《韩国文集丛刊》第 329 册,韩国民族文化推进会 2004 年,第 321 页。
④ 〔韩〕宋能相:《云坪集》卷之一,影印标点《韩国文集丛刊》第 225 册,韩国民族文化推进会 2001 年,,第 113 页。

白山曾经有过很多的不同名称,在不同历史时期有不同的称谓。先秦称"不咸山",南北朝称"徒太山",唐代称"太白山",金以后称"长白山"(满语"果勒敏珊延阿林")。国内有人指出长白山并不是太伯山,长白山更多是与女真人有着密切的关系,与韩国人产生关系较为迟晚,新罗时期的主要名山中也没有长白山。①《三国遗事》的朱蒙神话出现了太伯山,这是将太伯山释为长白山的根据之一。

于是时得女子于太白山优渤水,问之,曰:"我是河伯之女,名柳花。与诸弟出游时,有一男子,自言天帝子解慕漱,诱我于熊神山山下鸭绿边室中私之。②

---

① 太伯山为长白山说,是坛君神话研究的一种说法。中国典籍有关长白山的记载相当丰富,《山海经·大荒北经》卷十七记载:"大荒之中有山,名曰不咸,有肃慎氏之国"(清·郝懿著,巴蜀书社1985年,第1页),不咸山即长白山。《魏书·列传第四十八·勿吉》卷一百载:"国南有徒太山,魏言'大白',有虎豹黑狼害人。"(北齐·魏收撰,中华书局1997年,第570页)。长白山曾是女真部族的名字,《辽史·本纪第十五·圣宗六》卷十五:"长白山三十部女直酋长来贡,乞授爵秩。"(元·脱脱等撰,中华书局1997年,第50页)。《辽史·百官志二·北面属国官》卷四六:"长白山女真国大王府。"(元·脱脱等撰,中华书局1997年,第197页)。长白山与长白山女真族有关,金代始有长白山之山名。《金史·志第十六·礼八》卷三五:"长白山在兴王之地,礼合尊崇,议封爵,建庙宇。大定十二年(1172),礼部、太常、学士院奏奉旨封兴国灵应王,即其山北地建庙宇。"(元·脱脱等撰,中华书局1997年,第219页):金章宗明昌四年(1193)十月,"册长白山之神为开天弘圣帝。"(元·脱脱等撰《金史·本纪第十·章宗二》卷十,中华书局1997年,第71页。)《满洲源流考》卷十四:"案:长白山在吉林乌拉城东南,横亘千余里。东自宁古塔,西至奉天府诸山,皆发脉于此山巅。有潭为鸭绿、混同、爱嘑三江之源,古名不咸山,亦名太白山,亦名白山,亦名徒太山,亦名太末山。其名长白山,则自金始也。金大定十二年,封太白山神为兴国灵应王,即其山。北地建庙宇。明昌四年,复册为开天宏圣帝。"(《满洲源流考·山川一》卷十四,辽宁民族出版社1988年,第242页。)长白山名称的起源说明长白山主要是女真人的神山,象征了女真人的起源。韩国古代的典籍也有类似的记载,《新增东国舆地胜览》卷五十记载豆满江:"女真语谓万为豆满,以众水至此合流,故名"。长白山:"女真语谓善颜阿林,以白色的山峰,故名,胡(女真)人奉之为神山。"《李朝肃宗实录》十七年十一月丙寅记载:"长白山,胡人(满洲人)或称白头山,以长白故也"。清末《长白汇征录·山川上·长白山》卷二上记载"韩人又名小白山"(清·张凤台等撰,黄甲元等点校:《长白汇征录·长白山江岗志略》,吉林文史出版社1987年,第53页)。从文献的时间来看,女真人与长白山发生关系的时间更早一些,在《三国史记》将长白山记载为太白山时,女真人已经名之为长白山了。新罗时期的五岳四镇是吐含山、鸡龙山、地理山、太伯山、父岳、温沫憩、加耶岬岳、海耻也里、熊谷岳,其中没有长白山。即使五岳中的太伯山就是长白山,也没有起用长白山的名称。其实五岳中的太伯山应当不是长白山,而是指妙香山。

② 〔韩〕一然著、李载浩译注:《三国遗事·高句丽》卷一(第一册),솔출판사1997年,第101页。

这段文字又载于《三国史记》,只有一字之差,熊神山载为熊心山。此处的太白山当是长白山,不是妙香山。太白与太伯的发音与字形相似,在中国太白山与太伯山不是同一个山,但在韩国的文献中可以相通,李奎报《东明王篇》:"其唇吻长三尺,唯与奴婢二人,贬于优渤水中。优渤,泽名,今在太伯山南。"① 李奎报说的太伯是指太白,也就是长白山。《东明王篇》写的也是朱蒙神话,太伯山不可能是坛君神话的太伯山。长白山邻近鸭绿江,平壤附近的太伯山与鸭绿江距离比较遥远,由于长白山与平壤附近的太伯山同名,因而产生了长白山即坛君神话太伯山的说法,但此说不一定正确。坛君神话有着丰富的佛教因素,但长白山与佛教没有多大的关系,从这个角度来说长白山即太伯山的说法也是没有太多的依据。

3. 三危山的地理位置与文化意义

桓雄降临人间可以选择的另一地方是三危山,最终桓雄选择的不是三危山,因而似乎没有必要研究三危山。不过三危山与太伯山共同作为降临地点,还是有必要研究。李丙焘以为三危并不是专有名词,而是三座高山之意:"三危是三高山之义,太伯乃是其中之一。"② 这种解释显然有些随意,《三国遗事》记载"下视太伯三危",太伯与三危是并列关系,完全没有包含关系,太伯山不可能是三座危山之一。李丙焘的说法也不是完全没有依据,丁若镛《浮于积石至于龙门西河会于渭汭》:"诸藩入贡者,浮于积石,则今嘉峪关外诸羌之地,皆入贡之藩服也。金仁山云:凡山有三峰者,戎人指为三危,此戏言也。"③ 古代文人金仁山以为凡有三座高山就是三危,但丁若镛否定了这种看法,认为三危就是嘉峪关外的三危山。李丙焘的说法与金仁山的说法类似,但此说不确,丁若镛的看法是正确的。如果说丁若镛的看法是正确的,那么坛君神话为何选择三危山为桓雄降临的地点呢?三危山究竟有何意义呢?

在东亚的文献中提到三危,首先想到的是中国的三危山。三危山的位置有二说,一说以为在西域敦煌,一说以为在雍州。历史地理类著作多持前一说,三危山是见于经书中最早的西域名山。《水经注》记载:"三危山:在炖煌县南。《山海经》曰:三危之山,三青鸟居之。是山也,广圆百里,在鸟鼠山西,即《尚书》所谓窜三苗于三危也。《春秋传》曰:允姓之奸居于瓜州。瓜州,地名也。杜林曰:炖煌,古瓜州也。州之贡物地出好瓜,民因氏之。瓜州之戎,

---

① 〔韩〕李奎报:《东国李相国全集》卷第三,影印标点《韩国文集丛刊》第1册,韩国民族文化推进会1990年,第315页。
② 〔韩〕李丙焘译注:《原文并译注三国遗事》,东国文化社檀纪4289年,第180页。
③ 〔韩〕丁若镛:《与犹堂全书·第二集经集第二十四卷·尚书古训卷三·禹贡》,影印标点《韩国文集丛刊》第283册,韩国民族文化推进会2002年,第84页。

并于月氏者也。汉武帝元鼎六年,分酒泉置。南七里,有鸣沙山,故亦曰沙州也。"①《元和郡县志》记载:"三危山:在县南三十里,山有三峰,故曰三危。《尚书》:窜三苗于三危,即此山也。"②《太平寰宇记》亦有记载:"三危山:其山有三峰,故曰三危,俗亦名为升雨山。在县东南二十里。《书》窜三苗于三危,过梁州入南海。"③三危山又名卑羽山,在敦煌东南25公里处,绵延60公里,主峰在莫高窟相对,三峰危峙,故名三危,但三危决不泛指有三座高峰的山。

三危山有三种文化意义:其一,象征尧舜的三危山。传说尧舜曾经被流放三危,因而此地民风淳古:"敷五教以轨物。允恭克让庶绩咸熙。协和万邦平章百姓。流四凶于四裔。窜三苗于三危(浑沌梼杌穷奇饕餮,为四凶也。尧流之于国四外,有苗氏叛,舜放之于三危之山也)调律吕以畅八风。"④三危山本来是凶恶奸诈之徒居住之地,但尧与舜流于此地之后,风调雨顺,万民合教。所谓贤君降临,民风必古,这里变成了人间福地。其二,三危山是神话与道教的圣地。《山海经·西山经》记载:"三危山,三青鸟居之。"⑤三青鸟是为西王母取食物的神鸟,栖居于三危山,往来于昆仑与三危之间。三危山是神山,有不少道教宫观,也就成了道教圣地。其三,三危山是佛教圣地。东晋永和八年(352),佛徒始建洞窟。前秦建元二年(366),高僧乐尊见三危山形似千佛,始凿莫高窟。三危山的佛像规模宏伟,被誉为三危圣境。《炖煌录》:"效谷城本是渔泽。……其东即三危山,西即鸣沙山。中有自南流水,名之宕泉。古寺僧舍绝多,亦有洪钟。其谷南北两头有天王堂及神祠,壁画吐蕃赞普部从。其山西壁南北二里。并是镌凿高大沙窟,塑画佛像。每窟动计费税百万,前设楼阁数层。"⑥"十六北凉河西王蒙逊,为母造丈六石像在于山寺。……今沙州东南三十里,三危山(即流四凶之地)崖高二里,佛像二百八十,毫光相亟发云。"⑦雄伟的佛寺,壮观的佛像,充分显示了三危山在佛教发展中的崇高地位,三危山之名主要与敦煌三危山的佛教意义有关。

那么三危山与太伯山有何内在的联系呢?三危山是佛教名山?还是象征尧舜的名山?或象征道教以及神话?仅据坛君神话的文本来看三种可能性都是存在的,坛君神话是神话,三危山是神话圣地,自然也就可以作为选择

---

① 北魏·郦道元:《水经注》卷四十(下册),江苏古籍出版社1989年,第360~363页。
② 唐·李吉甫:《元和郡县志·陇右道》卷四十(下册),中华书局1983年,第1026页。
③ 宋·乐史:《太平寰宇记·陇右道四》卷一五三,《文渊阁四库全书》第469册,台湾商务印书馆2008年,第440页。
④ 《辩正论》卷一,《大正新修大藏经》第五二册,第491页。
⑤ 清·郝懿行:《山海经笺疏·西山经》卷二,巴蜀书社1985年,第27页。
⑥ 《炖煌录》卷一,《大正新修大藏经》第五一册,第997页。
⑦ 《集神州三宝感通录》卷二,《大正新修大藏经》第五二册,第418页。

的地点。坛君神话中包含着丰富的佛教因素,佛教天帝派子降临人间,当然会选择佛教圣山。坛君神话中也包括了儒家的因素,"与尧同时"一句表明了将坛君喻为尧的明确意识。尧舜是儒家的理想君王,三危山既然是象征尧舜的名山,也就有可能作为选择降临的地点。

三种可能性中选择哪一种才会是正确的答案呢?为了解决这个问题,首先可以看看三危山在韩国古代文献中的意义。在韩国一般的古代诗文中,三危山几乎都是象征尧舜的名山。13世纪之前的文献是如此,13世纪之后的文献也是如此。崔致远《谢诏状》:"伏惟陛下岁巡备礼,时迈传歌。将示罪于三危,乃宣威于七德。臣远承奖谕,誓尽勤劳。身暂寄于戈船,心每驰于剑阁,唯愿西都献捷。"[1]有罪于三危是指有悖于尧舜之德。金义贞《纪纲赋》:"罪无贵而不诛,功无贱而不酬。贤同迎于板筑,恶同放于三危。上自上而下自下,人服运用之不差,品式条理之章明。雨露风云与霜雪,荣枯遁代,序不相夺。总号令而自我,管赏罚而无敌。无多门之弊政,有出一之脉络。"[2]社会恶浊,就可来到三危,三危象征的是没有多门弊政、社会井然有序的美好人间。沈彦光《通川客馆偶吟》:"憔悴三危放逐臣,罨花辜负一年春。萧条旅馆谁相伴,新月窥窗是故人。"[3]三危在韩国文学中也指隐逸之德,尧舜并不是一心一意地想获取王权,对王权的态度是达观的。徐居正《次韵金巖途中遇雪效禁体》:"玉楼已粟银海花,吟安一字捻断髭。先生雅怀嗜淡泊,崇兰九畹露三危。兔园当年才第一,白战又驾欧阳诗。不羡党家黄金锤,珠玑万斛东海涯。"[4]三危之露被认为是甘美之水,所谓甘美之水就是美德之水,隐逸之水。

> 丁运熙《檀君祠》
> 太白之山何苍苍,去天三百多奇奇。
> 神人降此檀木下,东方君长真是其。
> 洪荒年代问无凭,古迹茫茫余废祠。
> 如云如日戊辰岁,中国圣人唐尧时。

---

[1] 〔韩〕崔致远:《桂苑笔耕集》卷之三,影印标点《韩国文集丛刊》第1册,韩国民族文化推进会1990年,第20页。

[2] 〔韩〕金义贞:《潜庵逸稿》卷之一,影印标点《韩国文集丛刊》第26册,韩国民族文化推进会1988年,第365页。

[3] 〔韩〕沈彦光:《渔村集·东关录·诗》卷之四,影印标点《韩国文集丛刊》第24册,韩国民族文化推进会1988年,第139页。

[4] 〔韩〕徐居正:《四佳集·四佳诗集补遗二·诗类·皇华集》,影印标点《韩国文集丛刊》第11册,韩国民族文化推进会1988年,第161页。

> 无怀葛天去不远,太古风日何熙熙。
> 当年教化未能详,想应制作皆无为。
> 唐藏移卜代德欤,厌世更入山三危。
> 惟闻历年一千余,传世几代犹难知。
> 檀君之号亦淳古,勿蕲所舍仍追思。
> 遗民立祠寓神化,山自无言山鸟悲。
> 兰椒一奠感古事,陟降之灵如在斯。①

丁运熙重新写了坛君神话的内容,这是丁运熙的创作,但也是对坛君神话的解释。其实坛君神话中的坛君正是一位并不痴迷于王权的君王,最终他禅让王位,入山成为了山神。这些文献中的三危山与佛教没有关系,有一条文献记载了与佛教相关的内容,但表现了强烈的反佛教倾向。

> 南公辙《送柳参判赴燕序》
> 若明圣天子在上,其立天下,必曰礼乐文章者。至二百年,而独于班禅如此何也?余知之矣,夫三藏古三危之地,书称舜窜三苗于三危,是也。其地与中国不通,风俗久已梗化。况班禅以异端怪神之术,惑天下之人。其君子有忧乱之心,而其小人侥幸而求利焉。②

在这段文献中三危与佛教同时出现,佛教盛行于三危,但作者没有肯定这种现象,而是以"异端怪异之术"彻底否定了佛教。三危山完全具备了佛教化的条件,但上述文献记载的三危山完全没有佛教化的痕迹,至少在《三国遗事》前后是如此。坛君神话选择三危山为降临的地点之一,应当与尧舜之德有关系。《三国遗事》并列三危与太伯,如果二山存在内在的关系,那么只能是圣君贤王。太伯是自放让国之君,尧舜也是让国之君,他们都是理想君主,都是大贤巨德。坛君神话的三危山确与尧相关,那么只能是指中国敦煌的三危山。太伯山与三危山分别属于朝鲜半岛与中国西部,最后桓雄选择的是朝鲜半岛的太伯山,而不是中国西部的三危山。坛君神话是韩国的神话传说,这样的选择是必然的,不可能选择三危山。

不过除了《三国遗事》之外,还应当注意《帝王韵纪》的记载。在《三国遗

---

① 〔韩〕丁运熙:《孤舟集》卷二,影印标点《韩国文集丛刊》第14册,韩国民族文化推进会1988年,第551页。
② 〔韩〕南公辙:《金陵集》卷之十一,影印标点《韩国文集丛刊》第272册,韩国民族文化推进会2002年,第194页。

事》中阿斯达与三危山是两个地方,但在《帝王韵纪》阿斯达与三危山是同一个座山,三危山成了阿斯达山诸多异名中的一个,而阿斯达又被说成是九月山,这样三危山就变成了朝鲜半岛的九月山。中国与朝鲜半岛有不少同名的地方,中国有太伯山,朝鲜半岛有也太伯山,这不是罕见的现象。① 然而阿斯

---

① 中朝历史相同地名表格

共同方位	古代中国地名	李氏朝鲜地名
南部	义安君郡(东晋置.治今广东潮安县东北)	义安郡(今庆尚南道昌原)
	合浦县(西汉置.北宋移治今广西合浦县)	合浦县(今庆尚南道马山附近)
	南海县(隋置.即今广东南海市)	南海县(今庆尚南道南海岛)
	福州(唐置.即今福建州市)	福　州(今庆尚北道安东)
	临江郡(唐置.治今福建长江县)	临　江(今庆尚北道延口)
	晋康郡(东晋置.治今广东地庆县东)	晋　康(今庆尚南道晋州)
	曲江县(西汉置.治今广东韶关市南)	曲　江(今庆尚北道兴海)
	兴安县(北宋置.即今广西兴安县)	兴　安(今庆尚北道星州)
	宜山县(北宋置.即今广西宜山县)	宜　山(今庆尚南道宜宁)
	全　州(五代晋时置.宋时徙治今广西全州县)	全州府(今全罗北道全州)
		[以上属庆尚道]
	罗　州(南朝梁置.治今广东化州市)	罗州府(今全罗南道罗州)
	南平县(东汉末置.治今福建南平市)	南平县(今全罗南道南平)
		[以上属全罗道]
	始安郡(三国吴置.治今广西桂林市)	始　安(今忠清北道槐山)
	海丰县(东晋置.即今广东海丰县)	海　丰(今忠清南道洪)
		[以上属忠清道]
中部	竹山县(西魏置.即今湖北竹山县)	竹山县(今京畿道竹山)
	淮安郡(隋置.治今河南泌阳县)	淮　安(今京畿道广州)
	江宁府(五代南唐置.治今江苏南京市)	江　宋(今京畿道南阳)
	江都府(五代吴置.治今江苏扬州市)	江　都(今京畿道江华岛)
	巴陵郡(南朝宋置.治今湖南岳阳市)	巴　陵(今京畿道幸州东南)
	宜城郡(西晋置.治今安徽宜州市)	宜　城(今京畿道交河)
	金　陵(今江苏南京市别称)	金　陵(今京畿道金浦)
		[以上属京畿道]
	黄　州(隋置.治今湖北黄冈市)	黄　州(今黄海北道黄州)
	海　州(东魏置.治今江苏连云港市海州镇)	海　州(今黄海南道海州)
	遂安郡(隋置.治今浙江淳安县西南)	遂安郡(今黄海北道遂安)
	江阴县(南朝梁置.即今江苏江阴市)	江阴县(今黄海南道燕鸿里附近)
	温　州(唐置.即今浙江温州市)	温　州(今黄海南道延安)
	信　州(唐置.治今江西上饶市西北)	信　州(今黄海南道信川)

(转下页)

达、九月山即三危山的说法还是有些怪异。先来看《帝王韵纪》的记载：

(接上页)

中部	安　州(西魏置.治今湖北安陆县)	安　州(今黄海南道载宁)
	东阳郡(三国吴置.治今浙江金华市)	东　州(今黄海北道平山)
	象山县(唐置.即今浙江象县)	象　山(今黄海北道谷山)
	永康县(三国吴置.即今浙江永康市)	永　康(今黄海南道康翎)
		[以上属黄海道]
	江陵府(唐置.治今湖北荆州市)	江陵府(今韩国江原道江陵)
	襄阳府(北宋置.治今湖北襄樊市襄阳)	襄阳府(今韩国江原道襄阳)
	平昌县(北周置.即今四川平昌县)	平昌县(今韩国江原道平昌)
	通川县(隋置.治今四川达川市)	通川县(今朝鲜江原道通川)
	寿春县(秦置.治今安徽寿县)	寿春县(今韩国江原道春川)
	桃源县(北宋置.即今湖南桃源县)	桃原县(今韩国江原道旌善)
	平　江(今江苏苏州市别称)	平　江(今韩国江原道金化)
		[以上属江原道]
北部	定　州(北魏置.治今河北定州市)	定　州(今平安北道定州)
	朔　州(北齐置.治今山西朔州市)	朔　州(今平安北道朔州)
	龙冈县(隋置.治今河北邢台市)	龙冈县(今南浦直辖市龙冈)
	肃　州(隋置.治今甘肃酒泉市)	肃　州(今平安南道肃川)
	延　州(西魏置.北宋移治今陕西延安市)	延　州(今平安北道宁边)
	云　州(唐置.治今山西大同市)	云　州(今平安北道云山)
	博　州(隋置.北宋移治今山东聊城市)	博　州(今平安北道博山)
	成　州(唐置.治今甘肃成县)	成　州(今平安南道成川)
	德　州(隋置.明初徙治今山东德州市)	德　州(今平安南道德州)
	顺　州(唐末置.治今北京顺义县)	顺　州(今平安南道顺州)
	彭原郡(唐置.治今甘肃宁县)	彭　原(今平安南道安州)
	文城郡(隋置.治今山西吉县)	文　城(今平安北道慈山里)
	信都县(西汉置.治今河北冀州市)	信　都(今平安北道定州、博川之间)
	永清县(唐置.即今河北永清县)	永　清(今平安南道三峰里附近)
	定襄县(西汉置.北魏移治今山西字襄县)	定　襄(今平安北道郭山)
		[以上属平安道]
	会宁郡(隋置.治今甘肃婧远县)	会宁郡(今咸镜北道会宁)
	博平县(西汉置.治今山东茌平县西博平)	博平县(今咸镜南道永兴)
	登　州(唐置.治今山东蓬莱县)	登　州(今朝鲜江原道安边)
	文　州(西魏置.唐时移治今甘肃文县)	文　州(今朝鲜江原道文川)
	青　州(西汉置.治今山东青州市)	青　州(今咸镜南道北青)
		[以上属咸镜道]

第一章 坛君神话的原初形态不是建国神话 51

>於殷虎丁八乙未,入阿斯达山为神(今九月山也,一名弓忽,又名三危,祠堂犹在)。①

阿斯达就是九月山,九月山的一个别名就是三危山,这样三危山、九月山、阿斯达成为了同一座山。此类记载只见于几种文献,《新增东国舆地胜览》记载:

>九月山(在县西十里,即阿斯达山,一名弓忽,一名甑山,一名三危。世传檀君初都于平壤,后又移白岳,即此山也。至周武王封箕子於朝鲜,檀君乃移於唐藏京,后还隐此山,化为神,又见长连及殷栗县。)②

这显然是延续了《帝王韵纪》的说法,增加的甑山当是根据《三国遗事》补加。此类记载亦见于《舆地图书·黄海道·文化·山川·九月山》。此说始于李承休的《帝王韵纪》,在李承休之前尚没有见到此说,在李承休之后也只有几种文献提到了此说。有关九月山的诗文相当丰富,均没有提到九月山即三危山的说法,写的三危山都是中国敦煌的三危山。既然九月山即三危山的说法并不流行,就有理由怀疑阿斯达、九月山即三危山的说法是李承休杜撰出来的。李承休明确记载了撰述《帝王韵纪》的原则就是正史化,使东国历史合理化是他的主要目标之一。朝鲜半岛开国君王的降临地点应当都是在朝鲜半岛,可是《三国遗事》记载的三危山竟然在中国,这显然是不合理的。于是改写阿斯达就是九月山,九月山又名为三危山。阿斯达的地理位置本来不明,由于阿斯达变成了九月山,阿斯达的地理位置确定下来,九月山在黄海道文化县。这样一来三危山不在中国的敦煌,而在朝鲜半岛的黄海道了。这样坛君神话确实更像历史了,但无疑不像神话了,失去了神话的荒诞性。三危山与九月山、阿斯达变成同一座山,这个时间应当是在高丽后期。

二、阿斯达地名的起源、别名以及佛教因素

1. 阿斯达的诸说

阿斯达是坛君神话中最重要的地名,太伯山和三危山只见于《三国遗事》记载的古记部分,但阿斯达记载于3世纪王沈的《魏书》,也记载于《三国遗

---

① 〔韩〕李承休:《帝王韵纪》卷下,朝鲜古典刊行会昭和十四年景印原本。
② 《新增东国舆地胜览·黄海道二·文化县·山川·九月山》卷五四,《古朝鲜·檀君·夫余资料》中册,第1843页。

事》记载的古记部分。阿斯达地名形成的上限时间关系到王沈《魏书》的可靠性,因而必须深入研究阿斯达的地名。然而阿斯达问题最多,异名也最多。《三国遗事》的记载:

> 有坛君王俭,立都阿斯达(经云无叶山,亦云白岳,在白州地。或云在开城东,今白岳宫是)。①

一然的注释记载了三种说法,一是无叶山,二是在白州的白岳山,三是在开城东的白岳宫。实际上历史上名为白岳的地方有三处,除了一然注释中提到的两个地方之外,还有首尔的白岳山。《三国遗事》还记载了阿斯达的其他异名,弓忽山、甑山、、今弥达等等。目前为止的研究是围绕阿斯达地名的产生、意义、位置与阿斯达的异名等问题展开的,其中也涉及阿斯达与佛教的关系。

第一,阿斯达是谶纬学家虚构的地名,阿斯即小童。

今西龙以为坛君神话是后人杜撰出来的,根本就不是神话,因而阿斯达的地名当是虚构的。

> 阿斯达的另一种写法是阿思达,此地必然是檀君传说时代的圣地,是谶纬地理家想象出来的圣地,与蓬莱岛相同,是应当寻求的地方。②

今西龙以为阿斯达是谶纬地理家编造出来的圣地,他的依据是《高丽史》的记载:

> 秋七月甲子,遣内侍李白全奉安御衣于南京假阙。有僧据谶云:自扶疏山分为左苏,曰阿思达,是古杨州之地。若于此地营宫阙而御之,则国祚可延八百年。故有是命。③

阿斯达又写为阿思达,阿斯达就是南京,又名杨州,即现在的首尔。高丽朝高宗王二十一年(1233),有佛僧根据谶语以为应当在首尔建造宫阙,就可以使国家长存八百年。但今西龙并不肯定此说,以为阿斯达是谶纬学家编造的地名。《高丽史》的谶语只言当在首尔建造宫阙,并没有说阿斯达的地名是

---

① 〔韩〕一然著、李载浩译注:《三国遗事·古朝鲜》第一册,솔출판사1997年,第70~71页。
② 〔日〕今西龙:《朝鲜古史的研究(朝鲜古史の研究)》,国书刊行会昭和四十年,第56页。
③ 〔韩〕郑麟趾:《高丽史》卷二十三,首尔大学校奎章阁本。

谶纬学家虚构出来的。谶纬学家常会预言在何时何地当做何事,将会应验,但一般不会虚构子虚乌有的地名,根据《高丽史》无法得出阿斯达是谶纬学家编造出来的结论。更重要的是谶纬学家留下的各种文献没有记载过阿斯达,这说明阿斯达与谶纬学家没有关系。

三品彰英继承了今西龙的说法:"阿斯达:谶纬家提出的想象圣地,其意可解为诞生神的山。阿斯达(借音)as-tar 之达为山 tar,阿斯是阿只,即小童之意,与新罗的神子閼智居西干、金閼智同语。御子神是幼童形象的想象,一般的出现于原始信仰,其诞生圣地阿斯达又名为即御子山。"①三品彰英也认为阿斯达是谶纬家编造的圣地,是诞生神的山,可是如此解读的依据除了坛君神话之外,没有其他的任何文献。三品彰英等人对此说也不是很确定,因而又认为阿斯就是阿只,阿只即小童,因为閼智就是小童。阿与閼(è)发音相似,只与智也是发音相似,但是斯与只的发音很不相同。如果认为斯通只,那么必须提供通假的例证,但是三品彰英同样没有提供例证。閼智为专有人名,并无小童之意,智亦无此意。三品彰英提出此说是因为熊女生出小童坛君,新罗神话中出生的閼智也是小童,但是坛君神话与新罗神话本不相同。三品彰英没有解释达字,阿斯达固然可以分解为阿斯和达,但阿斯达共同构成了地名,因而必须解释达字。

第二,阿斯达是韩国语语音的汉字标记,阿斯达即朝鲜。

阿斯达是韩国语的吏读标记,即以汉字标记了韩国语的发音。阿斯达就是朝鲜,朝鲜是阿斯达的汉文翻译。李丙焘以为:"阿斯达这一韩语雅译为汉字就是朝鲜,下面剩下的问题是朝鲜译语是何人何时翻译的,但对此一无所知。在阿斯达时代只有国语名词아사달(アサタル),还没有达到以汉字书写或翻译的程度。朝鲜之称在《山海经》(海内北经等)已经出现,读《史记·朝鲜传》可知道在卫满朝鲜以前曾使用朝鲜的名称。至少在中国战国时代,朝鲜已经知晓于中国,因而此说并没有什么不当。笔者以为通常所说的箕子朝鲜(箕氏朝鲜)就是韩氏朝鲜,这个时代汉文化的影响极为深远,此时阿斯达翻译为了汉文式的朝鲜。"②李丙焘还详细地记述了阿斯达的音变过程,证明阿斯达即朝鲜:"阿斯达与朝鲜:阿斯达与朝鲜不只是在地域上一致,名称上也存在着关联性,这一点不可忽视。阿斯达与朝鲜互为同义语,后者是前者的雅译和解释。朝鲜在字面上一直释为'旦明'或'东表日出之地',这与笔者的愚见没有大的差异,可以有力地说明愚见的结论。笔者以为阿斯与朝鲜

---

① 〔日〕三品彰英:《三国遗事考证》上册,塙书房1975年,第304页。
② 〔韩〕李丙焘撰、金思烨译:《韩国古代史》上册,《金思烨全集》第26册,六兴出版社五四年,第122页。

二字的汉字之义相同,现代语的아참(アチム、a-cʰim)(朝),更为古老的아참① (アチャム、a-cʰΛm),方言的아참(アジㇰ、a-cik)、아참(アジョク、a-ck)(这些皆为아참(アジャク、a-cΛk)的变化。)等可视为古语的形态。此词又使人联想到属于乌拉尔·阿尔泰语的日本语アサ(朝)、アス(翌)、アシタ(朝、翌)等词,如果考察此语的音韵变化,就会如下:아직(アサ)→아참(アジャク)→아참(アジㇰ)→아참(アチャム)→아참(アチム)为变化的过程。S(ㅅ)、c(ㅈ)、cʰ(ㅊ)等舌齿音在语言学上互转为融通音(对应音)。如果是这样,可以明白阿斯正是朝、朝光、朝阳、朝鲜的意思。达本来就具有山岳的意义,也具有谷地或地的意义。"②李丙焘的说法存在不少问题,虽然清清楚楚地展示了阿斯的音变过程,但每一次的音变都需要对应的用例,而且必须是有效时间范围内的用例。遗憾的是李丙焘连一个用例都没有提供,不能不认为这只是主观猜想。这是韩国神话研究常用的研究方法之一,很多学者沿着这个方向推进,提出了类似的其他看法。一种认为阿斯达一语的意思是早晨的月亮(아사달),也就是朝阳。③ 达不再是地方或地,又被释为了月亮,此说同样也是令人怀疑的。

李丙焘以为朝鲜为阿斯达的汉译之说,还可以从白岳的地名中得到印证:"阿斯达的语义:阿斯达是什么意思呢? 解释此词时经常一起使用的是白岳,我以为通过明确白岳的语义与《遗事》的'立都阿斯达,开国号朝鲜'中的朝鲜的关联性,可以得到有效的结论。常见这样的解释:白岳和白山、朴山一样,是박(バク、バルク、、pΛk、pΛlk)山、발뫼(バルクメ、pΛlk-moj)、발달(バルクタル、pΛlk-tΛl)的借字,语义是光明山、阳明山,也就是明亮的山。必须将阿斯达看成与类似意义的词语,另外再加上阿斯达与朝鲜的关联性,阿斯达就自然而然地得到解释。韩国古代国家的国号大多源于中心部落与城市的名称。这样的现象不限于韩国,古代希腊的都市、国家是如此,巴比伦与罗马大帝国的国号也起源于都市名称,这是众所周知的事实。"④阿斯达是光明地方的意思,朝鲜是朝日光明的意思,白岳是光明山的意思,白与光明的发音

---

① 此处原文为古韩文,但中文 WORD 系统无法输入古韩文,现改为现代韩文,书中的其他古韩文亦皆改为现代韩文。
② 〔韩〕李丙焘撰、金思烨译:《韩国古代史》上册,《金思烨全集》第 26 册,六兴出版社五四年,第 119~120 页。
③ 参见一然著、李载浩译注《三国遗事》卷一(第一册),솔출판사1997 年,第 65 页。与这种说法比较接近的另一种说法认为阿斯达是晨曦的土地,但此说仍然不通。达被释为土地,但语音仍有不合之处。
④ 〔韩〕李丙焘撰、金思烨译:《韩国古代史》上册,《金思烨全集》第 26 册,六兴出版社五四年,第 119 页。

相通。李丙焘认为朝鲜、白岳与阿斯达都是同一地方的名称,阿斯达是朝鲜、白岳的韩国语发音。这也就是说朝鲜的国名源于都城阿斯达、白岳的名称,阿斯达、白岳与朝鲜的关联性证明阿斯达即朝鲜。此说成立的前提是李丙焘对阿斯达的看法必须是正确的,然而李丙焘对阿斯达的研究除了语音相似性之外,没有任何其他的文献,因而很难认为此说是可靠的说法。

第三,阿斯达即开城白岳山、白岳宫。

阿斯达与白岳山的关系也是争议颇多的问题,今西龙认为《三国遗事》中白岳山即阿斯达的注释是后人补加的注释:"注阿斯达为今白岳宫恐非为普觉国尊原注,后人所加之注。"①其根据是《高丽史》高宗王二十一年(1233)曾经讨论是否建造南京(首尔),1359年废止了迁都南京的计划,将临津县的白岳定为了新京。一然撰述《三国遗事》的下限时间是1289年,他不可能注释出1359年之后的内容,因而此注不是一然的原注。三品彰英基本上否定了开城白岳即阿斯达的说法,认为这不过是谶纬学的编造:"无叶山、白岳、白州:此为阿斯达的右注,是后人结合高丽有势力的图谶风水说的三苏信仰解说,将檀君的古都说成是国内风水最吉祥的白岳(参照李丙焘《高丽三苏考》,《东洋学报》16卷4号,高桥亨《〈三国遗事〉的注及檀君传说的发展》,《朝鲜学报》七辑)。下面的白州即高丽时代的白州,现今黄海道延白郡之地(参照《三国史记》地理志《汉州》,《高丽史》地理志三之西海道,《世宗实录》地理志《黄海道·白川郡》,《胜览》卷四二白川郡》。"②谶纬学家以为白岳是风水最好的地方,因而把白岳说成是阿斯达。

朝鲜半岛历史上名为白岳的地方并非只有一个,李丙焘以为阿斯达白岳山不是首尔的白岳:"白岳本来是与阿斯达关系极深的名称,这个地名并非只有白州(现在的白川)或开城之东(长湍白岳=现在的白鹤山)。首尔的北岳原本是白岳的转称与俗称,原名白岳,高丽时期曾被认为是三苏之一的左苏阿斯达。高丽高宗二十一年,有一个僧人在古谶中记载'自扶苏山分为左苏,曰阿思达。'文中的'左苏阿思达'即杨州的南京(现在的首尔)一带。僧人向君王建议如果在此建造宫阙,并移居于此,国祚可延长八百年。王接受了这一建议,派内侍(官名)李白全,带着御衣,奉置于南京假阙。依笔者所见,古谶中的左苏阿思达就是指开城东的长湍白岳,谶僧释为古杨州(今首尔)是误解,这一误解源于南京亦有白岳。"③李丙焘否定了首尔白岳即阿斯达的说

---

① 〔日〕今西龙:《朝鲜古史的研究(朝鲜古史の研究)》,国书刊行会昭和四十年,第8页。
② 〔日〕三品彰英:《三国遗事考证》上册,塙书房1975年,第304页。
③ 〔韩〕李丙焘撰、金思烨译:《韩国古代史》上册,《金思烨全集》第26册,六兴出版社五四年,第114~115页。

法,他认为阿斯达应当是开城的白岳。李丙焘的说法是正确的,首尔白岳(阿思达)的相关记载与坛君神话的白岳无关,因而有关首尔白岳的时间是无效的。

今西龙以为阿斯达即开城东白宫的注释不是一然的原注,这是正确的看法,但不能因此认为白岳山与坛君神话的关系也是1359年之后编造出来的。白岳在《三国遗事》的坛君神话中出现了三次,两次是在注文,一次是在正文,正文记载的是"白岳山阿斯达",而不是白岳宫阿斯达,白岳山与白岳宫是不同的。白岳宫建于1359年之后,高丽末期由于倭寇的白岳之役,新建宫城,名为白岳宫:"秋七月乙卯朔幸白岳相视迁都之地,白岳在临津县北五里。""辛未始营白岳宫阙,先是欲迁都南京。遣前汉阳尹李安修其城阙,民甚苦之。卜于太庙,不吉。又兴是役,时人谓之新京。""十一月辛酉移御白岳新宫。"①白岳宫的名字源于白岳山,白岳宫与白岳山是不同的,二者不能混同为一,应当特别注意的是白岳山的名字并非始于1359年之后。白岳山位于开城之东临津县(长湍白岳=现在的白鹤山),《三国史记》记载:"开城郡本高句丽冬比忽,景德王改名,今开城府。领县二:德水县,本高句丽德勿县,景德王改名,今因之。第十一叶文宗代,创置兴王寺於其地,移其县於南;临津县,本高句丽津临城,景德王改名,今因之。"②

白岳山是高丽时期开始进入到各类文献的,这是因为王建在918年在开城建都,开城又名开京,统一新罗时改为汉地名松岳郡,景德王十六年(757)改为开城郡。这里成了长达489年的高丽王朝都城之后,不能不进入到各种文献的记载。李齐贤(1288~1367)《松都八景》:"西江风雪:晓过青郊驿,连云雪杳茫。落花飘絮满江乡,偷放一春狂。渔市开门早,征帆入浦忙。酒楼何处咽丝篁,愁杀孟襄阳。白岳晴云:菖杏春风后,茅茨野水头。晴云弄色霭林丘,雨意未能休。京县民无赋,郊田岁有秋。明朝去学种瓜侯,身事寄苋裘。"③所谓的松都就是开京,开京就是现在的开城,因为王建迁都于自己的家乡松岳,又称松京。诗中描写的是开京的八景,其中包括了观澜渡。观澜渡是江口构成的重要国际贸易港口,尤其是与阿拉伯人有过贸易,欧洲人通过阿拉伯了解了高丽,由此KOREA就成为了朝鲜半岛的西文标记。李穑(1328~1396)《新居》:"舟运花山木,檐垂白岳云。筑阶随地势,凿井起波纹。

---

① 〔韩〕郑麟趾:《高丽史·世家三十九·恭愍王二》卷三十九,首尔大学校奎章阁本。
② 〔韩〕金富轼:《三国史记·志四·地理二》卷三十五,吉林文史出版社2003年,第430页。
③ 〔韩〕李齐贤:《益斋乱稿·长短句》卷第十,影印标点《韩国文集丛刊》第2册,韩国民族文化推进会1990年,第609页。

窗浅雨频洒,室虚香可焚。读书清我意,谁肯为论文。"①金时习(1435～1493)《登山顶西望长安仍念昔游三首·其一》:"西望青山接有无,浮云渺渺海天隅。十年踪迹盈胸臆,千里关河展画图。缭绕彩云迷凤阙,巃嵸白岳壮神都。长安日下重回首,那箇男儿不丈夫。"②李穑与金时习二人的诗歌写的是他们个人的生活,诗歌中出现的地名主要有两类,一是地名与诗人的生活有关,二是地名在当时社会中极为重要。李穑与金时习的诗歌中出现白岳实际上有两种原因,如果白岳不是都城,李穑也未必会居住于白岳。金时习在白岳遥望长安,既是他个人的生活,也包含了白岳与长安作为都城的想象关系。

坛君神话"白岳山阿斯达"的说法,表明白岳山也应当是在高丽时期加入坛君神话的。白岳山与阿斯达在正文中是同位关系,同位关系表明这两个地名原本各自独立,由于要将白岳山附会为阿斯达,就将两个地方说成是一个地方,于是在文中形成了白岳山与阿斯达的同位关系。白岳山在前,阿斯达在后,表明白岳山的重要性。白岳山是当朝的都城和王宫所在地,自然是排在前面,阿斯达只能是排在后面。其实这也是白岳山进入到坛君神话的原因,将白岳山加入到坛君神话是为了强化高丽朝王权的权威性和合法性,是在强调高丽王朝的王权源自于坛君,源自于天神与天命。白岳山进入到坛君神话绝不是偶然,是坛君神话在高丽朝变化的一部分,是高丽朝时期添加的衍生因素。其实在时间上阿斯达地名应当是在白岳山之前,在高丽朝之前已经有了阿斯达的地名。阿斯达不是汉化的地名,一般来说非汉化的地名相对早一些,多是统一新罗(668～901)之前的地名。王沈的《魏书》记载了阿斯达,这与地名的时间吻合,表明《魏书》的记载是可靠的。

白州的白岳也是高丽时期开始成为当时的重要地方,《高丽史·地理志》:"白州本高勾丽刀腊县[一云雉岳城],新罗景德王改名雊泽,为海皋郡领县。高丽初更今名,显宗九年属平州。毅宗十三年创□山重兴阙,升知开兴府,事后复旧名来属。高宗四十六年,以卫社功臣李仁植内乡升为忠翊县令官。元宗十年又以卫社功臣赵璈内乡升知复兴郡事。恭愍王十八年避侍中庆复兴之名,还称白州别号,银川[成庙所定]有温泉。"③白州建有高丽王朝

---

① 〔韩〕李穑:《牧隐诗藁》卷之五,影印标点《韩国文集丛刊》第4册,韩国民族文化推进会1990年,第16页。

② 〔韩〕金时习:《梅月堂诗集》卷之六,影印标点《韩国文集丛刊》第13册,韩国民族文化推进会1988年,第192页。

③ 〔韩〕郑麟趾:《高丽史·志十二·地理三》卷五十八,首尔大学校奎章阁本。

的别宫:"庚申遣崔允仪知奏事李元膺、内侍朴怀俊等创别宫于白州。怀俊性苛刻,征丁夫于西海道,日夜催督,不日告成。赐阙名重兴殿,额大化。术者私语曰:'此道谶所谓庚方客虎擎头掩来之势,创阙于此恐有危亡之患。'""乙卯幸白州丙辰入御重兴阙。"①白州建有别宫,也就成了重要的地方,这里的异常变化必然载入《高丽史》:"毅宗十二年十月乙卯,幸白州。丙辰入御重兴阙。丁巳受贺于大化殿。是日天地昏黑,大风拔木。王颇疑之多方祈禳。十一月丙子,天暗如夜,温如三四月。"②从这些《高丽史》的记载可以明白白州在高丽朝的重要性,这显然是白州进入坛君神话的原因。

第四,阿斯达即九月山。

《三国遗事》记载阿斯达是白岳山,《帝王韵纪》记载阿斯达是九月山,两种说法完全不同。白岳山与九月山不是在一个地方,白岳山在开城,九月山在黄海道文化县,二山不存在同山异名的关系,可见二说是完全对立的。那么阿斯达即九月山的依据是什么呢?李承休在《帝王韵纪》中没有写出根据,李氏朝鲜文人李瀷如此解释:

> 史又称檀君入阿斯达山为神,阿斯者谚语九也,达者谚语月也,今九月山是也。文化县有唐庄京。③

李万敷《九月》也沿袭了这一说法:"九月据数郡之境,始宁治其东,连丰治其北,栗川治其西。海西山水散漫,惟九月高大秀出。东事檀君初都平壤,后徙居唐庄。商武丁八年,檀君殁,松壤西有檀君冢。或曰檀君入阿斯达,不言所终。太白阿斯达,皆有檀君祠。阿斯达,即九月也。九月,一名弓忽,一名甑山,一名三危。"④阿斯为谚语九的韩国语读音,达是月的韩国语读音,于是阿斯达就变成了九月。

阿斯达即九月山的说法也是当今学界流行的说法之一,李丙焘以为:"阿斯达:[앗달](aw-tal)的标记,小山、子山之义。古来阿斯达拟为九月山,是因为[앗달]与아홉(九)달(缩音为압달,a-hop-tʌl,ap-tʌl)相似。"⑤李丙焘记述了两种看法:一是阿斯达为小山,阿斯达相当于阿达(앗달),阿为小,达

---

① 〔韩〕郑麟趾:《高丽史·世家十八·毅宗二》卷十八,首尔大学校奎章阁本。
② 〔韩〕郑麟趾:《高丽史·志九·五行三》卷五十五,首尔大学校奎章阁本。
③ 〔韩〕李瀷:《星湖僿说·人事门》卷十五,尹以钦编《檀君:理解与资料》,第468页。
④ 〔韩〕李万敷:《息山先生别集·地行附录》卷之四,影印标点《韩国文集丛刊》第179册,韩国民族文化推进会1996年,第93页。
⑤ 〔韩〕李丙焘撰、金思烨译:《三国遗事·纪异第一》卷一,《金思烨全集》第25册,六兴出版社五四年,第54页。

为山。此说与三品彰英的说法是类似的,应当是受到了日本学者的影响。二是阿斯相当于九月,阿斯的发音与九相近,达的发音与月相同,因而阿斯达就是九月。阿斯达即九月山的说法还受到了其他学者的支持,金铉龙以为:"不能否认阿斯达的达与月的类推关系,檀字同朴达(밝달)产生关系,也就会与月(달)具有相关的要素。黄海道的九月山在过去阙字的发音拉长,就会变成九月(구월),但更重要的是此山与月有着深远的关系。"①在金铉龙看来达不是山,而是月。

以九月山的发音来对应阿斯达,也是十分牵强,阿斯与九的发音并不相近,此说完全不可靠。《高丽史》对此说也表现了明确的怀疑态度:"儒州本高勾丽阙口,高丽初改今名。……有九月山〔世传阿斯达山〕、庄庄坪〔世传檀君所都,即唐庄京(藏唐京?)之讹〕、三圣祠〔有檀因、檀雄、檀君祠〕。"②《高丽史》明确认为九月山即阿斯达的说法只是俗传。藏唐京是坛君神话的第三都城,有关藏唐京的研究不多。庄庄坪传为唐庄京或藏唐京,庄庄坪与唐庄京、藏唐京的韩国语读音相似,也可能是同一地名的不同汉字标记。唐庄京在九月山,此地又有檀君祠,表明九月山确实流传着坛君神话。在九月山流传的坛君神话版本中,藏唐京(唐庄京)成为坛君的都城是合乎神话传说流播规律的。

坛君神话在妙香山留下了物质的遗迹,在九月山也留下了物质遗迹,这表明九月山也流传着坛君神话。九月山的坛君神话与太伯山的坛君神话稍有不同,至少有一些地名不同。九月山上有三圣堂,是根据坛君神话建造的:"三圣堂:桓因天王南向,檀雄天王西向,檀君天王东向,并板位。俗传:古皆木像,我太宗朝河仑建议,革诸祠木像,三圣木像亦例摆,仪物设置与否未可知。"③三圣堂的功能与坛君神话类似:"自三圣堂移平壤后,虽国家不致祭,若祈雨祈晴,县官具朝服亲祭。祭用白饼、白饭、币帛、实果,此外不得行他祭,邑俗称为灵验,人不来祭。"④原本三圣堂是国家祭祀的场所之一,但迁至平壤之后,仍然是祈晴求雨的场所。三圣堂还具有驱除疾病的功能:"三圣堂

---

① 〔韩〕金铉龙:《韩国古说话论》,新文社(새문사)s1984年,第20页。
② 〔韩〕郑麟趾:《高丽史·志十二·地理三》卷五八,"安岳郡本高勾丽杨岳郡,高丽初改今名。显宗九年来属。睿宗元年置监务。忠穆王四年升为知郡事,别号杨山。有阿斯津省草串、阿斯津桃串。(皆载祀典。郡属有连丰庄恭让王二年置长命连丰兼监务。)"韩国文人柳馨远亦有类似的记述:"唐藏京(在县东十五里,世传檀君所都,檀君初都平壤,至周武王封箕子於朝鲜,檀君乃移於此,基址同存。《高丽史》以为庄庄坪乃唐藏京之讹。)"(柳馨远:《东国舆地志·文化县》卷六,尹以钦编《檀君:理解与资料》,第457页。)
③ 《成宗实录·成宗三年二月壬申》卷十五,尹以钦编《檀君:理解与资料》,第417页。
④ 同上。

下近处人家稠密,自罢祭后,恶病始发,人家一空,其鸡豚宰杀,为神所厌之语,则未闻,礼曹据此启,百姓皆谓三圣堂移设于平壤府,不致祭,其后恶病乃兴,是虽恎诞无稽之说。然《古记》檀君入阿斯达山化为神,即今本道文化县九月山,其庙存焉。且前此降香致祭,请从民愿,依平壤坛君庙例,每年春秋降香祝行祭,从之。"①三圣堂可谓灵验,因为没有祭祀三圣堂,就发生了恶病。从这些李氏朝鲜时期的记载中可以看到坛君信仰已经不是停留在神话层面上,具有了宗教的色彩。

甑山是《东国舆地胜览》中增加出来的地名,现实中确有一个甑山,在平安南道江西郡,原为江西县甑山乡,1394 年置为县,1595 年甑山县分割置入平壤与咸从。九月山的甑山异名是如何形成的不明,韩国古代文献有关甑山的记载不少,但都是关于江西郡甑山的记载,其中完全不提及坛君神话。个别有关神明的篇什亦无与坛君相关的内容。②

2. 阿斯达与通古斯语的关系以及佛教异名

韩国古代文献中的阿斯达与阿思达,只是汉字标记不同,应当是同一发音的标记,无论是古代文人还是现代学者都有相同的看法。阿斯或阿思为一个词,达为一个词。尽管对阿斯和达的词意有不同的看法,但对音节的划分是一致的。这不是盲目切分的,是以古代文献为依据。在古代文献中除了阿斯达之外,还有阿斯津的地名。《高丽史》记载:

> 安岳郡本高勾丽杨岳郡,高丽初改今名。显宗九年来属,睿宗元年置监务忠。穆王四年升为知郡事,别号杨山,有阿斯津省草串、阿斯津桃串。[皆载祀典。郡属有连丰庄。恭让王二年,置长命连丰兼监务。]③

阿斯津省草串、阿斯津桃串皆为地名,此外还有阿斯津松串;"黄州牧本高勾丽冬忽[一云于冬于忽],新罗宪德王改为取城郡,高丽初更今名。成宗二年初,置十二牧州其一也。……又号龙兴。有阿斯津松串[载祀典],要害

---

① 《成宗实录·成宗三年二月壬申》卷十五,尹以钦编《檀君:理解与资料》,第 417 页。
② 〔韩〕李建昌《甑山县祈雨祭文代家大人作·社稷》:"维社暨稷,有邑则有。蔗尔兹甑,亦神所守。神佑下民,其永罔愆。凡民之依,莫如丰年。胡雨不雨,自春徂夏。匪魃匪疟,孰斯厉者。匪无涓滴,曾不崇朝。有风凄凄,云解雾消。麦秀而秄,稻种而涸。何草不痱,何民不瘰。及今不需,食岁其无。蚩蚩咨咨,于野于涂。维神与吏,寔司兹土。吏失职欤,神奚不顾。操豚捭黍,享非曰能。神其不弃,民庶可矜。有滂有祁,俾滂沱矣。沃我黄壤,乳我赤子。芄芄百谷,皆神赐之。维吏维民,敢谖厥施。"[李建昌:《明美堂集》卷十五,影印标点《韩国文集丛刊》第 349 册,韩国民族文化推进会 2005 年,第 214 页。
③ 〔韩〕郑麟趾:《高丽史·志十二·地理三》卷五十八,首尔大学校闺章阁本。

处有棘城。"①李丙焘根据安岳郡阿斯津的地名,以为藏唐京就在安岳郡:"藏唐京的问题:……这里所说的阿斯津是指现今安岳郡东的月唐江,这一地名确实与阿斯达有着很深的关系。所谓的阿斯津就是阿斯达的渡口(渡津)之语,因而可以认为安岳是阿斯达的一个重要地点。这样看来有一个阿斯达是旧都阿斯达(平壤),还有一个是新都阿斯达。必须认为以九月山为中心的安岳、庄庄坪一带,是旧统治氏族受到新统治氏族势力的压迫下,离开旧都阿斯达南下建立的根据地。"②名为阿斯达的地方不一定只有一个,阿斯津亦有数处:"阿斯达位置的一说:……檀君最初建都于阿斯达,正如前文所说是平壤府附近的白岳山阿斯达。如果阿斯达是九月山,或在九月山附近。那里与所谓箕子东来的藏唐京(庄庄坪)的距离很近,与其说是很近,不如认为是同一场所,其结果是自相矛盾。"③在新罗时期修改地名以前,阿斯或阿斯达应当是较为常见的地名,由此来看阿斯达为谶纬学家编造地名的说法是不对的。

如果阿斯是一个词,那么古代文献中的阿尸也应当是阿斯的另一种标记。《高丽史》记载:"咸安郡本阿尸良国[一云阿那加耶],新罗法兴王灭之,以为郡。景德王改今名。"④阿尸良为朝鲜半岛南部伽耶联盟中的一个国家。又载:"安定县(定一作贞)太新罗阿尸兮县(一云阿乙兮),景德王改名安贤,为闻韶郡领县。高丽更今名,显宗九年来属,恭让王二年,置监务兼任比屋。"⑤阿斯、阿思与阿尸的汉字发音相同,它们有可能是相同词汇的汉字标记,不同的汉字并不表明原词不同。

到现在为止大多的学者是把阿斯达解为古代的韩国语,解为小山、早晨、光明、朝鲜、九月等等,都是根据韩国语的发音与白岳山、九月山结合推测出来的。其实阿斯达不一定是韩国语的音译,应当是女真或通古斯语的音译。女真人有阿斯达的名字:

> 乙丑,阿桂岳锺璜奏言:据小金川,土司泽旺将自金川逃回之,番人阿斯达解省,究审讯,据供称本名阿斯达,后改名噶图卜彭,原系小金川

---

① 〔韩〕郑麟趾:《高丽史·志十二·地理三》卷五十八,首尔大学校闰章阁本。
② 〔韩〕李丙焘撰、金思烨译:《韩国古代史》上册,《金思烨全集》第 26 册,六兴出版社五四年,第 116~117 页。
③ 〔韩〕李丙焘撰、金思烨译:《韩国古代史》上册,《金思烨全集》第 26 册,六兴出版社五四年,第 116 页。
④ 〔韩〕郑麟趾:《高丽史·史志十一》卷五七,首尔大学校闰章阁本。
⑤ 同上。

僧格宗人。①

阿斯达是满族人的名字,《清实录》又载:

> 和琳奏报:连克廖贡坡、马鞍山苗寨,得旨嘉奖。擢头等侍卫阿哈保为正黄旗蒙古副都统,赏头等侍卫西津泰副都统衔,三等侍卫富僧德、阿达、游击宋延清、土参将那木尔甲、土守备党忠则多尔、朗喀阿斯达,巴图鲁名号。②

朗客阿斯达也是女真人,巴图鲁就是英雄,蒙古语巴特尔也是英雄的意思。清人的阿斯达亦标记为阿思达,这与韩国古代文献的记载完全相同。《清实录》记载:"工部尚书那彦成之母那拉氏,乃原任笔帖式阿思达之妻。阿思达故时,那彦成年甫三岁。"③王昶(1725~1806)《太子太保协办大学士刑部尚书文勤公阿克敦行状》:"公先娶宜尔根觉罗氏,继配那拉氏实生今大学士诚谋英勇公阿桂。孙三:长阿迪斯,次阿思达,次阿弥达。殁葬于京师左安门外之杨村坊。"④清人的名字还有阿什达:"戊戌,命侍卫图伦楚等领兵先赴伊犁。上谕军机大臣曰:据雅尔哈善奏称,有自伊犁前来之;察哈尔、阿什达等告称,闻阿巴噶斯等属人及布库努特扎哈沁人等,与副将军兆惠交战,贼众力不能敌等语。"⑤"阿什达尔汉,姓纳喇,叶赫贝勒锦台什从弟,太宗文皇帝诸舅也。太祖高皇帝初年,灭叶赫,阿什达尔汉率属来归,授佐领,隶满洲正白旗。"⑥阿斯达、阿思达、阿什达皆清人的名字,汉字标记不同,但发音相同。

在女真语中阿斯可以分解为一个词,阿斯是女真人的姓氏:"太后愕然,方下跪,虎特末从后击之,仆而复起者再。……并杀安特及郡君白散、阿鲁瓦、叉察,乳母南撒,侍女阿斯、斡里保……及杀阿斯子孙,撒八二子、忽沙二子。"⑦阿斯可以与其他字组合为人名:"石土门使弟阿斯懑率二百人南下拒

---

① 《平定两金川方略·乾隆二十九年甲申·三月壬戌》卷三,《文渊阁四库全书》第360册,台湾商务印书馆2008年,第221页。
② 《清实录·仁宗睿皇帝实录(一)》卷六(第二八册),中华书局1986年影印本,第128页。
③ 《清实录·仁宗睿皇帝实录一》卷四四(第二八册),中华书局1986年影印本,第539页。
④ 清·钱仪吉纂、靳斯校点:《碑传集》卷二十六,中华书局1993年,第862页。
⑤ 清·傅恒:《平定淮噶尔方略》正编卷三十五,清文渊阁四库全书第一一六册,第593页。
⑥ 清·铁保等撰、李洵等校点:《钦定八旗通志·人物志三十六》卷一五六(第四册),长春:吉林文史出版社2002年,第2660页。
⑦ 元·脱脱:《金史·列传第一·后妃上》卷六十三,中华书局1997年,第391页。

敌,敌兵千人。"①阿斯也可以是地名,《清实录》记载:

> 又奏:三路官兵自十一月二十日至十二月初一日,复攻克阿斯、羊雀,并腊盖下寨。②

这条文献中的阿斯显然是地名,而不是人名。阿斯达多为人名,地名较少,但并不是完全没有地名。

上述清人的文献都迟于《三国遗事》,更迟于王沈《魏书》。这些文献不能作为研究坛君神话的依据,但是女真人或通古斯诸民族的此类名称不是始于清朝,应当久远得多。只是由于女真人或通古斯诸民族缺少文字记载的历史,无法追溯到很远。与阿斯达类似的阿骨达之类的名字,见于宋代的文献。韩国民族来源之一是女真人和通古斯诸民族,女真人的族源之一也是韩国民族。女真人祖先之一的阿固达是新罗人。

> 靖康元年(1126)正月庚辰,被命使军前议和。金国者在辽之东北,盖古肃慎氏之地。其国在汉称伊抡,南北之间称和奇。隋唐称默尔赫,至五代始称女真。祖宗时尝通中国,后臣属于辽。建中靖国元年,辽海滨王耶律禧立号天祚皇帝,立十五年女真完颜旻起兵。旻即阿固达,其先新罗人也。③

阿固达又写为兀固达、阿骨达等等,南宋史家李心传(1167~1243)进一步具体考订过阿固达的名字:"《金祖实録》云太祖生于戊申七月,其先为完颜部人,后因以为氏。洪皓《松漠记闻》云:女真君长,乃新罗人,号完颜氏,完颜犹汉言王也。苗耀《神麓记》云:女真始祖堪布出自新罗,奔至安春,无所归,遂依完颜,因而氏焉。后女真众人结盟,推为首领,七传至兀古达,乃大圣武元皇帝侍中韩企先训名曰旻。""案:此诸书阿骨打姓名及小字皆不同,然赵良嗣《奉使録》、马扩《茅斋自叙》、洪皓《记闻》等书并作阿骨打,三人皆身至金廷,此必不误。惟史愿金人亡辽録作阿姑打,疑语音之讹。案绍兴二十六年令国信所避旻字,《绍兴讲和録》载乌珠书李正民,避旻嫌名改作正文。而三

---

① 元·脱脱:《金史·列传第八·石土门》卷七十,中华书局1997年,第420页。
② 《清实录·高宗纯皇帝实录(四)》卷二五五(第一二册),中华书局1985年影印本,第313~314页。
③ 宋·李心传:《建炎以来系年要录》卷一,《文渊阁四库全书》第325册,台湾商务印书馆2008年,第16页。

十年十月,虞允文出使,去文字权改名允何也。岂金主尝名文而易为旻耶?按金太祖名阿固达,今已译定。李心传不知汉文错互,由于译音之讹舛,复加辨订,实属支赘。"①由于女真人建国的始祖出于高丽,《金史》有如下的记载:

> 金人出于高丽,始通好为敌国,后称臣。②

金人出于高丽的记载不应当理解为整个女真民族出自于高丽,只能理解为女真人国家的创始者是高丽人。两个民族的语言和习俗都不大相同,应当有着不同的民族文化的形成史。但是女真人与新罗人比邻而居,人口交流是必然现象,神话中出现类似通古斯语的地名并不奇怪。

如果认为阿斯达是女真语或通古斯语,那么阿斯达是什么意思呢?清朝的《嘉庆重修一统志》记载:"阿斯罕,国语,旁也。"③阿斯与其他字音组合,可以产生其他的意义。《辽史·国语解》记载:"阿斯,宽大也。"④明陈士元《诸史夷语解义》又载:

> 阿思斡鲁朵:阿思者,华言宽大也。道宗所置是为太和宫,在好水泺。阿思一作阿斯,又作阿厮。⑤

契丹语的阿斯是伟大、辽阔的意思。不过契丹语的阿斯与女真语或通古斯语的阿斯是否相同是一个问题,契丹、女真等民族都有过共同的族源,生活地域与高句丽有重合的部分。契丹是崛起于中国东北的民族,鲜卑族的后裔之一,鲜卑人又起源于东胡。自北魏开始,契丹族在辽宁阜新一带活动,亦曾生活于现今的吉林:"《契丹志》:吉林各处有以桦皮作船,大者能容数人,小者挟之而行,遇水辄渡,游行便捷。又以桦皮盖窝棚,并有剥薄皮,纫缀为油布单,大雨不濡。"⑥唐末时强大起来,五代时(916)建立契丹国,后改称辽,统治

---

① 宋·李心传:《建炎以来系年要录》卷一,《文渊阁四库全书》第325册,台湾商务印书馆2008年,第16页。
② 元·脱脱:《金史·表第二·交聘表上》卷六十,中华书局1997年,第361页。
③ 清·穆彰阿、潘锡恩等纂修:《大清一统志·吉林一·翻译语解(附)》卷六七(第二册),上海:上海古籍出版社2008年(影印四部丛刊续编史部),第159页。
④ 元·脱脱:《辽史·国语解》卷一百一十六,中华书局1997年,第396页。
⑤ 明·陈士元:《诸史夷语解义》卷下,清光绪十三年应城王氏刻本,四库未收书辑刊编纂委员会编《四库未收书辑刊》拾辑柒册,北京:北京出版社2000年,第35页。
⑥ 清·张伯英:《(民国)黑龙江志稿·物产·植物》卷十四(第9册),民国二十一年本,第210页。

中国北部。1125年为女真人的金国所灭,契丹人融入汉族、女真族、蒙古族等。契丹的文字使用了几百年,极大地影响了西夏和女真文字。坛君神话中的阿斯达应当源于东北原住民的通古斯民族,这个地名的因素形成于坛君神话形成的早期。

韩国古代文人大多是把阿斯达看成是韩国语,但也有人将阿斯达以为是胡语,朴趾源的《答李仲存书》记载:

> 有赵敬庵者名衍龟,好古笃行人也。尝携二学童游九月山,缁冠深衣而行。山城别将领数卒踪迹之,赵殊不觉也,顾语其弟子曰:"山名九月,而本号阿斯达山也。"城将疾呼曰:"果是兀良哈也。"目左右欲缚之。赵怒曰:"尔奈何辱人胡也?"城将骂曰:"汝胡服而语侏㒧,岂非胡耶?"赵大窘,露其顶而示之曰:"尔何曾见有髻之胡耶?"俄有寺僧认之曰:"此骊州赵生员也。"城将犹疑之。戒僧毋饭客,逐出山外。至今思之,背犹汗也。①

赵衍龟被误为是胡人,兀良哈是对蒙古漠北东部的称呼,其根据之一就是阿斯达山。阿斯达本来就不是韩国语的读音,听起来必然像是胡语。然而古代韩国文人并没有认真地从这个方面探索,如果说坛君神话中有来自于通古斯人的因素是难以接受的。

弓忽山与今弥达也是阿斯达的别名,李丙焘以为"弓忽山、今弥达是곰골、곰딸的谐音。"②곰即熊,也就是说这是与熊有关的地名。韩国语熊的发音与女真语相似,女真语谓熊曰固麻。③ 如果此说成立,那么阿斯达的别名弓忽山和今弥达的意思就是熊山或熊神山。今弥达一词与女真人的名字阿弥达相似,王昶《太子太保武英殿大学士一等诚谋英勇公谥文成阿公行状》:"子三人,长阿迪斯袭封一等诚谋英勇公,历官户工二部侍郎,今官固北口提督。次阿思达笔帖式,次阿弥达官至工部右侍郎。"④在朝鲜半岛地名汉化之前,应当有一部分地名源于通古斯语。

阿斯达与佛教的关系也是一个问题,阿斯达佛教化的另一个异名是无叶

---

① 〔韩〕朴趾源:《燕岩集·烟湘阁选本·书》卷之二,影印标点《韩国文集丛刊》第252册,韩国民族文化推进会2000年,第44页。
② 〔韩〕李丙焘译注:《原文并译注三国遗事》,东国文化社檀纪4289年,第180页。
③ 参见本书第二章第二节的第一部分。
④ 清·王昶:《春融堂集·行状二》卷六十二,《续修四库全书》第1438册,上海古籍出版社2002年,第276页。

山。无叶山的地名亦源于佛典,所谓的"经"是指佛经,佛经没有无叶山的地名,但可以找到无叶二字。无叶是毗钵罗的译文:"毗钵罗(应云毗钵多罗,译曰无叶)。"[1]无叶是无根、无枝、无叶的树,但这不是普通的枯树,是佛祖之树。释迦世雄就是在无叶树下正觉成佛,毗钵罗树就是无叶树。无叶二字是与天帝释有关,下面是《经律异相》的记载:

> 时天帝释闻之下赞:善哉善哉。汝欲何愿,吾今与汝。七女问曰:是梵天耶?将地神耶?得无帝释耶?答言:然,吾是忉利天帝释也。第一女言:愿得无根无枝无叶之树,于其中生,如是为快。第二女言:愿所生之地,清净无欲无有阴阳,寂无所缘。……[2]

这是天帝释与七女的对话,无叶一词出现于第一女的求愿,希望得到无根无枝无叶的树,能够获得快乐。无叶也是佛教用语:"无根于地界,无叶亦无枝。彼雄猛脱缚,谁复应讥毁。……叶者,喻我慢。如世尊说。云何烧叶。谓我慢已断已遍知。枝者,喻爱。"[3]无叶树生长在忉利天,从这个意义上说无叶山就是须弥山,这样阿斯达也变成了佛教名山。《经律异相》是梁朝宝唱法师编撰的,生卒不详。宝唱法师博学能文,除《经律异相》之外撰有其他数种著作。《经律异相》是最早的佛教类书,博采群言,广事搜罗,汇编了散见于诸经的奇异故事。无叶树也是南海观世音居处的树:"山出龙脑香及有白檀香树。又有羯萨罗香树,松身无叶香如冰雪,即龙脑香也。从此南大海中有天宫,观自在菩萨常所住处(旧云观世音菩萨也)临海有城。"[4]海中的珊瑚树亦名为无叶树,[5]但佛教中的无叶树当不是珊瑚树。

无叶山的异名固然源于佛教,但这个异名仅限于在佛徒范围内流行,韩国古代诗文没有写到过无叶山的异名,说明无叶山的异名接受程度很低。李景奭《赠僧辈二首》:"僧辈曰:此山之景,春秋为最,而秋胜于春。山中得见相国之来,幸莫大焉,而只恨其晚也。余以拙绝二首答之曰:上人休怪我行迟,真面须看叶脱时。试向东楼相对坐,半空山骨玉离离。玉骨浮空霁色新,九

---

[1] 《翻梵语》卷一,《大正新修大藏经》第五四册,第989页。
[2] 《经律异相》卷三四,《大正新修大藏经》第五三册,第186页。
[3] 《阿毗达磨发智论》卷二十,《大正新修大藏经》第二六册,第1031页。
[4] 唐·释道世:《法苑珠林》卷二九,《大正新修大藏经》第五三册,第505页。
[5] "外国传曰:大秦西南涨海中,可七八百里,到珊瑚洲。洲底盘石,珊瑚生其上,人以铁网取之。任昉《述异记》曰:珊瑚树碧色,生海底。一株数十枝,枝间无叶。大者高五六尺,小者尺余应法师云。初一年青色,次年黄色,三年虫食败也。大论云:珊瑚出海中石树。"(《翻译名义集》卷三,《大正新修大藏经》第五四册,第1105页。)

秋霜后更精神。花红叶赤浑为假，无叶无花始是真。"①此诗写的不是无叶山，但确实体现了无叶的佛教意义。这种意义并不合于坛君神话，只能说明无叶山之名只限于山名，并没有和坛君神话产生直接的关系。无叶山没有出现在坛君神话的正文，只是出现在注释，说明还没有成为坛君神话的因素。

阿斯达与佛教仙人阿斯陀的名称非常相近，这意味着阿斯达地名可能源于佛教。阿斯达与阿斯陀的相似性体现在如下方面：首先，阿斯达与阿斯陀的发音相近。佛典有关阿斯达陀的记载不算很少，阿斯陀或云阿夷，又译为无比或端正。

> 人则堕贪非贪执，诸阿斯陀求长命者成其伴侣。迷佛菩提，亡失知见，是名第七执着命元立固妄因趣长劳果违远圆通背涅槃城生妄延种根身虚妄。本是无常，实不可贪以为长久。今坚贪着妄执长生，故云贪非贪执。阿斯陀者云无比，即长寿仙也。长劳果者，劳即牢固，字之误耳。妄执延年。故云妄延。②

阿斯陀是佛教的长寿之仙，可以像道教仙人那样在空中飞翔："时阿斯陀仙与那罗童子，犹如雁王翔空而至，摄其神足步入王城。诣输檀王宫立于门下，告守门者：汝可入通有阿斯陀来造于王。"③

其次，阿斯是佛教神树的名称，这就有可能成为坛君神话坛树的来源："我昔唯食一麦之时，身体羸瘦如阿斯树。"④"诸秽皆已绝，唯余皮骨在。血肉尽干枯，形体极羸瘦。如阿斯迦树，住阿那婆定。身心寂不动，亦不味禅乐。"⑤神树名为阿斯树，因而那里称之为阿斯达，这样阿斯达与阿斯树产生了关系。

再次，阿斯陀与释提桓因也有一定的关系，《方广大庄严经》："时释提桓因即以方石安处池中，菩萨见石持用浣衣。尔时帝释白菩萨言：我当为尊洗此故衣，惟愿听许。然菩萨欲使将来诸比丘众不令他人洗浣故衣，即便自洗不与帝释。浣衣已讫入池澡浴。是时魔王波旬变其池岸极令高峻，池边有树名阿斯那。是时树神按树令低，菩萨攀枝得上池岸，于彼树下自纳故衣。"⑥

---

① 〔韩〕李景奭：《白轩集·枫岳录》卷之十，影印村点《韩国文集丛刊》第 95 册，韩国民族文化推进会 1992 年，第 498 页。
② 《首楞严义疏注经》卷二十，《大正新修大藏经》第 39 册，第 963 册。
③ 《方广大庄严经》卷三，《大正新修大藏经》第 3 册，第 556 页。
④ 《方广大庄严经》卷七，《大正新修大藏经》第 3 册，第 581 页。
⑤ 同上，第 582 页。
⑥ 同上，第 583 页。

既然阿斯达与释提桓因有关系,那么阿斯达可能是来自于佛教的阿斯陀。

然而阿斯达不可能源于佛教,其原因有三:首先,阿斯达的地名初载于3世纪的王沈《魏书》,此时佛教刚刚传入中国,尚未传入朝鲜半岛,因而阿斯达不可能是佛教化的地名。朝鲜半岛出现佛教化地名的时间迟晚得多,地名的佛教化只能出现在佛教传入相当长的时间之后。其次,阿斯达与阿斯陀尽管发音相近,但阿斯陀的汉字标记不能随意更改。佛典所有写到阿斯陀的地方都是标记为阿斯陀,并无其他的标记方法,说明阿斯陀的汉字标记已经成了固定的写法,不可随意更换。佛典中除了阿斯陀之外,还有阿斯多:"诸阿罗汉多一坐食,唯除侍者阿难及金刚密迹阿斯多等,复有八十那由他诸大菩萨摩诃萨众。一切皆住不退转地,彼诸菩萨请问其深妙定法门。"①阿斯陀与阿斯多发音相近,但阿斯陀与阿斯多并不是同一个仙人,二者的身份与特征不同,阿斯陀与阿斯多的汉字标记不可以随意更改。在佛典之中阿斯是一个词,陀与多是另一个词。其三,阿斯在佛教中并非只有正面的意义,阿斯还是邪恶之徒:"尊师恶弟子,性凶怀毒害。其名曰阿斯,即便害须赖。时有大鬼神,信乐于佛法。手自执金刚,遂打杀阿斯。"②阿斯是被追杀的恶弟子,坛君神话不会从邪恶之徒的名字中择取因素。由此来看阿斯达、阿斯与佛教应当没有关系,语音的相似只是偶然而已。

第二节　佛孙建国与天孙建国

一、佛孙与天孙的本质差异与演变过程

坛君神话没有实现全部人名与地名的佛教化,但即使是部分人名与地名的佛教化,也对坛君神话产生了根本性的影响。坛君神话是佛孙降临型建国神话,而不是天孙降临型建国神话。李氏朝鲜中期的文人申混十分敏锐地意识到了这个问题,申混(1624~1656)字元泽,号初庵、草庵,高灵人,是李氏朝鲜中期的文人,1644年进士及第,曾任奉教、正言、修撰等官,1654任安州教授。申混在他的诗歌中说出了他的看法。

申混《檀君台》
空桑巨迹尽传疑,檀木神踪此有之。

---

① 《大方等大集经菩萨念佛三昧分》卷九,《大正新修大藏经》第13册,第867页。
② 《佛使比丘迦旃延说法没尽偈百二十章》卷一,《大正新修大藏经》第49册,第12页。

> 东土生民思长上，西方大圣运慈悲。
> 垂衣昔日齐唐帝，脱屣何年避父师。
> 最是荒壐犹突兀，兹山留作古今奇。①

这是对坛君神话本质的概括，东土不是指中国，而是指韩国的先民。韩国的先民希望有一个君长，于是西方大圣慈悲为怀，为韩国的先民派来了他的儿子，与熊女媾合，生出了第一个韩国先民的国家君王。所谓的西方大圣是指佛祖，佛祖派人建立的国家与中国的尧帝同时，具有了同样悠久的国家历史。佛孙坛君是一个仁德君王，和中国帝王尧一样贤良，这是西方佛祖给韩国先民的莫大恩赐。其实坛君在韩国文人的心目中，不只是天命君主，也是仁德君主。申绰《送谢恩正使李太史赴燕·其三》："纪昔檀君台，牵率酬琼章。人事隔云泥，风采日想望。温温君子德，特达见圭璋。绮闻馥秋蕙，丽藻艳春英。密迩金华省，承流渥龙光。"②"温温君子德"并不只是符合佛教教义，也是指具有理想君主的品德。金泽荣《檀氏朝鲜纪》："闻东北之人相与谈说檀君事，纪其山海之经曰：东海之内，北海之隅，有国曰朝鲜。其人水居，偎人爱人。偎，亲近也。谓檀君有亲人爱人之仁政，以美之。"③将坛君与尧并列，其用意不只是宣扬历史的悠久，也在于赞美坛君具有如同尧一样的仁德。赞美坛君之德，是为了弘扬佛教广大无边的慈悲。申混完全是按照《三国遗事》与《帝王韵纪》的文本来理解的，他的理解没有偏差。既然坛君神话是佛孙降临型神话，就不应当称之为天孙降型神话。可是学术界通常都称之为天孙降临型神话，几乎没有人称之为佛孙降临型神话。其原因是天孙降型是学界常用的用语，但没有注意到天孙降临与佛孙降临的本质不同。

坛君神话的本质并不仅仅是本质问题，如果仅仅是本质的问题就没有多少研究难度，也没有必要用整本书的篇幅研究，就可以确定坛君神话的佛教本质。重要的是本质问题关系到了坛君神话的形成，如果坛君神话原本就是佛孙降临型神话，那么意味着坛君神话只能生成于佛教传入朝鲜半岛之后，证明坛君神话是佛教僧侣杜撰的说法是正确的。但如果坛君神话原本不是佛孙降临型神话，而是天孙降临型神话，那么意味着在佛教传入之前坛君神话已经形成了，至少形成了天孙降临的部分。因而这也是必须解决的问题，不解决坛君神话的性质，就无法推进坛君神话生成的研究。

---

① 〔韩〕申混：《初菴集·西关录[上]》卷之五，影印标点《韩国文集丛刊》第37册，第55页。
② 〔韩〕申绰：《石泉遗稿》卷之二，影印标点《韩国文集丛刊》第279册，第534页。
③ 〔韩〕金泽荣：《韶濩堂集续》卷五，影印标点《韩国文集丛刊》第347册，第470页。

佛教化的人名与地名是衍生因素,那么意味着佛孙降临型建国神话也是衍生形态,应当不是原始形态。其根据如下:

第一,人名、地名的来源与坛君神话的形成。坛君神话出现了很多的人名与地名,看起来有些杂乱。其实并不混乱,大体而言人名与地名有三种来源:一是源于佛教;二是源于历史,尤其源于高丽王朝;三是源于中国与朝鲜半岛原住民的通古斯民族。桓因、桓雄、檀君及其妙香山、无叶山都是源于佛教,佛教化的人名和地名,皆可找到文献的依据,因而应当是可靠的。人名的佛教化比地名的佛教化更容易完成,而几乎所有的人名都实现了佛教化,也都成为了坛君神话的因素,载于坛君神话的正文。地名的佛教化是以现实地名的佛教化为前提,因而佛教化的地名没有能够成为坛君神话的因素,只载于古注。佛教化的人名与地名的巨大差异,表明佛徒改编坛君神话是有限的,没有全方位地改编坛君神话。这说明坛君神话不是佛徒杜撰的,佛徒只是坛君神话的改编者。如果坛君神话完全是佛徒编造的,那么完全没有必要受到现实地名佛教化的约束,可以任意地虚构佛教化的地名。坛君神话人名与地名佛教化的特征提供了剥离佛教因素,还原原始形态的可能性。佛教化是衍生因素,佛教化人名的上限时间可以上溯到5世纪,地名佛教化的上限时间可以上溯11世纪。

佛教化的人名与地名在数量上没有绝对优势,但占据了坛君神话的最重要的位置。桓因、桓雄与檀君三个人名是最重要的,这三个人名都被佛教化了,这是坛君神话佛教化的基础。妙香山与无叶山两个地名也是佛教化的,这两个地名虽然也很重要,但没有能够成为坛君神话的因素,这说明《三国遗事》的坛君神话文本尚处于向着佛教化发展的过程。这种变化也体现在《三国遗事》与《帝王韵纪》的不同,这两个文本差不多是同一时期的,但《帝王韵纪》的佛教化更为彻底,这表明了坛君神话变化的方向。尽管人名与地名的佛教化是有限的,但完成了人名的佛教化,人实际上也就基本上构造了佛孙建国的形态。佛孙建国形态的构成一方面确实有力地宣扬了佛教,但另一方面也造成了佛教与坛君神话的矛盾,由此使坛君神话出现了新的荒诞性。

第二,佛孙开国与历史事实的矛盾。韩国民族最初的国家不可能是佛祖创立的,也不可能与佛祖有任何关系。佛教传入朝鲜半岛是在5世纪之后,然而韩国民族建立的最初国家显然不是在5世纪之后。在佛教东传中国之前,韩国民族已经建立了国家。箕子朝鲜、魏满朝鲜、高句丽、新罗、百济、马韩、辰韩、弁韩、伽耶等等,都是建国于佛教传入之前。在上述国家之前曾经存在的最早国家坛君朝鲜是佛祖派人来创建的,这个说法恐怕是没有任何人能够相信的,完全不可能是事实。坛君神话的荒诞性体现在故事的情节,也体现在佛祖建国的构想。建立古朝鲜的是坛君，其实也是桓因，桓因通过坛君建造了古朝鲜。在佛家看来这是最为神奇的伟业，但在史家看来这是最为荒诞的妄说。现在的学者无论如何也不会相信韩国国家的历史始于佛教，事实上也不可能如此。韩国国家的历史早在佛教传入之前已经开始了，这是众所周知的常识。但不能因此断定坛君神话从最初开始就是胡编乱造的，这里存在另一种可能性，就是佛教僧徒将本来没有佛教因素的坛君神话改编为了佛教化的坛君神话。

第三，佛教本质与坛君神话的矛盾。坛君神话是佛孙开国的故事，但这个神话故事在本质上与佛教并不协调，存在一定的矛盾。佛教与王权有着密切的关系，但佛教往往不会以佛祖菩萨之子或子孙作为国家的君王，佛教的最终目的不是当上国家君王，更高的目标是能够成佛或菩萨，彻悟佛教真谛是最终的目标。因而在佛教故事中不大出现派佛祖子孙去建立国家的内容，即使出现此类故事，恐怕大多也是僧侣改编民间故事的结果。但是天孙降临型神话的目的就是建立国家，当上君王；虽然第一位君王最终也可能遁入神山，又成为了山神，但这已经不重要了，重要的是建立了国家，成为了君王。因而在本质上，坛君神话与佛教是矛盾冲突的。

坛君神话中有不少源于不同历史时期、地域空间的地名，这是历史化与高丽化的地名。太伯山、三危山是历史化的地名，源于历史人物与地方。白岳、白州是高丽化的地名，只能是高丽时期添加的衍生因素。九月山也应当是衍生因素，九月山成为坛君神话的因素，与当地流传坛君神话有关。同一个地方在不同的时间有了不同的地名，地名的历史与时间为研究坛君神话的形成提供了极为珍贵的信息，使还原更为原始的坛君神话成为可能。同一地名产生多个异名，各个异名对应为不同的地方，这是因为坛君神话流传于不同的地方。不同的地方附会为同一地方，表面看起来是彼此矛盾，但实际上这是坛君神话流传于各地的结果，这种现象表明坛君神话不是伪造的。

佛教化的地名没有成为坛君神话的因素，只出现在古注，这传达出了坛君神话研究应当掘进的一个方向。阿斯达、弓忽山、今弥达、藏唐京等都是非汉化的地名，与现在朝鲜半岛常见的地名很不相同。此类地名的形成是非常重要的，实际上在汉化地名出现之前朝鲜半岛的地名大多是此类地名。阿斯达、今弥达与女真人、通古斯人名称的相似性表明，此类地名应当源于通古斯人，通古斯人是中国东北与朝鲜半岛较早的原住民。阿斯达是通古斯化的地名，坛君神话的传承者没有必要为了伪造，就编造出通古斯化的地名。事实上韩国的历史文化不是向着通古斯文化的方向发展，而是向着汉化的方向发展。这表明阿斯达这个通古斯化的地名只能是自古传承下来的，3世纪王沈

《魏书》的记载也可以证明这一点。此类地名应当是在坛君神话生成时期带入,一直保存在了坛君神话。

如果说阿斯达等地名传达出了中国东北与朝鲜半岛原住民的信息,那么最好在原住民的通古斯人的神话故事中找到与坛君神话高度相似的神话故事,或者找到与坛君神话渊源关系的神话文本。通过对照比较前后不同时期的神话文本,可以清楚地看到坛君神话的变异过程。无数学者为了解决这个问题,做出了巨大的努力。经过100多年的共同努力寻找和研究,并没有发现坛君神话的原始文本,也没有找到具有渊源关系的神话文本。尽管如此还是找到了极其丰富的相似度稍低的同类故事,这些故事表明通古斯人具有丰富的熊神崇拜。

坛君神话写的是人熊婚的故事,通古斯诸民族也有很多同类的人熊婚故事。赫哲族的神话故事讲述了熊妻的儿子成为赫哲族一个氏族祖先的故事。

《新氏族的来历》

一个妇女有三个孩子,两个钻进林子没有回来,第三个去寻找也一去不归。冬去春来,妇女在江岸上啼哭。忽然来了一头熊,吓得妇女拔脚就跑。熊追上去问:"哭啥?"女人把经过说了。"别哭,我让你再生几个,都跟那乃人(赫哲族)一样,回家收拾收拾屋子,我就来。"女人回到家后,熊找上门来。后来他们果真生了好多娃娃,长大后都跟那乃人(赫哲族)一样。女人对他们说:"好好过日子吧,如今你们已经有了自己的氏族。我还得跟熊生活,记住,三年之内不能猎熊了,不然,我会被你们捕杀的。"孩子们忍了两年,到第三年还是去猎熊了。他们在一个水泡子跟前打死了一头熊,扒胸时一看,胸口还长着一对大奶子。①

这个神话与坛君神话的故事形态很不相似,但有一些因素是相同的:A.熊神与人婚媾生子;B.坛君神话的女人是一头母熊所变,这个故事的女人也是母熊所变;C.两个故事中熊女所生的孩子都成为了氏族或国家的始祖。两个故事的情节形态的不同是显而易见的:A.此类故事中的男女双方的角色中一个是人或天神,一个是熊,这个故事也归属于此类,但与熊女婚媾的其实也是熊,只是在与母熊变成女人的时候婚媾生子。在通古斯诸民族的神话中,一般都表现出人与熊可以自由变换的观念,因而重要的是婚媾时的人或熊的角色。B.坛君神话的故事形态非同寻常,赫哲族故事的形态较为日常

---

① 徐昌翰、黄任远:《赫哲族文学》,北方文艺出版社1991年,第37页。

生活化。两个故事的基本情节是完全不同的,开头、中间与结尾都不相同。女人在与熊神婚媾之前已经有了孩子,但坛君神话的熊女是初婚。两个熊女都想要孩子,但坛君神话的熊女是通过祈神而得到的,赫哲族的故事相对显得随意。C.结尾的部分也是不同,坛君成为了一个国家的始祖,赫哲族的熊女之子则成为了新氏族的始祖。

在通古斯诸民族的人熊婚故事中,或者熊是男性,或者熊是女性,熊神的性别并不稳定。鄂温克族的一则故事写的是公熊与女人的婚媾:

> 很早以前在一座高山中有一对姐妹,一次放驯鹿时遇到风雪走散了。姐姐找妹妹时不小合掉进了熊洞,和熊过了冬。第二年春天,姐姐从熊洞回到了父母身边。不久姐姐又莫名其妙地消失了。一天她母亲从熊洞经过时,忽然听到了婴儿的哭声。母亲进去一看,是大女儿和两个孩子。一个全身是毛,另一个正常。母亲怕人知道,就把全身是毛的孩子带回了家,女儿抚养另一个。后来孩子都长大成人,兄弟俩比力气,正常的孩子不小心用石头把全身是毛的弟弟砸死了。从此鄂温克女性不愿意吃熊肉,也不愿意看到熊眼、熊头、熊体,不愿意接触去猎熊的男人或丈夫。①

公熊为主角的故事有一个重点,就是表现男性的力量,击战是男性化和英雄化的标志。人熊婚生下的两个兄弟比力气误伤致死,是熊神禁忌产生的原因。公熊的英雄化是熊神故事的模式,公熊的强大力量是熊神崇拜产生的原因。下面是达斡尔族的熊神故事:

> 很久以前一个很老的妇人和她的女儿去林子深处找烧火的木材。林中忽然跳出一只黑熊,将女儿掠去,将她作为媳妇。以后,那女儿生下一个男孩。男孩长大成人后随父亲打猎。男孩的力气象他父亲一样大,但比父亲还勇敢。他发现他父母的容貌是那样不同,就问他母亲原因。母亲向他讲了。男孩于是杀死了他父亲,并带他母亲返回她的娘家。从此达斡尔族和通古斯人崇拜熊。②

阿伊努人分布于东西伯利亚与日本,他们也有丰富的熊神故事。在阿伊

---

① 巴达荣嘎、赵复兴:《通古斯与阿伊努及其共同文化》,《内蒙古社会科学》1994年第3期。
② 〔英〕卡罗琳·汉弗蕾撰、朝戈金译:《一则关于熊和男孩变为男人的达斡尔族神话》,《民族文学研究》1994年第4期。

努的人熊婚故事中,熊的性别也是变化不定,下面这个故事的熊神是男性。

《熊神人妻》

我和丈夫、小叔子、我的妹妹四个人一起生活。我丈夫和他的弟弟都是村子里有名的猎手。一天我在山坡上挖野菜,一个留黑胡子的男子从山上下来,让我给他烟袋抽,那个男人抽烟亲了我,还提出成亲的要求。我和他成亲睡觉后回家,那个男人进了山。后来我和那男人在熊洞里生活,生了两个孩子。我的小叔子找到熊洞,要和我的熊丈夫比武。一个老人告诉我,用我身上的血滴撒向小叔子,他就什么也看不见。果真如此。那老人又告诉我的小叔子,他以后每年能捕到 60 头熊,过富裕的生活,得到熊的恩惠。①

雌熊换成了公熊,但仍然体现了生殖的意义。黑熊与人在一起的时候,也是现出人的外形,人与熊的转换关系还是自然的。熊神带来了丰硕的恩惠,每年猎到 60 头熊,这是富裕生活的保障。这个神话也很容易改造成祖先神话,只要将生下的孩子说成是某一氏族的祖先就可以了,但是终究没有改编成为祖先神话。这个故事还向西流传,维吾尔族神话《英雄艾里库尔班》的故事内容几乎相同:从前,一个老女人进山打猎,女儿被白熊掠走作为妻子,一年后生下一男孩,名叫艾里库尔班。他与熊父上山打猎,力大如熊,胆量过人。后来他发现母亲与父亲相貌不同,问及母亲,知道了缘由,就杀死了父亲,携母亲回到故乡。艾里库尔班有人与熊的特征,故乡人畏而避之。但他心地善良,除暴安良,就赢得了乡人的敬重。② 北美印第安人的《熊丈夫》也是相同的故事:一个女人不慎侮辱了黑熊,被黑熊的亲戚掠走。她被迫和黑熊头领的儿子结婚,在洞中生下两个孩子。两个孩子和母亲在一起时现出人形,外出时披上熊皮,就变成黑熊。几年后,女人被兄弟救出来,两个孩子也来到了人间,就永远保持了人形。他们身高力大,成为了英雄。③ 三个故事地域距离相当遥远,但内容基本相同,表明三个故事之间存在着交流关系。熊神人妻的故事多讲述孩子的力量,熊父被人形之子杀死,熊弟也是如此。

熊神在通古斯人的故事中并不总是英雄的象征,时常也体现出负面的形象。鄂伦春人的《老实人、黑熊与狐狸》(黑龙江呼玛一带,1962 年鄂伦春人

---

① 《知里真志保著作集·熊神人妻(熊神人妻と駆落)》第一册,东京平凡社 1993 年,第 287 页。
② 仁钦道尔基、郭英编:《叙事文学与萨满文化》,内蒙古大学出版社 1990 年,第 238 页。
③ 高小刚:《图腾柱下:北美印第安人文化漫记》,三联书店 1997 年,第 123 页。

郭其柱讲述,向华整理)中的黑熊要吃老实人的心肝肺,狐狸帮助老实人恐吓黑熊,老实人最后用斧子砍开了黑熊的脑袋。①《黑熊与狐狸的故事》(1957年隋书今搜集,孟古古善讲述)中的黑熊是野蛮的抢劫者,抢走了狐狸的一只兔子。后来又要抢走鲜鱼。狐狸设计让黑熊把尾巴伸进冰洞,让河水冻住。黑熊的尾巴冻住了,还以为有特大的鱼咬住了尾巴。可是尾巴怎么样也拉不起来,后来一用力尾巴就断了,疼得黑熊哭了起来。从此黑熊成了短尾巴的熊瞎子。② 熊神是野蛮的抢劫者,并不总是英雄。这种形象固然与现实有关,但也与民间故事的娱乐化有关。在这类故事中熊的神性已经消失殆尽,已经不适于作为神话研究的对象。

有关通古斯诸民族的历史文献相当有限,大多也较为迟晚。坛君神话的熊女故事记载于13世纪的《三国遗事》,虽然这个时间已经比较迟晚,但远远早于通古斯诸民族神话故事初载的时间。坛君神话熊女的主要意义不在于英雄化,而在于生殖。其实通古斯诸民族有很多的此类故事,其中大多神话故事的熊神都是雌性,雌熊也多转化为了女人。生殖、婚姻、祖先是熊母型祖先神话的基本因素,在熊母型的祖先神话中极少出现熊子英雄化的倾向,也没有父子残杀的冲突。熊父型祖先神话尽管也包含生殖的意义,但生殖的因素是与熊子的英雄化、父子的冲突联系在一起,神话渲染的重点不是生殖,而是力量与冲突。由此来看熊母型的祖先神话应当更为原始,形成的时间也更早一些。女神崇拜是更为古老的信仰,即使进入到父系社会之后,女神也仍然占据过主神的地位。坛君神话与熊母型祖先神话的基本因素相同,坛君神话熊神崇拜的原型有可能是熊母型的祖先神话。现在的问题是通古斯诸民族的熊神故事类型形成成于何时不明,尽管国内外相关的研究成果极其丰富,但是没有人将此类故事类型的形成时间作为问题研究过。这一方面是没有将时间作为问题,另一方面是通古斯诸民族缺少历史文献,比韩国民族的历史文献少得多,也迟晚得多,使相关的研究变得更为困难,当然完全放弃研究也是憾事。

坛君神话与通古斯人的熊神故事虽然存在一些相似因素,但不相似的因素也相当多。这表明坛君神话与上述通古斯人的熊神故事不可能存在直接的渊源关系。但在故事类型层面上确实存在类似性,这种类似性提供了在删除佛教化的人名与地名后还原原始形态的可能性。

---

① 隋书金编:《鄂伦春民间故事选》,上海文艺出版社1988年,第218~220页。
② 同上,第321~322页。

其一,坛君神话的故事类型与天孙降临型。坛君神话佛教化的人名是佛僧改编的,如果去除了佛教化的人名,保留坛君神话的故事情节,那么应当还原到了佛教化之前的状态。去除桓因、桓雄的名字,桓因与桓雄就失去了佛教天帝与佛祖之子的身份,只剩下了天神和天神之子的身份,坛君神话也就从佛孙降临变成了天孙降临。如果坛君神话原本就是天孙降临型的神话故事,那么坛君神话与朝鲜半岛国家历史的矛盾就会消失,不会出现佛祖之孙创立第一个国家的荒诞性,坛君神话诸因素与佛教之间的各种矛盾也会消失。坛君神话属于天孙降临型神话,此类神话故事在东亚相当常见,并不是独一无二的个列。此类神话故事大体可以分为两类,一是天孙降临成为了部落或国家的始祖,一是天孙降临成为了贤人。这两种类型在故事形态上并无本质的不同,更换的只是天孙的标签,正如更换坛君神话的名称一样。给天孙贴上什么标签,就会成为什么类型。此类标签的变更不会改变故事的基本类型,这就提供了继续研究坛君神话故事类型的可能性。

其二,天神降临型神话与天神崇拜。如果说坛君神话原本是天孙降临型神话,那么天神崇拜是天神降临型神话生成的基础。东亚固有的天神崇拜源极为悠远,早在佛教传入之前已经相当普遍。《三国志》记载了佛教传入之前高句丽、百济与新罗的原始信仰,中国东北与朝鲜半岛的北部主要是灵星与社稷。灵星是天神崇拜之一,社稷祭祀的是天地,高句丽古坟壁画也证明了《三国志》记载的天神崇拜。这与坛君神话的风伯、雨师、云师、主谷等内容相合,坛君神话中也确有社稷信仰的因素。坛君神话将天神记载为桓因之后,已经无法知道这个天神的名字,也只能推测这个天神的性质。如果保留了天神原来的名字,就可以了解到更多的信息。这个被桓因替换出去的天神也可能是萨满教天神,坛君神话中残留着萨满教的因素,熊神崇拜和人熊婚媾的故事是萨满教诸民族普遍存在的现象。因而有理由推断坛君神话的天神是萨满天神,萨满教天神崇拜的历史也极为久远。从天孙降临型角度来看,坛君神话形成的上限时间可以推到非常久远,甚至可以推及到文明的起始阶段,但这并不等于坛君神话生成的实际时间。

其三,故事形态的差异与联系。坛君神话的情节是人熊异性交合生子的故事,通古斯诸民族的人熊婚故事也都是人熊异性交合生子的故事,与无性繁殖的感生神话不同,这显然不是巧合。由熊而人的情节是通古斯人熊神故事的基本因素之一,在通古斯人的观念之中,由熊而人是完全可以自然转换的,完全不需要任何程序。坛君神话却需要复杂的程序,然而坛君神话的复杂程序应是后来不断发展中衍生的因素。这一点将在后文中详细考论,其实这恰恰说明坛君神话在韩国历史文化发展过程中形成的。通古斯诸民族人熊婚的神话和故事，常常把氏族或部落的祖先说成是人熊之子，虽然情节故事各不相同，但构成情节的因素基本相同。国家的始祖与氏族的始祖具有完全不同的性质，但这种性质与民族的历史是相合的。韩国民族从箕子朝鲜就开始了国家的历史，赫哲族等大多的通古斯民族从来没有过建立国家的历史，因而在神话与故事中就不会出现国王与国家。这是民族的不同历史造成的，在故事形态变异层面上没有太大的意义，因为这样的因素在不同的民族之中可以自由地变更，但不会对故事形态有太大的影响。坛君神话与赫哲族的故事不会存在渊源关系，两个是各自独立的故事，但它们完全可以归为人熊婚的故事类型。从通古斯诸民族的同类故事，可以看到坛君神话佛教化之前的轮廓。

佛僧改编翻案传说故事并不是完全没有规律，他们的常用方法是改换或添加人名与地名。坛君神话佛孙建国的问题是由于改换人名引起的，天孙降临型神话与佛孙降临型神话在故事形态上并无多大的差异，它们之间存在着近缘性。它们差异只是在天神的名称，两种类型完全可以通过人名或地名的更换完成。佛教僧徒为了宣扬佛教思想，往往使用传说故事来解释。改换人名、地名、事物名称，不会改变故事的基本形态。这种方法在东亚翻案文学中非常普遍，并不限于佛教文学。翻案文学就是将传说故事中的中国人名换成本国人名，使中国的故事改变成本国的故事。这种翻案的方式早就存在于佛教文学，佛祖与菩萨除了常用的名字之外，还有其他很多的名字，有时有几十个，数百个。佛祖菩萨不断地吸收各种民间故事，随着民间故事附会到佛祖菩萨身上，佛祖菩萨就会生成很多异名。翻案是佛教文学与民间故事嫁接的方法，坛君神话具有翻案文学的特征，这表明佛僧把坛君神话改造成为佛教神话之前必然有更为原始的坛君神话，坛君神话不是僧徒编造的。

二、天赐王权的渊源与感生神话

如果把坛君神话还原为天孙建国的神话，那么还原为天孙建国型神话的依据是什么呢？还原为天孙降临型神话的前提条件是必须存在天孙降临型神话，天孙降临型神话的最初形成和分布范围，天孙降临型神话同王权、国家的关系，都是直接关系到坛君神话还原的类型。

天孙降临型神话的核心是天赐王权，这就有必要研究天赐王权的形成。人类最初的王权是从神权衍生出来的，这是天授王权思想形成的基础。最初政治权力的掌握者是握有神权的大巫，巫觋以神话使政治权力与信仰权力合法化，王权的合法化就是继承了巫觋的衣钵。王权建立者的血统是表现王权神授思想的基本形式，天神是最高权力的体现者，也是唯一合法的王权授与者,天神与王权建立者的唯一关系就是父子的血统关系。较早的这种血缘关系不一定要通过两性关系来体现的,往往会以感生的形态体现出来,感物而生是天神与人的血缘关系的普遍形式之一。

感物而生的神话就是感生神话,感生神话的核心概念是天,上天为父。《说文》如此解释感生神话:

> 古之神圣,母感天而生子,故称天子。从女从生,生亦声,《春秋》传曰:天子因生以赐姓。①

《说文》的解释不是许慎想出来的,是根据先秦以来的神话传说解释的。感生神话的基本意义就是天赐王权,通过王权掌握者的出生表明王权不是人意所授,是天意所授。圣贤的母亲没有与男性交合而孕,有母无父,感天而生的意思就是没有父亲,这是感生神话的基本特征。感天而生的都是君王或圣贤。感生神话与建国神话是两个不同的概念,感生神话着重于王者的诞生,建国神话强调的是王权与国家。感生神话与建国神话结合在一起是必然现象,因为感生而出的人常常是君王。

天的概念不会以抽象的形式出现在神话,总是以具体的事物表现出来。所感之物主要是天上星斗,还有光、气、精、龙、蛇、鸟、卵等等,这些具体事物是天的象征。无论是吞卵而生还是感蛇而孕,都是感生神话。中国上古已有帝王感生的神话,感生神话与五帝的观念结合起来,于是就产生了感生帝的说法。

> 然郊天之祭,唯王者得行,故云"不王不禘"也。……案师说引《河图》云:"庆都感赤龙而生尧",又云:"尧赤精、舜黄、禹白、汤黑、文王苍。"又《元命包》云:"夏,白帝之子。殷,黑帝之子。周,苍帝之子。"是王者皆感太微五帝之精而生也。②

最早的帝王都是感生而出,感生神话与帝王的关系早在先秦时期已经相当稳定。感生而出的并不都是君王,孔子不是国君,但也产生了感生神话。《艺文类聚》载:"《春秋孔演图》曰:孔子母征在,游大冢之陂,睡。梦黑帝使请与已交,语曰:女乳必于空桑之中。觉则若感,生丘于空桑之中。"③孔子有帝

---

① 汉·许慎撰:《说文解字》卷十二下,中华书局1963年第一版,第258页。
② 汉·郑玄注、唐·孔颖达疏:《礼记正义·大传第十六》卷三四,《十三经注疏》下册,中华书局1980年,第1506页。
③ 唐·欧阳询:《艺文类聚·木部上·桑》卷八八(下册),上海古籍出版社1999年,第1519页。

王之德而无其位,因而被称为"素王"。孔子被说成是黑帝之子,称为玄圣。天子是神子,圣也是神子。很多感生神话只是变换了所感之物,基本故事并无太多的变化。

在感生神话中无父而生的君王和圣贤,实际上并非没有父亲。他们不仅有父亲,而且两个父亲,名义的父亲与真正的父亲:"《异义》、《诗》齐鲁韩、《春秋公羊》说圣人皆无父感天而生,《左氏》说圣人皆有父。谨案《尧典》'以亲九族',即尧母庆都感赤龙而生尧,尧安得九族而亲之?《礼谶》云'唐五庙',知不感天而生。玄之闻也,诸言感生得无父,有父则不感生,此皆偏见之说也。《商颂》曰:'天命玄鸟,降而生商。'谓娀简吞鳦子生契,是圣人感见於经之明文。刘媪是汉太上皇之妻,感赤龙而生高祖,是非有父感神而生者也?且夫蒲卢之气蚼煦桑虫成为己子,况乎天气因人之精就而神之,反不使子贤圣乎?是则然矣,又何多怪?"①感生神话就是把真正的亲生父亲说成是名义上的父亲,把天神说成是亲生的父亲,其实不过是名义上的父亲。通过这种方式使君王与天神建立了父子关系,但这是伪造的父子关系。

韩国的经典神话都是建国神话,又多是感生神话,这是中韩神话的共同特征。中韩感生神话的所感之物基本类同,主要是光、气、卵等等。高句丽的朱蒙神话受到夫余神话的影响,夫余神话记载:"其王出行,其侍儿于后姙娠,王还欲杀之。侍儿曰:前见天上有气,如大鸡子来降,感故有娠。"②这是感气而孕,表明诞生者不是平凡人物,象征了高句丽王权的建立。朱蒙出生的部分也是感生神话:"高句丽:始祖东明王朱蒙,其母柳花河伯女为日影所照,娠而生一卵,有男破卵而出,名朱蒙。"③从夫余的气卵到高句丽的日影照射产卵,都是感生神话常见的形式。夫余神话没有直接强调感生与王权的关系,但朱蒙神话直接强调了王权天授的思想。

> 告水曰:"我是天帝子河伯孙,今日逃遁,追者垂及。奈何?"……国号高句丽。因以高为氏(本姓解也,今自言是天帝子,承日光而生,故自以高为氏)时年十二岁。④
> 朱蒙告水曰:"我是日子河伯外孙,今日逃走,追兵垂及,如何得济?"⑤

---

① 汉·郑玄注、唐·孔颖达疏:《毛诗正义·生民》卷十七,《十三经注疏》上册,中华书局1980年,第529页。
② 唐·李延寿:《北史·列传第八十二》卷九四,中华书局1997年,第803页。
③ 钟渊映:《历代建元考·外国考》外编一(第3册),商务印书馆1937年,第161页。
④ 〔韩〕一然著,李载浩译注:《三国遗事·纪异篇·高句丽》卷一(第一册),第102页。
⑤ 齐·魏收:《魏书·高句丽》卷一百,中华书局1997年,第569页。

朱蒙渡河时直接表明了自己的身份,这一身份发挥了特殊的效用,河中鱼鳖架起桥梁使朱蒙逃脱。朱蒙作为天帝之子,如果被捉就不能建立新的国家,也就不能实现天授王权。天降其子,其子必然得到天之协助。新罗赫居世神话、伽耶金首露神话是感生神话的变种,神话中没有女子感物产卵的内容,但卵中生子在感生神话中常见。

感生神话是东亚诸民族普遍的神话形态,从汉族、其他各民族与韩国民族的感生神话的分布状况,充分地证明了感生神话与王权、国家的关系。

表1-1 各民族感生神话分布表①

北方地区	朝鲜族	9	西南地区	阿昌族	0	华南地区	布依族	2
	达斡尔族	0		白族	11		侗族	1
	鄂伦春族	3		布朗族	0		京族	0
	鄂温克族	4		傣族	6		黎族	0
	赫哲族	1		德昂族	0		毛南族	0
	满族	13		独龙族	1		仫佬族	0
	蒙古族	6		仡佬族	6		水族	2
西北地区	保安族	0		哈尼族	3	中东南地区	土家族	4
	东乡族	0		基诺族	0		壮族	5
	俄罗斯族	0		景颇族	0		高山族	4
	哈萨克族	2		拉祜族	0		苗族	2
	回族	1		傈僳族	2		畲族	1
	柯尔克孜族	5		珞巴族	3		瑶族	3
	撒拉族	0		门巴族	0		汉族	50
	塔吉克族	2		纳西族	0			
	土族	1		怒族	0	注:1. 感生神话搜集总数:176 2. 感生神话流传比例较高地区为北方各地区;南方各地区比例相对较低		
	回族	0		羌族	2			
	维吾尔族	6		普米族	2			
	乌孜别克族	0		佤族	1			
	锡伯族	1		彝族	13			
				藏族	13			

中国少数民族神话也有丰富的感生神话,从这个表格来看,感生神话的

---

① 据王宪昭《中国少数民族感生神话探析》(《理论学刊》2008年第6期)统计。

分布特征如下：一，北方民族的感生神话相对集中丰富。其中朝鲜族有9个，满族13个，蒙古族6个，鄂伦春族3个，鄂温克族4个。二，西南的白族与彝族也相当丰富，彝族有13个，白族11个。其他的民族与地区都比较少。三，汉族的感生神话数量最多，有50个。这样看来在北方感生神话比较集中的是朝鲜族、满族与汉族。感生神话的分布特征可以产生许多令人思考的问题：

其一，韩国神话与萨满教民族神话的关系是国内外学术界一直十分重视的课题，很多学者认为韩国神话主要是受到萨满神话的影响。东京大学大林太良从事过这个方面的研究，他的看法产生了深远的影响。不过上面表格的调查结果表明，一些萨满教民族的感生神话很少。达斡尔族没有感生神话，鄂温克、鄂伦春、赫哲等民族与韩国民族有过交流关系，但感生神话也是较少。满族与蒙古族同样是萨满教民族，但有较多的感生神话。令人奇怪的是西南少数民族白族与彝族也有丰富的感生神话。感生神话最为丰富的是汉族，韩国的感生神话与中国汉族的感生神话有不少相似之处，所感之物极为相似。遥远的彝族、白族的神话中也有与韩国的建国神话相似的因素。

这样的现象将研究带入到了更为混乱的困境，根据萨满教民族神话进行研究的结果，不免让人生疑。韩国的建国神话究竟是与中国的汉文化近，还是与萨满教文化近；在建国神话形成的过程中主要是受到萨满教诸民族文化的影响，还是受到了汉文化的影响。这都是研究坛君神话的基本问题。如果说古代韩国文人采取了尽力迎合汉文化的立场，那么现在也存在着努力排斥汉文化的相反立场。汉民族有最多的感生神话，韩国民族也是感生神话最多的民族之一。这一特征是否意味着韩国建国神话与汉族神话之间存在着某种联系？西南的白族与彝族也有丰富的感生神话，白族、彝族的神话也有与韩国神话类似的形象，因而有学者提出韩国神话与西南少数民族有过共同的文化渊源。韩国的建国神话中存在着萨满教的因素，汉族神话中也不无萨满教的因素，红山文化在这样的现象中究竟产生了怎样的作用？如果红山文化是源头，在坛君神话的生成过程之中，萨满教的因素是原初因素，还是后来添加的因素？如果萨满教的因素是坛君神话形成时期的主要因素，那么在后来发展过程之中是逐渐地去萨满化，还是去中国化？此类问题的认识会直接影响到研究的结果。

其二，历史是感生神话生成的基础。神话是荒谬虚诞的，历史却不是虚诞的，将历史与神话结合在一起，就像是极为可笑的组合。然而事实上神话与历史存在着极为密切的关系，历史是神话产生的基础，神话是对历史的超现实解释。上面感生神话的表格表明了这样的现象：凡是历史上建立过王权与国家的民族，往往会有较为丰富的感生神话。那些从来没有建立过王权与国家的民族，就没有那么多的感生神话。汉族的感生神话最多，这是因为汉族最早建立了王权与国家。女真族与蒙古族也有较多的感生神话，这两个民族也曾经建立过王权与国家。女真人爱新觉罗的神话是萨满神话，但最后没有把神话归于萨满，而是纳入到了汉族帝王瑞兆神话的模式。白族与彝族是西南两个有丰富感生神话的民族，这两个民族也建立过王权与国家。从西汉至唐初，白族先民先后形成过诸多部落和国家，昆明、东（西）洱河蛮、白子国、渠敛诏、蒙嶲诏、越析诏、浪穹诏、邆赕诏、施浪诏、蒙舍诏等。唐贞观三年（629），白子国建立了统一的国家南诏。五代十国时期段思平在继承南诏国的基础上建立了大理国（937），历500多年，1253年大理国被蒙古消灭。彝族同白族一样经历了差不多类似的历史，也在南诏国的辖内建立了王权国家。由此来看建立过王权和国家的民族往往就有较为丰富的感生神话。

其三，没有建立过王权与国家的民族，基本上没有建国神话，但有着丰富的氏族祖先神话。鄂伦春人的神话故事中有不少熊神信仰的因素，但鄂伦春人的神话故事中几乎没有表现出天赐王权的思想，也没有体现出强烈的国家意识。远古时世上没有人类，只有像人那样的动物，身上毛绒绒的。虽有两腿，但没有膝盖，奔跑如飞。他们主要是靠吃兽肉维持生活，没有火，也没有盐。后来发现了盐，这些类似人的动物吃了盐之后，慢慢长出膝盖骨，脱落了全身的绒毛，就变成了今天的人类。这就是鄂伦春人的人类祖先神话，在这个神话中没有国家与王权意识。鄂伦春氏族始祖神话同样也没有国家与王权意识，传说最早类似人类的动物都是雄性，只有一个雌性，年龄较大，就被尊称为妈妈。雄性动物白天去狩猎，只有老妈妈在山洞里看管食物。一天来了一个年轻的雄性猴子，对老妈妈表示好感。妈妈对猴子也表示了好感，于是有了感情，就同居起来。日久天长，老妈妈生下两个白胖胖的娃娃，一男一女，这就是现在鄂伦春人的始祖。据说那个雄性猴子是神仙的化身，他是特意到深山密林中来创造鄂伦春人的。[①] 这个氏族祖先神话没有政治色彩，没有建立国家的意识。这个神话并不缺少神的意识，但神的意识与王权没有结合起来。（火与盐也是这个神话中的重要因素，可以根据这些因素研究出这一因素形成的时间。）

鄂伦春人的氏族祖先故事较为丰富，柯尔特依尔（何姓）的祖先是毛考代汗，白依尔（白姓）的祖先是根特木耳。毛考代汗的传说最多，根特木耳的传

---

① 《中国少数民族社会历史调查资料丛刊》修订编辑委员会编：《鄂伦春族社会历史调查》，民族出版社2009年，第4页。

说也较多。毛考代汗和根特木耳都是打猎和射箭的能手。毛考代汗与根特木耳去打猎.打赌一个人把赌石放在犴身上,另一人再取回来,谁能不惊动犴谁就是好汉。毛考代汗先把石头放在犴身上,犴浑然不觉。根特木耳去取石头,拿到石头,还没有离开三步,犴就惊跑了。这说明毛考代汗的本领高于根特木耳。① 这个故事宣扬的是始祖的狩猎技能,没有体现出王权意识,原因是鄂伦春人没有建立过自己的国家。鄂伦春人社会构造中最重要的是氏族公社,氏族公社是社会组织的单位,鄂伦春人把氏族公社称为"穆昆",氏族公社首领称为"昆达"。比氏族公社更小的单位是家庭公社,称之为"乌力楞"(家庭公社)。这些社会组织并不完善,在民主原则的基础上形成了初步的管理制度。氏族公社是图腾神话传说生成的基础,鄂伦春人只能根据他们的社会组织状态,解释社会组织形成的原因。在从来没有建立过国家的历史状态下,想象国家的产生是不太可能的。神话是超现实的,但国家神话是以国家的起源为前提。

  感生神话与天赐王权的上限时间可以追溯到先秦时期。感生神话的分布状况表明,坛君神话原本完全可能是天孙降临型建国神话,甚至也可能是天孙降型部落祖先神话。坛君神话原始形态的唯一可能性是天孙降临,此外没有其他的可能性。如果一定要认为存在其他的可能性,那就是没有天神,也没有天孙,就是人与熊女的婚媾,就像通古斯人的神话故事一样。然而坛君神话中天神已经存在,风伯、雨师与云师就是天神。因而坛君神话只能是天孙降临型神话,只是桓因与桓雄有佛教名称而已。坛君神话虽然有明确的天赐王权的思想,但显然不是感生神话。坛君神话写的是天神与熊女交合生子,而非像感生神话那样感物而生。两者是不同类型的神话故事,因而能否以感生神话的类型来认为坛君神话是天孙降型神话,似乎尚存疑问。感天而生或感物而生并不是现代神话学的总结,早在汉代已经出现了类似的说法,只是没有使用感生神话的用语。其实感生神话与交合而生的神话都可以是天孙降临型神话。一然在《三国遗事》卷一的序文中说:

  叙曰:大抵古之圣人,方其礼乐兴邦,仁义设教,则怪力乱神,在所不语。然而,帝王之将兴也,膺符命,受图箓,必有异于人者,然后能乘大变,握大器,成大业也。故河出图,洛出书,而圣人作。以至虹绕神母而诞羲,龙感女登而生炎。皇娥游穷桑之野,有神童,自称白帝子,交通而

---

① 《中国少数民族社会历史调查资料丛刊》修订编辑委员会编:《鄂伦春族社会历史调查》,民族出版社2009年,第5页。

生小昊;简狄吞卵而生契;姜履迹而生弃;胎孕十四而生尧;龙交大泽而生沛公。自此而降,岂可殚记!然则,三国之始祖,皆发乎神异,何足怪哉!此"纪异"之所以渐诸篇也,意在斯焉。①

《三国遗事》卷一是纪异篇,记录了怪力乱神的故事,坛君神话就是开头的第一个故事。卷一序文类似的内容也见于佛典,唐初道宣(596~667)编的《广弘明集》有如下的记载。

庖牺氏蛇身人首,大庭氏人身牛头。女娲氏亦蛇身人头,秦仲衍鸟身人面。夏禹出于东夷,文王生于西羌。简狄吞燕卵而生,契伯禹剖母胸背而生。伊尹托自空桑,元氏魏主亦生夷狄。然并应天明命出震乘时,或南面称孤,或君临万国。虽可生处僻陋,形貌鄙龘,而各御天威,俱怀圣德。老子亦托牧母生,自下凡何得以所出庸贱而无圣者乎。子曰:君子居之,何陋之有,信哉斯言也。②

《广弘明集》与《三国遗事》的序文具体文字不同,但基本思想相似。佛僧利用儒家思想来论述了佛典需要的怪力乱神故事的合理性。其中既有儒家思想,也有佛教思想。佛僧完全可以利用神话故事,来弘扬无所不能的佛教。

一然以为大凡圣人之出和帝王之兴,总要产生一段怪异故事。坛君属于帝王与圣人之出,必然也不会像常人一样降临。一然提到了不少的神话,这些神话大多是感生神话。虹绕神母而生羲,龙感女登而生炎,简狄吞卵而生契,姜履迹而生弃,无不是怪力乱神,同时也是感生神话。中国的圣贤皆有感生神话,唯独韩国的古代圣贤没有感生神话是不合常理的。然而应当注意的是一然记述的并非都是感生神话,皇娥与太白金星交合生少昊的神话,就不是感生神话。皇娥独自一人乘筏漂泊,与容貌绝俗的神童相遇,神童自称白帝之子,即太白精化身下凡。二人同舟出游,太白抚琴,皇娥唱歌,乐不思归。皇娥与太白一夜风流,回来不久就生了少昊。太昊春天之神,也是太阳,少昊是古代神话中的秋天之神、西方之神和月亮。少昊金天氏后来也成为帝王。皇娥与太白的一夜风流不是感生神话,是两性交合的神话,但也被列于感生神话之中。古代文人没有直接使用过感生神话的用语,对感生神话有一定的认识,有过类似的表述。尽管如此仍然将感生神话与交合生子的神话视为同

---

① 〔韩〕一然著、李载浩译注:《三国遗事·纪异篇》第一册,舎출판사1997年,第64页。
② 《广弘明集》卷十一,《大正新修大藏经》第五二册,第163页。

类,是因为这些神话都是怪力乱神。显然天孙降临与天赐王权并不只是属于感生神话,不过在一然的记载中几乎都是感生神话。

一然基于中国的感生神话,认为有必要记载韩国的感生神话,这也就是记载坛君神话的原因之一。朱蒙等人也是以感生神话的方式降生于人间的,这就是君王的标志。两性生殖的神话属于另一类型,此类神话中的两性可能皆为人类,也可能一个是人类,一个是兽类,兽类很可能就是民族或部落的图腾。坛君神话属于后者,不是感生神话的类型。两性交合而生的神话与感生神话的差别在于故事形态,而不在于天子或天孙的降临,两性交合而生的神话同样也可以表现天孙降临与天赐王权。朱蒙神话有两个版本,一是感生神话(感物而孕),一是交合而孕的神话。《三国遗事》记载:"《坛君记》云:君与西河河伯之女要亲,有产子名曰夫娄。今按此记,则解慕漱私河伯之女,而后产朱蒙。《坛君记》云产子名曰夫娄,夫娄与朱蒙异母兄弟也。"[1]这不是感生神话,这种故事形态与坛君神话类似。坛君神话的故事类型显然更近于通古斯民族的人熊婚故事,而不是近于感生神话,至少二者属于同一类型,都是两性交合的神话故事。大多的通古斯民族没有感生神话,这是通古斯民族的神话故事特征之一,坛君神话的人熊婚故事可能来自于通古斯民族。目前没有找到与坛君神话类似的通古斯人的神话故事,其原因是早期阶段的此类故事非常简单,只是人或天神同熊女媾合生子而已。但随着历史的发展,各个民族的人熊婚故事走上了各自的发展道路,也形成了各自不同的神话故事。天赋王权、天孙降临等因素如同君王、桓因等等标签一样,完全可以后来添加。这些因素是韩国民族的国家历史所需要的,也是中国的感生神话完全可以提供的因素。

第二节 建国神话与国家的起源

一、建国神话的诸说

坛君神话是国家神话,国家的基本因素是王权、都市与文明,这也是国家形成的基本条件,坛君神话具备了这些因素,称之为国家神话或建国神话完全没有问题。然而韩国历史上的最初国家是何时形成,国家的三个基本因素又是何时形成,是关系到坛君神话形成的基本问题。

研究坛君神话作为国家神话的诸因素之前,必须面对的问题是坛君神话的伪造说与外来说。伪造说是古代非常流行的看法,伪造说认为坛君神话是后

---

[1] 〔韩〕一然著、李载浩译注:《三国遗事·高句丽》卷一(第一册),솔출판사1997年,第101页。

人编造的。坛君神话中确实存在极为荒诞的因素,坛君御国 1500 年之类的因素向来是否定坛君神话的根据。感生神话也有不少荒诞的因素,但是荒诞因素主要是在君王诞生的部分。君王诞生之后与现实人类基本相同,不大会出现神异故事。坛君神话的荒诞因素比感生神话更多,超出了感生神话的荒诞程度。

> 《桂苑杂记》引《古记》之说。……又云檀君娶非西岬河伯之女,生子曰扶娄,是为东夫余王,至禹会诸侯于涂山,遣扶娄朝焉。……且尧之即位之日,中国之书亦无可考,则又何以知檀君之与之同日乎?檀君立国千余年之间,无一事可纪者,而独于涂山玉帛之会,称以遣子入朝。其假托傅会亦无足言者矣。①

南九万(1629~1711)是李氏朝鲜时期的朝臣,著有《药泉集》。南九万否定了坛君朝鲜,也否定了坛君立国之日与尧同时的说法。坛君治国千余年,没有记载任何事情,这是否定坛君朝鲜的根据。否定坛君朝鲜易如反掌,任何神话都有不少荒诞的内容,根据荒诞的内容否定无助于神话的研究。坛君神话提供的各种时间都是空头支票,是虚构的时间,不宜当成现实时间。从荒诞的故事中辨析出历史的因素,才是能够推进神话研究的方向。坛君神话荒诞不经,却包含着国家的三个历史因素,这不是超现实的想象。在坛君神话的形成前后,韩国历史上已经出现过国家,已经形成了王权、都市与文明,否则就不会出现像作为国家神话的坛君神话。

如果坛君神话是伪造的,那么坛君神话中的国家因素和韩国的国家起源根本没有关系,因为不管韩国民族有无国家的历史,都是可以编造出国家神话。但是感生神话的分布特征证明了国家的历史与感生神话的关系,国家神话与民族的国家历史不是没有关系的。氏族祖先神话缺少国家神话的王权和都城。氏族祖先的主要使命不是建立国家,因此韩国学者将建国神话称之为国家祖先神话,与氏族祖先神话区别开来。氏族祖先神话与国家神话完全不同,国家祖先神话与村落、氏族始祖神话的时间范围不同,村落、氏族祖先神话的上限时间可以追溯更远,但国家神话的上限时间往往迟于氏族祖先神话。氏族祖先神话形成在前,国家神话是文明高度发展的结果。如果韩国历史上从来没有建立过国家,那么认为坛君神话是伪造的,是可以接受的。但韩国历史上不仅建立过国家,而且还建立过不少的国家,坛君神话正是韩国国家历史的基础上生成的。从这一角度来看,坛君神话完全是伪造的说法,

---

① 〔韩〕南九万:《东史辨证·檀君》,《药泉集》,首尔:民族文化推进会 1994 年,第 484 页。

显然是无法令人信服的。

坛君神话作为国家神话何时形成,国家诸因素何时形成,坛君神话的形成与哪一个历史国家有关,都是应当研究的问题。从理论上说《三国遗事》之前的国家都可以成为坛君神话形成的条件,但新罗、高句丽、百济与伽耶国都有自己的建国神话,因而这些国家可以排除在坛君神话形成的条件之外。

有的学者以为坛君神话是元蒙时期编造出来的,高丽时期受到元蒙的入侵,编造坛君神话为了鼓舞抗元的斗志。日本学者井上秀雄并不认为坛君神话是高丽时期编造的,是高丽时期广为流传,进入到了统治者的视野,这是高丽时期特殊的历史状态产生作用的结果。

> 箕子神话是统治阶层的神话,檀君神话是被统治阶级的民众神话。13世纪之后蒙古人入侵,民众的义军奋勇抵抗,就在此时檀君神话开始广为流传。①

这个说法不错,一然与李承休都是高丽时期的人,他们同时记录坛君神话可能与元蒙的入侵有关。井上秀雄认为坛君神话在元蒙入侵时突然流行,实际上就是否定了高丽时期编造说。井上秀雄的看法比较接近于实际情况,高丽朝之前统治者并不需要坛君神话,各国都有自己的建国神话。新罗是统一国家,但新罗有自己的赫居世神话。高丽朝是统一国家,但没有自己的统一神话,恰逢元蒙入侵,坛君神话浮出了水面流行起来。

坛君神话的外来说影响也很大,也是国家神话研究必然面对的问题。外来说主张坛君神话并非韩国民族原有的故事,是源于周围其他民族的神话故事。如果坛君神话是外来的,那么就有可能把其他民族神话中的国家因素一起带入,也就意味着坛君神话的国家因素与韩国的历史没有关系。在外来的神话中寻找韩国国家历史的因素是非常荒诞的,即使外来神话中存在国家因素,也只能是与其他民族的国家历史有关,与韩国的国家历史无关。如果坛君神话是外来神话,进入到韩国后发生了怎样的变化,究竟增加或减少了什么因素,就成了关键的研究方向。

坛君神话的外来说主要有通古斯说和汉文化说。通古斯说是主流说法,通古斯诸民族的宗教信仰是萨满教,因而通古斯说与萨满教说往往结合在一起。日本学者三品彰英与大林太良是此说的代表性学者之一,他们主张坛君

---

① 〔日〕井上秀雄:《朝鲜的神话(朝鮮の神話)》,《周刊アルファ大世界百科》132号,日本メール・オーダー社1973年,第3153页。

神话源于通古斯人,与中国汉文化没有关系。韩国学者也接受了外来说,但韩国学者的外来说有一些变化,认为坛君神话是在韩国固有的熊神崇拜基础上传入的。这就将坛君神话与熊神崇拜分开,把熊神崇拜作为了独立的一个因素,体现了强烈的民族意识。韩国学者金贞培说:

> 这个神话是在图腾崇拜的基础上传到高丽,适应了要求民族统一的愿望从而发展为民族神话的说法也是其中之一。①

这段话意义丰富,首先是肯定朝鲜半岛有本土的熊神崇拜,但本土的熊神崇拜不等于坛君神话。朝鲜半岛固有的熊神崇拜是接受坛君神话的条件。坛君神话传入之后发展成为建国神话,是民族统一发展的需要。韩国的建国神话并不少,不过没有统一国家的建国神话。朱蒙神话、赫居世神话等都不是统一国家的神话,不能满足统一国家的需要。于是将外来的神话作为了全体民族的神话,作为了初始的建国神话。这样一来韩国民族拥有了共同的祖先,也有了共同的初始国家。

坛君神话的外来说各不相同,但都基于这样的认识:在一然的《三国遗事》与李承休的《帝王韵纪》之前,没有任何文献提到过坛君神话。直到13世纪末突然记载完整的坛君神话,不能不想到是外来的。王沈的《魏书》记载过坛君朝鲜,但《魏书》的记载没有受到应有的重视,另外《魏书》只记载了坛君朝鲜,没有记载坛君神话,因而仍然可以认为坛君神话是外来的。按照金贞培的观点来看,坛君神话传入之后基本保持了原来的形态,朝鲜半岛固有的熊神崇拜只是提供了接受坛君神话的土壤。然而坛君神话一直富于变化,传入之后基本保持原貌是不可想象的。其实只要细读现存的一些文本,就不难得到这样的结论。如果熊神故事与坛君朝鲜传说结合生成了坛君神话,那么最好是在韩国周围的诸民族中能够找到类似的神话,但目前为止并没有找到类似的神话。只有大林太良找到了乌德盖民族的故事。在发现更为相似的其他神话故事之前,还难于断言坛君神话的熊神故事源于通古斯民族。

坛君神话的中国传来说也是主要的外来说之一,韩国学者金载元认为坛君神话源于中国,不是韩国民族原有的神话,是道教神仙思想与中国固有的创世思想混合而成的中国民族神话。他的《檀君神话之新研究》(1947)是坛君神话研究史上必然提及的著作,主要是比较研究了坛君神话与山东武氏祠堂石室的画像石。在金载元之前韩国学术界没有注意过考古文物,金载元将

---

① 〔韩〕金贞培:《韩国民族的文化和起源》,上海文艺出版社1993年,第133~134页。

考古文物与坛君神话结合起来研究,开拓了新的研究方向。1786 年在山东省嘉祥县(即今山东省嘉祥县)南紫云山下武氏祠堂石室里发现了画像石,其中后石室第二石第二层、第三石第一层引起了金载元的注意。画像石的年代是汉建和元年(147)。金载元比较了画像石与坛君神话,认为坛君神话完全源于武氏祠堂画像石。归纳金载元的基本看法,坛君神话和武氏祠堂画像石的异同如下:1,东王公、西王母相当于桓因;2,画像中的侍者相当于桓雄;3,三株树相当于三符印;4,妙高山相当于妙香山;5,雷公、大小二人物相当于风伯、雨师、云师;6,虎人、熊人与虎、熊相同;7,虎人口出来的小儿相当于坛君;8,蘘荚相当于灵艾、蒜。① 金载元认为中国失传的珍贵故事保存在韩国,具有世界文化史的意义。在金载元研究的基础上,还有一些韩国学者进行了更为深入的研究。尹圣范、文曍铉、金元龙等人看法各异,但基本上否定了画像石与坛君神话的渊源关系,认为不同点远远多于相似点,两者之间没有关系。李载杰则没有否定画像石与坛君神话的关系,韩国民族与山东的东夷族存在着族源关系,提出从族源关系论证画像石与坛君神话的关系更为有力。

  武氏祠堂画像石与坛君神话确有一些相似点,至少都有熊虎登场,但除此之外几乎没有相似点。金载元认为的相似点是将画像石按照坛君神话做适当的调整之后显示出来的,如果不加调整,使人感觉到这是两个完全不同的故事。将西王母与东王公合并为桓因是完全没有道理的,在坛君神话中桓因是男性,不是男女两性的合体。西王母与东王公必然有侍者相随,将侍者随意比附为桓雄也不合适,儿子与侍者根本不同。雷公固然与风伯等有关,但直接把雷公等三个人物看成是风伯、雨师和云师,调整的跨度太大,无法认为有渊源关系。三株树看成是三个天符印更完全没有道理,树与符印是完全不同的东西。将蘘荚看成是灵艾与蒜也是令人不解,至少东汉时蒜还没有进入文学艺术的可能性。如果以这样的方法比较,那么将会有太多的故事比附为坛君神话的原本。熊虎同出画像石,但是熊虎的基本意义不在于生殖。画像石与坛君神话的差异太大,即使以比较文学的变异观点来看,也很难认为是同一类型故事的变异,坛君神话源于武氏祠画像石的说法是不成立的。通过金载元的比较,更加突出了坛君神话的独特性。坛君神话中包含着丰富的中国文化因素,与中国文化的关系是不能否定的。但要提出熊变女人的故事源于中国的看法,还需要提出更为有力的证据。伪造说与外来说不能成为否定坛君神话的国家因素和韩国国家历史关系的根据,从这个角度研究坛君神

---

① 参见李载杰《檀君神话研究的现状与问题点——历史学的研究为中心(檀君神話研究의 現況과問題點》,《国际语文(국제어문)》1982 年 3 期。李弼英(音,이필영)《檀君研究史》,尹以钦《檀君:理解与资料》,首尔大学校出版部 2001 年。

二、坛君神话与王权、国家的起源

坛君神话是韩国历史上第一个国家的神话,国家不只是一个概念,是人类文明发展到一定高度之后形成的社会形态。东亚古国的概念不一定与通行的国家概念相合,但也是比较接近的①,因而从国家的基本因素考察坛君神话形成的上限时间是可行的途径。坛君神话经常被否定,除了文献的原因之外,还有一个主要的原因是国家历史的问题:

第一,坛君朝鲜是否存在、何时存在,是一直困扰不解的问题。朱蒙神话、朴赫居世神话、金首露神话等建国神话都是以历史上确实存在过的国家为前提,高句丽、新罗、伽耶等都不是虚构的,是确确实实存在过的国家。这些国家的时间范围基本上是确定的,因而不会遇到那样多的问题。然而坛君神话完全不同,坛君朝鲜是否存在难以确认,坛君神话作为国家神话的形成时间也成了几乎无法解决的问题。第二,如果坛君朝鲜存在,那么是否已经达到了国家形态,是否具备王权、都城与高度文明,都是需要研究的问题。文献记载与考古发现难以互相印证和支撑,文献记载坛君朝鲜产生于公元前2333年,但完全得不到考古学的支持。作为国家神话的坛君神话与历史的关系,也就难以得到证明。这两个问题困扰了一百多年,主要是没有文献与考古的新发现。现在即使可以确定王沈《魏书》的记载,也无法认定坛君朝鲜的起始时间。不过还是还是有必要根据现存文献与考古资料进行探索,即使不能解决问题,也可以做出适当的解释:

中国文献记载朝鲜半岛的国家历史是从箕子朝鲜开始的,韩国文献记载的是从坛君朝鲜开始,坛君朝鲜先于箕子朝鲜存在。最早记载箕子朝鲜的是《史记》,最早记载坛君朝鲜的文献是王沈的《魏书》和一然的《三国遗事》。《史记》之后朝鲜二字时常出现于各种文献,并不是罕见的名称。在《史记》之前的文献中有无出现过朝鲜二字,记载朝鲜二字是在什么时间,记载朝鲜二字的文献又透露了怎样的信息,应当是研究的问题。韩国学者早已注意到了这一点,指出朝鲜二字出现的最早时间是公元前7世纪。中国先秦时期的文献主要有《管子》、《战国策》与《山海经》等记载了朝鲜。这些文献的记载非常

---

① 考古学家苏秉琦提出古国古城古文化,显然与西方的国家观念并不完全相合,但符合中国史前文明发展的实际状况:"古文化指原始文化,古城指乡最初分化意义上的城和镇,而不必指特定含义上的城市。古国指高于部落之上的、稳定的、独立的政治实体。"(苏秉琦:《辽西古文化古城古国》,《华人·龙的传人·中国人》,辽宁大学出版社1994年,第77页。)

简约,但还是提供了当时的相关信息。最早记载朝鲜二字的是《管子》:

> 桓公问管子曰:"吾闻海内玉币有七策,可得而闻乎?"管子对曰:"阴山之礝䃁,一策也;燕之紫山白金,一策也;发、朝鲜之文皮,一策也;汝、汉水之右衢黄金,一策也;江阳之珠,一策也;秦明山之曾青,一策也;禺氏边山之玉,一策也。此谓以寡为多,以狭为广,天下之数尽于轻重矣。"①

> 桓公曰:"四夷不服,恐其逆政游于天下而伤寡人,寡人之行为此有道乎?"管子对曰:"吴越不朝,珠象而以为币乎?发、朝鲜不朝,请文皮毤服而为币乎?……然后,八千里之发、朝鲜可得而朝也。"②

这两段记载内容相近,但又有区别,应当注意的问题如下:其一,关于朝鲜的记载是真实的,两段文字都写了朝鲜的文皮。所谓的文皮就是有彩纹的兽皮,主要是指虎豹皮。两段文字皆记载文皮是作为货币来使用的,说明春秋战国时期诸国与朝鲜往来相当频繁,以至于文皮作为了一种货币。管子讲了七种货币,主要是珠玉、黄金、白金、曾青与文皮,礝䃁是玉石,曾青是铜。管子还将货币分为三种,上币为珠玉,中币为黄金,下币为刀布。文皮没有归于上中下三等,说明文皮虽然为币,但流通不如上中下三等货币那么广。朝鲜文皮相当珍贵,如同珠玉黄金。朝鲜以出产上佳虎皮、兽皮而闻名,中国与朝鲜的交流始于文皮,具有深刻久远的象征意义。

以文皮为币,说明文皮的数量多得超出了想象的程度。这不免让人疑问:朝鲜半岛文皮到底多到了什么程度?可惜《管子》没有记载一张虎皮可以换多少黄金之类的其他货币,如有记载,无疑增添不少史学价值。现在不太可能找到公元前7世纪的其他文献,其他时期的文献虽然不能作为证据,但是具有参考的价值。韩国古代各朝都以兽皮为主要的贡赋之一,以致为害:"四曰诸道贡赋已有定数,今又以虎豹熊皮为贡,不唯科敛烦重,恐致猛兽害人,诚宜禁之。"③兽皮是贡赋的主要物品,也用来与周边其他国家往来。兽

---

① 黎翔凤撰、梁运华整理:《管子校注·揆度第七八》卷二三(下册),新编诸子集成,中华书局2004年,第1382页。
② 黎翔凤撰、梁运华整理:《管子校注·轻重甲第八十》卷二三(下册),新编诸子集成,中华书局2004年,第1440页。
③ 〔韩〕郑麟趾:《高丽史·志三二·食货一·田制·贡赋》卷七八,首尔大学校奎章阁本。

皮用于亲友相赠:"宰枢亦赠银绫苎虎豹熊皮。"①虎皮为上,熊皮则以幼熊皮为上:"壬辰,元遣使来赐王衣酒,索熊羔皮。"②"遣上护军姜仲卿、金成宝如元,献熊羔皮。"③古代韩国多虎,虎多到了什么程度,与韩国人的日常生活到底近到了什么程度,从《高丽史》的记载可以了解:"毅宗元年七月壬申夜虎入选军,太史奏:'迩来猛虎入选军兵刑部、兴国寺及闾巷。夫虎者山林之兽也。'握镜曰:'虎狼入国府中将空荒。'八月己亥夜,虎入大明宫。十二年七月己未,虎入京城。"④"明宗六年九月甲辰,虎入大明宫。八年九月戊子,虎入京城。十年正月戊寅,虎入城市。十八年四月辛未,豹入城。十九年十一月乙丑,虎入延庆宫内。二十七年正月癸卯,虎入穆清殿。"⑤虎不仅时常进入京城,甚至常入王宫,可见虎豹数量之多。有时群虎聚集在一起进入县城,还出现过击鼓群舞的奇异景象:"元宗元年二月壬寅,虎入内城。二年正月,虎聚固城县石泉寺洞,击鼓而舞。四年五月庚子,十鹿入城。六年七月壬戌,虎入阙东门外咬杀人。七年十月壬戌,狐鸣于寝殿。十年八月辛丑,有鹿入宫中。十五年四月己酉,虎昼入京城。"⑥白天虎也会进入京城,伤人也非稀罕之事。《管子》记载以朝鲜文皮为币不是杜撰出来的,上述文献不是公元前7世纪的,但管子时代朝鲜半岛的虎只能更多,不会更少,作为货币完全是可能的。

其二,《管子》记载的朝鲜之名至少有两重意义,一是作为地名使用,一是作为国家名称使用。首先朝鲜是地名,如果没有名为朝鲜的地方,管子就无法提到朝鲜二字,更不会将朝鲜与文皮联系在一起。朝鲜这一地名不可能是杜撰出来的。《管子》将发与朝鲜并列在一起,既表明两国皆产文皮,也表明了地理的近缘关系。发是春秋时期曾经存在的东北古族,主要活动于嫩江流域,也有人认为发就是貊,因其二字发音相近。⑦朝鲜与发的地理方位大体相合,说明管子不是依据想象记载的。

朝鲜不只是地名,还是一个国家的名称。《管子》没有直接记载朝鲜作为国家的性质,但间接地涉及了朝鲜的性质。第二条材料记载了朝廷与四夷的朝贡关系,四夷不肯朝贡是战国时期的一个问题。管子是在非常明确的朝贡关系层面上来讨论朝鲜问题的,也就是把朝鲜看成了藩国或外国。尽管朝贡关系不一定是严格意义上的国家关系,也不一定严格地按时朝贡,但这种关

---

① 〔韩〕郑麟趾:《高丽史·世家三五·忠肃王二》卷三五,首尔大学校奎章阁本。
② 〔韩〕郑麟趾:《高丽史·世家三七·忠穆王》卷三七,首尔大学校奎章阁本。
③ 〔韩〕郑麟趾:《高丽史·世家三八·恭愍王》卷三八,首尔大学校奎章阁本。
④ 〔韩〕郑麟趾:《高丽史·志八·五行二·金》卷五四,首尔大学校奎章阁本。
⑤ 同上。
⑥ 同上。
⑦ 李德山:《东北古民族与东夷渊源关系考论》,东北师范大学出版社1996年,第163页。

系基本上是建立在周朝与诸侯国或属国关系的层面上。管子正是在朝贡关系层面上讨论朝鲜的,如果没有建立过朝贡关系,不来朝贡也就不会成为问题。朝贡是朝廷与诸侯国、属国之间的政治契约,朝鲜既然是朝贡国家之一,那么应当已经建立了国家。

其三,公元前7世纪中期之前的记载与问题。《管子》没有记载朝鲜的建国时间,但是根据管子的生存年代可以知道在公元前7世纪之前朝鲜已经存在了。管仲名夷吾,字仲,又称敬仲,是春秋时期齐国著名的政治家、军事家,号称"春秋第一相",辅佐齐桓公成为春秋时期的第一霸主,生存于约公元前723年或716年~公元前645年。这说明古朝鲜最迟在公元前645年之前已经存在,古朝鲜初建的时间要比这个时间还要早得多,这是学术界的常见说法,然而这种说法存在文献上的问题。

《管子》非管仲一人所作,主要是由管子的后人编辑而成,其中也有一些是后人托名管仲而作的,写作年代始于战国中期直至秦、汉时期。《管子》共24卷,85篇,今存76篇。《轻重》共19篇,存16篇,论述了古代经济,是研究先秦农业与经济的珍贵材料。《轻重》非管子所作,晋代傅玄说:"《管子》之书,半是后之好事者所加,《轻重》篇尤鄙俗。"唐代孔颖达:"《轻重》篇或是后人所加"。① 这样一来问题就变得相当复杂了,然而这又是一个不能不追问的问题。《轻重》的撰写年代是学术界一直争论的问题,主要有出现"战国说"、"汉代说"(包括"文景说"、"武昭说"、"王莽说")等观点。袁珂以为《山海经》是战国初年到西汉初年的楚人所作。近年来战国说得到了较多学者的支持,主要是出现了一些新的考古发现。② 记载朝鲜的是《揆度》与《轻重甲》,罗根泽以为《揆度》作于汉代,因为其中有盐铁、山海等字词,盐铁是汉武帝时的政策。然而朝鲜与发是并记的,发是见于上古三代时期的东北古族。有关发族的记载极为罕见,因而也很神秘。发仅见于先秦,到了两汉以后就彻底从历史记载中消失了,两汉以后有关发的记载都是有关先秦时期的记载。

---

① 《管子》卷首之《管子文评》,《二十二子》,上海古籍出版社1986年影印本,第89页。
② 王国维提出"文景说",《轻重》中多处出现"玉起于禺氏",以禺氏为产玉之地,"禺氏"即"月氏",月氏为匈奴所败,当汉文帝四年,而其西居大夏,则在武帝之初。据此王国维以为《管子·轻重》诸篇为汉文、景间作。罗根泽有《管子探源》,考证《管子》诸篇的著作年代,在《海王》《国蓄》《山国轨》《揆度》等篇中,多次出现"山海"、"盐铁"连用,罗根泽认为,盐铁之策是汉武帝时才出现的。因而罗根泽提出了"武昭说"。(见罗根泽:《诸子考索》,人民出版社1958年版,第489—499页。)马非百提出了"王莽说",但没有得到普遍的认可。

《逸周书》:"发人鹿鹿者,若鹿迅走。"①《大戴礼记》有关发的记载较为丰富:

  1. 昔虞舜以天德嗣尧,布功散德制礼,朔方幽都来服,南抚交趾,出入日月,莫不率俾,西王母来献其白琯,粒食之民,昭然明视,民明教,通于四海,海外肃慎、北发、渠搜、氐、羌来服。

  2. 舜有禹代兴,禹卒受命,乃迁邑姚姓于陈。作物配天,修德使力,民明教通于四海,海之外肃慎、北发、渠搜、氐、羌来服。

  3. 服禹功,以修舜绪,为副于天,粒食之民,昭然明视,民明教,通于四海,海之外肃慎、北发、渠搜、氐、羌来服。

  4. 文王卒受天命,作物配天,制无用,行三明,亲亲尚贤。民明教,通于四海,海之外肃慎、北发、渠搜、氐、羌来服。②

  从这些记载来看虞舜时期发就已经存在了,夏禹、周文王时期发与夏、周也有过往来。这些记载固然不可全信,但是可以肯定的是在周朝以前就有了发,发即北发,如果没有发或北发的名称,周人是无法载入文献的。发与朝鲜共同朝贡应当是在周朝,周朝时发与朝鲜并存。在更早的记载中只见北发,不见朝鲜,《管子》先记发,后记朝鲜,这与发先于朝鲜存在的时间顺序相合。有学者以为发即貊,两个字古音相近,而貊即韩国民族的来源之一。由此来看《管子》的记载并非杜撰,应当记载的是战国时期之事,而非汉代之事。汉代时发已经从历史上消失了,发与朝鲜并出于汉代历史是不可能的。前人以管子的生存年代断定朝鲜出现于公元前7世纪固然不是根据充分的说法,但有关发的记载可以证明公元前7世纪之前应当已经有了朝鲜国。

  除了《管子》之外,《战国策》也记载了朝鲜,朝鲜出现在苏秦劝说燕王的部分。

  苏秦将为从,北说燕文侯曰:"燕东有朝鲜、辽东,北有林胡、楼烦,西有云中、九原,南有呼沱、易水。地方二千余里,带甲数十万,车七百乘,骑六千匹,粟支十年。南有碣石、雁门之饶,北有枣粟之利,民虽不由田作,枣粟之实足食与民矣。此所谓天府也。夫安乐无事,不见覆军杀将之忧,无过燕矣。③

---

① 黄怀信等:《逸周书汇校集注·王会解第五十九》卷第七(下册),上海古籍出版社 1995年,第883页。
② 清·王聘珍撰、王文锦点校:《大戴礼记解诂》,中华书局 1983年,第216、217、219、221页。
③ 西汉·刘向:《战国策·燕一》卷二九(下册),上海古籍出版社 1985年第二版,第1039页。

苏秦为燕王解说的是燕国的地利,说明了燕国无忧的原因。在苏秦的这一段话中,朝鲜的意义不甚明了,究竟是只是地名还是国名,燕与朝鲜的关系是建立在怎样的层面上,都是无法仅从这段话中确定的。但是可以知道苏秦话中的朝鲜与《管子》中的朝鲜当是同一名称,应当与《管子》的朝鲜有同样的意义。《战国策》的时间虽然迟于《管子》,但也可以在时间上证明《管子》记载的朝鲜并非虚诞。《战国策》成书于西汉,是刘向(约公元前 77 年～公元前 6 年)根据已有的文献资料编辑的,但这并不说明苏秦对燕王所说的话是汉代编造出来的。苏秦生存于公元前 337 年～公元前 284 年,说明公元前 3 世纪之前,《管子》记载的朝鲜仍然存在。《管子》与《战国策》记载的朝鲜与《史记》记载的箕子朝鲜存在的时间有相合的部分,卫满灭箕子朝鲜之说在时间上是成立的。

《山海经》也是最早记载朝鲜的文献之一,其中有两条关于朝鲜的记载。

朝鲜在列阳东,海北山南。列阳属燕。①

东海之内,北海之隅,有国名曰朝鲜、天毒,其人水居,偎人爱之。②

只记载了朝鲜的地理位置,列阳指列水,其地属燕,朝鲜与燕接邻。第二条也是记载了朝鲜的地理位置,与朝鲜同在一个地方的是天毒,天毒也就是天竺,即现在的印度。朝鲜与印度虽然同在亚洲,但相距遥远,根本不同在一个区域。或许这是知识性的错误,或者脱漏了字。《山海经》记载的地理位置有不少是空想出来的,因而不必认真。《山海经》直接记载"有国名"为朝鲜,朝鲜是国家的名称,不只是地名。《管子》与《山海经》都记载了朝鲜作为国家的意义,那么在这个朝鲜国的基础上形成坛君神话不是不可能的。《山海经》是中国幻想文学的源头,但也是一部历史地理著作,古代文人一般是把《山海经》看成是历史书。即使是作为幻想文学来看,朝鲜二字不能看成是先秦人的想象。

《管子》等文献记载的朝鲜是存在无疑的,那么那是什么朝鲜呢?至少存在三种可能性:一是坛君朝鲜,二是箕子朝鲜,三是卫满朝鲜。哪一种可能性最大呢?《管子》等文献只记朝鲜,没有记载箕子等相关信息,因而《管子》等

---

① 清·郝懿行:《山海经笺疏·海内北经》卷十二,巴蜀书社 1985 年,第 5 页。
② 清·郝懿行:《山海经笺疏·海内经》卷十八,巴蜀书社 1985 年,第 1 页。

文献记载的朝鲜就产生了解释的空间。古朝鲜的概念中包括了坛君朝鲜、箕子朝鲜、卫满朝鲜和古朝鲜。这里首先应当排除的是卫满朝鲜,因为文献记载的时间不合。日本学术界一般认为卫满朝鲜是信史,韩国的国家历史应当始于卫满朝鲜。但上述文献证明朝鲜半岛的国家历史不当始于卫满朝鲜,如果认定韩国的国家历史始于卫满朝鲜,那么公元前2世纪之前不会出现上述文献的记载。卫满朝鲜存在的时间是公元前195年~公元前108年,可是文献记载在公元前7世纪已经出现了朝鲜。卫满朝鲜已经被排除,剩下的就是坛君朝鲜、箕子朝鲜与古朝鲜。坛君朝鲜与古朝鲜常常视为同一国家,但有时又视为不同的两个国家,因而可以放在一起考察。这样看来《管子》等文献记载的朝鲜有两种可能性,一是坛君朝鲜或古朝鲜,一是箕子朝鲜。

其一,坛君朝鲜或古朝鲜的可能性。

1993年10月2日,朝鲜社会科学院发表《檀君陵挖掘报告》,公布了坛君墓的结果。坛君墓位于平壤市江东郡西北大傅山东南坡,墓中有男女遗骨86块,男子身高170厘米。经"常磁性共鸣法"数十次测定,认定这是5011年前之遗物,断定墓主就是坛君。此后又召开了大型学术会议,考古学者一致认为坛君实有其人,平壤是朝鲜历史的发祥地。1994年10月新建坛君陵竣工,陵建在江东郡弘文里一座小山上,陵长宽各50米,全高22米。由1994块白色花岗石砌成,共9层,雄伟壮观。由此坛君变成了历史人物,坛君朝鲜也不再是传说中的国家。

图1-2　新建的坛君陵①

---

①　资料出处:http://a4.att.hudong.com/16/85/01300000088817121509855529857.jpg,下载人:张哲俊。

坛君陵的发掘报告发表之后,引起了不少韩国学者的批判,吴江源的《关于北韩学界最近提出的古朝鲜"新平壤说"——以"坛君陵"发掘以及南北韩学界的论考为中心》否定了北朝鲜学界的看法,①中国学者也反对墓主为坛君。以1993年为基准计算,坛君出生于5011年前,这比《三国遗事》记载的时间公元前2333年还早了685年。测定遗骨年代的是常磁性共鸣法,"计算坛君遗骨的绝对年代为距今5011±267年,相对误差为5.4%。"②从这样的报告来看,遗骨年代测定是没有问题的,误差也不是很大。韩国首尔大学考古美术学科的崔梦龙教授指出了诸多问题,其中也指出测定年代方法的问题:"另外出土人骨的年代测定方法使用的是常磁性共鸣法(전자스핀공명법,Eoectron spin resonance)。对这种年代测定方法最为熟悉的是北韩金教京……可是发明这个方法的山口大学池浴元伺以为,在理论上材料保存最佳(最适)状态下,下限可以测定100～1000年前。但实际使用时大部分可以测定数十或数百万年前遗物,年代越远,其结果越不可靠。"③显然常磁性共鸣法用来测定坛君陵的人骨年代存在较大的疑问。

此外墓中出土的其他实物也无法与测定的人骨年代相合,陵中"出土了金铜王冠前面的直立装饰和围带残片各1件……是在青铜板上镀以很厚的金;围带为窄长的青铜板,也镀了很厚的金。""出土的青铜带是连结许多块牌子制成,其中的一块牌了……本来镀过金,现在大部分脱落,甚至看不出痕迹。"④按照遗骨的年代,应当是旧石器(新石器?)时代,可是陵中居然出现青铜镀金技术制造的物品,显然是不可理解的。镀金镶嵌技术(包括镀锡技术)在中国中原出现于公元前8～7世纪,鄂尔多斯镀锡青铜器的时间是在公元前6～4世纪。

古代有关坛君陵的记载不少,较早的文献是《新增东国舆地胜览》(1530):"朝鲜始祖檀君位,墓在兔山维城乾隅。箕子墓在城西北隅之兔山。"⑤此后有很多史籍与诗文皆记载了坛君墓,中国明代董越的《朝鲜赋》也记载了坛君陵,《朝鲜赋》的时间早于《新增东国舆地胜览》。弘治元年(1488),明孝宗命右庶子兼翰林院伺讲的董越,与刑科给事中王敞出使朝鲜

---

① 《东北亚考古资料译文集·高句丽、渤海专号》,北方文物杂志社2001年。另外还有王培新的《檀君陵发掘质疑》,《东北亚考古与历史信息》1994年2期。
② 《关于檀君陵发掘》,参见《东北亚历史与考古信息》1994年1期,第12～16页。
③ 〔韩〕崔梦龙:《北韩檀君陵发掘与问题点(北韓의檀君陵發掘과 그問題點)》,尹以钦编《檀君:理解与资料》,第292页。
④ 《关于檀君陵发掘》,《东北亚历史与考古信息》1994年1期,第12～16页。
⑤ 《新增东国舆地胜览·京都上·国都》卷一,《古朝鲜·檀君·夫余资料集》中册,第1829页。

颁布即位诏。董越一行弘治元年(1488)闰正月从北京出发,3月13日抵汉城颁诏书,4天后返回。董越还有《使东日录》一卷,可以与《朝鲜赋》彼此参阅。此外还有清代揆叙《使朝鲜杂诗五首·都门》:"碑传箕子遗封在,地访檀君旧迹留。行遍渊波江畔路,归途迢递指清秋。"①这些文献都是明清时期的,不是13世纪之前的文献。从《三国遗事》到此类文献还有100多年的时间,在这段时间里将平壤附近的坟墓附会为坛君陵完全是可能的。如果这些文献是《三国遗事》之前的文献,那么应当高度注意,但出现在13世纪之后就几乎失去了文献的价值。将这些文献作为认定坛君陵墓主的根据,完全是没有说服力的。

其实早在李氏朝鲜时期就已经对坛君墓产生了怀疑,主要是怀疑墓的主人。《正祖实录》记载:"修檀君墓置守冢户,承旨徐滢修启言:檀君即我东首之圣,史称编发盖,首之制君臣上下之分,饮食居处之礼,皆自檀君创始。则檀君之於东,实有没世不忘之泽,其所尊奉宜极崇备。臣待罪江东见县西三里许,有周围四百十尺之墓,故老相传指为檀君墓,登於柳馨远《舆地志》:则毋论其处实真伪,岂容任其荒芜恣人樵牧乎?若以为檀君入阿斯达山为神,不应有墓。"②以坛君神话的内容为据提出的疑问是没有价值的,坛君化为阿斯达山神是坛君神话的荒诞部分。《东史纲目》对坛君朝鲜也采取了鲜明的怀疑态度,但仍然记载了坛君朝鲜。其中比较有趣的说法是坛君朝鲜时期可能连朝鲜这一名称都还没有出现过。

> 檀君之时,朝鲜称否未可知,而丽史地志以檀君为前朝鲜,箕子为后朝鲜。东人传说已久,今且因旧书之。③

这个说法是值得考虑的,朝鲜半岛的历史不可能始于箕子朝鲜,在箕子朝鲜之前还应当有历史人物,但那个历史人物是否名为坛君是一个问题。坛君陵的发掘没有能够证明坛君是历史人物,反而再一次证明平壤的坛君陵与坛君没有关系。王沈《魏书》记载了坛君朝鲜,似乎可以证明坛君朝鲜并非传说,但是王沈的《魏书》没有记载坛君陵。

其二,箕子朝鲜的可能性。

---

① 《皇清文颖·诗七言律诗》卷七九,《文渊阁四库全书》第1450册,台湾商务印书馆2008年,第646~647页。
② 《正祖实录·正祖十年八月己酉》卷二二,尹以钦编《檀君:理解与资料》,第422页。
③ 《东史纲目·杂说》附卷下,尹以钦编《檀君:理解与资料》,首尔大学校出版部2001年增补版,第476页。

《管子》等文献记载的朝鲜可能性最大的是箕子朝鲜,箕子朝鲜也提供了产生坛君神话的因素。研究箕子的成果比较丰富,但很多基本问题尚不清楚,例如箕子的姓、封地、与纣王的亲戚关系等,连名字胥余也仍存在疑问。①不过一般认为箕子是殷纣王的亲戚,当过纣王的近臣,官父师(太师)。封地在山西。② 但学术界没有因为存在许多疑问,就认为不存在箕子其人。否定箕子朝鲜是日本学术界最为普遍的看法,最早提出这一看法的是日本学者白鸟库吉、今西龙等人。日本学术界的看法也被韩国学术界接受:"实际上,想根据文献来证实箕子东来的事实几乎是不可能的。除了中国学界还认定这个之外,即使说箕子东来说丧失了意义也不过份。如果说在韩国上古史中箕子朝鲜的民族构成上有中国要素的话,我们自然应当甘于接受这个事实,但是就像先学们所论述的那样,箕子朝鲜有许多虚点,因此一直受到批判。"③否定箕子朝鲜的主要根据是箕子朝鲜在考古学上得不到印证,无文陶器与有文陶器的出土状况表明,在箕子朝鲜存在的时期,古朝鲜与东西伯利亚有较为密切的关系,而不是与中国有过交流。原始时期文化的交流也是多向的,交流的对象不是只有一个,交流是多对象之间展开的。仅以陶器来考察,会得到箕子朝鲜时期中韩没有交流的结论。但扩大调查的范围,就会得到相反的结论。近几十年来考古的重大发现证明商周与朝鲜存在过交流关系:

第一,在辽西地区发现了商周时期的器物。在内蒙古东部与辽宁西部分布极广的夏家店下层文化与商周时期的文化有着密切的关系,墓葬中出土的彩绘陶器上有类似商代青铜器上的纹饰图案,陶质三足角杯和河南偃师二里头出土的铜角器形完全相同。青铜器的发现也证明了辽西与商周文明的关系:"考古发现还有另外一个重要的方面,这就是几十年来在辽西、辽东众多地点,出土了多批窖藏或非窖藏的商国青铜器。"④周初时燕国的势力已达到辽宁西部喀拉沁左翼一带,这里是燕国北方的一个重镇。辽宁喀左县山湾子遗址出了西周早期的铜器,与北京琉璃河燕国墓地出土的伯矩鬲相同。周朝

---

① "故圣人之用兵也,亡国而不失人心;利泽施乎万世,不为爱人。故乐通物,非圣人也;有亲,非仁也;天时,非贤也;利害不通,非君子也;行名失己,非士也;亡身不真,非役人也。若狐不偕、务光、伯夷、叔齐、箕子、胥余、纪他、申徒狄,是役人之役,适人之适,而不自适其适者也。《庄子集释·内篇·大宗师第六》,《诸子集成》第三册,中华书局 2006 年第 2 版,第 105 页。)箕子与胥余是作为两人出现的,而不是一个人。
② 宋·郑樵,《通志·氏族略第二》上册:"箕氏(子姓。箕子之国,商畿内诸侯。杜预云,太原阳邑县南有箕阳邑。隋改曰大谷,今隶太原。武王克商,改封箕子于朝鲜,其地后为晋邑。汉有西华令箕堪。蔵荼相箕肆。)"(中华书局 1995 年,第 69 页。)
③ 〔韩〕金贞培:《韩国民族的文化与起源》,上海文艺出版社 1993 年,第 150 页。
④ 徐秉琨:《鲜卑·三国·古坟——中国日本朝鲜古代文化交流》,辽宁古籍出版社 1995 年,第 2 页。

燕国公251号墓出土的"伯矩"鬲记载了伯矩接受燕侯赏赐而作器之事,铭文为"在戊辰,匽侯易(赐)伯矩贝,用乍(作)父戊尊彝。"大意是在戊辰时,燕侯赐贵族伯矩钱,伯矩用这笔钱铸造了这件铜器,以此纪念。出土于小波汰沟的燕国圜具有明显的燕国特征,圜上雕有虎噬猪的画面,这是北方草原文化器物中常见的画面,此画把燕国的铜器与辽西文化结合在了一起。商朝商人的活动范围已经到达了辽西一带,喀左的铭器中有孤竹的铭器,孤竹的领地是在河北卢龙、迁安一带,说明孤竹的疆域也延伸到了辽宁西部,这里生活着孤竹人的后裔。

第二,"䰙侯"铜器的发现。1973年在辽宁喀左县北洞村出土了窖藏商代青铜器,其铭文有"䰙侯"二字。这是中韩关系研究的重大发现,学术界尚存争议,但也明确了一些主要问题。"䰙侯"当为箕侯,相同的青铜器出于河南、山东与辽西。䰙与箕通,䰙国即箕国。䰙国为诸侯国,与殷王有亲密的关系,箕子同殷也有密切的关系。辽宁喀左县北洞村出土的青桐器与河南浚县出土的青桐器相同,说明箕国与辽宁西部有过特别的关系。① 从历史文献的记载来看,这些青铜器与箕子相关,或是箕子的青铜器,或是箕子后人将这些青铜器留在了此地。"䰙侯"是诸侯国的青铜器,箕子也是诸侯国之君。这些表明喀左的青铜器当是箕子的。

如果认为辽西喀左县的青铜器就是箕子的,那么还存在一些问题:一是时间不合。按照《史记》记载箕子去朝鲜是在殷灭之后,箕子被纣王囚禁,周武王灭殷商之后,封箕子于朝鲜。喀左县北洞村的"䰙侯"器是商代的,而不是周代之物,说明箕子到朝鲜是在周武王灭殷之前,这与史书记载不合。不过有的文献记载箕子东去朝鲜是在殷末,《汉书·地理志》载:"殷道衰,箕子去之朝鲜……"②《后汉书·东夷列传》:"昔箕子违衰殷之运,避地朝鲜……"③《汉书》与《后汉书》的记载与"䰙侯"青铜器相合。师旷亦以为箕子去朝鲜当在殷末,马端临《文献通考》亦载此说:"昔箕子逢衰殷之运,避地朝鲜。"④可见辽西发现的"䰙侯"器应当就是箕子之物。

二是地点不合。箕子去朝鲜,朝鲜即现在的平壤一带。但青铜器是在辽宁西部,地理位置不合,这是很大的问题。对此当今学人也有不少研究,认为

---

① "箕国当在河南。河南浚县也曾出土相似的商代青铜器,浚县离安阳不过百里,与淇县相近。淇县有淇水,箕国因淇水而得名。其与淇通,䰙音己声,故上加己字。"张震泽:《喀左北洞村出土铜器铭文考释》,《社会科学辑刊》1979年2期)

② 汉·班固撰、唐·颜师古注:《汉书·地理志第八下》卷二八下,中华书局1997年,第426页。

③ 宋·范晔:《后汉书·东夷列传》,中华书局1997年,第730页。

④ 元·马端临:《文献通考·四裔考一》卷三二四(下册),中华书局1986年,第2548页。

箕子去朝鲜不是一次完成，而是分为两个阶段，先是到了辽宁西部，在大凌河一带住过一段时间。这里与孤竹相邻。箕国人后遭山戎袭扰，一部分南移到了山东，主要部分来到了朝鲜半岛。① 此说主要是依据辽西和山东半岛的出土青铜器做出的解释。然而唐代史家记载孤竹是箕子的封地，那么在箕子的封地发现箕子的青铜器，是最为合理的看法，这一点将在附录一中详论。

"冀侯"青铜器把箕国记载为诸侯国，这与文献的记载相合。箕子东去朝鲜之前就是诸侯国之君，东去朝鲜之后仍然是诸侯，被封为朝鲜侯。《尚书大传》的记载："武王胜殷。箕子不忍周之释，走之朝鲜。武王闻之，因以朝鲜封之。箕子既受周之封，不得无臣礼，故于十三祀来朝。"② 箕子朝鲜是周朝的诸侯国。大多的时间里箕子朝鲜没有朝贡，但这并不影响箕子朝鲜的诸侯国性质，这也就是《管子》将朝鲜视为诸侯国的原因。

那么箕子朝鲜有无称王呢？称王与否是王权建立与否的标志之一。诸侯本可称王，诸侯亦称诸侯国，但真正称王与诸侯国君是不同的两个概念。箕子的后人确实也曾称王，时间是在公元前4世纪左右。《三国志》引《魏略》明确记载了朝鲜称王之事：

魏略曰：昔箕子之后朝鲜侯，见周衰，燕自尊为王，欲东略地，朝鲜侯亦自称为王，欲兴兵逆击燕以尊周室。其大夫礼谏之，乃止。使礼西说燕，燕止之，不攻。后子孙稍骄虐，燕乃遣将秦开攻其西方，取地二千馀里，至满番汗为界，朝鲜遂弱。及秦并天下，使蒙恬筑长城，到辽东。③

这段文字所说的称王不是诸侯国意义上的君王，是作为独立国家、独立王权意义上的君王，燕国的"自尊为王"也是这个意义上的称王。朝鲜与燕都是趁周朝衰弱，宣布脱离与周朝的诸侯国关系，也就是解除了君臣关系。这条文献引起了韩国学者的注意："古朝鲜在西元前四世纪左右自称为王国，与中国战国七雄之一的燕以辽河为界，彼此对峙。但古朝鲜在西元前四世纪末，由于燕将侵入辽东而开始衰弱。"④ 朝鲜学者认为翻开国家历史第一页的是古朝鲜，这个古朝鲜在公元前8～7世纪之前已经存在。

---

① 此说见于佟冬《中国东北史》（吉林文史出版社1998年）、李德山《中国东北古民族发展史》（中国社会科学出版社2003年）、程妮娜主编《东北史》（吉林大学出版社2001年）。
② 清·皮锡瑞：《尚书大传》卷二，清光绪二二年刻本。
③ 晋·陈寿撰、宋·裴松之注：《三国志·魏书》卷三十，中华书局1997年，第223页。
④ 李元淳等：《韩国史》，台北幼狮文化有限公司民国七六年，第19页。

在古代三国中，最古老的国家是古朝鲜，它不仅很早就发展起来，而且具有最广阔的领土和强大的军事力量，是一个具有高度文化的国家。古朝鲜是载入我国阶级社会史册第一页。①

广阔的领土与强大的军力，表明这个时期的古朝鲜已经发展成为了高度发展的国家形态。此时朝鲜的称王不是名义上的，已经建立了王权机构。朝鲜派使节说服燕，说明朝鲜已有了相应的官吏。欲兴兵击燕的记载说明箕子朝鲜拥有了相当数量的军队，军队是国家作为政治实体存在的根本。考古学的发现也证明了上述认识，朝鲜半岛的古坟出土了大量的兵器，琵琶型短剑就是最有代表性的兵器。出土的兵器可以是军队的象征，也可以是用来狩猎。但与文献的记载结合研究，就可以明白这些兵器应当是军队的武器。箕子东去朝鲜设立过八条禁法，八条禁法虽然简单，但也是国家的基本法律。如果认为箕子朝鲜时期已经具备了国家的形态，完全没有必要怀疑。

那么古朝鲜始建于何时呢？一般认为古朝鲜创始于公元前1100年左右，这一时间的根据是箕子朝鲜东去的时间。按照《史记》、《汉书》等文献记载来看，箕子朝鲜存在的时间应当是公元前1100年前开始一直到公元前195年。公元前1100年前，周武王伐纣，作为纣王亲属的箕子逃到了朝鲜，后来周武王承认了箕子朝鲜，将箕子封为朝鲜侯。由此开始箕子朝鲜一直存在到卫满推翻箕准，宣告箕子朝鲜的灭亡。韩国学者李元淳等认为东夷族在商周时期东去朝鲜建立了国家："可知早在商周时期，东夷族逐渐向东移动而与当地的原始民族联合建立了古朝鲜。"②这里写的不是箕子，而是东夷族，只是把箕子替换为了东夷族。在早期朝鲜的国家历史研究中经常可以看到这样的现象：学者描述朝鲜的王权、王权机构、军队时使用的文献往往是关于箕子朝鲜的记载，只是隐去了箕子相关的文字，只称古朝鲜，或者称坛君朝鲜。如果细读文献，就会明白上述的文献都是关于箕子朝鲜的记述。如果完全弃置箕子朝鲜的记载，几乎就无法描述古朝鲜的国家形态。隐去了箕子的名字，但无法改变箕子与古朝鲜的关系。以上文献与考古遗物证明《史记》之前记载的朝鲜只能是箕子朝鲜，如果认为除了箕子朝鲜之外还有一个古朝鲜，那么就不应当使用记述箕子朝鲜的文献。当今史家使用有关箕子朝鲜的文献是因为几乎没有其他的文献，从方法论上说使用箕子朝鲜相关的文献描述另外一个朝鲜国，无论如何是难于成立的。

---

① 朝鲜社科院考古所编、李云铎译：《朝鲜考古学概要》，黑龙江省文物出版编辑室1983年，第111页。
② 〔韩〕李元淳等：《韩国史》，台北幼狮文化有限公司民国七六年，第15页。

箕子朝鲜提供了坛君神话作为国家神话的一切因素，王权、国家、法律等因素与坛君神话重合。坛君神话中的王权是以明确的君臣关系、父子关系体现的，血缘关系是王权承继的原则，箕子朝鲜也是按照父子血缘关系建立的王权国家。这一点与其他的建国神话完全不同，其他的建国神话都是以原始民主的方式选择王权继承者的。在父子血缘关系的体制中，即使没有嗣子，也会选择兄弟之子来继承王位，选择完全没有血缘关系的人来继承王位是不可想象的。箕子朝鲜提供了坛君神话形成的基本因素。由此可以认为箕子朝鲜是坛君神话形成的上限时间，作为国家神话的坛君神话只能生成于箕子朝鲜之后。但是作为国家神话的坛君神话实际生成时间不一定与箕子朝鲜很近，坛君神话直接源于箕子朝鲜的可能性不大。

三、坛君神话与都市的起源

1. 建国神话中的都城与城市的起源

城市的出现是人类社会高度发展的标志，人类的聚居带来了人类社会的组织结构，王权与国家正是社会组织的结构形态。建立国家总是要选择一个城市为都城，有无都城成了判断国家是否形成的标准之一，因而都城必然成为国家神话的重要因素。因而如果不研究都城与神话的关系，也就无法深入地研究坛君神话的形成。韩国的史学家与考古学家都曾探讨过国家与都城的问题，李基东《韩国古代国家起源的现阶段》一文介绍了几种韩国学界的看法。1971年《新东亚》月刊分五期讨论了朝鲜半岛国家起源的问题，参与讨论的主要学者有千宽宇、金贞培等，讨论的问题是国家的形成与都城的关系，提出了都市国家、部族国家、部族联盟体、古代国家等概念。千宽宇提出了城邑国家与领域国家（或领土国家）的概念，主要讨论的对象是三韩、三国的形成。李基白《韩国史新论》修订版认为曾经存在过城邑国家、联盟王国、王族中心的中央集权贵族国家等。80年代学者们认为国家的起源经历了四个阶段，从群集（Band）到部族（Tribe），再到首长制（Chiefdom），最后是国家（State）。支石墓时期相当于 Chiefdom。李基东以为："古朝鲜的完整历史大体分为檀君朝鲜、箕子朝鲜、卫氏朝鲜三个阶段，其中檀君朝鲜即记载为檀君神话，这是原初的阶段，但作为历史事实的文献记载过于不足。但是尹乃铉氏认为檀君朝鲜的国家构造是从小邑、大邑（地方）、大邑（王俭城）的顺序层累的城邑发展过程，虽然可以提出这样的邑制国家说，这种说法难以提供与中共、日本学界的殷商、周朝的国家构造论相合的可靠证据，如果将古朝鲜的中心设定在辽宁省,作为考古学的证据是存在的。"①韩国学者讨论了都市与国家形成的关系,但是没有得到连他们自己也能够满意的结果。

历史学家研究国家的形成时都城是不可或缺的因素,然而神话不是历史,能否以史学的方式研究神话,似乎存在不小的问题。其实在建国神话中都城仍然是极其重要的因素,一然《三国遗事》记载的坛君神话不长,但有三处记载了都城,还记载了很多都城的别名。仅仅都城的各种名称就占了相当多的篇幅,可见都城确实是坛君神话的重要因素,也必然关系到坛君神话的形成。

  1.《魏书》云:乃往二千载有坛君王俭,立都阿斯达。
  2. 都平壤城(今西京),始称朝鲜,又移都于白岳山阿斯达。②
  3. 周虎王即位己卯,封箕子于朝鲜。坛君乃移于藏唐京。后还隐于阿斯达为山神,寿一千九百八岁。③

王沈《魏书》记载的都城是阿斯达,但《古记》记载的第一个都城是平壤,阿斯达是第二个首都,箕子封于朝鲜之后又移于藏唐京,藏唐京也具有了都城的性质,这样坛君神话有了三个都城。

与《三国遗事》构成鲜明对照的是李承休的《帝王韵纪》,李承休的《帝王韵纪》没有记载立都之事,这种巨大差异使人觉得都城不一定是建国神话的重要因素,神话与历史毕竟是不同的。《三国遗事》是一部野史,但毕竟也是史书,官修正史的影响相当明显,一般而言官修正史都是要明确记载都城的名称与位置。为了确定明确都城与建国神话的关系,有必要考察其他的建国神话。由于都城问题一直困扰韩国学术界,韩国学者更愿意讨论三国与三韩时期的都城问题。三国与三韩是历史上确实存在过的国家,三国与三韩的建国神话与都城的关系,也许可以更清楚地体现出神话的都城与现实都城的关系。《三国史记》记载了朱蒙神话,朱蒙神话中的都城是极为重要的因素,不仅记载了都城,还记载了立都的条件与过程:"(纥骨城)观其土壤肥美,山河险固,遂欲都焉。而未遑作宫室,结庐于沸流水上

---

① 《韩国上古史的诸问题(韩国上古史의诸问题)》,韩国精神文化研究院 1987 年,第 175 页。
② 〔韩〕一然著、李载浩译注:《三国遗事·古朝鲜》卷一(第一册),솔출판사1997 年,第 71 页。
③ 同上。

居之。"①土壤肥美,山河险固,是作为都城的一个条件,这与高句丽城市为山城的记载相合。下面一段记载了朱蒙争夺都城的过程:

> 王见沸流水中有菜叶逐流下,知有人在上流者,因以猎往寻,至沸流国。其国王松让出见曰:"寡人僻在海隅,未尝得见君子,今日邂逅相遇,不亦幸乎!然不识吾子自何而来。"答曰:"我是天帝子,来都于某所。"松让曰:"我累世为王,地小不足容二主,君立都日浅,为我附庸可乎?"王忿其言,因与之斗辩,亦相射以校艺,松让不能抗。②

朱蒙夺了松让的都城,夺都城的理由更是奇异,因为是天帝之子,就要求松让把都城让出来,所谓王权就是霸权,当初朱蒙也是以同样的理由被赶出了夫余。松让投降之后,朱蒙开始建造了宫室,都城的标志之一就是建造王宫:"夏六月,松让以国来降,以其地为多勿都,封松让为主。丽语谓复旧土为多勿,故以名焉。""秋七月,营作城郭宫室。"③不过一然《三国遗事》的朱蒙神话没有记载都城,李承休的《帝王韵纪》也是如此。

中国《周书》记载的朱蒙神话不是偏重于故事性,而是着重记述了朱蒙建国的大体过程。

> 高丽者,其先出于夫余。自言始祖曰朱蒙,河伯女感日影所孕也。朱蒙长而有材略,夫余人恶而逐之。土于纥斗骨城,自号曰高句丽,仍以高为氏。其孙莫来渐盛,击夫余而臣之。莫来裔孙琏,始通使于后魏。其地,东至新罗,西渡辽水二千里,南接百济,北邻靺鞨千余里,治平壤城。其城,东西六里,南临浿水。城内唯积仓储器备,寇贼至日,方入固守。王则别为宅于其侧,不常居之。其外有国内城及汉城,亦别都也。④

高句丽以纥骨城为都,后迁都于平壤城,还以国内城与汉城为别都。这段文字记载了高句丽的疆域范围,也记载了平壤都城的规模,东西六里的规模在当时不是很小的城市。唐代长安朱雀大街是都城标志性的街道:"朱雀

---

① 〔韩〕金富轼:《三国史记·高句丽本纪第一·始祖东明圣王》卷十三,吉林文史出版社 2003 年,第 175 页。
② 同上。
③ 同上。
④ 唐·令狐德棻等:《周书·异域上·高丽》卷四九,中华书局 1997 年,第 228 页。

街:按《宫城记》:自宫门南出来,苑路至朱雀门七八里,府寺相属。《舆地志》云:朱雀门北对宣阳门,相去六里,名为御道,夹开御沟,植柳环渠。"①朱雀街的长度大体与平壤城的东西长度接近。朱蒙神话的都城不是虚构,朱蒙神话的内容与高句丽建国前后的历史事实吻合。朱蒙神话具备了国家的王权、都城与文明三因素,也是完整的建国神话。高句丽时期的城市已经具有了一定的历史,城市也有了高句丽语的名词:"但于东界筑小城以受之,至今犹名此城为帻沟娄。'沟娄'者,句骊名'城'也。"②可见都城意识也成为了较为普遍的意识。

朱蒙的儿子南下建立百济国,建都也是建国的重要因素,直接关系到了建国的成败:"沸流欲居于海滨,十臣谏曰:惟此河南之地,北带汉水,东据高岳,南望沃泽,西阻大海。其天险地利,难得之势。作都于斯,不亦宜乎?沸流不听,分其民归弥雏忽居之。温祚都河南慰礼城,以十臣为辅翼,国号十济,是汉成帝鸿佳三年也。沸流以弥雏忽土湿水咸。不得安居归。见慰礼都邑鼎定。人民安泰。遂惭悔而死。其臣民皆归于慰礼城。后以来时百姓乐悦,改号百济。其世系与高句丽同出夫余,故以解为氏。"③沸流与温祚都是朱蒙之子,二人由于定都不同,温祚成功地建立了国家,但沸流终以失败告终。

《三国遗事》的《驾洛国记》也记载了建国神话,其中也都记载了建都之事:"二年癸卯春正月。王若曰:'朕欲定置京都。'仍驾幸假宫之南新沓坪,四望山岳。……筑置一千五百步周回罗城,宫禁殿宇,及诸有司屋宇,虎库仓廪之地,事讫还宫。遍征国内丁壮人夫工匠,以其月二十日资始金阳,暨三月十日役毕。其宫阙屋舍,候农隙而作之。经始于厥年十月,逮甲辰二月而成。涓吉辰御新宫。"④建都不只是一个地理位置的选择,也是建造宫室屋宇的巨大过程,社会分工与技术必须发展到了相当的高度。都城的宫殿与官僚机构,无疑是都城的标志。三韩地区出现城市与中国的流民有关,驾洛的前身是弁韩。《三国遗事》有两条记载值得注意,记载了辰韩、弁韩建造城市的信息。

---

① 宋・周应合:《景定建康志・疆域志二・镇市》卷十六,《宋元方志丛刊》第二册,中华书局1990年,第1531页。
② 唐・姚思廉:《梁书・列传第四十八》卷五四,中华书局1997年,第207页。
③ 〔韩〕一然著、李载浩译注:《三国遗事・南夫余》卷二(第一册),솔출판사1997年,第302页。
④ 〔韩〕一然著、李载浩译注:《三国遗事・驾洛国记》卷二(第一册),第372页。

辰韩,耆老自言秦之亡人,避苦役来适韩国,马韩割其东界地与之。有城栅。其言语有类秦人,由是或谓之为秦韩。①

弁辰与辰韩杂居,亦有城郭。衣服居处与辰韩同,言语风俗相没和似……②

这两段话传达了三层意义:第一,辰韩与弁辰是存在于公元前2世纪到4世纪的朝鲜半岛古国,公元前2世纪开始在朝鲜半岛南部已经建造了了城市。第二,这些人多是避秦役逃至辰韩、弁韩的人,讲的语言是中国语,他们把建造城市的技术传了过去。第三,建造城市的基本样式与中国相似,都有护卫城市的城墙或城栅。这种模式具有重要的军事意义,易于防守,保护城市。从三国与三韩的都城建造与神话的关系来看,都城是建国神话的因素。

建国神话中的都城不只是一个地名或城市名称,都城是国家的标志,王权的象征。为了探究坛君神话中都城因素形成的上限时间与实际形成的时间范围,就必须描述朝鲜半岛城市与都城的历史,也有必要描述中国城市与都城的起源与发展。从城市与都城的起源与历史中,寻找坛君神话都城因素形成的时间范围应当是有效的唯一途径。东亚城市起源的上限时间可以追溯到原始社会末期,文献记载中国的城市历史始于黄帝时代,在《周礼》、《尚书》、《左传》、《史记》等早期文献零星地记载三皇五帝建造的都城。郑樵《通志·都邑略》根据前人的记载,较完整地记述了最早的城市。三皇之都分别是伏牺都陈(今河南陈县);神农都鲁(曲阜),或者始都陈。黄帝都有熊(河南新郑),又迁涿鹿。五帝亦各有都,少昊都穷桑(曲阜);颛(顼)帝都高阳(河南濮阳);帝喾都亳(河南偃师),亦称高辛。尧始封于唐(河北唐县),后迁晋阳,即帝位时都平阳(山西临汾);舜封于虞(河南虞城),即帝位时都蒲板(山西薄州)。有关神话时代帝王建造都城的记载还比较丰富,宋高承引各种文献记载:

《吕氏春秋》曰:夏鲧作城,注云兼作城郭也。《淮南子》曰:鲧作九仞之城。《吴越春秋》曰:尧听鲧治水,鲧乃筑城造郭以为国固。《博物志》曰:东里槐责禹乱天下事,禹退而作三城。又曰禹作城,强者攻,弱者守。敌者战城郭,自禹始也。《轩辕本纪》曰:黄帝筑城邑,造五城。《黄帝内传》曰:帝既杀蚩尤,因之筑城。③

---

① 唐·杜佑:《通典·边防一·辰韩》卷一八五(下册),岳麓书社1995年,第2606页。
② 同上。
③ 宋·高承:《事物纪原·城》卷八(第三册),中华书局1985年,第315~316页。

文献记载的都城不能全都作为信史,黄帝时代是神话传说的时代,虽然文献已经记载了黄帝都城的名称与位置,但还没有发现黄帝都城的遗址。

考古发现的城市起源可以追溯到5000年到4000年之前,这时的城市遗址大体与文献记载的年代相合。良渚文化发现了城市遗址,龙山文化(前3000—前2000年)也发现了城市遗址,然而红山文化尚未发现城市遗址。夏朝(前21世纪~前16世纪)中、后期,中国的城市有一定的发展,主要发现了二里头古城、阳城、平阳、安阳、河洛等遗址。其中最具代表性的城市遗址为河南偃师市二里头村古城,二里头古城是一个宫殿遗址。二里头古城遗址规模宏大,南北1.5公里,东西2.5公里,总面积3.75平方公里,由此可以推知夏朝的城市规模相当大。商朝(公元前16世纪~公元前11世纪)开始进入了文字记载的时代,城市的发展较为成熟。目前发掘的商朝城市遗址主要有河南偃师尸乡沟商城、郑州南城、安阳殷墟、湖北黄陂盘龙城等。

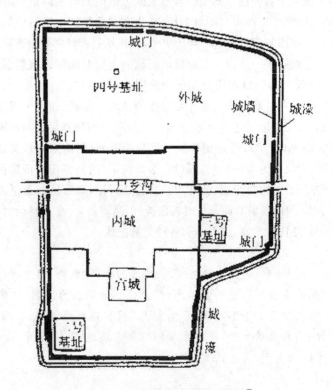

图1-3 偃师商城平面示意图①

---

① 庄林德、张京祥:《中国城市发展与建设史》,东南大学出版社2002年,第11页。

偃师商城发现于1983年,有的学者以为是汤都西亳。这是有城郭的城市,共有三道城墙。大城中有小城,最里面是宫城。大城墙南北长1700余米,东西最宽1200余米,南端宽740米,城周长近5500米。全部用土夯筑,墙底一般宽17~20米。城址总面积200万平方米。

宫城位于城市的西南,正方形,宫城内建造过大型的建筑。城市的中部与北部发现了多处中小型建筑,是中下层居民的住宅,还发现了灰坑、水井、窖穴等等。城市东北有铸铜的遗址。偃师商城开创了城市的建造模式,大城墙之中套着多重小的城墙,城市之中建造了宫城、居民及各种设施。偃师商城是商早期都城,郑州商城大体也是外筑城墙,内筑宫城与居民等设施的模式,建造于3500年前。商末的殷墟都城位于今河南省安阳市西北角小屯村及其周围。盘庚迁都开始一直到商朝灭亡(公元前1395—前1123年),殷一直都是商都。

西周封了71个诸侯国,齐、鲁、宋、卫、晋、燕等六国最大,齐是姜太公吕望的封国,都营邱(山东淄博市临淄?);鲁是周公长子伯禽封国,都奄(今山东曲阜);宋都商丘(河南商丘县);卫都朝歌(河南汉县北);晋都唐(今山西翼城);燕都蓟(北京市)。到了战国时期之后,城市的规模扩大,数量也剧增。齐临淄、楚郢、燕下都、秦咸阳、赵邯郸、魏大梁、韩国郑,都是当时的大城市,人口都万户以上,用地面积10平方公里以上。临淄人口七万户,面积18平方公里,是当时最大的城市。

2. 平壤的历史与坛君神话的都城

中国城市的起源与发展对朝鲜半岛城市的产生与发展产生了重要影响,文献中最早出现的朝鲜半岛城市是平壤,平壤也是坛君的三个都城之一,与中国有着千丝万缕的关系,因而有必要研究平壤的历史。坛君陵就在平壤,坛君陵的研究不能不涉及平壤与坛君的关系。朝鲜社会科学院考古研究所石光俊(석광준)的《平壤是古代文化的中心地》认为平壤是古代文化发展的核心,在同一考古研究所工作的张旭镇(장우진)写了一篇类似的论文《平壤是朝鲜民族的发祥地》,这些论文都确定平壤为坛君朝鲜的都城。一般来说王陵都在都城附近,既然坛君陵在平壤附近,平壤必然是坛君朝鲜的首都。《三国遗事》记载平壤是坛君朝鲜的都城,文献记载与考古实物吻合,似乎可以得出平壤就是坛君朝鲜首都的结论。但是玄明浩等人的论文还必须指出5000年前平壤古城遗址和考古发掘的材料,否则无法认定5011年前此地曾存在过都市。金日成综合大学历史学系教授玄明浩(현명호)以为:"今天根据檀君的遗骨科学地测定了檀君出生年代之后,应当以此为基准明确建国的年代。当然不可能知道绝对的建国年代,但是距今5011年前,即公元前31

世纪末檀君出生,据此以公元前 3000 年前为建立朝鲜的年代是妥当的。"①遗骨的年代不能替代城市遗址及其年代,如果完全没有发现过古城遗址,那么必然产生一系列的相关问题:5000 年前朝鲜半岛是否已经形成了都城?是否已经出现了国家?如果没有都城,也没有形成过国家,那么坛君神话又形成于何时呢?

如果说平壤是最早的都城,首先想到的恐怕是箕子朝鲜,文献确有箕子定都朝鲜的记载。韩国都城的历史始于箕子的可能性是极大的,箕子即使不是开国之君,只是一个逃亡者,也可以把商周时期都城意识与城市建设东传过去。何况箕子当过纣王的太师,东去朝鲜时带去了百工技艺:"箕子率中国五千人,入朝鲜,其诗书礼乐医巫阴阳卜筮之流,百工技艺皆从而往焉。"②箕子对殷商的都城十分熟悉,他带去的百工技艺中必然有人懂得建筑技术。箕子建造过都城的可能性是存在的,但至今未能发现遗址。

如果仔细阅读《史记》的相关记载,就会发现箕子定都平壤的说法存在很大的疑问。《史记》只记朝鲜,只记箕子走之朝鲜或封于朝鲜,没有记载箕子朝鲜的位置与都城。箕子立都平壤之说始于唐代,此说出于《史记》的注释。唐代张守节根据唐代的《括地志》将王俭城注为了平壤,《括地志》有如下的记载:

> 高骊治平壤城,本汉乐浪郡王俭城,即古朝鲜也。③

相同的内容见于《史记》卷六、卷二五、卷一一五。箕子朝鲜立都于平壤的说法始于此,这里所指的古朝鲜就是箕子朝鲜。张守节正义的《史记》流播甚广,后唐明宗(866 或 867~933)《册命高丽王诏》:

> 其有地称平壤,师擅兼材,统五旅之强宗,控三韩之奥壤,务权镇静,志奉声明,爰协彝章,是加宠教,咨尔权知高丽国王事。……踵朱蒙启土之祯,为彼君长;履箕子作藩之迹,宣乃惠和。俗厚知书,故能道之以礼义。④

---

① 〔朝〕玄明浩:《古朝鲜的成立与首都问题(고조선의성립과수도문제)》,《檀君与古朝鲜研究论文集(단군과고조선의대한연구론문집)》,平壤:社会科学出版社 1994 年,第 59 页。
② 〔韩〕李肯翊:《燃藜室记述·历代典故·箕子朝鲜》别集卷十九,《古朝鲜·檀君·夫余资料集》上册,高句丽研究财团 2005 年,第 618 页。
③ 唐·李泰等著、贺次君辑校:《括地志辑校·东夷》卷四,中华书局 1980 年,第 251 页。
④ 清·董诰等编:《全唐文·后唐明宗》卷一百八(第一册),上海古籍出版社 1990 年,第 484 页。

此文没有明言箕子都城是平壤,但包含了较为明显的这种意思。《文献通考》记载:"高丽平壤城本汉乐浪郡王俭城,即古朝鲜地,时朝鲜王满据之也。"①这是《文献通考》依据《括地志》或《史记正义》记载的,但不是在注释里,而是记载于正文。《宋史》的记载更为明确:

> 高丽,本曰高句骊。禹别九州,属冀州之地,周为箕子之国,汉之玄菟郡也。在辽东,盖夫余之别种,以平壤城为国邑。汉、魏以来,常通职贡,亦屡为边寇。②

《括地志》没有明确记载古朝鲜即箕子朝鲜,但《宋史》直接箕子之国即高句丽,国都平壤。上述文献皆记载高句丽的都城为平壤,并没有说平壤是箕子之国的都城。但由于又记载了古朝鲜、箕子之国,就常常误以为平壤也是古朝鲜或箕子之国的都城。但实际上在唐代以前没有箕子朝鲜都于平壤的记载,唐宋之后此类说法更是常见,明代的文献记载尤多。③

平壤为箕子朝鲜都城的说法源于中国,后来也成为了高丽与李氏朝鲜时期文人的普遍看法。韩国有无数的文献记载了箕子都城,然而皆见于13、14世纪之后。有一些文献记载得还相当详实,李氏朝鲜李肯翊《燃藜室记述》:"箕子

---

① 元·马端临:《文献通考·乐考四》卷一三一(上册),中华书局1986年,第1163页。
② 元·脱脱等撰:《宋史·列传第二百四十六》卷四八七,中华书局1997年,第3568页。
③ 明人亦以为平壤就是檀君王俭的古都:"其二《题高丽古京》云:迁移古邑市荒凉,莽苍盈眸过客伤。园苑有花蜂酿蜜,殿基无主兔为乡。行商柱道从郭郭,坐贾移居慕旧坊。此是昔时王氏业,檀君逝久几更张。"(明·吕毖辑:《明朝小史·洪武纪·题朝鲜秀才诗》十八卷,四库禁毁书丛刊编纂委员会编《四库禁毁书丛刊·史部》第十九册,北京出版社2005年,第463页。)此诗当为洪武年间(1368~1398)的诗歌。明代出使朝鲜留下的诗文颇多,其中也会时常看到箕子都城为平壤的说法:"薛廷宠《游平壤记》曰:平壤本箕子故都,唐以前高丽居之,汉武帝置乐浪郡,唐高宗建都护府,盖皆是地,胜概古迹视他郡独多。余偕鸿山太史东渡江,次平壤,问译者曰:'此有文庙、箕子、檀君、东明王诸祠,何在盍先?'诸曰:'馆之西稍北,崇冈广坡,松木郁阴,中为文庙,右祠箕子,左祠檀君、东明,尔亟谒之。'将至,树石交迤,弟子员序次道右,衿裾俊楚。乃入庙展拜,登堂四顾,虽庙制弗称,要皆备物为位,而不像协新制矣。出坐讲堂,学官率弟子揖见毕,遂谒箕子,新扁旧揭胥中朝钜公题咏。前有碑亭,其国之大夫所叙。复谒檀君东明,时向夕矣。去登练光亭,亭在城上,临大同江。苏赞相世让、金观察麟孙治具以俟,张候于城外江浒,从官牧守而下,整容引满,自上射之,矢无虚捨,且容节比于礼乐,足观德矣。下城,登风月楼,楼回视城中,四面葱秀,下为池,种荷畜鱼,时荷未花。逼暮,乃就邸。"(明·严从简著,余思黎点校:《殊域周咨录·东夷》卷一,中华书局2000年,第32页。)严从简是根据薛廷宠的《游平壤记》记述的。薛廷宠(生卒未详)字汝承,福清龙田上薛村人。明嘉靖十一年(1532)中进士,后时值高丽新主嗣位,明世宗派遣廷宠前往庆贺。

都平壤,区画井田。……其中含毬正阳门之间区画,最为分明,其制皆为田字形。"①箕子都城平壤是李氏朝鲜时期平壤的外城:"我国设都邑处非一也。……平壤箕子所都,八条为治,井田之制,历历犹存。今之外城是也。其后为燕人卫满所据,又为高句丽所都。"②可谓言之凿凿,似乎不可不信。但李肯翊以为箕子封于朝鲜乃是旧史之谬:"古书多称武王封箕子於朝鲜,有若锡命受封者然。旧史承其缪(谬),实有悖於箕子自靖之义。"③平壤内城与外城传说是箕子建造,但对此不无怀疑:"平壤内城外城,世传箕子时所筑。然世代绝远,未知是否。箕子宫遗基,在正阳门外,有箕子井。"④崔溥(1454~1504)《漂海录》有如下的记载:"沿革、都邑:则初檀君,与唐尧并立,国号朝鲜,都平壤,历世千有馀年。周武王封箕子于朝鲜,都平壤,以八条教民,今国人以礼义成俗始此。厥后,燕人卫满亡命入朝鲜,逐箕子之后箕准,准奔马韩以都焉。"⑤崔溥把平壤为记载坛君、箕子与卫满的都城。尹斗寿撰写的《平壤志》(1590)记载:"本府三朝鲜旧都。"⑥也就是说平壤是坛君朝鲜、箕子朝鲜与卫满朝鲜的旧都。此类记载与两唐书、《宋史》、《三国遗事》有密切的关系。

箕子定都平壤的说法并不可靠,甚至箕子朝鲜的位置也不明确。现今学界流行箕子朝鲜位于平壤为中心的朝鲜半岛北部的说法,其实是源于箕子都于平壤的说法。箕子东去朝鲜是公元前 1100 前年左右,直到唐代之后才出现箕子都于平壤的说法,这已经是箕子东去朝鲜大约 1600 年之后了。中国的先秦文献从来没有记载过朝鲜任何城市或都城的名称,《史记》也没有记载箕子朝鲜的位置和都城,这一说法存在不小的问题。如果在平壤一带发现了箕子的都城平壤的遗址,此说尚有可以探讨的余地。考古学者在平壤城的乐浪区发现了古平壤城的遗址,据出土遗物来看当为汉代乐浪时期的王险城(平壤城),⑦而不是箕子时期的都城遗址。由于箕子朝鲜的都城完全得不到

---

① 〔韩〕李肯翊:《燃藜室记述·政教典故·田制》别集卷十一,《古朝鲜·檀君·夫余资料集》上册,高句丽研究财团 2005 年,第 613 页。

② 同上,第 613 页。

③ 同上,第 618 页。

④ 同上,第 618 页。

⑤ 〔韩〕崔溥撰、葛振家评注:《漂海录评注·二月初四日》卷一:"高句丽高氏、百济夫余氏相继而起,三分旧朝鲜之地。新罗据东南界,都庆州;高句丽据西北界,都辽东,都平壤,又屡迁厥邦,忘其地;百济据中西南界,都稷山,都广州,都汉阳,都公州,都夫余。"(北京线装书局 2002 年,第 78 页。)

⑥ 〔韩〕尹斗寿:《平壤志·沿革》卷一,《古朝鲜·檀君·夫余资料集》中册,第 1854 页。

⑦ 这里也就是乐浪区土城洞,土城形状不规整。这里出土了写有"乐浪礼官"、"乐浪富贵"等铭文的瓦当。这里还发掘到了乐浪、带方汉人的古坟。参见东潮、田中俊明《高句丽的历史与遗迹(高句麗の歴史と遺跡)》,中央公论社 1995 年,第 195~246 页

考古学的证明,在平壤一带也没有发现过与箕子有关的考古遗物,因而箕子朝鲜也遭到了怀疑和否定。

那么箕子定都平壤的说法是由何而起的呢?《史记》虽然没有记载箕子都于平壤,但记了箕子的后人箕准都于王险,朝鲜王右渠与卫满曾经在王险发生了攻夺之战:"天子募罪人击朝鲜。其秋,遣楼船将军杨仆从齐浮渤海;兵五万人,左将军荀彘出辽东;讨右渠。右渠发兵距险。左将军卒正多率辽东兵先纵,败散,多还走,坐法斩。楼船将军将齐兵七千人先至王险。右渠城守,窥知楼船军少,即出城击楼船,楼船军败散走。"①这恐怕是箕子初都平壤的根据之一。箕准的都城王险被卫满攻占,就逃到南部另建都城,考古发掘找到了箕准城。

图1-4　龙华山箕准城②

箕准都于王险,后逃至箕准城,此说应当是可靠的。但是必须注意箕准都于王险与箕子都于平壤并非同一件事情,不能因为箕准都于王险,就认为箕子也是都于王险。从箕子到箕准相隔800年,在没有任何文献与考古发现的情况下,无从知道箕子是否都于王险,或者800年之间是否曾经迁都。箕子朝鲜的位置与都城难于明确,只能是等待发现箕子朝鲜都城的遗址。

在中国文献中最早出现的城市是王险城,这也是韩国历史上的第一个城市的名称。最早记载王险城的文献就是汉代司马迁的《史记》。

---

① 汉·司马迁:《史记·朝鲜列传第五十五》卷一一五,中华书局1997年,第756页。
② 《朝鲜古迹图谱·马韩、百济、任那、古新罗时代》,朝鲜总督府藏版大正五年,第240页。

朝鲜王满者,故燕人也。自始全燕时尝略属真番、朝鲜,为置吏,筑鄣塞。秦灭燕,属辽东外徼。汉兴,为其远难守,复修辽东故塞,至浿水为界,属燕。燕王卢绾反,入匈奴,满亡命,聚党千馀人,魋结蛮夷服而东走出塞,渡浿水,居秦故空地上下鄣,稍役属真番、朝鲜蛮夷及故燕、齐亡命者王之,都王险。①

《史记》没有记载卫满朝鲜(公元前195年~前108年)王险城的规模与状态,但在卫满朝鲜时期出现都城是无可置疑的,朝鲜半岛都城的起源应当早于这个时间,但不明究竟可以追溯多远。《史记》的诸多注家把王险城注为平壤,汉时平壤城名为王险城,王险城即王俭城。

平壤作为地名第一次出现的时间是北魏,魏献文帝的诏书上第一次使用了平壤这个名称。

  北魏献文帝《答百济国王馀庆诏(延兴二年八月)·又诏》
  但以高丽称藩先朝,供职日久,于彼虽有自昔之衅,于国未有犯令之愆。卿使命始通,便求致伐,寻讨事会,理亦未周。故往年遣礼等至平壤,欲验其由状。然高丽奏请频烦,辞理俱诣,行人不能抑其请,司法无以成其责,故听其所启,诏礼等还。②

北魏献文帝延兴二年(472),百济派使节赴魏,这是中国文献中第一次记载了平壤的地名。此后平壤频频出现,魏收撰写的《魏书》记载:"延兴末,高丽王琏求纳女于掖庭,显祖许之,假骏散骑常侍,赐爵安丰男,加伏波将军,持节如高丽迎女,赐布帛百匹。骏至平壤城。或劝琏曰:'魏昔与燕婚,既而伐之,由行人具其夷险故也。今若送女,恐不异于冯氏。'"③"世祖时,钊曾孙琏始遣便者安东奉表贡方物,并请国讳。世祖嘉其诚款,诏下帝系外名讳于其国,遣员外散骑侍郎李敖拜琏为都督辽海诸军事、征东将军、领护东夷中郎将、辽东郡开国公、高句丽王。敖至其所居平壤城,访其方事。"④《魏书》成书于天保五年(554),魏收《魏书》的记载表明平壤的地名已经成完全替代了王险或王俭。平壤一名似直接源于中文,现在平壤的韩国语发音与中文平壤的

---

① 汉·司马迁:《史械记·朝鲜列传第五十五》卷一一五,中华书局1997年,第755页。
② 清·严可均辑:《全後魏文》卷二,商务印书馆1999年,第24页。
③ 北齐·魏收:《魏书·列传第四十八》卷六十,中华书局1997年,第351页。
④ 北齐·魏收:《魏书·列传第八十八》卷一百,中华书局1997年,第569页。

发音极为相近。313年高句丽灭了乐浪郡,占据了平壤一带。427年高句丽长寿王迁都于此,从此平壤成为了高句丽的首都,三国时期平壤是朝鲜半岛最为发达的城市。① 从10世纪~20世纪,大体上是高丽与李氏朝鲜时期,平壤称为西京或柳京,是第二大繁华都市。

从王险到平壤的地名演变及其时间,对坛君神话形成的研究有着重要的意义:

第一,从王险到王俭是平壤与坛君神话发生关系的契机。

有一种说法认为坛君王俭的名字是由王险城演变而来的,一般认为此说是附会,不足为据。然而坛君神话正是在附会与历史的交融过程中形成的,如果抛弃了附会,就根本不会生成坛君神话。一方面要注意坛君神话中的历史因素,一方面也要注意附会是如何生成的,实际上坛君神话解释了王险与平壤地名的来源。在《史记》之后,唐代的《括地志》将王险城记载为了王俭城,《文献通考》卷一三一也将王险城记载为了王俭城。魏晋时期王沈的《魏书》也记载了王俭,不过王俭不是地名,而是变成了人名。险与俭可以通假,无论是保持地名或变成人名都是合乎情理的。王俭之名颇似人名,后来附会衍生为人名并不奇怪。在比《三国遗事》早100多年的《三国史记》的记载中,王俭也是变成了人名,并指出是从地名变成人名的。

　　平壤者本仙人王俭之宅也,或云王之都王险。②

《三国史记》记载的人名王俭是直接源于王沈的《魏书》,还是源于《括地志》等文献记载的地名王俭,不是很明确,两种可能性都是存在的。泰定二年(1325)李叔琪《赵延寿墓志》:"平壤之先,仙人王俭,至今遗民,堂堂司空,平壤君子,在三韩前,寿过一千。"③这个文献是在《三国遗事》之后不远的时候记载的,也有一定的参考价值。从王险到王俭可能是偶然的变化,但是从地名王俭到人名王俭是必然的变化。这个变化是发生在中国的文献,金富轼的

---

① 考古发掘确定乐浪土城位于平壤市南部,在横跨大同的忠诚桥的西侧。高句丽迁都之前的平壤城是大城山城,即前期平壤城,还找到了安鹤宫的遗址。考古研究也确定了后期平壤城的位置和规模,高句丽迁都平壤城是高句丽都市史上的大事。但是至今尚未发现箕子朝鲜都城的遗址,如果箕子确实定都平壤,那么即使找不到箕子都城平壤的遗址,也应当有其他的发现。但到现在没有其他的发现。文献记载坛君朝鲜的都城也是在平壤,但是没有任何考古发现可以印证。文献记载与考古发现不能吻合,一直是困扰学界的问题。

② 〔韩〕金富轼:《三国史记·东川王》卷一七,吉林文史出版社2003年,第210页。

③ 〔韩〕李叔琪:《李延寿墓志》,尹以钦编《檀君:理解与资料》,第401页。

《三国史记》只是延续了中国文献的记载。王险与平壤的关系,由地名王险到人名王俭的变化,是平壤成为坛君神话因素的原因,也是坛君名为王俭的原因。

第二,王险与平壤在文献中始出时间的意义。

坛君神话记载坛君初都平壤,后来箕子封于朝鲜,就将平壤让给了箕子。形成这一情节的条件有两个,一是具有最为悠久历史的城市,二是与箕子有关的都城。坛君朝鲜是第一国家,第一国家的都城应当具有第一都城的条件。这个都城只能是平壤,因为平壤(王险)是文献中出现的最初的城市,同时也是箕子的都城。因而在坛君神话形成时期最容易想到的都城是平壤,平壤可以附会为比箕子朝鲜更早国家的都城。然而平壤初出于文献的时间是公元前2世纪,平壤的历史难以追溯到公元前1000年的箕子时期,也就不能将平壤作为坛君神话因素的上限时间追溯到公元前1000年。公元前2世纪到5世纪之前,平壤名为王险或王俭,但坛君神话没有使用王险或王俭的地名。这一方面表明公元前2世纪作为坛君都城平壤的上限时间是不合适的,因为公元前2世纪尚没有产生平壤的地名。另一方面也应当注意到很多文献都是以当时的地名替代历史上的地名记载的,以13世纪当时的地名记录坛群君朝鲜的都城,并不是坛君神话的独创。一然完全可以不使用王险或王俭的地名,而直接使用平壤的地名。平壤直接载为坛君的都城,只能表明文献记录的时间当在5世纪之后,这个时间不能作为平壤作为坛君都城的上限时间,这一上限时间似乎可以追溯到公元前2世纪。

其实公元前2世纪也不一定宜于作为都城因素形成的上限时间,或者不适于作为形成事实的上限时间,因为坛君都于平壤的情节是建立在箕子都于平壤的记载基础之上。可是唐代以前从来没有箕子都于平壤的记载,由此来看坛君让都城给箕子的情节只能是生成于唐代之后,应当生成于7世纪之后。今西龙根据《世宗实录·地理志》(1418～1450)的记载,平壤初建坛君祠是在李氏朝鲜世宗王十一年(1428),因而认为高丽时期平壤没有祭祀过坛君,也就是说高丽时期平壤与坛君没有关系。但根据《三国史记》与《三国遗事》来看,最迟高丽时期平壤已经成为了坛君神话的因素。

《三国遗事》是根据《魏书》和《古记》记载坛君神话的,《魏书》与《古记》的记载既有联系也有矛盾:《古记》的阿斯达显然源于《魏书》,表明《魏书》与《古记》是有关系的;《魏书》的都城只有阿斯达,阿斯达是第一都城,但《古记》的第一都城换成了平壤,白岳山阿斯达变成了第二都城。三个地名在与坛君神话相关文献中的时间顺序与坛君神话中出现的时间顺序是完全相反的,那么为何出现如此怪异的现象呢?平壤(王险)是历史上的第一都城,白岳山是当朝的都城,阿斯达只是自古流传下来的不明地名,其重要性远不如平壤与白岳山,因而平壤与白岳山列在了阿斯达的前边。

附　录：孤竹国、箕子朝鲜与晏侯青铜器

一然根据中国史籍记载了孤竹国与乐浪四郡的问题,这一部分内容不是坛君神话的组成部分,不过与坛君神话、箕子朝鲜有一定的关系。先来看看一然《三国遗事》有关孤竹与乐浪四郡的记载,研究一下孤竹的地理位置与箕子朝鲜的关系。

> 唐裴矩传云:高丽本孤竹国(今海州),周以封箕子为朝鲜。汉分置三郡,谓玄菟、乐浪、带方(北带方)。《通典》亦同此说(《汉书》则真、临、乐、玄四郡。今云三郡,名又不同何耶?)①

这些部分是一然最后附加上去的,加上这些文字的目的是想找到坛君神话与箕子朝鲜、乐浪四郡的关系。这些文献不能直接证明与坛君神话的关系,但说明了箕子朝鲜与孤竹国、乐浪四郡地理位置与范围的关系。一然是根据《旧唐书》记载孤竹国和箕子朝鲜的,"唐裴矩传"就是《唐书》的裴矩传。《旧唐书》裴矩传有如下的记载:

> 时高丽遣使先通于突厥,启民不敢隐,引之见帝,矩因奏曰:"高丽之地,本孤竹国也,周代以之封箕子,汉时分为三郡,晋氏亦统辽东。今乃不臣,列为外域,故先帝欲征之久矣。②

《三国遗事》的记载显然不是伪造的,裴矩所说的内容正是孤竹与箕子朝鲜的关系。在《旧唐书》之前《北史》卷三八、《隋书》卷六七也有相同的记载,《旧唐书》只是转录了而已,可见此说在唐代之前已经出现。上面的引文是裴矩说的话,裴矩以为高丽本来是孤竹国之地,周武王将孤竹封给了箕子,汉代时高丽又分为三郡或四郡。

除了一然引用的《旧唐书》裴矩传之外,还有一些更为迟晚的文献也记载了孤竹即箕子朝鲜的说法。元代觉岸《释氏稽古略》卷一:"孤竹君之国,今辽

---

① 〔韩〕一然著、李载浩译注:《三国遗事·古朝鲜》卷一(第一册),솔출판사1997年,第71页。
② 后晋·刘昫等:《旧唐书·裴矩》卷六三,中华书局1997年,第625页。

西之地,周封箕子于朝鲜者是也,隶辽阳省古肃慎地。"①《释氏稽古略》是编年体的佛教史,自三皇、五帝开始记载,除佛教史事之外,亦述及不少世俗史事。《大清一统志》的记载:

> 朝鲜故城:在卢龙县东。汉乐浪郡有朝鲜县,在今朝鲜境内。后魏延和元年徙朝鲜民于此,置朝鲜县,属北平郡高齐省,入新昌。②

《大清一统志》记载朝鲜故城在卢龙东,后魏时有朝鲜人迁居于此。此说受到了清代大学者顾炎武的批评:"朝鲜,今乐浪县,箕子所封也。在今高丽国境内。慕容氏于营州之境立朝鲜郡,魏又于平州之境立朝鲜县,但取其名,与汉县相去则千有余里。《一统志》乃曰:'朝鲜城在永平府境内,箕子受封之地。'则是箕子封于今之永平矣。当日儒臣令稍知古今人者为之,何至于此,为人太息。"③清人罗士琳也有类似的看法:"高丽之地本孤竹国也。张氏宗泰云:新书同据下文当作朝鲜,孤竹在今永平境,东西相去甚远,与箕子国无涉,列为外域。"④顾炎武和罗士琳以为孤竹与朝鲜无涉,两地距离遥远,这是根据朝鲜在平壤一带的看法为依据判断的。顾炎武对此说感觉到不可理解,显然顾炎武没有调查箕子朝鲜在平壤的说法始载于何时。其实箕子朝鲜在平壤与箕子朝鲜即孤竹的两种说法都是初载于唐代,都是记载于箕子朝鲜灭亡 800 年之后,箕子东走 1600 年之后。二说在文献上并无多少优劣之分,显然需要文献之外的证据。

如果孤竹国即箕子朝鲜所在之地,那么孤竹国在哪里呢?孤竹是商的分支墨胎氏所建的国家,始建于商朝初年,是滦河之滨最早的奴隶制诸侯国,距今约 3600 多年,比箕子朝鲜早了 600 年左右。有关历史散见于《国语》、《管子》、《韩非子》、《史记》等古籍,考古文物表明孤竹国中心地区的范围北起朝阳,南到海,东到大凌河,西到滦河中下游。孤竹城在卢龙,属滦州,今属秦皇岛市。辽西孤竹与河北卢龙的孤竹相距不远,当是同一孤竹。《史记》集解记载:"伯夷、叔齐在孤竹(集解:应劭曰:在辽西令支。正义:《括地志》云:孤竹故城在平州卢龙县南十二里。殷时诸侯孤竹国也,姓墨胎氏。)"⑤这是裴骃

---

① 《释氏稽古略》卷一,《大正新修大藏经》第四九册,第 747 页。
② 清·穆彰阿、潘锡恩等纂修:《大清一统志·永平府二·古迹》卷十九(第一册),上海古籍出版社 2008 年(影印四部丛刊续编史部),第 288 页。
③ 清·顾炎武著,黄汝成集释:《日知録集释·大明一统志》卷三十一,上海古籍出版社 2006 年,第 1745 页。
④ 清·罗士琳:《旧唐书校勘记》卷三五,清道光惧盈斋刻本。
⑤ 汉·司马迁:《史记·周本纪第四》卷四,中华书局 1997 年,第 34 页。

集解的部分,集解称孤竹在辽西,正义称孤竹在河北。郦道元的《水经注》记载:

> 《地理志》曰:令支有孤竹城,故孤竹国也。《史记》曰:孤竹君之二子伯夷、叔齐,让国于此,而饿死于首阳。汉灵帝时,辽西太守廉翻梦人谓己曰:余,孤竹君之子,伯夷之弟。辽海漂吾棺椁,闻君仁善,愿见藏覆。明日视之,水上有浮棺,吏嗤笑者皆无疾而死。于是改葬之。《晋书·地道志》曰:辽西人见辽水有浮棺,欲破之,语曰:我孤竹君也,汝破我何为?因为立祠焉。祠在山上,城在山侧,肥如县南十二里水之会也。①

郦道元的《水经注》记载了孤竹国的伯夷叔齐,也记载了孤竹君之亡灵漂于辽水的传说,这个传说的形成显然与辽西孤竹的地理位置有关。

《三国遗事》又记述了另一种说法——海州孤竹。海州孤竹的说法在韩国古代文献中颇有影响,崔溥《漂海录》记载:

> 中国以滦州为商之孤竹国。我国李詹以海州为孤竹国。二说不同,未知孰是。②

孤竹国有两个,这使李氏朝鲜的文人感到困惑。滦州和海州相距甚远,并非同一地方。中国历史上名为海州的地方较多,江苏连云港曾名为海州,现今辽宁也有名为海州的地方。《三国遗事》和《漂海录》记载的海州应当是指辽宁的海州:"海州故城:今海城县治,本沃沮国地。高丽为沙卑城,亦曰卑沙城,或讹为卑奢城。自登莱海道,趋高丽之平壤,必先出此。……其城四面悬绝,惟西门可上。唐兵攻拔之,耀兵鸭绿江上。渤海号南京、南海府,叠石为城,幅员九里,都督沃晴椒三州。辽置海州,南海军,属东京道。又置临溟县为州治。金天德三年,改澄州,元省州县,属辽阳路。明置海州卫于此。按《辽志》:州本沃沮国地,高丽为沙卑城。《通志》云:海城有沙卑城,高丽置,故沃沮地也。考《后汉书》,东沃沮在高句丽盖马大山之东。汉之盖马,即唐盖牟,今盖平县也。今海城西南至盖平界八十里,是海城正在盖平东北矣。自此说明,则知在汉为沃沮,在高丽为沙卑,在渤海为南海府,在辽为海州,更无

---

① 北魏·郦道元:《水经注·濡水》卷十四(中册),江苏古籍出版社1989年,第1254~1256页。
② 〔韩〕崔溥撰,葛振家评注:《漂海录评注·五月初一日》卷三,北京线装书局2002年,第171页。

疑也。"①海州位于辽宁南部,沙卑城即盖州城,距海不远,曾是朝鲜半岛与中国来往的海上通道之一。依此来看孤竹确实有二,一在辽东,一在辽西。其实并非孤竹有二,而是不同时期孤竹国的疆域范围发生了变化,后期的范围缩小,东部退回到了山海关以内。

辽东与辽西在不同的历史时期有过不同的建制,有时辽东归属辽西,有时辽西归属辽东。下面的文献比较清楚地记载了孤竹的历代建制变化:"滦州:古孤竹国,战国属燕,汉置海阳县,属辽西郡。晋魏皆因之,北齐省入肥如,隋唐为卢龙县地。五代时入契丹,始析置滦州。永安军属平州后,又置义丰县为州治,金仍曰滦州。天辅七年,置永安军节度使,属中都路。元属永平路,明初以州治义丰县,省入属永平府。"②孤竹国春秋属燕地,战国属燕辽西郡。秦、汉时属辽西郡,三国时属幽州昌黎郡,晋代属平州昌黎郡。隋时西部属柳城(今朝阳)郡,东部属燕郡。唐代初属营州(今朝阳)总管府辖,后属安东都护府辖,废府后归平卢节度使辖。类似的记载亦见于其他文献,不过记载稍异。《渊鉴类函》记载:"又曰锦州府,《禹贡》冀州之域。天文箕尾分野,舜分冀东北为幽州。锦州其所统地也。夏因之。商为孤竹国,周属燕,秦曰辽西郡,汉曰无虑,曰望平,属辽东郡。晋慕容氏,置西乐郡,唐曰柳城,辽置锦州,临海军。金因之。元省军曰锦州,明置广宁、三卫、松山、大凌河二所。"③孤竹国一带的建制历代有变,但都把河北东部、辽宁西部看成是孤竹的中心地带。汉时辽东郡所辖地域不只是辽东一带,河北东部与辽宁西部亦属于辽东郡。《汉书·地理志》记载:"辽西郡,(秦置……属幽州。)县十四:……令支,(有孤竹城。莽曰令氏亭)(应劭曰:故伯夷国、今有孤竹城)。"④顾炎武以为:"《辽史》载柳城曰:'兴中府,古孤竹国,汉柳城县地。慕

---

① 清·穆彰阿、潘锡恩等纂修:《大清一统志·奉天府二·古迹》卷六十(第二册),上海:上海古籍出版社 2008 年(影印四部丛刊续编史部),第 34 页。
② 《畿辅通志》卷十三,《文渊阁四库全书》第 504 册,台湾商务印书馆 2008 年,第 225 页。
③ 清·张英、王士祯等撰:《渊鉴类函·州郡部三·盛京辽东省二》卷三三六(第十册),上海古籍出版社 1992,第 91 页。又:"首阳:马融氏曰,首阳在河东蒲坂华山之北,河曲之中。元按,汉时河东蒲坂县,即今山西平阳府蒲州。首阳山在州东南三十里,即禹贡雷首山也。山上有夷齐墓并祠。马融、颜师古、贾逵之说,皆同。然山名首阳者颇多,而河南之首阳有五,其河南府偃师县西北二十五里。首阳山,世传夷齐隐处,山有夷齐墓。高诱、杜预、阮籍之徒,咸以为然。夫偃师,旧亳地也。武王伐纣还,息偃师徒因有是名,恐夷齐所隐不宜在此。又许慎谓首阳在辽西。夫辽西即今永平府,古孤竹国之遗墟在焉,其上亦有墓祠。岂后人因首阳之名而为之与?抑因夷齐之故国,而名其山为首阳与?"(明·陈士元:《论语类考·地域考·首阳》卷三(第一册),中华书局 1991 年,第 25—26 页)。
④ 汉·班固撰、唐·颜师古注:《汉书·地理志第八下》卷二八下,中华书局 1997 年,第 418 页。

容貌以柳城之北,龙城之南,福德之地,乃筑龙城,构宫庙……"①孤竹国在河北东部、辽宁西部,所属县治、疆域各代有变,但大体的地理位置没有变。

由于箕子朝鲜始终得不到考古学的证明,因而否定箕子朝鲜,否定《史记》的记载,成了国际学术界相当普遍的看法。然而箕子朝鲜得不到考古学的任何证明,其原因之一可能是箕子东走最初居住的地方不一定是朝鲜半岛。如果箕子朝鲜最初不在朝鲜半岛,那么在朝鲜半岛无论怎样发掘,也不可能发现箕子的任何痕迹。"㠱侯"青铜器的发现,使孤竹即箕子朝鲜的说法产生了重新研究的必要性。"㠱侯"青铜器与箕子朝鲜关系的最大问题是地理范围不合,一般认为箕子朝鲜在朝鲜半岛的平壤,"㠱侯"青铜器出土在辽西,这说明"㠱侯"青铜器与箕子没有关系。然而《史记》只记箕子东走朝鲜,并没有记载朝鲜在何处。很多学者想当然地以为箕子朝鲜在朝鲜半岛,是因为朝鲜在朝鲜半岛。初载此说的是唐代文献,这个时间距离箕子过于遥远,此说不足为据。朝鲜社会科学院考古所编的《朝鲜考古学概要》以为古朝鲜的核心地带应当是辽东半岛将军山积石冢一带。这只是根据将军山积石冢的规模做出的猜测,这里并没有出土刻有箕子二字的遗物。箕子朝鲜或古朝鲜的地域范围不明,但随着"㠱侯"青铜器的发现,可以认为箕子朝鲜初在孤竹之地。

上一个世纪后期开始,在辽西地区发现了一批商周时期的青铜器,"㠱侯"青铜器就是其中的一例。1955年5月12日,辽西凌源县海岛营子村民唐永兴、张怀仁等在叫小转山子的坡地上耕地,挖出了铜器,挖出16件铜器。这是首次在辽西地区发现商周的青铜器,现今多藏在辽宁博物馆。当时东北的技术还没有达到铸造此类青铜器的水平。那么这些青铜器是来自于何地呢?比较这些青铜器与中原的青铜器,就会明白两者的特征基本相同,证明辽西青铜器的来源于中原,表明商朝人已经移居于辽西一带。

"㠱侯"青铜器是1973年春在辽宁省喀喇沁左翼蒙古族自治县北洞村南孤山西山坡笔架山顶发现的。一号窖藏坑与二号窖藏坑相距约3.5米,铸有"㠱侯"二字的方鼎出土于二号窖坑。方鼎通高52,口长40.6,宽30.6,腹深23.4,足高19.6,腹壁厚0.6厘米,重31公斤。通体花纹,腹内长壁铸铭文四行二十四字:"丁亥㠱商(赏)又(右)正奠婴贝在穆朋二百奠展(扬)㠱溉商(赏)用作母己尊"䵼"。内底中心铸铭文四字:"㠱侯亚矣"。②

---

① 清·顾炎武撰、黄汝成集释:《日知录集释·柳城》卷三一(下册),上海古籍出版社2006年,第1755页。
② 喀左县博物馆、朝阳地区博物馆:《辽宁省喀左县北洞村出土殷周青铜器》,《考古》1974年第6期。

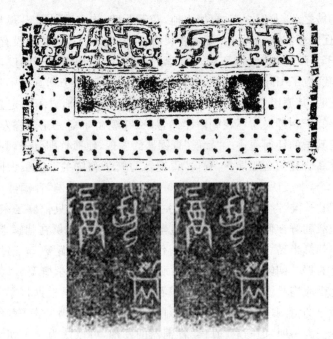

图1-5 "夐侯"青铜器铭文①

方鼎的作者"㚔",官职"右正",卜辞有商代官名有"正"。"婴"是贝名或贝的产地之名。赐贝之地"穆",锡贝数量"朋二百"。"㒸"为商末周初赏赐者。夐释为箕,商代卜辞有"夐侯,王其"。此鼎形制近于安阳出土的"父己"方鼎及牛鼎、鹿鼎等,被认为是商末周初的方鼎。夐器流传甚多,但多无出土地点,部分传出于河南安阳和洛阳,夐族地望是一个尚未待解决的问题。因而考古学者以为夐侯与孤竹是商代北方相邻的诸侯国,"在同一地点窖藏铜器表明这两个诸侯国之间有密切关系。"②

1973年辽宁省喀喇沁左翼蒙古族自治县平房子公社北洞大队第三生产队农民,在村南距地表30厘米处发现了六件青铜器,五罍一瓿,其中就有"父丁孤竹罍"。铜罍的铭文"父丁,孤竹,亚微",表明了铜罍与孤竹国的关系,这是孤竹国君亚微为父丁铸造的铜罍。③

---

① 喀左县博物馆、朝阳地区博物馆:《辽宁省喀左县北洞村出土殷周青铜器》,《考古》1974年第6期。
② 同上。
③ 参见李学勤《北京、辽宁出土青铜器与周初的燕》、《试论孤竹》二文,《新出青铜器研究》,文物出版社1990年。

第一章 坛君神话的原初形态不是建国神话 123

图 1-6 铜罍铭文与纹饰拓本①

"𣄰侯"青铜器与孤竹青铜器出于同一地点,就不能不想到孤竹本箕子之国的说法,因为这一发现与《旧唐书》裴矩传的记载完全吻合。《旧唐书》的记载虽然是在箕子东走朝鲜1600年之后,由于"𣄰侯"青铜器与孤竹青铜器出于同一地点,不能不重新认识《旧唐书》记载的价值。《旧唐书》没有提供任何文献的依据,但显然应当是有一定的依据。《旧唐书》的说法产生了较大的影响,在韩国古代文献中可以找到影响的痕迹。② 关于"𣄰侯"青铜器已有一些研究成果,但均未提及《旧唐书》的记载。但实际上应当是箕子东走朝鲜,先是在孤竹国停留下来,故有孤竹本国箕子朝鲜的说法。

认为箕子或箕子的后人一直居住于辽宁西部,那么恐怕也不一定是正确

---

① 辽宁省博物馆、朝阳地区博物馆:《辽宁喀左北洞村发现殷代青铜器》,《考古》1973年第4期。另可参见喀左县文化馆、朝阳地区博物馆、辽宁省博物馆:《辽宁省喀左县山湾子出土商周青铜器》,《文物》1977年第12期。

② 〔韩〕吴澐《东国地理志》:"惟我东方,檀君肇基。箕子受封,朝鲜美号。历数千祀,平壤遗墟,至今宛然。惟其檀君之世,文献无征。箕子东来,半萬殷人渡辽水,教以诗书君亲五常之道。医卜百工之艺,靡不毕修。则地理治绩,想亦有掌记。……尽有朝鲜旧地云:则辽河以东汉江以北,疑皆箕氏之地也。……而千载之下,国势之离合,邈难寻究。未免生东国而不知东事,故作地理志。"(吴澐:《竹牖集》卷之四,影印标点《续韩国文集丛刊》第5册,韩国民族文化推进会2005年,第68页。)吴澐的看法与《旧唐书》的说法较为接近,《旧唐书》记载箕子朝鲜初在辽河以西,吴澐记载箕子朝鲜在辽河以东。但据"𣄰侯"青铜器出土的地理位置来看,《旧唐书》的记载更为准确。

的看法,毕竟箕子的最后一个传人箕准是定都于王险(平壤)。箕子或箕子的后人由于不断地受到来自中原诸国的挤压,不得不逐渐地向东迁移,最终来到了朝鲜半岛。箕子的最后一个传人箕准也正是在燕人卫满的进攻下,不得已逃到了离中国更远的朝鲜半岛南端,这里已经是距中国最远的地方了。

第二章　从坛君神话到檀君神话

第一节　是原始的坛树还是佛教的檀树？

一、古代文献中的檀树、坛树与王沈的《魏书》

1. 坛君神话的坛字与诸版本的状况

坛君神话有两种标记，一是坛君神话，一是檀君神话，檀与坛是两个不同的字。从古代到现在，几乎都是记载为檀君神话，檀君神话成了标准的标记，只有个别的文献记载为坛君神话。实际上这也是一个非常古老的问题，从14世纪就已经有人注意到了这个问题，到现在一直都在讨论这个问题。这个问题源于《三国遗事》与《帝王韵纪》，这两本书记载的细微差异，造成了700年的研究史，直到现在仍然是一个没有解决的问题。《三国遗事》记载的是坛树与坛君，《帝王韵纪》记载的是檀树与檀君。坛（壇）与檀的字形相近，只是土旁与木旁不同。因而很容易认为这是传抄或刊刻时出现的讹误，京都大学教授今西龙以为：

> 《三国遗事》正德刊本将檀字写成坛字，但正如前文所说，此篇纪事有些新雕的部分，误字与误画颇多，坛字当为檀之误刊。此书之外没有写成坛字的文献，李朝初期、正德以前其他诸书的刊本记载檀君的部分全都记载为檀。近年来有人尽力清除檀君神传说的佛教因素，利用此刊之误，认为檀君之檀应当写成坛，但此说不能成立。在文中有"太伯山顶神檀树下"的语句，在檀树下咒愿，如果檀写成坛树，其语不通。①

今西龙的看法包括了两点内容，一是校勘的问题，一是内容上是否顺畅的问题。一字之差似乎不是什么大问题，只是校勘一下用字就可以了。但一字之差存在着天壤之别，这不只是关系到完全不同的崇拜系统，也关系到这

---

① 〔日〕今西龙：《朝鲜古史的研究（朝鮮古史の研究）》，国书刊行会昭和四十年，第7页。

一因素形成的时间。实际上这个问题并不是完全能够通过校勘可以解决的，如果最早的抄本或刊本就是错的，因此后面大多数的刊本都是承袭了错误，就无法通过校勘解决问题。至于檀字改为坛字之后，是否"其语不通"，是否内容不通，则是可以通过研究解决的问题。

其实坛字与檀字的差异会引起坛君神话的重大变化，坛树与坛君体现的是有关祭坛与天神的观念，檀树与檀君体现出来的是神树信仰。那么最初的原始文本究竟应当是哪一个字，坛树与坛君在前，还是檀树与檀君在前？或者这是在两个没有关系的口传文本基础上记录整理的，还是同一神话故事传承过程中发生的变异？这一字之变究竟带来了多少的变化？这都是坛君神话的重要问题。

自从李承休的《帝王韵纪》记载为檀树之后，檀树成为了最为普遍的写法，由此坛君变成了檀君，坛树就变成了檀树。为了檀君与檀树文人留下了不少诗篇文章，河仑（1345～1416）的《感兴》："邈矣檀君氏，鸿荒命始膺。箕封施教化，燕房肆凭陵。"①明洪武二十九年（1396），权近（1352～1409）出使到明朝谒见洪武皇帝时，作了一首应制诗《始古开辟东夷主》：

昔神人降檀木下，国人立以为主，因号檀君，时唐尧元年戊辰也。
闻说鸿荒日，檀君降树边。
位临东国土，时在帝尧天。
传世不知几，历年曾过千。
后来箕子代，同是号朝鲜。②

这是应君王之命而作，介绍了从坛君开始的朝鲜半岛诸国。此诗并非完全是个人的文学活动，带有着强烈的政治色彩与官方意志，此诗向洪武皇帝介绍了名为朝鲜的来历。诗中明确记载的是檀木，使檀木作为树种的意义更加突出鲜明。这种官方色色的表述必然会产生较大的影响，《龙飞御天歌》（1445）是完全代表统治者的意志写成的诗歌，其中记载：

平壤本三朝鲜旧都也，唐尧戊辰岁，神人降于檀木之下，国人立为君，都平壤，号檀君，是为前朝鲜。周武王克商，封箕子于此地，是为后

---

① 〔韩〕河仑：《浩亭集》郑一，尹以钦编《檀君：理解与资料》，第434页。
② 〔韩〕权近：《阳村集·应制诗》卷一，尹以钦编《檀君：理解与资料》，第435页。

朝鲜。①

《龙飞御天歌》明确肯定了檀木,其意义更是不同寻常,因为此歌比权近的应制诗有着更强的官方意识和政治色彩,可以说完全代表了统治者的意志。这段记载肯定了檀木,还肯定了坛君朝鲜与箕子朝鲜、卫满朝鲜。这就等于以统治者的意志统一了檀树的说法。在坛君成为标准写法的过程中,统治者起到了极大的推动作用,这也是现在一般标记为檀君神话的原因。官修正史与大多的史籍几乎都多记载为檀君,也是合乎统治者的意志的。从权近以后檀木就开始成为了诗人讴歌檀君神话的主要对象之一,

  雪岩和尚《檀君台》
  檀木古台上,苍苍但夕烟。
  名为今世表,实自古初前。②

李德寿《檀君台》:"檀木降灵迹,时维唐帝年。山中犹有庙,海外别开天。野寺空流水,荒台但暮烟。邦家重报祀,千载应绵绵。"③宋能相《檀君台·望诸贤讲学》:"香岳山名天下闻,连峰八万白头分。气蒸东海雄荒服,运应中州降圣君。檀木尚留千古月,梵宫惟见六时云。登临旷世还多感,况复吾行自浿溃。鸿荒异事古来闻,闻说神尧一气分。八万香峰呈瑞彩,亿千卉服戴真君。檀台旧迹空秋树,浿国遗风但暮云。华夏圣人今不作,愿倾东海洗河溃。"④李是远《堑星坛·又拈杜陵五古韵·其一》:"将登最高顶,岂辞筋力苦。浩浩凭积气,漠汉坛太古。天近屈平问,石老娲皇聚。扶持有鬼神,灵应或雷雨。喧呼使星阅,寂寞云霞吐。一气谁能辨,峰山不可数。欲问神檀木,云併尧亭午。盆中有大白,呼儿满满取。"⑤这样的诗歌可以说不胜枚举,古代诗人喜欢咏檀木来讲述檀君神话,现代诗人也写了以神檀树为题的诗歌。

檀木成为了诗人描写坛君神话时的歌咏对象,檀木作为树种的意义十分

---

① 《龙飞御天歌》卷一第九章,尹以钦编《檀君:理解与资料》,首尔大学校出版部 2001 年增补版,第 436 页。
② 〔韩〕雪岩秋鹏:《雪岩杂著·檀君台》卷二,尹以钦编《檀君:理解与资料(檀君——그 이해와 자료)》,汉城大学校出版部 1994 年,第 708 页。
③ 〔韩〕李德寿:《西堂私载》卷之一,影印标点《韩国文集丛刊》第 186 册,韩国民族文化推进会 1997 年,第 121 页。
④ 〔韩〕宋能相:《云坪集》卷之一,影印标点《韩国文集丛刊》第 225 册,韩国民族文化推进会 2001 年,第 113 页。
⑤ 〔韩〕李是远:《沙磯集》册二,影印标点《韩国文集丛刊》第 302 册,第 64 页。

突出。那么檀木究竟是哪一种树木呢？对此古代文献也有明确的记载，朝鲜王朝史学家安鼎福(1712～1791)在《东史纲目》中记载：

> 檀君降于太伯山檀木下，檀是香木，故后人遂称其君曰檀君，名其山曰妙香山耶？①

安鼎福以存疑的方式提出檀就是檀香树，妙香山之名亦源于檀香树，因此坛君之名源于檀香树。18世纪的文人申景濬也有类似的说法，以为太伯山多檀香木，而且多是紫檀，坛君之名就是源于太伯山的紫檀树。19世纪李裕元记载妙香山："山在宁边，世传檀君所降处，以香檀多主，故今名。妙香山势高大蟠据四百余里。"②李裕元记载的香檀就是檀香木，妙香山与坛君之名就是源于檀香木。《关西邑志》(1871)记载："檀君窟在妙香山香炉峰南麓裂岩，高可四丈，南北五肘，东西三肘，依然为铁堂。檀木郁郁于其上，世传檀君诞降之处也。"③郁郁檀木不是明确的说法，但根据其他的文献可以知道所指的应当也是檀香树。

进入二十世纪之后，这种观点没有太大的变化。东京大学教授白鸟库吉也持此说，认为檀君神话的檀树就是檀香树，是佛教化的因素，据此他认为檀君神话的形成时间相当迟晚。④ 1909年日本殖民时代编撰的《神宫建筑志》记载："位版木辨明：檀皇圣祖位版木，用太白山檀木(即香木)。"⑤这条记载似有一定的疑问，因为这种看法不同于植物学研究与调查，所用檀木是否产于妙香山(太伯山)是一个问题。神话学家三品彰英是将东亚神话在神话学层面展开研究的学者，他认为："桓雄降临的太伯山有檀树，檀君之名源于檀树。山中多香木，冬天也是绿的，此山即是妙香山，对应于太伯山。妙香山是妙香山脉的主峰，在现在平安北道宁边郡。妙香山是所谓五岳之一，有西岳之称，朝鲜五大寺之一的普贤寺就在此山。王氏高丽时代佛教开始进入妙香山一带。金富轼的《普贤寺记》记载，僧探密来到延州山，靖宗八年(1042)建造了普贤寺，其山名为妙香。又太伯山名为妙香山是始于仁宗之后。"⑥大林太郎的《东亚的王权神话：日本、朝鲜、琉球》有一章专门研究了坛君神话，这一章全部记载为檀君神话。韩国著

---

① 《东史纲目·地理考》附卷下，伊以钦编《檀君：理解与资料》，第476页。
② 〔韩〕李裕元：《林下笔记·文献指掌编三》卷十三，尹以钦编《檀君：理解与资料》，第512页。
③ 《关西邑志·宁边邑志》卷十一，尹以钦编《檀君：理解与资料》，第521页。
④ 参见本书绪论第一节的研究史部分。
⑤ 神宫春敬会建筑所：《神宫建筑志》，尹以钦编《檀君：理解与资料》，第726页。
⑥ 〔日〕三品彰英：《三国遗事考证》上册，塙书房1975年，第304～305页。

名的历史学家李丙焘的研究产生过很大的影响,他敏锐地意识到了檀君神话的诸多问题,他明确地指出:"考李承休《帝王韵纪》及《世宗实录·地理志》等书所载的檀君故事,将神檀树的'檀'字与桓雄的'桓'字,以及将《三国遗事》之坛君的'坛'字,书写为檀字,使此后的书均写为檀树、檀君。"①正如李丙焘所说,今人的论著几乎都是写为檀君神话。金思烨的译注本注坛字云:"今通用檀字"②不过也有例外,李氏朝鲜文人申景濬云:"按《三国遗事》神檀作神坛,檀君作坛君,盖《三国遗事》东方始出之史,而以神字观之,坛墠之坛较是矣。"③然而这种看法没有引起注意,更没有被绝大多数的当今学者接受。

从现存的文献来看,檀与坛的一字之差绝不是误记,应当是源于不同的信仰。韩国学者近数十年来,两次做过系统的版本调查。第一次是1973年李东欢的版本调查,调查的结果证明所有的《三国遗事》刊本、写本都记载为坛君和坛树,无一记载为檀君和檀树。现今保存的各种刊本中,首尔大学校收藏的刊本是最好的刊本之一。

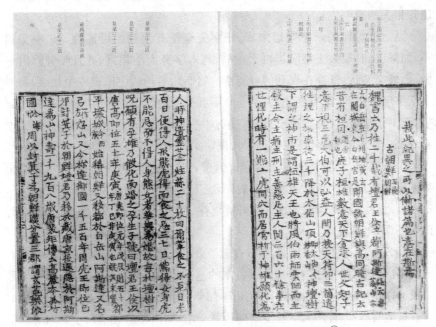

图 2-1　首尔大学校中央图书馆藏本的影印本④

---

① 〔韩〕李丙焘撰、许宇成译:《韩国史大观》,台湾正中书局1979年四版,第2～21页。
② 〔韩〕李丙焘撰、金思烨译:《三国遗事·纪异第一》卷一,《金思烨全集》第25册,六兴出版社五四年,第54页。
③ 〔韩〕申景濬:《旋菴全书·疆界考·三朝鲜》卷四,尹以钦编《檀君:理解与资料》,第470页。
④ 〔韩〕李东欢校勘:《三国遗事》,景仁文化社1973年影印本。

李东欢校勘的底本是首尔大学中央图书馆藏的中宗年间的古板本,调查的诸本范围如下:1.松隐本(宝物第419号,中宗壬申本以前的古刊本,卷第3～第5的第二册现存,李秉直氏所藏。2.石南本写本(旧宋锡夏氏所藏,古刊(王历与卷第一部分)的摹写本,高丽大学校中央图书馆所藏)。3.顺庵手泽本影印本(古典刊行会刊、1931年)。4.东大校订本(坪井九马三、日下宽校、新铅活字本,东京帝国大学刊,1904年)。5.朝鲜史学会本(今西龙校,新铅活字本,朝鲜史学会刊,1929年)。6.六堂新订本(崔南善校,新铅活字本,三中堂刊,1943年)。7.斗溪译注本(李丙焘译注,新铅活字本,东国文化社刊,1956年)。8.李载浩译注本(李载浩译注,新铅活字本,光文出版社刊,1967年)。其中松隐本与石南本是古写本,其他是现代人校订过的活字本,其价值不如前两种。李东欢还参考了一些其他文献。① 李东欢勘校时将诸本的不同都标注在了页眉上,○是字形异常,或字刊不清。●为讹误,或与其他文献不同。▽为脱字,或阙文,有必要补填之处。□为正文与夹注相错,与语句相关的说明。

从上面影印的坛字字形来看,坛字完全没有误刊的可能性。土字旁很小,如果误刊,那么土字应当再大一些,与木字旁大小相近,并且竖旁伸出一撇,形成交叉状,就存在误刊的可能性。然而坛君神话中出现五个坛字,每一个坛字字形相同,没有变化,说明完全不会误刊为坛字,只能认为原本就是坛字,而不是檀字。《三国遗事》诸本确有一些讹误,但檀君神话的部分几乎没有讹误。李东欢根据《帝王韵纪》与《世宗实录·地理志》《檀君古记》为坛字写了一条注,注明其他古籍均标记为檀,但《三国遗事》的所有刊本都标记为了坛君与坛树。尧是高丽定宗的讳,虎王虎字是高丽惠宗的讳,避讳武字,这不是讹误。如果说坛君神话部分有讹误,那么只有一个字,就是国当为因。此说不误,当从此说。

1997年韩国学者河廷龙、李根直做了第二次版本的系统调查,这一次调查的范围广得多,最重要的是增加了古本的范围,共有12种古本:1.赵钟业所藏古板本,2.南权熙绍介古板本,3.鹤山李仁荣旧藏古板笔写本,4.石南宋锡夏旧藏古板笔写本,5.首尔大学校奎章阁所藏壬申本,6.高丽大学六堂文库所藏壬

---

① 参考文献是《三国史记》(中宗壬申本)、《高丽史》(乙亥字本影印本)、《朝鲜金石总览》(新铅活字本,1919)、《东文选》(新铅活字本,朝鲜古书刊行会刊,1914)、《法藏致义湘书(李丙焘〈关天理图书馆所藏的〈唐法藏致新罗义湘书〉(墨简)〉(Biblia 四八号)的转载文,1971年》、《圆宗文灰》(同上)、《史记》(乾隆十二年,清高宗命刊本(影印本)》、《帝王韵纪》(李秉直氏所藏,古刊本)、《新增东国舆地志》(东国文化社刊,影印本)、《世宗实录地理志》(国史编纂委员会刊,影印本)。

申本,7.高丽大学晚松文库所藏壬申本,8.天理大学所藏壬申加笔本,9.国立中央图书馆所藏壬申写真本,10.南权熙绍介壬申本,11.蓬左文库所藏壬申本,12.南权熙绍介壬申笔写本。此外还参考了现代学人的校订本,主要有六堂崔南善新订本、李丙焘译注本、李相浩(리상호)译注本、《三国遗事考证本》等。他们的《三国遗事校勘研究》标注了诸本的文字差异,这为《三国遗事》研究提供了极大的方便。他们调查的结果表明《三国遗事》的所有古本皆将坛君刊为坛字,无一刊为檀字。只有日本的《三国遗事考证本》将"每於坛树下"校订为"每於檀树下"。然而这不是古本,这是由三品彰英与村上四男等人组织的三国遗事研究会经过校勘、考证的文本。此本代表了学者的看法,但文献价值不高。他们的版本调查再一次证明,坛君神话当为坛字,而非檀字。

下面来看看其他诸本的状况,以便更彻底地认识字体的状态。今西本也是最好的版本之一,是今西龙发现的版本,今藏于天理大学图书馆。下面是今西本。

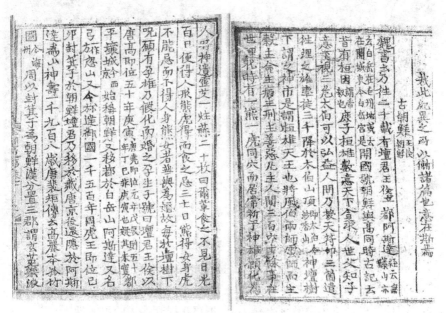

图 2-2　今西本的景印本①

内藤湖南为今西本撰写了序文,认为:"东京大学本校勘虽精,但不免羼改太过,王历一篇移易行欵。本学助教授今西君龙别藏一本,亦正德刊,顾独完好,无一缺叶,间有校语,为顺庵安鼎福手笔。审其板式,自有新旧两样,盖

---

① 京都帝国大学文学部藏版,京都:裵内新之助,1921年。

正德改雕时，犹有旧板未刓者，与新刻并存耳。……且据晚出《东国通鉴》补改原文，尤为乱古书面目矣。今本学部新用玻璆板景印今西本，边幅虽蹙，古香不损，神明焕然，顿还旧观。止补传本之夺简，未订前修之讹文，且饷缀学以思误书之适，庶免轻疑而乖微谊之讥云尔。"① 东京大学本虽然屡改太过，但坛君神话部分与今西龙本几乎无异，也是记载为坛君与坛树。每一个坛字的字形相同，土字旁都刻写得很小，不大可能是误刻。不同之处只有因与国字之异。上面的两种版本字体与版式相同，它们应当是同一系统的版本。《三国遗事》的正德本是目前保存最古的版本，1512 年木板印刷，高丽时代或李氏朝鲜初期的版本尚未发现。正德本是古板本，但加笔比较严重。加笔本中手泽本比较重要，但有破损。

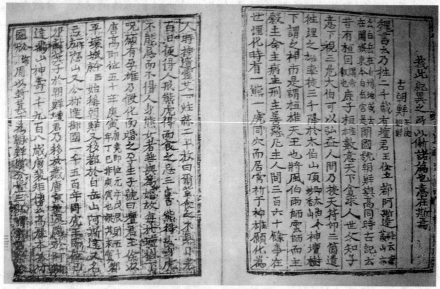

图 2-3　晚松本②

高丽大学校晚松文库的晚松本，是没有加笔的原形态版本，因而受到了学术界的高度重视。晚松本也是木板本，字体与上述两种正德本系统不同。此本的坛字也是将土字旁刻得很小，也不存在误刊误读的可能性。

石南本是石南宋锡夏氏温丽楼所藏本，依古板本誊写，不是足本，王历、

---

①〔日〕内藤湖南：《景印正德本三国遗事序》，京都帝国大学文学部丛第六，京都大学藏板（本学部藏板）。

②〔韩〕一然：《三国遗事：晚松文库本·附石南本鹤山本》，高丽大学校中央图书馆图书影印第 12 号，首尔：旿晟社 1983 年影印本

第三、四、五卷依鹤山李仁荣藏本补充，此二本被疑为同一板。① 坛君神话记载于《三国遗事》卷一，诸本各卷存遗状况如下：

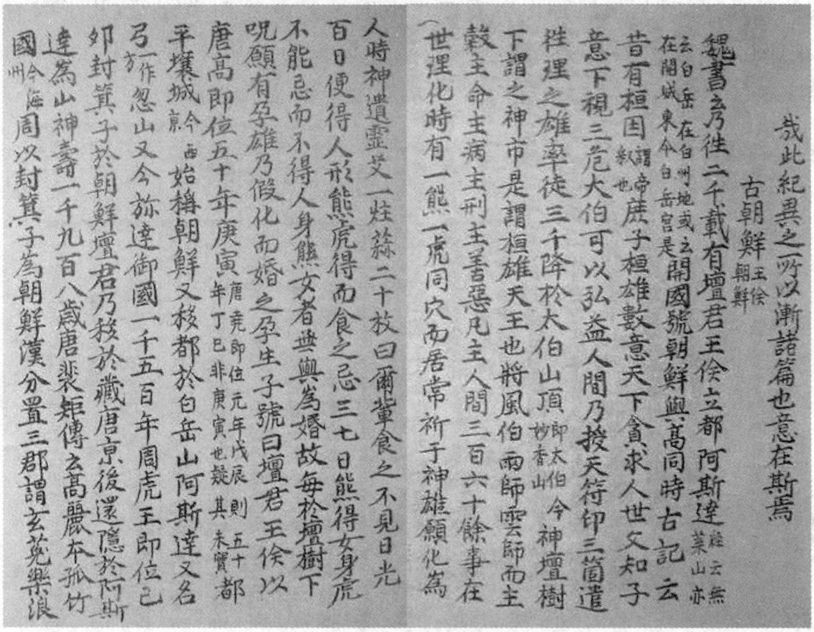
哉此紀異之所以漸諸篇也意在斯焉
古朝鮮 王儉朝鮮
魏書云乃往二千載有壇君王儉立都阿斯達 經云無葉山亦云白岳在白州地或云在開城東今白岳宮是 開國號朝鮮與高同時古記云
昔有桓因 謂帝釋也 庶子桓雄數意天下貪求人世父知子
意下視三危太伯可以弘益人間乃授天符印三箇遣
往理之雄率徒三千降於太伯山頂 即太伯今妙香山 神壇樹
下謂之神市是謂桓雄天王也將風伯雨師雲師而主
穀主命主病主刑主善惡凡主人間三百六十餘事在
世理化時有一熊一虎同穴而居常祈于神雄願化為
人時神遺靈艾一炷蒜二十枚曰爾輩食之不見日光
百日便得人形熊虎得而食之忌三七日熊得女身虎
不能忌而不得人身熊女者無與為婚故每於壇樹下
呪願有孕雄乃假化而婚之孕生子號曰壇君王儉以
唐高即位五十年庚寅 唐堯即位元年戊辰則五十年丁巳非庚寅也疑其未實 都
平壤城 今西京 始稱朝鮮又移都於白岳山阿斯達又名
弓 一作方 忽山又今旀達御國一千五百年周虎王即位己
卯封箕子於朝鮮壇君乃移於藏唐京後還隱於阿斯
達為山神壽一千九百八歲唐裴矩傳云高麗本孤竹
國 今海州 周以封箕子為朝鮮漢分置三郡謂玄菟樂浪

图 2-4　石南本②

石南本依据正德本做了一些头注，石南本的王历篇与 1512 年的木板本差异较大，崔南善做了相当完备的校订本。鹤山本现在被指定为宝物，曾由民族文化推进会以影印本刊印，其中有头注和对校。石南本的坛君神话部分是完整的，此本为抄本，坛字的字形与上述刊本相似，也将土字旁写得很小。上述版本中的坛字形体极为相似，证明坛字不可能是檀字的误刊或误写。

东京帝国大学藏板是根据德川家本与神田家本校勘而成的，德川家本与神田家本是壬辰倭乱时流到日本的，这两种本都有缺页。1904 年东京大学最初刊为活字本，《大日本续藏经》与《大正新修大藏经》的活字本就是根据东京帝国大学的活字本刊印的。此本的序言记载："我邦所传有二本，一在尾州德川侯，一藏男爵神田氏，并系正德刊再刊。文字模棱，鲁鱼焉马，率仍其旧，甚则空纸脱叶，文断义绝，殆不可读。於是原二家藏本，据《三国史》、《高丽

① 高丽大学校中央图书馆图书影印第 12 号，首尔：昨晟社 1983 年影印本。

② 〔韩〕一然：《三国遗事：晚松文库本：附石南本鹤山本》，高丽大学校中央图书馆图书影印第 12 号，首尔：昨晟社 1983 年影印本。

史《朝鲜史略》……参互检,订其伪舛,补其阙漏,活字印行。"①此本确有不少讹误校记,但坛君神话部分几乎没有校勘注记,只有避武为虎、避尧作高的两条讳字注记,显然神田本与德川本的这一部分相当完整,几乎没有讹误衍倒。只有桓因刊为了桓国,这是一误。两种版本皆刊为坛字,而非檀字。

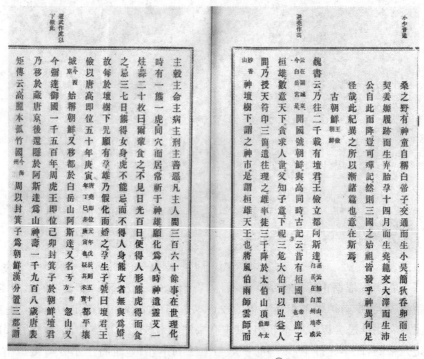

图2-5　东京帝国大学藏版②

《三国遗事》与《帝王韵纪》几乎是同时的文本,但基本上可以认为坛树与坛君在前,檀树与檀君是在后。一然的《三国遗事》稍早于李承休的《帝王韵纪》,《三国遗事》是一然(1206～1289)的晚年作品,主要撰述于79岁到84岁之间。③ 一然死后,他的弟子无极还做了增补。李承休的《帝王韵纪》呈献给国王的时间是1287年,1360年和1413年刊行。从这一时间看李承休的《帝

---

① 〔日〕坪井九马三、日下宽校订:《三国遗事》卷一,文科大学史志丛书,东京帝国大学藏版1904年,吉川半七印刷。
② 同上。
③ 崔南善认为《三国遗事》的《王历纪异篇》是撰写于1275年之前,卷三以下的部分撰写于1276～1282年之间。如果按照此说来判断记载坛君神话的时间,会比《帝王韵纪》的时间更早一些。

王韵纪》比《三国遗事》更早,但《帝王韵纪》撰写的时间没那么长,《帝王韵纪》只有两卷,共1460个字。《三国遗事》规模宏大得多,需要的时间也更长,因而《三国遗事》的撰写时间完全可能更早。坛君神话是在《三国遗事》的第一卷,既然《三国遗事》始撰于1284年,那么坛君神话有可能是在同一年已经写完了,因而《三国遗事》的坛君神话文本记述的时间应当早于《帝王韵纪》三年。今西龙以为:"比较《三国遗事》记载的檀君神话与地理志引用的檀君记,前者具有较多的原始形态,后者加入了相当多的修改,这是比较明显的。"①这种看法是正确的,《三国遗事》是较多保存坛君神话原貌的文本,《帝王韵纪》以及其他文献删改的内容太多,不大宜于作为还原原始形态的文本。

2. 王沈《魏书》的可靠性

到现在为止一般认为坛君神话第一次记载于《三国遗事》,但《三国遗事》是根据很多文献缉录而成的。《三国遗事》在记载坛君神话时首先引用的是《魏书》,现今学界还没有能够确定这本《魏书》是哪一本书,一种看法认为是二十四史中魏收撰写的《魏书》,然而魏收的《魏书》中并无关于坛君神话的记载,因而一些学者以为一然是记忆错误或自己杜撰出来的。较早研究这个问题的学者是今西龙,今西龙很早就注意到了这个问题,他在他的博士论文中指出:

> 在檀君传说中最重要的问题是《魏书》云之语,《魏书》当然是北齐魏收所撰的。……可是《魏书》之中完全没有相关的记载,而且其他中国的古代史籍,元代以前的书完全没有此类的记载。或者有人以为现存的《魏书》虽然失载,但在其他书中当有记载,并在高丽时期流传,最终普觉国尊必然看到了坛君神话。对如此浮薄的想象之说虽然没有必要辩驳,但还是会迷惑世俗,因而还是要辩驳一句。②

今西龙以为《魏书》是檀君神话研究中最重要的问题,这个看法的确是十分正确的。今西龙以为《魏书》中没有记载坛君神话,是源于一然的记忆之误:"先于普觉国尊约120年的《三国史记》的撰者金富轼等人,如果看到《魏书》,对照两书的文字,就可以明白事实。但《三国史记》中绝无檀君的记载,而且他们那些史官不知道檀君之事,正如后文所说,这是可以明白的。此外《三国遗事》二府条中引用了《前汉书》,但《前汉书》并不见其语,又七十二国

---

① 〔日〕今西龙:《朝鲜古史的研究(朝鲜古史の研究)》,国书刊行会昭和四十年,第20页。
② 同上,第10页。

条中引用了《后汉书》,其语亦不见于《后汉书》。这不是普觉国尊杜撰出来记述的,而是出自于记忆的错误,或是按照先人之误原样记录下来。"①今西龙断定《魏书》是魏收的《魏书》,因为魏收的《魏书》没有记载檀君神话,因而今西龙否定了檀君神话。李万烈在注译申采浩的《朝鲜上古史》时论及《魏书》:"关于中国魏王朝或南北朝时期的北朝北(后)魏和其后的东西魏的史书。《三国遗事》古朝鲜条中有《魏书》云的引用部分。在现存《魏书》中没有相关记载,因而有人据此否定檀君说话本身。"②可见今西龙的研究产生了深远的影响,至今他的影响仍然存在。

三品彰英的看法稍异,他以为:"北齐魏收奉敕撰的《魏书》(130卷),宋时已经没有完本(亡佚29篇)。现存《魏书》没有'乃往二千载有坛君王俭……'的记载。这是记录在《魏书》后来亡佚部分呢?或者是《遗事》的作者误引他书呢?如果为了参考记述《魏书》,那么有如下的《魏书》:鱼豢《魏略》(50卷)、王沈的《魏书》(47卷)(以上二书只传逸文)、陈寿的《三国志》魏志(30卷)、魏澹(隋代的人)的《魏书》(107卷)、张大素(唐代人)的《魏书》(100)卷、裴安时(唐代人)的《元魏书》(30卷)(以上三书不传),可是这些书也看不至到檀君之事。"③三品彰英的看法比今西龙细致了一些,以为魏收的《魏书》既然不是完本,就有可能在亡佚的部分中记载了檀君神话,或者是一然的记忆有误。但三品彰英也没有能够确定一然引用的《魏书》究竟是哪一本,研究这个问题首先应当确定的是一然引用的《魏书》究竟是哪一本。

崔南善是韩国较早研究这个问题的学者,崔南善只是指出《三国遗事》开头引用的《魏书》不是魏收的《魏书》,是另有一本《魏书》,但未能确定是哪本《魏书》。崔南善在《三国遗事解题》中用相当多的篇幅记述和讨论了曾经存在过的诸种《魏书》,最后他认为:"特别是今本《魏书》没有相关引文的记载,因而《魏书》是节录的可能性是存在的。"④崔南善所说的今本《魏书》就是指二十四史的《魏书》。首尔大学史学家李丙焘以为:"这是何人所撰何时的《魏书》并不明确。从'乃往二千载云云'的记述来看,所指的确实是秦汉以后的魏,魏国中有三国之一的曹魏和南北朝时代拓跋氏的后魏。鱼豢的《魏略》(五十卷)、王沈的《魏书》、陈寿《三国志》的《魏志》(三十卷)等都是关于三国时代魏国的书。《魏书》(王沈)当然无传,《魏略》亦不传全文,只有其中的若干逸文传世。其逸文和《魏志》都完全没有记载檀君。另外后魏的史书除了

---

① 〔日〕今西龙:《朝鲜古史的研究(朝鮮古史の研究)》,国书刊行会昭和四十年,第10页。
② 〔韩〕申采浩撰、李万烈注译:《注译朝鲜上古史》上册,萤雪出版社1983年,第109页。
③ 〔日〕三品彰英:《三国遗事考证》上册,塙书房1975年,第302页。
④ 〔韩〕崔南善:《三国遗事——附索引及古文献十三种》,民众书馆檀纪4279年,第46页。

魏收的《后魏书》(百三十卷)之外,还有魏澹的同名书(百七卷)、张大素的同名书(百卷)裴安时的《元魏书》(三十卷)。后三书今亦不传,所传者唯有魏收之书。……可是此书不载檀君之事。"①李丙焘也接受了崔南善的说法,此说成了现今学术界的主流看法。② 李家源等人试图寻找《魏书》的其他引用状况,但也没有得到明确的结论。

韩国精神文化研究院《译注三国遗事》提出了另一种看法,认为在中国史籍中不可能找到完全相同的同名史书,因而《魏书》不可能是中国的史书。所谓的《魏书》是失传的一本关于卫满朝鲜的史书,卫满朝鲜也写成魏满朝鲜,《魏书》应当是关于魏满朝鲜或乐浪郡的史书。20世纪70年代有学者以为一然引用的《魏书》应当是王沈的《魏书》,然而没有能够围绕这个问题深入论证。③ 2001年韩国学者朴大在发表了一篇很重要的论文《〈三国遗事〉古朝鲜条引用的〈魏书〉论》④,此文主要研究了《三国遗事》与《三史记》中引用的《魏书》,认为《魏书》应当是与曹魏有关的史书。这已经向正确的方向迈出了重要的一步,是非常可贵的发展。不过《三国遗事》引用的《魏书》绝不可能仅仅依据《三国遗事》与《三国史记》就可以得到最终结论的,因而朴大在的看法没有被学术界普遍接受,更没有在这一研究的基础上展开更为深入的研究。

《魏书》无疑是檀君神话研究的关键突破口,如果《魏书》研究有所突破,必然会改变檀君神话研究的现状。《三国遗事》引用的《魏书》并非魏收的《魏书》,而是王沈撰写的《魏书》。中国的史书中有很多种《魏书》与《后魏书》,但在宋元之前名为《魏书》的书只有一本,那就是王沈的《魏书》,其他的《魏书》均记载为《后魏书》或其他名称。魏收的《魏书》一般记载为《后魏书》,而不是《魏书》。这在古代文献中可以得到印证:

---

① 〔韩〕李丙焘撰、金思烨译:《韩国古代史》上册,《金思烨全集》第26册,六兴出版社昭和五四年,第102页。
② 参见李丙焘《檀君说话的解释与阿斯达问题(檀君說話의解釋과阿斯達問題)》,《韓國古代史研究》,博英社1976年。此说在上一个世纪的90年代仍然有流行,丁仲焕《三国遗事纪异篇古朝鲜条引用的〈魏书〉(三國遺事紀異篇古朝鮮條에引用된魏書에대하여)》,《大丘史學》12—13合集,1997年。
③ 1971年韩国学者尹致道撰写的《民族正史》提出了这一说法,然而不是在严密的学术研究层面上提出的,现在学术界仍然没有接受这一看法,普遍认为檀君神话初载于13世纪,更没有在此基础上展开进一步的研究。《民族正史》不是严肃的学术著作,提出的诸多看法缺乏学术性:金与清(后金)是高丽平州人金俊的后裔、尧与舜是山东人、现在的汉字是从桓文字发展而来等等。还认为坛君朝鲜历47代,共2096年;坛君朝鲜的疆域是满洲与中国,这里是北三韩,他依据的是伪史《撰园史话》。坛君朝鲜是否存在尚难确定,却提出了坛君朝鲜历47代君王共2096年的说法,显然存在相当大的存疑的空间。
④ 〔韩〕朴大在:《〈三国遗事〉古朝鲜条引用的〈魏书〉论《三國遺事》古朝鮮條인용《魏書》論)》,韩国史研究会《韩国史研究》112号,2001年3月。

第一，官修正史与其他史籍的记录。《隋书·经籍志》是现存完整的文献目录学的著作，《隋书·经籍志》记载的《魏书》只有王沈撰写的，魏收的《魏书》记载为《后魏书》。《隋书·经籍志》之后，几乎都是遵从了这一记载，《新唐书》卷五八载有王沈《魏书》、魏收《后魏书》、魏澹《后魏书》一百七卷、张大素《后魏书》一百卷、《元魏书》三十卷（字适之，大中江陵少尹）、梁祚《魏书国纪》十卷等等。《通志略·艺文略第三》记载《魏书》四八卷（晋司空王沈撰）、《后魏书》一百三十卷（后齐仆射魏收撰）、《后魏书》一百卷（隋著作郎魏彦深撰）、《后魏书》一百卷（张太素撰。今惟有《天文志》二卷）、《元魏书》三十卷（裴安时撰）。《宋史》卷二百三、司马光编修的《资治通鉴考异》卷三也都是将魏收的《魏书》载为《后魏书》。

第二，古代目录学著作的记载。《崇文总目》卷三、南宋晁公武《郡斋读书志》卷五、南宋陈振孙《直斋书录解题》卷四等等，都是将王沈的《魏书》记载为《魏书》，魏收的《魏书》记载为《后魏书》。北魏称后魏，不称魏，故魏收的《魏书》记载为《后魏书》。魏收的《后魏书》称为《魏书》恐怕是因为王沈的《魏书》与其他《后魏书》失传，因此魏收的《后魏书》就通称为《魏书》。上述文献证明《魏书》只有一个，那就是王沈的《魏书》。各家记载的王沈《魏书》卷数有异，《隋书》卷三三记载《魏书》四八卷（晋司空王沈撰），《旧唐书》卷四六记载《魏书》四四卷（王沈撰），《新唐书》卷五八记载王沈《魏书》四七卷。卷数不同并不证明有第二种《魏书》，都是将《魏书》的作者记载为王沈，可见是同一本书，只是传本不同而已。

第三，一然直接从王沈《魏书》摘录的可能性。一然撰写《三国遗事》的坛君神话时，有可能直接阅读过王沈的《魏书》。至少一然的生存年代，王沈的《魏书》没有失传。古代的目录学著作分为两种，一是著录曾经存在过的书，不管记载时是否已经失传，只要有过的书就可以记载。二是著录收藏的书目，此类目录学著作记载的书是藏书家记载自己收藏的书目，说明作者编撰时没有失传。曹公武《郡斋读书志》是我国现存最早的、载有提要内容的私藏书目，记录的都是曹公武收藏的书，这也就是说曹公武收藏过王沈的《魏书》。曹公武生卒不详（约1104？～约1183？），字子止，澶州清丰（今山东巨野县）人，为晁冲之之子。曹公武是南宋著名目录学家和藏书家，得书二万四千五百余卷，绍兴二十一年（1151）完成编录，元日作了书序。著录图书一千四百九十六部（除去重见者，实为一千四百九十二部），基本包括了宋代以前的重要典籍。另外陈振孙的《直斋书录题解》也著录了王沈《魏书》，陈振孙（约1186～约1262）字伯玉，号直斋，湖州安吉（今属浙江，一说湖州吴兴）人，也是目录学家和藏书家，藏书最多，共著录图书3039种，51180卷，数量远远超过了此前的私人藏书,也超过了官修的《中兴馆阁书目》的44486卷。《直斋书录题解》著录了王沈的《魏书》,那么13世纪中后期王沈的《魏书》应当还没有失传。既然这时王沈的《魏书》还没有失传,那么一然就有可能直接从王沈的《魏书》摘录的,而不是转录于其他的文献。陈振孙的去世之时,也正是一然开始撰述《三国遗事》之时。现今由于王沈《魏书》的失传,一然摘录的部分已经成了佚文,但可信度还是相当高的。

第四,从一然《三国遗事》的引用来看,一然明确地知道王沈的《魏书》与魏收的《后魏书》。一然引用了王沈的《魏书》,也引用了《后魏书》。《三国遗事》卷一靺鞨传记载:

《后魏书》靺鞨作勿吉。①

"靺鞨作勿吉"是一然的判断,在文献校勘中常见此类用语,皆为校勘者或阅读者的语言。一然的判断在《后魏书》中可以得到印证。魏收的《后魏收》是北齐时撰述的,撰书时代还没有建立靺鞨。靺鞨是隋唐时期的国家,从隋唐时期的文献开始有关出现靺鞨的记载。南北朝时期只有勿吉,勿吉是靺鞨之前的国家。因此一然据《后魏书》说"靺鞨作勿吉",魏收的《后魏书》确有关于勿吉的相关记载。此处的《后魏书》也可能指其他的《后魏书》,但其他的《后魏书》皆佚,一然读到的《后魏书》为魏收的《魏书》的可能性比较高。一然完全清楚地知道《魏书》与《后魏书》的区别,并没有混淆《魏书》与《后魏书》,所以当他记载"《魏书》云"的时候,他所指称的《魏书》是十分清楚的,《魏书》只能是王沈的《魏书》。现今无数学者围绕《魏书》与魏收的《后魏书》展开讨论,是因为不了解一然时代的《魏书》与《后魏书》的状况。

王沈的《魏书》已经失传,王沈的《魏书》究竟有无记载坛君神话也就无法直接验证了。一然《三国遗事》的转录成了佚文,如果能够找到其他文献引用过相同的记载,也可以证明《三国遗事》引文的可靠性。《魏书》的记载亦见于李氏朝鲜时期李詹的《檀君朝鲜》:"《魏书》云:乃往二千载,有檀君立都阿斯达山。注云无叶山,亦云白岳,在白州地。或云在开城东,今白岳宫。开国号朝鲜,与尧同时。或云都平壤城,始称朝鲜,又移都放白岳山,未知是否。"②对照一然的引文,除了个别字词之外,并无不同。一然注释中的文字变成了正文,"注云白岳"以下文字皆源于《三国遗事》,这证明李詹的引文不是来自

---

① 〔韩〕一然撰、李载浩译注:《三国遗事·纪民篇·靺鞨(一作勿吉)渤海》卷一,第91页。
② 〔韩〕李詹:《双梅堂箧藏集》卷之二十二,影印标点《韩国文集丛刊》第6册,韩国民族文化推进会1990年,第345页。

于王沈的《魏书》,而是来自于《三国遗事》,因而这条文献不能成为证明《三国遗事》引文可靠的证据。李詹对王沈《魏书》的记载是肯定的,他删除了熊女与桓雄婚媾生子的故事,表明他否定这种荒诞的故事,但他保留了王沈《魏书》的记载。

王沈的《魏书》确有不少文献引用,但没有引用这一段的其他文献,因而《三国遗事》的引文不仅是王沈《魏书》的佚文,而且是唯一的文献。既然是孤证,似乎是完全不可研究;即使研究也无法证明佚文内容的可靠性。其实在古代文学研究中仅存一条文献的情况相当常见,但不会因此就放弃研究。如果放弃了唯一的材料,就等于放弃了探索的全部可能性。在这种情况下只能采用变通的方法,主要是研究佚文内容的可靠度,根据佚文内容与历史事实的关系考察佚文内容的可靠性。王沈《魏书》的记载可以从三个方面进行验证:

第一,王沈的生存年代与《魏书》的成书时间。有关王沈的记载见于《晋书》,《晋书》有传:"王沈字处道,太原晋阳人也。祖柔,汉匈奴中郎将。父机,魏东郡太守。沈少孤,养于从叔司空昶,事昶如父,奉继母寡嫂以孝义称。好书,善属文。大将军曹爽辟为掾,累迁中书门下侍郎。及爽诛,以故吏免。后起为治书侍御史,转秘书监。正元中,迁散骑常侍、侍中,典著作。与荀颛、阮籍共撰《魏书》,多为时讳,未若陈寿之实录也。"①王沈的《魏书》最终失传的原因之一恐怕就是未能实录,因为王沈是魏朝的当时人。然而这并不意味着王沈对其他国家与民族的记载也有时讳,应当是如实记录了其他国家与民族。王沈的《魏书》虽然失传,但是直到元代以前的文献中时常征引。裴松之注的《三国志》就使用了王沈的《魏书》:"太祖武皇帝,沛国谯人也,姓曹,讳操,字孟德,汉相国参之后。《曹瞒传》曰:太祖一名吉利,小字阿瞒。王沈《魏书》曰:其先出於黄帝。当高阳世,陆终之子曰安,是为曹姓。周武王克殷,存先世之后,封曹侠於邾。"②此外《文选》、《水经注》、《初学记》与《太平御览》、《册府元龟》等书也有引用。这都表明王沈的《魏书》还是有着丰富的史料价值,充分显示了《魏书》的史料价值,由此也可以看到当代人撰写当代史的价值,尤其是个人撰史的重要价值所在。

如果说王沈是魏末晋(265～316)初的文人,王沈的生卒不详,清人严可均认为王沈的《魏书》成书是在嘉平年间(249～254):

杜氏始出帝尧,在周为唐杜氏,汉世有杜周、杜钦、杜笃(《意林》)。

---

① 唐·房玄龄等撰:《晋书·列传第九》卷三九,中华书局1997年,第299页。
② 晋·陈寿撰,宋·裴松之注:《三国志·魏书一武帝纪第一》卷一,中华书局1997年,第10页。

案:此《叙传》篇)。毓字伯侯,《魏书》有传(《意林》。案:《魏书》王沈撰。沈卒于晋泰始二年,恕卒于嘉平四年,《魏书》之成,未必在嘉平(220~265)前,则《叙传》晋人编附。)①

严可均的说法是可以接受的,《魏书》成书的时间不可能迟于泰始二年(266),那么《魏书》的内容应当都是3世纪中期以前的。如果《三国遗事》引文的内容中出现3世纪中期以后的事物,就只能表明《三国遗事》的引文是不可靠的。

第二,引文内容与历史事实的关系。《三国遗事》确有一些误引误记,但显然不能因此否定《三国遗事》的所有记载,也不能因为《三国遗事》的绝大部分记载是可靠的,就认为所有的记载是可靠的。可靠性是需要逐一验证的,除此没有其他的方法。前文已经证明《魏书》是并不是误记,是指王沈的《魏书》。但仅仅证明一然没有误记《魏书》是不够的,还需要进一步证明王沈《魏书》这条佚文的可靠性。下面来看看一然转录的引文部分。

《魏书》云:乃往二千载有坛君王俭,立都阿斯达,开国号朝鲜,与高同时。《古记》云:……②

一然的这段文字是《三国遗事》卷一的开头,其实也是序文之外的全书开头。现在有必要验证佚文内容的每一个因素,以此来判断佚文的可靠性。这条佚文的全部因素是国、朝鲜、都、阿斯达、坛君、王俭、二千载、与尧同时,下面来看看每一个因素的可靠性:

首先,王俭以及都城平壤。在王沈撰写《魏书》的时代还没有出现平壤这一地名,但已经出现了王险的地名,王险即王俭,王险是5世纪之前平壤城的名称。这说明王沈《魏书》的记载与地名演变的历史时间完全相合,如果在王沈的《魏书》中出现了平壤,那么说明一然转录的《魏书》引文是伪造的,但事实不是如此。"坛君王俭"的记载透露了另一信息,王险的地名已经演变成了人名,这正是坛君神话内容的一部分。平壤是出现在一然根据《古记》转录的坛君神话部分,由此来看《古记》的成书时间较晚,应当迟于王沈的《魏书》。平壤是坛君神话随着历史发展的过程中衍生出来的因素,并不是坛君神话的原始因素。

---

① 清·严可均辑:《全三国文·魏四十二》卷四二(下册),商务印书馆1999年,第446页。
② 〔韩〕一然著、李载浩译注:《三国遗事·古朝鲜》第一册,솔출판사1997年,第70~71页。

其二,阿斯达地名的意义与国、都的有效性。在朝鲜半岛的历史上地名、人名的汉化始于统一新罗时期,阿斯达的地名尚未汉化,说明这个地名的时间范围是可靠的。如果王沈《魏书》记载的地名是汉化的,那么就有些可疑了。当然在统一新罗地名与人名汉化之前,并不是完全没有出现过汉化的地名。如前文记载的王险城,王险城的地名始于魏满朝鲜时期,这个地名应当与逃入朝鲜北部的燕人有关。与阿斯达类似的名称见于有关女真人的记载,疑阿斯达的地名与女真人或通古斯人有关。在王沈《魏书》的记载中出现了朝鲜的国名,3世纪之前在中国的文献中已经出现过朝鲜二字,因而这不是《魏书》杜撰的。韩国民族的国家起源早于3世纪,3世纪时已经出现了很多国家,箕子朝鲜、卫满朝鲜以及马韩、弁韩、辰韩、高句丽、百济、新罗、伽耶等等。都城的起源时间也早于3世纪,最迟在公元前2世纪已经出现了都城,因而王沈《魏书》关于国家、都城的记载是有效的。

其三,坛君与坛字是坛君神话的基本因素,其中包含了神坛与坛树。①坛君之名源于神坛与坛树,神坛与坛树的上限时间早于王沈《魏书》记载的时间,也早于箕子朝鲜的时间,最远可以追溯到新石器时代的红山文化。这意味着坛君名字中包含的神坛与坛树是在有效的时间范围,在王沈《魏书》中出现坛君的名称完全是可能的。如果3世纪根本没有出现过神坛与坛树,那么这个名称是伪造的。如果是伪造的,伪造者未必能够想到坛君名称中包含的因素,是否存在于有效的时间范围。坛君名称出现在神坛与坛树的上限时间之后,这证明王沈《魏书》的记载是可靠的。

其四,共同祖先与统一国家的问题。通常以为坛君是韩国民族共同的祖先,坛君朝鲜是最初的统一国家,其实3世纪韩国民族还没有建立过统一的国家,因而3世纪的文献中不大可能出现共同祖先与统一国家的概念。如果《魏书》将坛君和坛君朝鲜说成是共同的祖先和最初的统一国家,只能说明《魏书》的记载是伪造的。但细读王沈《魏书》,就会发现《魏书》没有把坛君记载为所有韩国民族的祖先,也没有将坛君朝鲜作为统一国家的开端。王沈《魏书》的部分只记坛君朝鲜,没有提及箕子朝鲜。这意味着坛君还没有成为韩国民族的共同祖先,应当只是一个部落或小国的祖先,这与朝鲜半岛国家发展的历史状况吻合。国家历史一般是从各自独立的小国和部落开始,随着历史的发展逐渐融合,最终会建立统一的国家。坛君与坛君朝鲜成为韩国民族共同的祖先与最初的统一国家,应当是3世纪之后变化的衍生因素,这一衍生因素应当形成于统一新罗出现之后。

---

① 参见本节的下一部分。

其五,坛君神话有丰富的佛教色彩,但《魏书》的记载全无佛教色彩。阿斯达与佛教无关,一然将阿斯达注释为无叶山,是后来衍生出来的地名,阿斯达并非佛教名称。《魏书》的记载没有佛教因素是正常的,王沈由魏入晋,当时佛教未盛。此时佛教也没有传入朝鲜半岛,因此坛君不可能与佛教搭上关系,也不可能衍生出桓因之孙的故事。

王沈《魏书》的记载唯一可以质疑的是坛君朝鲜开国时间的问题。"二千载"与"与尧同时"实际是同一因素,按照这一记载坛君朝鲜开国于距今 4000 多年以前,与尧同时建立了国家。这个说法早已受到了韩国古代文人的质疑,但这应是王沈按照古代韩国人的口述直录的。这是完全不可靠的记载,现在没有任何文献与考古发现,能够证明 4000 多年前朝鲜半岛已经出现了国家与都城。这个时间显然是杜撰出来的,其目的是为了宣扬民族历史的悠久性。这个时间是空头支票,这种记录方式常见于古代文献。此类时间非常容易杜撰,但并不等于这条佚文的其他因素也都容易杜撰出来。除了这一因素之外,每一个因素都没有超出历史事实的时间范围,都可以得到验证,那么说明这一佚文是可信的。

第三,一然记载坛君神话时对待文献的态度是严肃认真的。正如今西龙所说,《三国遗事》确有误引的部分,一部引用了大量文献的鸿篇巨制,完全没有误引误记是不大可能的,即使是当今学者的著作也不是没有失误。不过应当注意的是坛君朝鲜记载于全书的开头,这时作者保持着高度的注意力和谨慎度,不大容易误引误记。而且坛君朝鲜的第一句就是"《魏书》云",一本书以引文开始的起笔方式应当引起高度的关注。唐代以前有关朝鲜的记载非常有限,一然为发现《魏书》的记载而兴奋不已,引用《魏书》起笔就是为了引起读者的极大兴趣。

《三国遗事》的坛君朝鲜部分,除了《魏书》与《古记》无法直接验证之外,其他引用的所有文献可以直接验证。所谓的《唐裴矩传》是指《旧唐书》或《新唐书》的裴矩传,疑《唐裴矩传》脱漏了"书"字。两唐书的裴矩传正如一然所说,记载了高丽本孤竹国之事。① 乐浪四郡与三郡是一然困惑的问题,《汉书》记载的是四郡,《通典》记载的是三郡。两个文献的记载不同,使一然大惑不解。那么是否像一然所说呢?《汉书》有关箕子及后人部分的记载:"夏,朝鲜斩其王右渠降,以其地为乐浪、临屯、玄菟、真番部。"②《汉书》的记载确为四郡,与一然所记完全相合。奇怪的是《通典》将乐浪四郡记载为乐浪三郡,

---

① 参见本书的附录。
② 《汉书·武帝纪第六》卷六,中华书局 1997 年,第 58 页。

《通典》也确有相关记载：

> （朝鲜人斩其王而降，以其地为乐浪、玄菟等郡，后又置带方郡，并在辽水之东。浪音郎。）晋因之，兼置平州。①

这一段记载少了临屯，只有乐浪、玄菟、带方。《通典》的这段文字是载于注文，一然读到的是注文，因而产生疑惑并记入了《三国遗事》。其实《通典》卷一八五还有一段记载："朝鲜人相与杀王右渠来降。遂以朝鲜为真蕃、临屯、乐浪（音郎。）、玄菟四郡。（今悉为东夷之地。）昭帝时罢临屯、真蕃以并乐浪、玄菟。"②这段文字也是记载了四郡，显然一然没有注意到这段记载。《三国遗事》的记载与文献的渊源关系证明一然不是随意杜撰记载的，所有的引文都有准确无误的依据，证明一然引用《魏书》的部分应当是可靠的。

如果王沈的《魏书》确实记载了坛君神话，那么应当是记载于东夷传。那么王沈的《魏书》有无东夷传呢？从后世文献转录《魏书》的只言片语来看，《魏书》确实设有东夷传。《文选序》："徐广《晋纪》曰：鲜卑以碧石为宝。王沈《魏书》曰：东夷矢用楛，青石为镞。孔安国《尚书》传曰：砮中矢镞也。"③《文选序》"东夷矢用楛，青石为镞"的转录，表明王沈的《魏书》应当设有东夷传。裴松之的《三国志》注释大量地使用了王沈《魏书》的内容，乌桓鲜卑传的部分就以王沈的《魏书》为基础。王沈《魏书》东夷方面的内容比《汉书》、《三国志》丰富，制酒、医疗和饮食等方面的内容是《汉书》与《三国志》中没有的。此外还记载了神妖之事，沈约《宋书》记载："王沈《魏书》志篇阙，凡厥灾异，但编帝纪而已。自黄初以降，二百余年，览其灾妖，以考之事，常若重规沓矩，不谬前说。"④《三国志》成书时间（280）迟于王沈的《魏书》，陈寿撰写《三国志》时大量参考了《魏书》，但《三国志》没有记载坛君神话，这并不说明《魏书》记载坛君神话是不可信的。

如果一然《三国遗事》引用的王沈《魏书》是可靠的，那么对坛君神话研究具有极为重要的意义，因为这一时间能够改变诸多基本的看法：

第一，3世纪中期第一次记载了坛君朝鲜，第一次记载的时间提前了

---

① 唐·杜佑：《通典·州郡十》卷一八〇（下册），岳麓书社1995年，第2504页。
② 唐·杜佑：《通典·边防一》卷一八五（下册），岳麓书社1995年，第2604页。
③ 梁·萧统编、唐·李善注：《文选·序下三月三日曲水诗序》卷四六（第五册），上海古籍出版社1986年，第2062页。
④ 南北朝·沈约《宋书·志第二十》卷三十，中华书局1997年，第229页。

1000多年。① 从3世纪中期到13世纪有1000多年的时间跨度,如果只是100年的时间跨度,那么对坛君神话形成的研究不一定有很大的影响。但是1000多年的时间完全可以使坛君神话发生巨大的变化,这一时间应当成为研究坛君神话的客观基础,也可以作为修正诸多基本认识的依据。

今西龙曾经认为坛君与王俭的关系是解决坛君神话形成的一个重要途径,王俭早在《三国遗事》之前已经存在,但金富轼的《三国史记》只提到了王俭,并没有提到王俭与坛君的关系,因而今西龙以为坛君与王俭搭上关系是在《三国史记》之后:"《三国遗事》记载的《檀君古记》写成于何时,这一问题通过解决檀君何时与王俭仙人的称号搭上关系可以得到解决,现在应当研究这个问题。王俭仙人的存在相当古老,我不能不产生这样的疑问:仁宗王时代八圣中的平壤仙人、木觅仙人就是王俭仙人的别名。我不认为此时已经产生了檀君的称号,检查前文提到的金富轼撰写的《高丽国延州香山普贤寺碑》一文,檀君与妙香山存在不可分割的关系,但此文完全没有提及。当时檀君王俭尚没有与妙香山产生联系,或者虽然产生了关系,没有引起金富轼的注意和兴趣。《三国史记》的注释中记载了仙人王俭,但没有记载檀君,仙人王俭之名多少已被人知,檀君的称号尚未出现,或没有流行。既然如此,就可以怀疑如果是后人加入的,此注不是史记编撰当时的注,是后人加的注释。那么檀君之号形成年代或流行年代应当更为迟晚。高丽李奎报在明宗王二十三年癸丑(皇纪1853年),读旧《三国史记》而作的《东明王篇序》,其注提到夫娄、解慕漱之语,但没有提到檀君或王俭。"② 今西龙的看法是建立在《魏书》是魏收的《后魏书》的看法基础上建立的,然而如果《魏书》不是魏收的《后魏书》,而且王沈的《魏书》确实记载了坛君朝鲜,那么此说是完全不成立的。因为王沈《魏书》有"乃往两千载有坛君王俭"的记载,在《魏书》中坛君与王俭已经组合在了一起。显然文献的辨析与确认是最重要的,如果这一基础研究出

---

① 如果说坛君朝鲜初载于王沈的《魏书》,那么意味着从王沈《魏书》到一然的《三国遗事》,在一千多年时间里没有其他文献记载过。一千多年的时间里从来没有其他文献的记载坛君朝鲜传说,那么王沈《魏书》是否确实记载了坛君朝鲜仍然会有不小的疑问。后世文献时而引用《魏书》,陈寿《三国志》大量参考了王沈的《魏书》,裴松之的《三国志》注释也大量引用了王沈的《魏书》。从裴松之的注释来看,王沈《魏书》的东夷传比陈寿的《三国志》东夷传更为丰富一些。但陈寿与裴松之均没有提及坛君朝鲜,显然他们对坛君朝鲜的态度是否定的,至少他们不认为坛君朝鲜是信史,因而弃而不录。《魏书》记载坛君与尧同时,这一点就很难相信。陈寿与裴松之的态度影响到了后世文人,这恐怕是后世史家均不提及坛君朝鲜的原因。一然转录是因为《三国遗事》本来是野史,没有必要像正史那样严格地遵守记录历史事实的原则,这一点一然在卷一的序文已经明确指出。

② 〔日〕今西龙:《朝鲜古史的研究》,第54~55页。

了问题,就无法保证后面的研究是正确的了。

第二,700多年以来檀君与檀树的标记是错误的。从1287年李承休的《帝王韵纪》开始到现在,一直是将坛君神话记载为檀君神话,檀君神话成为标准的标记,然而这是错误的。如果坛君神话是佛徒编造的,那么从一开始就应当将坛君神话标记为檀君神话,但最初不是标记为檀君神话的。王沈《魏书》第一次记载了坛君朝鲜,标记的是坛君。3世纪佛教尚未传入朝鲜半岛,佛徒将坛君改编为檀君的可能性是不存在的。王沈《魏书》标记为坛君是正确的,其实这也明确地证明王沈《魏书》的记载是可靠的。檀君与檀树的标记是后来传承过程之中,佛徒添加进去的衍生因素,坛君神话是佛僧妄说的说法是不正确的。不过应当承认佛徒是坛君神话的主要传承者,因而坛君神话不断地佛教化,也很容易认为坛君神话是佛徒杜撰的,甚至认为坛君神话是佛教传入之后杜撰出来的,或认为是12世纪到13世纪杜撰出来的。坛君神话的生成状态要求必须辨析原始因素与衍生因素,剥离佛教因素,还原原始形态,否则很容易落入陷井。坛君与坛树是原始状态,檀君与檀树是改编的,这意味着坛君神话不是在神树崇拜的基础上形成的,而是在神坛与坛树的基础上形成的。这表明在坛君神话生成之前应当已经有神坛和坛树,否则王沈《魏书》的记载与一然《三国遗事》的引文都是不可靠的。

第三,王沈《魏书》记载的坛君传说是目前可以看到的最接近原始的形态。确定这一点对研究坛君神话的形成有着极为重要的意义,王沈《魏书》记载的坛君传说只有国家传说,并无熊女的神话。以此来看坛君神话是由两个部分构成的,一是国家传说,一是熊女神话,两个部分结合形成了坛君神话。从坛君传说到坛君神话的形成过程应当是在3世纪之后,大约经历1000余年的时间。在这漫长的时间里,坛君神话不断地生长,不断地衍生出各种因素,最终生成了《三国遗事》记载的故事形态,又在李承休的笔下变成了檀君神话。从坛君神话到檀君神话是这个神话的本质性变化,必须还原这个变化过程,才能够剥离出坛君神话的原始状态。

二、檀树的分布与坛树的历史

1. 檀树的分布与神坛的历史

王沈《魏书》的记载仅靠文献证明是不充分的,还需要神坛性质与历史的相关研究。所有的刊本与写本都记载为坛君与坛树,似乎足以证明今西龙的研究结果是不正确的,但如果从一开始就将檀字误刊为坛字,以后所有的版本都继承了误刊的坛字,那么即使所有的刊本与写本都标记为坛君和坛树,也不能充分证明坛字是正确的。今西龙仍然认为应当是檀君与檀树,其理由有二：一是标记为坛树与坛君，其语不通，在坛树下祈祷就变得不可理解；二是《三国遗事》之后的所有的文本都记载为了檀君和檀树。今西龙的看法也不是没有道理，如果从一开始就将檀字误刊为了坛字，以后诸本都承袭了最初的误字，那么无论怎样根据各种版本校勘，都不可能恢复版本的最初面貌。只靠文字的校勘无法解决这个问题，还必须进入到神坛与坛树的层面研究和证明，也必须研究树种的问题。本来记载为坛树时不存在树种的问题，只是关系到神坛与坛树。但坛树变成檀树之后，不能不引发树种的问题。檀树有三种，一是檀香树；二是作檀弓材料的檀树；三是朴达树，朴达树是由檀弓材料的檀树衍生出来的。这使檀树问题变得异常复杂，先来研究一下檀香树与檀君神话的关系。

檀香树的分布调查证明，坛君神话的檀树应当是坛树，檀君神话也应当是坛君神话，王沈《魏书》与一然《三国遗事》的记载是正确可靠的。檀香木是自古以来非常名贵的木材，中国古代文献关于檀树的记载比较丰富，①《本草纲目》记载："释名旃檀《纲目》真檀：时珍曰：檀，善木也，故字从亶。亶，善也。释氏呼为旃檀，以为汤沐，犹言离垢也。番人讹为真檀。云南人呼紫檀为胜沉香，即赤檀也。"②李时珍介绍了檀树的价值，也提到了檀香树与佛教的关系。《本草纲目》记载了檀木的分布：

> 集解：藏器曰：白檀出海南。树如檀。恭曰：紫真檀出昆仑盘盘国。虽不生中华，人间遍有之。颂曰：檀香有数种，黄、白、紫之异，今人盛用之。江淮、河朔所生檀木，即其类，但不香尔。时珍曰：按《大明一统志》云：檀香出广东、云南，及占城、真腊、爪哇、渤泥、暹逻、三佛齐、回回等国。今岭南诸地亦皆有之。树、叶皆似荔枝，皮青色而滑泽。③

《本草纲目》记载檀木亦有两类，一是河朔一带的檀木，这是没有香气的，即檀弓材料的檀树。另一种就是檀香木类，主要是白檀与紫檀，主产于南亚与东南亚，中国的广东、海南、云南等地也有檀香木。《本草纲目》的记载与当代植物学的调查大体相似，当代植物学著作记载的檀香木种类更丰富一些，

---

① 崔豹《古今注》、苏恭《唐本草》、苏颂《图经本草》、叶延珪《香谱》、赵汝适《诸蕃志》、《大明一统志》、王佑增订《格古要论》、李时珍《本草纲目》、方以智《通雅》、屈大均《广东新语》、李调元《南越笔记》等书都有记载。

② 明·李时珍：《本草纲目·木之一》卷三四（下册），人民卫生出版社2005年第2版，第1600页。

③ 同上。

主要有紫檀、白檀、黑檀、黄檀、绿檀等等。① 檀香木以紫檀居多,紫檀又名青龙木、黄柏木、花桐木、蔷薇木、羽叶檀等,学名 *Perocarpus sanalinus L. f*。紫檀为常绿亚乔木,属豆科,高五、六丈,木质甚坚,色赤,入水即沉。紫檀约有30种,"分布于全球热带地区,我国(中国)有一种。"②各类檀香木主要分布于热带与亚热带,产于印度、印度尼西亚、马来西亚、泰国、缅甸、越南以及菲律宾等国,非洲、美洲也是檀香木的产地。日本学者上原敬二也有类似的记载:"印度南部高原地带为原产,马来群岛和夏威夷的檀香木是栽培而生或半自生。但笔者以为夏威夷是原产,这种树木喜高温多雨,原产地多为庭树。"③檀香木产于热带,中国最南部有少量的檀香木。中国东北与朝鲜半岛北部的气候自然条件相似,没有檀香树。1955年出版的《东北木本植物图志》④,是较早全面调查东北木本植物的植物志,其中并没有记载檀香木。周以良等著的《小兴安岭木本植物》是记述小兴安岭原始森林的著作,也没有记载檀木。⑤ 檀香木完全不可能是东北与朝鲜半岛的原产树木,这说明檀香树不可能是坛君神话的原始因素。另一种黄檀分布较广,但没有分布于中国东北等地。

　　檀香树的分布证明坛君神话的坛树不可能是檀香树,应当是坛君和坛树。在没有檀香树的情况下,就不大可能产生檀香树的神话。另外檀香树的分布又证明王沈《魏书》与一然《三国遗事》的记载是可靠的,并不是王沈或一然伪造出来的文献。在3世纪已经出现了《神农本草》,《神农本草》卷二记载了檀香与檀木,但檀香与檀木是作为药物的材料记载的,并没有记载檀木的分布与原产地。《本草纲目》虽然记载了檀香木的分布,但王沈的时代还没有出现《本草纲目》,也就无从获得檀香木的分布知识。3世纪恐怕还没有做过有关树木分布的调查,因而此时的树木知识并不一定完整。3世纪的文人不可能为了回避檀香树,就杜撰出坛树,表明王沈的《魏书》与一然《三国遗事》的记载是可靠的。

---

① 除了紫檀之外还有白檀,学名 *Santalum album L*。树干直立,高10米,分枝茂密,形成圆形树冠。树皮赤褐色,叶对生,长卵形。心材赤褐色或黄色,有芳香气味。树质硬密,有微弱光泽。白檀多用于雕刻、工艺品、器具、扇子、线香等等。树根香气更浓,尤受重视。黑檀木属柿树类,黑檀木心材黑色,有光泽,无特殊气味。纹理黑白相间,直至浅交错。耐腐、耐久性强、材质硬重、细腻,也是一种十分稀少的珍贵家具及工艺品用材。
② 《中国植物志・豆科》第四十册,科学出版社1994年,第122页。
③ 〔日〕上原敬二:《树木大图说》第一册,东京:有明书房1959年,第937页。
④ 刘慎谔等编著、中国科学院林业土壤研究所编辑:《东北木本植物图志》,科学出版社1955年。
⑤ 周以良等著:《小兴安岭木本植物》,中国林业出版社1955年。

既然王沈《魏书》的记载是可靠的,那么应当研究坛树的历史。神坛树是由神坛与坛树构成的,神坛是先决条件,没有神坛或祭坛也就不会有坛树。那么朝鲜半岛或东亚的历史上有无神坛与坛树,具有怎样的构造和性质、功能,可以追溯到什么时间,都是与坛君神话形成有着密切关系的重要问题。堑星坛是与坛君神话有关系的神坛,堑星坛又名坛君祭天台,李麟祥《檀君祭天台》:"积翠曈昽绕绛霄,檀君台下海迢迢。沉余宝玉流云气,烧断天香转斗枵。诚意昭明看出日,神功溥遍在清宵。鸿蒙谁记开荒岁,崩石苔花古雪销。"①堑星坛还名坛君台,与妙香山坛君台同名,这是阅读文献需要注意的问题。赵观彬《登摩尼山次他客韵》:"檀君台上一徘徊,偶值云阴半日开。我则绸缪人玩愒,海门无警百年来。"②正如诗中所说,传说江华岛摩尼山顶西北的堑星坛,是坛君曾经祭天的神坛。坛纪五十四年(前2279)筑造了此坛,坛君在此祭天:"有摩利山(在府南,山顶有堑星坛,世传檀君祭天台。)传灯山(一名三郎城,世传檀君使三子筑之。)"③"今江华县南摩尼山顶有堑星坛,谚传檀君祭天处。传灯山有三郎城,亦传檀君命三子而筑之。"④按照这种说法,堑星坛已经有了4000多年的历史,此说未必属实。堑星坛始建何时不明,但在《三国遗事》成书之前已经存在了,这证明堑星坛不是受到《三国遗事》影响建造的,因而应当是可靠的物质文献,完全可以作为研究坛君神话的依据。高丽朝高宗曾在三郎城祭祀:"高宗(在位1214～1259)末,补郎将王在江都,尝问延基之地,胜贤曰:'愿幸穴口寺谈扬《法华经》,又刱阙于三郎城,以试其验!'……景瑜等不得已曰:'胜贤之言,虽不可信,姑试之。'于是命营假阙于三郎城及神泥洞。"⑤白胜贤主张在三郎城选择延基之地建造宫阙,其原因是三郎城与坛君神话相关,据说堑星坛是坛君的儿子三郎建造的。这个说法固然是传说,但在高宗时期这里可能已经有了堑星坛,与坛君神话产生了关系。高宗也在摩尼山南建造了离宫:"甲午创离宫于摩利山南,先是校书郎景瑜请于是山创阙,则可延基

---

① 〔韩〕李麟祥:《凌壶集》卷之二,影印标点《韩国文集丛刊》第225册,民族文化推进会2001年,第491页。
② 〔韩〕赵观彬:《悔轩集》卷之八,影印标点《韩国文集丛刊》第211册,民族文化推进会1998年,第306页。
③ 〔韩〕郑麟趾:《高丽史·志十·地理》卷五六,首尔大学校奎章阁本。
④ 〔韩〕李源益:《纪年东史约》,《古朝鲜·檀君·夫余资料集》上册,高句丽研究财团2005年,第51页。
⑤ 〔韩〕郑麟趾:《高丽史·列传三十六·嬖幸一·白胜贤》卷一二三,首尔大学校奎章阁本。

业,从之。"①摩利山正是堑星坛所在的地方。《高丽史》白胜贤传还记载:

> 元宗五年(1264),蒙古征王入朝,胜贤又因金俊奏曰:"若于摩利山堑城亲醮。又于三郎城神泥洞造假阙,亲设大佛顶五星道场,则未八月必有应而可寝,亲朝三韩变为震旦大国来朝矣。"②

当蒙古征王入朝时,元宗在摩利山(摩尼山)堑星坛祭天。高丽元宗十一年(1270)曾经翻修,后来修建多次。此后高丽国王还曾在此祭天:"(恭愍王)五年(1355)三月辛未,遣使醮摩利山。"③1264年元宗在摩尼山祭天,这是《高丽史》最早的记载,比《三国遗事》的成书时间早了30年左右。如果高宗也在此祭天,那么会更早一些。堑星坛证明坛君神话的檀应当是坛,而不是檀。熊女应当是在神坛与坛树祈祷,而不是在檀香树下祈祷。堑星坛的建造时间说明坛君神话在高丽时期已经相当流行,甚至成为了高丽国王在此建造离宫的理由,在《三国遗事》之前坛君神话只在民间流传的说法显然是错误的。传说高句丽、百济、新罗的国王曾在此祭过天,此说未见文献依据,但在堑星坛祭天的传统一直延续到了李氏朝鲜时代,现在每年10月3日的开天节仍然在此举行祭天的仪式。

堑星坛在《三国遗事》之前以物质的形式解释了坛君神话的坛,那么堑星坛的构造与性质是否同坛君神话相合,是证明坛君神话的一个重要途径。堑星坛是由神坛与坛树构成的,与坛君神话的记载一致。

图 2-6　江华岛摩尼山堑星坛的坛树④

① 〔韩〕郑麟趾:《高丽史·世家二十四·高宗三》卷二四,首尔大学校奎章阁本。
② 〔韩〕郑麟趾:《高丽史·列传三十六·嬖幸一·白胜贤》卷一二三,首尔大学校奎章阁本。
③ 〔韩〕郑麟趾:《高丽史·志十七·礼五·吉礼小祀·杂祀》卷六三,首尔大学校奎章阁本。
④ http://www.cha.go.krkoreaheritagesearchDirectory_Image.jspVdkVgwKey=13,01360000,23&imgname=4960_3770.jpg&dirname=history_site&photoname=참성단

第二章　从坛君神话到檀君神话　151

图 2-7　堑星坛①

图 2-8　俯瞰堑星坛的形态②

堑星坛的主要材料是石头,中间的部分是积土筑建。石材是堑星坛的标志,故诗人咏唱堑星坛之石。李是远《又同上摩岳路中拈杜韵·其二》:"欲说旧游悦梦醒,山头老石尚亭亭。丹霞建作孤标迥,元气扶持万古宁。右望堑星坛。"③李建昌《古次杂绝》:"檀家父子不多才。只爱登山搅石堆。鼎足峰头望海去,堑星坛上祭天回。鼎足城,檀君子三郎所筑。堑星坛,檀君祭天处。"④堑星坛的高度与大小尺寸不同于中国典籍中的记载,但这不影响堑星坛的性质。韩国的《世宗实录》有如下的记载:

　　江华都护府……镇山,高丽摩利山(在府南,山顶有堑星坛,垒石筑之。坛高十尺,上方下圆,坛上四面各六尺六寸,下广各十五尺。世传朝鲜檀君祭天石坛,山麓有斋宫。旧列每春秋,遣代言设醮。……)传灯山(一名三郎城,在都城之东,世传朝鲜檀君使三子筑之。)⑤

祭坛是方形与圆形结合而建的,方象征地,圆象征天,是根据天圆地方的理念建造的。坛君神话没有记载神坛与坛树的基本功能,但从坛君神话的内容可以了解神坛首先具有祭天的功能,熊女祈于坛树,实际就是向天祈祷,堑

————————
①　ttp:www.cha.go.krkoreaheritagesearchDirectory_Image.jspVdkVgwKey=13,01360000,23&imgfname=4960_3770.jpg&dirname=history_site&photoname=참성단
②　〔韩〕伊以钦编:《檀君:其理解与资料》,首尔大学校出版部2001年增补版,扉页彩图。
③　〔韩〕李是远:《沙几集》册二,影印标点《韩国文集丛刊》第302册,第63页。
④　〔韩〕李建昌:《明美堂集》卷六,影印标点《韩国文集丛刊》第349册,第95页。
⑤　《世宗实录·地理志·京畿》卷一四八,伊以钦编:《檀君:理解与资料》,首尔大学校出版部2001年增补版,第413页。

星坛正是祭天之坛。神坛的圆形具有祭天的功能,风伯、雨师和云师主管云雨,掌管丰收,当属于天神一族。堑星坛的方形具有祭地的功能,在坛君神话中主谷排在了第一位,主谷就要祭祀五谷、五土之神。坛君神话的内容与堑星坛的功能完全相合,拜天祭地是坛君神话的一部分。

东亚神坛的历史可以追溯到非常遥远的时代,先来考察一下文献记述的上限时间。文献记载筑坛始于三皇五帝:"左氏注曰:除地为墠,筑土为坛。《书》金滕:武王有疾,周公为三坛同墠。《黄帝内传》乃有筑坛墠事,是为其制,起自黄帝。"② 神坛之制始于黄帝,周公时期已有三坛,《黄帝内传》亦有筑坛的记载。考古发现的筑坛历史比文献记载遥远得多,提前到了5500年以前。红山文化是新石器时代的文化,1979年辽宁朝阳东山嘴遗址发现了直径为2米的小型圆坛,周边以石片砌成,坛上铺了鹅卵石。祭坛的正北还有一个正方形的建筑遗址,也是以石砌成。祭坛附近还出土了女神像以及三足小杯、盖式盆等祭祀用具。牛河梁遗址的祭坛更是惊人的发现,引

图2-9 第二地点中心大墓与祭坛①

起了学界的极大关注,这里既有圆形神坛,也有方形神坛。

图2-10 牛河梁遗址二号地点四号积石冢③

① 朝阳市文化局、辽宁省文物考古研究所编:《牛河梁遗址》,学苑出版社2004年,第31页。
② 宋·高承:《事物纪原·礼祭郊部第九·坛墠》卷二(第一册),中华书局1985年,第49页。
③ 朝阳市文化局、辽宁省文物考古研究所编:《牛河梁遗址》,学苑出版社2004年,第44页

这个圆坛的形状十分清楚,分为三层,形似北京天坛,考古学家认为这是北京天坛的源头。红山文化时期已经出现了数字三的特别意义,与先秦礼制的数字相合。

堑星坛是由圆形与方形构成的,这实际就是圆坛与方坛的组合。红山文化也发现了方坛与圆坛的组合形态,这不能不使人陷入深思。

这是牛河梁遗址二号地点四号是冢坛一体的积石冢,可以发现与堑星坛有不少相似的因素:第一,圆坛与方坛的组合形态。这个祭坛是北圆南方,或者说是上圆下方,方圆重叠。内部双圆相套,南北向,筒型陶器围成圈。这种圆坛与方坛组合的形态体现了天圆地方的观念,具有祭祀天地的功能,①这与堑星坛相同。不过堑星坛与红山文化组合型神坛的构造也并不完全相同,堑星坛是上下立体的组合,红山文化的神坛是平面的组合。出现这种差异并不奇怪,二者相隔了数千年的时间,没有变化也是不可能的。第二,建造神坛的位置相同。红山文化的祭坛与坛君神话的神坛、摩尼山的堑星坛还有一点完全相同,祭坛都是建在山顶上。坛君神话没有明确记载神坛的位置,但桓雄等三千天神降临的地方是太伯山的山顶,熊女祈祷的神坛与坛树也应当是在太伯山的山顶,堑星坛是在摩尼山的山顶。红山文化的祭坛与坟冢数量不少,但其基本特征之一都是建造在山顶或山梁。随着文明的发展和生活的需要,祭坛移到了城市和乡村。第三,建造神坛的材料相同。无论是堑星坛还是红山文化的祭坛,都是以石为主要的材料,辅以泥土。显然以石建造神坛的传统始于红山文化,至少北方的这种传统应当是来自红山文化。积石冢并非是红山文化独有的,高句丽的古坟也有不少是积石冢,也有方形祭坛和圆形祭坛。② 第四,独立神坛与冢坛一体。坛君神话的神坛并没有记载坟冢,依此来看是独立的神坛。红山文化出土的祭坛形态各异,其中有与古坟为一体的祭坛,也有独立的祭坛。东山嘴遗址南部的圆坛、牛河梁第五地点双冢之间的方坛、牛河梁第二地点的圆形祭坛都是独立的祭坛。不过独立神

---

① 朝阳市文化局、辽宁省文物考古研究所编:《牛河梁遗址》,学苑出版社 2004 年,第 27 页。
② 日本考古学学者东潮研究了高句丽的古坟,以为高句丽的古坟是积石冢:"积石冢是经历了这样的变迁:从无基坛圆丘石椁积石冢——无基坛方丘石椁积石冢——方坛石椁积石冢——方坛阶梯石椁连接积石冢——方坛阶梯石室积石冢——石室封土坟。"从无基坛到阶梯方坛的发展过程表明高句丽的积石冢与红山文化存在着源流关系,红山文化的积石冢是没有基坛的,但也有圆坛或方坛。更令人注意的是坟冢与祭坛的关系,高句丽的积石冢也是有祭坛与坟冢构成的:"祭台(祭坛)共通点是庞大……祭台和陵墓的位置关系亦分为几种类型。""其域内的位置关系是存在从左祭台、左右祭台、后祭台的变化。祭祀场所从左到右、到后的变化。……左右为东西,前后为南北的关系。"([日]东潮:《高句麗王陵と巨大積石塚——国内城時代の陵園制》,《朝鲜学报》第 199.200 辑合并号,平成十八年七月。)

坛与冢坛一体之间存在着千丝万缕的关系,它们是同类事物的两种类型,这种特征一直延续到相当长的文明时期。红山文化的祭坛有无坛树现在无法考知,考古学界也没有表现出兴趣。红山文化冢坛一体的构造在后世的文献中有类似的记载,晋代嵇含《长生树赋》:"祇奉慈令,遂家于坟左,扫除坛封,种植松柏。松柏之下,不滋非类之草,猥有长生育于域内,岂老母至行表征于嘉木哉!"①这段描写的是老母的坟地,这里有坟墓,也有祭坛,显然是冢坛一体的构造,与红山文化的古坟类似。从这段描写来看冢坛一体的墓地是要种植坛树的,松柏当是坛树。坛树之制是否源于红山文化,显然是无法靠文字记载的文献解决的。

明代黄佐的《泰泉乡礼》比较详细全面地记载了坛的概念与制度,《泰泉乡礼》的成书时间较晚,对于坛君神话的研究来说缺乏文献的价值,不过借助《泰泉乡礼》可以作为了解神坛的一般特征。《泰泉乡礼》记载的是社坛,社坛是神坛的一种,基本特征是"筑土为坛","以石为主"。筑坛的基本材料是石头与泥土。红山文化的积石冢坛与埩星坛正是以石材为主,辅以泥土。坛的大小形状有一定的规定:"坛制宜量地广狭,务在方正,广则一丈二尺,狭则六尺,法地数也。高不过三尺,陛各三级。坛前阔不过六丈,或倣州县社稷。坛当北向,缭以周垣,四门红油,由北门入。若地狭则随宜止为一门,木栅常扃,钥之石主长二尺五寸方一尺,埋于坛南正中,去坛二尺,上露圆尖,余埋土中。"②一般而言社坛是正方形,正方形的大小尺寸也有规定。坛的大小依坛的地位与地的广狭而定,普通庶民之坛不可能太大,但州县或国家的坛会大一些。

神坛的形态与所祭神灵有关,社坛一般祭的是五土和五谷之神,也就必然是方形,方形象地。《泰泉乡礼》记载了社坛的基本功能,社坛立两个牌位,祭拜五土之神与五谷之神:"神牌二,以木为之,砾漆青字。高二尺二寸,阔四寸五分厚九分,座高四寸五分,阔八寸五分,度用周尺。"③"一曰五土之神在左,一曰五谷之神在右。土者社也,谷者稷也。"④土神与谷神是直接掌管农耕的两个神,社坛的性质与功能主要是祈祷农耕生产的,社坛还有一个人专门管理。民间祈雨多在龙王庙,社坛也是祈雨的重要场所:"凡祷雨,先一日斋戒,约正等禁乡内屠宰。黎明帅约众诣社,取齐社祝伐鼓十二声,用牲于

---

① 清·严可均辑:《全晋文》卷六五(中册),商务印书馆 1999 年,第 677 页。
② 明·黄佐:《泰泉乡礼·乡社》卷五,《景印文渊阁四库全书》第 142 册,台湾商务印书馆 2008 年,第 639 页。
③ 同上。
④ 同上。

社,唱鞠躬再拜平身……社祝读祝文曰:维某月日,乡约正某等敢祷时雨于五土之神、五穀之神,皇皇上天,照临下土,集地之灵神降甘雨,庶物群生咸得其所。惟神俯从民愿,某等不胜瞻望,哀恳之至。祝毕唱鞠躬,再拜平身。"①社坛的功能是综合性的,除祈雨之外还有许多其他的功能:

> 坛前具架悬鼓,以备行事,集众以二祭礼神,一曰祈,二曰报。以六号事神,一曰告,二曰祷,三曰誓,四曰罚,五曰禳,六曰会。②

向神祈祷的内容各不相同,社坛具有驱除灾害、疫病、赏罚等多种功能。桓雄主穀、主命、主病、主刑与主善恶,这与神坛、坛树的功能重合。主刑与罚相通,只是用字不同。

堑星坛与社稷神坛的名称不同,堑星坛的名称表明堑星坛主要是祭祀星星,社稷神坛祭祀的是土神、穀神,而不是祭祀星星的。但实际祭祀的对象或者重合,或者相关。社稷之坛祭祀穀神,穀神就是后稷,传说后稷是第一个种穀的天神,是天上的灵星,又名岁星。这说明社稷之坛亦祭星星,与堑星坛祭祀的对象相同。高句丽古坟壁画出现不少星星,《三国志》卷三十记载高句丽人祭灵星、社稷,可见灵星与社稷确有重合的部分。堑星坛与社稷之坛虽有多种功能,但主要功能是祈祷农祥,这就都与风伯、雨师、云师关系密切。堑星坛、坛君神话的神坛与《泰泉乡礼》神坛的基本功能相合,如此看来坛君神话应当是坛君神话,而不是檀君神话。

2. 堑星坛的坛树与坛树的历史

堑星坛上长着坛树,这些树木就是坛树。照片中的树木当然不一定是建坛时种植的,但这不影响这些树木的坛树性质。东亚历史中不仅有坛树,而且坛树的历史极为悠久,这是坛君神话中坛树形成的先决条件。中国的先秦文献就记载了坛树,《尚书》曰:"大社唯松,东社唯柏,南社唯梓,西社唯栗,北社唯槐。"③社即社稷,松柏等树木是社稷之坛的树木,也就是坛树。君王之社为大社,东西南北各社树种又有不同。《周礼》记载坛树多为松、柏、栗,《论

---

① 明·黄佐:《泰泉乡礼·乡社》卷五,《景印文渊阁四库全书》第142册,台湾商务印书馆2008年,第642页。
② 同上,第640页。
③ 清·陈立:《白虎通疏证》卷三,中华书局1997年,第89~90页。《尚书·无逸篇》当从《白虎通义》摘出。

语》记载:"夏后氏以松,殷人以柏,周人以栗。"①这是以大社而言的,不是统一的规定。按《论语》的记载夏朝就已经有了坛树之制,夏朝的坛树是松树。坛木也植柳树,晋傅咸《神泉赋》:"混混洋洋,载清载澜。遂乃坛以文石,树之柳杞。密叶云覆,重荫蔽沘。"②坛树没有树种的规定,主人可以任意选择某种树木。各种文献记载了常见的坛树树种,松、柏、栗、柳、榆等等也是朝鲜半岛常见的树种,完全也可以将这些树种作为坛树。树种不重要,宜于生长即可。《泰泉乡礼》记载:

> 凡城郭坊厢以及乡村,每百家立一社,筑土为坛,树以土所宜木,以石为主。立二牌位,以祀五土、五谷之神。设社祝一人掌之。③

筑土为坛要种植适宜生长的树木,这是建坛的常规。《泰泉乡礼》没有规定坛树的树种,只要适于当地水土即可。堲星坛的坛树表明坛君神话的坛树应当是神坛之树,而不是神檀树。坛树是神坛的一部分,代表的是神坛的意义和观念。如果是檀树的话,那么表现的是树木信仰,神树崇拜是核心。坛树与檀树之间似乎不存在矛盾,既然坛树没有树种的规定,那么檀树也可以作为坛树。然而问题并不如此简单,坛树与檀树的意义不同。如果将坛树记为檀树,那么就会把神坛或祭坛的信息删除出去,这样必然导致坛君神话内容的重大变化。从这个角度来看究竟是坛树还是檀树,是必须深究的问题。

坛树是神灵降临之所,也是人神沟通之处,这与坛君神话完全相合。种植坛树的目的是使神降临到坛树,坛树成了天神降临的通道。朱熹认为:

> 问:"古者各树其所宜木以为社,不知以木造主,还便以树为主?"朱子曰:"看古人意思,只以树为社主,使神依焉,如今人说神树之类。"④

树种不是问题,只要有坛树,就会有神降临,人和神就可以沟通。朱熹以为在社稷与坛树之中坛树是主要的,这主要是受到坛树功能影响的结果。实际上神坛比坛树更为重要,因为没有神坛,坛树也不成其为坛树。神不会将

---

① 魏·何晏集解,唐·陆德明音义,宋·邢昺疏:《论语注疏·八佾第三》卷三,《十三经注疏》下册,中华书局1980年,第2468页。
② 清·严可均辑:《全晋文》卷五一(上册),商务印书馆1999年,第528页。
③ 明·黄佐:《泰泉乡礼·乡社》卷五,《景印文渊阁四库全书》第142册,台湾商务印书馆2008年,第639页。
④ 宋·朱熹:《朱子语类·衣公问宰我章》卷二五(第二册),中华书局1986年,第627页。

一切树木作为降临的地方,没有神坛,坛树就不会有使神降临的功能。即使是神树崇拜,也往往对树种有一定的选择。坛树是人神交流的唯一场所,因而人类就向田主祈祷,向神灵誓愿:"为坛墠宫棘门:筑土为坛,于其中委壝土起埒堳为宫周其外,而以棘为门,所以待合诸侯,而命事必为坛者,所以致其亶先王所以交神人者,皆质实以垣坛效此焉。"①从坛树的性质与功能来看坛君神话,就会发现坛君神话的坛树与文献记载的神之树完全相合。坛君神话的桓雄就是引领风伯雨师等天神降临到了神坛树,雌熊是向坛树祈祷变成了女人,熊女又是向坛树祈求婚姻与孩子,神与人沟通的唯一地方就是坛树。可见自古以来的神坛与坛树为坛君神话的形成提供了物质条件,如果没有神坛与坛树的历史和功能,就未必能够形成坛君神话。坛君神话的故事内容不是随意编造的,神话中的事物证明这一点。

坛君神话的坛树不只是天神降临的通道,也是君王身份的标志与象征,因而王俭名为坛君,坛君建立的国家名为坛君朝鲜,这样一来坛树也成为了国家权力的象征与标志。那么坛君神话为何将王俭名为坛君,又把朝鲜名为坛君朝鲜呢?这种取名的方式又有什么根据呢?在东亚古代社会中神坛和坛树是君王或诸侯、大夫的象征,是社坛主人的标志,因此谓之田主,即田神之主,因而常以坛树来为社稷命名。

  而辨其邦国都鄙之数,制其畿疆而沟封之,设其社稷之壝而树之田主,各以其野之所宜木,遂以名其社与其野。(……沟,穿地为阻固也。封,起土界也。社稷,后土及田正之神。壝,坛与堳埒也。田主,田神后土田正之所依也。诗人谓之田祖,所宜木,谓若松、柏、栗也。若以松为社者,则名松社之。)②

这段文字包含了两个方面的重要内容:第一,坛树是王侯的标志。这种标志体现在两个方面:一是地界的标志,司徒要辨识邦国都鄙的数量和疆界,疆界要以沟封划界,坛树就是疆域边界的标志。邦国设立社稷,以矮墙环绕,种植适宜的树木。一是坛树为君侯丰功伟绩的标志,坛树使人尊而识之,望而敬之。班固《白虎通》云:"社稷所以有树何?尊而识之,使民人望见师敬

---

① 宋·王昭禹:《周礼详解》卷七,《文津阁四库全书》第31册,商务印书馆2005年,第434页。
② 汉·郑玄注、唐·陆德明音义、贾公彦疏:《周礼注疏》卷十,《十三经注疏》上册,中华书局1980年,第702页。

之,又所以表功也。故《周官》曰:'司社而树之,各以土地所生。'"①坛树也是领地主人的标志,必然在宣扬主人的丰功伟绩。由于坛树成为了君王的标志,因而官修正史时常会记载坛树。直到明代也是如此,《明史》记载:"五月大雨雹,大风飘瓦,拔郊坛树。贤言:'天威可畏,陛下当凛然加省,无狎左右近幸。'"②大风拔树本来不能成为重大事件,但大风拔的是坛树,这就是重大的政治事件,这是天在警告天子,不可狎近左右小人。

第二,各地植以宜木,以树名为社名。坛树是取社名的根据,松社、柏社、栗社等等名称皆源于坛树。此类的记载亦见于其他文献,宋陈祥道《礼书》:"陈氏曰:'后世,宋有栎社,丰有枌榆社。先儒谓诸侯社,皆立树以为主,以象其神。大夫以下,但各以地之所宜木立之,於义或然。'"③栎社和枌榆社是先秦时期宋与周的社名,丰为周朝的都城。以树种名称为社稷的名称,应当是始于先秦。在坛君神话中王俭名为坛君,是以坛树为名。坛君不是以坛树的树种来命名的,但是以坛树为名的起名原则是相同的,坛君之名应当源于坛树的树种为社名的方式。由此来看3世纪王沈《魏书》中出现坛君的名字,并没有超出历史上限的范围,这一点也证明王沈《魏书》的记载不是伪造的。坛君有两个名字,一是坛君,一是王俭,两个名字的关系向来存在不明之处。从以上的考论可以明白的一点是王俭为坛君个人的名字,坛君其实并不是王俭个人的名字,而是王俭与朝鲜的象征和标志,类似后世历代君王具有的君王之号。正如唐玄宗与李隆基两个名称,一个是作为君王的符号,一个是个人的名字。

堑星坛的坛树源于坛树之制,是坛君朝鲜国家与王权的象征。这样的理解也见于李氏朝鲜时期文人李衡祥的记述:

> 在摩尼山上顶,世传檀君祭天处,我朝仍高丽之旧,醮星于此,而设帐於坛上,且无木主。只以纸榜书四上帝位号,下坛设星官九十余位,祭毕焚之。春秋行祭时,昭格署官员,前期四十日下来,酿酒以素馔行之。此涉於道家事,而蝥名山等例也。壬辰后中仁祖十六年戊寅,礼曹启,下行关使之,依前致祭。④

这段记载中最重要的一句是"且无木主"。木主是坛树的主要功能之一,

---

① 清·陈立、吴则虞校点:《白虎通疏证》卷三,中华书局1997年,第89~90页。
② 清·张廷玉:《明史》卷一七六,中华书局1997年,第1213页。
③ 宋·陈祥道:《礼书》卷九二,《文津阁四库全书》第44册,商务印书馆2005年,第387页。
④ 〔韩〕李衡祥:《江都志·祠坛》上卷,尹以钦编《檀君:理解与资料》,第710页。

是领地主人的标志。堑星坛的坛树是无主的,不属于哪一个人。堑星坛当属于坛君,但坛君是数千年前的神话人物,坛树也就等于没有了主人,"且无木主"的说法正是依据坛树之制来说的。李衡祥对堑星坛坛树的理解,说明坛君神话的坛树就是社坛之树,是神坛之木。所谓木主之说就是源于田主,也是坛树的一种说法"又于庙门之屏,设胜国之社稷。其社稷外,皆有墳堉于四面也。云'而树之田主'者,谓籍田之内,依树木而为田主,云各以其野之所宜木者,王之田主唯一而已。"①明代董越《朝鲜赋》记载过坛君墓的木主:"盖尊檀君为其建邦启土,宜以箕子为其继世传绪也。(檀君帝尧,甲辰年开国于此,后入九月山,不知所终。国人世立庙祀之者,以其初开国也。今庙在箕子祠东,有木主,题曰朝鲜始祖檀君位。)墓在兔山,维城乾隅。(箕子墓在城西北隅之兔山,去城不半里,山势甚高。)"②董越记载的不是堑星坛,坛君墓与坛君祠的木主是坛君,那么堑星坛的木主当然也是坛君。社、祠、墓、坛一体化是东亚的共同特征,木主是墓、社、祠、庙、坛共有的因素,红山文化就已经出现了庙、坛、冢一体的现象。坛君神话当为坛君神话,此说没有成为主流的说法,因为檀君与檀树的记载更符合佛教趣味。九月山祭祀坛君的三圣堂为了贝叶寺几次迁移,也可以看出佛教势力远远大于坛君神话,佛教趣味需要的是檀君,而不是坛君。

现在考察一下坛树一词最早出现的时间。坛树一词最早出现的用例是南北朝时期,宋孝武《游覆舟山》:"束发好怡衍,弱冠颇流薄。素想终勿倾,聿来果丘壑。层峰亘天维,旷渚绵地络。逢皋列神苑,遭坛树仙阁。"③唐代杨巨源《赠张将军》:"关西诸将揖容光,独立营门剑有霜。知爱鲁连归海上,肯令王翦在频阳。天晴红帜当山满,日暮清笳入塞长。年少功高人最美,汉家坛树月苍苍。"④中国的文献中不大使用坛树一词,但毕竟使用过,使用坛树一词的上限时间不可以作为坛君神话坛树的上限时间。在使用坛树一词之前,坛树已经存在了很长的时间,坛树一词的上限时间只能是这一词文献的上限时间。坛树一词的用例远远早于《三国遗事》,一然不是没有文献根据,不是临时编造坛树一词的。坛树形成的时间早于坛树一词出现的时间,王沈《魏书》的坛君朝鲜中没有出现坛树一词,坛树一词最早出现于南北朝,这也

---

① 宋·王昭禹:《周礼详解》卷七,《文津阁四库全书》第 31 册,商务印书馆,2005 年,第 434 页。
② 明·董越:《朝鲜赋》,清·陈元龙编《历代赋汇·都邑》卷四十,凤凰出版社 2006 年,第 172 页。
③ 逯钦立辑校:《先秦汉魏晋南北朝诗·宋诗卷五》中册,中华书局 1983 年,第 1220 页。
④ 《全唐诗·杨巨源》卷三三三(第 5 册),中华书局 1999 年,第 3725 页。

说明王沈《魏书》的记载是可靠的。

神坛与坛树是坛君神话形成时期的因素,坛君神话应当比檀君神话更为古老,也更具有原始性。这与王沈《魏书》的记载比较接近,王沈《魏书》只记"坛君王俭",没有直接记载神坛和坛树。坛君的坛字可能已经包含了神坛和坛树,坛君之名应当源于神坛与坛树,这种取名的方式在东亚古代非常普遍。从神坛与坛树的历史、性质与功能可以看出,坛君神话的"神坛树下咒愿"完全与神坛相合,坛君神话正是表现了神坛的基本性质与功能,完全没有今西龙所说的不可理解之处。

三、神市与神坛、洞祭、苏涂的关系

1. 神市与神坛、神树的关系

桓雄率三千天神降于太伯山神坛树下,那个地方名之为神市。神市一直是学术界难解的问题之一,神市难解是因为记载神市的文献屈指可数,也就难以明白所谓的神市是什么。由于文献中罕见,有关神市的研究成果也几乎都是没有依据。不过《三国遗事》的坛君神话记载了神市的基本因素,神市有神坛和坛树,位于太伯山顶,由此来看神市应当是具有某种事物的场所名称,或者是某类事物的名称。当然神市也有另外一种可能性,也就是特定事物的名称,并不是某类事物的名称。也就是说神市之名只属于太伯山的神坛,神市只是特定的名称符号,并没有更普遍的意义。

学术界一个比较流行的看法认为神市就是神祇,或者认为神市是神的名称。今西龙认为神市是桓雄的别名,也就是神祇,但他对这种看法也不十分确定。

> 所谓的神市是桓雄的别名,或者是神场,其意难解。①

今西龙认为神市是神祇或神的名称,因为在其他韩国古代文献记载的坛君神话中神市是神的名称。金铉龙以为:"'神市'一词无论是在严格或不严格意义上,都不会成为重要的问题,这只是桓因的庶子桓雄降临太白山后的别称而已。"②然而在《三国遗事》的记载中,神市显然是一个神场,这也就是使金西龙困惑的原因。在《三国遗事》之后,坛君神话的神市变成了天神的名字。《揆园史话》中的神市就是一位神,此外还有

---

① 〔日〕今西龙:《朝鲜古史的研究》,第31页。
② 〔韩〕金铉龙:《韩国古说话论》,新文社(새문사)1984年,第12页。

不少文献都将神市作为了神祇。许穆(1595~1682)《记言东事序》记载："神市、檀君之世,当帝喾唐虞之际,君臣肇有,人民稀少,朴蒙睢盱,无文字可述。……初无君长,自神市始教生民之治,至檀君始建国立号。"①许穆《檀君世家》："上古九夷之初,有桓因氏,桓因生神市,始教生民之治,民归之。神市生檀君,居檀树下,号曰檀君,始有国号朝鲜。"②神市变成了坛君的父亲,桓雄消失了。李万敷《妙香》："妙香山在密云东一百三十里,一名太白,分自长白第一枝。北带鸭绿水,与辽阳为界,南来磅礴数百里。……或曰上古九夷之初,有桓因氏生神市,始教生民之治。神市生檀君,居檀树下,号曰檀君。都平壤,国号曰朝鲜。"③神市是坛君的父亲,也是君王,也被扩展为了国家的名称,是一个地域极为辽阔的国家,神市还被写成了新市。

神市变成了神或神的名字,并不是完全没有根据的想象。所谓的神市就是神祇,古代辞书就有相关的记载,宋代陈彭年《重修玉篇》卷一:

> 古文:神市,人切,神祇。《说文》曰:天神,引出万物者也。《夏书》曰:乃圣乃神。孔安国云:圣无所不通,神妙无方。《易》曰阴阳不测之谓神。王弼云:神也者,变化之极。④

既然神市就是神祇,那么神市成为坛君的父亲也不奇怪。只是坛君的父亲由桓雄变成了神市,使坛君神话有了变化。这也就是《揆园史话》等文献记载的坛君神话发生变化的依据,这种变化也是对神市含义的解释。

从语言角度神市似乎还可以释为神的启示,日本学者高桥庸一郎以为："在这里想到的最大可能性是'市'是通音的通假字,应当本来是别的字。在这种情况下,音、字、形比较接近的是'示'。《说文》释示云:'天垂象见吉凶,所以示人也。从二、三垂明星也,观乎无文以察时变示神示也。……'即所谓的'神市'就是'神示'。"⑤此说似乎很有道理,尽管高桥没有提供文献依据,

---

① 〔韩〕许穆:《记言·外篇》卷之三十二,影印标点《韩国文集丛刊》第 98 册,民族文化推进会 1992 年,第 178 页。
② 同上,第 179 页。
③ 〔韩〕李万敷:《息山别集·地行附录》卷之四,影印标点《韩国文集丛刊》第 179 册,民族文化推进会 1996 年,第 94 页。
④ 宋·陈彭年:《重修玉篇》卷一,《文渊阁四库全书》第 244 册,台湾商务印书馆 2008 年,第 15 页。
⑤ 〔日〕高桥庸一郎:《檀君神话成立时期的周边(檀君神話成立時期の周辺)》,《阪南论集》(人文·自然科学编),2005 年 3 月。

但文献依据相当丰富。《周礼》记载:"大灾,及执事祷祠于上下神示。(执事、大祝及男巫女巫也,求福曰祷,得求曰祠,讄曰祷尔于上下神祇。郑司农云:《小宗伯》与执事共祷祠。"①神示确实是祭神时的主要内容,但还不能据此认为神示与神市相同。如果认为相同,那么最好能够提供市与示通假的用例,甚至提供神市与神示通用的用例。如果无法提供用例,那么只能是学者主观的解释而已。

从坛君神话的文本来看,神市应当是神场,是祭祀神的场所。古代文人也是如此理解的,吴光运《太伯檀》:"郁郁苍苍太伯檀,问谁栽者盘古氏。枝耸一千仞,香闻三千里。飚轮龙马君所止,身披扶桑黄袄子,手抉云汉末派水。尧耶舜耶吾不闻,漠漠云海开神市。"②神市与新市完全不同,但两首诗几乎相同,疑新市为神市之误。不过无论是神市或新市都是指称场所,这种理解比较接近于坛君神话的文本。

如果神市确实是祭祀神的场所,那么在文献中应当能够找到相关的记载。如果神市只是偶然取的名称,并不是某种事物类型的名称,那么神市就可能像人名或地名一样,只是特定的名称,不会出现类似的意义。首先,坛君神话中有丰富的佛教因素,因而有必要考察神市在佛典中的用例。

    合在叨合在叨,向神向神,向神市向神市。③

这一咒语出于咒语经《大佛顶大陀罗尼》,《普遍光明清净炽盛如意宝印心无能胜大明王大随求陀罗尼经》也有神市之语:"送扣,并交向神市。"④诵持此咒,火水不能为恶,大小毒不能害,可除一切恶星鬼神,也可以求长寿、果报、国泰民安、风调雨顺。此经中的"向神市向神市"也是咒语,然而"神"与"神市"似为梵文标音,因为全文都是标音的方式标注了咒语。那么神市二字只是语音,并无意义。坛君神话的神市尽管意义不明,但绝非只有语音、没有意义,至少还可以知道神市是群神聚集的地方,因而坛君神话的神市与佛教没有关系。

---

① 汉·郑玄注,唐·贾公彦疏:《周礼注疏·春官宗伯第三·小宗伯》卷十九,《十三经注疏》,中华书局1980年,第767页。
② 〔韩〕金圭泰:《顾堂集别集·大东乐府》卷三,尹以钦编《檀君:理解与资料》,第485页。
③ 《大佛顶大陀罗尼》卷一,《大正新修大藏经》第一九册,第105页。
④ 《普遍光明清净炽盛如意宝印心无能胜大明王大随求陀罗尼经》卷二,《大正新修大藏经》第二十册,第636页。

神市是中国的地名,北宋《元丰九域志》记载了神市的地名:"马头、东观、水门、永安、大竹、新兴、岳安、白土、龙台、鹅溪、莲荷、龙合、神市、烂滩、零巴、南阳、南溪、乐川一十八镇。"①既然出现了作为地名的神市,那么神市应当有一定的普遍性,但事实上并非如此。明代文人于慎行《谷山笔麈》卷十八记载了一段海神市的故事,也是一个十分荒诞的故事。这段故事似乎颇为流行,清人阮葵生的《茶馀客话》卷十三和其他文献也有记载。海神市是诸神与人类贸易的集市,市是市场贸易的意思。海神市与鬼神市不同,虽然都有神市二字,但性质完全不同。坛君神话的神市不只是地名,也并非是人神贸易的市场,显然此类神市与坛君神话没有关系。

除了上述文献中的神市之外,神市确有神场的意义,这说明神市确实是事物类型的名称。唐代颜真卿《送刘太冲叙》:

墓在县北,号柘塘神市,人月有祭祷,必应。溧阳人尤神之。②

柘塘(江苏南部)是地名,"柘塘神市"的意思是柘塘的神市。神市必然也是一个名词,神市是在墓地,其主要功能是祭祀与祈祷,所祈之事必然应验。在墓地祈祷祭祀是因为墓地有祭坛或神坛,从红山文化时期开始墓地就设有祭坛或神坛,这成为了东亚的一个特征。由此来看虽然这段文献没有记载神坛或祭坛,但应当是有神坛或祭坛,也应当有坛树。如果这种地方名为神市,那么与坛君神话的神市就比较接近了。坛君神话的神坛没有坟墓,不管有无坟冢,只要有神坛或祭坛,就应当可以称之神市。

神市还名为鬼神市,鬼神市其实也就是神市。宋代乐史的《太平寰宇记》记载:

糜竺冢:《郡国志》云,刻石为人马禽兽之状,名之为鬼神市。③

这里所说的鬼神市也是墓地,陵墓前各类人马禽兽石雕称之为鬼神市,那些石刻人马禽兽象征着各种鬼神。神市又可名为天地鬼神市,清李祖陶《书济阳张子立命说辩后》:"济阳张子闻而非之曰:是异端曲说也,是衒小惠

---

① 北宋·王存:《元丰九域志·成都府路梓州路》卷七(上册),中华书局1984年,第331页。
② 唐·颜真卿:《颜鲁公文集·书评六·送刘太冲叙》卷二六,《四部备要》第69册,中华书局1989年,第197页。
③ 宋·乐史:《太平寰宇记·河南道二十二》卷二二,《文渊阁四库全书》第469册,台湾商务印书馆2008年,第194页。

微勤与天地鬼神市者也。"①这条文献没有具体记载天地鬼神市,但是结合上文中的文献,可以知道天地鬼神市当与神市无异。神市的一个功能是奖善惩恶,清姜兆锡记载:"虽上帝百神宗庙之祀,亦废不修。凡为祭祀之备者,皆尽于凶恶盗贼,其侮慢至此,乃谓我有民社,我有天命,而无有惩戒也,是其罪尚可贳哉。按既于凶盗,即箕子所谓攘窃神示之,牺,牷牲也。纣罪贯盈而独言此者,神示不事,他不必言矣。"②神市显然不是特定的名称,应当是一类事物的名称,此类事物与坛君神话的神市基本相合。坛君神话将有神坛与坛树的地方名为神市,显然不是独一无二的杜撰,神市一词明确指明的是太伯山神坛与坛树的性质,其实也隐含地证明檀君与檀树是错误的。上述文献中的神市与坛君神话的神市还有一点不同,坛君神话的神市是在太伯山的山顶,其他文献记载的神市并不是在山顶。这一地理位置的不同,应当是历史的发展变化。红山文化的神坛和坟冢是文明起源时期的特征,这一特征随着社会历史的发展发生变化,很多神坛就是建造在城市或村落,并不是一定要建造在山顶。坛君神话的神市是在太伯山顶,与坛君神话相关的堑星坛也是建造在山顶,这可能是红山文化特征的遗续。

很多学者以为神市就是诸神汇聚的场所,但并非所有诸神汇聚的场所都是神市。神市与国中大会的关系是解读神市的一个依据,韩国学者赵东一在他的《韩国文学史》中指出:"与建国神话一起应当给予关注的是国中大会,这是我国人的盛大聚会,这种聚会不是在任何时间、任何地点都有的。国中大会是作为特定的固有文化现象使用的,可以据此考察国中大会的性质与机能。"③建国神话中与国中大会最为接近的就是神市。那么是否可以认为国中大会就是神市呢?《三国志》记载了三次国中大会,国中大会就是东盟:"以十月祭天,国中大会,名曰东盟。其公会,衣服皆锦绣金银以饰。大加主簿头着帻,如帻而无馀,其小加着折风,形如弁。其国东有大穴,名隧穴,十月国中大会,迎隧神还于国东上祭之,置木隧于神坐。无牢狱,有罪诸加评议,便杀之。没入妻子为奴婢。"④另外在夫余条中也有国中大会的记载。关于国中大会的隧神有多种说法,或以为是女神或女阴;或认为隧神是大洞,甚至有的学者宣布已经发现了隧穴的确定位置。不管国中大会祭祀的是什么,既然

---

① 清·李祖陶辑:《国朝文录续编·尊闻居士文录卷一》,《续修四库全书》第 1671 册,上海古籍出版社,2002 年,第 604 页。
② 清·姜兆锡:《书经参义·周书·泰誓上》,《续修四库全书》第 43 册,上海古籍出版社 2002 年,第 567 页。
③ 〔韩〕赵东一:《韩国文学通史(한국문학통사)》第一册,知识产业社 1994 年第三版,第 72 页。
④ 晋·陈寿撰、宋·裴松之注:《三国志·魏志》卷三十,中华书局 1997 年,第 222 页。

是祭神的地方,那么似乎也可以说是神市。但实际上此类祭祀活动显然与神市稍异,因为没有神市必备的物质设施与地理位置。神市固然是人群神汇聚的神场,但是并非所有的神场皆可称为神市。应当承认神市二字具体明确地指明了坛君神话太伯山顶的性质和意义,因而必须研究清楚神市的意义和内容。

2. 坛树与树柱崇拜的关系

坛君神话将有神坛与坛树的祭场名为神市,并非没有文献依据,因而可以确定神市的基本性质。这样似乎解决了神市的问题,但实际上并不如此简单。因为欧亚大陆的树柱崇拜极为普遍,除了神市的坛树之外,还可以发现大量的树柱信仰。金烈圭以为:"欧亚大陆北部的树柱信仰分布及广,从北欧神话的尤克特拉希尔 Yggdrasil 开始,从欧洲西端到东西伯利亚原住民的巫树或巫木,到我国的神檀树即神树(서낭신),经过韩半岛到日本的 Himorogi 或天柱等等,都属于树柱信仰。"①尤克特拉希尔又称为宇宙树或世界树,在北欧神话中此树有独特的意义。奥丁曾吊在树上,用长枪刺伤自己,由此发现了卢恩文字。尤克即奥丁的另一名称,特拉希尔即马,奥丁的行为被说成是"骑马",世界之树因此有了尤克特拉希尔之名。树柱信仰是极为广泛的原始信仰,树或柱是相同的因素,但是各个民族的树柱信仰差异极大,各自产生的渊源与意义也存在着相当大的差异。东亚也存在着普遍的树柱信仰,日本最典型的此类神话就是岐美二神神话:"日本神话中也有类似的记载,在岐美二神创造国土的神话之中,二神从天上降临,立了天之御柱,围绕旋转结婚,并创造了国土。日本学界将此柱看成是天神降临之柱,认为围柱旋转是古代日本婚俗的一个环节。"②朝鲜半岛的树柱崇拜形形色色,那么究竟哪一种树柱崇拜是坛君神话形成的直接因素呢?如果不是坛君神话形成的因素,那么又与坛君神话存在着怎样的关系呢?各种树柱崇拜不断进入到坛君神话研究,坛君神话与其他树柱崇拜的关系就成了必须解决的问题。

在坛君神话研究中经常会遇到的一个问题是坛树与洞树的关系,有一种看法认为坛君神话的神市就是洞祭,坛树形成于洞树。所谓的洞树就是巫树或巫木,坛君神话的神檀树即神树(서낭신)。金烈圭以为:"桓雄由天而降的

---

① 〔韩〕金烈圭:《韩国神话与民俗研究(韓國神話와民俗研究)》,一潮阁 1977 年,第 18 页。
② 同上,第 26 页。

母题首先是讲述了地上的神灵。在现今民间信仰核心的洞祭构造中,可以窥视到这一母题的痕迹。洞祭是以城隍祭的名义传承下来的民俗信仰,通过现在保存的文献,其源流经过高丽时期可以上溯到上古。洞祭的主神就是依靠神木降临人间的,迎神、送神与娱神就是洞祭。正如现在的洞祭,神依赖于神木而存在,这一点完全可以相信。檀君神话作为洞祭一直传承下来的古代共同基础就是深信桓雄自天而降。"①现在在朝鲜半岛仍然可以看到洞祭,所谓的洞祭是以一个洞或几个洞(朝鲜半岛最基本的行政单位)举行的祭仪,洞祭一般以洞树为核心举行,洞祭种类超过了100多种。洞祭又名为城隍祭、山神祭、别神祭等等,遍及朝鲜半岛的一半以上的地域。一般是在农历一月十五日举行,有的地方也会举行春秋两次。庆尚南道金海郡进礼面诗礼里的祭祀仪式名为洞祭,主神是洞中央的大榉树,副神是洞后山麓的大树和洞入口的松林。同样是在金海郡金海邑三亭洞的祭祀名为堂山祭,也是以祭场的大树和洞入口的大树是主要的标志。京畿道龙仁郡龙仁面的祭祀名为山神祭,是在农历十月的半夜举行。下面是庆尚北道河回洞祭的神树,此地洞祭名为城隍祭。

图 2-11　城隍祭的城隍木(堂木)②

洞祭种类繁多,名称各有不同。在曾经调查的 522 个地方的洞祭中,祭祀之神亦不相同,主要有如下神祇:山神 114. 洞神 109. 城隍神 68. 山川神

---

①　〔韩〕金烈圭撰、泊胜美译:《韩国神话的研究》,第 70 页。
②　同上,第 11 页。

23.堂山神 23.木神 11.土地神 11.厉疫神 9.府君神 8.里社神 8.堂神 7 等,其中最多的是山神、洞神、城隍神三种。① 从这样的统计与神名,可以知道所谓的洞祭其实并不是相同的祭祀活动,是将各种不同的祭神活动统称为洞祭。从所祭之神可以看出祭祀性质的不同,山神、山川神、土地神可以看成是同类,但城隍神是另一种性质的神:"在农村共同祭之中规模最大的就是别神,一个村庄或几个村庄联合,每隔三年或五年定期反复举行祭仪。广为人知的是庆尚北道安东郡的河回神祭,河回的旁边还有寿洞别神祭。当地居民自然无人不晓,近邻诸郡与村庄的人也都了解别神祭。如果去死后的那个世界,就是去找阎魔大王。"② 城隍显然来自于中国,中国的城隍主要也是冥界的地方官,城隍的形成与发展是以城市的发展为条件,城隍本来指护城河。城隍传入朝鲜半岛之后发生变化,不限于城市,更多是在农村流行。但城隍的基本性质没有变化,城隍是阴界的监察,主要是剪除凶逆,领治亡魂。洞祭或城隍祭虽然也有神树,但与坛君神话的性质相差甚远。

从洞祭祭祀之神的数量,可以看出最重要的是土地之神,山神、山川神、堂山神、土地神共计 171 个。土地之神及其地域特征与社稷完全相同,实际就是田神或农神,这是洞祭原初的基本特征,与《三国志》祭祀社稷、灵星的记载吻合。全罗南道丽水的洞神祭也是在农历一月举行,祭祀的神是山神、都神、别神、城隍神、社稷等等,其实社稷与山神并无本质的不同。由此可知一方面所祭之神具有不同的性质,但另一方面也经常将各种不同性质的神混在一起,这恐怕就是统称为洞祭的原因。洞祭的最初形态恐怕就是社稷,在社稷的不断发展过程中,与其他柱树崇拜不断融合,最终形成了现在的洞祭。在洞祭中树神崇拜并不重要,祭木神的地方只有 11 个,这个数字充分证明重要的是神坛或祭坛,神树是附属于神坛或祭坛,作为树种的树神崇拜并不重要。坛君神话的桓雄率风伯、雨师、云师降临,他们首要的使命是主谷,也证明神坛与坛树当源于社稷神坛,《三国志》的记载早已证明早在高句丽时期朝鲜半岛北方与中国东北的社稷是相当普遍的。

坛君神话研究遇到的另一问题是苏涂,苏涂也应当融入于洞祭,苏涂就是竖立的大木,也是朝鲜半岛树柱崇拜的种类之一。申采浩认为:"朝鲜民族共同的信仰是神圣的圣城、太白山的树木,树木是光明之神的宿所,神檀亦谓苏涂,部族是以苏涂为中心形成的。《三韩史》中出现的苏涂是수두的音译,苏涂是代表性的祭主,祭祀的是天神,天神就是坛君。不过苏涂在诸邑各处,

---

① 参见熊谷治《洞祭——其本质与特征(その本質および性格について)》,日本《朝鲜学报》1975 年第 1 期。

② 〔韩〕金烈圭撰、泊胜美译:《韩国神话的研究》,第 12 页。

名为小坛,小坛又皆有'坛君',即名为坛君。苏涂统领部族,强敌由外入侵之时,联合各个苏涂所属的部族抵御。其中功绩最大的部族居上位苏涂,'神苏涂'即大坛君。"①申采浩只是认为坛君就是苏涂,还没有发展到神市即巫堂的看法,但神市即巫堂的看法可以追溯到申采浩。申采浩所说的《三韩史》就是指《三国志》中的三韩传,不过申采浩的解释比《三国志》的记载复杂得多,也有一些混乱。《三国志》的记载中并无大坛、小坛之说,更没有各地大坛与小坛的记载,这似乎是把社坛的特征加入到了苏涂。在《三国志》的记载中并无光明之神,但是申采浩增加了光明之神,加入了文献中并不存在的内容。檀树与坛树二者必居其一,只能有一个是原初的,不可能两个字都是原初的。申采浩似乎没有意识到这一点,他认为坛树与檀树完全相同。社稷的坛树与苏涂的大木确有类似之处,至少都有树木,树木是天神的象征,但二者还是有所不同,至少在高句丽和三韩时代二者是不同的。

李丙焘也研究过神市,他将今西龙与申采浩的看法揉在一起,他认为神市就是巫堂。

> 神市与神坛树:……那里是都市附近的神邑、神市,山顶的神坛树是天王的阶梯,同时也是象征着他的住处。《三国志·魏志·三韩传》:诸国各有别邑,名之为苏涂,立大木,悬铃鼓,事鬼神。别邑的苏涂就是神市(神邑),那里的大木正是神坛树的变异,现在仙王堂(서낭당、ソナンタン、s—nag—tag)的神树,或者是神树前的积石(祭坛),实际就是桓雄"神坛"是的遗绪,现今仍旧活生生地残存在韩国民俗之中。神坛树的起源是原始社会的树木崇拜,原始人最初惊异于树木伟大的生长力,就以树木为神,后来转变为树木的思想,认为树木就是神降临的阶梯,或者是住所。②

苏涂的大木可能起源于神坛的坛树,但立大木与坛树不同的。所谓立大木就是举行祭祀的时候要竖起大木;神坛的坛树总是生长在神坛,并不需要举行祭神活动时临时种植,显然二者存在着较大的差异。从李丙焘的记载中可以知道朝鲜半岛确实存在筑石为坛的神坛与坛树,只是名为仙王堂。树柱崇拜在洞祭的概念之中可以混为一谈,但其物质形态并不完全。

李丙焘的看法来自于崔南善,崔南善认为坛君是巫堂的别名和吏读,李丙焘一定程度上接受了这种看法:"檀君名称的解释:……按照《遗事》所引的

---

① 〔韩〕申采浩:《朝鲜上古史》上册,三星艺术文化财团1980年,第13~29页。
② 〔韩〕李丙焘撰、金思烨译:《韩国古代史》上册,《金思烨全集》第26册,六兴出版社昭和五十四年,第110页。

古记,檀君记载为了坛君,但这并不是什么问题。据六堂崔南善氏所说,檀(坛)君是巫(무당、ムタン、mu－taη)的别名,是당굴(タングル、taη－kul)音的标记,당굴是蒙古语 Tengri(天、拜天者)的共通语,而且也是马韩诸国神邑之长、天君的同一语。檀君是否与당굴对应,是否又同时是 Tengri 的同义语,不能确定,但是六堂的解释非常有趣。神政社会君长的职能是主巫(ムタン)祭祀的职能,这是谁都可以想象的,而且很容易就想到比较檀君与天君。如果檀君与马韩天君具有相同的职能和意义,那么檀君就可看成是天王一语的转称。檀君是桓雄大王之子,同时奉祀檀君的是后继天王(天君),他们比政治的君长具有更多的祭祀之长的意义。"①坛君被释为巫堂,坛或檀只是巫堂的吏读字,那么无论是标记为坛或檀都没有多大的区别,因为坛或檀只是韩文단的汉字音译标记。金铉龙以为:"我怀疑'檀树下'没有记载为'坛',写为了'檀','檀'不是'平坦之台'的意思,但写为'坛'也没有太大的差别。在《帝王韵纪》之后,《高丽史》明确记载将檀树为朴达树,《世宗实录》与《新增东国舆地胜览》出现了与《高丽史》相同的记载。我以为朝鲜初期将《帝王韵纪》记载的檀树理解为了朴达树,这应当没错误。"②但也有学者以为檀或坛存在相当大的区别,金烈圭以为:"谓之神檀树时,檀就是赛黑桦(オノオレカンバ)。标记为坛时,就是指(祭祀场所)的坛,举行祭祀的地方也就是祭坛。二字发音相同,但意义完全不同。可以推测檀与坛都是我国단一词标记的假借文字,檀与坛同时是단树的标记。这样단除了指称树种之外,还包含着寓于树的神格。檀树与坛树都是指단之神格的降临,也就意味着神降于此。标记为檀时,指的是树种赛黑桦。标记为坛时,단木为神市的关键,神市就是祭仪的场所,我以为应当就是祭坛。"③如果坛或檀只是韩国语단的音译汉字,那么就是以汉字标记了韩国语的发音,确实没有必要区别坛或檀。

　　吏读研究似乎是古代神话研究中普遍使用的方法,除了坛君之外,王俭也被视为吏读的假借字。王俭不再是专有人名,而解读为了人君。申采浩以为:"朝鲜古代将坛君王俭尊奉为宗教的教祖,如果以独特的方法解读王俭的吏读字,就是人君。"④王俭的韩国语发音与王、君二字的发音相近,因而申采浩以为王俭其实就是人君的吏读字。李丙焘也有类似的说法:"王俭称号的解释:檀君王俭的王俭,是否应当释为固有名词是一个问题。崔南善氏释为

---

①　〔韩〕李丙焘撰、金思烨译:《韩国古代史》上册,《金思烨全集》第 26 册,六兴出版社昭和五四年,第 111 页。
②　〔韩〕金铉龙:《韩国古说话论》,新文社(새문사)1984 年,第 12 页。
③　〔韩〕金烈圭、泊胜美译:《韩国神话的研究》,第 65～66 页。
④　〔韩〕申采浩撰、李万烈注译:《注译朝鲜上古史》上册,莹雪出版社 1983 年,第 109 页。

엉큼(オンコム、Ə−kʰim)或암감(アルカム、Λm−kΛm),意为大人、神圣人。著者以为与其说这个词是固有名词,不如释为某种权威的权力的尊称或尊号。也就是说檀君的名称中具有更多的祭主(巫主)之意,王俭的名称具有更多政治君长的意义,这种看法是妥当的。换言之,祭政一体的时代只有檀君,其后祭政分离,祭祀群体之长称檀君,政治团体之长称王俭,他所在的地域也会有所不同。古朝鲜王险(王俭)的城市名称也产生于此,有必要再考这一问题(王险、王俭当然是某种韩语的标记语。)"[①]按照这种说法,坛君是巫主的意思,王俭就是人君的意思。坛君王俭就是巫主与人君两个名称的组合体,也就是宗教之长与国家首领合而为一的名称,这就与所谓的祭教一体的时代完全吻合了。

各家说法之间存在一定的差异,但大体相同。此说存在不少的问题:第一,坛君或檀君即巫堂、神市的主要依据之一是坛君或檀君是무당、당굴的汉字标记。在相当长的时间里没有母语文字的情况下,韩国民族以汉字来标记韩国母语的发音,就形成了吏读标记的方法。以吏读方法解读韩国古代文献不可忘记的一点,是必须研究清楚解读的汉字是否是假借汉字的吏读字。如果不是假借汉字,那么以吏读方法解释必然会陷入歧途。坛君神话中确有假借的吏读汉字,阿斯达、弓忽山、今弥达、藏唐京等都是以汉字标注了当地的地名发音,可以认为是吏读字。既然坛君神话中存在假借汉字,那么坛君似乎也可以是吏读字。然而檀君与此类地名的不同很明显,这些地名汉字只表音,不表示意义。如果假借汉字标音,那么基本原则应当是一个音节对一个汉字音节。巫堂与檀君只有一个字是谐音,巫与君完全没有近音的关系,由此来看坛君不是假借汉字。坛君又被认为是蒙古语 Tengri 音的标记,坛君与蒙古语词汇稍有相近之处,音节数也比较相近。但这必须以坛君一词是蒙古语为前提,现在完全无法确定坛君一词是蒙古语词汇,坛君神话中有无其他蒙古文化的因素也是完全无法确定的,因而李丙焘对此也不是十分肯定。坛君并非只是标记了字音,坛君二字表达了意义,因而坛君不是假借字,而是汉译词汇。从坛君的起名方式来看,坛君也应当是汉文词汇,而不是两个假借字。此类研究存在共同的问题,几乎所有的研究者都没有提供坛君、王俭为吏读字的用例。如果坛君与王俭是假借的吏读汉字,那么必须找到其他的用例,否则只能是依据相似的语音做出的猜测。相似的语音可以找到很多,在各种不同国家与民族的语

---

① 〔韩〕李丙焘撰、金思烨译:《韩国古代史》上册,《金思烨全集》第 26 册,六兴出版社五四年,第 111~112 页。

音言之间常常会有相似的语音,相似的语音并不能完全证明两种语言之间有过交流或共用的关系。

第二,苏涂与坛树分布的空间不同。苏涂是记载于马韩、辰韩、弁韩,三韩在朝鲜半岛的南部,苏涂是朝鲜半岛南部的原始信仰。《三国志》记载:

> 韩在带方之南、东西以海为限、南与倭接、方可四千里。有三种、一曰马韩、二曰辰韩、三曰弁韩……十月农功毕,亦复如之。信鬼神,国邑各立一人主祭天神,名之天君。又诸国各有别邑,名之为苏涂。立大木,县铃鼓,事鬼神。诸亡逃至其中,皆不还之,好作贼。其立苏涂之义,有似浮屠,而所行善恶有异。①

这段文献是关于三韩的记载,而不是关于朝鲜半岛北部的记载,地理空间范围完全不同。坛君神话是朝鲜半岛北部的神话,朝鲜半岛北部与中国东北普遍流行的是社稷,而不是苏涂。《三国志》高句丽传记载:"又祀灵星、社稷。"②社稷之制传入到了高句丽,高句丽应当有坛树。苏涂与坛树的地理范围不同,又属于不同的信仰系统,因而不能以苏涂解释坛树,也不能以坛树解释苏涂。王沈《魏书》记载的是坛君,没有记载天君或苏涂。显然这个坛君不是苏涂之祭坛,应当是北方的社稷之坛,这与《三国志》完全相合。李丙焘注意到了苏涂是马韩诸神邑之长,但他仍然将马韩混同于朝鲜半岛的北部,这是一个小小的疏忽。

第三,苏涂与坛树属于不同的信仰系统。《三国志》关于苏涂的记载中没有任何与神坛或祭坛相关的记载,苏涂悬以铃鼓祭神,萨满活动亦常用铃鼓,由此苏涂似为萨满教因素。坛树属于神坛信仰的系统,如果没有祭坛或神坛,坛树也就不成其为坛树了。

苏涂被认为是萨满巫祭,萨满教的树柱崇拜与坛君神话坛树的关系也是经常提及的话题。其实与坛君神话的神市最为接近的是阿伊努人的熊祭,熊祭是阿伊努民族最大的祭祀。现在阿伊努人在每家的户外都设有祭坛,但在古代部落有共同的祭坛,部落成员共同举行祭祀。古代由于神不同,祭坛也不相同,山神的祭坛在山上,海神的祭坛临海,这可以从有关山的传说、地名和现实的祭祀中可以看得出来。例如日高与十胜交界处的幌尻岳(北海道中南部的日高山脉最高峰)的山顶上就降临了群神,有群神跳舞的庭院在那个庭院的旁边有一

---

① 晋·陈寿撰、宋·裴松之注:《三国志·魏书》卷三十,中华书局1997年,第224页。
② 同上,第222页。

个水沼,住着海鸟与鱼贝,岸上有蛇,据说此山神就是龙。① 阿伊努人举行祭仪时中间要竖一根大木,并将熊拴于这个木柱,然后要向熊射 30 或 60 根花矢。

图 2-12　阿伊努祭礼②

阿伊努人为了举行这个祭祀,饲养熊仔,最后将作为神的熊杀死。熊的遗骨用来祭祀,然而阿伊努人的祭坛非常特别。

图 2-13　祭坛③

这两个祭坛不是撮土为坛,而是树杈直接作为了祭坛,将熊的骨骸放在树杈上,或者是以木料搭建的祭台,这样的祭坛显然与坛君神话不同。如果仅仅将阿努伊努人的祭祀记载为文字,就会发现与坛君神话的神市非常相似,然而如果进一步考察神坛的形态,就会明白这样的神坛与坛君神话的神市大不相同。上述种种神坛的祭祀场所并不就是坛君神话形成的直接因素,它们之间虽然存在一定的相似因素,但也存在难以解释和解决的问题。

---

① 《知里真志保集・生活志・民族学编・熊祭与假装舞剧・古代的祭场》第三册,平凡社昭和四八年,第 7～17 页。
② 〔日〕萱野茂监修:《阿伊努民族写真绘画集成・祭礼》第六册,日本图书中心 1995 年,第 36 页。
③ 同上,第 24、60 页。

东亚普遍存在树柱崇拜,这是坛君神话形成的丰厚土壤。但东亚的树柱种类繁多,不是所有种类的树柱崇拜都是坛君神话生成的直接来源,与坛君神话最接近的是撮土为坛的神坛与坛树,其他的树柱崇拜虽与神坛、坛树并不矛盾,但差异也相当明显,难以认为就是坛君神话的神市。通过东亚普遍的树柱崇拜可以想到这样的可能性:在各种树柱崇拜不断地融合过程之中,通古斯人的熊神故事与树柱崇拜融入到坛君传说,终于生成了坛君神话,坛树与树柱崇拜是坛君朝鲜传说与熊女神话嫁接的连接点。

第二节 从檀香树到檀树与朴达树

一、李承休:从坛树到檀香树

朝鲜半岛没有原生的檀香树,檀香树只能是在坛树改为檀树衍生出来的因素。尽管檀君神话是通行了700年的标准标记,但这是随着坛君神话的佛教化衍生出来的,不是坛君神话的原始形态。很多学者就是根据檀树以为坛君神话是佛徒编造出来的,那么檀香树与佛教到底有什么关系呢?为何一定要认定檀香树是佛教因素呢?这个问题关系到从坛君神话到檀君神话的佛教化过程,其实也是在进一步研究这个神话的原始形态到底是坛君神话还是檀君神话的问题。

首先应当解决的是檀香树与佛教的关系,只有解决了这个问题才能明白从坛君神话到檀君神话是佛教化的过程,这是还原从坛君到檀君变化过程的基本条件。檀香树就像莲花、菩提树一样,是代表性的佛教神树,因而在佛教之中檀香树具有丰富的意义。

其一,檀木与佛教生活关系的密切。

檀字是佛教名词的常用汉字,佛寺植檀,因此又称佛寺为檀林,即栴檀之林。檀施是佛教施主,檀家是指在佛寺有固定的墓地,总是布施援助佛寺的人,又称檀家或檀越。檀越是梵语的音译。檀的意思是布施,越的意思是通过布施的功德超越生死。檀徒是指檀家的人,也是佛教信徒。笃信教的人也喜欢用檀字,以示自己的宗教信念。[①] 佛教喜用檀字是与檀香树与佛徒的日

---

① 日本平安时期嵯峨天皇的皇后称为檀林皇后(786—850)即橘嘉智子,是内舍人橘清友的女儿,仁明天皇的母亲。据说檀林皇后身长六尺二寸,臂长过膝,为人宽厚,笃信佛教。850年(嘉祥三年年),檀林皇后为祈祷仁明天皇病愈,就出家为尼。檀林皇后曾经创建檀林寺,建于现在天龙寺的位置(京都市右京区嵯峨),中间两次火灾焚毁,两次复修,最终废绝。檀林寺是日本最初的禅宗寺。现在修建的是天龙寺。

常生活有关,也与檀香树的佛教意义有关。檀香树是念珠、佛像、佛寺的主要材料之一,佛僧的日常生活与檀香木息息相关。念珠是佛僧常用之物,或挂于项颈,或玩于掌中。据说最初是印度毗琉璃王请释迦牟尼佛展示消除烦恼的法门,佛陀令他用木槵子树(一种菩提树)的种子穿成珠串,念诵佛号以除烦恼。念珠又被称之为"拴马索",以手捻念珠遏制如同飞马狂奔的妄念,因此念珠是佛徒必备法物。念珠的材料有金、银、赤铜、水晶、珊瑚、玻璃、木等等。檀木是念珠的主要材料之一,主要有红旃檀和白旃檀木。红旃檀色红,长时间使用后颜色加深,木质坚硬细腻,是上品的材质。白旃檀即白檀香木,除了用于制作念珠之外,还用为供佛的上品香料。其香气可以助人平静心绪,容易进入禅定的心态。念珠还是念佛时计数用的东西,念珠以108颗为常数,另有54颗、27颗、14颗(均减半),也有42颗、21颗的。108颗为上,表明消除108种烦恼。

  檀木是雕刻佛像的珍贵材料,檀木坚硬,不易腐烂,经常用来雕刻佛像。檀木佛像始于印度,后来遍及佛教传播的地方。《大唐西域记》:"金佛像一躯,通光座高三尺三,拟婆罗疶斯国鹿野苑初转法轮像;刻檀佛像一躯,通光座高尺有五寸,拟憍赏弥国出爱王思慕如来;刻檀写真像刻檀佛像一躯,通光座高二尺九寸,拟劫比他国如来自天宫降履宝阶像。"①在佛典之外的典籍中也时常可以看到檀木佛像的记载,《太平广记》:"竺法兰:竺法兰,中天竺人也。……憎又于西域得画释迦倚像,是优田王旃檀像。"②"第六百年,有佛柰遮阿罗汉,生已母亡,复生扶南国,念母重恩,从上重中取小檀像,令母供养。母终生扬州,出家住新兴寺。获得三果。宋孝武征扶南,获此像来。"③这是笔记小说中的记载,表明檀木佛像流行于亚洲。檀香木在东亚佛僧的生活中相当普遍,日本法隆寺宝物馆中的檀香木上刻写着古代波斯的文字,证明7.8世纪的文化交流。法隆寺的九面观音像、和歌山县金刚峰寺枕本尊像都是用檀香木刻成的。《源氏物语》也有描写白檀木佛像的段落。

  佛寺的建筑喜用檀木,佛经有不少相关的记载:"复有诸天乘宝华宫殿,龙宝栴檀神珠宫殿,真珠宫殿,宝衣宫殿,金光明摩尼珠宫殿。……"④佛僧还以檀作室:"后三百年中,凿大石山安置佛,窟从上至下,凡有五重高,三百

---

① 《大唐大慈恩寺三藏法师传》卷五,《大正新修大藏经》第五十册,第252页。
② 宋·李昉等编:《太平广记·异僧一·竺法兰》卷八七(第二册),中华书局1961年,第567页。
③ 宋·李昉等编:《太平广记·异僧七宣律师》卷九三(第二册),中华书局1961年,第620页。
④ 《度一切诸佛境界智严经》卷一,《大正新修大藏经》第12册,第250页。

余尺。请弥勒菩萨,指挥作檀室处之。"①佛僧喜欢以檀木建造佛寺,檀木的香气是引导佛僧入佛的重要途径。佛寺也多植檀香木:"天香寺:旃檀树下,蔷卜林中,世尊常以喻法性,而岩凹涧侧,卉木馥郁之气,四时不绝,亦诸天自然供养也。……即其境地,可与鹫岭龙宫同称香界矣。"②佛寺植檀之俗源于印度,据说公元前印度的佛教、印度教就与檀木产生了关系。佛僧还以檀木作药材,治疗痢疾、皮肤病等,治疗自己的疾病,也用来治疗普通人。古代东亚的檀木多是进口,唐代经广州港输入的商品主要是香药、植物、珠贝、象牙、犀牛角、紫檀木等。③

其二,檀树是佛教的代表性神树之一。

檀树是檀君神话的神树,更是佛教代表性的神树之一,因而还产生了一部专门为檀香树写的佛经《佛说栴檀树经》。这部佛经以对话体的形式勾勒了救苦救难、造福于民的神树。尽管这本佛经不长,但檀树神的形象与意义是十分确定的,可以明确檀树神在佛教树神之中具有重要的地位。檀树神很早就进入到了佛经,其实在《佛说栴檀树经》之前,檀香树就已经是树神。《华严经》就写到了檀香神树,檀香神树即栴檀香神,树神的意义明确无疑。《华严经》、《观佛三昧海经》等佛经中屡屡出现"牛头栴檀",牛头栴檀是最有代表性的印度香树,牛头(摩罗耶)是印度南方的山名,山形如同牛头故名。此山盛产栴檀,气味浓香,经久不散,这是檀树成为佛教神树的原因。《华严经》是基本佛经,大约在公元2~4世纪中叶流传于南印度,后传到西北印度和中印度。汉译有三种,东晋佛陀跋陀罗译,称《旧(晋)译华严》或《六十华严》。唐实叉难陀译的称《新译华严》或《八十华严》。唐贞元中般若译,全名《大方广佛华严经入不思议解脱境界普贤行愿品》。此外还有不少部分译文。从东汉支娄迦谶译此经的别行本《兜沙经》(《如来名号品》)至唐代,别行译本有35部。隋唐时期《华严经》的弘扬最盛,传播最广。

檀树神作为佛教树神,必然被赋予了丰富的佛教神性和真谛,甚至成为了佛教真谛的化身。④ 真如法中离一切着名之为檀,无一切恶即名为戒,无

---

① 宋·李昉等编:《太平广记·异僧七宣律师》卷九三(第二册),中华书局1961年,第620页。

② 《盘山志·天香寺》卷二,《故宫珍本丛刊》第243册,海南出版社2001年,第263页。

③ 夏秀瑞、孙玉琴:《中国对外贸易史》第一册,对外经济贸易大学出版社2001年,第98页 Wrt6VKEUttq˜sddN。

④ "大论云:檀为宝藏常随逐人,檀为破苦能与人乐。檀为善御开示天道。檀为善府摄诸善人。檀为安隐,临命终时心不怖畏。檀为慈相能济一切。檀为集乐能破苦贼,檀为大将能伏悭敌。檀为净道贤圣所由,檀为积善福德之门。檀能全获福乐之果,檀为涅盘之初缘。"(《万善同归集》卷二,《大正新修大藏经》第四八册,第970页。)

有瞋恼即名为忍:"何谓栴檀,栴檀自为丛林,有家长者为道,家室眷属皆随其教,不相违戾,是谓栴檀,栴檀自为丛林者也。"①栴檀本来只是指称檀树的名称,但在这些文献中显然不只是树木,是佛教神性本身。檀木的香气是树木发出的自然气味,还被认为是菩萨的菩提心,是佛祖如来的三昧至真之气。栴檀香七日七夜,可以浴却秽恶。当一个人做了善事时就会遍体溢香:"……有一女人,至月光王舍千头处,礼无忧王所起灵庙。见有狗粪在佛座前。寻作是思:此处清白,如何狗粪污秽其中?以手捧除,香泥涂饰,善业力故,今此女人遍体生香如栴檀树,口中常出青莲华香,若诸众生由不护净故,因内烦恼,感诸外秽。"②莲花与檀木都是佛教植物,如果身上能够飘溢莲花与檀木的香气,就是得到了佛的神性,靠近了人人向往的佛界。

其三,檀香树与檀君神话因素的关系。

坛君神话的思想主题是弘益人间,弘益人间的思想体现在桓因与桓雄等天神,也体现在神檀树,神檀树满足了熊的愿望。《法苑珠林》记载了檀树神的故事。

> 又《佛说栴檀树经》云:……有大栴檀香树,树神谓穷人言:"可止留此,自相给衣食,到春可去。"穷人便留,至于三月启树神言:"受恩得全身命,未有微报。顾有二亲,今在本土,实思得还,愿乞发遣。"树神言:"善。"便自从意,以金一饼赐之:"去此不远,当得还邑。"穷人临去问树神言:"此树香洁,世所希有。今当委还,愿知其名。"神言:"不须问也。"穷人复言:"依阴此树,积历三月。若到本国,当宣树恩。"神便报言:"树名栴檀。"……王即募求民间无有,便宣令国中得栴檀香者,拜为封侯,妻以王女。时穷人闻赏禄重,便诣王所白言:"我知栴檀香处。"王便令匠臣将穷人往伐取香树。……树神空中言曰:"便伐,但置其根。伐已,以人血涂之,肝肠覆其上,树自当生还复如故。"③

这个檀树神的故事内容与坛君神话不同,不过从佛经的檀树神到檀君神话的神檀树并不遥远。檀树神与神坛树的共同使命是弘益人间,尽管具体含义不一定相同,但可以听得到两者的共鸣。《佛说栴檀树经》讲述栴檀树特异神功,能给穷人带来财富,能去除疾病,消除灾害,还能够助人悟佛。《佛说栴檀树经》通过檀树神传达的佛教经义,与坛君神话中桓雄的意义基本类似,主

---

① 明·徐元太:《喻林·人事门》卷十六,《文津阁四库全书》第318册,商务印书馆2005年,第147页。
② 唐·释道世:《法苑珠林·便利部》卷九四,《大正新修大藏经》第五三册,第982页。
③ 唐·释道世:《法苑珠林》卷五十,《大正新修大藏经》第五三册,第667页。

谷、主命、主病、主刑的意义基本相似,弘益人间是佛教檀树与坛君神话坛树共同的使命。神坛树满足熊变女人的愿望,也是弘益人间的一部分。《三国遗事》记载"每于坛树下咒愿有孕",咒愿二字当源于《佛说栴檀树经》:"请佛供养佛咒愿毕,迦罗越于佛前肃然,愿闻法义。"①咒愿一词不大见于普通典籍,但多见于佛典。

檀树与天帝的关系是檀君神话中的一部分,在佛经之中檀树与天帝也存在着密切的关系。

> 其心如虚空无染,如净水无浊。又如空无碍,如水明净,如水无尘,如妙香檀香为一切天帝天王恭敬养者是二十五也。景云:如世间中上香檀木香为天帝天王敬重。基云:如天帝宫中有妙香檀树天帝天王常生恭敬。又罗汉身如一帝香檀木。②

《瑜珈论记》是唐代释遁伦撰写的,天帝的居处种植了檀香木,檀香木也是天帝的象征。在檀君神话中天帝之子桓雄降临在檀树下,其实就是降临到了天帝的象征之处,檀君之名仍然与天帝有关。熊女向着神檀树祈祷,也可以看成是向天帝祈祷。

神檀树与生子的关系是檀君神话的部分内容,神檀树带来了生命。檀君神话突出了檀树的生命意义,在佛经中檀树与生子也有一定的关系。《广弘明集》记载了释迦牟尼出生时的故事。

> 庄王九年癸巳之岁,四月八日,乘栴檀楼阁现白象形。……至十年甲午四月八日夜,鬼宿合时,于岚毘园波罗树下,从摩耶夫人右胁而生,放大光明照三千世界。③

释迦牟尼的母亲是在波罗树下生出了释迦牟尼,波罗树即凤梨树。预示释迦牟尼出生的吉兆是栴檀楼阁与白象,栴檀楼阁、白象与释迦牟尼的出生有了关系。这也是檀树、白象、波罗树与佛教产生关系的原因。檀树楼阁是生命的象征,恒河北岸的檀树也是生命的象征,只不过第二次生命是佛性生命的生成,这使檀树成为了生命之树。男儿出生檀香飘溢,必然是能成正果:"又《百缘经》云:昔佛在世时,迦毘罗卫城中,有一长者。其家巨富财宝无量,

---

① 《佛说栴檀树经》卷一,《大正新修大藏经》第十七册,第750页。
② 《瑜伽论记》卷十五,《大正新修大藏经》第四二册,第482页。
③ 《广弘明集》卷十一,《大正新修大藏经》第五二册,第165页。

不可称计。生一男儿,容貌端正世所希有。身诸毛孔出栴檀香,从其口出优钵华香。父母见已欢喜无量,因为立字名栴檀香。年渐长大求佛出家,得阿罗汉果。"①檀香给新生命带来了无限的幸福。

檀香树是佛祖的象征,檀香树随着佛祖的成道一起生出与寂灭,这是佛教意义上的生命的诞生与寂灭。

> 佛初成道恒河北岸,一树栴檀随佛而生。大如车轮高七多罗树,香气普熏供养如来。其香树神与树俱生,常取此香供养于佛。佛入涅盘,此一檀树即随佛灭。皮叶俱落,神亦随死。有诸异神取此香树,送荼毘所悲哀供养。……尔时如来大圣宝棺,渐渐空行至荼毘所。②

这是佛祖释迦牟尼与檀树的渊源,也成了一切佛祖菩萨的象征。此事记载于各类佛典,为佛僧津津乐道。《中阿含经》记载佛祖释迦牟尼临终时,弟子阿难将释迦牟尼放入了白檀木棺。佛徒并以白檀木为火葬的燃料。檀树是释迦牟尼的生命,那棵檀树与释迦牟尼同生俱灭。

韩国民族喜欢自称是光的民族,因而也非常喜欢从光的角度来解释坛君神话。有趣的是檀香树在佛教中不只是树神,而且还是与光明之神组合在一起的树神。《华严经》记载:

> 复有佛世界微尘数诸道场神,其名曰净庄严神、宝积光明神、吼音声神、雨众华神、庄严宝光神、善超香神、金色云神、乐华树神、庄严光神。……复与无边药草神俱,其名曰光焰神、栴檀香神、净光神、普称神、普力神、普净神、普光神、爱香神、胜现神。如是一切皆悉成就大悲普照,复与无量诸谷神俱,其名曰胜味神、华净神……③

这是关于佛教道场的描写,佛教神树是不同寻常之树,华叶光茂,普照世界:"诸杂宝树,华叶光茂佛神力故,令此场地广博严净,光明普照,一切奇特,妙宝积聚。……树光普照十方世界,种种现化施作佛事,不可尽极。"④因而佛教的神树是光明之树。很多韩国学者喜欢以桓因的桓字与天等词汇联系起来,试图解释坛君神话与光的关系。其实与光更为接近的是檀树神,因为

---

① 《诸经要集》卷四,《大正新修大藏经》第五四册,第 35 页。
② 《大般涅槃经后分》卷二,《大正新修大藏经》第十二册,第 907 页。
③ 《大方广佛华严经》卷一,《大正新修大藏经》第九册,第 396 页。
④ 同上,第 395 页。

檀树神本身就是光神,然而这不是坛君神话的原初因素。

　　檀香树与佛教的切合度极高,坛君神话的很多因素都可以找到佛经的依据,确实是难以预料到的。这给人以一个非常明显的感觉,坛君神话是根据佛徒精心编造出来的。如此看来檀君神话为佛徒妄说的说法有太多的根据,学术界流行这种说法不是没有原因。但是坛君神话中不是没有与佛教不谐的因素,蒜、艾草就是最明显的例证,尤其蒜是反佛教之物,如果坛君神话从一开始完全是佛徒杜撰出来的,那么显然不会将反佛教之物的蒜作为重要的东西编入这个故事。这说明最初坛君神话并不是佛徒编造出来的,佛徒只能是坛君神话的改编者。其实如果仔细考察檀香树、佛教依据与坛君神话极高的切合度,就会发现这种极高的切合度是檀一个字带来的。如果将檀字改回到坛字,那么一系列的切合度就会自然而然地消失。从坛到檀的一字之变,将各种佛教意义塞进了檀君神话。改动一个字,坛树就成为了佛教檀树,与佛教产生了千丝万缕的联系,可以产生无限的巧合或暗合,一字之异可以使整个坛君神话发生变化。可见这一字之变是何等精妙,如果没有深厚的文学与佛教的功力,是无法做出如此精妙绝伦的修改。

　　这种佛教想象并非没有产生的基础,随着佛教的传播,有关檀香树的知识丰富起来,这就是坛字改为檀字的佛教化条件。佛教的很多事物产生于印度,在印度不是虚构,但流入到了其他地域之后就可能变成虚构与想象。朝鲜半岛、日本、蒙古都没有白象,但不妨碍在这一地域的佛教文学与其他文学中出现佛教化的白象。下面这个故事写的是蒙古的大象故事:"彼处有卧象,一群中有一红鼻大象伏卧,耳坠一牛黄穗,名曰阿兰札斡尔达,象驱令走避将所卧地,掘开蛇心旃檀树,即在彼处付属已,此所化之。僧遂藉神通力,须臾到彼见实,有象象伏卧,遂将象驱走。象不肯远去,屹立等候,将欲削其旃檀树枝,忽闻似有令其稍缓之声,于是自然化成之十一面观世音。菩萨实时显露,复于迦叶佛持受之花轮塔内,又获三佛舍利子甚多。"①显然这个故事沿用了佛教故事,蒙古人的生活地域中没有檀木与大象,但蒙古人的文学中可以出现檀树与白象的神异故事。这样的现象相当普遍,檀君神话的檀树只是其中一例而已。

　　现在可以确定从坛君神话到檀君神话的一字之变,是后人修改的结果。那么这是何人所为呢? 这一字之变的修改者只能是《帝王韵纪》的作者李承休。李承休字休休,自号动安居士,京山府加利县人,加利李氏的始祖。12岁从圆静国师学习《左传》、《周易》,1252 年科举级第。但他回到了在三陟县

---

① 《蒙古源流》卷二,《文渊阁四库全书》第 410 册,台湾商务印书馆 2008 年,第 564 页。

寡居的母亲身边,正遇元蒙侵略,于是就在头陀山龟洞农耕奉养母亲。1263年(元宗四年)给李藏用、柳璥、俞千遇、元傅、许珙、朴恒等人写了求官诗,第二年李藏用等人推荐,任兴庆府书记。1273年任式目录事,上书要求那些没有功劳的人不可为官,但他反而被罢官。不过当年又命为书状官,出使到元朝。出使元朝有功,官迁杂职令兼都兵马录事。1274年又一次作为书状官出使元朝。他看到元朝穿胡服举行葬礼之后,他建议高丽应当穿高丽服。忠烈王时任阁门祗候兼监察御史,后任右正言、右司谏、杨广忠清道按廉使、东州副使、殿中侍史等等。后回三陟县头陀山龟洞隐居,堂号容安堂,这是根据陶渊明《归去来辞》取的,在这里写出了《帝王韵纪》和《内典录》。后将容安堂改为看藏寺。1298年忠烈王即位,任词林侍读学士左谏议大夫史馆修撰官知制诰、词林侍读学士试祕书监左谏议大夫、同签资政院事判祕书寺事崇文馆学士等。《东安居士集》是他的李衍宗编辑而成的。李承休为人忠正,过了七十岁命为重臣时,他主动上书要求收回任命:"俄判秘书事进同金资政院事上言:'本朝之制未有年过七十而拜显官者.因微臣改先王之制臣罪大矣,请收恩命。'王笑曰:'先生非他人比。'仍趣上,承休强就职才十数日,复上书乞退甚切,不得已从之。以密直副使监察大夫词林学士承旨乞仕。二十六年卒年七十七。"① 从李承休的生平来看,他具有精深的文学修养,同时又有着儒家与佛教思想,他具备了将坛君神话修改为檀君神话的能力。

李承休是第一个将坛君神话记载为檀君神话的文人,至少李承休应当作为考察的第一个对象。认定李承休是将坛改为檀的文人,并不只是根据他的生平做出的猜想,其主要依据有四:

第一,李承休明确宣称他删改了坛君神话。李承休写《帝王韵纪》时不是完全按照现有的文献记录的,不像一然那样照录文献的。李承休在《帝王韵纪》中说:

谨据国史,旁采各本纪与夫殊异传所载,参诸尧舜已来经传子史,去浮辞,取正理,张其事,而咏之,以明兴亡年代。凡一千四百六十言。②

这段记载对坛君神话的研究来说是极其重要的,一方面李承休直截了当地表明自己是坛君神话的修改者;另一方面李承休还清清楚楚地记述了删改坛君神话的原则。既然李承休记载的坛君神话是修改过的文本,那么从坛君

---

① 〔韩〕郑麟趾:《高丽史·列传十九·李承休》卷一〇六,首尔大学校奎章阁本。
② 〔韩〕李承休:《帝王韵纪·帝王韵纪进呈引表》,朝鲜古典刊行会昭和十四年景印原本。

神话到檀君神话是李承休修改的。李承休是如何修改坛君神话的,他都修改了哪些部分,都应当一一调查研究。这样就有可能研究清楚李承休的修改究竟产生了怎样的影响,明白李承休给坛君神话带来了什么。

第二,去浮辞、取正理、张其事的修改原则。去浮辞是要删除其中的荒诞的因素,使之变得合乎情理。取正理就是要使檀君神话的内容不只是合乎情理,还要表现出应有的思想。张正事是去浮辞、取正理的目的,也就是要弘扬坛君开国的功业。李承休没有采用实录的原则,自然有他自己的用意,李源的序文指出:"万代相承,理乱终始不出乎此,可谓通鉴之粹欤?"①也就是说李承休是按照理"万代相承"之理改编的,所谓"万代相承"就是正史化,正史化是李承休修改的一个原则。正史化的目的就是弘扬韩国民族的历史,李承休是"陪先代遗弓之诏"撰写《帝王韵纪》的,就必然颂扬君王,记述韩国的起源到高丽朝的历史:"中朝则从盘古而至于金国。东国则自檀君而洎我本朝,肇起根源,穷搜简牍,较异同而撮要,乃讽咏以成章。"②正史化就是要把坛君神话改编得更像官修正史,具有正史的品格,那么就必须删除和改编怪力乱神的不合理因素,其结果确实更像正史了,但远离了神话。

那么李承休删改了哪些荒诞因素呢?《帝王韵纪》删除了《三国遗事》中的熊与虎,熊女直接记载为了孙女,这也就删除了由熊而人的神话情节。"令孙女饮药成人身"一句意义不明,孙女是何人的孙女就是一个问题,从语境来看是桓因之孙女,或者是檀雄的孙女。不管是何人之孙女,可以明确的是天神的孙女,天神孙女吃了药之后变成了人类,这样由雌熊而人改成了由天神孙女而人。因而李承休称:"恭惟我主上殿下,于周为盛,于汤有光,天妹为妃。夫岂三韩曾见龙楼成集,实有百代难闻,万世奇逢,一时钟在。"③所谓的天妹就是天神的孙女,熊女被赶出了坛君神话。与孙女结婚的不是檀雄,而是檀树神,这样就消除了与儒家伦理不合的乱伦情节。在《三国遗事》的坛君神话中与熊女结婚的是桓雄,那么檀雄的结婚配偶是自己的女儿或孙女,这显然不符合高丽时期的人伦。李承休改编后的檀君神话几乎没有前后矛盾之处,相当协调完整,显然是由一个人修改整理过。如果是直录了民间传承的文本,因为很多人染指润色,前后矛盾、彼此不谐是必然的。但李承休记载的檀君神话完全没有此类问题,可以认为李承休做了大面积的修改。

第三,檀君、檀树神与李承休修改的其他佛教因素。佛教化是李承休改编的另一原则,佛教化的目的是宣扬佛教教义,李承休不是佛僧,但他是佛教

---

① 〔韩〕李承休:《帝王韵纪·序》,朝鲜古典刊行会昭和十四年景印原本。
② 〔韩〕李承休:《帝王韵纪·帝王韵纪进呈引表》,朝鲜古典刊行会昭和十四年景印原本。
③ 同上。

信徒。他宣扬佛教的目的很明显,《帝王韵记》明确记载:"龄之有地,心归佛陇,目属蚓函万轴,明窗趁日。"①李承休自言心归佛门,最后又记"头陀山居士、臣李承休"。李承休自称居士,已经明确表明了他的佛教信仰。《高丽史》本传记载:"性正直,无求于世,酷好浮屠法。"②他将隐居时的容安堂改称看藏寺,就是因为迷于佛教,《帝王韵纪》就是写于此时。李承休的《帝王韵纪》是佛教化程度相当高的文本,但《帝王韵纪》的佛教因素不都是李承休修改的,在李承休之前的《三国遗事》的坛君神话已经包含了相当丰富的佛教因素。那么如何判断哪些是原有的佛教因素,哪些是李承休修改的佛教因素呢?李承休在撰写《帝王韵纪》时改编和删除了与佛教不谐的所有因素,蒜是反佛教之物,李承休就删除蒜与艾草,将蒜与艾草改成了药,也就消除了蒜、艾与佛教的矛盾。熊女改成了桓因或檀雄的孙女,这样熊女就从坛君神话中消失了,保证了佛教血统的纯正性。在前文中已经指出,檀树神是佛教代表性的树神之一,坛树改成檀树之后,不只是完全变成了佛教神树,更重要的是檀君也具有了纯正的佛教血统。坛君、坛树与佛教没有不谐之处,但是改成檀君与檀树神之后,无疑使坛君神话的文本更接近于佛教,因而这也是佛教化修改的一部分。《帝王韵纪》檀君神话的佛教化比《三国遗事》的坛君神话浓重得多,一然抄录的坛君神话佛教化程度少一些。

第四,从初次标记为檀君的时间来看,李承休是将坛改为檀的修改者。一然的《三国遗事》与李承休的《帝王韵纪》差不多是同一时期的文本,在如此接近的时间里产生了从坛君到檀君的变化。这一变化最初就是出现在李承休的《帝王韵纪》,在13世纪末期除了李承休之外,没有第二个人记载为檀君。李承休是檀君神话的第一标记者,也是同一时间范围内的唯一记载者,因而他是从坛君到檀君的修改者。李承休将坛字改为檀字不是随性而为,完全符合他所宣称的修改原则,符合他的佛教信仰,也证明这是李承休修改的。《帝王韵纪》的佛教化不一定全部都是在李承休的手中添加的,但是他修改的部分还是能够确定的。坛与檀的一字之变看起来非常简单,但实际上这是神来之笔,精妙绝伦。没有深厚的文学与佛教的修养,不一定能够想到如此精妙的改动。经过这一字的改动,使坛君神话进一步走向了佛教化,使之完全成为佛教神话。李承休正是具有精深的官修正史与佛教的修养,他完全具备如此修改的能力。

坛君神话经历了不同的发展阶段,最初是坛君神话的阶段,接着是檀君

---

① 〔韩〕李承休:《帝王韵纪·帝王韵纪进呈引表》,朝鲜古典刊行会昭和十四年景印原本。
② 〔韩〕郑麟趾:《高丽史·列传十九·李承休》卷一〇六,首尔大学校奎章阁本。

神话的阶段。在长达700多年的时间里,一直标记为檀君神话,使檀君神话成了标准的标记。现在可以明白这一标准的标记是如何形成的,又是如何遮蔽了原始形态,使坛君神话研究走入了歧途。如果据此认为坛君神话是佛徒编造的,就更是不符合坛君神话的生成事实。由此来看还原到700多年前更为原始的坛君神话形态是不可回避的课题,只有立足于更原始的坛君神话形态才能够明白学术研究中的正确与失误。

二、北崖子:从檀树到朴达树

1. 弓矢材料的檀树与坛君神话

《帝王韵纪》将坛树改成檀树的目的是向佛教靠近,是佛教化的重要一环。但由此产生了另一种非佛教化的发展:檀树并非是檀香树,而是檀弓材料的檀树,两种树木都写为檀树,树名相同,但并非一物。同名异物本来就极易产生这种现象,但问题没有到此就结束,弓矢材料的檀树在韩国语还有另外一种读音朴达树。如果檀树与朴达树是同物异名,还不会引起麻烦的问题。但如果又是同名异物,就必然又衍生出一种树木,使问题进一步复杂化。

先来看看一般语言类辞书的解释,语言类辞书记载的是最为通行的说法,由此可以了解韩国学界与社会的流行看法。《大汉韩辞典》是语言类辞典,这本辞典清楚明白记载了中文檀树与韩文檀树名称的对应关系。

    韩文:[檀:단]:1,박달나무단(善木),《诗经》:爰有树檀。2,향나무단(香木)。①
    中文:[檀:단]:1,朴达树—檀,(善木),《诗经》:爰有树檀。2,香木—檀,(香木)。(笔者译)

檀树有两种,一是做弓矢的檀树,一是有香气的檀香木。这是同名异种的两种树木,它们的音读发音完全相同,단목皆对应为檀木。读音都源于中文,其根据是《诗经》。问题是没有香气的檀树还多了一种发音박달나무,即朴达树,这个发音与中文完全不能对应,说明朴达树的发音不是源于中文。没有香气的檀树就是做弓矢材料的檀树。上引的词条内容也见于其他的词条,参照其他词条,中文与韩文的檀树一词的对应关系更为清楚:

    韩文:[檀木:단목]:박달나무.

---

① 〔韩〕张三植:《大汉韩辞典》,首尔:省文社1964年,第726页。

中文：[檀木：단목]：朴达树。

韩文：[檀弓：단궁]：1，박달나무로만든활。《后汉书·东夷传》：乐浪、檀弓出其地。2，礼记의篇名。

中文：[檀弓：단궁(檀弓)]：1，以朴达树制成的弓。《后汉书·东夷传》：乐浪，檀弓出其地。2，《礼记》的篇名。

韩文：[檀香：단향]：檀香木의略称。
中文：[檀香：단향]：檀香木的略称。

韩文：[檀香木：단향목]：紫檀、白檀등 향나무의総称。
中文：[檀香木：단향목]：紫檀、白檀等香木的总称。①

这些条目的内容与发音同前文的词条完全对应，说明这些词的意义与发音相当固定，没有不同的看法。如果坛君神话是以韩文记载的，那么檀树就有可能记载为朴达树，那就会容易知道"神檀树"究竟是指哪一种檀树。李氏朝鲜时期的文人就是注意到这个问题，特别将檀树记载为了朴达树。但是李承休的《帝王韵纪》与其他文献几乎都是只记载为檀树，这就成了问题。

韩国语词典的解释与中文词典的解释基本相同，在中文词典中檀树也包括了两种檀树，一是做弓箭材料的檀树，一是有香气的檀树。《康熙字典》记载："檀……【说文】木也。【诗·小雅】爰有树檀。【注】善木。【郑风】无折我树檀。【注】强韧之木。【周礼·冬官考工记】郑注：辐以檀。"此外还有一种檀树："【本草】紫檀白檀。【纲目】总谓之旃檀。"②汉韩辞典的用例与《康熙字典》相同，韩文的词典多出了一个朴达树。

前文的研究已经证明，檀君神话的檀树不可能是檀香树，只能是坛树。这说明弓矢材料的檀树也不可能是坛君神话的坛树，因为檀香树是李承休改编坛君神话衍生出来的因素，弓矢材料的檀树又是在檀香树的基础上衍生出来的。那么弓矢材料的檀树就更不可能是坛君神话的原始因素，如果坛树没有改编为檀树，檀树中又包括了多种树木，就不可能使弓矢材料的檀树也进入到坛君神话。弓矢材料的檀树固然也可以作为坛树，但是坛树并不强调树种。因而坛树是不是弓矢材料的檀树，对坛君神话来说没有太大的意义。但

---

① 〔韩〕张三植：《大汉韩辞典》，首尔：省文社1964年，第726页。
② 《康熙字典·辰集中·木部》卷十四，中华书局2005年，第555页。

是坛君神话变成檀君神话之后,进入了新的发展阶段,弓矢材料的檀树也就影响了坛君神话,也影响了李氏朝鲜时期文人对坛君神话的认识,也就有必要研究弓矢材料的檀树与坛君神话的关系。

檀君神话的檀树其实是檀弓材料的檀树,这也是一种普遍的看法,因为弓矢材料的檀树是朝鲜半岛原产的树木,完全具备成为坛君神话原始因素的条件。朝鲜时期文人李瀷以为:"按《通考》:檀弓出乐浪。檀,非造弓之木,则以国号名之也。"①檀君神话以檀为国号,就是因为朝鲜半岛生长着檀树。但是李瀷对此也稍有疑问,他不是怀疑檀树与檀君朝鲜的关系,而是怀疑檀树并不是作弓矢的材料。安鼎福(1712~1791)字百顺,号顺菴、汉山病隐、虞夷子、橡轩、提川等,是李氏朝鲜后期的学者,崇尚实学。安鼎福在《东史纲目》中提出了类似的看法:

> 或云檀是国号(按《后汉书》秽传云:乐浪,檀弓出其地,檀非可弓之木,则似以国称而流传耳。)故其子孙皆称檀君,不可考。②

安鼎福也是根据中国的文献以为檀君朝鲜的国号与乐浪一带生长檀树有关,因为《后汉书》记载乐浪出檀弓。但他也认为檀树并非制作弓矢的材料,又以为坛君朝鲜的国号源于檀树的说法是不可考的。

用来制作弓矢的檀树是存在的,学名是 $Euonymus\ sieoldianus\ Bl$,高达十米的灌木,枝黄褐色,叶楠形,雌雄异株。③ 此类檀木性坚硬,故用来制作弓矢或车辆。檀树是最早进入到东亚人生活的树木之一,《诗经》魏风的《伐檀》与郑风的《将仲子》写到了檀树,名物学研究没有异议,一致认为这些诗歌中的檀就是檀弓材料的檀树。"无折我树檀":"朱传:檀皮青滑泽,材强韧,可为车。陆疏:檀木皮正青滑泽,与繫迷相似,又似驳马,驳马梓榆,其树皮青白驳荦,遥视似马,故名繫迷,一名挈檑。故齐人谚曰:上山斫檀,挈檑先殚挈檑。《尔雅》作楔檑,《论衡》枫桐之树,生而速长,故其皮肌不能坚刚。树檀以五月,生叶后彼春荣之。木其材强劲,车以为轴。《雅翼》、《淮南子》:十月檀。檀,阴木也。《木谱》:檀字,从亶,有黄白二种,叶如槐皮,青而泽,肌细而腻,体坚重,状如榆梓荚蒾。"④《诗经》已经出现了檀树,证明檀树是原产。郑风

---

① 〔韩〕李瀷:《星湖僿说·人事门》卷十五,尹以钦编《檀君:理解与资料》,第466页。
② 《东史纲目·杂说》附卷下,伊以钦编《檀君:理解与资料》,首尔大学校出版部2001年增补版,第476页。
③ 参见上原敬二:《树木大图说》第二册,东京:有明书房1959年,第910页。
④ 清·陈大章:《诗传名物集览·木》卷十二(第四册),中华书局1985年,第299页。

是现今河南一带的诗歌,说明河南一带有檀树。《尔雅》记载檀树:"六驳:六驳,木名,其皮青。白驳荦远,而望之似六驳之兽,因以为名。其木则梓榆也。《秦风》曰:山有苞栎,隰有六驳。又曰:山有苞棣,隰有树檖。毛氏直以为兽之六驳,则与苞栎棣檖不相类,故陆玑不从也。六驳锯牙之兽,能食虎豹者,其状如马,亦名驳马。此木既以六驳为号,故亦兼驳马之名。又曰马梓,今之檀木,皮正青而泽,与荚蒾及此木相似,故里语曰:斫檀不谛得荚蒾。"①此类檀树亦可食用或药用,与人类日常生活的关系密切。檀树与韩国民族有着特别的关系,古代史籍时常记载的檀弓,就以檀木制成而名。檀弓极为闻名,是中国东北与朝鲜半岛的名物,先秦文献就记载东北民族朝贡献弓箭。弓矢是韩国民族早期生活中不可缺少的用具,弓箭是狩猎的用具,狩猎曾是韩国民族的主要生存方式。弓箭用来于战争,朱蒙神话以及其他很多文献都记载了韩国民族善射的特征。坛君神话记载的檀树应当就是檀弓的檀树,这种树木不仅是原产,也是与韩国民族历史关系极为密切的树木。

然而这个问题并不是如此简单,问题在于坛君神话的檀树是神树,与坛树的性质完全不同。檀树如果是坛君神话的因素,那么檀树必须具有作为神树的历史,如果从来没有作为神树崇拜过,那么必然不是坛君神话的原始因素,树种的文化史是必须查考的问题。《诗经》有三首诗歌写到檀树,《将仲子》、《伐檀》、《鹤鸣》等三首诗均无神性。最容易与神性联系起来的是《鹤鸣》,鹤向来被认为是神性动物,既然与仙鹤在一起,檀树也应当有神性色彩。但《鹤鸣》的檀树并无神性色彩:"乐彼之园,爰有树檀。其下维萚,他山之石,可以为错。"②诗句描写的只是园中的檀树,与《将仲子》相同。鬼谷先生《遗书责苏秦张仪》:"子不见嵩、岱之松柏,华、霍之檀桐乎?上枝干於青云,下根通於三泉,千秋万岁,不受斧斤之患,此木岂与天地有骨肉哉?盖所居然也。"③在这段文字中檀树不是神树,至多有一点神性色彩。再看东方朔《谏起上林苑》:"夫南山,天下之阻也,南有江淮,北有河渭,其地汧陇以东,商雒以西,厥壤肥饶。汉兴,去三河之地,止霸产以西,都泾渭之南,此所谓天下陆海之地,秦之所以虏西戎兼山东者也。其山出玉石,金、银、铜、铁、豫章、檀、柘,异类之物,不可胜原,此百工所取给,万民所印足也。又有粳、稻、梨、栗、桑、麻、竹箭之饶,土宜姜芋,水多蛙鱼,贫者得以人给家足,无饥寒之忧。"④檀树是具有较高生活价值的树木,但显然不是神树。根据弓矢材料的檀树文

---

① 宋·罗愿:《尔雅翼·释木》卷九,丛书集成初编,商务印书馆1939年,第108页。
② 程俊英、蒋见元:《诗经注析·小雅鹤鸣》下册,中华书局1991年,第529页。
③ 清·严可均辑:《全上古三代文·鬼谷先生》卷八,商务印书馆1999年,第105~106页。
④ 清·严可均辑:《全汉文·东方朔》卷二五,商务印书馆1999年,第254页。

化史,难于将这种檀树对应为坛君神话的檀树。

韩国13世纪之前的文献非常有限,在有限的文献中没有记载檀树作为神树崇拜的历史。韩国文献有关檀树的记载基本上是从15世纪开始的,15世纪之后文献中的檀树或与坛君神话有关,或与佛教有关。此外有不多的文献记载了与坛君神话、佛教完全无关的檀树,此类文献中的檀树完全没有神性,宋征殷(1652～1720)《归来》:"弊庐寄林坳,归来守吾拙。柴扉昼常闭,穷巷断车辙。……灌圃滋兰蕙,芬芳手自撷。檀树荫前檐,风清忘暑喝。杖策陟后冈,旷望幽襟豁。人生贵适意,不须较穷达。栖迟任自然,此乐谁与埒。"①黄景源(1709～1787)《田庐·其二》:"茅栋负西峰,翠柏立其庭。下横一片石,可以望天星,檀树在东篱。异香满窗棂,栗林绕北楹。"②李麟祥(1710～1760)《树檀》:"我初居无屋,故人实营之。我屋初无树,而今日华滋。桃柳遂掩翳,竹梧交参差。分根自他园,灌培从手为。弊心非一日,良愧无屋时。点检有不慊,嘉植或芟夷。惟兹古檀树,不遗众力移。敢忘良朋贻,实抱贞固姿。垂华拂檐云,转阴清书卂。亭亭绝依附,内含香芬奇。咏叹怡我情,此意故人知。"③这些诗歌中檀树的树种不很明确,但可以确定的是全无神性的色彩,只是田园寻常山水的树木而已。这样的檀树显然不可能是神树,更不会成为坛君神话的因素。

2.《揆园史话》与朴达树即檀树

由于坛树改成了檀树,除了檀香树与檀弓的檀树之外,又引出了朴达树,朴达树就是檀树的韩文树名。较早提出这一看法的是在17世纪北崖子的《揆园史话》,《揆园史话》(규원사화,1675)刊行于1925年。北崖子生平不详,曾经参加科举,但均落第,后浪迹各地。《揆园史话》由《揆园史话序》、《肇判纪》、《太始纪》、《檀君纪》、《漫说》等部分构成。《揆园史话》主要参考了藏于岩洞中的《震域遗记》,《震域遗记》的作者是高丽末期的清平李茗。《震域遗记》参考的又是渤海的历史书《朝代记》,《朝代记》是世祖时可以看到的杂学著述,内容包括天文、地理、历史等。直到朝鲜初期仍然存在过,但后来失传。《揆园史话》从天地未分的时代开始一直记述到了坛君朝鲜。但此书记述的历史荒诞无稽,《肇判纪》写的是数百万年前,那是世界混沌未分的时期。

---

① 〔韩〕宋征殷:《约轩集》卷之一,影印标点《韩国文集丛刊》第163册,民族文化推进会1995年,第433页。
② 〔韩〕黄景源:《江汉集》卷之一,影印标点《韩国文集丛刊》第224册,民族文化推进会2001年再版,第9页。
③ 〔韩〕李麟祥:《凌壶集》卷之一,影印标点《韩国文集丛刊》第225册,民族文化推进会2001年再版,第466页。

20万年前天地已分,桓因大主神与桓雄天王带诸神和各种动植物准备来到人间。《太始纪》写的是桓雄受桓因之命引领三千神来到人间之事,当时正是蚩尤氏、高矢氏的时代,后又征伐了空桑,时间是 11000 年前。蚩尤与神农大战涿鹿,于九浑取得胜利。

《檀君纪》记述坛君建立了古朝鲜,古朝鲜历 47 代国君,统治了满洲、朝鲜半岛等地,长达 1100 年。阿斯达是渤海的中京,即现在的吉林市一带。《檀君纪》的部分内容更近于现实,偏离了神话的荒诞。坛君立国在位的时间是 93 年,这比《三国遗事》坛君治国的时间已经缩短了很多,但仍然难以认为是信史。坛君之后的古朝鲜国王在位时间更短,有的只有几年,这符合史书记载的一般情况。其实越是近于史书,伪造的因素就越丰富。逐渐地摆脱神话的荒诞性,增强历史性,但无疑更加远离了神话,这无疑降低了《揆园史话》的价值。①

《揆园史话·檀君纪》有一条记载非常重要,这条文献是衍生出朴达树的依据之一:

> 檀君者,朴达王俭之译也。盖神市氏,已降于檀木之下,而桓俭神人,复践于檀树下,故因以檀为国名,则檀君者,檀国之君也。而东语谓檀曰朴达,或曰白达,谓君曰王俭。当时无汉字,故只称白达王俭,而后世之述史者,译以檀君,复传至后世,则只记檀君字,而不知檀君之为白达王俭之译,此汉字之功罪相半也。②

北崖子以为檀树就是朴达树,是朴达树的汉译名称。坛君是朴达王俭的译名,古无韩国文字,只好译成汉文记载。檀即朴达,王俭即君,君是国王,王俭是坛君的名字。檀字的韩文读音是朴达(박달)或白达(백달),朴达即檀树,坛君下降地方的檀树就是朴达树。这是根据汉文译回到韩文做出的解

---

① 1.坛君在位 93 年,公元前 2333 年建立古朝鲜,以王俭城为都。2.夫娄在位 34 年,公元前 2240 年即位。3.嘉勒 51 年。4.乌斯 49 年。5.丘乙 35 年。6.达文 32 年。7.翰栗 25 年。8.于西翰 57 年。9.阿述 28 年。10.鲁乙 23 年。11.道奚 36 年。12.阿汉 27 年。13.屹达 43 年。14.古弗 29 年。15.伐音 33 年。16.尉那 18 年。17.余乙 63 年。18.冬奄 20 年。19.牟苏 25 年。20.固忽 11 年。21.苏台 33 年。22.索弗娄 17 年。23.阿勿 19 年。24.延那 13 年。25.率那 16 年。26.邹庐 9 年。27.豆密 45 年。28.奚牟 22 年。29.摩休 9 年。30.奈休 53 年。31.登兀 6 年。32.邹密 8 年。33.甘勿 9 年。34.奥娄门 20 年。35.沙伐 11 年。36.买勒 18 年。37.麻勿 8 年。38.多勿 19 年。39.豆忽 28 年。40.达音 14 年。41.音次 19 年。42.乙于支 9 年。43.勿理 15 年。44.丘忽 7 年。34.余娄 5 年。46.普乙 11 年。47.古列加 30 年。从公元前 2333 年到公元前 1128 年,47 代国君共 1205 年。

② 北崖子:《影印揆园史话·檀君纪》,한뿌리·북캠프 2005 年影印本。

释,然而根据汉文回译成韩文,无法保证与原初的文本一致。《揆园史话》指出汉译记录中存在的问题,《三国遗事》与《帝王韵纪》把韩文的神话故事译成汉文记录下来,因而出现了种种问题,尤其是事物名称更是难以回译成韩文。事物名称大多是使用音译的方法,汉文名词与韩文名词如果发音相似,就比较容易保持名词与实物一致。但是放弃音译名词,就很难还原韩文的口传文本。檀树与朴达树是如何对应起来的,如此对应的文献依据又是什么,都是不可回避的问题。但是《揆园史话》只是做出了檀树与朴达树的对应关系,没有提出任何证据。在《揆园史话》的基础上出现了另一本伪史书《桓檀古记》,其中倍达国的倍达就是朴达树。① 《揆园史话》是伪史,但产生了影响极大的坛君神话檀树的解读史。这种解读史也造就了社会历史,由此朴达民族或倍达民族成了韩国民族的代称。

韩文的辞典与相关研究一般以为朴达树是檀树的韩文名词,此说有《揆园史话》等文献的依据,因而成了现今的定说。如果说朴达树确实是檀树的韩国语发音,那么二者是同物异名,就不会存在太多的问题。但朴达树与檀树如果并非同物异名,而是异名异物,那就使问题变得更为复杂了。问题在于朴达树与檀弓材料的檀树并不是同一树种,这是完全不同的两种树木。两种树木的学名完全不同,特征差异也大,它们甚至不是同一科的树木。朴达树属桦树科 Betulaceae(자작나무과),桦木属 Betula。桦木科有100多种树木,白桦(자작나무)是其中的一种。朴达树是赛黑桦,学名 Betula schmidtii,日文名为オノオレ(おのおれかんば、斧折れ)。② 赛黑桦是温带乔木,高20~30米,多生长在高山深处。树皮暗灰褐色或黑褐色,叶有毛或无毛;叶片卵形、卵状椭圆形或菱状卵形。产于辽宁、黑龙江、吉林、内蒙古、河北、山西

---

① 坛君建立的国家是倍达国,倍达与朴达、白达的韩语发音相近。倍达国见于伪史《桓檀古记》,在坛君神话桓雄率桓国的一部分人在白山黑水(黑龙江与白头山之间)建立的国家就是倍达国,又称之为檀国或神市。因而韩国民族又称为倍达民族。倍达国建于公元前3897年。蚩尤是倍达国的国王之一,蚩尤起兵于黄河以北,攻击中国君王榆罔获胜。闻此消息,轩辕来攻,在涿鹿大战。蚩尤与轩辕大战70余次,蚩尤全胜,获得大片土地。蚩尤死后,倍达国的势力退出中国,残留的倍达国人就是"淮夷"、"崳夷"、"莱夷"、"岛夷"、"九夷"。此书是太白教教徒桂延寿于1911年编撰,李沂校阅,现存最早的版本为1979年版。有人认为此书是据《揆园史话》编写的。此书是按照先后存在过的国家来写的,分别是桓国、倍达国、古朝鲜、北夫余、高句丽、大震国、高丽。《桓檀古记》由《三圣记(上)》、《三圣记(下)》、《檀君世纪》、《北夫余纪》、《太白遗史》五卷(四种)构成。《三圣记》记载了桓国与倍达国的历史。《檀君世纪》记载了47代坛君(坛君不是人名,是君主的称号)的历史。《北夫余纪》记载了北夫余六代国王的历史。《太白逸史》记载了桓国、倍达国、三韩、高句丽、渤海国、高丽的历史。据说《桓檀古纪》是不同时期不同的人编写而成的,但实际上可能是上一个世纪70年代编造的。其中有不少是现代用语,只能认为是伪史。

② 〔韩〕李熙升:《国语大辞典(국어대사전)》,民众书林1983年,第1363页。

等省区,朝鲜、日本、俄罗斯(远东地区)也有分布。赛黑桦又称辽东桦、铁桦树(*Betula schmidtii Regel*)。① 檀弓材料的檀树学名是 *Euonymus sieboldianus Bl*,与桦木科黑桦的学名不同。此类檀树属卫茅科,又名山卫茅。落叶的小乔木,大的可高达 10 米。枝黄褐色,叶长楠圆形,叶主脉上有毛,雌雄异株。

图 2-14　朴达树(赛黑桦、黑桦)②　　图 2-15　檀弓材料的檀树③

赛黑桦与檀树极不相同,前者是高大的树木,后者是小乔木,也有的植物志记载为灌木,应当不难辨别。洪世泰(1653~1725)《白头山记》:

> 白头山,北方诸山之祖也。清祖自此起,去我北边三百余里。彼曰长白山,我曰白头山,两国以山上二江为界。然地极荒绝,盖莫得而详焉。……稍东有一岭,小白之支也。陟其上脊,望见白山,雄厚博大,千里一苍,而独其顶如覆白瓮于高俎上,厥名白头。以此岭底无撮土寸草,往往有松杉,为刚风所轧,皆矮而卷局。下岭而北,渡一潺湲,得平地数里。有树亦皆拥肿,高不过数尺,俗呼朴达云。过此则山皆童矣,时夕照半山,有片云出自山顶,下垂于地,俄卷而腾上,弥漫於天。④

---

① 刘慎谔主编、中国科学院林业土壤研究所编辑:《东北木本植物图志》,科学出版社 1955 年,第 195 页。
② 刘慎谔主编、中国科学院林业土壤研究所编辑:《东北木本植物图志》,科学出版社 1955 年,图版 93、94。
③ 〔日〕牧野富太郎著、本田正次编修:《原色牧野植物大圖鑑》,北隆館昭和五七年再版,图 895。
④ 〔韩〕洪世泰:《柳下集》卷之九,影印标点《韩国文集丛刊》第 167 册,民族文化推进会 1995 年,第 477 页。

这段记载也出现在成海应的《白山记》，成海应的《白山记》应当是转录了洪世泰的记载。从这一记载可以知道朴达树并不是赛黑桦，因为朴达树不高，只有数尺，但赛黑高达数十米，这与现代植物学的记载大体一致。高数尺的是弓矢材料的檀树，高数十米的是赛黑桦。《揆园史话》没有记载朴达树的特征，但洪世泰的记载提供了有关朴达树的珍贵信息。洪世泰的《白头山记》与《揆园史话》都是17世纪的文献，洪世泰的《白头山记》是可靠的。赛黑桦与檀树的分布不同，檀树的分布极为广泛，从南方一直到北方皆有檀树，但赛黑桦分布于中国东北与朝鲜半岛、日本。赛黑桦与檀树也有共同的特征，木质皆很坚硬，赛黑桦是中国东北最坚硬的树木。[1] 朴达树（赛黑桦）并不是作弓箭的树木，这也就是安鼎福认为檀树并非檀弓材料的檀树的原因。把檀树混同为朴达树之后，必然会认为檀树并非弓箭材料的树木。

那么朴达树的名称是如何产生的呢？朴达树名的产生可能关系到混同赛黑桦与弓矢材料的檀树的过程。申景濬（1712～1781）提出了他的看法。

> 神坛之坛虽作檀，而檀木有二种，一紫檀，有香，一俗名朴达木，坚致中材用。太伯山多紫檀，故名以妙香山。在太伯山下人以紫檀为檀君之檀，江东县之镇山曰：大朴山下有一大冢，世传檀君墓，大朴即朴达也，而以有檀君墓而名之也。[2]

申景濬认为朴达树是檀香树的异名，而不是弓矢材料的檀树的异名。这种看法显然更不着边际，既然朝鲜半岛没有檀香树，也就不会存在檀香树的韩文名称。但申景濬以为朴达树的名称源于大朴山的地名，大朴山有坛君墓，因而檀树又名为朴达树，所谓大朴就是朴达。所谓大朴或朴达之意大巧若拙；"人之患莫甚于巧，而惟拙为安身之妙道也。老子曰：大巧若拙。周濂溪着《拙赋》曰：巧者劳，拙者逸。余尝深味此二言，欲学而未能也。吾友某君某出自名家，家圻甸累世。一朝尽室入峡，隐居大朴山之下。闲与余邂郡中，叙旧相欢若平生，因求扁其所居。余取老杜用拙存吾道之句。大书扁之曰：

---

[1] 戚继忠、孙耀星、张立平：《铁桦树树种与资源分布的考证》，南京林业大学学报（自然科学版）》2009年第3期。

[2] 〔韩〕申景濬：《旋菴全书·疆界考·三朝鲜》卷四，尹以钦编《檀君：理解与资料》，第470页。

用存窝。某欣然曰:是吾志也。"①大朴与朴达并非同一个词汇,就算朴达不是假借的吏读汉字,是大朴的近义词,也不能认存在转换关系。其实朴达就不像是汉文词汇,《揆园史话》记载为韩文名词是正确的,是韩文发音的汉字音译标记。朴达一词的用例极其罕见,仅在清朝有二、三例而已。但在韩国文献中朴达一词出现的时间早得多,早在 13 世纪就已经使用了朴达一词。这说明朴达根本就不是汉文词汇,而是韩文词汇的汉文标记。申景濬不加辨析就认定为汉文词汇,并以为朴达与大朴是近义词,显然是毫无根据的说法。申景濬以为朴达就是无为而达,无为就是大朴或大巧。此类说法与坛君并没有多大的关系,坛君不是无为而达的人物。他建立了韩国民族的第一个国家,又带来了文明,显然称他为无为是不合适的。

朴达树的名称当源于朴达的地名,13 世纪的文献中已经出现了朴达的地名。李齐贤(1288~1367)《门下侍郎平章事,判吏部事。赠谥威烈公金公行军记》:

> 崔公从之,会于麦谷,与贼战,斩获三百余级,迫于堤州之川,流尸蔽川而下。搜山谷得老弱男女,送于忠州。牛马与获者,至朴达岘。②

朴达岘显然是高丽时期的地名,金世弼(1473~1533)《盗贼岩》一诗的诗序也记载了朴达岘:"义泉县朴达岘西洞,有岩竦立为峰。峰之左右崖岩,亦极峻险。谚传昔有盗贼藏匿为患,故名之云云。"③朴达岘有佛寺,名为朴达寺。孙起阳(1559~1617)《朴达寺望八公山》:"二年住在八公山,惯踏烟霞水石间。今日始知真面目,出山看胜在山看。"④《高丽史》也有相关的记载:"庚辰崔元世、金就砺追丹兵于忠原二州闲,战于麦谷,追至朴达岘大败之。"⑤《高丽史》还记载了朴达串的地名。朴达岘又名为朴达坂,或名为朴达岭。金昌翕《北关日记》:"从者指点东北隅曰寺出也,屋山突兀,檐棱甍角,历历分明。其奇幻不可

---

① 〔韩〕郑来侨:《浣岩集·用存窝记》,影印标点《韩国文集丛刊》第 197 册,民族文化推进会 1997 年,第 548 页。
② 〔韩〕李齐贤:《益斋乱稿》卷第六,影印标点《韩国文集丛刊》第 2 册,民族文化推进会 1990 年,第 547 页。
③ 〔韩〕金世弼:《十清先生集》卷之二,影印标点《韩国文集丛刊》第 18 册,民族文化推进会 1988 年,第 233 页。
④ 〔韩〕孙起阳:《螯汉集》卷之一,影印标点《韩国文集丛刊》续第 11 册,民族文化推进会 2006 年,第 182 页。
⑤ 〔韩〕郑麟趾:《高丽史·世家二十二》卷二十二,首尔大学校奎章阁本。

尽述,俄到朴达坂。寺僧十余持肩舆以待。路有二歧,右为门岩,左为朴达。"①李宜显《游金刚山记》:"自佛顶壹,踰朴达岭,始入松林菴。岭上有风穴,鹤巢壹,松林萧洒可参禅。"②朴达当为金刚山一个山岭的名称,黄德吉《金刚山志》:

  金刚山,古长杨之界。地志曰蓬莱,曰皆骨,曰枫岳。释氏之记曰怾怛,曰涅槃,曰金刚。……又西南为狮子、青鹤,又西南为大香罏、小香罏。至于长安之冈,东迆为内九渊之岭。南转为隐仙之台,盘而为百井九井。至于狗岭,南迆为内水站。环而为万景朴达。③

在裴龙吉《金刚山记》中也有类似的记载:"入山之路有五,先内山则一自淮阳由楸池,一自通川由萨岭,俱入长安。……一自朴达串,直上佛。"④显然朴达岘在金刚山,朴达串是朴达岘的另一名称。金刚山是佛教名山,有很多佛寺,朴达之名当非源于佛教,朴达寺的名称也是如此,佛典中并无朴达的记载。

  综合地名与树名的文献可以得出如下结论:第一,朴达的地名早于朴达的树名,朴达树名应当源于朴达的地名。从上述文献可以知道朴达的地名最迟在13世纪已经形成了,而且广泛出现于各类文献。朴达树名称起始的时间迟晚得多,直到17世纪到18世纪才出现,在坛君神话中出现朴达树差不多也是在这个时期。朴达的地名比朴达树的名称早了数百年,从时间的先后顺序来看,朴达树的名称当起源于地名。

  第二,朴达的地名与树名的关系。朴达树的名称与地名确实产生过关系,下面赵秀三(1762~1849)的诗歌正是记载了树名与地名的关系。

  赵秀三《檀岭》
  檀之释名为朴达,而定永间道有朴达岭,余以不典雅,故改之。
  楚原西望碧屏颜,望处那知此屡攀。
  万点海山争夕照,一场雷雨在人间。
  萦回去路如来路,横截西关及北关。

---

① 〔韩〕金昌翕:《三渊集拾遗》卷之二十八,影印标点《韩国文集丛刊》第167册,民族文化推进会1996年,第214页。
② 〔韩〕李宜显:《陶谷集》卷之二十五,影印标点《韩国文集丛刊》第181册,民族文化推进会1997年,第382页。
③ 〔韩〕黄德吉:《下庐集·金刚山志》,影印标点《韩国文集丛刊》第260册,民族文化推进会2000年,第413页。
④ 〔韩〕裴龙吉:《琴易堂集》卷之五,影印标点《韩国文集丛刊》第62册,民族文化推进会1991年,第101页。

欲向峰颠留大刻，从今应识释名檀。①

在前文的其他文献中已经涉及了北关，可知檀岭就是金刚山朴达岭或朴达岘。称朴达岘为为檀岭是因为那里生长着朴达树，朴达树又名为檀树，因而朴达岘又名为檀岭。这里所说的朴达树当是洪世泰《白头山记》记载的朴达树，而不是檀香树。赵秀三的诗歌迟于《揆园史话》，但赵秀三明确指出了朴达树与朴达岭的关系，这种关系在赵秀三写这首诗歌之前已经存在了，朴达树的名称当源于朴达的地名，至于朴达地名的起源是另外一个问题。

朴达树最初是指弓矢材料的檀树，那么如何又变成赛黑桦的呢？朴达树与檀树是完全不同的两种树木，如何混同为同一种树是一个难解之谜。不过可以肯定这种混同产生于古代，申景濬曾将檀树误解为檀香树，就说明古代有关檀树的知识相当混乱。檀树的名称混乱，与韩国母语的对应关系更为混乱，这就提供了充分的误读可能性。正如北崖子所说，汉字功罪将半。对于没有母语文字的民族来说，汉字功不可没，但另一方面汉译记录也留下了难以挽回的误读空间。古代名称与实物难以对应是普遍存在的问题，这也是古代植物学研究的主要问题之一。进入到实物层面研究的必要性也在于此，如果只在文学文本的层面永远难以发现误读。

3. 赛黑桦、桦树成为檀树的可能性

由于檀树的知识混乱，使弓矢材料的檀树变成了赛黑桦。然而这显然不是全部在树种知识层面上解决的问题，实际上这意味着赛黑桦进入到了日常生活的领域，否则赛黑桦是不可能变成檀树的。坛君神话发生在太伯山，太伯山的树木分布有可能影响到坛君神话文本的变异。太伯山即妙香山，太伯山的各种草木非常丰富。2009年联合国教科文组织（UNESCO）将妙香山指定为生物圈保护区，其中有30种原产植物，有16种濒危植物和12种濒危动物。太伯山有물박달나무，可直译为水朴达，这是桦木科的一种，中文名黑桦（black birch），学名 *Betula davurica*。② 既然太伯山有黑桦树，就完全可能成

---

① 〔韩〕赵秀三：《秋斋集》卷之二，影印标点《韩国文集丛刊》第 271 册，民族文化推进会 2001 年，第 385 页。

② 妙香山的树木主要有소나무（松树）、참나무（栎树）、찰피나무（云南椴）、물박달나무（水桦树）等等。妙香山有虎、熊、山羊、鹿、山兔子、野猪等 30 余种动物。参见《造景树木手册（조경수목핸드북）》（광일문화사，2000）、《树 木 易 查 索 引（나무쉽게찾기）》（진선출판사，2004）、《树 木 图 鉴（나무도감）》（도서출판보리，2001）。http://ko.wikipedia.org/wiki/%EB%B0%95%EB%8B%AC%EB%82%98%EB%AC%B4

为附会的根据,这样黑桦或赛黑桦就变成了檀树,然而这种可能性到底有多高是完全无法判断的。

如果从神树崇拜的角度来看,桦树也具有混同为朴达树的可能性。桦树是通古斯人的神树,作为神树的桦树与熊神崇拜有着特别的关系。鄂温克人的风葬仪式是剥完熊皮,把头与内脏以及各掌五趾、右上肋骨、下肋骨三根等等,要用桦树条捆好,头向东安葬在事先架好的两棵树,安葬熊的树必须是枝叶繁茂的松树。祭熊的仪式也很特别,德高望重的人要用叉子叉住熊的脑袋骨,另一只手要用叉子叉上桦树皮来燃烧熊的头骨。周围的人要唱歌,歌词是固定的。鄂温克人一方面认为熊是祖先,希望得到祖先的保佑。另一方面又害怕杀熊之后遭到报复,为杀熊的罪责开脱。① 鄂伦春人以桦树皮制作神偶和神像,也编制祭祀用品。每年正月十五日祭拜月神,要用桦树皮制作的盒子盛装满清水迎接月神。人死要用桦树皮包裹尸体,这样可以使灵魂得到安宁。桦树是鄂伦春人的图腾,鄂伦春人以图腾作为氏族群体的名称,鄂伦春古老氏族敖伦干(驯鹿族)、查拉邦克干(桦树族)等,就是以图腾为氏族的名称。桦树作为了氏族的名称,也就意味着桦树就是这一氏族的图腾。桦树也是乌德盖人的神树,每次进山打猎,要在桦树或杨柳上祭祀。

桦树成为通古斯人的神树,是因为桦树在通古斯人的生活中使用范围极为广泛,具有三千多年的使用桦皮制品的历史。② 北美的加拿大与美国的印第安人也使用桦皮制品。有人以为印第安人原居于东北亚一带,后迁移到了

---

① 王为华:《鄂伦春族图腾文化:人类远古的幻想与寄托》,《鄂伦春原生文化研究》,黑龙江人民出版社2009年,第261页。
② "我国早在3000年前黑龙江省东部地区就有'桦树皮文化'。黑龙江广安县镜泊湖边的营歌岭原始遗址出土的撑皮器皿距今有3000年之久;内蒙古扎赉诺尔鲜卑古墓中.出土有32件桦皮圆盘;内蒙古额右旗拉布达林鲜卑古墓内有弓袋、箭杆、桦皮桶、桦皮人像、圆盘等桦皮制品出土;内蒙古巴尔虎左旗甘殊尔花3号石棺墓,出土一件桦皮捅。此外吉林大安县月亮泡渔场汉书二期文化墓地、黑龙江绥滨奥里米古城附近的女真墓、吉林延清县罗子沟原始基地、吉林夫余明代女真墓中都出土过桦树皮器皿随葬品,这说明早期的鲜卑人、契丹女真利岂韦入就用桦树皮制作器皿,用于生产生活。后来的鄂伦岑人、鄂温克人、赫哲人和达斡尔人传承了这一奇特文化,时至今日他们还在生产生沼中沿用桦树皮制品。"(《鄂伦春原生态文化研究》,第124页。)

北美洲。① 通古斯诸民族以桦树皮制作各种生活用品,桦树成了生活中不可缺少的东西:"《巴彦县志》:桦有黑白二种,白者曰香桦,黑者曰臭桦。白者皮厚而光,取其皮可以引火,虽新剥亦燃。又可制为筐篓、水桶等物,其材脆弱,祇供烧炭而已。黑者皮皱而材甚坚,可作犁具及各项农器之用。"②生活中无处不用桦树,用来覆盖屋顶,还造小船,桦树为通古斯诸民族提供了丰富便捷的生活。桦树的汁液还是鄂伦春人的饮品,每年春季桦树汁液最多,在树根轻轻地划一个口,汁液就会流出,很快就能灌满一桶。清澈透明,味道清甜,是极好的天然饮料。

桦树是各种生活用具的材料,桦树还可以作为制作弓矢的材料。鄂伦春族弓箭的弓背是用松木做的,弓弦是用犴皮条制成的,箭杆是桦木做的,箭尾饰有羽毛。《文献通考》记载契丹人"弓以皮为弦,箭削桦为簳",③鄂伦春人早期的箭头是石镞或骨镞,后来传入了铁器,就以铁为镞。④ 鄂伦春人的《白桦岭的故事》(1963年暴侠搜集整理,鄂伦春族白彦讲述,黑龙江黑河地区。)写了两个部落的战争,战争使用的是箭和刀,射出去的箭杆满山遍野,后来都变成了满山的白桦林。这是山神爷白纳恰在告诫不要仇杀,要互相和睦相处。⑤《黑龙江志稿》记载:

    《柳边纪略》:山谷多桦木,土人以为箭筈,为鞍板,为刀柄,皮以贴弓,为车盖,为穹庐,为札哈。缝之为栲栳,大担水,小盛米麸,谓之桦皮斗。⑥

《柳边纪略》是记述17世纪后期满族生活的著作,但书中并无上述段落。看来这是《黑龙江志稿》的作者张伯英根据《柳边纪略》改写的,《柳边纪略》可以看到相关的内容。桦树是最为普遍的山树之一,所谓的土人当是指比满族人更为落后的通古斯其他小民族。由于桦树是制作弓矢的材料,有可能误以

---

① "桦皮文化在我国有久远的历史。据在黑龙江省宁安县镜泊湖南瑞的莺歌岭原始遗址上层的碳14年代测定,一号房址出土的桦皮器皿今为2985±100年。在三千年前,我国北方少数民族中已有桦皮文化遗存,它的起源可能比应当更早。如北美印第安人的桦皮文化,几乎和东北亚地区一些民族的桦皮文化是一样的。而印第安人约于2~3万年以前是从亚洲迁移去的,即可能开始于冰河时代末,那时亚洲和美洲在现今的白令海峡处有陆地相联。"(赵复兴:《鄂伦春研究》,内蒙古人民出版社1987年,第86页。)
② 清·张伯英:《(民国)黑龙江志稿·物产·植物》卷十四(第9册),民国二十一年本,第22页。
③ 元·马端临:《文献通考·契丹上》卷三四六(下册),中华书局1986年,第2710页。
④ 陈伯霖:《黑龙江少数民族风俗》,中央民族学院出版社1993年,第58页。
⑤ 隋书金编:《鄂伦春民间故事选》,上海文艺出版社1988年,第152页。
⑥ 清·张伯英:《(民国)黑龙江志稿·物产志》卷十四(第9册),民国二十一年本,第21页。

为檀树,朴达树的名称也有可能源于通古斯人,①然而此说也存在不少疑问。桦树似乎也曾进入过韩国人的生活,②但韩国人并没有像通古斯人那样广泛的桦树文化。桦树是通过通古斯人成为坛君神话因素的看法,也只能是一种可能性。

  檀香树、弓矢材料的檀树与赛黑桦属于13世纪之后坛君神话发展的一部分,相关的研究也只能揭示13世纪之后坛君神话的演变历史,并不能还原13世纪之前坛君神话的生成过程。但是如果不对檀香树、弓矢材料的檀树与赛黑桦进行研究,就不能彻底断定坛树是否为原始形态。檀树,檀香树、弓矢材料的檀树与赛黑桦成为坛君神话的因素,皆源于《帝王韵纪》。《帝王韵纪》将坛树记载为檀树之后,就引出了檀香木,又由檀香树引出了檀弓材料的檀树,再由檀弓材料的檀树衍生出了朴达树,檀香树、弓矢材料的檀树与赛黑桦都是13世纪之后形成的衍生因素。尽管檀树的标记延续了700多年,但还原了坛树的演变过程之后,可以毫不怀疑地认定这不是正确的标记。

---

① 关于朴达的词源有如下看法:其一、朴达一语源于蒙古语。乌兰巴托(*Ulaan baatar*)是蒙古的首都,乌兰(*Ulaan*)是明亮或红色,巴托(*Baatar*)是英雄(英雄),乌兰巴托是伟大的人的意思,或者是红色英雄城、伟大的英雄城。巴托、巴图鲁的发音与朴达、白达相近,以巴托和巴图鲁解释朴达,就是英雄的意思。朴达树就是英雄之树,坛君成了伟大的人君。据说坛君创建的是倍达国,倍达的发音与朴达、白达相近。其二、朴达一语源于女真语。朴达或白达一词源于女真萨满,《大神神歌》歌颂的大神中有按巴瞒尼和巴图鲁瞒尼,按巴是大,瞒尼是英雄,此语之意就是大英雄,巴图鲁瞒尼即勇敢的英雄。其三、为朴达一词源于韩语。朴达即明亮的土地(밝달,밝은땅),坛君即明亮国土的君主。这种解释与阿斯达结合起来,阿斯达就是早晨的土地(아사달은아참아사)의땅(달)),那么与朴达之君的意义相合。这些语源学的研究不免带有浓重的猜想痕迹,仅以语词发音的相似性为依据显然不够充分。恐怕还需要考察17世纪的历史文化的状态。

② 京都大学考古学教授有光教一在第11届(1960)日本朝鲜学会上做的报告是《关于白桦树皮制冠帽(白樺樹皮製冠帽について)》,可见韩国民族也有利用桦树皮的习俗,这一习俗与通古斯人相通。

第三章　坛君神话的文化因素

第一节　坛君神话中的三个天符印是三神器？

一、三个天符印不是三神器

三个天符印是坛君神话研究中争议最多的问题之一,问题主要是围绕着天符印为何物展开的。著名的韩国文学史家张德顺认为三个天符印是神、大自然、人间,柳东植认为天、地、地狱是三个神器,林基中认为三个天符印是风伯、雨师和云师。各种说法之间差异极大,也没有多少联系。或认为三个天符印是神器,或认为是自然,或认为是三个天神等等,如此不同的事物被释为三个天符印,不能不说三个天符印的研究已经到了随意猜想的程度。

较为流行的一种看法认为三个天符印是三个神器,崔南善是最早开始研究韩国神话的韩国学者之一,他的看法产生了广泛的影响。崔南善认为三个天符印是三个神器,即镜子、神剑、神帽,三个神器即萨满的三个神器。[①] 三个天符印即三神器的看法虽然是学术界的主流看法,不过具体解释并不相同。韩国学者李载浩也赞成三神器说,但他的三神器与崔南善的三神器稍有不同:

> 这(天符印,笔者注)是标示神的威力和灵验力量的神圣符印,文献中没有记载三个符印是什么,虽然不能明确地知道是什么,但据东北亚的遗留实物退一步思考,就可以认为是镜子、刀、铃铛。日本神话之中也有镜子、刀、玉器等三个神器。[②]

这种看法与崔南善看法的继承关系非常清楚,神帽换成了铃铛,神剑换

[①] 〔韩〕崔南善:《檀君古记传略》,《思想界》二卷二号(1954),汉城思想社。黄浿江《试论檀君神话》,《韩国叙事文学研究》(首尔:檀国大学出版部 1972 年)、首尔大学国文学教授合撰的《韩国文学论纲》(北京大学出版社 2003 年)也有此类看法的评介,可知此类看法在学术界具有相当高的普遍性。

[②] 〔韩〕一然著,李载浩译注:《三国遗事》卷一(第一册),舎출판사 1997 年,第 66 页。

成了刀,但神剑与刀是同类替换,镜子是完全相同的因素。李载浩特别指出这种看法与日本神话研究的关系,这是借鉴和移用了日本神话研究的成果。韩国学者王熙子(音译)发表过比较研究日本神话的三神器与坛君神话三个天符印的论文。①

日本学术界也研究过坛君神话的三个天符印,九州大学教授松原孝俊曾经引用大林太良的成果,论述过他对三个天符印的看法:

> 如果从比较神话学的角度来看,檀君神话也是非常有趣的资料。例如,"天符印三个"是以三件神宝的组合象征了神圣的王权,"三"这个象征性的数字,使人很容易想到日本神话的"三种神器"。正如吉田敦彦、大林太良二氏所说,"三"为一组的组合方式可以看成是印欧语族古老传统世界观为基础的"三机能体系"结构。熊女与人类的男子通婚,成为特定集团始祖的母题,与居住于东亚阿姆尔河流域的通古斯神话类似(大林太良语)。桓雄天降的部分与日本天皇家神话主干的天孙降临神话酷似②

松原孝俊的看法非常清楚:一是肯定了三个天符印与三神器的关系,二是肯定了坛君神话中的三机能主义,三是肯定了坛君神话与通古斯神话、日本神话的相似性。既然坛君神话与日本神话相似,那么完全有理由认为三个天符印就是三神器。从二战之前开始一直到现在,韩国与日本学界都有不少人持有这种看法。尽管也提出过其他的看法,但没有能够动摇这种看法的根基。

三个天符印就是三神器的说法能够长久地流行,必然存在支撑这种看法的特别理由:

其一,三神器的空间、时间范围的根据。三神器为东亚普遍存在的器物,考古学者在东亚三国都发现过青铜的三神器。三神器经常出现于日本,也出

---

① 〔韩〕王熙子(왕희자):《檀君神话的天符印三个与日本天照神话的三种神器研究(단군(檀君)신화의天符印三個와 일본아마테리스(天照)신화의三種의神器연구)》,国际比较韩国学会《比较韩国学(비교한국학)》第五辑(1999年12月)。

② 〔日〕松原孝俊:《朝鲜神话研究的最前线(조선신화연구의 최전선—檀君神話를 中心として)》,《由里伊卡(ユリイカ)》1997年2月号。松原孝俊反对否定坛君神话的看法:"如果随即断定以坛君建国的过程为主题的英雄谭,是一个宗教家的思辨或梦想家的幻想产物,不是神话,而认为是荒诞无稽、幼稚胡编的故事,那么笔者不能赞成这种看法。相反我认为在神话学世界观的结构之中,相当忠实地保存了东亚诸民族特有的神话因素。"

现于朝鲜半岛,还经常出现于中国东北,尤其是辽宁一带。① 从考古学角度来看,在一定的空间范围内经常出现相同或相似的文物,可以证明在相应的空间范围内产生过交流关系。既然三神器的空间分布范围覆盖了朝鲜半岛与日本,证明了二者的交流关系,那么在日本神话与韩国神话中形成相应的三神器并非偶然。因而完全可以将日本神话中的三神器移用于坛君神话,认为三个天符印即三神器。这种交流的关系有助于认识考古实物,也有益于时间的判断。从三神器的形成时间来看,也与坛君神话形成的时间大体吻合。一些学者认为坛君神话形成于青铜器时代,即公元前10世纪到公元前3世纪。坛君神话被认为是青铜器时代的产物,那么神话的诸因素就应当是青铜器时代的事物。三神器在青铜器中已经出现,这不仅在时间上提供了三个天符印即三神器的证据,也证明坛君神话确实是青铜器时代的产物。文献记载与考古遗物完全吻合,无疑可以有力地证明三个天符印即三神器的说法。然而在这里不可忘记的一个前提是必须研究清楚天符印为何物,在找到正确答案之前,考古学的发现并不能证明日本神话与坛君神话有着相同的三神器。只有研究清楚天符印为何物之后,才能够知道坛君神话中的天符印是否与考古遗物的三神器对应。在完全解决这个基本问题之前,无法认为三个天符印即三神器的说法是正确的。

其二,萨满教与坛君神话的关系是坛君神话研究的基本方向。萨满教是东北亚普遍存在的原始信仰,坛君神话也确有萨满教的因素,那么以萨满教的因素解读坛君神话也是必然的方法。萨满教是一种原始宗教,萨满教的形成时间也提供了萨满教的三神器成为坛君神话因素的可能性。然而这里也存在一些不利于这一研究方向的问题:萨满教的法器多种多样,并非限于镜子、刀、铃铛。韩国的萨满教仪式中还使用扇、枪、鼓、锣、杖鼓等等。杖鼓是最重要的法具之一,也是最低限度的法具,没有其他的法具,也不能没有杖鼓。② 那么为何在坛君神话的三神器中没有杖鼓呢? 日本神话的三神器中没有鼓,那么坛君神话的三个天符印中也不应当有杖鼓,三个天符印的三神器是按照日本神话的三神器选定的。在韩国萨满教的多种法具中,刀、镜、铃并无固定的组合关系,这与日本神话的三神器不同。萨满教仪式中使用的器具和服装一般称之为法具,并不称为神器。现在也有人将神偶与法具合称为神器,然而这种意义上的神器与日本神话中的神器不同。上述种种问题是必须解决的,否则三个天符即三神器的看法难以成立。东亚有类似的萨满信

---

① 参见金元龙《韩国考古学概说》,一志社2001年。
② 参见崔吉城《韩国的萨满教(韩国のシャマン教)》,弘文堂1984年。

仰，在理论上可以将日本神话的研究成果移用于韩国神话。然而实际上是否可以移用还需要看具体情况，决不可以将三神器直接套用在三个天符印。

研究三个天符印必须解决的第一个问题是何为天符印，那么天符印是什么呢？天符印可以有两种解释，一是天之符印，一是天符之印。先来看第一种解释，天之符印应当就是天上的符印，天是符印的修饰语，表明符印是天神所属的东西。桓雄由天而降，他携带的符印是天帝桓因所赐，自然就是"天符印"，但符印的基本意义没有变化。符印是本质性的因素，符印为何物是最重要的问题。符印是古代社会政治活动中经常使用的信物凭证，是符节、印信的统称。符、符玺、符节、符传、符契等都可称之为符印。符与印是两种东西，将两个字合在一起，概括了所有的符节、印信。权近之孙为权近的应制诗写了详细的注释，记载"受天三印"，《世宗实录》亦记载为"受天三印"，此类意义与符印比较接近。李丙焘以为："此语不明，但应当是三个人接受了统领的三个印绶。风、雨、云在农耕社会中具有重大关系的气象，掌控气象的魔法师才是最重要的职责。"①金思烨以为："天符印三个：根据下文所记风伯、雨师、云师三神，指三神的印绶。"②这种看法比较正确，但也存在尚需讨论的余地。李丙焘与金思烨都是将三个天符印与风伯、雨师、云师结合起来，其实也就是三个天符印分属于三个天神。此说显然不符合坛君神话，在坛君神话中是桓雄从桓因手里得到了三个天符印，而不是风伯、雨师、云师从桓因手中得到三个天符印。三个天符印只能属于桓雄，是他从天上来到人间的通行证和权力的标志，这是由符印的性质决定的。

符印中大体包括了两种东西：一是图章和印了图章的纸张；一是指特定的一些实物，主要是竹、木、金、铜等材料制作的信物，上面刻写文字。有时将符节分为两半，分持于两个人手中，如果能够对上，就可以成为信物。两类符节和印信都是朝廷发布命令的凭证，可以用来调遣兵将，执行公务。汉代马援《上书请正印文》记载：

> 臣所假伏波将军印，书"伏"字，"犬"外向。成皋令印，"皋"字为"白"下"羊"；丞印"四"下"羊"，尉印"白"下"人"，"人"下"羊"。即一县长吏，印文不同，恐天下不正者多。符印所以为信也，所宜齐同。荐晓古文字

---

① 〔韩〕李丙焘撰、金思烨译：《韩国古代史》上册，《金思烨全集》第26册，六兴出版社五四年，第108页。
② 〔韩〕金思烨译：《三国遗事·纪异第一》卷一，《金思烨全集》第25册，金思烨全集刊行会2004年，第54页。

者,事下大司空,正郡国印章。①

这段文字记述得非常清楚,官职不同,官印就不同,官印上的文字也不相同。官员执印以为凭证,是国家秩序正常运转的保证。符印的字一般用篆字:"汉末,又有蔡邕,采斯、喜之法,为古今杂形,然精密简理不如淳也。……秦既用篆,奏事繁多,篆字难成,即令隶人佐书,曰隶字。汉因行之,独符印玺、幡信题署用篆。隶书者,篆之捷也。"②从字体到材料,符印都有特定的规定。

一般而言朝廷官员手中的符印有多枚,至少要有三枚以上。《唐六典·尚书礼部》明确记载:

> 凡内外百司皆给铜印一钮。(其吏部、司勋各置二印,兵部置一印,考功、贺部、金部、尚食、尚乘局各别置一印。其文曰'某司之印',东都即云'东都某司之印'。内外诸司有传符、铜符之处,各给封符印一枚,发驿封符及封鱼函则用之。诸司从行者各给行从印,其文曰'某司行从之印';驾还,则封纳本司。)凡内外百官有鱼符之制。(并出于门下省。)③

官府机构一般有一枚机构铜印,还要有传符或铜符印一枚,官员还有官员之符,即所谓的鱼符。由此来看官府机构至少有三种符印,这就与坛君神话相合,正是所谓的三个符印。符印为何物并不难搞清楚,也不大容易误解为其他的事物,甚至是常见的语言类工具书上都有十分明确的解释。之所以众说纷纭,诸说并立,是因为在研究方法上出现了问题。在还没有研究最基础性的问题之前,就急于将三个天符印与其他事物或坛君神话中的其他因素联系起来,也就必然不会得到正确的结论。

中国文献中的符印与坛君神话的符印是否能够完全等同,似乎也是一个问题。坛君神话毕竟不是中国的神话,中国的符印也不一定等于韩国的符印,因而有必要研究韩国的符印为何物。一般而言在东亚文化圈中,尤其是古代文献中,事物的名称是通用的。但为了慎重,还是有必要调查一下韩国文献中的符印为何物。一然的《三国遗事》撰述于高丽时期,《高丽史》时常使

---

① 汉·马援:《上书请正印文》,参见清严可均辑《全后汉文》卷十七(上册),商务印书馆1999年,第162页。
② 清·顾炎武著、黄汝成集释:《日知录集释·日知录之余》卷一(下册),上海古籍出版社2006年,第1875页。
③ 唐·李隆基:《唐六典·尚书礼部》卷四,三秦出版社1991年,第92页。

用符印一词:"遣右正言田文胤如蒙古贺改元,谢赐符印兼赍祝寿文而去。"①这里所说的符印就是指作为使节的符印。又:"忠肃素闻其名,及即位授成均祭酒,命掌符印在左右。"②成均祭酒掌管君王符印,这是朝廷要职。朝廷有朝廷的符印,各级命官皆有各自的符印,县令亦有县令的符印:"金礼谋不轨,啸聚徒众,劫夺县令符印,发仓赈贷,村落饥民多附之。"③符印是古代普遍使用的凭信,是破获贼军时必须收缴的重要物品:"神骑郎将丁纯佑突入贼中,斩持纛者,贼奔溃。乘胜斩八十余级,虏二十余人,并获杨水尺一人,得牛马数百匹,符印、器仗甚众。"④收缴了符印,就意味着权力的丧失,因而在韩国古代社会之中符印也是极其重要的器物。在一然生存的时代,高丽的符印与中国的符印没有什么不同的本质。坛君神话的三个天符印只能是符印,桓因赐给桓雄三个天符印,意味着桓因将到人间建立国家的权力交给了桓雄,也象征着桓雄得到了主宰人间万事的权力。三个天符印象征着王权,其意义与坛君神话的故事内容完全吻合,表明坛君朝鲜是得到天帝的批准建立的。

很多学者将天符印释为神器,那么何为神器也是一个问题。神器之语见于先秦,《老子》云:"将欲取天下而为之,吾见其不得已。天下神器,不可为。为者败之,执者失之。"⑤国家与神器具有同等的意义,神器之得与失乃是神意,不可人力为之,人力所为,必然失败。《汉书》记载汉高祖得天下神器,登基为帝:"世俗见高祖兴于布衣,不达其故,以为适遭暴乱,得奋其剑,游说之士至比天下于逐鹿,幸捷而得之,不知神器有命,不可以智力求也。"⑥神器的变易意味着朝代的更替,"鼠在所居,人固择地。斯效智力,功立名遂。置酒咸阳,人臣极位。一夫诳惑,变易神器。国丧身诛,本同末异。"⑦神器是国家最高权力的象征物,神器与符印的本质差异是十分明确的。符印也是朝廷权力的象征,但是符印可以有很多,每一个官员都要拥有自己的官印。每一次发布朝令,都要使用符印。但是每一次朝令,并不一定需要动用神器。神器不能随意移动,但朝廷命官都可携带符印,随着官员的活动不断地变换地点。

---

① 〔韩〕郑麟趾:《高丽史·世家二五·元宗一》卷二五,首尔大学校奎章阁本。
② 〔韩〕郑麟趾:《高丽史·列传二二·尹宣佐》卷一〇九,首尔大学校奎章阁本。
③ 〔韩〕郑麟趾:《高丽史·列传四三·叛逆四·韩恂》卷一三〇,首尔大学校奎章阁本。
④ 〔韩〕郑麟趾:《高丽史·列传十六·金就砺》卷一〇三,首尔大学校奎章阁本。
⑤ 周·李耳撰、魏·王弼注、唐·陆德明音义:《老子》第二十九章,《二十二子》,上海古籍出版社1985年,第3页。
⑥ 汉·班固撰、唐·颜师古注:《汉书·叙传第七十上》卷一百上,中华书局1997年,第1067页。
⑦ 唐·司马贞:《史记索引》,参见(汉)司马迁《史记·李斯列传第二十七》卷八十七,中华书局1997年,第649页。

神器是只有皇帝拥有的象征物,神器不可随意移动。在韩国古代的文献中,神器也有着相同的意义,也是国家最高权力的象征。李承休的《帝王韵纪》记载:"元庙复神器(以是年十一月二十三日即复位),势似再乾坤。"①元庙、乾坤与神器都是国家最高权力的标志,与符印的意义不同。

符印与神器的有些功能和意义重合,符印也可以是国家最高权力的标志。《史记正义》:"近臣擅国符印,将谋社稷,则辅生翼;不然,则死也。"②近臣擅国符印,使国家秩序大乱,这是国家最高权力动摇和变更的迹象。这里所说的符印并不直接就是指神器,但近臣窃取权力,可以自由支配符印,也就离窃取神器不远了。《前汉纪》记载:"佗大笑曰:'吾不起中国,故王此,使我起中国,何遽不若汉?'乃遂受符印称王,赐贾囊中装直千金。余赠送亦千金。"③汉高祖初定中国,尉佗平南越,号南越王。高祖派陆贾带着南越王印,出使南越。这里的符印不是指国玺,而是王印,持符印称王与持国玺称帝完全不同。有时剑可以作为符印,也可以作为神器。同样是剑,但代表的意义并不相同。作为神器的剑如被夺走,那么意味着国家的更替。失去了作为符印的剑,并不意味着国家的颠覆。符印与神器虽有重合之处,但基本界线明确清楚,不至于将神器与符印混为一谈。

将符印释为神器是完全错误的解释,如果将"天符印"释为神器,意味着天上皇权秩序的更替,意味着桓因天帝地位的终结。但坛君神话中并无桓因的天帝地位终结或更替的迹象,桓雄是代表天帝桓因降临人间,不是要推翻天帝,他的一切行为是天帝皇权的延伸。他携带的只能是符印,不可能是神器。日本神话的三神器不是符印,具有与符印不同的性质和功能。在研究清楚了何为符印和神器之后,可以明白关于天符印的诸说是何等不着边际。张德顺的神、大自然、人间,柳东植的天、地、地狱,林基中的风伯、云师、雨师,与符印更是毫无关系。符印是象征特定权力的实物符号,这种意义完全符合坛君神话的情节。虽然符印的意义尚有不明之处,但不至于释为神器等各种事物。

符印的起源时间很早,完全可以成为神话的因素。清代学者俞正燮撰有《符考》一文:"盖符者,三代时在物为名瑞,曰符瑞契,曰符契节,曰符节。汉始有铜竹符,定名之。"④俞正燮以为三代时已出现了符印,只是早期的符印

---

① 〔韩〕李承休:《帝王韵纪》卷下,朝鲜古典刊行会昭和十四年景印原本。
② 唐·张守节:《史记正义》,参见《史记·天官书第五》卷二十七,中华书局1997年,第330页。
③ 汉·荀悦:《前汉纪·高祖四》卷四,《景印摛藻堂四库全书荟要》第156册,台北世界书局1986年影印本,第35~36页。
④ 清·俞正燮:《癸巳存稿·符考》卷七,中华书局1985年,第206页。

相当粗糙简单。俞正燮的说法在《周礼》《尸子》等文献中可以找到印证。①俞正燮则是用《史记》等文献考述了符印的起源:"《史记·五帝本纪》云:'黄帝合符釜山。'《后汉书·方术传》序,'铃决之符'。注引《玉铃》篇及《元女六韬要诀》云:太公谓武王曰,主将有阴符八等。符长一尺至符长三寸。诸奉使行,符稽留,若符事闻,闻符所告者,皆诛阴符云。以近通远,从中应外,阴通言语是也。《史记·信陵君列传》云:'得虎符,夺晋鄙军。'《汉书·文帝纪》云:'二年,为铜虎符,竹使符。'"②各个时代的符印各不相同,朝廷使用的符印皆有特别的规定,不是任意制作的东西。符印最初起源于何时不明,但是商周之时应当已经有了符印。

符和印组合为一个词的时间比符印出现的时间迟晚,这个时间是在战国后期或秦汉之际。较早使用符印一词的文献是《六韬·王翼十八(王者行师必用人以爲羽翼)》:"伏旗鼓三人,主伏旗鼓,明耳目,诡符印,谬号令,闇忽往来,出入如神。"③文中的符印当与坛君神话中的符印无异,皆为符节与印信的总称。《六韬》旧题为周朝吕望所作,但此书为后人托名吕望而作的伪书。《六韬》最早著录于《隋书·经籍志》,《汉书·艺文志》未载《六蹈》之名。仅著录《太公》二百七十三篇,《谋》八十一篇,《言》七十一篇,《兵》八十五篇。此书虽然一般被认为是伪书,但汉墓出土了竹简本。山东临沂银雀山汉墓土的《六韬》残简和河北定县汉墓出土的《大公》残简,是现存最早的版本。既然出土于汉墓,那么《六韬》应当在秦汉之际已经成书,因而即使是一部伪书,也具有很高的文献价值。《六韬》还有唐写本即敦煌唐卷子本《六韬》残卷(共存201行),是现存最早的纸写本《六韬》。今本《六韬》多为宋代刊本。诸本之间差异不小,但符印一词出于秦汉之际是完全可能的,正如前文已经引用,汉代文献使用符印一词的用例可以找到数例,汉代刘珍《东观汉记·列传七》卷十二等文献均使用过符印一词。

---

① "掌节掌守邦节而辨其用,以辅王命。守邦国者用玉节,守都鄙者用角节,凡邦国之使节,山国用虎节,土国用人节,泽国用龙节,皆金也。以英荡辅之,门关用符节,货贿用玺节,道路用旌节,皆有期以反节。凡通达於天下者必有节,以传辅之。无节者,有几则不达。"(汉·郑玄注,唐·贾公彦疏:《周礼注疏·地官司徒第二·掌节》卷第十五,《十三经注疏》上册,中华书局1980年,第739页)。"凡四方之使者,大客则摈,小客则受其币而听其辞。……山国用虎节,土国用人节,泽国用龙节,皆以金为之;道路用旌节,门关用符节,都鄙用管节,皆以竹为之。"(汉·郑玄注,唐·贾公彦疏:《周礼·秋官司寇第五·小行人》卷三十七,《十三经注疏》上册,中华书局1980年,第893页)。
② 清·俞正燮:《癸巳存稿·符考》卷七,中华书局1985年,第205页。
③ 徐玉清、王国民注译:《六韬·王翼十八》卷三,中州古籍出版社2008年,第87页。周·鬼谷子撰、唐·李虚中注《李虚中命书》卷上亦使用符印一词,但此书真伪不辨,暂不考虑此书中的用例。

秦汉之际使用过符印一词的时间应当还是比较可靠的,这个时间可以看成是符印一词的上限时间。坛君神话的符印与中国的符印相同,中国最早的记载也可以看成是坛君神话中符印形成的上限时间,这个上限时间表明符印完全可以是坛君神话的原始因素。然而符印成为坛君神话因素的实际时间与上限时间并不一定一致,如果能够进一步缩小时间的范围,那么可以更为准确地描述坛君神话的形成过程。中国的符印是官制体系的一个因素,坛君神话是国家起源的神话,符印也应当是官制体系的一个因素。符印的政治意义比较明确,从这个角度来看,坛君神话的符印源于国家政治体制建立之后。

二、三个天符印的渊源与新罗高僧圆测

从官制符印的性质、功能与上限时间,可以认为坛君神话的天符印源于官制符印。但问题并不如此简单,东亚历史中的符印有三个系统,一是官制系统的符印,二是道教系统的符印,三是佛教系统的符印。道教和佛教符印的上限时间都早于13世纪,因而也有可能是坛君神话天符印的来源。坛君神话的天符印究竟源于官制符印,还是源于道教或佛教的符印,还需要更深入的研究,仅靠前文的研究还不能得到更为可靠的答案。

道教与坛君神话的关系是坛君神话研究的主要方向之一,然而这一研究方向未必是正确的。尽管先行研究已经将诸多因素认定为道教因素,其实坛君神话中的道教因素最少。阿斯达等地名被认为是道教因素,其实并非是道教因素。一些韩国学者将三个天符印释为天、地、人或风伯、雨师、云师等自然现象,这种解释与道教的符印或天符的观念有关。道教亦使用符印,道教有铁制的符印,也有纸制符印。道教符印与朝廷符印不同,道教符印的功能不在于政治,而是在于超现实的神力。道教的各种仪式和治疗之中时常使用符印,坛君神话的天符印源于道教的可能性是存在的,然而这种可能性最小:

第一,道教极少使用符印一词,经常使用的是天符一词。坛君神话的天符印断为天之符印,而不是天符之印,因而与道教的关系比较稀薄。在13世纪之前道教文献也使用过符印一词,但使用的频率极低。葛洪《抱朴子》:"今道引行气,还精补脑,食饮有度,兴居有节,将服药物,思神守一,柱天禁戒,带佩符印,伤生之徒,一切远之,如此则通,可以免此六害。今医家通明肾气之丸,内补五络之散……"[①]葛洪记载的符印可以佩带在身上的,其主要功能是治病健体,这与坛君神话的符印是不同的。道教文献更多使用的是天符一词,《云笈七签》记载:"青城道士罗公远游淮泗间,承嗣请命至家,问禳救方

---

① 晋·葛洪:《抱朴子·至理》,《诸子集成》第八册,中华书局1954年,第23页。

术。公远曰:'冤魂所为,皆上告天帝,奉天符来报,人间方术不能免之,只有修黄道场,拜表奏天,可解斯罪尔。'"①天符具有像符印一样的政治功能,《云笈七签》记载:"李约者,咸通十二年,为诸卫小将军。妻王氏,死已逾年。忽一日还家,约勒大小,干当家事,言语历历,一如平生。初一家甚惊,及旬月后,亦已为常矣。约罢官二年,力甚困阙,频入中书,见宰相求官,未有成命。妻忽谓约曰:人间命官,须得天符先下,然后受官。近见阴司文字,五月二十五日,方得符下,必受黄州刺史。可用二十三日,更入中书投状也。约如其言,二十三日入中书求官。"②此类的天符兼有神奇功能与政治功能,两种功能结合在了一起。李约故事中的天符是指亡妻的还家,亡妻是看到了阴间的文字,其实就是阴间的天符。道教天符的形态就表明了与官制符印的影响关系:"上元三年,楚州刺史崔侁献定国宝十三:一曰玄黄天符形如笏,长八寸,有孔,辟人间兵疫。"③道教的天符受到了官制符印的影响,由此来看符印与天符相似,坛君神话的天符印似乎可以释为天符。但天符印如果释为天符之印,将会发生本质的变化。

第二,道教天符是一种符号,这种符号可以预示未来,并且预示的信息会变成现实。天地五行相承相合,就会出现各种瑞祥,因而天符运气相同相合曰天符。天符会以吉祥瑞兆表现出来,吉祥瑞兆是天帝传达天意的形式。《黄帝内经素问》释天符云:"应天为天符,承岁为岁,直三合为治。(应天谓木运之岁,上见厥阴;火运之岁,上见少阳、少阴;土运之岁,上见太阴;金运之岁,上见阳明;水运之岁,上见太阳。此五者天气下降如合符运,故曰应天为天符也。承岁谓木运之岁,岁当于卯;火运之岁,岁当于午;土运之岁,岁当辰戍丑未。金运之岁,岁当于酉;水运之岁,岁当于子,此五者岁之所直,故曰承岁,为岁直也。……此三者天气、运气与年辰俱会,故云三合为治也。岁直亦曰岁位,三合亦为天符。)"④天神就是通过天符来传示出意志,表明天地气运相合。天符降临必然是太平盛世:"子华子曰:非然也,臣之所治者道也。道之为治,厚而不薄,敬守其一,正性内足,群众不周,而务成一能,尽能既成,四境以平。唯被天符,不周而同,此神农氏之所以长也,尧舜氏之所以章也,夏

---

① 宋·张君房:《云笈七签·李承嗣解妻儿冤修黄箓斋验》卷一二〇,《道藏要籍选刊》第一册,上海古籍出版社 1989 年,第 837 页。
② 宋·张君房:《云笈七签·李约妻要黄箓道场验》卷一二一,《道藏要籍选刊》第一册,第 842 页。
③ 五代·刘昫:《旧唐书·志第十七》卷三七,中华书局 1997 年,第 365 页。
④ 《黄帝内经素问·天元纪大论篇》卷十九,《二十二子》,上海古籍出版社 1986 年,第 948 页。

后氏之所以勤也。"①天符多种多样,不拘形式。宋代《古今类事·祥兆门》卷十五记载东汉应枢生四子,见神光照社。应枢问于人,卜者说:"此天符也。"②从此开始子孙显达,并有才名,七世贵盛,这也就是天符之祥。天符之祥还多以禽兽显现,颜师古注《汉书》云:"光耀显章,天符仍臻,元气大同。麟凤龟龙,众祥之瑞,七百有余。"③《周易参同契》:"圣人不虚生,上观显天符。天符有进退,屈伸以应时。……蟾蜍与兔魄,日月无双明。蟾蜍视卦节,兔魄吐生光。"④《云笈七签》:"至第二日,见一大蛇,在道场中香案之下,与林中蛇大小无异,忽复不见。是夜,妻梦见万着白衣,坐紫云中,谓其妻曰:深愧修此道场,已蒙天符释放,前罪并尽,今便生天上。更可舍三千贯钱,大修道门功德,以救贫病。"⑤麟凤龟龙、蟾蜍兔魄、大蛇都是瑞兽,也是天符,它们的出现预示着美好大吉。

  韩国学者将三个天符印释为天、地、人或其他自然现象,显然是将三个天符印理解为了三个天符,而不是理解为了符印。这种理解是将天符印理解为了道教的天符,是道教与坛君神话关系误导的结果。然而这种理解与道教的天符也存在着一定的偏差,天地相和,五行相应,必然呈现瑞兆,但并非天、地、人就是天符。天符是天、地、人相合而产生出来的特别现象,如果直接把天、地、人看成天符,就偏离了天符的概念。如果根据道教将天符印理解为天符,那么天符印在坛君神话中就会变得无法理解。天、地、人或其他自然现象不能直接印为形迹,天符之印也就无法形成。天符又显现为各种超现实的想象,就更不可能印为相应的形迹,也更无从谈起天符之印了。坛君是携带三个天符印来到人间的,但是此类道教天符完全无法携带,只能是呈现于天地自然,因而坛君神话中的天符印不可能是此类天符。其实坛君神话的天符印与道教没有关系,因为天符印本来就不是道教因素。

  天符也可以是印于纸张或其他物质的特定符号,与前一种符兆存在着不小的差异。此类天符也许更接近于坛君神话的天符印,毕竟像可以符印那样随身携带。此类天符是人为制造的,但在道教看来人为制造的天符也是出于道教天神,应当具有应验的效力。《抱朴子》云:

---

① 春秋战国·子华子:《子华子·虎会问》卷四,《文渊阁四库全书》第848册,台湾商务印书馆2008年,第160页。
② 宋·委心子、金心点校:《新编分门古今类事·祥兆门》卷十五,中华书局1987年,第224页。
③ 汉·班固:《汉书·王莽传第六十九上》卷九九上,中华书局1997年,第1033页。
④ 潘启明:《周易参同契通析·圣人上观章第四》卷上,上海翻译出版社1990年,第27—28页。
⑤ 宋·张君房:《云笈七签·秦万受斗尺欺人罪修黄籙斋验》卷一二一,《道藏》第一册,上海古籍出版社1989年,第845页。

> 抱朴子曰：郑君言符出于老君，皆天文也。老君能通于神明，符皆神明所授。今人用之少验者，由于出来历久，传写之多误故也。又信心不笃，施用之亦不行。又譬之于书字，则符误者，不但无益，将能有害也。书字人知之，犹尚写之多误。故谚曰：书三写，鱼成鲁，虚成虎，此之谓也。七与士，但以倨勾长短之闲为异耳。然今符上字不可读，误不可觉，故莫知其不定也。……虽尔，必得不误之符，正心用之。①

人为地制造天符无非是为了借助此类天符实现某种意愿，但根据葛洪的记载可以知道人为制造的天符没有那么灵验。但葛洪认为不灵验的原因是没有能够正确地书写，误写之后又浑然不觉，因而天符不可能是灵验的。此类天符虽然可以携带，更近于坛君神话的天符印，但与符印的本质不同也很明显。符印是符节与印信的总称，完全无关乎灵验与否，道教天符的基本功能则是在于能够实现期望的意愿，由此可知符印与天符的本质差异。坛君神话中的三个天符印完全没有涉及灵验，天符印只能是符印，而不是天符，因而与道教还是没有关系。

第三，道教虽有符印，但符印与数字三的组合关系较为淡薄，坛君神话的三个天符印源于道教的可能性不高。道教有各类天符，《抱朴子》记载："其次有诸符，则有自来符、金光符、太玄符三卷、通天符、五精符、石室符、玉策符、枕中符、小童符、九灵符、六君符、玄都符、黄帝符、少千三十六将军符、延命神符、天水神符、四十九真符、天水符、青龙符、白虎符、朱雀符、玄武符、朱胎符、七机符、九天发兵符、九天符、老经符、七符、大捍厄符、大捍厄符、玄子符、武孝经燕君龙虎三囊辟兵符、包元符、沈羲符、禹跷符、消灾符、八卦符、监干符、雷电符、万毕符、八威五胜符、威喜符、巨胜符、采女符、玄精符、玉历符、北台符、阴阳大镇符、枕中符、治百病符十卷、厌怪符十卷、壶公符二十卷、九台符九卷、六甲通灵符十卷、六阴行厨龙胎石室三金五木防终符合五百卷、军火召治符、玉斧符十卷，此皆大符也。其余小小，不可具记。"②天符种类繁多，有各种数字的组合，但没有三天符之说，三囊辟兵符所指不明，由此来看三个天符印源于道教的可能性不大。

坛君神话与佛教的关系极为密切，因而有必要研究三个天符印源于佛教的可能性。佛教符印相当常见，种类繁多，有印于纸张上的，有刻于木料上的；也有塑于铜材上的。佛教符印常简称为印："印谓符印，以铜为之使天下

---

① 晋·葛洪：《抱朴子·遐览》卷十九，《诸子集成》第 8 册，中华书局 2006 年第 2 版，第 97 页。
② 同上，第 96～97 页。

同,今亦如是。"①佛教的符印大体分为两类,一是文字类符印,一是图形类的符印。《龙树五明论》是一部集中记述符印的佛典,其中画出了符印的图形,并记载了各种符印的使用方法与功能。

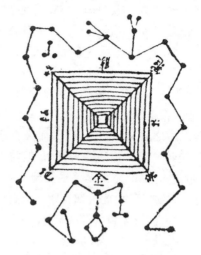

图 3-1　《龙树五明论》中的符印②

符印是佛教外五明之一,五明是古代印度的五类学科,即声明、工巧明、医方明、因明和内明。前四明各派相同,最后一明各派不同。佛教五明分为内五明与外五明,外五明是声明、工巧明、医方明、因明和符印。五明的内容不统一,"五明论合一卷(一声论,二医方论,三工巧论,四咒术论,五符印论。)"③五明是佛僧必须学习的内容,符印论也是必要的知识。符印论既然是佛僧侣应当了解的必要知识,就具有较高的流传性与普遍性。

佛教符印如同道教符印,具有无边无尽的神力,无所不能,无所不灵,但主要有如下的功能:

其一,佛教符印如同现实官制的符印,具有相似的功能:"惟德之隅(皆重威仪之道也)故若即修途,用之作符印(修长也,往长途以戒能涉也。符印若今之公凭也)。"④"譬如王使远适他国,执持符印经途来往。关防主司莫能为碍,何以故?以王印力人无遮止,彼诸菩萨摩诃萨亦复如是。"⑤所谓的符印如同公凭,公凭就是官家使用的凭证。佛教符印也是通行的凭证,桓雄的符

---

① 《止观辅行传弘决》卷二七,《大正新修大藏经》第四六册,第346页。
② 《龙树五明论》卷二,《大正新大藏经》第二一册,第964页。
③ 《历代三宝纪》卷十一,《大正新大藏经》第四九册,第100页。
④ 《北山录》卷六,《大正新修大藏经》第五二册,第610页。
⑤ 《大宝积经》卷二十,《大正新修大藏经》第十一册,第108页。

印也有着通行证的功能,是他到人间的通行证。

其二,佛教符印具有驱鬼治病的功能。《龙树五明论》记载符印可以驱使鬼神:"当出会门,欲见天王尊贵。出贵门,欲发燋符印使役万神。……出阴门,禁符印。"①有了符印,大小鬼神都会听从调遣,如同朝廷官府的符印。符印能够治疗一切病症,"有绵州昌隆白崖山道士文普善者,能升刀焚火。鹄鸣山有二道士,能呼策鬼神符印章醮。入水不溺,并来同治都无有效。"②"灵应峰:昔邓郁之,字符达,南阳新野人。有袪邪咸毒治病之符印,救无不愈。"③此类记载极为丰富,例举一二便可了解。

其三,佛教的符印可以生出国王。在坛君神话中桓雄带着三个符印来到了人间,他所做的一切都是为了朝鲜第一国王坛君的诞生,从这个意义上说符印的功能之一就是诞生了国王坛君。佛经有关符印的论述中恰有相似的记述,提出了符印可生国王的说法,这与坛君神话的内容完全吻合。

> 能生王位,故譬父母。能护身命,故譬神符。能治邪魔,名辟鬼珠。能满诸愿,故名如意珠。令国安隐,名护国珠。明显因果,名天地镜。法中最胜,威力难思,名龙宝神王。……能生世出世国王,故譬父母。外道魔王不能降伏,故喻神符。④

这是圆测《仁王经疏》的记载。《仁王经》又名《仁王般若经》,全称《佛说仁王护国般若波罗蜜经》,简称《仁王经》,鸠摩罗什译。念诵《仁王经》,可以不生灾异,万民丰乐,《仁王经》一直被奉为三部护国经之一。《仁王经》出现之后,出现了很多注疏《仁王经》的著作。各类《仁王经》的注书时常会记载符印生国王的思想,《仁王护国般若波罗蜜经疏神宝记》:"此所以为王之父母也,亦名神符下。凡六名,即文字般若,以三德则解脱。惟其即解脱故,是所谓神德妙用有在于斯,所以从功能言也。亦名神符者,谓至神之符印也。得是印故能却诸恶能持众善,无适而不利也。"⑤符印就是神符,一物二名。神符就是王之父母,王之父母与符印生出国王的思想是一致的,这也是《仁王经》作为护国经的原因之一。

《仁王经疏》与新罗有特别的关系,《仁王经疏》的作者圆测(613~696)原

---

① 《龙树五明论》卷一,《大正新修大藏经》第二一册,第 958 页。
② 《续高僧传》卷一八,《大正新修大藏经》第五十册,第 576 页。
③ 《南岳总胜集》卷一,《大正新修大藏经》第五一册,第 1060 页。
④ 《仁王经疏》卷三,《大正新修大藏经》第三三册,第 423 页。
⑤ 《仁王护国般若波罗蜜经疏神宝记》卷四,《大正新修大藏经》第三三册,第 313 页。

是新罗国王孙,名文雅,三岁出家。唐初来中国,十五岁师从法常(576～645)和僧辩(568～642)。645年玄奘回长安后,开始从玄奘学佛。显庆三年(658),玄奘徙居西明寺,敕选50名僧同住,圆测也是其中一人。仪凤初年(676),印度僧人地婆诃罗来到中国,翻译《大乘显识经》等十八部佛经,圆测也参与了翻译。证圣元年(695)实叉难陀来华,在洛阳大遍空寺译《华严》(八十卷),圆测亦奉诏参与。通天元年(696)卒于佛授记寺,终年83岁。圆测的骨灰原葬在终南山丰德寺。宋政和五年(1115),又改葬于兴教寺。兴教寺玄奘塔前两侧二塔,左为圆测塔,右为窥基塔,两人是上首弟子。圆测卒于中国,《仁王经疏》是圆测的代表作之一,是极其重要的佛典。新罗、高丽时期的佛僧接触此类思想的机会相当普遍。

圆测是中韩文化交流史上的巨人,韩国古代文献也多有记载。《三国史记》卷八新罗孝昭王元年八月条、《三国遗事》卷一二《孝昭王竹旨郎》均有记载。崔致远在其文中也提及圆测,又曾为圆测写传。崔致远《故翻经证义大德圆测和尚讳日文》:"是知义因仁发,西自东明,尝譬人材,何殊物性。然而善逝之遗化也,竺干现相,震朝传音,故且天域僧,来为唐祖者多矣,海乡人,去作汉师者尠焉!……禀奇锋于外乡,悬朗鉴于中国者,惟我文雅大师其人也。"①从崔致远的记载可以窥视到圆测在韩国古代文化史上具有重要的地位,圆测的佛学思想得到了广泛的传播。圆测的思想是由他的弟子道证传回新罗的,道证是新罗人,嗣圣九年(692)归国,著有《成唯识论要集》十四卷、《般若理趣分疏》一卷、《大般若经笈目》二卷等等,均佚失。道证的弟子太贤,号青丘沙门,也是新罗国人。他的著述存有《起信论内义略探记》一卷、《成唯识论学记》八卷、《菩萨戒本宗要》一卷、《梵网经古迹记》二卷,此外还有三十余种佚失的著作。

其四,三个天符印与佛经的三印。桓雄带的是三个天符印,三与符印在佛经中有特别的组合关系。佛经中可以看到三印之说,三印就是三个符印:"实相印者,印即符印亦信也,亦印定义。乃以所诠定其大小及以邪正,理符佛旨方可信从。小乘三印无常无我,此之二印印于生死,寂灭一印印于涅盘。小乘涅盘与生死异,故各印之。所诠符此则可信受,是小乘经非魔外说。大乘一印即一实相,二种生死三德涅盘。其体是一。究竟真实,义符于此可以信受。"②这是宋代《观无量寿经疏妙宗钞》的记载,三印一般是指无常、无我、涅盘。这是通常所说的三印,《新华严经论》记载的三印有所不同。

---

① 〔韩〕崔致远:《桂苑笔耕》,中华书局2007年,第119页。
② 《观无量寿佛经疏妙宗钞》卷三,《大正新修大藏经》第三七册,第209页。

于此所修法中约有十门,一书,二数算,三印印手印符印等是,四界界者世界也。五处者处所也,即世界众生住居处所。六疗病,七工巧,八调练仙药,九农商,十知众生所出世根等。①

《新华严经》是唐代李通玄撰着的,主要是论述了实叉难陀翻译的《新华严经》的经义。这里阐述的第三门是三印,三印也是三种符印。《新华严经论》中例举的三印是印手、印符、印等。印在佛教中还指佛祖菩萨的手印,"印者手印也,三印者入佛法界萨埵也,皆悉圆满。"②各种佛祖菩萨皆有各自的手印,手印也是符印,有着千变万化的功能。

不空供养印:合腕以二中指二无名指二小指。并屈合头相拄。当开掌内二寸半量。其二头指各直竖伸。头相去三寸。其二大拇指。各竖伸二头指裏。头去二头指二中指三分之间。此印三昧供养十方三世一切诸佛菩萨摩诃萨。则得无上最胜供养福蕴之门。③

唐代神龙二年(706)夏,天竺三藏菩提流志于长安西崇福寺翻译了《不空胃索经》,这是秘密真言观行法门和修持功德的经典。各种佛祖手印是各佛祖的标志,也是进入佛境真谛的门径。在其他的佛经中也有关于三印的记载:"其手印相,右押左,两手背逆相着。以右手大指,叉其左手小指。左手大指,叉其右手小指中间。两手六指微令开,如三股杵(此是金刚部三幺耶手印)此三印名为大印。"④每一个佛祖菩萨都有自己的手印,不同的手印有着不同的功能,因此符印有很多。佛祖释迦牟尼有自己的三印,《陀罗尼集经》的《释迦佛印第二十八(亦无咒名)》:"准前唯改。并屈二大指入掌中,若能受持此三印者。及能日日恭敬供养。一切罪障皆悉消灭。一切功德念念增长。"⑤三印之说相当流行,三与符印形成了相对稳定的组合关系。

三与符印的组合是形式的关系,没有内容的规定性。佛教符印极其丰富,坛君神话中的三个天符印为哪三个符印是无法探究的问题。符印非常丰富,并非只有三印,《龙树五明论》记载了十二符印:"第一七佛大神符;符主人身百年之中,或老或少,多病痛注误劳冷。骨节疼痛,长病着床,喻阳病多饶

---

① 《新华严经论》卷三六,《大正新修大藏经》第三六册,第968页。
② 《大毘卢遮那经供养次第法疏》卷二,《大正新修大藏经》第三九册,第806页。
③ 《不空胃索神变真言经》卷二二,《大正新修大藏经》第二十册,第350页。
④ 《苏悉地羯罗供养法》卷一,《大正新修大藏经》第十八册,第696页。
⑤ 《陀罗尼集经》卷一,《大正新修大藏经》第十八册,第792页。

温气。以素生绢一尺,真朱沙书此符佩之,百病去除,男左女右。第二神符:能除悬官口舌。以朱书符佩之。……第三符:主己身百年不逢殃祸,飞尸各注野道咒咀。以绢七寸朱书佩之,男左女右,当念婆薮大仙烧香诸恶远离。第四符:……论曰:若人欲修持此印者,但好精心用之,无不成就。此符非世有此符,若得者,勿妄传神符。"①《龙树五明论》记载的十二符印也只是一部分,不是全部。不同的佛祖菩萨有不同的符印,除了手印,还有身印:"执金刚菩各种印迹都有着重要的意义。祖菩萨的萨身印;准伏诸神鬼印。改二头指直竖微屈,头相去一寸,二大拇指并伸,押二中指侧中节上,此印三昧助佑不空王坛印三昧耶。"②佛教符印如此繁多,在没有限定的情况下,探究三个天符印是哪位佛祖菩萨的哪一种符印,显然是无法研究的问题。其实也没有必要研究三个天符印是哪三个符印,重要的是三个天符印的渊源关系。

　　三个天符印存在两种来源的可能性,一是官制系统的符印,二是佛教系统的符印。无论是源于官制符印还是源于佛教符印,都证明天符印不是神器,只能是符印,这一点毫无疑问。但如果进一步追问天符印的来源,就不大容易得到比较明确的答案。官制符印、佛教符印与坛君神话的天符印,具有大体相同的相似度。然而如果更细致地考察佛教符印,就会发现佛教符印如同道教符印,也同样强调符印的灵验性:"三界诸天忿怒金刚众,闻此咒音屈身侍卫立。凡有所愿无有不果遂,未能达理速获菩提路(诵本咒灵验画符印香木雕杵试验治百病一切等事)。"③佛教符印往往要和咒语以及其他器物结合起来使用,这是坛君神话的天符印所不具备的特征。对于坛君神话的天符印而言,这是画蛇添足的功能。官制的符印与坛君神话的天符印几乎完全吻合,可以认为官制符印与坛君神话天符印的相似度最高,因而可以认为坛君神话天符印源于官制符印的可能性最高。

　　佛教符印与坛君神话天符印的相似度也是很高的,符印是佛教的专门用语,使用率比较高,佛教符印与国家政治、君王诞生、三的数字的关系,也显示了与坛君神话天符印的切合度,这些都可以构成佛教化的依据。佛教也强调符印的灵验性,但是佛教化是以附会的方式进行的,附会并不需要完全重合。《龙树五明论》、《仁王经疏》等等佛经都可能是坛君神话佛教化的文献来源,从关系的远近程度来说,《仁王经疏》会近一些。《仁王经疏》与《三国遗事》之间存在着600年的时间差,在如此漫长的时间里完全可以衍生出相关的因素。坛君神话中有太多的佛教化因素,桓雄携三个天符印降临的部分是佛教

---

① 《龙树五明论》卷二,《大正新修大藏经》第二一册,第967页。
② 《不空罥索神变真言经》卷二三,《大正新修大藏经》第二十册,第353页。
③ 《密迹力士大权神王经偈颂》卷一,《大正新修大藏经》第三二册,第780页。

因素最为丰富的段落。桓因也是出现在这一段落,桓因作为佛教天帝赐给桓雄的必然是佛教符印。这一衍生因素的形成时间应是在佛教传入后的5世纪之后。如果《仁王经疏》等佛经是坛君神话佛教化的依据,那么三个天符印应当是形成于7世纪之后。

佛教符印与官制符印并不完全对立矛盾,佛教信徒以天符印来使坛君神话佛教化的可能性是存在的。坛君神话的天符印最初可能源于官制符印,后来又被佛教化。然而官制与佛教的用语完全相同,都用符印二字,也就无法明白最初是源于官制,还是直接源于佛教。官制符印与佛教符印的上限时间不同,官制符印的上限时间远远早于佛教符印的上限时间。然而王沈的《魏书》没有记载符印,因而符印成为坛君神话因素的时间不会太早,如果源于官制,那么应当是在3世纪之后;如果源于佛教,应当形成于7世纪之后。在现有的文献状况下,这个问题恐怕难于得到最终的明确答案。

三、三个天符印与大倧教《天符经》、道教

坛君神话不只是一个神话文本,还是宗教的起源和经典,坛君教是韩国的一个宗教,又名大倧教。大倧教是兴盛于20世纪的宗教,名称源于李氏朝鲜英祖(在位1724~1776)时期的实学家星湖李瀷(1681~1763)的《东事类考》。1910年弘岩罗哲在坛君神话基础上创立了坛君教,最初只是供奉坛君牌位,没有祭典仪式。大倧教认为桓因是主宰万物的造化神,桓雄是开天的教化神,桓俭是治理天地的治化神。大倧教的宗旨是以坛君神话来感化庶民,大倧教具有组织机构,传教士、教庙,教徒的数量急速增长。大倧教的急速发展与日本的侵略有关,1894年日本发动甲午战争,签订《马关条约》,朝鲜开始成了名义上的独立国家。1904年至1905年日本取得了日俄战争的胜利,朝鲜半岛沦为了日本的殖民地。创建大倧教的目的是为了拯救韩国民族与国家,通过坛君三神来激发民族意识,强化国家的合理权力。与这种民族、国家的意识紧密联系在一起的是檀君国家主义:"至今为止有关檀君的研究多如牛毛,不可胜举。其中檀君国家主义(或檀君民族主义)的用语初出于慎镛厦的爱国启蒙运动和韩永遇的民族主义史学研究,但这些研究还没有将檀君国家主义作为明确的概念使用。此后在郑荣熏的博士学位论文中,檀君民族主义就是檀君子孙的意识,是以檀君为民族的共同祖先,在其名字之下试图确认自己的民族,并以此为基础从民族的自主意识与统一观点,要求追问独立的生命力,推动檀君象征的朝鲜的历史意义。所谓的檀君古朝鲜可以

另当别论。"①既然大倧教与民族解放运动存在着密切的关系,无论是在创建当初还是到今天,都具有积极的社会意义和价值。宗教的形成总是以民族整体的生存为目标,坛君神话"弘益人间"的基本思想提供了形成新宗教的基础:"在《三国遗事》的记载中极为重要的是明确说明了桓雄从天上降临的理由是'弘益人间',作为桓雄后继者的檀君在新秩序文化国家与古朝鲜建立之际,构建了弘益人间的理念。"②大倧教的目的不在于学术价值,坛君古朝鲜是否存在,存在于何于时,都不是大倧教追问的最终问题。但大倧教对坛君神话提出了各种解释,就不能不与坛君神话的研究产生关系。坛君神话的研究成果有很多集中在思想与宗教方面,使坛君神话成了宗教学研究的主要课题之一,这显然是大倧教影响的结果。金东春《〈天符经〉与檀君史话》、韩圭性《(檀君)天符经解论》等等,主要研究了坛君与《天符经》。

那么坛君神话与《天符经》是如何建立关系的呢?坛君神话的三个天符印是与大倧教产生关系的重要因素之一。大倧教的基本经典是《天符经》与《三一神诰》和《参佺戒经》,合称天符三印,这样三个天符印就变成了三种文献。这里存在两个问题:一是《天符经》的形成年代;二是天符为何物,是否为坛君神话的天符印。

《天符经》是坛君神话有关的文献,如果《天符经》的成书年代早于《三国遗事》,那么这是研究坛君神话绝对不可放过的。然而《天符经》的形成年代不明,据《太白逸史·苏堡经典本训》记载,《天符经》形成于9000多年前的桓国(因)时代,后来桓国传于桓雄。大约6000年前桓雄命令将以鹿图文记录的《天符经》传给了坛君,坛君时将鹿图文转为篆字刻于石碑。三千年后崔致远发现了这个石碑,译成汉文刻于妙香山上。李氏朝鲜时期一始堂主人李陌将《天符经》写入《太白逸史》,后米桂延寿作为了大倧教的典籍。

《天符经》有五种版本:一是李陌《太白逸事》的太白逸事本;二是1916年桂延寿发现的妙香山石壁本;三是成均馆大学《崔文昌候全集》中的崔孤云事迹本;四是朝鲜末期芦沙奇正镇传下来的芦沙传碑文本;五是高丽末六隐中的农隐闵安富的农隐遗集本,此本的《天符经》是用象形的甲骨文记载的。广为使用的是太白逸事本和妙香山石壁本,两种版本完全相同。其他版本略有不同,但皆为81字。

《天符经》形成于9000年或6000年前的说法不必认真,因为6000年前形成高度哲学化的文本的可能性不是很大。如果认为《天符经》形成于崔致

---

① 〔日〕佐佐充昭:《檀君ナショナリズムの形成——韓末愛国啓蒙運動期を中心に》,《朝鲜学报》第一七四辑,平成十二年一月。
② 〔韩〕许英雄:《天符经与檀君神话》,东京:米田英雄2012年,第61页。

远的时代是完全有可能的,然而很难确认崔致远和《天符经》的关系。一些学者认为崔致远《鸾朗碑序文》记载的风流玄妙之道就是指《天符经》,然而玄妙之道未必是指坛君教或坛君神话,设教之源、备详仙史、接化群生的玄妙之道,主要是指三教,也有人以为是花郎道。此类的描述与《天符经》没有冲突,但也看不到与《天符经》的任何关系。①《天符经》极其短小,抽象深奥,极富于哲学思维,和崔致远所说的仙史毫无关系。所谓的仙史应当是道教或其他神仙的历史,但《天符经》完全没有涉及神仙的历史,更完全没有提及坛君。崔致远的《鸾朗碑序文》没有显示任何《天符经》与崔致远有关系的根据,《天符经》与坛君神话没有任何直接的关系,两者的关系是后人的附会。有人认为《天符经》是伪书,至少《天符经》的语法并不合于唐代语言的特征。其实《天符经》本来就不是唐代的文献,文法与唐代的语言特征不合并不奇怪。然而也应当注意的一点是如果《天符经》是坛君传承下来的经文,也就未必在内容上与坛君神话有关系不可。因而只在这一层面认为坛君神话与《天符经》没有关系是不够充分的。

坛君神话与《天符经》产生关系的另一因素是天符。桓雄带来的三个天符印之一就是《天符经》,这样坛君神话成了第一次记载《天符经》的文献。然而坛君神话的三个天符印是否与《天符经》有关,天符印与天符的关系是需要研究的:

其一,坛君神话的天符印三个与《天符经》的关系。天符印三个应当断句为天符之印还是天之符印,是与《天符经》相关的问题。韩国学者金铉龙以为:"天符印:……天符一语本来是固有词汇,具有独特的意义。明代人王机撰写的《运气易览》中论述了'天符'如下:司天者司直也,主行天之令,上之位也。岁运者运动也,主天地间人物化生之气,中之位也。在泉者主地之化,行乎地中,下之位也。一岁之中,有此上中下三气,各行化令,而气偶符会而同者,则同其化。……"②金铉龙显然是将天符作为了一个固定名词,而且是按照道教天符的概念来理解的,这也是《天符经》与坛君神话产生关系的语言基础。如果将坛君神话的天符印断为天符,那么就与《天符经》的天符二字相同了,这是使坛君神话与《天符经》产生关系的关键,其实也是使二者产生关系的唯一根据。

然而天符印三个的断句应当是天之符印三个,而不是断为天符之印三个,也就是说在坛君神话中并无天符一词。如果天符印三个断成"天符·印·三个",就会句法不通。天符三个是通的,但天符之后再加一个印字,句

---

① 〔韩〕金炯孝等:《韩国哲学史》上卷,东明社1987年,第133页。
② 〔韩〕金铉龙:《韩国古说话论》,新文社(새문사)1984年,第16页。

式就不通了。《三一神诰奉藏记》将天符印三个记载为帝握"天符三印",如果印字是量词,那么应当在印字之前加数词。在印字前面没有数量词,印字就不一定是量词,不是量词就不通了。"天符印三个"的表述方式表明,"印"不可能是量词,因为在印字后面有数量词"三个",如果"印"是量词,那么"印"字应当是在数词的后面。因而"天符印三个"只能是"天之符印三个",不可能是"天符之印三个"。表面看来天符三印与天符印三个相同,但实际上两者不同。不同在于"天符三印"只能是天符三个,而不是符印三个。由于天符与符印的不同,不能将天符印三个记述为天符三印。"天符印三个"是天神的三个符印,是天神的特殊符号,而不是三本书或者是三个文书。如果坛君神话记载为天符三印,就可以是《天符经》、《三一神诰》与《参佺戒经》。坛君神话的天符印是符印,不是天符。将坛君神话的天符印三个直接对应为《天符经》或天符三印,也不是适当的解释,坛君神话的天符印与《天符经》没有关系。

其二,《天符经》与坛君神话关系的疑点。考察《天符经》甲骨文的照片,不能不产生一些疑问。《天符经》的名称是后人起的名字,并非《天符经》原本就有的名字。

此《天符经》收于《农隐遗集》,这是在韩国第一次发现甲骨文,应当说具有极为重要的意义。甲骨文的正文如下:"一始无始。一析三。极无尽本。天一一,地一二,人一三。一积十

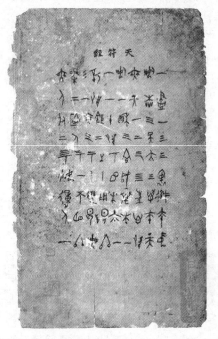

图 3-2 《天符经》①

矩。无匮化三。天二三,地二三,人二三,大三合六,生七八九。运三四,成环五,七一妙衍。万往万来,用变不动。本本心,本太阳,昂明人中。天地一一,终无终一。"②这样的经文与坛君神话没有多大的直接关系,坛君神话中没有如此艰深的哲学思维。《天符经》与坛君神话都有数字3,但仅以数字3无法认定《天符经》与坛君神话有关系。

---

① 〔韩〕许英雄:《天符经与檀君神话(天符経と檀君神話)》,东京:米田英雄 2012 年,目录页之前的照片。
② 〔韩〕许英雄:《天符经与檀君神话》,东京:米田英雄 2012 年,第 130 页。

表 3-1 《天符经》甲骨文表①

구분	농은천부경문	은허갑골문	금문	비고
始(시)		미발견		은 한국에서 새로 발견된 갑골문자
無(무)				無의 다양한 자형이 발견되고 있다.
新(신)				新(석)의 갑골문형은 木이 들어간 新
三(삼)				三은 갑골문 이래 그 형태가 동일하다.
極(극)		미발견	미발견	木을 포함한 형태의 갑금문은 미발견
盡(진)				농은자료가 은허자료보다 더 구체적으로 盡자를 표현하고 있다.
本(본)		미발견		농은자료에는 다양한 서체의 本이 발견됨
天(천)				농은 및 은허자료 등이 완전 동일함.
地(지)			미발견	은허자료에서 발견은 되었으나 중국학계에서 月을 地가 아닌 다른 글자로 오해함
積(적)		미발견	미발견	갑골문에 약자체계가 있었음을 보여줌.
十(십)				神市算木에서는 X이 十이라 함.
鉅(거)		미발견	미발견	지금껏 미발견된 鉅, 金, 巨를 동시에 포함하고 있는 귀중한 글자임.
匱(궤)		미발견	미발견	匱 안의 黃의 갑골문은 발견됨. 从, 仌
从(종)				위 亻(사람 인)자와 함께 고찰할 것. 從.
气(기)		미발견: 三		气는 三과 혼동이 되는 글자.
合(합)		合: 合 合	合	人 가운데의 횡선이 꺾인 모양.
環(환)				발견은 되었으나 미해독 또는 오해됨
五(오)		X	X	갑금문과 자형이 다름.
妙(묘)		미발견	미발견	갑금문에 새로이 추가되어야 할 글자
變(변)		미발견		絲(실 사)가 들어있는 갑골문 變은 처음 발견됨. 금문에도 絲는 들어있지 않음.
運(동)			미발견	運은 動(움직일 동)의 고자.
心(심)		미발견		의 생략형인 을 心으로 봄은 잘못
太(태)				발견은 되었으나 不明字로 취급되었음.
昻(앙)		미발견	미발견	한국에서 새로 발견된 갑골문자

表中是《天符经》正文的甲骨文字与金文、农隐遗集本的字形对照。《天符经》的正文皆为甲骨文,经文的题名却不是甲骨文。这说明题名不是源于《天符经》的原文,当是后人为 81 字甲骨文取的名字。如果《天符经》是原本自有的名称,那么应当也是同样的字形。一般来说此类书文没有篇名,即使有篇名也多是后人所起。如果《天符经》的题名是后人起的,那么《天符经》在产生之初不一定与坛君神话有关系。

---

① http://bluecabin.com.ne.kr/data_store/newchunbookyung.htm

其三,天符与书文的关系。天符有多种,书文也可以是天符,河图洛书就是天符之一。沈约《宋书》记载:

> 玄龟书者,天符也。王者德至渊泉,则锥出龟书。①

玄龟所献之书是天符,那么坛君所传之书也可以是天符。《天符经》如同玄龟之书,这是将81字的经文名为《天符经》的依据。石上刻字为天符之事亦见于中国典籍:"广元石文石符石笋:广元县有石崖二字,乃石中自然成文。嘉靖中,崩出一面字坠江中,一面字现石上,岁久不磨其痕如玉。又江中有天符,石大如棹,上有文如符,相传为张道陵所书,人佩之能祛邪,孕生男。三岔沟有石笋十余根,其直如柱皆百余尺,真奇观也。"②天符也是上天特别恩赐的天书,那些神兽所献的书或者刻写在石壁上的文字就可以看成是天符。一些天符具有驱除病邪的功能。道教亦有以书为天符的记载,《太平经》记载:"天符还精以丹书,书以入腹,当见腹中之文,大吉百邪去矣。五官五王为道初,为神祖,审能闭之闭门户,外闇内明,何不洞观?守之积久,天医自下,百病悉除,因得老寿。"③丹书也是天符,也具有悉除百病的功能。然而道教的丹书可见于腹中,这是不同于河图洛书、石壁文字之处。

坛君神话与《天符经》的关系是建立在三个天符印的道教化解释基础之上,如果注意到天符印其实与道教没有关系,恐怕坛君神话与《天符经》未必会产生关系。《天符经》与坛君神话不一定有过实际的关系,但这不影响《天符经》的价值。很多学者热心研究《天符经》的哲学内容,《天符经》是一个有价值的研究课题。然而《天符经》与坛君神话的关系不一定是很有价值的问题,其实坛君神话思想的朴素性与《天符经》的哲学性存在着一定距离,不能认为《天符经》是坛君神话的哲学阐释。

第二节 三师与五主的渊源、时间

一、风伯、雨师、云师的来源与时间

坛君神话作为国家神话相当完整,王权、文明、都城等国家因素齐备。文

---

① 南北朝·沈约:《宋书·志第十八》卷二八,中华书局1997年,第209页。
② 清·黄廷桂:《(雍正)四川通志·艺文》卷四六,《文渊阁四库全书》第559册,台湾商务印书馆2008年,第628页。
③ 汉·佚名、王明编:《太平经合校·己部之一》卷八十七(上册),中华书局1960年,第330页。

明是国家起源的因素之一,也应当是国家起源神话的一部分。桓雄率三千天神降临到太伯山上,这是庞大的天神队伍,不过坛君神话特别强调了风伯、雨师和云师。三神的地位不如桓因与桓雄,但只是低于桓因与桓雄而已。坛君神话特别强调三神,应当与农耕文化为基础的国家形态有关。桓因与桓雄代表的是王权和国家,风伯、雨师与云师是自然神,但也表明了人类对农耕与自然关系的认识,三神是农耕社会最重要的三个神,表明坛君神话应当形成于农耕社会形成之后。有的学者认为坛君神话形成于5000年以前,可是5000年以前是否从狩猎社会已经进化到了农耕社会是一个问题。

今西龙是坛君神话研究的奠基者之一,他确定了坛君神话与道教关系的研究方向。三神源于道教是今西龙的主要看法之一,也是坛君神话与道教关系的主要依据:

> 道教神圣观物时有种种符,这是人们都知道的。……风伯、雨师等都是道教中可以看到的司职神,按照道教思想来看,天上有天尊皇帝,还有百官百司、文武将相的神统治着世界,与天下的皇帝朝廷相同。中国的国家体制移用于天上,天上也存在着相同的体制。桓雄从天上降临,在下界建造了与道教天上相同机构的王廷。①

这段记载比较简约,但表达了比较丰富的内容:第一,坛君神话的基本性质应当是道教神话,因为桓因、桓雄象征的是道教的天上朝廷,桓雄来到人间之后,是仿照天上朝廷建立了人间的朝廷与机构。此说与桓因、桓雄的性质存在着相当的矛盾,今西龙亦认为桓因、桓雄是佛教天帝及其庶子,那么天上的朝廷应当与道教关系不大。第二,三神是道教的司职神,是道教百官的一部分,因而三神源于道教。道教文献中确有不少风伯、雨、云师的记载,因而认为三神源于道教,应当是比较合理的说法。然而三神并非形成于道教产生之后,三神亦非只属于道教,因而这个问题还有进一步讨论的余地。第三,坛君神话的符印似源于道教,这一观点今西龙表述得不够明确,但基本上还是可以理解今西龙的基本看法。符印与道教的关系在前文中已经论述,这里不赘。其实在今西龙关于道教与坛君神话关系的表述中,还包含了他的一贯看法,即坛君神话形成于12世纪之后。道教形成于东汉,5000年前尚无道教,因而也就等于否定了坛君神话形成于5000年前的说法。

其实三神早在道教形成之前就已经产生了,因为三神经常出现于道教,

---

① 〔日〕今西龙:《朝鲜古史的研究》,第30～31页。

就认为三神源于道教,显然不是一个很有说服力的说法。风伯是中国古代的天神,又称风神、飞廉、箕伯。风伯的起源很早,先秦时期已经出现了风伯。《周礼·大宗伯》:"以燎祀司中、司命、风师、雨师"。① 郑玄注云:"风师,箕也",风伯就是二十八星宿东方七宿的箕星,其象在天,能兴风雨。风雨关乎万物生长,故有很多文献记载了风伯。《风俗通义·祀典》记载风伯"鼓之以雷霆,润之以风雨,养成万物,有功于人,王者祀以报功也"。② 唐代以后风伯主要是配合雷神、雨神助万物生长。风伯也会制造灾害,伤害生命,因此也是凶神。风伯的形象因地域和时间不同,先秦时是人面鸟身,据说是鸢鸟:"鸢,仓颉解诂云,鸢鸱也。《说文》云:鸢,鸷鸟也。《尔雅》云:鸢,乌丑其飞也翔。《禽经》云:鸢,不击。有贲注:不善搏击,贪于攫肉。又云风翔则风。注风禽鸢类,越人谓之风伯,飞翔则天大风。"③"鸢,鸱也,摩风回翔。《曲礼》曰:前有尘埃则载鸣鸢,鸢鸣则将风故也。"④ 所谓的人面鸟身就是人面鸢身。汉代以后飞廉与箕伯逐渐融合,形成了白须老翁的形象,左手持轮,右手执箠,若扇轮状。《三教源流搜神大全》卷七记载风伯神为飞廉,身似鹿,长角,头似爵,尾似蛇,大如豹。风神也会以女性形象出现,但女性形象的风神多是恶神,主要是会带来灾难,称为"风姨"、"封姨"。

　　雨师也是先秦已经出现的天神,主司降雨,是西方白虎七宿的第五宿毕星,有8颗星。《诗》云:"月离于毕,俾滂沱矣。"⑤《山海经·大荒北经》记载蚩尤兴兵伐黄帝,请风伯雨师纵大风雨。一说雨师是商羊神鸟,一足,可大可小,吸则溟渤可枯。一说雨师是赤松子,《搜神记》卷一:"赤松子者,神农时雨师也。服水玉,以教神农。能入火不烧。至昆仑山,常入西王母石室。随风雨上下,炎帝少女追之,亦得俱去。至高辛时,复为雨师。今之雨师本之焉。"⑥《列代神仙通鉴》卷一:"川竭山崩,皆成沙碛连天,亦几时不雨,禾黍各处枯槁。……报宫外有一野人,形容枯槁,言语颠狂,口呼:'能苏民困,会解民灾'。火帝趋视其人,上披草领,下系皮裙,蓬头跣足,指甲长如利爪,遍身黄毛覆盖,手执柳枝,狂歌跳舞。……固予号曰赤松子……予留王屋修炼多岁,始随赤真人南游衡岳。'真人常化赤色神首飞龙,往来其间,予亦化一赤虬

---

① 汉·郑氏注、唐·陆德明音义、贾公彦疏:《周礼·大宗伯》卷第十八,《十三经注疏》上册,中华书局1980年,第757页。
② 汉·应劭撰、王利器校注:《风俗通义·祀典　风伯》卷八(下册),中华书局1981年,第364页。
③ 清·陈大章:《诗传名物集览·鸟》卷二(第一册),中华书局1985年,第44页。
④ 同上,第44页。
⑤ 程俊英、蒋见元:《诗经注析·小雅　渐渐之石》下册,中华书局1991年,第740页。
⑥ 晋·干宝撰、李剑国辑校:《搜神记》卷一(上册),中华书局2007年,第21页。

追蹑于后,随缘即度,逢迷即觉。既而随真人入天关,朝谒元始众圣。因予能随风雨上下,即命为雨师,主行霖雨。"①赤松子常化为龙,手持柳条舞蹈。雨师为毕星,与兵事有关,有关雨师的说法甚多。

　　云师亦出于先秦典籍,云师亦名云神。楚辞记载的云中君即是云神,王逸《楚辞章句·云中君》注:"云中君,云神,丰隆也,一曰屏翳。"②丰隆、屏翳是一神而异名,"丰隆"是空中堆云的形象,"屏翳"是云雨交织的形象。《史记》记载:"黄帝云师云名(应劭曰:黄帝受命有云瑞,故以云纪事也。春官为青云,夏官为缙云,秋官为白云,冬官为黑云,中官为黄云。张晏曰:'黄帝有景云之应,因以名师与官也。'"③《史记》记载的云师与云神不同,坛君神话的云师当与《史记》的云师不同。

　　风伯、雨师与云师是中国古代神话的人物,也是道教仙话的主要人物,同时三神又汇入于佛教,也是佛教的神佛之一。佛典记载了风伯和雨师:"风伯、雨师,星也。风师,箕星也。雨师,毕星也。玄谓司中司命文昌第四第五星也。案《抱朴子》曰:河伯者,华阴人,以八月上庚日渡河溺死,天帝署为河伯。……赤松子者,神农时雨师也。服水玉以教神农,能入火自烧。至昆仑山常入西王母石室,随风雨上下。炎帝少女追之亦得俱去,至高辛时复为雨师,今之雨师本之焉(右七条出《搜神记》)。"④"神农时有赤松子,是雨师,能服水入火。"⑤这是佛教类书《法苑珠林》的记载,这些内容与先秦典籍、道教典籍的记载相同。三神具有多种身份,经常出现于各类文献,在这种情况下似乎没有必要研究坛君神话的三神源于神话还是道教或佛教,但如果能够考辨出三神的来源,对于确定三神成为坛君神话因素的时间范围还是有着重要的意义。三神载于相当常见的中国文献,《山海经》、《周礼》、《诗经》、《楚辞》、《风俗通义》、《搜神记》等等都是古代文人经常阅读的书籍。如果三神是从中国古代的神话直接走入坛君神话,那么三神的上限时间可以追溯到先秦,因为先秦时已经形成了三神。如果三神是从道道或佛教走进坛君神话的,那么上限时间应当是在东汉或相关佛典出现之后。

　　坛君神话记载的三神有一个明显的特征,风伯、雨师和云师是一起出现的,三神构成了特定的组合关系。记载风伯、雨师与云师的文献相当丰富,但多是风伯和雨师一起出现,几乎没有风伯、雨师和云师三神一起出现的。在

---

① 清·徐道撰:《历代神仙通鉴》卷一,辽宁古籍出版社1995年,第53页。
② 金开诚、董洪利、高路明校注:《屈原集校》上册,中华书局1996年,第195页。
③ 汉·司马迁:《史记·五帝本纪第一》卷一,中华书局1997年,第7页。
④ 唐·释道世:《法苑珠林》卷六三,《大正新修大藏经》第五三册,第764页。
⑤ 同上,第634页。

先秦最早的典籍中风伯和雨师就是一起出现的,后世的文献几乎都沿袭了相同的记载。风伯、雨师和云师的组合关系极其罕见,但是在佛典中可以找到这样的例子。不过佛典也极少有这样的记载,仅见两例,即《大佛顶如来密因修证了义诸菩萨万行首楞严经》卷七和《首楞严义疏注经》卷十三。

> 尔时梵王并天帝释四天大王,亦于佛前同时顶礼而白佛言:审有如是修学善人。我当尽心至诚保护。……复有无量日月天子,风师、雨师、云师、雷师并电伯等,年岁巡官诸星眷属。亦于会中顶礼佛足而白佛言,我亦保护是修行人,安立道场得无所畏。复有无量山神、海神,一切土地水陆空行万物精祇,并风神王无色界天。①

> 尔时梵王并天帝释四天大王,亦于佛前同时顶礼。而白佛言,审有如是修学善人。我当尽心至诚保护令其一生所作如愿。……复有无量日月天子风师、雨师、云师、雷师并电伯等,年岁巡官诸星眷属,亦于会中顶礼佛足。而白佛言,我亦保护是修行人,安立道场得无所畏,阴阳之精为日月,风雨云雷各有主者,逐年巡察世间善恶者,名巡官也。②

尽管只有两例,但完全可以成为坛君神话的文献根据。两部佛经的相关段落完全相同,《大佛顶如来密因修证了义诸菩萨万行首楞严经》在前,是唐天竺沙门般剌蜜谛译。《首楞严义疏注经》在后,是北宋撰写的佛典。后者照抄了前者的段落。但是后者也有一些细微的变化,但这些变化也不足以改变两部佛经的关系。

上面的佛典有两点应当注意:其一,天帝和天子。上引的两段佛经中都出现了天帝和天帝之子。出现的天帝就是帝释天,也就是《三国遗事》坛君神话中的桓因。这两段佛经不只是有帝释天,还有天帝之子。天帝之子就是天子,这就相当于坛君神话中的桓雄。其二,风师、雨师、云师一起出现。在坛君神话中风伯、雨师、云师一起来到人间世界的,在上面的两段佛典中三个自然神也是一起出现的。还有一点应当注意,《三国遗事》的坛君神话与上引的佛典中都出现了山神,坛君最后就是化为了山神。其三,主善恶的功能。桓雄降临人间之后的一个职能是主善恶,两段佛典中的诸佛与风伯、雨师、云师以及巡官,是巡察人间善恶为目的,惩恶扬善是佛教世界的法则。劝善惩恶

---

① 《大佛顶如来密因修证了义诸菩萨万行首楞严经》卷七,《大正新修大藏经》第一九册,第138页。
② 《首楞严义疏注经》卷十三,《大正新修大藏经》第三九册,第921页。

是以风暴雷雨的方式体现出来,风雨雷电可以是造福于人类的福音,也可能是惩罚人类的灾难。依此来看《三国遗事》记载桓雄降临人间的段落应当与佛典有关系,不过也可以看到坛君神话和两段佛典的差异,佛典中多了雷神和电伯,这是《三国遗事》中没有的。这些小的差异不会影响《三国遗事》与上述佛经的关系。如果坛君神话的三神确实源于佛典,那么风伯、雨师、云师只能是衍生因素,应当是形成于唐代以后。唐代以后佛徒改编了这一部分,使坛君神话更适合于佛教,体现出佛教的教义。

桓因与风伯、雨师、云师一起出现并不是偶然,释提桓因一般是在忉利天的摩尼宝殿,摩尼宝殿有众多的天神,风伯、雨师和雷公等就在这群天神之中。

> 第二天名忉利天,名释提桓因。其四镇大臣者,四天王是也。三十天者。释有三十二臣。通释之身故有三十三天。释提桓因在摩尼宝殿上坐时,前面有八臣,后面有八臣。……左社右稷,风伯、雨师、雷公、霹雳。……须弥山顶去地高三百三十六万里。山顶纵广三百三十六万里。城名喜见。①

风伯、雨师等是释提桓因所属的天神,那么桓雄带着风伯、雨师与云师降临人间是合乎佛典的想象。只是这段记载中没有出现云师,云师的缺席是最为常见的现象,不过云师也应当与释提桓因有密切的关系,或与风伯、雨师一样都是释提桓因属下的天神。

这段佛典还提到了左社右稷,左社右稷是与风伯、雨师、云师相关系统的因素。社稷主要祭祀的是土谷之神,这是先秦以来的传统。把风伯、雨师也移入到社稷,社稷也祭雨师、风伯,这就把风伯与雨师的信仰也归入到了社稷之中。

> 风师、雨师及诸星等祠:周制,《大宗伯》以实柴祀日、月、星、辰,以槱燎祀司中、司命、风师、雨师。《月令》,立春后丑日,祭风师于国城东北。立夏后申日,祀雨师于国城西南。秋分日,享寿星于南郊。……后汉,以丙戌日祀风师于戌地。以己丑日,祀雨师于丑地,牲用羊豕。又于国都南郊立老人星庙,……唐开元二十四年七月,勅所司特置寿星坛,常以千秋节日修其祠典。又勅寿星坛,宜祭老人星及角亢七宿,着之常式。其

---

① 《妙法莲华经马明菩萨品第三十》卷一,《大正新修大藏经》第八五册,第1428页。

仪具开元礼。天宝四载,勅风伯、雨师并宜升入中祠,仍令诸郡各置一坛,因春秋祭社之日,同申享祀。至九月,勅诸郡,风伯坛置在坛之东,雨师坛之西,各稍北三数十步,其坛卑小于社坛,其祭官准祭社例,取太守下充。①

  这种传统同样也移入到了佛典,社稷之坛、风伯、雨师、云师与佛教融合了完整的世界。佛经有关祈雨的记载常常是和风伯、雨师组合在一起,而且还会出现龙神:"诸大龙王风伯雨师,皆悉来集至其国界雨大法雨,枯木石山枯泉河井悉皆盈满。先逃人民还其本土,他国人民闻国丰实亦来投归。尔时邻敌悉来归伏拜为大王,八方靡伏遂致太平。我念往古大神咒力,神通自在乃致如是。"②天降好雨,田地丰收,民富国强,原本逃离的百姓重新回到家园,其他国家的百姓也投奔而来,这都是佛法无边的明证。从坛君神话的角度来看,就是弘益人间,佛法无边与弘益人间虽然不同,但很多方面是重合的。中国古代祈雨的方式多种多样,龙神也是祈雨活动的主要角色之一,佛教的祈雨中出现龙神并无特别之处。这样龙神、风伯、雨师、云师、社稷、神坛等因素构成了佛教祈雨的系统,这个庞大的诸神系统的主要功能之一就是降雨,佛教有专门祈雨的佛经《大云轮请雨经》,可知祈雨是佛教的重要仪式活动。

  佛教祈雨的诸神系统也出现在了坛君神话,坛君神话的坛树与神坛就是指社稷之坛,风伯、雨师、云师是与社稷之坛相关的因素,这些因素又是与佛教天帝桓因组合在一起,构成了相关系统的组合因素。坛君神话诸神中似乎没有龙神,其实桓因就是龙神,因为释提桓因就是龙神。这样佛教祈雨的诸神系统与坛君神话的诸神系统是可以重合的,在《三国遗事》之后,桓因、桓雄与坛君三神也成了祈雨之神,九月山的三圣神堂是祭祀桓因、桓雄与坛君三神的庙宇,这里也是祈雨的场所。坛君神话的诸神系统与佛教诸神系统高度重合,这让人觉得这些因素都是源于佛教,也就是社稷之坛、风伯、雨师、云师、龙神等等都是源于佛教。但实际上并不完全如此,因为王沈《魏书》的记载中已经出现了坛君,说明社稷与神坛的因素并非源于佛教。佛教的本土化使东亚的历史传统与佛教结合,使坛君神话的想象高度契合于佛教与东亚的现实,佛教与东亚传统的融合是坛君神话佛教化的可能性。

---

① 宋·郑樵:《通志二十略·礼略第一 吉礼上》卷四二(上册),中华书局1995年,第616~617页。
② 《陀罗尼杂集》卷三,《大正新修大藏经》第二一册,第594页。

二、主谷、主命、主病的特征

主谷、主命、主病、主刑与主善恶,是桓雄来到人间之后主要的使命,姑且名之五主。五主引起了学者的关注,也是研究坛君神话形成的一个组成部分。韩国学者李载浩认为:"这五个内容是神政时代的政治,穀是农业关系,命是生命关系,病是健康关系,刑是法律关系,善恶是道德关系。"①所神政时代不是一个严密的概念,也不是以时间为范围的概念。在一些国家和地区,神与政治没有分离的时间相当长,从原始社会开始一直延续到现在的地方也是存在的。然而与神话相关的神政时代的概念应当是指原始时期宗教与政治权力没有分化的状态。人类最初的权力起源于原始的宗教,巫觋将宗教权力与政治权力集于一身,因而称神政时代是比较适合的。

如果坛君神话是神政时代的产物,那么五主也就理所当然地视为了神政时代的产物。五主都是文明的因素,文明的起源与传播是神话研究的一部分。文明的起源与发展又往往伴随着民族的迁移。韩国民族的起源向有很多种说法,有的学者根据"主谷"以为韩国民族源于中国的南方。② 因为中国的江南是水稻之乡,朝鲜半岛一定不是水稻的原产地,水稻的起源与传播实际就是人类文明的起源与传播。然而谷与稻不是同一种农作物,"主谷"是否包括了水稻是很大的问题。将主谷置于五主的首位,足以说明农耕在社会中的地位,坛君神话体现的是农耕文化。五主是坛君神话的文明因素,也是人类社会的几个主要方面。五主不是最富于神话色彩的部分,不过是坛君神话中最富于文明色彩的因素之一。研究五主与坛君神话的关系,也有助于认识坛君神话的形成。

主谷、主命、主病、主刑与主善恶是同道教关系最为密切的部分,一般来说五主是在特定范围内使用的用语,常见于占星学。占星学形成于道教形成之前,但道教形成之后,占星学往往是作为道教的一部分存在的。占星学是通过特定的天象预知未来吉凶的学问,其中也包括了天文知识。主谷、主命、主病、主刑与主善恶连续排在一起之后,更加凸显了占星学的色彩,因为这些

---

① 〔韩〕一然著、李载浩泽注:《三国遗事》卷一(第一册),솔출판사1997年,第68页。
② 韩国民族源于中国南方说是学术界的一种看法,主要根据是稻作文化起源于中国的南方:"其根源不在北方,而在南方稻作文化区。从桓雄'主谷、主命、主病、主刑、主善恶'的职责来看,与其说他是北方狩猎民族民族的首领、酋长,不如说他是南方稻作民族的头人。因为他的第一职责就是'主谷'。这就说明他是农业社会的酋长。如果是北方民族的酋长,他的第一职责绝不会是'主谷',而应是'主猎'。"(苑利:《朝鲜族熊虎同穴神话源出北方羌族考——兼论中国彝族支民族熊虎图腾崇拜的北来问题》,《民族文学研究》2003年第3期。)

用语几乎都见于占星学。占星学并非只有五主,此外还有不少其他的类似用语,主吉、主凶、主兵、主饥等等。坛君神话只选了谷、命、病、刑以及善恶,这不是随意抽取,是社会形态的主要方面。这些用语并非仅见于道教和占星学的典籍,也常见于佛教典籍,这给考察五主的来源造成了较大的困难。

主谷是桓雄的第一个职责,所谓主谷就是掌控谷物的生长状态。这一说法不大见于文献,通常记载为主草木。不过在占星学典籍中可以看到主谷,最早见于战国时期。

> 甘氏曰:五星主兵,太白为主。五星主谷,岁星为主。五星主旱,荧惑为主。五星主土,填星为主。五星主水,辰星为主。①

金木水火土五星各有其职,主谷的是岁星,岁星是木星的古称。此外还有一段关于主谷的记载:"五车星占三十七:……石氏赞曰:五车三柱欲均明,主谷丰耗知败伤。"②此句的用例稍异,此例未必是专门用语,但与专门用语的意义比较接近。这是《开元占经》的两段文字,引用了甘氏与石氏的占星学,甘氏与石氏是战国时期的方士。《开元占经》融汇了各种占星学著作,通过《开元占经》可以了解到战国时期的占星术。

甘氏与石氏的占星学流播到了朝鲜半岛没有,现在无从考证。但比占星学流传更为广泛的是《后汉书》,《后汉书》是较早传入朝鲜半岛的书籍之一,也曾作为普遍使用的教材。《后汉书》有如下的记载:

> 汉兴八年,有言周兴而邑立后稷之祀,于是高帝令天下立灵星祠。言祠后稷而谓之灵星者,以后稷又配食星也。旧说,星谓天田星也。一曰,龙左角为天田官,主穀。(张晏曰:农祥,晨见而祭也。)③

从《后汉书》的记载,可以看到坛君神话的主谷至少包含了如下的信息:第一,主谷与灵星的关系及其主谷排序位置的意义。《后汉书》记载祭祀灵星,灵星就是后稷,后稷是有邰氏之女姜原踏巨人的足印怀孕而生。传说后稷是最初种植稷和麦的人,灵星主谷。主谷的说法也见于礼书,《五礼通考》记载了主谷为首的理由:"杜佑《通典》载周制仲秋之月,祭灵星于国之东南,

---

① 唐·瞿昙悉达撰、常秉义点校:《开元占经·五星占一》卷十八(上册),中央编译出版社 2006 年,第 143 页。
② 同上,第 466 页。
③ 宋·范晔撰、唐·李贤等注:《后汉书·祭祀志第九》,中华书局 1997 年,第 826 页。

以为东南祭之,就岁星之位也。岁星五星之始,最尊,故就其位。……然星与日月,虽并称天宗,而日月及他星,皆无关农事。其晨见之时,当岁功之始,而独主谷者,惟灵星耳。故周公郊祀,特举与日月并列,固以重民事,亦以彰祖德,美其名,则曰灵星,尊其神,则曰天宗也。"①岁星即灵星,灵星为农祥,主谷的只有灵星,其他星辰皆与农事无关。在坛君神话中主谷排在第一,在中国古代文献中灵星也是排在第一。灵星排在第一是因为灵星是五星之首,排于最尊之位。这不只是与农耕社会的需要相合,也与古代文献的记载相合,这是占星学的尊卑次序。

第二,高句丽人的灵星、社稷信仰。灵星信仰亦见于中国东北的诸民族与韩国民族,高句丽坟墓壁画画了不少星星。星星多是画成圆圈,小圆圈之间用两或三条线连接起来,表明画的是星座。长川一号墓后室盖顶石上绘有两组星星,并写有"北斗七青(北半七星)"。壁画还画有日神与月神,日神是三足乌,月神是蟾蜍。《三国志》记载了高句丽有祭灵星的习俗。

> 高句丽在辽东之东千里,南与朝鲜、濊貊,东与沃沮,北与夫馀接。……其俗节食,好治宫室,于所居之左右立大屋,祭鬼神,又祀灵星、社稷。②

《三国志》没有记载灵星的意义,但可以明白高句丽的灵星也应是主谷之星。高句丽都城遗址集安五盔坟的4、5号墓藻井的东南方,都绘有"牛首人身"的神农神象,这与祭祀灵星的方位和内容相同。社稷当与中原的社稷相似,也有类似的功能与意义。主谷、神坛、坛树都是坛君神的因素,它们又与灵星、社稷相关。这些都是北方韩国民族的信仰,因而这些因素完全可以源自于北方韩国民族的生活,坛君神话应当是北方韩国民族的神话。

第三,文献来源的可能性。佛典也有丰富的类似内容,然而没有主谷之说,由此可知主谷不是源于佛典。那么坛君神话的主谷应当源于哪种文献呢?从《三国遗事》的文献使用情况来看,《后汉书》的可能性最大。《后汉书》在中国是广泛阅读的史籍,在古代韩国也是如此,曾是各类学校的教材。《三国遗事》大量引用了中国的史书,《后汉书》也是反复多次征引的史书。通过《后汉书》等文献,主谷之说在古代韩国应当不是陌生的说法。

---

① 清·秦蕙田:《五礼通考·吉礼三十五·星辰》卷三五,《景印文渊阁四库全书》第142册,台湾商务印书馆,2008年,第887页。
② 晋·陈寿撰、宋·裴松之注:《三国志·魏书》卷三十,中华书局1997年,第222页。

主命是桓雄的第二个职能。主谷与主命关系密切,由主谷引出主命顺理成章。主命一词最早也可以追溯到战国时期,战国的占星学中出现了主命一词。

  石氏曰:客星当天库,将受主命,不为主用。①
  石氏曰:荧惑逆行守心,哭泣涔涔,主命恶之,国有大丧,与兵。(案:司马彪《天文志》曰:孝灵中平三年四月,荧惑逆行守心,后三年而灵帝崩。)②

  坛君神话的主命与石氏的主命并不完全相同,坛君神话的主命是指天神控制人类的命运与生命,但石氏的主命内容更为丰富,专门术语化的程度不高。主命是占星学的主要用语之一,《开元占经》有不少主命的记载。唐代李淳风编著的《乙巳占》记载:"金行疾期近,金行迟期远。入昴,大忧,国易政,兵大起,有流血千里,主命恶之,不出其年。"③各种主命的记载表明主命的范围相当广,主命还包括了国家的命运、战争等等。坛君神话主命的意义中也包括了这些内容无法明断,坛君神话只记主命二字,不宜做更多的解释。
  主命之语常见于儒家经典与官修正史。下面是《史记》的记载:

  填星,其色黄,九芒,音曰黄锺宫。其失次上二三宿曰嬴,有主命不成,不乃大水。④

  《史记》的主命是根据占星学理论来记述的,是对当时天象的解释,主命显然是占星学的用语。类似的内容也见于《汉书》与《后汉书》等官修正史,《魏书》也有不少主命的记载:"是月壬辰,岁、填、荧惑、太白聚于井。将以建霸国之命也,其地君子忧,小人流。又自三年四月至五年三月,荧惑三干鬼。主命者将夭而国徙焉。"⑤又:"是岁四月至三年九月,荧惑再犯轩辕大星;武泰元年正月,又逆行复犯之。占曰'主命将失,女君之象,乱逆之灾。'"⑥这些

---

① 唐·瞿昙悉达撰、常秉义点校:《开元占经·客星占六》卷八二(下册),中央编译出版社2006年,第583页。
② 同上,第234页。
③ 唐·李淳风:《乙巳占·太白入列宿占第三十五》卷六(第2册),中华书局1985年,第107页。
④ 汉·司马迁:《史记·天官书第五》卷二七,中华书局1997年,第336页。
⑤ 北齐·魏收:《魏书·天象志三》卷一五三,中华书局1997年,第615页。
⑥ 同上,第626页。

无疑是根据占星学来记述的,这一点不同于《三国遗事》。《三国遗事》没有记载天象,因此可以怀疑主命等用语不一定源于占星学,表达的也不一定是占星学用语的意义。不过官修正史经常使用占星学的用语,《三国遗事》虽然是一部野史,但官修正史对《三国遗事》的影响很深。《三国遗事》没有采用官修正史的体例与叙述方式,但完全可以受其影响,也使用主谷、主命等占星学的用语。

佛典亦有主命之说,主命的是鬼王。《地藏菩萨本愿经》记载:"佛赞鬼王善哉善哉汝等及与阎罗,能如是拥护善男女等,吾亦告梵王帝释令卫护汝。说是语时,会中有一鬼王名曰主命,白佛言:世尊,我本业缘主阎浮人命,生时死时我皆主之。在我本愿甚欲利益,自是众生不会我意,致令生死俱不得安,何以故?是阎浮提人初生之时不问男女,或欲生时但做善事增益舍宅。"①主命鬼王掌控人间男女的生死,这种意义的主命与《三国遗事》的主命相合,表明《三国遗事》的主命完全有可能源于佛典。《地藏菩萨本愿经》还有一段文字,记述了各种鬼王,其中有主命鬼王,还有主疾鬼王。

> 尔时铁围山内有无量鬼王。与阎罗天子俱诣忉利来到佛所。……主耗鬼王、主祸鬼王、主食鬼王、主财鬼王、主畜鬼王、主禽鬼王、主兽鬼王、主魅鬼王、主产鬼王、主命鬼王、主疾鬼王、主险鬼王……如是等大鬼王。各各与百千诸小鬼王,尽居阎浮提,各有所执各有所主。是诸鬼王与阎罗天子,承佛威神及地藏菩萨摩诃萨力。②

主疾鬼王就是主病鬼王,主命鬼王与主疾鬼王依次相接,与《三国遗事》相同。但是《三国遗事》记载的不是主疾,而是主病。《地藏菩萨本愿经》是唐代实叉难陀译的,又称《地藏本愿经》、《地藏本行经》、《地藏本誓力经》。此经早于《三国遗事》,有可能是《三国遗事》坛君神话的来源,不过佛典中主命一词相当罕见。坛君神话与佛典的主命存在着明显的差异:佛典中主命的是鬼王;坛君神话中主命的是天神,两者完全不同。地狱的观念是佛教带进来的,坛君神话没有地狱冥府的痕迹。然而坛君神话与佛教的主命也存在着差异:桓雄来到人间,不是通过天象来显示人间世界的吉凶变化,而是由他来直接掌控的。占星学的主命是通过星象来显示人类命运,并不是由哪一个鬼王来掌控的。

---

① 《地藏菩萨本愿经》卷二,《大正新修大藏经》第一三册,第785页。
② 同上,第784页。

主病是桓雄的第三职能,主病就是掌控人间的病疫。主病最初源于《黄帝内经素问》:"帝曰:善。方制君臣,何谓也?岐伯曰:主病之谓君,佐君之谓臣,应臣之谓使,非上下三品之谓也。帝曰:三品何谓?岐伯曰:所以明善恶之殊贯也。"①占星学运用黄帝之说,在文献中可以看到黄帝与占星学的关系:"《黄帝占》曰:荧惑守舆鬼,女主病。留十日,诸侯王夫人当之。留二十日,太子夫人当之。"②主病之说在战国时期的《甘石星经》中也有记载。

  甘氏曰:日出无光曜者,主病。一日主有负于臣,百姓有冤心。③
  石氏曰:日入月中,女主病。不则将军司马吉。④

这是《开元占经》引用《甘石星经》的部分,主病也是结合一定的星象解说的。《海中占》也有相同的说法:"《海中占》曰:日斗月蚀,主病胀偏枯口舌咽喉心腹。"⑤《海中占》是汉代有关海上星象与占卜的书籍,此类占星书主要是海人之书。汉代谶纬学也有主病之说:

  《春秋运斗枢》曰:王者承度行义,郊天事神不敬,废礼文,不从经图,则枢星不明,主病目舌若喉,……吏巧邪暴,设变害舒,失民命,怀冤抑,则玑星不明,主病心腹若眩疽。⑥

  谶纬学的记述沿用了战国时期占星学的说法,枢星、玑星等都是北斗七星中的星辰。北斗七星是占星学的主要观测对象,这不免让人想起高句丽古坟壁画的北斗七星。高句丽古坟壁画的北斗七星究竟只是星辰崇拜,还是也包含了占星学的内容也是一个问题。主病是占星学的主要用语之一,各朝的占星书籍都有主病的记载。
  病疫是古代社会的重大问题,中国的官修正史有不少主病的记载。在医学不够发达的时期,占星学显得尤为重要。

---

① 《黄帝内经素问·至真要大论篇》卷二二,《二十二子》,上海古籍出版社1986年,第938页。
② 唐·瞿昙悉达、常秉义点校:《开元占经·荧惑占五》卷三四(上册),中央编译出版社2006年,第256页。
③ 唐·瞿昙悉达、常秉义点校:《开元占经·日占一》卷五(上册),第40页。
④ 唐·瞿昙悉达、常秉义点校:《开元占经·日占二》卷六(上册),第50页。
⑤ 同上,第48页。
⑥ 唐·瞿昙悉达、常秉义点校:《开元占经·石氏中官》卷六七(下册),第479页。

> 大角者,天王帝廷。其两旁各有三星,鼎足句之,曰摄提。摄提者,直斗杓所指,以建时节,故曰"摄提格"。亢为疏庙,主疾。其南北两大星,曰南门。氐为天根,主疫。①

这是《史记》的记载,《汉书》卷二六也有相同的记载。《史记》、《汉书》之后的官修正史仍有主病的记载,《宋史》:"氐宿四星,为天子舍室,后妃之府,休解之房。前二星适也;后二星妾也。又为天根,主疫。后二星大,则臣奉度,主安。"②主病与主疫用字不同,意义无异。主病之说源于《黄帝内经》,主病是关于身体病疫的解释,有时也记述身体的状况。

佛典亦有主病之说,佛典主病的记述方式与主命相似,具有相同的特征。《法苑珠林》记载:

> 众生与无量财宝证入界主疫神主也,是利益众生故。③
> 四天上遣神,名弥栗头不罗婆(汉言善光,主疾病)。④
> 四天上遣神,名弥栗头支多那(汉言善意)主疫毒。⑤

《法苑珠林》记载的是主疫、主疫病、主疫毒,用字不同。主病的意思是由神来掌控疫病,这样与占星学主病的意思也有所不同。《法苑珠林》也是没有结合天象的记述主病的意义,表明佛教与占星学的主病表述的是两种不同的观念。在佛教看来佛祖菩萨是人间世界的主宰者,神佛也是病疫的控制者。

三、主刑、主善恶的特征与五主的来源、时间

主刑是桓雄的第四个职能,主刑就是判定刑狱,预示未来是否会有刑狱之灾。主刑一语也是出现于战国时期,是占星学的主要用语之一。

> 石氏曰:北斗第一星曰正星,主阳主德,天子之相也。第二曰法星,主阴主刑,女主之位也。第三曰令星,主福。第四曰伐星,主天理,伐无道。第五曰杀星,主中央,助四旁,杀有罪。第六星危星,主天仓五谷。

---

① 汉·司马迁:《史记·天官书第五》卷二七,中华书局1997年,第331页。
② 元·脱脱等撰:《宋史·志第三》卷五十,中华书局1997年,第290页。
③ 《吽迦陀野仪轨》卷二,《大正新修大藏经》第二一册,第245页。
④ 唐·释道世:《法苑珠林》卷八七,《大正新修大藏经》第五三册,第925页。
⑤ 同上,第925页。

第七日部星,一曰应星,主兵。①

按照石氏占星术来看,北斗七星的第二颗星是法星,主宰人间刑狱之事,这个法星是女性。《星经》《甘石星经》有关主刑狱的记载与《开元占经》的记载不同:"大理二星,在宫门内,主刑狱事也。自北极已下五十星,并在紫微宫内外。"②"执法四星,在太阳首西北,主刑狱之人,又为刑政之官。助宣王命,内常侍官也。"③《星经》的现在传本与唐代传本有所不同,主刑与主刑狱稍异,但这并不影响主刑作为占星学的用语。《开元占经》还引用了《荆州占》:"《荆州占》曰:北斗第二星主阴主刑而生万物,女主位也,即有变,月应之,无救,大人一子为忧,女主官当之者死。法星色赤,有兵,无救。……"④这个说法与石氏之说相似,当有渊源关系。其实《开元占经》除了使用主刑的说法之外,还使用了主刑狱的说法:"《荆州占》曰:辰星主刑狱法官及廷尉,人君宰相之治,重刑罚,惰法令,杀无罪,戮不辜,弃正法,货赂上流,则辰星不效度,不时节,法官忧。"⑤可见不必拘泥于主刑与主刑狱变化,这种变化不会影响坛君神话与此类文献的关系。

《史记》的各类注疏有较多主刑的记载,但正文没有。《汉书》记载了主刑。

《星传》曰:"日者德也,月者刑也,故曰日食修德,月食修刑。"然而历纪推月食,与二星之逆亡异。荧惑主内乱,太白主兵,月主刑。自周室衰,乱臣贼子师旅数起,刑罚失中,虽其亡乱臣贼子师旅之变,内臣犹不治,四夷犹不服,兵革犹不寝,刑罚犹不错,故二星与月为之失度,三变常见;及有乱臣贼子伏尸流血之兵,大变乃出。甘、石氏见其常然,因以为纪,皆非正行也。⑥

石氏与申氏以占星学解释了周朝以来兵事不断、刑狱不明的社会现象,这些社会现象与星象可以互相印证。人间的刑罚是与天的意志联系在一起,天官要详察天象的变化。《后汉书》记载:"王者承天顺地,典爵主刑,不敢以

---

① 唐·瞿昙悉达、常秉义点校:《开元占经·石氏中官》卷六七(下册),中央编译出版社 2006 年,第 476 页。
② 汉·甘公:《星经·大理》卷上,明末刻本,第 4 页。
③ 同上,第 9 页。
④ 唐·瞿昙悉达、常秉义点校:《开元占经·石氏中官》卷六七(下册),第 480 页。
⑤ 唐·瞿昙悉达、常秉义点校:《开元占经·辰星占一》卷五三(上册),第 387 页。
⑥ 汉·班固撰、唐·颜师古注:《汉书·天文志第六》卷二六,中华书局 1997 年,第 334 页。

天官私其宗,不敢以天罚轻其亲。"①"赞曰:陈、郭主刑,人赖其平。"②人间是由官吏主刑,官吏主刑的关键在于公平,公平与否会显示于天象。《晋书》关于星象与主刑的说法完全源于占星学:"角二星为天关,其间天门也,其内天庭也。故黄道经其中,七曜之所行也。左角为天田,为理,主刑;其南为太阳道。右角为将,主兵。"③这段文字将主刑与星象结合起来,只能认为主刑一语源于占星学。

佛典的主刑用例不多,但偶然还是能够看到。下面是《法苑珠林》的记载:

> 三十食炭鬼(由典主刑狱,禁其饮食。因受此报,常食火炭也)。④

主刑狱与主刑的差异也不必在意,主刑狱可以看成是主刑。《无所有菩萨经》也有一例:"有旃陀罗名曰气嘘,生彼子家还有恶心。彼时祖父气嘘死后,气嘘之子复当刑杀,复于后时彼气嘘子身复命终。既命终已遂绝此业,有合死者无人刑杀。尔时大臣启白王言:大王当知,其主刑者名曰气嘘,其命已终。其彼有子身亦命终。大王当知,今无有人杀合死者。"⑤主刑者是旃陀罗气嘘,是已经死亡的人。《佛祖历代通载》如下的记载:

> 成王诵(武王子都于洛)年十三即位,周公摄政,制礼作乐,天下和睦。七年归政于王,卜世三十,卜年七百,治四十七年。周公定君臣礼乐,成王襃之,制三公(太师太传太保)九卿(一太常主音乐,二光禄主酒馔,三大理主刑律,四宗正主皇亲,五太府主库藏,六司农主种植,七鸿胪主蕃客,八太仆主车马,九卫尉主敷设)二十七大夫(九品各三)八十一元士。⑥

《佛祖历代通载》是元代念常撰著的,又称《佛祖通载》。念常(1282～1341)俗姓黄,号梅屋,世居华亭,是元代禅宗名僧。"大理主刑律"是指大理寺主掌刑律,刑律也不是专门用语,但其意义与主刑相同。这里记载的是

---

① 宋·范晔撰、唐·李贤等注:《后汉书·申屠刚鲍永郅恽列传第十九》卷二九,中华书局1997年,第275页。
② 宋·范晔撰、唐·李贤等注:《后汉书·郭陈列传第三十六》卷四六,第415页。
③ 唐·房玄龄等:《晋书·志第一》卷十一,中华书局1997年,第87页。
④ 唐·释道世:《法苑珠林》卷六,《大正新修大藏经》第五三册,第312页。
⑤ 《无所有菩萨经》卷二,《大正新修大藏经》第一四册,第684页。
⑥ 《佛祖历代通载》卷二,《大正新修大藏经》第四九册,第494页。

周朝的官制结构和功能,占星学的主刑一语当源于现实的官制与功能。佛典的主刑律也是没有结合星象,由此可知佛典中的主刑、主谷等用语,只是采用了占星学的用语而已,实际内容还是存在一定的差异。

主善恶是桓雄的第五职能,这是五个职能中最为特别的一项。主善恶仅见于佛典,不见于占星学与官修正史。既然不见于占星学,主善恶的意义似乎就不是在占星学意义上使用的。然而主善恶与主谷、主命、主病、主刑排列在一起,就必然会具有占星学的色彩,主善恶的具体含义只能是天神主宰人间的善恶之事。《星学大成》是明代万民英编撰的星学著作,此书的注文记载:"论洞微行年小限:……孛入行年,多奸非及迍闷。若更原守,并无星临视,即看宫主善恶而断吉凶。"①《星学大成》的主善恶与坛君神话的主善恶不同,前者是指根据宫主的善恶来看未来的吉凶,显然与主命、主刑的意义不同,在占星学的著作中看不到主善恶的记载。

主善恶不见于占星学和官修正史,但在佛典中可以看到。唐代释道宣撰编写的《广弘明集》记载:

> 大夫曰:大道无主而无所不主。圣人无言而无所不言。先生曰。请言其所言,言性命之所由致乎?请说其所主主善恶之报应乎?大夫曰:何为其不然也。盖天地扶大道之功以载育。圣人合天地之德以设教。序仁义五德以检其心。②

主善恶之报应体现的是佛教的意义,人的善恶不能不关系到人的命运、疾病、刑罚等等。在佛教的善恶果报观念之中,主善恶也可以具有占星学的意义。佛典也极少使用主善恶之语,可是坛君神话将主善恶也列入桓雄的主要职能,只能说明强化了佛教的意义。桓雄是善恶的决定者,坛君神话的主善恶应当是源于佛教。

上文引用的文献主要有三个系统:一是占星学或道教系统,一是正史系统,一是佛典系统。占星学与官修正史实际上是同一个系统,记述特征是相同的。佛典是另一个系统,主要体现的是神佛控制和主宰人间世界的观念。从文献使用的状况来看,坛君神话的五主源于官修正史,也源于佛典。主命、主病、主刑见于占星学和官修正史,也见于佛典,说明主命、主病、主刑存在着两种来源的可能性。主谷仅见于占星学和官修正史,主善恶只见于佛典,说

---

① 明·万民英:《星学大成·总论诸限》卷七(下册),北京师范大学出版社1993年,第278页。

② 《广弘明集》卷二二,《大正新修大藏经》第五二册,第254页。

明主谷与主善恶的来源不同。

　　主命、主病、主刑既出于占星学与官修正史,也出于佛典。然而从坛君神话记载的特征来看更近于佛典,佛典的主命、主病、主命没有结合星象来记述,佛典中主命、主病、主刑的是神佛或鬼王,既然神佛或鬼王是操控者,没有记述星象也合乎情理。与佛典的记载比较,占星学与官修正史都记载了星象,并以星象为依据预测了人间世界的未来变化。坛君神话的五主没有一个记述过星象,五主的操控者是天神,正如佛典中命、病、刑、善恶的主宰者是神佛一样。占星学的基本宗旨是体现天神对人类的主宰作用,只不过天神的意志是通过星象显示出来的。坛君神话的五主与佛典的近似性十分明显,由此来看坛君神话的主命、主病、主刑与主善恶应当是源于佛典,也是坛君神话佛教化的因素。

　　到此为止似乎已经解决了五主的来源与形成时间的问题,但实际上不能不想到的另一种可能性,也就是佛教传入之前的坛君神话中已经有了主谷、主病、主命、主刑的因素,是佛教僧徒以佛教化的方式改造了坛君神话。至少佛典中没有出现过主谷,说明坛君神话的五主还有一个来源,佛典只能是一个来源。虽然主谷采用了佛教化的记述方式,但是佛典中没有出现过主谷,那么佛教化的记述只能是僧人的改编而已。从这个意义上看,恐怕永远也不能排除五主源于占星学与官修正史的可能性:

　　第一种可能性是源于占星学,占星学中有主谷、主命、主病和主刑。如果源于占星学,那么形成时间可以追溯到战国时期。从坛君神话形成的时间来说,这是最接近的时间。然而这个时代《甘石星经》是否传入朝鲜半岛是很大的问题,这个问题几乎是不可能解决的。《甘石星经》是东亚历史上最早的天文学和占星学著作,战国时期甘德撰《天文星占》八卷,石申撰《天文》八卷,后人把两部著作合称为《甘石星经》。书中记载了很多恒星的名字与位置,也记载了星位的变化与人间吉凶的关系。《甘石星经》不大流传,占星学的内容关系到国家政治、皇权更替等,这些向来被统治者认为是最高机密。各代朝廷严密地限制占星学著作,只能在极小的范围内保存,这是占星学著作不大流传的原因。宋代以后《甘石星经》失传,现今只能在《开元占经》和《乙巳占》中看到《甘石星经》的部分内容。隋唐时期李淳风的《乙巳占》转录了《甘石星经》的片断,但没有明确记载各种文献的来源。《开元占经》大多注明了各种文献的来源,就可以管窥《甘石星经》部分内容。南宋晁公武的《郡斋读书志》的书目中保存了它的梗概。《荆州占》原书已佚,但在《开元占经》、《乙巳占》等书中有引录。有人认为此书的作者是东汉刘表(142～208),刘表长期统治荆州,但此书是刘表自己撰写还是他手下的占星家编撰,现今无考。此书也已失传,部分见于《开元占经》。

《开元占经》的著者是瞿昙悉达,祖籍印度,先人由印度迁居中国。① 瞿昙悉达的生卒不详,生于唐高宗年间(7世纪下半叶),卒于唐玄宗年间(8世纪上半叶)。1977年西安发掘瞿昙墓,墓志铭记载瞿昙悉达的家族中,四代供职国家天文机构,担任过太史令、太史监或司天监,长达100多年。瞿昙悉达有很多贡献,其中最重要的贡献就是撰著《开元占经》,使很多失传的文献得以保存。《开元占经》的撰著时间不详,但经学人考证,开元二年(714)二月之后奉敕编撰,成书时间不会晚于开元十二年(724)。《开元占经》成书之后,传世极少。书中有不少天文学的内容,但主要内容还是占星学。《开元占经》在宋代以后失载,明代皇家天文台也无藏本。明神万历四十四年(1616),安徽歙县的程明善给古佛像布施装金时,在佛腹中发现了《开元占经》的抄本。占星学著作受到严密控制,坛君神话的五主直接源于占星学的可能性不大,应当有其他的来源。

第二种可能性是官修正史的天官书或天文志。《史记》、《汉书》、《后汉书》等史书也有天文学与占星学的内容,古代的天文学与占星学是合而为一的。《史记》设有天官书,记载了星象的颜色变化、位置移动及主要星星的职能。《汉书》、《后汉书》设有天文志,天官书与天文志名称不同,但内容相似,天文志中有丰富的占星学内容。天文学与占星学的分离是近代西方科学进入之后出现的,古代的天文学与占星学没有分离。古代的天文学是官学,与国家历法相关。朝廷一批天文学家和占星学家,既要进行科学的观测,也要对天象进行一定的解释,天文学是国家的重要政治。中国的官修正史是韩国古代文人的必读书目,也是学校的教材。《三国遗事》频繁地引用官修正史,可见官修正史完全可能是坛君神话主谷、主命、主病、主刑的来源。一然撰著《三国遗事》有明确的撰史意识,《史记》、《汉书》等官修正史产生过深刻的影响。在坛君神话口传的过程中,完全可能把源于官修正史的说法融入了进去。这也是撰写史书的基本模式,如果史书中完全没有主命之类的说法,反而不像史书了。《高丽史》也有不少与《史记》、《汉书》等相似的星象记载,记述了可能或已经发生的灾变。可见占星学也是高丽王朝的官学,也是高丽王朝的重要政治。

---

① 有一种看法认为中国的占星术原本来自于西亚,只是在发展过程中形成了自己的特色。占星术最初产生于巴比伦,巴比伦观测天象,由此产生了占星术。巴比伦的占星术传播到了埃及、希腊、印度、欧洲和中国。占星术是人类最早的学问之一,至今仍在世界各地流行。佛典也有不少占星学的理论,其中部一分来自于印度,也有一些来自于中国原有的占星学。

《史记》与《汉书》记载占星学的观测与预兆,是因为汉代兴起了谶纬学。战国的占星术融入到了汉代的谶纬学,谶纬学有不少占星学的内容:"《春秋纬》曰:荧惑与亢合,主命凶。"①"《春秋纬》曰:荧惑逆入参成勾已,天下大乱,天子失度,大人忧。若环绕之,主命恶。若有大丧。期一年,远三年。"②"《洛书》曰:荧惑钩己房,主命凶。"③"《春秋图》曰:荧惑守轸绕环,及已去复还守之,成勾已,天下兵溃起,主命恶之,大臣欲谋其君,大人有忧。不出年。"④"《荆州占》曰:荧惑犯乘守轩辕,主命恶之。"⑤谶纬学屡遭禁毁,但仍有流传,因而谶纬学也是坛君神话因素来源的可能性之一。今西龙等人以为阿斯达等地名是谶纬学家编造出来的地名,但事实上阿斯达的地名与谶纬学无关。坛君神话中除了五主之外看不到谶纬学的痕迹,五主与谶纬学的关系并不确定,因而很难断定五主源于谶纬学。汉代经学兴起,儒家经书也有不少占星学的记载,经学也是五主之说流传的重要途径。占星学与谶纬学也融入于道教,通过道教可以汇入于坛君神话。然而汉代经学兴起的时间、道教产生的时间虽有一定的时间距离,但时间距离不算遥远,因而不会影响五主形成的上限时间。

很多学者以为坛君神话是原始社会的产物,坛君就是大巫的看法得到了很多学者的赞成,因而五主应当也是原始时期巫觋活动的表现。然而最初记载二十八星宿部分名称的文献是《周礼》,占星学的最早实物出现于战国时期,曾侯乙墓漆箱上首次记录了完整的二十八宿的名称。占星学只能形成于积累了一定的天文知识之后,战国时期的《甘石星经》是比较完整和成熟的著作。占星学形成之后广泛应用于古代天文、气象、宗教、文学及星占、星命、风水、择吉等方面。由此来看占星学显然不是原始时代的产物,是文明高度发展时期的产物。五主汇入坛君神话的时间不可能早于战国时期。

天文学与占星学形成之后,确实流入了中国东北与朝鲜半岛。《三国志》记载高句丽人祭祀灵星,高句丽古坟壁画描画了北斗七星。北斗七星在高句丽墓葬之中比较普遍,据首尔大学教授金一权的统计,⑥画日月神的古22座,画北斗七星的古墓共有19座,画四神图的古墓16座,画南斗六星的古墓

---

① 唐·瞿昙悉达、常秉义点校:《开元占经·荧惑占二》卷三一(上册),中央编译出版社2006年,第227页。
② 唐·瞿昙悉达、常秉义点校:《开元占经·荧惑占四》卷三三(上册),第251页。
③ 唐·瞿昙悉达、常秉义点校:《开元占经·荧惑占二》卷三一(上册),第230页。
④ 唐·瞿昙悉达、常秉义点校:《开元占经·荧惑占五》卷三四(上册),第262页。
⑤ 唐·瞿昙悉达、常秉义点校:《开元占经·荧惑占七》卷三六(上册),第275页。
⑥ 〔韩〕金一权:《高句丽古坟壁画天文观念体系之研究》,《东北亚历史与考古信息》1999年第1期。

有 10 座,画二十八宿的墓葬有 5 座。这说明高句丽人已经掌握了一定程度的天文知识,这些天文知识是占星学传播的基础。仅从古墓壁画不能认定高句丽人已经接受了占星学,不过天文学与占星学往往结合在一起,因而高句丽古坟壁画中包含占星学的可能性是存在的。

  画星辰日月的高句丽古坟壁画基本都是 4 世纪之后的墓葬,官修正史记载占星学的上限时间是汉代,这两个时间基本相合。3 世纪的王沈《魏书》没有记载五主,这表明王沈《魏书》的记载是可信的。从相关天文学知识东传的时间来看,五主成为坛君神话的上限时间应当是 4 世纪之后。坛君神话五主的一部分是源于占星学,一部分源于佛教。主谷仅见于占星学,说明占星学与佛教分别流入了坛君神话。主善恶仅见于佛教,说明五主也经过了佛教化的过程。五主的记述方式更近于佛典,记述相关内容的佛典多是隋唐以后的典籍,因而有理由认为五主佛教化的时间应当是在 7、8 世纪以后。

第四章　坛君神话中的灵艾、蒜与中医

第一节　艾草与蒜：是萨满的咒物？还是药物？

一、"灵艾一炷"、"蒜二十枚"与药物

灵艾与蒜是坛君神话中的重要因素,桓雄把灵艾一炷和蒜二十枚给了虎与熊。熊吃了这些东西,遵守桓雄的戒言,就变成了美人。虎没有遵守戒律,就失去了变成人的机会。如果将这个情节置于北方通古斯民族神话中考察,就会发现这个情节的独特性。在通古斯人的熊神崇拜中人与熊没有分明的界线,人与熊可以自然地转换。只有坛君神话设定了人与熊的界线,灵艾与蒜以及戒律既是人与熊界线的标志,也是跨越人与熊界线的可能性。这个界线是原始因素还是衍生因素?如果是衍生因素,那么又形成的上限时间又在何时?通过这一因素的研究,可以进一步还原坛君神话的原始形态。也可以描述这一因素的生成过程。人与熊之间难以逾越的界线,熊变成女人的特殊转换程序,都是文明进化的结果,也是已经偏离原始观念和思维的标志。

坛君神话中的灵艾与蒜是学术界一直具有浓厚兴趣的问题,对此有如下的各种看法:第一,蒜与艾草是农耕文化的表现,这种看法有一定的说服力。主谷是农耕文化的确定性标志,风伯、雨师与云师象征的是农耕文化,对此学术界也没有多大的疑问。与这些因素组合起来考虑,蒜是食品,也就是农产品,因而看成农耕文化,似乎也没有任何不妥之处。与蒜一起出现的艾草不是农作物,但与农耕社会有一定的关系。日本学者以为蒜与艾草是特别的粮食,也就是食物:"在檀君神话中熊在洞窟中长时间食用特别的粮食蒜与艾草,通过忍受这样的加入仪式再生为人类。"① 蒜与艾草是与成人仪式结合在一起的食物,标志着人的成长阶段。韩国学术界对坛君神话的蒜也有过研究,首尔大学教授李盛雨是食品史学家,早年留学日本,曾任韩国食文化学会会长、东亚食生活学会会长等职。他的看法具有相当的代表性。蒜有两种,

---

① 〔日〕荒木博之:《檀君神话的又一条途径(檀君神話のもうひとつの道筋)》,长野宽、朴成寿编《韩国·檀君神話和英彦山开山传承之谜》,福冈:海鸟社1996年,第68页。

一是大蒜，一是小蒜。李盛雨明确地认为："《檀君神话》的蒜是哪一种蒜呢？根据神话的内容来看，不会是《本草纲目》记载的人工栽种的蒜，可以推测为山地野生的蒜。郑台铉《韩国植物图览》记载深山沟中长着 *Allium viktorialis* Linne(Gyochya ninniku)，我以为这就是檀君神话中的蒜。《本草纲目》的山蒜就是此蒜，北朝鲜人仍然将此蒜称之为山蒜。"①李盛雨在10年后出版的《古代韩国食生活史研究》一书中重申了这一看法：

> 大蒜的原产地是中亚，传至现在。如果建国神话中的蒜就是这一栽种的蒜，那么必须认为大蒜不是途经北部传入，而且比传入中国的时间还要早。无论如何公元前2500年已经栽种了大蒜，因而建国神话中的蒜不像是栽种的蒜。②

李盛雨如此论断的根据是坛君神话的形成时间远远早于大蒜传入中国与朝鲜半岛的时间。然而仅以坛君神话的形成时间与大蒜的传入时间、朝鲜半岛北部原产的蒜为依据，作出这样的结论未免证据不足：首先，坛君神话的形成时间并不确定，学术界的各种看法存在着相当大的距离。究竟以何种说法为依据，不是一个简单的问题。更何况坛君神话诸因素的形成时间各不相同，就不可能有一个统一的形成时间。其次，应当研究坛君神话中蒜的性质，这个问题关系到大蒜或小蒜的问题。蒜的品种不同，成为坛君神话因素的时间就有可能不同。再次，如果认为坛君神话的蒜就是原产的小蒜，那么必须调查清楚原产小蒜是何时进入到生活的。只有进入到生活之后，才有可能成为坛君神话的因素。然而李盛雨没有对这些问题展开研究，因而这一看法尚存不少需要进一步研究解决的问题。

第二，灵艾与蒜是巫术中的咒物。一些学者把艾草与蒜看成是古代巫术的咒物，坛君神话是原始社会神政时代产生的最古老神话。原始社会流行巫术，巫术活动少不了咒物，巫觋要借助咒物实现超现实的意愿。韩国学者崔南善较早提出了类似看法："坛君（乃至解氏）之熊、赫居世（朴氏）之白马、脱解（昔氏）之鹊、阏智（金氏）之白鸡等，皆图腾之痕迹，古朝鲜的艾蒜忌、射琴（午忌，原古语为怛忉）为禁忌（다부、Taboo）之遗绪，水路夫人之海歌、伽耶国记之龟歌是巫术（마직、Magic）的形骸……"③李载浩如此解释："艾与蒜是

---

① 〔韩〕李盛雨：《韩国食品文化史》，教文社1984年，第81页。
② 〔韩〕李盛雨：《古代韩国食生活史研究》，清雅文化社1994年第二版，第171～172页。
③ 〔韩〕崔南善：《三国遗事——附索引及古文献十三种》，民众书馆檀纪4279年，第35页。

能够发生咒术效力的实物。"①金烈圭也有类似的看法:"艾草与蒜都是咒术性的植物,人们相信艾草是驱除鬼邪、清除不净的草,蒜与韭也具有相同的功能。我以为那是因为它们都有强烈的气味,作为禁忌之中食用的食物,它们具有适合的特性。"②大多的学者确认艾草、蒜与巫术的关系,但没有指出原因与证据。金烈圭以为强烈的气味是艾草与蒜成为咒物的原因,但此说颇有疑问,具有强烈气味的植物还有很多,为何偏偏艾草与蒜组合在一起成为了咒物呢?大凡咒物总是与原始信仰或民间信仰有关。艾草是具有神性的植物,看成咒术灵物并不怪异,蒜与植物信仰也有一定的关系。如果说灵艾与蒜都是民间信仰的植物,那么何时形成了这种信仰,又是如何形成的,都是需要解决的问题。解决此类问题之前,断言灵艾与蒜是咒物难免会产生疑问。将艾草与蒜看成是咒术之物,是根据坛君神话与巫觋关系提出的。有的学者认为熊女是韩国始祖女巫王:"有许多学者都曾经对檀君神话进行过探索,可是没有一位能够把熊女看做是圣女,没有人提过她的升天之说。通过朱蒙传说和首露神话的结构可以推测熊女就是巫女,分明就是韩国女巫王的始祖,即韩国最初的巫主神。"③将熊女看成是圣女的学者的确无几,但看成巫女的学者不在少数。可是熊女到底是象征着熊神崇拜,还是象征着早期人类社会的女巫?如果是象征熊神崇拜,就不可能是象征女巫。其实熊神崇拜与女巫之间,并不难以做出正确的判断。

  第三,灵艾与蒜是萨满教万物有灵观念的体现。萨满教主张万物有灵,艾草与蒜是万物之一,自然也是有灵之物:"其实即便是对万物有灵观念的表现上,檀君神话涉及天、风、雨、云等等自然现象和艾、蒜、虎、熊等多种动植物,比满通古斯民族的族源神话也要复杂和完备。"④天、地、风、云、艾、蒜、虎、熊等都是万物有灵观念的体现。其实萨满教虽然主张万物有灵,但实际上还是有所选择,并非所有的植物或动物具有同样的地位和意义。如果认为蒜是萨满教的咒物,那么最好是能够找到萨满教的巫术活动使用蒜的证据,只把萨满教的观念套用到坛君神话的蒜与灵艾是远远不够的。这种看法与咒物的看法没有多大的不同,只是存在萨满教与其他巫术活动的区别而已。萨满教与坛君神话的关系是坛君神话研究的主导方向,朝着这个方向推进研

---

① 〔韩〕一然著、李载浩译注:《三国遗事·古朝鲜》卷一(第一册),솔출판사1997年,第68页。
② 〔韩〕金烈圭撰、泊胜美译:《韩国神话的研究》,东京:学生社昭和五三年,第35页。
③ 〔韩〕金善丰:《三角山神话和檀君神话的结构》,《亚细亚民众研究》第五辑,学苑出版社2005年,第141页。
④ 李晶:《满通古斯民族和朝鲜民族熊神话传说之比较》,《延边大学》2004年2期。

究时,必须时时刻刻清楚地辨析出哪些是萨满教因素,哪些是其他的因素。如果不加辨析地全都看成是萨满教因素,必然会陷入研究的误区,偏离坛君神话形成的事实。

灵艾与蒜早就引起了古代文人的注意,古代文人的看法与当今学者的看法大不相同。古代文人以为坛君神话中的灵艾与蒜是药物,最早提出这种看法的文人就是李承休,李承休在《帝王韵纪》中将灵艾与蒜记载为了药。《帝王韵纪》是研究《三国遗事》坛君神话的最重要的文献之一,《帝王韵纪》与《三国遗事》的坛君神话有不少相同的因素,但不同的因素也不少。

初谁开国启风云,释帝之孙名檀君。(本纪曰:上帝桓因有庶子曰雄云云。谓曰:下至三危太白,弘益人间欤。故雄受天符印三个,率鬼三千而降太白山顶神檀树下,是谓檀雄天王也云云。令孙女饮药成人身,与檀树神婚,而生男名檀君,据朝鲜之域而为王,故尸罗、高礼,南北沃沮,东北夫余、濊与貊。皆檀君之寿也,理一千三十八年,入阿斯达山神,不死故也。①

孙女变成人身的关键之物是药,《三国遗事》在这个部分记载的是艾草与蒜,实际上这是以药替换了艾草与蒜。那么这一替换意味着什么呢?艾草、蒜与药有什么关系呢?这一替换其实就是提出了艾草、蒜即药物的看法,是把具体的药材改换为了种类的抽象概念。艾草、蒜与药之间存在着内在的关系,这不是毫不相关的物质的替换,这样的替换不会改变坛君神话的性质。李承休的《帝王韵纪》不是研究坛君神话的文章,只是记载了不同版本的坛君神话,但是不同版本也是对坛君神话的解释和研究,只是通过改编坛君神话提出了改编者的看法。

《帝王韵纪》之后很多的韩国文献都承袭了《帝王韵纪》的记载,《世宗实录》:"檀君古记云:上帝桓因有庶子,名雄,意欲下化人间,受天三印,降太白山神檀树下,是为檀雄天王。令孙女饮药成人身,与檀树神婚而生男,名檀君,立国号曰朝鲜,朝鲜、尸罗、高礼、南北沃沮、东北夫余、秽与貊,皆檀君之理。"②这显然是受到了《帝王韵纪》的影响,连具体字句都与《帝王韵纪》相似。《新增东国舆地胜览》更多地保留了《三国遗事》坛君神话的内容,但也是删除了艾草与蒜,代之记载的是灵药。

---

① 〔韩〕李承休:《帝王韵纪》卷下,朝鲜古典刊行会昭和十四年景印原本。
② 《世宗实录·地理志·平安道·平壤府》卷一五四,《古朝鲜·檀君·夫余资料集》上册,高句丽研究财团 2005 年,第 703 页。

太伯山（古记：昔有天神桓因，命庶子雄，持天符三印，率徒三千，降于太白山顶神檀树下，谓之神市。主人间三百六十余事。时有一熊，常祝于神，愿作人身，神遗灵药使食，熊食之，化为女。神因假化为昏而生子，是为檀君。立国号曰朝鲜。檀君娶非西岬河伯之女，生子曰夫娄，禹会涂山，遣夫娄朝焉。后夫娄为北夫余王，老无子，祈嗣，至鲲渊，得小儿而养之，是为金蛙。金蛙传至子带素，而为高句丽大神武王所灭。①

灵艾记载为了灵药，这是微妙的细小变化，但是艾草、蒜与药物的关系十分明显。把艾草与蒜替换为了药物之后，最常用的词就是灵药，《承政院日记》："天神桓因有子桓雄，欲下往世间，故命桓雄率三千人，降于太白山檀木下。时有一熊，常祝为人，桓雄与之灵药，熊化为女。"②成汝信《浮查集·西都遗迹十二首》："太伯山熊化女儿，天神仍嫁诞神姿。国人推戴为君长，东土为邦始此时。（右太伯山一名妙香山，有一熊常祝于神，愿作人身，神遗灵药，使食之，熊遂化为女，生子，是为檀君。）"③洪万宗的《海东异迹》卷一："时有一熊常祝于神，愿作人身，神遗灵药使食，熊食之化为女。"④洪万宗的《五旬志》卷上也有几乎相同的记载，也是删去了虎，把艾草与蒜改成了灵药。下面的文献将艾草、蒜与药的关系写得更为清楚明白：

而檀君之母太白山之熊尝祈化人身於神市天王，天王遗以灵药东海之艾一炷、琼丘之蒜二十枚，熊食之，三七二十一甲子，化为女，与天王野合而生檀君云。⑤

这是李种徽《修山集》的记载，灵药是艾草、蒜的定语，两者的种属关系再清楚不过了。这段文字附加了东海与琼丘，这是道教仙境。这样灵艾与蒜就变成了道教仙药，道教仙药都有神奇的功能，更是添加了奇异色彩。但无论怎样变化，都没有离开药物的基本意义。这种改编是对《三国遗事》艾草与蒜的解释，不过这一改编强化的不是佛教，而是道教。道教化也是坛君神话变

---

① 《新增东国舆地胜览·平安道四·宁边大都护府·古迹·太伯山》卷五四，《古朝鲜·檀君·夫余资料》中册，第1843页。
② 《承政院日记》英祖四一年十二月八日，《古朝鲜·檀君·夫余资料集》上册，高句丽研究财团2005年，第564页。
③ 〔韩〕成汝信：《浮查集》卷一，尹以钦编《檀君：理解与资料》，第454页。
④ 〔韩〕洪万宗：《海东异迹·檀君》卷一，尹以钦编《檀君：理解与资料》，第461页。
⑤ 〔韩〕李种徽：《修山集·东史·神事志》卷十二，尹以钦编《檀君：理解与资料》，第484页。

异的一个方向,但这一方向并不证明《三国遗事》的坛君神话中包含了丰富的道教因素。有时灵药又记载灵方:"於戏古檀之下,桓雄初为主人,灵艾之方,老熊便化女子。"①灵艾之方也就是灵药之方,即指药方,与药物没有本质的不同。所有的这些文献都是受到《帝王韵纪》影响的结果,其实也是很多文人赞成了艾草与蒜就是药物的看法。古代文人的看法较为统一,没有产生像当今学者那样多的争议。当今学者也有人将灵艾与蒜解读为药:"在人类历史上第一次达到'性通功完'的人物就是熊女,所谓的'性通功完'不是那么简单就可以达到的层面,并不是熊女简单地食用不死灵药'灵艾一炷,蒜二十枚'就可完成的。"②然而灵艾与蒜不是长生不死的仙药,熊女吃灵艾与蒜的结果也不是长生不老。坛君神话将艾草记载为灵艾,灵艾实际就是艾草。艾字前面加了一个"灵"字,无非是要表明灵艾与蒜的神奇功能,它们不是治病的普通药物,是可以将禽兽变成人类的神药,可以实现超现实的意愿和祈求。

艾草是最早进入到东亚日常生活的植物之一,艾又名蓬、蒿,西文名Artemisia,菊科,约有250种。世界分布极广,中国与韩国、日本皆有原产的艾草。原产是艾草的基本特征,这使艾草与韩国民族的关系可以追溯到最为古老的原始时代,也意味着艾草有可能是坛君神话的原始因素。艾草在先秦时期就进入了中国的文献,《诗经·王风》:"彼采艾兮!一日不见,如三岁兮!"③对此诗句的理解异议不多,一般都认为采撷艾草来治疗疾病,艾草显然是作为药物来使用的。艾草除了药用之外,还可以佩戴在身上去除邪气。服艾除毒的功能见于《离骚》:"户服艾以盈要兮,谓幽兰其不可佩。"④王逸解释楚人喜近艾草,远离幽兰。君爱昵谗佞,憎远忠直。不管此句表达的政治意义是什么,佩戴艾草应当是楚人的习俗。佩戴艾草就是为了被除毒邪,祈祷健康。艾草有治疗疾患的功能,就用来作为了镇邪驱病的植物,药用是艾草的基本功能。

坛君神话使用的是灵艾一词,灵艾的用例亦见于中国的文献,艾加上灵字之后没有改变药用的基本意义。刘宋时期的孔璠之《艾赞》:"论蔫灵艾,蔚彼修坂。混区群卉,理深用远。"⑤灵艾一词完全没有神草的气息,只是修坂上的植物而已。此文中灵艾的意义并不明确,但结合孔璠之《艾赋》就可以明

---

① 《朝鲜寺刹史料下·奉安御容事迹》,尹以钦编《檀君:其理解与史料(그이해와 자료)》,首尔大学校出版部2001年增补版,第545页。
② 〔韩〕许英雄:《天符经与檀君神话》,东京米田英雄2012年,第299页。
③ 程俊英、蒋见元:《诗经注析·国风·王风》上册,中华书局1991年,第213页。
④ 金开诚等校注:《屈原集校注》上册,中华书局1996年,第120页。
⑤ 清·严可均辑:《全宋文》卷二八,商务印书馆1999年,第265页。

白灵艾的药用意义:"良药弗达,妙针莫宣,奇艾急病,靡身挺烟,治匪君臣,得用神火,振淹固于一烂,气绝息乎无假。淳建投而招祟,钳椒捣而贻祸。伊兹艾之淑粹,仍索质于中野。嗟乎贞灰与邪烬迭御,芳烟与苦兰竞熏,是以艾正而贱,兰妖而珍,故言尧则桀,对举兰则艾因。"①奇艾与灵艾是近义词,灵与奇是指药效,而不是神性,药效是全文的核心内容。不过既然是灵艾或奇艾,也就离成为神性植物不远了。《艺文类聚》载:"《汉武内传》曰:西王母神仙次药,有灵丛艾"②之语,灵艾与西王母联系起来,终于成为了道教的仙药。

将艾草与蒜想象为神药,不是毫无根据的随意想象。这一想象生成的基础就是艾草与蒜的确是药物,在各类药物文献中可以找到相关的记载。艾草的药用方法极为丰富,不过与坛君神话的具体语句比较接近的是用于针灸的艾草。艾草用于针灸的历史相当久远,《黄帝内经》有如下的记载:

> 帝曰:上古圣人作汤液醪醴,为而不用何也?岐伯曰:自古圣人之作汤液醪醴者,以为备耳。夫上古作汤液,故为而弗服也。中古之世,道德稍衰,邪气时至,服之万全。帝曰:今之世不必已何也?岐伯曰:当今之世,必齐毒药攻其中,石针艾治其外也。③

《黄帝内经》记述艾草用于针灸,石针艾的针就是针,艾就是艾草。中国针灸的历史至少可以追溯到春秋末到战国时期。《庄子》也记载了艾草的针灸用途:"王子搜患之,逃乎丹穴,而越国无君,求王子搜不得,从之丹穴,王子搜不肯出,越人薰之以艾。"④西汉马王堆汉墓(公元前168年)的竹简和帛书中有《足臂十一脉灸经》、《阴阳十一脉灸经甲本》等书,从西汉到东汉的2~3世纪期间,针灸的技术趋成熟,亦成体系,艾草更是不可缺少的药草。

《三国遗事》记载的是"灵艾一炷",显然不能抛开"一炷",只研究"灵艾"。仅仅根据灵艾一词也可以确定艾草在坛君神话中的药物意义,将"灵艾"与"一炷"结合起来之后,就可以进一步确定坛君神话的艾草与针灸的关系。针灸中常用的一个术语就是艾炷,《本草纲目》有如下的记载:

---

① 清·严可均辑:《全宋文》卷二八,商务印书馆1999年,第264页。
② 唐·欧阳询撰、汪绍楹校:《艺文类聚》卷八二(下册),上海古籍出版社1999年第2版,第1414页。
③ 《黄帝内经素问·汤液醪醴论》卷四,《二十二子》,上海古籍出版社1986年,第891页。
④ 清·郭庆藩:《庄子集释·让王第二十八》,《诸子集成》第三册,中华书局1954年,第416页。

蛇入人窍,灸以艾炷,或辣以椒末,则自出。①

"灵艾一炷"源于针灸的艾炷,炷是名词,又是量词。在"炷"前加"一"字,就变成了量词。针灸分成两个部分,"针"就是用针刺穴道,"灸"就是点燃艾草去薰、烫穴道或病变部位。所谓的炷就是可燃的柱状之物,即针灸的艾条,艾炷一般是用拇指和食指把艾绒搓成纺锤状,再用手指捏紧,在平板上轻轻按压即成。艾炷上尖下圆,呈圆锥形,有大、中、小三种。"一炷"就是一条,一个艾炷用于治疗,称为一壮。艾草有一种强烈的气味,可以产生医疗作用。灸的材料只能用艾草,而且越陈越好,艾草又名灸草:"时珍曰:王安石《字说》云:艾可乂疾,久而弥善,故字从乂。陆佃《埤雅》云《博物志》言:削冰令圆,举而向日,以艾承其影则得火,则艾名冰台。其以此乎?医家用灸百病,故曰灸草。一灼谓之一壮,以壮人为法也。"②针灸可以调节盛虚,使用范围相当广泛:"古之善用针艾者,视人五态乃治之,盛者泻之,虚者补之。"③结合医书有关针灸的记述,可以确定坛君神话的"灵艾一炷"指的就是针灸用的艾草,因此艾草就是药物,而不是咒物。

艾草的所有部分皆可入药,具有止血、镇痛的功效,还有强壮剂的功用,还用于子宫出血、月经不调、月经痛、痔出血等。民间还广泛用于跌打损伤、腹痛、水虫等病,作为外用药使用得也极普遍。《本草纲目》记载:"集解:别録曰:艾叶生田野,三月三日采暴干。颂曰:处处有之。以复道及四明者为佳,云此种灸百病尤胜。初春布地生苗茎,类蒿叶,背白,以苗短者为良。三月三日、五月五日,采叶暴干,陈久方可用。时珍曰:艾叶,《本草》不着土产,但云生田野。宋时以汤阴复道者为佳。四明者图形近代。惟汤阴者,谓之北艾。四明者,谓之海艾。自成化以来,则以蕲州者为胜,用充方物,天下重之,谓之蕲艾。……皆以五月五日连茎刈取,暴干收叶。先君月池子讳言,闻尝着《蕲艾传》一卷。有赞云:产于山阳,采以端午,治病灸疾,功非小补。"④《本草纲目》的记载证明了艾草的药材之用,艾草的治疗范围极广。

蒜在坛君神话中是什么,也是基本的问题。如果认为"灵艾一炷"是药物,那么"蒜二十枚"也应当是药物,因为艾草与蒜在坛君神话中是组合而成的一个因素。这种看法可能会遭到很多人的反对,蒜在古代朝鲜人的生活中

---

① 明·李时珍:《本草纲目·主治》卷四(上册),人民卫生出版社 2005 年第 2 版,第 271 页。
② 明·李时珍:《本草纲目·草之四》卷十五(中册),第 768 页。
③ 唐·王冰撰,张珍玉注:《灵枢经·通天第七十二》卷十,山东科学技术出版社 1983 年,第 585 页。
④ 明·李时珍:《本草纲目·草之四》卷十五(中册),第 768 页。

是不可缺少的食物,因而蒜不是药物。韩国人每天都要食用泡菜,蒜是韩式泡菜辣酱的主料之一,韩国人几乎每天都要食用蒜。韩国泡菜起源于13世纪,坛君神话也是记载于13世纪,但坛君神话形成与传承的时间应当早于韩国泡菜起源的时间,因而不能根据韩国泡菜认为坛君神话的蒜是食品。另外有趣的是做泡菜的辣酱另有一个名称药念,药念当是与药物相关的东西,药味是主要的味道。蒜的主要功能之一是药物,因而泡菜的辣酱会产生药念、药味等名称。① 蒜在韩国早期的泡菜中是作为药物使用的,当泡菜成为主要的食品之后,食品的意义不断强化,药的意义逐渐淡化了。

蒜是古代重要的药物,由于药效显著,受到了古代医家的高度重视。李时珍的《本草纲目》设列了蒜条,记述了蒜的品种与疗法、疗效。蒜有大蒜与小蒜,不管是哪一种蒜,都可以作为药材。一般以为大蒜比小蒜更为辛辣,药效优于小蒜。大蒜与小蒜的药力不同,用途也有区别。总体来说蒜有杀毒、消肿、杀虫、去风湿、除风邪、疗疮癣、健脾胃等功能。现代医学证明了蒜的药效,认为蒜氨酸是大蒜独有的成分。大蒜素能杀死伤寒杆菌、痢疾杆菌、流感病毒等。蒜还能促进新陈代谢,降低胆固醇和甘油三酯的含量,可降血压、血糖,对血管疾病有治疗的作用。《本草纲目》记载:"时珍曰:葫蒜入太阴、阳明,其气薰烈,能通五脏,达诸窍,去寒湿,辟邪恶,消痈肿,化症积肉食,此其功也。故王祯称之云:味久不变,可以资生,可以致远,化臭腐为神奇,调鼎俎,代醢酱。携之旅涂,则炎风瘴雨不能加,食饐腊毒不能害。夏月食之解暑气,北方食肉面尤不可无。乃食经之上品,日用之多助者也。"②《本草纲目》还特别记载了独头蒜的药效:"毒疮肿毒,号叫卧眠不得,人不能别者。取独

---

① 咸菜是韩国泡菜的总称,亦写为沉菜,浸入盐水的意思。泡菜的主料是白菜、萝卜以及其他蔬菜类,将这些蔬菜浸入于盐水,然后将配料辣酱与主料混合制作而成。制作泡菜的辣酱与药有关,韩国语名为药念(양념、약념,辣酱)。药念的主料是辣椒、大蒜、生姜、胡萝卜、水果等。韩文《《国语词典《옛센스국어사전》》(민중서림)记载辣酱又名药辣椒酱(약—고추장),即以黏米为原料,加入辣椒粉做成。正如很多食物是从药物转化而成,韩国咸菜也是如此。韩国咸菜形成于13世纪之前,13世纪初李奎报的诗歌第一次记载了咸菜。16世纪之前药念中没有辣椒,主要是用山椒。山椒和大蒜一样是作为药材使用的,有健胃、整肠、驱虫、解毒的功能,也用于腹部冷痛、泻肚等。这些都是药材,药味是主要的味道。辣椒原产于墨西哥,15世纪末哥伦布从美洲带回辣椒,由此开始传播于世界各地。16世纪辣椒从日本传入到了朝鲜半岛,因而又称倭芥子或倭椒。1670年刊行的《饮知味方》是以韩文写的菜肴书,其中没有使用辣椒的用例。《闺阁丛书》(1809)记载泡菜中放入切碎的辣椒,由此推测19世纪前后韩国的泡菜开始放辣椒。明代传入中国,清陈溟子《花镜》记载的番椒就是辣椒。

② 明·李时珍:《本草纲目·菜部》第二六卷(中册),人民卫生出版社2005年第2版,第1300页。

头蒜两颗捣烂,麻油和,厚傅疮上,干即易之。屡用救人,无不神效。"①蒜具有神奇的药效,也就产生了一系列的神奇病例:

  尝有一妇,衄血一昼夜不止,诸治不效。时珍令以蒜傅足心,即时血止,真奇方也。又叶石林《避暑录》云:一仆暑月驰马,忽仆地欲绝。同舍王,相教用大蒜及道上热土各一握研烂,以新汲水一盏和取汁,抉齿灌之,少顷即苏。相传徐州市门,忽有版书此方,咸以为神仙救人云。②

  大蒜神奇的疗效不能不使人想到神仙,这恐怕是大蒜产生神性的条件。大蒜的神性是与神异故事产生联系的基础,在医学尚不发达的古代社会,生命较为脆弱,具有神效的药物必然会产生出强烈的神性。

  "灵艾一炷"与"蒜二十枚"是坛君神话的记录形式,也是药物的记录形式。名词在前、数字在后,古代药书记载药方时一般都用这种形式,这是"灵艾一炷"与"蒜二十枚"为药物的证据之一。然而这一格式不是药书独有的,菜谱也会采用这种形式:"作酸羹法:用羊肠二具,饧六斤,瓠叶六斤。葱头二升,小蒜三升……"③这种形式不是判断药物的充分根据,不过艾草一般不是食物或菜肴,因而"灵艾一炷"只能是药物的记载形式。"蒜二十枚"不是完全独立的因素,是和"灵艾一炷"组合起来记述的,因而"蒜二十枚"的记载形式也可以作为药物的证据。"灵艾一炷"与"蒜二十枚"的记载形式应当源于医药书籍。

  艾草与蒜是药物,这种知识并不是只能从药书中得到,《搜神记》记载了一个极为怪诞的故事。

  佗尝行道,见一人病咽,嗜食不得下。家人车载,欲往就医。佗闻其呻吟声,驻车往视,语之曰:"向来道边,有卖饼家蒜齑大酢,从取三升饮之,病自当去。"即如佗言,立吐蛇一枚。④

  华佗以蒜引出了进入人口腔的蛇,这是一则神奇的故事。《搜神记》是一

---

① 明·李时珍:《本草纲目·菜部》第二六卷(中册),人民卫生出版社2005年第2版,第1300页。
② 同上,第1300页。
③ 后魏·贾思勰、缪启愉校释:《齐民要术校释》卷八,农业出版社1982年,第464页。
④ 晋·干宝、曹光甫校点:《搜神记》卷三,《汉魏六朝笔记小说大观》,上海古籍出版社1999年,第302页。

本志怪小说集,这个故事多半会被认为是虚构出来的志怪故事。志异小说不能作为蒜是药物的依据,然而这个故事原载于《三国志·魏书方技传第二十九》:"佗行道,见一人病咽塞,嗜食而不得下,家人车载欲往就医。佗闻其呻吟,驻车往视,语之曰:'向来道边有卖饼家蒜齑大酢,从取三升饮之,病自当去。'即如佗言,立吐蛇一枚,县车边,欲造佗。佗尚未还,小儿戏门前,逆见,自相谓曰:'似逢我公,车边病是也。'疾者前入座,见佗北壁县此蛇辈约以十数。"①《三国志》是正史,这一定程度上可以消除这个故事的怪异性产生的怀疑。干宝(？～336),东晋文人,字令升,祖籍河南新蔡。陈寿(233～297),字承祚,巴西安汉(现在四川南充)人,是西晋史学家,生活年代稍早于干宝,《搜神记》的记载应当是源于《三国志》。《三国志》是官修正史,反对怪力乱神是史家记述的基本原则,可是陈寿仍然记载了这个奇异的故事,说明陈寿并不认为这是虚构的志怪。这个故事究竟是不是虚构的荒诞故事,最好还应当看看医家的看法。《本草纲目》记载了艾叶与蒜引出进入口腔的蛇的疗法:

〔外治〕:艾叶隔蒜灸之。蜀椒涂之。蛇入人口,破尾,纳椒末入内,自出。母猪尾血蛇入人七孔,割血滴之。②

《本草纲目》多处记载了这一疗法,与前文的"蛇入人窍,灸以艾炷"的方法差不多,李时珍比较重视这一疗法。这一疗法与《三国志》、《搜神记》的记载如出一辙,但这一疗法不只是可以用蒜,还可以用辣椒。可见《搜神记》记载的故事并非是虚构的志怪,完全是有医学依据的。

艾炷的医学知识也不是只能从医书得到,除了《三国志》、《搜神记》等书之外,魏收的《魏书》也记载了艾炷:

洪之性慷慨,多所堪忍。疹疾灸疗,艾炷围将二寸,首足十余处,一时俱下,而言笑自若。③

《魏书》的艾炷就是针灸的艾炷,针灸的艾炷应当是广为流传的知识。《三国遗事》坛君神话的"灵艾一炷"未必直接源于《魏书》,也未必直接源于医书。了解针灸知识的途径非常多,恐怕在日常生活中随时随地都可以得到相

---

① 晋·陈寿撰、宋·裴松之注:《三国志·魏书》卷二十九,中华书局1997年,第211页。
② 明·李时珍:《本草纲目·主治》卷四(上册),人民卫生出版社2004年第2版,第271页。
③ 北齐·魏收:《魏书》卷八九,中华书局1997年,第495页。

关的知识。一些医学知识并非为医家专有,成为普遍的常识时,如果成为神话的因素也就不是不可理解的了。

二、艾蒜组合的形成与时间

在坛君神话中灵艾一炷与蒜二十枚是以组合的方式出现的,这种组合关系亦见于古代的医学文献,不是坛君神话首创的。这一组合是如何组合而成的,又是何时组合而成的?蒜有两种,一是大蒜,一是小蒜,那么坛君神话艾蒜组合中的蒜是哪一种呢?这些问题直接关系到坛君神话这一因素的形成,因而必须解决这些问题,从而呈现坛君神话这一因素的生成过程。

首先应该研究的是坛君神话中的蒜是大蒜还是小蒜的问题,坛君神话只记载蒜,并没有具体记载是哪一种蒜。蒜的名称是辨析大蒜或小蒜的一个途径,一般而言大蒜为葫,小蒜为蒜,也就是说只记载蒜一个字时,所指的是小蒜。依此来看坛君神话的蒜似乎是小蒜,而不是大蒜。然而这一判断未必是正确的,因为大蒜与小蒜名称的实际使用是相当混乱的,这种混乱不只是体现在一般的文献,甚至是在专门的药学著作中也是相当混乱。《本草纲目》记载:"本草谓大蒜为葫,小蒜为蒜。而《说文》所谓荤菜者,乃大蒜也。蒚即小蒜也。书传载物之别名不同如此,用药不可不审。"[①]蒜就是指小蒜,这种说法明确地指明了大蒜与小蒜在名称上的区别。区别名称是为了区别实物:"时珍曰:蒜字从祘(音蒜),谐声也。又像蒜根之形。中国初惟有此,后因汉人得葫蒜于西域,遂呼此为小蒜以别之。故伏侯《古今注》云:蒜,茆蒜也,俗谓之小蒜。胡国有蒜,十子一株,名曰胡蒜,俗谓之大蒜是矣。蒜乃五荤之一,故许氏《说文》谓之荤菜。五荤即五辛,谓其辛臭昏神伐性也。"[②]李时珍记述得非常明确,然而遗憾的是他自己也没有能够保持记述的统一。《本草纲目》葫条记载相当混乱:"金疮中风角弓反张。取蒜一升去心,无灰酒四升煮极烂,并滓服之。须臾得汗即瘥。""妇人阴肿作痒。蒜汤洗之,效乃止。""小儿白秃团团然。切蒜日日揩之。""闭口椒毒气闭欲绝者:煮蒜食之。""食蟹中毒:干蒜煮汁饮之。""蛇瘕面光发热,如火炙人。饮蒜汁一碗,吐出如蛇状,即安。"[③]这些都是葫条的记载,所有的蒜应当都是大蒜,但李时珍记录为了蒜。按照李时珍的说法蒜是指小蒜,那么李时珍的自我矛盾不言自明。又如在葫条记载了蒜连丸:"肠毒下血蒜连丸:用独蒜煨捣,和黄连末为丸,日日

---

① 明·李时珍:《本草纲目·菜部》第二六卷(中册),人民卫生出版社2005年第2版,第1297页。
② 同上,第1296页。
③ 同上,第1301～1303页。

米汤服之。"①从药名"蒜连丸"看似乎是小蒜,但实际上使用的是独头蒜。李时珍各类药方的记载说明蒜多是指大蒜或独头蒜,而不是小蒜。从李时珍自我矛盾的记载,也可以看出仅从名称区别大蒜与小蒜的可能性不是很大。《三国遗事》记载的坛君神话只记载为蒜,因而仅仅依据坛君神话的文本是无法研究清楚坛君神话中蒜的种类问题。要解决这个问题,必须采用其他的方法。

其一,大蒜的传入与坛君神话的关系。

中国古代文献中的蒜有两种,一是中国原产的小蒜,一是西域传入的大蒜。蒜字见于《尔雅》(公元前2世纪),这应当是原产的小蒜。《本草纲目》记载:"小蒜野生,处处有之。小者一名蒚(音乱),一名䔰,音力。苗、叶、根、子皆似葫,而细数倍也。《尔雅》云:䔰,山蒜也。《说文》云:蒜,荤菜也。菜之美者,云梦之荤。生山中者,名䔰。"②《农政全书》记载小蒜又名为泽蒜:"泽蒜:又名小蒜。生田野中,今处处有之。生山中者,名䔰。苗似细韭叶,中心撺葶,开淡粉紫花。根似蒜而甚小,味辛性温,有小毒;又云热,有毒。"③小蒜有生于山中的,也有生于田野的,其形状似葫,比大蒜要小数倍。大蒜又名葫,西方名为 Allium sativum L,又 garlic。至今还没有发现野生品种,一般认为吉尔吉斯斯坦的沙漠地带是大蒜的原生地,栽培蒜的历史可以追溯到古埃及和古希腊。

韩国的蒜也有两种,一是大蒜,一是小蒜。大蒜不是朝鲜半岛原产的,韩国的文献一般记载大蒜的原产地是西亚。韩国的小蒜也称山蒜,是朝鲜半岛原产的,主要生长于雪岳山、智异山等高山。春季老妪去山中采山蒜,在开花前采的山蒜味道较好,五月之后的山蒜味道不好。山蒜的叶和茎可以做成泡菜,还可以用山蒜做成饼,最近在韩国颇受欢迎。④ 在韩国的日常生活中蒜一般是指大蒜,而不是小蒜,生活中常吃的是大蒜。韩国语中蒜的名称没有像中文那样混乱,从大蒜、小蒜与韩国语发音的对应关系来看,蒜应当是指的是大蒜。一般大蒜对应为마늘(蒜),小蒜对应为족지,两个词的韩国语发音完全不同,不会出现混同情况。17世纪许浚的《东医宝鉴》(1610)就是记载大蒜为蒜,小蒜为족지。韩国也有山蒜(산마늘),又名멩이、맹이、명이,野

---

① 明·李时珍:《本草纲目·菜部》第二六卷(中册),人民卫生出版社2005年第2版,第1302页。

② 同上,第1297页。

③ 明·徐光启著,陈焕良、罗文华校注:《农政全书·荒政17》卷五十九,岳麓书社2002年,第982页。

④ http://100.naver.com/theme/search.nhn? query=%B8%B6%B4%C3&x=30&y=8

蒜名为달랑괴。《三国遗事》坛君神话记载的是蒜，那么坛君神话的蒜应当是大蒜，而不是小蒜。然而以韩国语的发音进行研究的方法不是很可靠，问题在于《三国遗事》是以中文记录的，也就无法确认蒜、小蒜与韩国语发音的对应关系形成于何时。如果形成于13世纪之后，那么以韩国语发音来研究坛君神话的蒜是没有意义的。有人研究过蒜的韩国语发音的起源，① 然而要确定这种看法，显然需要13世纪或更早的语言材料的证明，但这样的语言材料恐怕根本就没有存在过，因为当时还没有发明韩国母语的文字。

最早记载蒜的中国文献是中国的第一部字典《尔雅》，书中收录了蒜字，《尔雅》成书的上限不会早于战国（一说成书于秦汉）。这就是说在汉代之前中国人已经认识了蒜这种植物。《本草纲目》引用《尔雅音义》记载了最初食用和移植小蒜的时间：

按：孙炎《尔雅音义》云：帝登蒿山，遭蒁芋毒，将死，得蒜啮食乃解，遂收植之，能杀腥膻虫鱼之毒。又孙愐《唐韵》云：张骞使西域，始得大蒜种归。据此则小蒜之种，自蒿移栽，从古已有。故《尔雅》以蒿为山蒜，所以别家蒜也。②

按照孙炎《尔雅正义》记载帝登蒿山初食小蒜，可是这条文献疑问颇多：第一，孙炎没有记载帝是哪一位皇帝，但是先秦时期的帝应当就是指黄帝。明陈耀文《天中记·菜》卷四十六与《御定佩文斋广群芳谱·蔬谱》卷十三也记载了相同的内容，字句几乎完全相同，但明确记载初食小蒜的帝是黄帝。黄帝是否为历史人物尚难确定，黄帝初食蒜的说法恐怕是传说，不能作为可靠的文献。第二，《尔雅音义》是三国时期的文献，并非是战国或秦朝的文献。三国时期的文献中出现食蒜的记载并不奇怪，因为汉文献已经记载过食蒜。孙炎字叔然，乐安（今山东博兴）人，是三国时期经学家。他受业于郑玄，时称"东州大儒"，他的《尔雅音义》影响较大，但今已失传。根据孙炎的记载，只能认为三国时期食蒜，不能看成是黄帝时代已经食用了蒜。

---

① 蒜的韩国语发音마늘可能源于蒙古语，蒙古语的 manggir（만끼르）发生音变，gg 被省略，演变成为了 manir（마닐）。《名物纪略》记载蒜（마늘）当源于韩国语的"味道太辣"（맛이매우날하다 하여맹랄〈猛辣〉→마랄→마늘이되었다。）的一句中演变而来，然而这种说法过于牵强，一句话浓缩为两个音节的可能性不大。http://100.naver.com/100.nhn？docid=58067

② 明·李时珍：《本草纲目·菜部》第二六卷（中册），人民卫生出版社 2005 年第 2 版，第1297 页。

中国文献有关食蒜的记载始于大蒜传入之后,中国原本没有大蒜,大蒜是张骞出使西域带回来的,因此名之为葫。《齐民要术》有如下的记载:

  张骞周流绝域,始得大蒜、葡萄、苜蓿。①
  张骞使,得蒜、胡荽。②

张骞带回了大蒜,因此大蒜又称"张骞大宛之蒜。""西域之蒜。"③张骞带回大蒜的时间是公元前115年,朝鲜半岛的大蒜应当是从中国传过去的,由此开始东亚就有了大蒜和小蒜。

大蒜传入中原之后,很快就成为了知名度极高的名物。西汉史游编撰的《急就篇》是现存最早的识字本,其中记载了蒜:"芸、蒜、荠、芥、茱萸香。(芸即今芸蒿也,生熟皆可啖。蒜,大小蒜也,皆辛而荤。荠,甘菜也,其实名葖。芥,亦有大小二种。茱萸似椒而大食者,贵其馨烈,故云茱萸香也。)"④"急就"的意思是速成,这是使童蒙迅速识字、掌握常识的课本。此书撰于公元40年,是在张骞带回大蒜75年之后。这时蒜已经进入到了日常生活,成了童蒙需要掌握的最基本的汉字与生活常识。唐代颜师古注释蒜字,以为蒜有两种,大蒜和小蒜皆属蒜,蒜是大蒜与小蒜的总称。《急就篇》是把蒜与芸、荠、芥作为一组记载的,这些植物都是蔬菜,蒜显然也是食物。《三国志》记载华佗是从卖饼家要来蒜齑引出蛇的,可见东汉时蒜是食物,但也是药物。

日常生活之中的名物是大蒜,而不是小蒜。大蒜传入之后,最初是汉代官宦种植的,先是流行于社会上层。《东观汉记》卷十六记载兖州刺史李恂在园中种植了小麦和胡蒜。《后汉书》卷七记载费遂为扬州刺史,也曾种植小麦和胡蒜,小麦与大蒜显然是作为食物种植的。到了晋朝之后,大蒜终于作为名物进入到了名家的文学作品。

    晋潘尼《钓赋》
  西戎之蒜,南夷之姜。酸咸调适,齐和有方。红麹之饭,糅以菰梁。五味道洽,馀气芬芳。和神安体,易思难忘。⑤

---

① 后魏·贾思勰,缪启愉校释:《齐民要术校释》卷三,农业出版社1982年,第137页。
② 同上。
③ 同上。
④ 西汉·史游撰、唐·颜师古注:《急就篇》卷二,岳麓书社1989年,第11页。
⑤ 清·严可均辑:《全晋文》卷九四(中册),商务印书馆1999年,第1000页。

西戎之蒜和南夷之姜并列,都是当时的名物,作为食物闻名于世。西戎之蒜只能是大蒜,不可能是小蒜。《太平御览》记载了晋惠帝食用大蒜之事:"成都王颖奉惠帝还洛阳。道中于客舍作食,宫人持斗余粳米饭,以供至尊,大蒜盐豉。到获嘉,市粗米饭,瓦盂盛之,天子啖两盂,燥蒜数株,盐豉而已。"①大蒜成为君王的食物,无疑会提高作为名物的知名度。到了南北朝之后,蒜已经相当普遍化。《齐民要术》记载了蒜的种植方法,菜谱部分记载的各种菜肴中有不少小蒜。但小蒜始终没有成为名物,没有成为像西戎之蒜那样闻名于世的东西。

蒜的药物史迟于蒜的食物史,华佗在东汉末年曾将蒜作为药物使用。张仲景的《金匮要略方论》撰于东汉末年的3世纪初,北宋校正医书局林艺等人重新校定,分为三卷,名为《金匮要略方论》,被誉为医方之经。书中载方剂262首,其中8个方剂写到了蒜,只有一个方剂使用了蒜:"肉桂煎汁饮之,饮冷水一二升。或食蒜,或饮地浆,或浓煮豉汁饮之,并解。"②其余的方剂都是禁食蒜:"上十四味,杵为散。酒服方寸匕,日一服。初服二十日,温酒调服,禁一切鱼肉大蒜,常宜冷食,六十日止,即药积在腹中不下也,热食即下矣,冷食自能助药力。"③"鸡不可共葫蒜食之,滞气。(一云鸡子)""生葱不可共蜜食之,杀人,独颗蒜弥忌。""食糖、蜜后四日内食生葱、蒜,令人心痛。""夜食诸姜、蒜、葱等,伤人心。""三月勿食小蒜,伤人志性。""小蒜多食,伤人心力。"④有三剂写的是大蒜或独头蒜,两剂写的是小蒜,还有两剂是蒜,共七个。各类药剂多是禁食蒜,仅有一例使用了蒜,可见蒜的药用是逐渐认识的。

蒜的药物史如同蒜的食物史,也是始于大蒜传入之后,大蒜的传入是推动蒜进入日常生活的主要动力。这证明大蒜的传入时间极为重要,尽管东亚有原产的蒜,但是坛君神话蒜的上限时间不可能追溯到东亚的原始社会时期。李盛雨认为坛君神话的蒜是食物,蒜的食物史可以证明的是蒜成为坛君神话因素的上限时间不会早于汉代。坛君神话的蒜无论是作为药物或者是作为食物,成为坛君神话因素的实际时间只能更为迟晚。

其二,艾蒜在针灸中组合关系的形成与时间。

---

① 宋·李昉等撰:《太平御览·菜茄部二》卷九七七(第九册),上海古籍出版社2008年,第618页。
② 东汉·张仲景:《金匮要略方论·果实菜谷禁忌并治》卷八,陆渊雷编《金匮要略今释》,学苑出版社2008年,第549页。
③ 东汉·张仲景:《金匮要略方论·中风历节病脉证并治》卷二,第68页。
④ 东汉·张仲景:《金匮要略方论·果实菜谷禁忌并治》卷八,第550页。

大蒜的传入不只是引起了饮食生活的变化,也引起了医学上的变化。艾草与蒜的组合关系就是始于医学,在食物史中没有出现过艾草与蒜的组合关系。大蒜引入医学之后应用于针灸,于是形成了艾蒜的组合关系。中国古代针灸的方法非常丰富,有隔姜灸、隔盐灸、隔蒜灸等等。隔蒜灸就是使用蒜与艾草针灸的方法,先将蒜切成片,中间以针刺成数孔置于穴位,把艾炷放在蒜片上点燃。每穴每次可灸5~7壮,每隔2~3日一次。应该注意的是隔蒜灸使用的都是独头蒜,从来不用小蒜。独头蒜切成铜钱大小,蒜钱的厚度为三分:"射工溪毒:独头蒜切三分厚,贴上灸之,令蒜气射入即瘥。"①《本草纲目》记载了许多针灸与大蒜结合使用的治疗方法:

  时珍曰:按李迅论蒜钱灸法云:痈疽之发,着灸胜于用药。缘热毒中鬲,上下不通,必得毒气发泄,然后解散。凡初发一日之内,便用大独头蒜,切如小钱厚,贴顶上灸之,三壮一易,大概以百壮为率。②

蒜钱灸法使用针、艾炷和蒜钱,这就把艾草与蒜组合起来了。独头蒜是大蒜的一个品种,《齐民要术》记载:"一年为独瓣;种二年者,则成大蒜,科皆如拳,又逾于凡蒜矣。(瓦子坛底,置独瓣蒜于瓦上,以土覆之,蒜科横阔而大,形容殊别,亦足以为异。今并州无大蒜,朝歌取种,一岁之后,还成百子蒜矣,其瓣粗细,正与条中子同。芜菁根,其大如碗口,虽种他州子,一年亦变大。"③独头蒜与大蒜虽属同类,但并不相同。针灸多用独头蒜,有时也使用大蒜:

  背疽灸法:凡觉背上肿硬疼痛,用湿纸贴寻疮头。用大蒜十颗,淡豉半合,乳香一钱。细研。随疮头大小,用竹片作圈围定,填药于内,二分厚,着艾灸之。痛灸至痒,痒灸至痛,以百壮为率。与蒜钱灸法同功。(《外科精要》)。④

这个方法与蒜钱灸法基本相似,使用的是大蒜,而不是独头蒜。蒜钱灸法用于各类毒发仲痛,其效甚佳。针灸使用大蒜的历史可以追溯到晋朝,东

---

① 明·李时珍:《本草纲目·菜部》第二六卷(中册),人民卫生出版社2005年第2版,第1303页。
② 同上,第1301页。
③ 后魏·贾思勰,缪启愉校释:《齐民要术校释》卷三,农业出版社1982年,第137页。
④ 明·李时珍:《本草纲目·菜部》第二六卷(中册),第1301页。

晋葛洪的《肘后备急方》记载了一个针灸消肿的疗法。

> 灸肿令消法：取独颗蒜，横截厚一分，安肿头上，炷如梧桐子大，灸蒜上，百壮，不觉消，数数灸，唯多为善，勿令大热。但觉痛，即擎起蒜。蒜燋，更换用新者。不用灸损皮肉。如有体干，不须灸。余尝小腹下患大肿，灸即差。每用之，则可大效也。①

这个针灸法使用的就是独头蒜、艾炷、针，与《本草纲目》的蒜钱灸法相似，治疗的病症相似，这个疗法治疗的是肿块，蒜钱灸法治的是痈疽。葛洪的这个针灸法还记载于唐代王焘《外台秘要方》卷四十、宋代李迅《集验备疽方》，明代李时珍的《本草纲目》亦有转记："又葛洪《肘后方》云：凡背肿，取独颗蒜，横截一分，安肿头上，炷艾如梧子大，灸蒜百壮，不觉渐消。多灸为善，勿令大热。若觉痛，即孼起蒜。蒜焦，更换新者，勿令损皮肉。"②又如："疟疾寒热：《肘后》用独头蒜炭上烧之，酒服方寸匕。"③蒜钱灸法从形成以来一直使用于临床，具有相当的普遍性。这种方法影响到了大蒜口服疗法的名称："藏器曰：昔有患痃癖者，梦人教每日食大蒜三颗。初服遂至瞑眩吐逆，下部如火。后有人教取数片，合皮截却两头吞之，名曰内灸，果获大效也。"④内灸的名称显然是与外灸相对而言的，针灸是在体外针灸时使用大蒜，因而是外灸。大蒜不是用体外，而是用于口服，因而称内灸。

葛洪（284～364 或 343）的《肘后备急方》是治疗学的著作，这是把他的《金匮药方》（一作《玉函方》）撷要而成的书。梁代陶弘景增订，金代杨用道再次增补。葛洪在书中收集了民间药方，还加入他自己的经验。诸多治疗方法疗效显著，治法简便易行。其中的小夹板固定伤骨法、捏脊手法等现在仍在使用，拔罐法的原型亦源于此书。灸肿令消法是不是葛洪的创造不明，葛洪的小腹曾经起过肿块，他就是用这个方法来治疗，取得了良好的效果。

葛洪不一定是第一个在针灸中使用独头蒜的人，但也应当是较早使用这一疗法的人。这一疗法使艾草与独头蒜、大蒜产生了稳定的组合关系，产生

---

① 晋·葛洪：《肘后备急方》卷五，人民卫生出版社 1963 年，第 146 页。
② 明·李时珍：《本草纲目·菜部》第二六卷（中册），人民卫生出版社 2005 年第 2 版，第 1300 页。
③ 同上，第 1301 页。
④ 同上，第 1300 页。

组合关系的时间应当是在4世纪中期,或者更早一些。如果以这个时间为基准判断,坛君神话的艾蒜组合应当是形成于4世纪之后。4世纪之后何时加入到了坛君神话是无法确定的,然而这个时间范围还是有一定的参考价值。

艾草与蒜的组合关系可以证明蒜应当是大蒜,因为针灸一般使用独头蒜或大蒜。蒜作为药物使用是在大蒜传入之后,先秦文献已经出现了有关针灸的记载,但与针灸一起使用的只有艾草,没有蒜。蒜与艾草的组合关系是出现在晋代之后,蒜的驱鬼功能也是出现在晋代之后,端午节的独头蒜与艾草也只能是出现在汉代以后。这些时间都是在大蒜传入之后,大蒜传入之后形成了一系列的相关文化。如果以大蒜传入的时间为依据,那么蒜成为坛君神话因素的上限时间只能是在公元前115年之后。如果再附加艾蒜组合的形成时间,那么应当是在四世纪之后艾草和蒜成为了坛君神话的因素。

其三,端午蒜与艾草的组合关系。

蒜与艾草的组合关系没有停留在针灸的范围,重要的是这一组合关系进入到了生活层面,尤其是这一组合关系成了端午节的一部分。蒜成为端午节的植物是与独头蒜有关,因为中医认为独头蒜的疗效最佳,尤其是五月五日采取的独头蒜疗效最为显著。李时珍的《本草纲目》记载:

《别录》曰:葫,大蒜也。五月五日采独子者,入药尤佳。①

端午节的独头蒜有特别的药效,受到医家的格外重视是必然的。《本草纲目》记载了很多端午节独头蒜的药方:"《普济方》:端午日,取独头蒜煨熟,入矾红等分,捣丸芡子大,每白汤嚼下一丸。""寒疟冷痢:端午日,以独头蒜十个,黄丹二钱,捣丸梧子大。每服九丸,长流水下,甚妙。""寒湿气痛:端午日收独蒜,同辰粉捣,涂之。"②医家专门采撷五月五日的独头蒜作为药材,独头蒜也就很容易成为端午节的神灵植物。独头蒜驱毒除病的功效最强,由此似乎也可以产生驱鬼除邪的功能。这是端午节需要的观念,神性与药性是结合在一起的。

端午节与独头蒜构成了特定的关系,那么独头蒜与艾草在端午节自然而然地遭遇。《客座赘语》是顾起元所作,记录的是元末明初的习俗。《客座赘语》有如下的记载:

---

① 明·李时珍:《本草纲目·菜部》第二六卷(中册),人民卫生出版社2005年第2版,第1209页。
② 同上,第1301~1302页。

后汉又以朱索、连荤、菜弥、牟朴、虫钟,以桃印长六寸方三寸,五色书文如法,以施门户。魏、晋乃杂用于岁旦。今人家五月五日,庭悬道士朱符,人戴佩五色绒线符牌,门户以缕系独蒜,及以彩帛、通草制五毒虫,虎、蛇、蝎、鼅鼊、蜈蚣蟠缀于大艾叶上,悬于门,又以桃核刻作人物佩之。盖用汉五月五日之遗法也。①

端午是采艾草日,也是采独头蒜日。端午节要悬挂艾草与独头蒜,悬挂的位置都是门户。在相同的时间与相同的位置悬挂艾草与独头蒜,两种植物很容易形成组合关系。不过这不一定是稳定的关系,端午节还会悬挂菖蒲(蒲剑)、石榴等。艾草与独头蒜都成为了端午节的植物,也就可以通过端午节产生深远的影响。

第一,端午蒜的驱鬼功能。端午节悬挂独头蒜,有时也挂大蒜,但不会挂小蒜。顾起元以为此俗起于汉代,虽然此说未必可靠,但是汉代以后的各类文献记载了以蒜驱鬼的故事。晋戴祚撰的《甄异记·夏侯》记载了蒜的驱鬼功能,夏侯文规亡后回家,畏惧桃树与蒜:"言亡者畏桃君,何为不畏? 答曰:桃东南枝长二尺八寸,向日者憎之,或亦不畏。见地有蒜殻,令拾去之,观其意似憎蒜而畏桃也。(出《甄异记》)"②蒜有与桃树相同的功能,使亡者见而生厌。唐李繁《邺侯外传》记载了蒜消灾镇邪的故事:"当其为儿童时身轻能于屏风上立,薰笼上行。道者云十五岁,必白日升天。至其年八月十五日,笙歌在室,时有彩云挂于庭树,李氏之亲爱,乃多贮蒜齑,至数斛,伺其异音奇香之至,潜令人登屋,以巨杓扬浓蒜泼之,香乐遂散,自此更不复至。"③蒜齑保住了李泌,这已经超越了蒜的药效功能,但还是显示了与药效的隐约关系。蒜产生的神异性继续发展,并与皇权产生关系,成为皇权的瑞兆。④ 清代顾铁卿在《清嘉录》记载截蒲为剑,割蓬作鞭,副以桃梗蒜头,悬于床户,皆以却鬼。究竟是因为独头蒜与端节产生关系,使独头蒜才产生驱鬼的功能,还是因为独头蒜产生了驱鬼的功能,才成为了端午节的植物不是很明确。

---

① 明·顾起元:《客座赘语》卷四,《明代笔记小说大观》,上海古籍出版社 2005 年,第 1284 页。
② 宋·李昉等编:《太平广记·鬼十》卷三二五(第七册),中华书局 1961 年,第 2584 页。
③ 宋·李昉等编:《太平广记·神仙三十八·李泌》卷三八(第一册),第 239 页。
④ 《新唐书》记载:"唐有天下,当百世继周。陛下承母禅,周、唐一统,其符兆有八:天皇再以陛下为周王,是在唐兴周,则天立陛下为皇太子,是在周兴唐,一也;天后立文王庙,二也;唐同泰《洛水图》云'永昌帝业',三也;识曰'百代不移宗',四也;孔子曰百世继周,五也;……去六月九日内出瑞蒜,八也。"《新唐书》卷一百九,中华书局 1997 年,第 1055 页)。

不过大蒜传入数百年之后产生了驱鬼的功能,成为了神物,这一切都是以大蒜或独头蒜的特别药效为基础产生的。

第二,端午节的艾草。顾起元记载端午节挂艾叶于门上,也是为了驱鬼除病,艾草这种功能的历史极为悠远。端午节的起源有多种说法,有悼屈源说、恶日说等等。《离骚》记载屈原在世时楚人已有了佩戴艾草的习俗,先秦时普遍认为五月五日是毒月恶日,此日邪佞当道,五毒并出。《夏小正》载此日蓄药以蠲除毒气,《大戴礼记》载此日蓄兰沐浴,以浴驱邪。艾草是端午节驱鬼除毒的神草,然而端午节没有改变艾草作为药物的基本意义。唐代陈章的《艾人赋》记述了端午的艾人。

<blockquote>
唐陈章《艾人赋(以悬艾为人以禳毒气为韵)》

采彼艾兮,及此佳辰,标至灵以卫物,因善救以成人。当户而居,恶莠言兮结舌;负墙而立,甘菜色以安身。异发能以求旧,方止恶以知新。原夫生亦有涯,寂然没齿。盈腰虽贱于楚客,奋臂若威乎厉鬼!苟三年之疾,虽云来者可追;而五日为期,岂复怨乎不以。蓬头亦取其容直,蒿目似存乎深视。行止于百姓之病,虽云具体而微;育材于万物之灵,必见尽瘁以俟。直躬不坠,邪气可禳,每表先生之候,善为君子之防。……及夫气散于中,貌萎于外,吊时匪谓其徼福,焦思亦齐乎远害。斯人也而有斯疾,见灵沟之灵艾。①
</blockquote>

端午节插戴艾草,还要做艾人、艾虎来镇祟辟邪、保佑安宁。《艾人赋》记述了艾人镇邪保安的神奇之功,赋中没有写到神异故事,艾草的药效是主要内容,仙药、神药或驱毒辟邪的功能是附着在艾草的药效之上的。药性与神性的结合没有消除药性,药性仍然是核心。

端午节源于中国,但后来成为了东亚各国的节日。端午节传入韩国已有1500年的历史,在韩国也发展成为了重要的节日,2005年11月,韩国的江陵端午祭被批准为联合国口头文化遗产。端午节的大蒜在韩国也极受重视,因此在韩国语中形成了专门用词"端午蒜"(단오마늘),意思是端午节采的蒜,主要是药用。此词的意义与中国端午蒜的意义完全相同,当是源于中文。韩国的端午蒜应当是大蒜或独头蒜,但不会是小蒜。8世纪日本的《古事记》记载了类似的蒜的故事,日本武尊平定东国时,化成足柄山神,投蒜杀死了白鹿。在这个故事中蒜显然是神物,是蒜的神性杀死了鹿。

---

① 清·陈元龙编:《历代赋汇·草木》卷一一九,凤凰出版社2004年影印本,第486~487页。

端午以艾草、菖蒲除毒的风俗亦传于韩国和日本,高丽时期编撰的《老乞大》是学习汉语的口语教材,教材的内容多是生活的常见之物。《老乞大》记载了艾叶。

> 这鈚子、虎爪、鹿角朴头、响朴头、艾叶、柳叶、迷针箭。这箭是竹子的,这的是木头的。①

这段话的艾叶意义不明,但恐怕与端午节有关,韩国古代的端午也要悬挂艾叶。端午也是日本的重大节日,日本人也要采艾草挂于房檐。

从这种组合关系来看,坛君神话的蒜也应当是大蒜或独头蒜。端午节的艾草与独头蒜具有相似的功能,药物的蒜与神物、咒物的蒜并不矛盾,两者之间应当存在着彼此影响的关系。既然艾草与蒜的神性与药性并不矛盾,那么认为艾草与蒜是咒物的看法也是成立的,或者把它们释为萨满教的神物也是有一定的道理。不过端午节的艾草与蒜的神性显然与巫术咒物、萨满教的神物的性质完全不同,前者的功能是驱鬼除毒,后者的功能是无所不能。两者存在重合的功能,但毕竟是不同的,不能将端午的艾草与蒜的神性与巫术的咒物、萨满教的神物混为一谈。坛君神话是由各种不同文化体系的因素构成的,不能因为坛君神话中有萨满教的因素,就将艾草与蒜释为萨满教的因素。也不能因为坛君神话中存在着原始社会的因素,就将艾草与蒜释为原始巫术的咒物。艾草是东亚原产的植物,但无法追溯到原始社会时期。大蒜不是东亚原产的植物,就更不能追溯到原始时期了。

其四,中韩的医学交流关系。

中韩医学的交流广泛而又密集,最初的交流始于何时不明。针灸作为古代医学很早就传到了朝鲜半岛。葛洪的《肘后备急方》记载了隔蒜灸,此书在三国时期就已传到了朝鲜半岛。《百济新集方》是最早的百济医书之一,其中记载了治肺痈方、治丁肿方等,这些方剂就是源于葛洪的《肘后救急方》。② 据此来看针灸医术中的艾蒜组合应当已经传入到了朝鲜半岛,这是坛君神话中艾蒜组合形成的条件之一。

密集的交流必然会出现针灸技艺极为高超的医家。《酉阳杂俎》是唐代段成式的著作,其中记载了高句丽人令人惊叹的针灸术。

---

① 《原本老乞大》,汪维辉编《朝鲜时代汉语教科书丛刊》第一册,中华书局 2005 年,第 38 页。
② 张文宣:《古代中朝医学交流简史》,《中华医史杂志》1991 年 2 期。

魏时有句骊客，善用针，取寸发斩为十余段，以针贯取之，言发中虚也，其妙如此。①

针刺技术如此精湛，令人赞叹，看起来未免有些夸张的感觉。然而发丝中虚并非杜撰，隋杨上善《黄帝内经太素》记载人毛发中虚，故邪从虚中入。《酉阳杂俎》不是魏晋时期的文献，但段成式的记载应当有所依据。高句丽的高超医者不免让人想象针灸不只是受到了高度的重视，也有了相当的普遍性。日本的文献记载遣隋使、遣唐使带来了针灸的书籍和医术，701年制定的《大宝律令》设置了医官，有医博士、按摩博士和针博士。针灸设立专门的博士，可知针灸的重要地位。《日本书纪》允恭天皇条记载了针灸。针灸虽然是专门的医学知识，但应当是东亚普遍的常识。

唐代与新罗的医学交流更为密集，新罗孝昭王二年（唐武周天授三年、692），武则天遣使册封，新罗依照唐制设置了医学博士二人，引入了《本草经》、《黄帝内经素问》、《针经》、《脉经》、《针灸甲乙经》、《明堂图》、《难经》等医书，在这一批医书中就有针灸书籍。8世纪引进医书的规模进一步扩大，其中有汉张仲景《伤寒论》、梁代陶弘景《本草经集注》、隋代巢元方《诸病源候论》、唐代孙思邈《千金方》、王焘《外台秘要》等等。普及性的医书手册《广利方》（唐德宗贞元十二年、796）是当时为防御流行病发行的，803年新罗派贺朴向唐请求赐此书，刘禹锡《为淮南杜相公论新罗请广利方状》就是为此写的奏状："淮南节度观察处置等使，敕赐贞元《广利方》五卷，右臣得新罗贺正使朴如言状称，请前件方一部，将归本国者。伏以纂集神效，出自圣衷，药必易求，疾无隐状，搜方伎之秘要，拯生灵之夭，瘥坐比华胥，咸跻仁寿，遂令绝域，遐听风声，美兹丰功，爰有诚请。臣以其久称藩附，素混车书，航海献琛，既已通于华礼，释痾蠲疠，岂独隔于外区，正当四海为家，冀觌十全之效，臣即欲写付，未敢自专，谨録奏闻。"②求赐一本书，本来算不得什么重要的事件，但刘禹锡把敕赐一本书的意义提高到了丰功伟绩的程度，似乎过于夸张。但在当时的医疗条件下这是朝政大事。《广利方》在中国本土失传，但在韩国的《乡药集成方》中保存了部分内容。医学的交流是双向的，传入到朝鲜半岛的医书回流到中国，各朝的医书记载了回流的方剂，王焘《外台秘要》（752）收录了新罗的药方。佛教交流的内容之一就是医学，《新罗法师方》（约755），这是医学与法术的结合。

---

① 唐·段成式：《酉阳杂俎·医》前集卷七，《唐五代笔记小说大观》上册，上海古籍出版社2000年，第612页。
② 唐·刘禹锡：《刘禹锡集》卷十七（上册），中华书局1990年，第199页。

从以上的记载可以了解到古代朝鲜半岛的医学还是较为发达的,医学的发达与医官制度的建立不无关系。医官制度的建立也相当悠久,《魏书》记载百济设立官制,设有翳属、仙人。翳属即为医属,是医疗管理的部门。百济与北魏多有交流,官制亦仿北魏而建,北魏有相似官职:"置仙人博士,立仙坊,煮炼百药。……太医周澹苦其煎采之役,欲废其事,乃阴令妻货仙人。……而练药之官仍为不息,久之太祖意少懈,乃止。"①从这样的官制可以知道百济与北魏有过医学的交流,交流的具体内容不明,但应当包括了医学的一般知识和针灸之术。陈文帝天嘉二年(561),吴人知聪携内外典本草经、脉经、明堂图等164卷,途经朝鲜半岛前往日本。在朝鲜半岛居留一年,与朝鲜半岛的医者交流。《北史》记载百济"秀异者颇解属文能吏事,又知医药、著龟与相术、阴阳、五行法。"②《周书》也有类同的记载:"又解阴阳五行,用宋元嘉历,以建寅月为岁首。亦解医药、卜筮、占相之术,……"③"各有部司,分掌众务。内官有前内部、谷部、肉部、内掠部、外掠部、马部、刀部、功德部、药部、木部、法部、后官部。……"④官制的完善和发展会推进医学的交流和传播。918年高丽建国,930年在平壤建立西京学校,设置医学。958年设科举考试,取医、卜之学。960年设尚药局,后又建济危堂,989年设立太医监。

中韩医学交流的历史大体上划定了坛君神话艾蒜组合形成的时间范围,这是由大蒜的传入时间、蒜普遍进入生活的时间、艾蒜组合的形成时间、灵艾一词出现的时间和针灸东传的时间等因素构成的。灵艾与大蒜不可能是坛君神话的原始因素,只能是衍生因素。这一因素的上限时间不会早于西汉,如果加上针灸的艾草与蒜、端午的艾蒜组合,上限时间就应当推延到晋朝。再加上中韩医学交流的时间,更有参考价值的上限时间是南北朝时期。

第二节 灵艾、蒜的反佛教化与禁忌的医学依据

一、灵艾、大蒜与佛教的关系

从灵艾、蒜与佛教关系的角度来看,坛君神话非常怪异,这种怪异来自于桓因、桓雄与灵艾、蒜的矛盾。桓因是佛祖,桓雄是佛祖之子,可是桓雄交给虎与熊吃的居然是非佛教或反佛教的艾草与蒜,这样的东西居然帮助佛祖之

---

① 齐·魏收:《魏书·志第二十·释老十》卷一一四,中华书局1997年,第779页。
② 唐·李延寿:《北史》卷九四,中华书局1997年,第3115页。
③ 唐·令狐德棻等:《周书·列传第四十一》卷四九,中华书局1997年,第887页。
④ 同上。

子将熊变成女人,并交媾生子。禽兽变成人类在佛典中并不是一个稀见的故事,《法华经》系统的佛典多宣扬万物有灵的观念,万物皆可变成人类,也都可以成佛。既然万物皆可成人成佛,那么熊也可以变成美人。但坛君神话与其他佛教故事的不同也极为明显,佛教故事的灵验之物往往具有佛教化的特殊意义,例如莲花、菩提、檀树之类。此类佛教植物具有神奇的功能,可以产生超现实的故事。然而艾草与蒜不是佛教植物,甚至是反佛教的。艾草、蒜与桓因、桓雄的矛盾,只有在佛教语境中才能显现出来。如果去除了佛教的视点,整个坛君神话的故事情节自然流畅,没有什么不谐之感。坛君神话中有太多的佛教因素,情节结构套入了佛教思维的框架,在《三国遗事》的坛君神话文本状态下无法消除佛教的视点。佛教与蒜、艾草的矛盾和对立说明这一因素的形成与佛教没有关系,说明添加这一因素的人一定不是佛教信徒。这一点证明坛君神话为新罗、高丽时期僧侣杜撰的说法是不成立的,这一说法自从古代文人提出之后,一直是否定坛君神话的主流看法。然而这个主流看法不是研究坛君神话的每一个因素之后提出的,因而也就只看到了坛君神话的佛教因素,没有看到反佛教或非佛教的因素,更没有研究佛教因素与反佛教因素的关系是如何形成的。坛君神话的矛盾状态只能证明坛君神话是在漫长的口传过程中形成的,参与口传改编的人形形色色,这是产生矛盾的原因。

"灵艾一炷"与佛教的关系较为复杂,佛教对此有接受和否定的两个方面。六朝时针艾之法与佛教融合,成为了佛教的一部分。梁简文帝《谢敕为建涅盘忏启》:"臣纲启伏闻敕旨垂,为臣于同泰寺瑞应殿,建涅盘忏。臣障杂多灾身秽饶疾,针艾汤液每黩天览。重蒙曲慈降斯大福,冀惠雨微垂即灭身火。梵风才起私得清凉,无事非恩伏枕何答。不任下情,谨奉启谢闻谨启。"①显然佛徒利用了针灸术,使针灸成为体现佛教教义的法术。

如何亲近,喝一喝云:灸疮瘢上不可更着艾炷去也。②

《大慧普觉禅师语录》是宋代临济宗禅僧大慧宗杲(1089～1163)的语录,弟子雪峰蕴闻辑录,亦称《大慧语录》、《大慧录》。这段话与中医针灸方法一致,一般在灸疮瘢不可再燃艾炷。佛典中艾炷一词出现得频率并不高,只是出现过几次而已,坛君神话的"灵艾一炷"源于佛典的可能性不大。

---

① 《广弘明集》卷二八,《大正新修大藏经》第五二册,第330页。
② 《大慧普觉禅师语录》卷三,《大正新修大藏经》第四七册,第824页。

实际上佛教对针灸的肯定非常有限,一些佛经反对使用针艾。《大唐西域记》有关五明的论述中明确记载禁用针艾:

> 五明者,一曰声明。释诂训字诠目流别。二工巧明,伎术机关。阴阳历数。三医方明,禁咒闲邪药石针艾。四因明,考定正邪。研核真伪(外道言论)。五曰内明,究畅五乘因果妙理。①

佛教的医方明本来是研习医学知识的学科,但是明确禁止针艾,还把针艾看成是闲邪。中国的针艾也是医学,但被驱逐出了医方明,这有些难以理解。针艾与佛教医方明的对立的关系非常清楚,佛僧以为:"不救之疾,难为针艾。"②难治之症,针艾也不会有什么疗效。从这些记载来看佛徒不大赞成针艾,在改编坛君神话时,佛徒不会将针艾编入坛君神话。坛君神话"灵艾一炷"传达出来的观念不是否定针艾,而是肯定了艾炷的灵验,这就与佛教的基本思想大不相同。

佛教植物通过给植物以佛教教义与超现实的功能、佛教化的名称来形成的,这样的植物被构造为了体现佛教思想的载体,罗汉松、观音柳等等都是如此。佛徒一定限度禁用针艾,但不反对艾草,艾草也是佛教植物之一。佛徒使用艾草施展法术,可见艾草是佛教性的。

> 须一斤艾一斗水,煮取三升咒三遍。病人东向坐服之,日服一升三日服。③

这是佛教法术,以咒语、艾草、水等来治疗患者的疾病。艾草在这样的佛教法术中显然是咒物,这与坛君神话中的灵艾是咒物之说相合。佛徒求福浴佛时也使用艾草:"求第一福者,诸天鬼神所证明知。四月八日浴佛法,时当取三种香:一都梁香,二藿香,三艾纳香。合三种草香按而渍之。此则青色水。若香少者,可以绀黛秦皮权代之。又用郁金香,手按渍之于水中。"④可见艾草也是佛徒日常生活中的必要物品。佛教的中国化也体现在端午节:"今朝五月五,天降沛然雨。艾人与门神,聚头相耳语。且道,说个甚么。雪

---

① 《大唐西域记》卷二,《大正新修大藏经》第五一册,第 876 页。
② 《宏智禅师广录》卷三,《大正新修大藏经》第四八册,第 33 页。
③ 《七佛八菩萨所说大陀罗尼神咒经》卷四,《大正新修大藏经》第二一册,第 559 页。
④ 唐·释道世:《法苑珠林》卷三三,《大正新修大藏经》第五三册,第 543 页。

窦禅师。来一口吞佛祖。"①艾草在佛教中超出了咒物的范围,具有更为广泛的意义。佛徒把艾草改造为了佛教植物,但不大接受针灸和艾炷,显然有必要将艾草与艾炷区别开来。坛君神话的灵艾一炷不是指普通的艾草,而是指针灸用的艾炷,因而不能认为艾炷是佛教化的物品。

蒜与佛教的对立关系更为明确,蒜是佛徒极力排斥的反佛教食物,即使作为药物使用也是被禁止的。佛徒戒食五辛,木葱、革葱、蒜、兴渠、兰葱,戒食肉类,在佛徒看来食蒜与食肉没有多大的差别。

> 善男子,如人噉蒜臭秽可恶,余人见之闻臭舍去。设远见者犹不欲视,况当近之。诸食肉者亦复如是,一切众生闻其肉气,悉皆恐怖生畏死想。②

佛教禁食蒜,是因为食蒜阻碍修佛成佛,这是大是大非的大问题。

> 如是一切葱韭蒜薤臭秽不净能障圣道,亦障世间人天净处。何况诸佛净土果报。酒亦如是能障圣道能损善业能生诸过。是故大慧,来圣道者酒肉葱韭及蒜薤等能熏之味悉不应食。尔时世尊重说偈言:
> 大慧菩萨问,酒肉葱韭蒜。
> 佛言是不净,一切不听食。
> ……
> 酒肉葱韭蒜,是障圣道分。③

将蒜与佛教的对立关系提高到如此地步,不能不引起佛徒的高度注意。食蒜者不能成佛,还会堕入地狱。义净译的《根本说一切有部苾刍尼毘奈耶·噉蒜学处第七十三》记载了比丘尼吃蒜堕入地狱之事:"佛在室罗伐城,时有长者种蒜为业,于其园中多生好菜。时世饥俭乞求难得,长者每见诸苾刍尼为行乞食皆空钵而归。长者告言:圣者,我园种蒜多生余菜,可随意取。诸苾刍尼,频往彼园多将美菜。时吐罗难陀尼,亦往取菜并取其蒜。余尼见告:仁取蒜耶?尼便报曰:菜即是蒜蒜即是菜。长者见已情生不忍,即便苦打夺菜及蒜驱出园外。……噉蒜者,谓咽食。波逸底迦者,谓是烧煮堕落义。谓犯罪者堕在地狱傍生饿鬼恶道之中,受烧煮苦。又犯此罪,若不殷懃说除,

---

① 《大慧普觉禅师语录》卷五,《大正新修大藏经》第四七册,第 832 页。
② 《大般涅盘经》卷四,《大正新修大藏经》第十二册,第 386 页。
③ 《入楞伽经》卷八,《大正新修大藏经》第十六册,第 564 页。

便能障碍所有善法。……此中犯相其事云何。若苾刍尼噉蒜者,皆得堕罪。"①比丘尼以蒜为菜,是充饥的食物,但这种吃蒜的理由也不被容忍。佛教与蒜是水火不容,蒜的反佛教性体现得极为充分。

　　如果大蒜只是普通的食物,佛教与大蒜不会产生难以回避的冲突。但蒜不是普通的食物,是具有奇效的药物。人免不了患各种疾病,治疗疾病是不可抑制的要求,这就不能不使大蒜与佛教的对立关系尖锐化。许多佛典记述了蒜的神奇药效:"时有一男有如此病,妇为问医。语将来为汝治之,既至医所,即送与夫人。夫人杀之。破腹见虫,上去粪随下行亦尔,与种种药不能令死,后乃与蒜虫便即死。以因缘劝王食蒜,王食虫死,逐粪道出,王病得差。"②大蒜的特殊药效是事实,连佛徒也不能不承认。然而不管大蒜有何等奇妙的杀毒功能,也难以改变佛教的基本观念。佛经记载病者服蒜疗病,亦会招来灾祸。佛经记载了一个以欺瞒的方式用大蒜治病的故事:"岁余王忽遍身患臭,天下师药皆不能治。夫人密使人讯访国内,与王病同者,破腹看之,得一黑虫长数寸,臭不可近。即取众药灌之,其臭弥甚。又以蒜熏之,虫死而臭歇。于是白王曰:妾能治王必使得差,愿听我七日为王。王喜而许之曰:但令我差七日何有哉。夫人即以蒜与王,令服之便愈,于是宫中彩女上酒称庆。令王醉卧无所觉知,夫人即嫌恨太子,即矫敕挑其两眼,令余人代之。国法以王齿为印,乃以腊摸王齿而印之。太子奉敕欢喜无怨,先挑一眼置掌中。看之良久乃悟苦空无我,得须陀洹道,然后以一眼与之。于是与其妃相携步行出城,行人为之流涕,悉仰头呼天,太子有何罪乃致此耶?"③最后国王也知道了事情的原委,但国王是佛徒,不能杀生,于是将夫人弃于森林。夫人遭到惩罚,是因为给患病的国王服用了大蒜。为了身体的疾病服蒜治疗,必须付出沉痛的代价。违背了佛戒,不管是什么样的原因,都会遭到佛教的惩罚。

　　在现实中虔诚的佛徒可以为了佛教的信念拒绝大蒜,但绝大多数的人无法抵御大蒜奇特药效的诱惑。佛徒忌戒五辛,是作为食物忌戒的。如果作为药物,有时可以服用大蒜。

　　　　时王夫人以如此事具以白王。王于今者应当食蒜,病即除愈。王答言:我是刹利,不得食蒜。夫人复言:为身命故作药意食之。乃至阿育王

---

① 《根本说一切有部苾刍尼毘奈耶》卷十六,《大正新修大藏经》第二三册,第997页。
② 唐·释道世:《法苑珠林》卷九一,《大正新修大藏经》第五三册,第959页。
③ 《释迦谱》卷五,《大正新修大藏经》第五十册,第81页。

遂便食之,虫死病除便利如本。①

很多佛典记载了夫人骗国王服用大蒜的故事,但有的佛典记载内容稍有不同。阿育王的夫人没有欺瞒阿育王,劝其服用大蒜的理由是为了身体和生命,蒜作为药物服用似乎是可以的,阿育王和夫人并没有因此灾难。

佛徒无法抗拒疗病的强烈要求,只能附加一些特定的条件,名之为蒜法。所谓的蒜法是蒜必须作为药物服用,此外还有一系列的禁忌。食蒜者不应当靠近佛祖菩萨,也不应当靠近佛徒的生活区域,不能参加佛教祭祀仪式:"噉蒜者,不应近佛乃至和上阿阇梨一切上座佛塔声闻塔温室讲堂僧食厨下。不得近僧坊外门立,不得入僧厕大小便,不得入僧浴室,不得入众人坐处。"②蒜法不只是禁止食蒜者接近佛寺规定的地点,而且还规定了时间:"佛言,苾刍有病,欲食蒜者,所有行法我今当说。诸病苾刍若食蒜者,应住寺侧边房,不得用僧卧具及大小行室。不得入众,亦不为俗人说法。不绕制底,不礼香台,不往俗家。园林天庙众人聚处皆不应往,可于屏处而噉服之。设人见时不生讥耻。若服了时,于七日内仍住于此。服葱可停三日,若韭一日。后方洗浴并可洗衣,香熏无气后方入寺。"③蒜法要求服蒜者必须禁闭七日,服葱禁闭三日,食韭禁闭一日。此外还要洗衣沐浴,不能说法等等。诸如此类的附加条件虽然允许服用大蒜,但没有动摇戒食蒜的戒律,没有改变佛徒改变对蒜的看法。蒜法虽然解决了大蒜与佛教的极端对立,但这只是无可奈何的妥协。

这样的蒜法并没有得到所有佛教流派的承认,即使是为了治病或饥饿食蒜,也是不可宽容的:"尔时世尊在祇桓精舍。大众中说法。有比丘食蒜,远佛在大众外坐。佛问阿难言,此比丘何故独远别坐?阿难白佛:此比丘食蒜,是以别坐。佛告阿难:如来善说法中,为此小事不闻法也。佛告阿难:自今已去,除病皆不得食蒜。"④可见佛徒对蒜的宽容程度并不相同,或者是完全禁食,或者是在严格的条件可以服用大蒜。

佛教是在印度产生的宗教,必然带着印度的文化特征。在东亚常见的必备物品,在印度可能根本就不存在,或者并不是生活中必不可少的物品。印度是无蒜之国或少蒜之国,《大唐西域记》记载:"垦田农务稼穑耕耘。播植随时各从劳逸。土宜所出稻麦尤多。蔬菜则有姜芥瓜瓠荤陀菜等。葱蒜虽少

----

① 《阿育王经》卷四,《大正新修大藏经》第五十册,第145页。
② 《十诵律》卷三八,《大正新修大藏经》第二三册,第275页。
③ 《根本说一切有部毘奈耶杂事》卷六,《大正新修大藏经》第二四册,第230页。
④ 《毘尼母经》卷五,《大正新修大藏经》第二四册,第826页。

啗食亦希。"①类似的记载不少:"举国人民悉不杀生,不饮酒,不食葱蒜,唯除旃荼罗。旃荼罗名为恶人,与人别居,若入城市,则击木以自异,人则识而避之,不相唐突。国中不养猪、鸡,不卖生口,市无屠行及酤酒者。货易则用贝齿,唯旃荼罗、猎师卖肉耳。"②印度食用蒜的人稀少,蒜与佛教的对立也就不会那么普遍。区别食物之蒜与药物之蒜,是佛教融入东亚文化时产生的妥协现象。然而这一区别不能改变蒜的物质特征,蒜不会变成其他的物质。药用与食用只是观念的区别,多少带有自欺欺人的意味。然而对佛教而言,观念比物质更为重要。

蒜的反佛教化和灵艾的非佛教化,始终是坛君神话的不和谐因素,只要坛君神话的佛教化不断地强化,蒜与灵艾迟早会从坛君神话中消失。在《三国遗事》之后,坛君神话没有停止生长。《帝王韵纪》的坛君神话就发生了变化,变化之一就是删除了灵艾与蒜,替换成了药。这是意味深长的变化,这一变化消除了蒜与桓雄、佛教的对立,也消除了坛君神话的前后两个部分的矛盾。前半部是佛教化的,桓雄的降临完全符合佛教的思想意义。后半部熊吃了蒜与灵艾变成了女人,"蒜二十枚"使这一部分带上了反佛教的浓重色彩。但灵艾与蒜的消失消除了两部分的矛盾,这恐怕是《帝王韵纪》删改这一因素的原因。蒜是佛教的禁食之物,但药不是佛教的禁食之物。佛教五明的医方明就是医学,佛徒不反对医学,非常重视医学的研究。

二、不见日光百日与忌三七日

坛君神话中的数字相当特别,数字已经成了坛君神话研究的一个课题。"不见日光百日",幽闭于山洞,"忌三七日",是熊变女人的条件之一。这是数字与"不见日光"、"忌"组合而成的,这个因素又是如何形成的,意味着什么,也曾引起过学术界的关注。

日本学者三品彰英认为"不见日光百日"源于萨满教,一个女人成为女萨满的仪式之一就是幽闭于室中三个月。③ 三品彰英一贯坚持他的看法,多次表述了萨满教与坛君神话的关系:"熊女:熊守禁忌成为了女人,与神人交合生子的故事背景中可以想到熊神信仰与萨满教的入信仪礼。"④坛君神话中确有萨满教的因素,以萨满教来解释熊变女人的过程也不是没有道理的。三

---

① 《大唐西域记》卷二,《大正新修大藏经》第五一册,第878页。
② 《高僧法显传》卷一,《大正新修大藏经》第五一册,第859页。
③ 〔日〕三品彰英:《建国神话的诸问题》,《三品彰英论文集》第二卷,平凡社1971年,第432~436、514~515页。
④ 〔日〕三品彰英:《三国遗事考证》上册,塙书房1975年,第304~306页。

品彰英的说法影响很大,一些韩国学者在此基础上又提出了相近的其他说法。金烈圭以为:"避光百日或三七日是什么意思呢?这是在一个隐秘场所隔离生活一定的时间。原始人在随着人生的阶段性变化,要举行所谓的'通过祭仪'。未成年在成人时的成人式就是代表性的一种。经过祭仪,人就抛弃以往的状态,从而进入新的状态。这样从旧状态到新状态的中间过程,是在封闭的场所隔离来体现的。"[1]那么"不见日光百日"与"忌三七日"是否源于萨满教呢?如果认为"不见日光百日"与萨满女巫幽闭三个月有关,那么"忌三七日"又源于何处呢?对此三品彰英没有任何解释,在他看来百日与三七日完全无关,它们是各自独立的因素。然而在坛君神话中"忌三七日"显然不是独立的因素,是与"不见日光百日"组合在一起的,百日与三七日是熊变女人的共同条件。女萨满的仪式只能与"不见日光百日"大体相合,虽然能够解释"不见日光百日",但不能解释"忌三七日",更不能解释灵艾一炷与蒜二十枚。

其实这是一个相当困难的问题,百日与三七日是古代社会生活中最常见的时间单位之一,见于各种社会场景。农耕常以三七日为时间单位,《齐民要术》的养蚕条就记载了不少三七日,但坛君神话的三七日显然不是指农耕。仅仅靠百日与三七日的时间单位,难以探明这两个时间单位的来源,必须将百日、三七日与其他因素结合起来,才能够明白百日与三七日的来源。以这种方法研究必须建立在正确的组合关系基础之上,如果将百日、三七日与错误的因素组合起来研究,必然得不到正确的答案。正确的组合关系只存在于坛君神话,可以与百日、三七日组合的因素有萨满教、佛教、道教和医学。

其一,佛教、道教的百日与三七日。

佛教的各种仪式与活动多以百日与三七日为时间单位,佛典的记载与坛君神话有相似之处。佛教施法以三七日为时间单位,所谓戒三七日,念诵佛经,可以诸事灵验,无事不成。《龙树五明论》记载使用各种符印,结合斋戒三七日,可以产生神奇的力量,可以实现一切祈愿:"论曰:若有人好心长生者或老者,于一净室中。斋戒三七日,取枣心二寸克之。于四时八节,印纸上。杯盛水服之,即可长生。若人不可化者,以此印印彼人心上,其人即生信。"[2]这是祈望长生的方法。又:"若有一切饶舌人妇女小儿饶舌者,健道人好恶者,以相斗乱道人好恶事物者,于斋戒二七日,服香三七日。于一净室中,清净取章柳根长三寸,刻住人形,室中取五色綖,以诵咒此章柳根二百返。"[3]喜欢饶

---

[1] 〔韩〕金烈圭撰、泊胜美译:《韩国神话的研究》,东京:学生社昭和五三年,第35页。
[2] 《龙树五明论》卷二,《大正新修大藏经》第二一册,第966页。
[3] 《龙树五明论》卷一,《大正新修大藏经》第二一册,第959页。

舌是一种恶弊,《龙树五明论》记载了根治恶弊的方法,服香三七日就是一个程序。《法苑珠林》记载：

> 帝释天龙等即奉珠宝,于三七日中并集戒坛所造作珠塔,用七宝庄,上安摩尼珠。以佛神力故,于三七日中一时皆成。①

帝释天正是坛君神话的桓因,他也是三七日造戒坛,戒坛度僧也要以三七日为时间单位:"帝（懿宗皇帝）因法集躬为赞呗,彻则升台朗咏,宠锡繁博,敕造栴檀木讲座以赐之。又敕两街四寺行方等忏法,戒坛度僧各三七日。"②帝释天与懿宗皇帝一个是佛教天帝,一个是人间皇帝,但戒三七日是相同的。

在佛教中生命的产生与转换也是以三七日与百日为时间单位,《佛说五经》:"何谓八苦,生苦老苦病苦死苦,恩爱别苦,所求不得苦,怨憎会苦,忧悲恼苦,是为八苦也。何谓生苦,人死之时,不知精神趣向何道。未得生处,并受中阴之形。至三七日父母和合,便来受胎。一七日如薄酪,二七日如稠酪,三七日如凝酥,四七日如肉脔。"③三七日父母和合便可受胎,三七日胎如疑酥。《佛顶尊胜陀罗尼别法》是唐代若那翻译的,其中记载了各类的咒术,女人变男人的法术更是耐人寻味。

> 二十三法。若有女人欲得男子者,于一百日,造美饮食,施与贫儿病者食,食时口诵咒莫绝。如此作之,必得有男子身。④

这个法术的时间单位就是百日,百日造美饮食,口诵咒诀,女人就可以变成男人,此类记载亦见于其他佛典。

在佛教之中三七日与百日并不总是分别使用,有时这两个时间也会像坛君神话那样组合起来使用。《龙树五明论》的《五明论诀》记载了百日闭于室中的禁忌：

> 一百日上旬香汤沐浴。一月三香汤自澡讫,清衣服,上下悉清净,勿令污秽出行,更觅衣服着不得出。……案之属悉不得浪人,用此碗盘等盛食。还自用献神讫,自食之,解斋亦然。百日此室中不出,不得浪人妇

---

① 唐·释道世:《法苑珠林》卷九八,《大正新修大藏经》第五三册,第1008页。
② 《宋高僧传》卷六,《大正新修大藏经》第五十册,第745页。
③ 《佛说五王经》卷一,《大正新修大藏经》第一四册,第796页。
④ 《佛顶尊胜陀罗尼别法》卷一,《大正新修大藏经》第一九册,第397页。

人小儿鸡犬丈夫牛驴马五行之器悉不得人。……以此咒咒此患人,或大重三七返。①

这段记载更接近于坛君神话,相似点比较明显:第一,幽闭是共同的因素。无论是在洞中禁闭不出,还是在室中禁闭不出,目的都是躲避日光。第二,百日与三七日组合使用。这段记载中既有百日也有三七日。三七就是三七日,也就是21天,患者会在三七日病愈。

上述佛典的记载表明,坛君神话的三七日与百日确有可能是源于佛教。其实佛教的百日与三七日只是时间的形式,百日与三七日规定的内容各不相同。如果仔细考察百日与三七日的具体内容,就会发现与坛君神话存在着较大的差异。百日是佛教常见的斋戒时间单位,《龙树五明论》记载:"若人持金刚杵印者,洁净斋戒百日,取枣心方二寸刻之。治一切恶虫狩,若虎狼狮子,象马驼驴,恶蛇恶蟒,熊罴豺狼。一切有毒,此印录之。"②《究竟大悲经卷第二、三、四》载:"立盟敬重吾当授与,即奉师教摧伏我慢,结斋百日清禁自居。"③佛教斋戒以洁净、清禁为原则,也就是在斋戒之日不能违背佛教的戒律。佛教施法常与斋戒结合在一起,《龙树五明论》记载了以符印施行的各种法术:

此印一切好恶皆印知,天文星气一切星历属此印也。人若得者,持斋戒百日不食酒肉,五辛芸薹皆不得食。④

百日斋戒的内容是不食酒肉与五辛,这应当是解读百日的关键。三七日佛教斋戒的内容也是戒食五辛:"不作杀盗淫及勿说他人罪,不食五辛及酒肉,满三七日诵其真言。三落又遍即得成就。欲修此法先从明师,整其身心受真言法。"⑤同样的内容还见于其他佛典,从饮食到邪淫、妄语以及述说他人的罪,都是应当禁忌的内容,其中五辛是不可缺少的戒律:

发殷重心慎五辛,酒肉邪淫及妄语。
三七日内勿杀害,至心思念大士名。

---

① 《龙树五明论》卷二,《大正新修大藏经》第二一册,第967页。
② 同上,第966页。
③ 《究竟大悲经卷第二、三、四》卷二,《大正新修大藏经》第八五册,第1370页。
④ 《龙树五明论》卷二,《大正新修大藏经》第二一册,第965页。
⑤ 《千光眼观自在菩萨秘密法经》卷一,《大正新修大藏经》第二十册,第125页。

　　　　　即于梦中见无边,觉来便得利根耳。①

　　三七日不可杀生,慎五辛就是戒五辛(戒蒜)。戒五辛不限于三七日或百日,这是佛徒的基本戒律。

　　其实百日斋戒或者是三七日斋戒,并无本质的不同,都是不可以食用酒肉与五辛,五辛之中包括了大蒜。也就是说百日与三七日之内,不可以食用大蒜,这就与坛君神话完全相反了。桓雄要求雌熊在百日与三七日之内,必须食用大蒜与艾草,这种内容显然不会来自于佛徒,因为这完全违背了佛教的戒律。如果说百日与三七日食用大蒜,只能是反佛教的行为。佛教的蒜法是药用大蒜的特别方法,不过服蒜者必须禁闭的时间是七日,而不是三七日。蒜法还规定服葱禁闭三日,食韭禁闭一日,显然服用大蒜是最严重的。在坛君神话中百日与三七日是同食用蒜与艾草结合在一起的,表面上坛君神话的百日与三七日同佛教的百日与三七日相似,但二者在本质上是冲突的,因而坛君神话的百日与三七日之戒未必源于佛典。

　　三七日也是道教的时间单位,道教多以三七日为一期。《云笈七签》记载:"尹真人服元气术:……切慎果子、五辛。邪、蒿、葫、荽、芸、薹、椿等,此物深乱人气,慎勿食之。如能至心,三七日中可以内视五脏,历历在目,神清形静,行之七日其效验也。"②又:"服气问答诀法:……内视肠中粪尽,讫闭目内视即自见。肠中粪极难尽,从断食一十余日始尽。初断食三七日,即须别吃一两顿煮菜,推宿粪令下。"③道教的相关记载非常丰富,但与佛教的三七日相似,都是禁止食用大蒜等食物,坛君神话的三七日源于道教的可能性也是不大。

　　其二,医学的阴干百日与忌三七日。

　　坛君神话的"不见日光百日"与"忌三七日"也可能源于中医,医典中有不少类似的表述。艾草与蒜在坛君神话中是药物,"不见日光百日"与"忌三七日"是在服用艾草与蒜之后附加的条件,这说明艾草、大蒜与"不见日光百日"、"忌三七日"是一组相关的因素,应当作为整体结合起来研究。百日是中医常用的时间单位,主要见于药材的处理与保存。阴干药材的方法历史悠久,直到现今保存药物也都是置于阴干之处,各种药物上都有阴凉处保存的注意事项。先来看看古代医典的记载:

----

① 《地藏菩萨本愿经》卷二,《大正新修大藏经》第十三册,第789页。
② 宋·张君房:《云笈七籖·诸家气法》卷五八,齐鲁社1988年,第325页。
③ 宋·张君房:《云笈七籖·诸家气法》卷六二,第352页。

《名医》曰：生晋地。于牛得之，即阴干百日，使时躁，无令见日月光。①

这条文献载于《神农本草经》，《神农本草经》是东亚最早的药书，作者与成书时代不明，有多种说法，但东汉时期（约200）应当已经成书。此书系统总结了东汉以前的零散药学知识，是搜集、总结、整理秦汉时期众多医家记述的著作，这是医学史界通行的看法。阴干百日的方法可用于各种药物，《神农本草经》还记载："《名医》曰：六月上伏取，阴干百日。"②在《神农本草经》之后阴干百日的记载就成了一直传承的方法，东汉末年张仲景的《金匮要略方论》记载："小疮即粉之，大疮但服之，产后亦可服。如风寒，如风寒，桑东根勿取之，前三物皆阴干百日。"③宋代《云笈七签》："真人驻年藕华方：八月上戊日取莲实，九月上戊日取鸡头实，十月上午日取藕，各等分，阴干百日治之。"④明代李时珍的《本草纲目》："古方以子入冬月牛胆中渍之，阴干百日，每食后吞一枚。"⑤"牛黄生陇西及晋地，特牛胆中得之，即阴干百日使燥，无令见日月光。"⑥阴干百日就是避日光与月光。三七日也是制药的常规时间，孙思邈《备急千金要方》记载："取枸杞捣碎，先内绢袋中，率一斗枸杞子二斗酒渍讫，密封泥瓮，勿泄曝干，天阴勿出三七日。满旦温酒，任性饮，忌醋。"⑦"治秃无发者方：黑熟椹二升，内罂中，日中曝三七日，化为水洗疮。上三七日，髮生神效。"⑧三七日既制药的时间，也是涂药的时间。然而以上的药物处理与使用方法毕竟同坛君神话的药用方法不同，只能作为不太重要的因素。

坛君神话的百日与三七日是同时出现的，是熊变女人的条件。百日与三七日都是制药与服药的常规时间，同时出现不是偶然的。孙思邈《备急千金要方》记载：

---

① 魏·吴普：《神农本草经·上经　牛黄》卷一，辽宁科学技术出版社1997年，第18页。
② 魏·吴普：《神农本草经·中经》卷二，第32页。
③ 东汉·张仲景：《金匮要略方论·疮痈肠痈浸淫病脉证并治第十八》，陆渊雷编《金匮要略今释》，学苑出版社2008年，第392页。
④ 宋·张君房：《云笈七签·药部》卷七七，齐鲁书社1988年，第439页。
⑤ 明·李时珍：《本草纲目·木部第三十五卷》（下册），人民卫生出版社2005年第2版，第1654页。
⑥ 明·李时珍：《本草纲目·兽部第五十卷下》（下册），人民卫生出版社2005年第2版，第2225页。
⑦ 唐·孙思邈：《备急千金要方·肝虚实第二》卷十一（上册），第383页。
⑧ 唐·孙思邈：《备急千金要方·正心脏方》卷十三（上册），第460页。

又方七月七日,麻勃三斗、麻子一石末,相和蒸之。沸汤一石五斗,三遍淋之,煮取一石,渍神曲二十斤,令发酿。黍米两石五斗熟封。三七日服清一升。百日,身中涩皮、八风、胸膈、五脏、骨髓、伏风,百病悉去。治卒中恶风头痛方。①

百日与三七日在古代医学的使用范围极为广泛,是医家服药与观察药效的时间单位。百日与三七日共同出现,就与坛君神话比较相似了。

"不见日光百日"与"忌三七日"在坛君神话中应当是作为服用药物之后的注意事项记录下来的,现在的医药书籍与药物中时常时常记载服药后的注意事项。那么在中国古代医典中是否也有类似的记载呢?其实古代医书中常有服药后的禁忌事项。唐代孙思邈的《备急千金要方》中就有类似的记载:

治痔蚀人诸处,但是赤血痢久不瘥,立着即瘥秘方:干虾蟆(五月五日收者一枚作灰末)、人屎灰(一作发灰)、金银土埚(各五两)、麝香(一分)、银末(小豆许)。上五味治下筛傅疮上即瘥。三七日忌如前,痢者吹下部。②

"三七日忌如前"就是用药时需要禁忌的事项,坛君神话的"忌三七日"与"三七日忌"基本相同,只是词序不同而已。《备急千金要方》记载的"三七日忌如前"没有直接记载所忌之物,但在此方的前一药方《治痔湿久下痢赤白百疗不瘥者方》记载了所忌之物:"七日忌生冷毒物等;但是油腻酱乳醋,三十日忌之,大佳。"③可知"三七日忌如前"所忌之物是生冷毒物,还有油腻酱乳醋。内服药的禁忌是食物,外敷药的禁忌往往是日光和风,所忌时间也可以是三七日。类似的记载亦见于《备急千金要方》:

治外膏方:……又方:白矾、石硫黄、白附子(各六铢)。上三味为末。以酢一盏渍三日。夜净洗面,傅之。莫见风日,三七日慎之。白如雪。④

---

① 唐·孙思邈:《备急千金要方·正心脏方》卷十三(上册),吉林人民出版社1994年,第452页。
② 唐·孙思邈:《备急千金要方·痔湿痢第九》卷十五下(下册),第525页。
③ 同上。
④ 唐·孙思邈:《备急千金要方·七窍病方》卷六(上册),吉林人民出版社1994年,第245页。

此方是治疗黑斑或肤色黑的药方,与皮肤病要忌日光和风。"莫见风日"与坛君神话的"不见日光"相似,"三七日慎之"的意思其实就是忌三七日。坛君神话"不见日光"的时间是一百天,在这个药方中记载的是三七日。然而重要的不是百日与三七日的差异,禁忌日光才是重要的因素。三七日与百日可以变化,尤其是对于一个神话而言是不是那么准确并不重要。忌三七日或慎三七日、戒三七日都是医家常说之言,忌、慎、戒用字不同,意义没有多大的不同。孙思邈的《备急千金要方》记载:"治嗽熏法:……若心胸闷时,略歇烟尽止,日一二度,用三卷不尽瘥三七日慎油腻。"①《外台秘要方》:"一日不得漱口及洗手面。三七日,慎生葱、生菜、生冷肉豉、油腻。"②所谓的慎就是忌,两者只是存在程度的差异而已,并无本质的不同。大多的药书都会在每一剂药方记载忌、慎、戒的东西,有关肌体的伤病总是禁忌日光、风、水等等,这似乎是古代的医学常识。在非医学的典籍中也可以看到类似的记载,明代徐应秋著作中的一段:

> 磁眼木睛:……谈江尉,黄陂人,解银至京。途遇盗,截去一指。有仇忌戒门下医曰:"是可续也。"而断指幸为人拾得,即取合之。层层涂药,仍夹以薄板。戒三七日,勿近水。及期果合,活软如故,但有红线痕耳。③

续接断指需要戒三七日,不能动水。此处的戒三七日就是忌三七日,用字不同,实际内容没有什么不同。

这样的医学知识应当是东亚共有的,《医心方》是日本 10 世纪的医书,其中记载新生儿不可见风日,因为古代医家认为新生儿肌肤未成。肌肤未成就如同肌体的伤病,禁忌之物必然也是风日,中国女性产后坐月子恐怕与这种医家观念有关。《医心方》有如下的记载:

> 《千金方》云:小儿始生,肌肤未成,不可暖衣,暖衣则信筋骨缓弱;不见日风,则令肌肤脆软,便易伤。……若常藏在帐中,重衣温暖,辟阴地之草,不见风日,软脆不堪风寒。④

---

① 唐·孙思邈:《备急千金要方·大肠腑方》卷十八(下册),第 307~308 页。
② 唐·王焘:《外台秘要方·古今录验瘴及嶂气常汤方》卷五,《文津阁四库全书》第 244 册,商务印书馆 2005 年,第 392 页。
③ 明·徐应秋:《玉芝堂谈荟》卷十四,清光绪刻本。
④ 〔日〕丹波康赖撰、沈澍农主编:《医心方校释》卷二五(下册),学苑出版社 2001 年,第 1508 页。

《医心方》是日本现存最早的医学典籍,永观二年(984),医家丹波康赖将此书献给了圆融天皇。其中引用了六朝、隋、唐和朝鲜医书100余种,是中国医学史上极其珍贵的典籍。编撰者丹波康赖(912~995)是日本平安中期的医家,丹波国(京都府)人,东汉灵帝的五世孙阿知王为其远祖,应神天皇时期到了日本。因医术高明,赐姓丹波宿祢,累迁针博士、左卫门佐。这样的医学知识流入朝鲜半岛的时间只能更早,不会更迟。坛君神话记载的也是新产生的生命,熊变女人虽然不是新生儿,但这是肌体的转换,与新生儿相似。由此来看坛君神话的"不见日光百日"与"忌三七日",似与古代医学知识有关。

"不见百日光百日"与"忌三七日"应当是源于医家常识,"忌三七日"的表述近于医学,"不见日光百日"的记载也近似于医家的"不见风日"、"莫见风日"。现在可以明确艾草与蒜在坛君神话中是药物,这是服药之后常见的注意事项。服用药物之后的注意事项并非只是医家知道的知识,虽然不一定是尽人皆知的知识,但也是常见的说法。坛君神话的雌熊服用了药物之后,当然应当遵守医家的服药忌避。"不见日光百日"与"忌三七日"在医学典籍中就是用药之后常用的语言。现在的药品大多都会明确记载此类慎忌内容,这不是现代医学的发明,古代医家早已普遍使用了此类的注意事项。如果说"不见日光百日"与"忌三七日"是源于医家,那么显然不可能是原始因素,只能是衍生因素。这一衍生因素在坛君神话的上限时间应当是在唐代,实际形成的时间可能更为迟晚。

坛君神话中的数字并不是都能够研究清楚文献来源的,桓雄与风伯、雨师、云师一起,管理人间的三百六十事。三百六十是取一年三百六十五日的整数而言,也指人间世界各种事情。三百六十的说法早在先秦文献中就已出现了,后来出现于各种文献,也是日常生活中常说的数字。佛教传入之后也采用了同样的说法,佛光照射的范围是三百六十里:"照明如来所生土地,城名安隐法。其佛光明照三百六十里。"①佛教僧徒诵偈念咒也以三百六十遍为基准:"为得禅定者,为至道果者,若诵此偈三百六十遍即不饥。"②佛徒认为人分为三百六十种:"圣多罗母居止山下,东有五峰,文殊菩萨居止其上。有十六大国千数小国,又有三百六十种人。"③人体的骨块有三百六十:"所言坚者所谓身骨三百六十。"④人之衣服也是三百六十寸:"在昔五帝鹿巾许由皮冠,并俗者之服耳。褐身长三丈六尺,有三百六十寸。言法一岁三十六旬,

---

① 《贤劫经》卷七,《大正新修大藏经》第一四册,第52页。
② 《三厨经》卷一,《大正新修大藏经》第八五册,第1414页。
③ 《彰所知论》卷一,《大正新修大藏经》第三二册,第227页。
④ 《大方广佛华严经》卷十一,《大正新修大藏经》第十册,第711页。

或象一年三百六十日也。"①从上述佛典的表述来看,三百六十似乎是佛教特有的数字表达方式,其实这种表述并非只属于佛教,在普通的典籍中也有不少相同的表述方式。这个数字有可能源于佛典,但这是极其普遍的说法,因而难以研究清楚成为坛君神话因素的时间。虽然上限时间是先秦,但几乎没有意义,好在于这个数字对坛君神话的形成并无太大的价值。

---

① 《广弘明集》卷十三,《大正新修大藏经》第五二册,第177页。

第五章　兽神崇拜与祖先神话

第一节　坛君神话与熊神崇拜的源流

一、坛君神话不是外来神话

1. 坛君神话与熊神崇拜的特征

坛君神话最富于神话性的部分不是国家传说,而是熊女与桓雄交合生子的故事。坛君朝鲜国家传说的形成是以朝鲜半岛的国家历史为前提,熊女神话的形成应当是以熊神崇拜的形成为前提。如果坛君神话是外来神话,那么即使没有熊神崇拜,也可以出现坛君神话。前文已经提到过,申采浩、金贞培、金载元等人就提出过坛君神话是外来神话的看法。这种说法还只是说法,完全没有得到可靠的证明,但在学术界还有着一定的影响力。

坛君神话到底是在熊神崇拜的基础上生成的,还是外来神话,是需要不断地拷问的问题,也是必须解答的问题。如果完全不能解决这个问题,那么实际上就根本不能解决坛君神话的生成问题。前文的研究已经证明坛君神话的诸因素有着各自不同的来源,也有着复杂的形成过程和各自不同的上限时间。这种现象只能表明坛君神话不可能是来自于其他民族,因为诸因素并非源于一个其他民族。只能认为坛君神话是在韩国民族的社会历史文化中生成的,在坛君神话生成的过程之中,韩国古代的社会历史文化中已经包含了坛君神话需要的诸因素,因而坛君神话中形成了相应的因素。坛君神话最终形成的时间不一定很早,但绝不可能是外来的神话。坛君神话是独特的,至今没有找到相似的神话,这证明坛君神话是在熊神崇拜的基础上生成的。如果熊神崇拜是坛君神话生成的基本因素之一,那么在坛君神话生成之前熊神崇拜必须已经存在,熊神崇拜的基本特征与上限时间,都是关系到坛君神话生成的重要问题。

坛君神话中的熊神崇拜具有怎样的特征,是首先应当研究的问题。坛君神话的熊女故事虽然相当简单,但不影响对熊神崇拜的把握。

时有一熊一虎,同穴而居,常祈于神雄,愿化为人。时神遗灵艾一炷,蒜二十枚曰:"尔辈食之,不见日光百日,便得人形。"熊虎得而食之,忌三七日,熊得女身。虎不能忌,而不得人身。熊女者无与为婚,故每于坛树下咒愿有孕,雄乃假化而婚之,孕生子。号曰坛君王俭。①

这段文字比较明确地体现了熊神崇拜的基本内容与特征:第一,熊与人的转换关系表明了熊与人的近缘观念。由熊而人的变化是坛君神话的基本情节,也是熊神崇拜的基本因素。这样的观念并不陌生,常见于通古斯人的熊神故事,中国汉民族的神话中也有熊与人的自然转换。坛君神话由熊而人的变化非常独特,需要灵艾、大蒜与禁忌,然而这些是衍生因素。如果删除了这些衍生因素,那么坛君神话的熊神崇拜与通古斯人、汉民族的熊神崇拜相同了。因而可以认为灵艾、大蒜与避光的禁忌并不是熊神崇拜的组成部分。

第二,熊神象征着女性与生殖。熊神的性别在坛君神话中具有特别的意义,熊神的地位、角色、意义都与性别有关,熊神的性别不是偶然的选择。熊女与桓雄结婚的目的不是爱情,而是生子,乞子比婚姻更为神圣。生育是个人的重大使命,也是部落的政治使命。远古人类认为熊具有强大的繁殖力和生命力,因而赋予了生殖的意义。在通古斯人的熊神故事中,公熊也是人熊婚的主要角色之一,也会体现生殖的意义,但更多体现的是力量。

第三,熊是王权的吉祥象征。熊女不是王权的掌握者,但她是生命的创造者,同时也是王权的创造者。因而熊神为了王权的吉祥象征,熊神的出现意味着王权的诞生与延续。熊女不是坛君神话的主角,但她是真正的主角。熊神的政治化是以熊神与政治产生关系为前提,熊神与政治的关系可以上溯到极为遥远的原始时期,但熊神与王权的关系相对迟晚一些。

《三国遗事》之后生成了一系列与坛君神话相关的文献,但仅在坛君神话系统的文献内考察熊神崇拜是十分不够的,因为在这个范围内的文献难以证明熊神崇拜是源于坛君神话,还是源于朝鲜半岛的熊神崇拜。与坛君神话不一定有直接关系的文献,不能直接证明坛君神话的生成,但可以证明朝鲜半岛的熊神崇拜,而且还可以看到朝鲜半岛的熊神崇拜与坛君神话的关系。如果朝鲜半岛熊神崇拜的特征与意义,同坛君神话的熊神存在相通之处,那么就可以明白坛君神话的熊女神话在朝鲜半岛熊神崇拜的基础上形成的。在韩国文献中熊神崇拜的记载不算丰富,不过可以确定13世纪之前确实存在过熊神崇拜,而且与坛君神话的熊神有着相似的意义。

首先,《三国遗事》之前朝鲜半岛存在过熊神崇拜。

---

① 〔韩〕一然著、李载浩译注:《三国遗事》卷一(第一册),솔출판사1997年,第71页。

13世纪之前韩国的古代文献非常有限,不过从古代文献记载的地名中可以看出朝鲜半岛曾经存在过的熊神崇拜。地名往往保存了三国时期的文化信息,因而地名是研究熊神崇拜的重要途径。庆尚南道有一个地方名为熊神县,熊神县还有一个熊神镇。《三国史记》与《东国舆地志》等文献记载了相关的内容。

　　　　熊神县本新罗熊只县,景德王改今名,为义安郡领县。①

　　景德王(?~765年)是新罗第35代君主,名金宪英,在位24年,谥景德。义安郡是757年至1282年设置的行政区域,所属有三县合浦县(합포현)、熊神县(웅신현)、漆隄县(칠제현)。熊神县原本名为熊只县,景德王时期改为熊神县。将熊只县改为熊神县,是因为当地有熊神崇拜与故事。熊神县不在朝鲜半岛的北方,而是在南方,说明朝鲜半岛的南北都有熊神信仰。此外朝鲜半岛还有熊川(庆尚南道昌原)、熊闪山(京畿道涟川)、熊州(忠清南道公州)、熊津(忠清南道公州)、熊神山等地名,还有佛寺名为熊神寺。这些地方都与熊神崇拜的故事相关,熊神崇拜虽然不是很普遍,但在一定范围内流行过。

　　朱蒙神话中没有直接出现熊神,但出现了熊神山的地名。《三国遗事》记载:"时有一男子,自言天帝子解慕漱,诱我于熊神山下鸭绿边室中知之而往不返。"②同样的内容也见于《三国史记·高句丽本纪第一》卷第十三,只是熊神山记载为了熊心山。中国的文献更早地记载了朱蒙神话,但中国的文献没有记载熊神山。熊神山在鸭绿江边,天神解慕漱一定要到熊神山下与柳花交媾,当与熊神山有特别的关系。解慕漱和柳花生的孩子朱蒙也是建国之君,生殖与王权的意义在建国神话中结合在一起。在朱蒙神话中熊神山不是重要的因素,但还是较为明确地传达了熊神的生殖与王权的意义。

　　第二,熊神是生殖与王权的象征。

　　在韩国文化中梦见熊罴是一件大吉大利的祥兆,其意义是生殖与王权,意味着王权者的诞生。下面是《三国遗事》记载的伽耶国之事。

　　　　况与王后而居也,比如天之有地,日之有月,阳之有阴。其功也涂山翼夏,唐暖兴娇,频年有梦得熊罴之兆,诞生太子居登公。灵帝中平六年

---

①　〔韩〕郑麟趾:《高丽史·志十一·地理二》卷五七,首尔大学校奎章阁本。
②　〔韩〕一然著,李载浩译注:《三国遗事·高句丽》卷一(第一册),솔출판사1997年,第101页。

己巳三月一日后崩,寿一百五十七。①

《三国遗事》记载了伽耶国的王室神话与故事,伽耶国在朝鲜半岛的南部,地域范围是庆尚南道与庆尚北道,还有全罗南道与北道的一部分。熊神县就在庆尚南道,也是伽耶国的地域。伽耶国的开国之君首露王(42~199)降生时出现了一只神龟,神龟告诉伽耶国人将有国君降生,在此建立新的国家。首露王登基为王之后,理国齐家,爱民如子;教不肃而威,政不严而理。由于君王贤善,梦见熊罴,太子便诞生了。熊罴之梦象征着太子的诞生,也象征着新的王权掌握者的到来,是与生殖、王权有关的吉祥神兽。

在《三国遗事》之后熊罴的基本意义相同,没有多大的变化。《高丽史》是郑麟趾撰写的,成书于李朝朝鲜文宗元年(1451)。《高丽史》记载:"惟乃烈祖克勤,王家累为姻亲,积有善庆笃生,圣后世继,哲王覃及,后昆产兹懿媛粤。朕登位来嫔于京关雎之化,行樛木之恩,逮常有进贤之志,固无私谒之心,以至协熊梦之祥,诞生冢嗣,申鸡鸣之戒密辅,朕躬宜加显号以表中闱。"②又如:"九年生明宗王,又遣使下诏曰:'兹尔任氏典予内职正位,中宫震索得男,既主其器,斯多子亦由尔贤,谓兹熊之祥,彼燕媒之后,宜膺宠数,永保洪休。'"③熊罴是吉祥瑞兆,象征美好的婚姻,也象征吉祥的生殖,意味着王权的延续,这与伽耶国的熊罴之梦相同。《高丽史》是官修正史,主要是记载国家的重大政治与社会事件。熊罴之梦不是一件小事,国王的子嗣关系到国家的社稷,生殖是作为重大的政治事件来记载的。《高丽史》的记载在诗歌中也可以得到印证:

成伣《中宫立春帖字》
玉殿春初动,瑶阶日渐长。
坤闱方毓庆,熊梦已呈祥。④

这是成伣在立春之日为中宫立春写的,诗中表达了美好的祝愿,所谓美好的祝愿就是祝愿中宫得到熊梦。郑枢《鲁国公主挽词》是为王家之女写的

---

① 〔韩〕一然著、李载浩译注:《三国遗事·伽耶国记》卷二(第一册),솔출판사1997年,第374页。
② 〔韩〕郑麟趾:《高丽史·列传一·后妃一·文敬太后李氏》卷八八,首尔大学校奎章阁本。
③ 同上。
④ 〔韩〕成伣:《真逸遗稿》卷之一,影印标点《韩国文集丛刊》第12册,民族文化推进会1988年,第177页。

挽诗:"王姬来下国,君子咏睢鸠。熊梦终悲泣,仙游孰挽留。天衢云杳杳,怅殿月悠悠。无复骀虞化,空看桃李稠。"①王家之女虽然带着吉祥的熊梦而来,但终究未能如愿,不过王权与熊的象征意义显现得还是比较清楚。

高丽时期熊罴的瑞祥之义有所扩展,还象征着建功立业:"贞海县世传太祖时梦熊,驿吏韩姓者有大功,赐号太匡,割高丘县地,置县为其乡贯.显宗九年来属后置监务。"②这样的意义在诗歌中也有体现,徐居正《戏次吴同隣诗韵》:"白室怡神真自适,红尘蒿目有谁怜。如君真箇人中佛,大隐城中七十年。万事噬脐真自悔,一生谋口亦堪怜。虚经疎广悬车岁,漫拟香山结社年。梦里罴熊嗟已晚,眼前豚犬复当怜。吾园又种蟠桃树,拟见三千结子年。乐天鬻妾君曾错,伯道无儿世共怜。女嫁男婚浑细事,孟光相对乐余年。"③洪贵达《得彦国书答寄》:"一家豚犬谁轻重,五梦梦罴汝最迟。爱菊只缘霜后见,怜松为有岁寒期。兰摧蕙败骚人怨,竹折桐枯凤鸟悲。"④这两首诗歌都是将熊梦与隐逸对立起来描写的,徐居正的诗歌写吴同麟隐居七十年,也没有做熊罴之梦,意思是说没有寻求仕途。洪贵达的诗歌也写了熊梦之迟,爱菊之深。两首诗歌中熊梦的意义相同,都表现了建功立业的意义。这种意义当是从熊的吉祥意义延伸而来,并非是原始意义。

韩国文学中熊梦的意义应当是受到了中国文学的影响,熊梦在中国文学中较为常见,早在先秦时期就出现了熊梦,熊梦象征的也是男性。《诗经·斯干》记载:

> 吉梦维何?维熊维罴,维虺维蛇。大人占之:维熊维罴,男子之祥;维虺维蛇,女子之祥。⑤

熊为男子之祥,蛇为女子之祥,熊的性别标记非常明确。《本草纲目》解释所谓的男子之祥就是不二之臣:"熊、罴皆壮毅之物,属阳,故书以喻不二

---

① 〔韩〕郑枢:《圆斋文稿》卷之中,影印标点《韩国文集丛刊》第5册,民族文化推进会1990年,第201页。
② 〔韩〕郑麟趾:《高丽史·志十·地理一》卷五六,首尔大学校奎章阁本。
③ 〔韩〕徐居正:《四佳诗集》卷之三十,影印标点《韩国文集丛刊》第11册,民族文化推进会1988年,第10页。
④ 〔韩〕洪贵达:《虚白亭文集》卷之一,影印标点《韩国文集丛刊》第14页,民族文化推进会1988年,第38页。
⑤ 程俊英、蒋见元:《诗经注析·小雅·鸿雁之什》,中华书局1991年,第546—547页。

臣,而诗以为男子之祥也。"①熊罴显然象征为了男性的忠诚,也象征男性的勇猛。熊神作为男性的标记还与中国神话有关,稷的母亲姜嫄履大人之迹而孕,大人之迹就是熊的脚印,熊的脚印显然是象征为了男性,显然熊神的性对感生神话也产生了深远的影响。《白虎通·姓名篇》:"殷姓子氏,祖以玄鸟子生也。周姓姬氏,祖以履大人迹生也。"②后稷是熊的后人,也是一位男性。在此之后熊罴仍然是男性的象征,《史记》记载:"简子曰:'然,有之。子之见我,我何为?'当道者曰:'帝令主君射熊与罴,皆死。'简子曰:'是,且何也?'当道者曰:'晋国且有大难,主君首之。帝令主君灭二卿,夫熊与罴皆其祖也。'"③熊与罴为祖先,所谓的祖先一般是指男性祖先,作为二卿祖先的熊罴必然也是男性。《晋书》记载了熊梦与符健的诞生:

　　　符健,字建业。初,母羌氏梦大罴而孕,及长,勇果便弓马,好施,善事人,甚为石虎父子所亲爱。④

　　符健后当了前秦国君,熊梦象征的是王权与男性。勇敢雄壮,善于弓马,是通古斯诸民族的神话中常见的熊神意义。宋词写到了熊罴是佳儿降生的吉祥之兆观念:"忆我归舟初系岸,君家盛事先知。后房深处第三姬。熊罴符吉兆,鸑鷟产佳儿。衮庆源真未艾,谢兰还茁新枝。娇婴想见白和眉。他年贤子弟,今日小机宜。"⑤这种观念产生于感生神话,表达了祝愿吉祥的意义,这种意义也是东亚文学交流的纽带。

　　然而熊并不总是男性的吉祥,有时也会变成灾难:"《异苑》曰:邵陵高平黄秀,以元嘉三年入山,经月不还,其儿根生寻觅不见。秀蹲空树中,从头至腰毛色如熊。问其何故,答曰:'天谴如此。汝但自去。'生哀恸而归,逾年伐山,人见形尽为熊矣。"⑥天谴的结果就是人变成熊,这恐怕是人与熊罴从近缘关系变成对立关系之后生成的想象。

　　第三,熊神是女性与生殖、婚姻的象征。

---

① 明·李时珍:《本草纲目·兽物第五十一卷上》下册,人民卫生出版社 2005 年第 2 版,第 2252 页。
② 清·陈立撰、吴则虞点校:《白虎通疏证》卷九(下册),中华书局 1994 年,第 405 页。
③ 汉·司马迁:《史记·赵世家第十三》卷四三,中华书局 1997 年,第 454 页。
④ 唐·房玄龄等:《晋书·符健》卷一一二,中华书局 1997 年,第 733 页。
⑤ 宋·郭应祥:《临江仙　庆谢操生子》,参见《全宋词》第四册,中华书局 1965 年,第 2231 页。
⑥ 唐·欧阳询撰、汪绍楹校:《艺文类聚》卷九五(下册),上海古籍出版社 1999 年第 2 版,第 1647 页。

坛君神话的熊神象征着女性,又与婚姻、生殖联系在一起。这些象征意义也不是坛君神话独有的,很多诗歌都是以熊梦来祝福或庆贺婚姻与生育,这些祝愿的对象并不限于君王和王室,也可以用在普通女性。熊罴之梦写入女性的挽诗,是为了以熊罴之梦来赞美女性死者的功德。金安国《许府尹矿妻李氏挽》:"东韩名德益斋家,簪绂绵绵引庆多。不独熊祥连显赫,更看桃咏播夭华。夫参带砺藏金樻,子列珪轩响玉珂。兰拥寿萱余馥满,人间荣福孰能加。"①金安国《三嘉县监李守震妻挽》:"名家生淑媛,女德范闺房。鷫凤钦仇好,占熊叠梦祥。辛勤纔遂业,荣享独输郎。施报嗟终戾,茫茫问彼苍。"②金安国《郑领府事光弼夫人宋氏挽》:"相公功业冠中兴,配德堪宜福禄膺。主馈不违羲易训,无仪端合雅诗称。仙栖共返凰随凤,祥梦多占罴与熊。偕老八旬施报厚,苍苍谁道理难凭。"③女性的熊罴之梦是她们对夫主与家族的贡献,这也是作为女性的最大贡献。

熊罴之梦还用来庆贺婚姻与生子,这应当是熊罴之梦的基本意义,也是雌熊在神话中的原始意义。

成倪《贺邵镇七十生子。镇求用东坡贺陈述古生子韵》
熊罴感梦落村墟,产此麒麟天上雏。
弧矢已怀千里志,箕裘应饱五车书。
钟情正在稀年境,毓庆应缘积善余。
寄语古人陈述古,欢娱相贺意何如。④

七十还能生子的确是可喜可贺之事,不管是否做过熊梦,都要以熊罴之梦来表达美好的祝愿,熊罴之梦带来的孩子必然也非同寻常,学富五车,有着美好的前程。沈义《闻稚清丧儿诗以解冤》:"此身委蜕非吾有,拜谢玄夫亦不公。归雁衡阳休复听,好将魂梦更占熊。公新得后室。"⑤虽然丧子,但新娶后室,如果做得熊罴之梦,就可以生出新的子嗣,这是希望以熊罴之梦冲淡丧子之悲。金宗直《贺春塘纳赘》是一首贺婚诗:"咸阳三月鬻花闹,年少仙郎却

---

① 〔韩〕金安国:《慕斋集》卷之三,影印标点《韩国文集丛刊》第 20 册,民族文化推进会 1988 年,第 57 页。
② 〔韩〕金安国:《慕斋集》卷之三,第 59 页。
③ 〔韩〕金安国:《慕斋集》卷之八,第 154 页。
④ 〔韩〕成倪:《虚白堂诗集》卷之十一,影印标点《韩国文集丛刊》第 14 册,民族文化推进会 1988 年,第 324 页。
⑤ 〔韩〕沈义:《大观斋乱稿》卷之三,影印标点《韩国文集丛刊》第 19 册,民族文化推进会 1988 年,第 170 页。

胜王蒙貌。金雀屏间木更巧,紫姑吉语谁能挠。里闬相知非管豹,阀阅风流不复锱铢较。但愿熊罴新梦觉,一生看得离孙孝。"①此诗比较特别,没有以熊梦来祝原生出具有卓越才能的后代,而是希望不要做成熊梦,这样子孙可以待在身边尽孝。金宗直《除夜即事》:"雷鼓嘈嘈笑语多,东家西舍正駈儺。幽人忽罢江湖梦,起啜风炉雪水茶。痴奴强欲效比邻,茗箪揶揄笑且嗔。穷鬼贫神终不去,只消惊动梦熊人。"②穷鬼贫神不肯离去,是为了打破熊罴之梦和富贵之梦。金訢《寿康宫上梁文》:"儿郎伟抛梁下,祥风吹拂鸳鸯瓦,熊罴吉梦已先呈,燕雀微诚应共贺。伏愿上梁之后,神明幽赞,福禄来绥。"③上梁文也都是写美好的祝愿,熊罴吉梦作为上梁文的一部分,自然是祝愿生出超凡的子孙。

韩国熊妻的民间故事也有类似的意义,下面是公州(熊州)的一则人熊婚故事的主要梗概。

> 从前有一个年轻人,到公州去玩,在山中迷路回不来。年轻人在一个岩窟上休息,一个姑娘从前面走过,年轻人叫住了姑娘,问她有没有什么吃的东西。姑娘嫣然一笑,看着年轻人说:"这山里没有什么可口的东西。"然后快步走开拿来了鹿肉与水果。年轻人感谢了姑娘,夜晚两个人就成了夫妻,这样过了几天。年轻人想知道姑娘的家在哪里,一天就跟在姑娘后面,看见姑娘变成一头熊,正在追赶流血的鹿,跑过了一条溪水。年轻人吓得魂飞魄散,狂奔逃离。过了一会儿,熊女从后面追了过来。年轻人惊恐地从山上滚落下来,回头一看,熊女已经现出了熊的原形追赶过来。年轻人没有办法,就跳入了锦江。熊也跳进了江里,然而熊不会游泳,就很快在江中悲叫着淹死了。村里人觉得熊女爱得可怜,就为熊女建造了祠堂。现在锦江岸上仍有熊祠,因此公州又叫熊州。④

庆尚北道海灵郡有一座名叫烽火山的山,海拔300米。山上有一棵数百年的松树。下面这个故事是柳增善在1967年采集的,主要故事情节如下:

---

① 〔韩〕金宗直:《占毕斋集》卷之七,影印标点《韩国文集丛刊》第12册,民族文化推进会1988年,第266页。
② 〔韩〕金宗直:《占毕斋集》卷之十七,第340页。
③ 〔韩〕金訢:《颜乐堂集》卷之二,影印标点《韩国文集丛刊》第15册,民族文化推进会1988年,第242页。
④ 参见崔仁鹤《朝鲜传说集》,东京:日本放送出版协会1977年,第86~87页。

从前有一头想变成人的雌熊,经过百日祈祷,如愿变成了美女,一直生活在这棵松树下。有一年春天,一个猎人迷了路,几天都没有吃东西。这时遇到了女人,女人给他喝了水,恢复了元气。猎人又向女人讨吃的东西。女人说:"可以给你吃的东西,但你得和我在山里一起生活。"猎人觉得这个女人是一个美人,何况现在也没有力气想家里的妻子,就应允说:"好吧。"女人把猎人放在洞里,出去拿来了很多鹿肉与水果。女人获取食物时会变成熊,所以拿这些东西很容易。从此猎人就和女人一起生活起来,可是猎人很快思念起家中的妻子,就决定逃离山洞。一天女人去找食物时,猎人就离开了山洞。女人回来发现猎人不在,就在山中寻找。但最后也没有找到,就在山上那棵松树下自尽而亡。50年前的时候,想出嫁的姑娘每天到这里祈祷一百天,就可以实现愿望。不过实现愿望的姑娘必须嫁到远地。如果嫁到了远地,就不会离婚,能够永远幸福地生活。①

这两个故事都是人熊婚的故事,与坛君神话比较存在着明显的相似特征:其一,熊的性别与人的转换关系。故事中的熊都是女性,雌熊与女性之间存在着转换关系,这与坛君神话完全相同。不过这两个故事也有与坛君神话不同之处,熊神既有熊的外在形象,也有美女的外在形象。外在形象根据生活场景的需要可以转换,当与人在一起的时候,就现出美女的外形;需要获取食物时,就会变成熊的外形。人与熊外在形象的转换使人想到通古斯人的熊神故事,通古斯人的熊神故事也有类似的特征。第二个故事与坛君神话相似,两个神话故事中有松树和坛树,两棵树都与祭祀祈祷有关。雌熊与美女的转换关系是通过百日祈祷完成的,这个故事中的雌熊祈祷百日,终于成了美女。坛君神话的雌熊是经过祈祷,避光百日,最终才变成了女人。这个故事的祈祷百日与松树可能源于坛君神话,但是这个故事的主体部分更像公州的熊妻故事,似乎是把公州的熊妻故事与坛君神话结合在了一起。这个故事的流传地是朝鲜半岛南部的庆尚北道,这里与平壤相距很远。不管这个故事与坛君神话有无影响关系,熊神的性别与人熊的转换关系是确实存在的,故事的主体部分是熊妻与男人的洞中生活,这个部分与坛君神话无关。

其二,婚姻与生殖的意义。两故事中的雌熊具有像人一样的智慧与情感,故事的重点是熊女与人类的情感,爱情是主要的内容。这是坛君神话中缺少的因素,坛君神话也写到了婚姻,但全无情感色彩。坛君神话的熊神崇

---

① 〔韩〕崔仁鹤:《朝鲜传说集》,第86~87页。

拜更近于原始信仰,两个故事更近于日常生活。两个故事的人熊婚最终都以悲剧结束,熊女渴望婚姻与爱情,但男人无法忍受,最终逃走,结果雌熊伤心而亡。坛君神话没有写桓雄与熊女的婚姻结局,但可以想象天帝之子的桓雄不可能一直与熊女生活在一起。桓雄只是为了满足熊女的生育渴望,才与熊女交配。二者的婚姻不可能永久,不可能有第二种结果。坛君神话熊女的第一愿望是生育,生下了坛君就满足了愿望。没有能够保持婚姻,但不会产生多少悲剧的色彩。这两个故事的熊女没有生育,婚姻就结束了。生殖没有能够成为第一需要,但是不能说婚姻的渴望中没有包含生殖的渴望,生殖是共同的因素。只是随着社会历史的发展,生殖不再是婚姻的第一愿望。

从上述的文献可以看出,朝鲜半岛的熊神崇拜具有女性、生殖、婚姻、王权的特征和意义。在这样的熊神崇拜基础上,生成坛君神话那样的神话故事,并不是不可想象的。坛君神话的熊神崇拜与朝鲜半岛的熊神崇拜基本相通,这意味着坛君神话未必是外来的神话。朝鲜半岛的熊神崇拜与王权有关,这与通古斯人的熊神崇拜很不相同。通古斯人虽有更为丰富的熊神崇拜,但大多通古斯人的熊神崇拜与王权无关。这固然是不同民族的不同历史造成的,熊神与王权的关系在朝鲜半岛至少可以追溯到三国时期。朱蒙神话中的熊神山体现了熊神与王权的关系,表明三国时期熊神就与王权产生了关系。

熊黑之梦在朝鲜半岛也有恐怖的一面,《三国遗事》记载了熊变恶鬼的故事:"是日夜,国宰金文亮家有天唱云,牟梁里大城儿今托汝家。家人震惊使检牟梁里,城果亡。其日与唱同时有娠生儿,左手握不发,七日乃开,有金简子雕大城二字,又以名之。迎其母于第中兼养之,既壮,好游猎。一日登吐含山捕一熊,宿山下村。梦熊变为鬼,讼曰:'汝何杀我?''我还啖汝。'城怖懅请容赦。鬼曰:'能为我创佛寺乎?'城誓之曰喏。既觉,汗流被蓐。自后禁原野,为熊创长寿寺于其捕地。因而情有所感,悲愿增笃,乃为现生二亲创佛国寺。为前世爷娘创石佛寺,请神琳表训二圣师各住焉。茂张像设,且酬鞠养之劳。以一身孝二世父母,古亦罕闻,善施之验可不信乎。"①熊与佛的关系是这个故事的核心,熊的最终愿望是建造佛寺,熊化为鬼是因为熊将被杀死,死前化为鬼与大城约定建造佛寺。这个故事的熊几乎完全被佛教化,已经难以看到熊神信仰的原始意义。在这个故事中隐约可以看到与萨满教人熊关系的类似特征,萨满教的通古斯人一方面把熊视为狩猎的对象,是难得的食物,也是可怕的兽类;另一方面熊又是神,杀食了熊之后,还要举行一系列的

---

① 〔韩〕一然著、李载浩译注:《三国遗事·大城孝二世父母》卷五(第二册),舎출판사1997年,第416页。

仪式祭熊,保存熊的灵魂。

2. 熊妻故事的空间分布与熊神崇拜的特征

坛君神话是在朝鲜半岛熊神崇拜的基础上形成的,但这并不意味着熊神崇拜是朝鲜半岛固有的信仰。朝鲜半岛有关熊神崇拜的文献与遗留物质不算丰富,这使得熊神崇拜是否为朝鲜半岛固有的信仰更是成了问题。坛君神话是独特的,因而仅从坛君神话难以看出熊神崇拜的诸多问题。但前文已经谈到过的公州人熊婚的故事不是独一无二的,分布于很多地点。这就可能提供了熊神崇拜传播的流向信息,以此故事为例,可以探讨熊神崇拜的流向与起源。另外还可以研究人熊婚故事的非祖先神话、部落祖先神话、国家祖先神话的不同形态,研究不同形态之间的可变性。

韩国公州(熊州)位于忠清南道,在首尔以南150公里的地方,与夫余郡相邻。市内有锦江,根据黄海水位的高低,江中有时可以行船。这里是流行人熊恋故事的地方,上文介绍的公州人熊婚故事只是此类故事中的一篇,此外还有其他的不同版本。

> 很久以前,有一个年轻的猎人,发现了一头熟睡的母熊。猎人举弓箭欲射时,突生怜悯之心。此时母熊惊醒,看到猎人产生了爱慕之意,将猎人抓进了江边山中的洞穴,用石头堵住了洞口,以防猎人逃走。过了两个月,母熊怀孕,产下一子。有子之后,母熊不再防备,不再堵住洞口。猎人见有可逃的机会,就到江边乘船逃走。快到对岸时,母熊赶来,抱着孩子站在江边流泪呼唤。猎人没有掉转船头,母熊伤心欲绝,抱着孩子沉水而亡。此后当地凶年不断,船只也频遇风浪。于是人们在母熊投江的渡口附近修建了祠堂,以安抚母熊的亡魂。①

这是一个非常凄美的故事,如果说坛君神话具有更多的庄严崇高的性质,那么这个故事更多体现了悲惨的爱情之美。这个故事的不同版本内容有一定的变化,但核心部分相同。

> 从前有一个年轻人到公州的山上玩,迷路不能回家,饿得浑身无力,就坐在岩窟休息。一个少女路过窟前,年轻人叫住了少女,请求给一点食物。少女嫣然一笑:"这山中没有什么好吃的,不过……"说着走出去,不一会儿拿来了鹿肉与山果。年轻人感谢了少女,夜里二人就成了夫

---

① 〔韩〕赵显禹:《我们的神话之谜(우리신화수수께끼)》,한겨레출판2006年。

妻。这样过了几天之后,年轻人想看看少女的家在哪里,就悄悄尾随少女。他看见少女追赶鹿的时候,变成了一头熊,就吓得魂飞魄散。等他镇定下来,就拼命地向村庄跑去。回头一看,少女现出原形,挥着利爪追赶过来。年轻人没有办法跑到锦江边上,跳进了江里。熊也跳进了锦江,但不会游水,凄惨地悲叫着沉入水中而亡。村里人觉得熊很可怜,就在山上建造了小祠祭祀,现今仍有这个小祠。据说这是熊川和熊州名称的来历。①

这个故事存在数种不同的版本,说明这个故事相当流行,也受到了韩国人的喜爱。这个熊妻故事与坛君神话不一定有直接的关系,但是通过这个故事可以考察熊神崇拜的传播流向与形成时间。

这不是公州独有的故事,在东亚流传极为广泛,分布于很多的地域。中国东北的通古斯诸民族就有相似的人熊恋故事,鄂伦春(俄称奥罗奇)人的人熊恋故事与公州的故事几乎完全相同。下面是鄂伦春人熊恋祖先神话的梗概:

很久以前,有一个猎人被母熊抓去,同居生活。母熊将猎人关在洞里,每次外出时都用大石头堵住洞口。数年后,母熊生了小熊,一天母熊带着小熊到外边觅食,忘记了堵住洞口,猎人便乘机逃走。母熊回来发现猎人逃走,就追赶过来。猎人沿河狂奔,跳上了木筏。母熊呼喊猎人回来,但猎人不愿意回去。母熊愤怒已极,将小熊撕成两半,一半扔给了猎人,扔给猎人的一半变成了鄂伦春人,另一半仍然是一头小熊。②

鄂伦春和乌德盖都是通古斯民族,有着相似的信仰与习俗。一部分鄂伦春人生活在中国的东北,一部分生活在东西伯利亚。鄂伦春族的这个故事与韩国公州的故事只有细微的差异,这些细微的差异不足以遮盖两个故事的渊源关系。这则神话的故事结构是由如下因素构成:A,猎人在山上被黑母熊抓到洞里;B,猎人和母熊一起生活;C,母熊生了孩子;D,母熊和小熊外出觅食;E,猎人逃离;F,母熊把小熊撕成两半;G,在母熊手里的一半仍是熊,猎人手中的一半成了鄂伦春人。比较公州的故事与鄂伦春人的祖先神话几乎相同,不同的只是公州故事中没有结尾部分的F、G,也就是说公州的人熊恋故

---

① 〔日〕近藤时司:《史话传说·朝鲜名胜纪行》,东京:博文馆1929年,第271~272页。
② 隋书金:《鄂伦春民间故事选》,上海文艺出版社1988年,第3页。

事不是祖先神话,只是一个人熊恋的悲剧故事。最后母熊抱着小孩沉进江里而亡,没有成为百济人的祖先。公州人熊恋故事的开头部分也稍异于鄂伦春人的故事,但两个故事的核心部分是相同的。

在故事的流传过程之中,发生细部变化是正常现象。鄂伦春人还有一个与基本相同的故事,下面是这个故事的梗概:

> 从前在库尔浜河上游住着一个鄂伦春少女,一天她到山里采集野菜与山果,装满了篮子。回家时天已黑了,辨不清方向,找不到回家的路,就在一个树洞里住了下来,最后少女就变了熊。一个猎人想用箭射杀熊,结果被熊抓伤,熊把猎人带回了树洞,给猎人治伤和食物。后来熊生下了半熊半人的孩子。有一天,母熊带着小熊去找食物。猎人就逃了出来,来到河边,喊住了撑筏子的人,跳了上去。母熊带着小熊追了过来,母熊愤怒地将小熊撕成两半,一半扔给猎人,自己抱着另一半坐在石头上哭了起来。传说鄂伦春的祖先与这头熊有关。①

这个故事与前一个鄂伦春祖先故事只是开头与结尾稍异,中间也有细微的不同。这个故事是人熊恋故事,也是祖先神话。

这个神话还被改编成了鄂伦春、鄂温克、达斡尔人共同的祖先故事:很久以前一个猎人去林中打猎,被一只母熊掳去。她把猎人囚禁在一只洞中。他们像夫妻一样共同生活。随后母熊生下一只小熊。一天母熊带小熊外出觅食,忘了封堵洞口。猎人逃走了。来到一条河边,猎人跳上一只原木顺流漂去。黄昏时母熊和小熊带着食物返回洞穴。看到洞穴未封,母熊意识到发生了可怕的事情。母熊进洞发现猎人已离去,十分愤怒,带着小熊沿踪迹追至河边,顺流追去。看见那猎人正待在原木上,母熊挥动两个前掌,想劝他回来,但猎人不看她。她又急又气,想跳上原木,无奈河水太宽。她盛怒之下抓起小熊一扯两半,一半抛给猎手,怀抱着另一半流泪。小熊的两半分别跟随父母生活在两个地方,母亲手中的一半仍然是熊,父亲手中的一半变成了那伦春、鄂温克和达斡尔的祖先。② 这个故事与鄂伦春人的故事、公州的故事也没有太多的变化,只是在结尾部分除了鄂伦春的族名之外,还加上了鄂温克、达斡尔的族名,这样就改编成了三个民族共同的祖先神话,其实与前两个鄂伦春人祖先的神话没有太多的不同。

---

① 张风铸、蔡伯文编:《鄂伦春民族文学选》,内蒙古人民出版社1980年。
② 〔英〕卡罗琳·汉弗蕾撰、朝戈金译:《一则关于熊和男孩变为男人的达斡尔族神话》,《民族文学研究》1994年第4期。

公州的熊妻故事不是祖先神话,没有任何有关祖先的内容。然而通古斯人也有不少非祖先的故事。比拉尔·通古斯族的故事不是祖先神话,只是普通的人熊恋的悲剧故事。比拉尔·通古斯族的故事梗概如下:

很早以前,一群猎人打猎回来时,发现少了一个人,在山里找了几天都没有找到,就都伤心地回去了。这个猎人遇到了一头母熊,母熊逮住猎人带回山洞,洞口堵得严严实实,只留了一个射进阳光的小孔。天长日久,猎人与母熊的关系渐渐融洽。母熊问猎人结婚一起生活如何,猎人答应了。他们生下了两个孩子,猎人也自由了,每天去打猎,母熊去采甜美的山果。这样过了三年,一天猎人回家的时候,发现河上有一条小船就跑了过去。船上的人非常怕猎人,因为他毛发胡须太长。猎人讲述了自己的遭遇,在船上一直讲到了深夜,船上的人答应带他回到故乡去。第二天早上,母熊来到河边看到了离开河岸的船,就跑回去带了两个孩子来,把孩子撕成碎片,扔进了阿穆尔河。自从发生这个悲剧之后,这座山就被名为恶山,那个山洞被名为通古斯·比拉尔。洞口只有一条小缝,射进微弱的阳光。①

如果以鄂伦春人的祖先神话为基准比较,比拉尔族的故事比公州的故事变化更多一些,但核心的部分是相同的。库页岛(萨哈林)阿伊努人的《毛尔汗和黑熊》也是同一故事类型,讲述了男人与母熊生孩子的故事。

毛尔汗丧妻之后,一个人打猎为生。一天毛尔汗打了一只黄羊回来,遇到一头黑熊。黑熊将毛尔汗打昏,带回山洞。从此毛尔汗与黑熊生活在一起,生下了一对儿女,黑熊担心毛尔汗逃走,因此不离左右。有一天,毛尔汗带着儿女在外面玩时,见山下河中有船,就跳上船逃走。母熊赶来呼唤毛尔汗回来,但毛尔汗不听,就生气地将儿女撕成两半。②

库页岛阿伊努人的故事与鄂伦春的故事相同,都讲述了男人与雌熊在山洞里一起生活的故事,人与熊妻生下了他们的孩子,最后人熊分离,也是一出悲剧故事。但阿伊努人的故事不是祖先神话,与公州的故事属于同一类型。中国的汉民族也有一个稍为类似的故事,写的也是熊洞里发生的故事。《搜

---

① 〔日〕大林太良:《东亚的王权神话》,东京弘文堂昭和五九年,第348~349页。
② 姜仁德主编:《讷河民间文学集成》,讷河县民间文学三套集成编委会1988年铅印。

神后记》:"晋升平中,有人入山射鹿。忽堕一坎,窅然深绝。内有数头熊子。须臾,有一大熊来入,瞪视此人。人谓必害己。良久,出藏得果栗,分与诸子。末后作一分,以着此人前。此人饥久,于是冒死取噉之。既转相狎习。熊每旦出,觅果食还,輒分此人,赖以延命。熊子后大,其母一一负之而出。子既尽,人分死坎中,穷无出路。熊母寻复还入,坐人边。人解其意,便抱熊足,于是跳出。遂得无他。"①这个故事中的熊也给落入熊洞中的人食物,但是没有人与熊婚媾生子的故事。显然汉民族的这个故事与公州、通古斯诸民族的熊妻故事不同,没有交流的关系。

此类故事可以分为两类,一是祖先神话,一是普通的人熊婚故事。由此可以清楚地看到熊神崇拜的基本特征:

其一,人与熊的近缘关系与自然转换。

在上述各个民族的熊妻故事中,明确地体现了人与熊的近缘关系,这种近缘关系又使人与熊不需要任何程序与仪式,可以自然而然地转换。韩国学者金贞培认为:"坛君神话的故事中最重要的内容是熊变成女人,后来生了檀君。但是这个重要的句子在《帝王韵纪》和《世宗实录·地理志》中变了,熊女人以所谓'令孙女饮药成人身'的孙女出现。这是脱离了原来的故事的一大改变。金廷鹤对这一点表明了以下的见解:'但是,用不着说,像遗事那样从熊女体中生出檀君的说话是原来的形态。《韵纪》的故事肯定是对于兽祖所生有所顾忌,从而进行了修饰,说熊让孙女变成了人身生下檀君。'"②金贞培认为以兽为祖不是很光彩的一件事,因此对熊变女人有所顾忌,就把熊女改成了孙女。但是韩国的建国神话有不少兽祖神话,为何偏偏以熊为兽祖就有所顾忌?显然这种解释有些勉强。实际上无数的神话表明,以兽为祖是神话时代的普遍现象。以兽为祖不仅不是不光彩的事情,应当是十分值得炫耀的事情。兽神不只是有天神的血统,而且还有超现实的能力,这样的始祖必然是部落的骄傲,否则也不会出现那么多人兽合体的神话人物形象。熊变女人不光彩是现代人的观念,绝对不可能是原始人的观念。

人类与熊具有极其自然的转换关系,这是通古斯人熊神崇拜的一部分。人和熊都可以根据环境的需要自由转变的,这不是公州型人熊婚故事的独有特征,在其他通古斯人的故事中也经常可以看到。其实在通古斯人看来熊本来就是人类,下面是一个鄂温克族神话:

---

① 晋·陶潜撰,王根林校点:《搜神后记·熊穴》卷九,《汉魏六朝笔记小说大观》,上海古籍出版社1999年,第478~479页。

② 〔韩〕金贞培:《韩国民族与文化的起源》,上海文艺出版社1993年,第142页。

熊原来就是人类的一种,非常聪明,并有着超出一般人的记忆与力量,是相当优秀的人种。有一天,森林中的一只母熊看见年轻、英俊的猎手古尔丹,便对他一见钟情,被猎手超众的容貌、魁梧的身躯深深吸引。从此,母熊每天都要来到古尔丹的住处,给他做可口的饭菜,给他收拾里里外外的东西。每当到了晚上,还要给他铺好袍皮被褥。最后母熊的所作所为感动了古尔丹,古尔丹跟母熊组成了家庭,开始了共同生活。过了几年,他们有两个孩子。不过,后来猎手感到跟母熊的生活无聊,就离开了母熊和两个孩子。猎手和母熊的那两个孩子后来成为森林中的两个英雄。①

在鄂温克人看来,熊是优秀的人种。这个故事讲述的是人熊关系,这种关系在祖先神话中已经存在,然而这个故事不是祖先神话。这个故事的着重点是熊妻的温柔,美满的家庭婚姻生活是核心。生殖也是这个故事的因素,人熊婚虽然没有诞生出氏族祖先,但诞生了伟大的英雄,这个英雄非同寻常,有着人力不及的力量,也有着超绝的智慧。这个故事不只是在讲述人与熊的同类关系,而且还强调熊是人类中最为优秀的一种。阿伊努《雌熊的恩惠》与这个故事比较相似:我在山里狩猎,一连打了三天,打了很多猎物。我回到家里,看见长得像妻一样的女人做饭,心里很奇怪。晚上我与女人睡在一起。第二天女人离开我,我看着她的背影变成母熊。后来,我上山打猎,打了很多猎物。从此,我无论山上打猎,还是下海捕鱼,都能获得很多猎物。② 熊妻也是非常温柔体贴的女人,熊妻没有生育,但雌熊的女性化体现得比较充分。雌熊可能带来巨大的恩惠,能够捕到更多的猎物和鱼。这对狩猎捕鱼为生的民族来说,无疑是最大的恩惠。这是优秀人类的表现,是美好的象征。从妻子到熊转换得极其自然,只有人熊一体才会如此自然。

赫哲人的人祖神话很好地表现了人与熊、天神的关系与观念,有一个叫乌鲁古力的半人半兽的怪兽一身黑毛,站立而行,步履蹒跚,长鬃披拂,居于洞穴。这是以熊与人为原形想象出来的人熊合体形象,表现了人熊原本为一的观念。通古斯人以为熊像人类,熊能够像人那样直立行走,可以用前抓食物吃,性器官也似人类。这也许是通古斯人认为熊与人类有亲缘关系的原因,因而熊就成为了图腾。鄂温克族神话以为:"熊原来是人类的祖先,它触

---

① 据汪立珍在1989年敖鲁古雅鄂温克乡的调查,见汪立珍《鄂温克神话研究》,中央民族大学2003年博士论文,第78页。
② 《知里真志保著作集》,东京:平凡社1993年,第273页。

犯上天的意愿,上天就把它从两条腿走路的人变成四条腿走路的兽。"①鄂温克人以为熊不是蠢笨凶残的猛兽,而是像人一样聪明可爱。天、熊与人的关系是坛君神话与东北通古斯民族熊图腾神话的共同因素,在这个关系中起决定性作用的是天神。

　　既然人与熊本来是同类,也就不需要特别的转换程序。赫哲族有许多人变熊的神话传说,《玛夫卡》讲述了人变熊的故事:从前黑龙江边有个老猎手。他有两个儿子,一个叫玛夫卡,一个叫莫日根。老猎人为了考考儿子的本领,让他们上山打猎。两个儿子上山打了三天,都没有回家。老猎人同村里的人一起上山寻找,找到了一大堆猎物和莫日根的尸体,但没有找到玛夫卡。后来有个猎人碰到一只黑熊,正要用扎枪扎,只见那只黑熊比划着叫:"玛夫卡!玛夫卡!"然后逃进了大树林。一位老猎人记起从前有个叫玛夫卡的人,嘀咕说:"这个黑家伙,说不定就是那个叫玛夫卡变的呢!"从此人们把黑熊叫玛夫卡了。② 在这个故事中没有具体讲述玛夫卡变成熊的过程,人们看到的是已经变成熊的结果。这个故事也没有显示出由人到熊需要怎样的特别程序,似乎并不需要特别的程序,是自然而然的事情。老猎人仅从玛夫卡的名字就想象到黑熊是由玛夫卡变成的,玛夫卡变成黑熊之后仍然可以说出人语。

　　鄂伦春族的《熊的传说》讲的也是人变熊的故事,一位手戴红手镯的鄂伦春妇女进山采野果,迷路回不了家,久而久之变成的一只熊,后来丈夫打死了一只熊,发现这只熊的前肢带着红手镯,才知道这只熊是自己的妻子变的。③鄂伦春族女人只因长久地不能回家,山里是熊生活的地方,就变成了熊,由女人到熊的过程也不需要特别的程序。《黑瞎子的来历》讲述了一对兄弟一起出猎,傻弟弟多次放跑了猎物,还把食物用品放在河水冲走。于是哥哥设计害死了傻弟弟,傻弟弟最后变成了一只大黑熊。④ 诸如此类的神话故事正是反映了神话原始思维的普遍性,人与兽类的转换并不需要特别的程序,人与兽类之间不存在不可跨越的界线。只要需要转换,就可以自然转换,这是原始人类尚没有进入到文明社会逻辑思维的结果。

　　与此类故事比较,坛君神话的熊女极其独特,雌熊变成女人是经过了祈祷和一系列的禁忌。这说明坛君神话中没有人与熊的自然转换关系,人与熊

---

① 《鄂温克族社会历史点查》,内容蒙古人民出版社1986年,第233页。
② 黄任远、黄永刚:《虎熊神话和虎熊崇拜——黑龙江三小民族神话比较之三》,《佳木斯大学社会科学学报》2005年第1期。
③ 徐昌汉、隋书今、庞玉田:《鄂伦春族女学》,北方文艺水版社2000年版,第35页。
④ 讲述人:戈阿木杰,翻译:戈淑贤,整理人:张桂忠。黑龙江省塔河县民间文学三套集成编委会:《塔河民间文学集成》,黑龙江省塔河县民间文学三套集成编委会1987年,第9页。

的区别与界线明显地存在。然而坛君神话的禁忌与界线应当是后来衍生的因素,正如前文已经指出灵艾、大蒜与百日、三七日源于医学。这些医学因素是高度发达的文明社会的产物,不可能是原始社会的产物。这说明此类医学因素应当是后来添加到坛君神话的因素,如果去掉这些医学因素,就会发现坛君神话的熊女故事与此类通古斯人的熊神故事比较相似。

其二,祖先神话与人熊婚故事的简单转换关系。

祖先神话与普通人熊恋故事并无难于跨越的距离,两种故事的转换极其自然简单。公州的故事不是祖先神话,鄂伦春人的故事是祖先神话,只要给公州的人熊恋故事加上相应的一两句话,就可以改造成为祖先神话。至于是什么民族的祖先,完全可以根据需要自由地添加。也就是在公州的人熊婚故事加上百济或其他的祖先相关的内容,就可以改编成百济祖先神话。从这种故事转换的形态可以想象坛君神话从祖先神话转换为国家神话是非常简单的过程,只要加上相应的国家标签,就可以把祖先神话或熊神故事改编成国家神话。从非祖先神话到部落祖先神话,再到国家祖先神话,只是标签的变化,神话故事形态本身并不会产生重大的变化。坛君神话的熊妻故事最初可能极为简单,不一定是国家祖先神话,有可能是部落祖先神话,或者只是熊女的神话故事。然而这只是根据通古斯人熊女婚媾故事的类型推定的假说,根据目前的文献不可能得到更可靠的看法。王沈《魏书》只记载了坛君朝鲜,没有记载坛君神话,这也说明坛君神话是熊神故事与坛君朝鲜嫁接而成的,这种嫁接并不是很困难的过程。

其三,公州型人熊婚故事的交流关系与族源关系。

公州故事与鄂伦春、阿伊努的神话故事属于同一故事类型,故事情节基本相同,表明这些故事之间曾经发生过文学的交流关系。这些故事有一个是源头,后来传播到了其他民族。这一故事类型同坛君神话与乌德盖祖先的神话的类似性不同,坛君神话与乌德盖祖先神话的相似因素没有这么多,相似度也没有那么高。两种现象的差异一目了然,说明坛君神话与乌德祖先神话确实没有文学的交流关系。公州与鄂伦春、阿伊努的同类故事交流关系是确定的,那么究竟是由鄂伦春或阿伊努流入到韩国公州,还是由韩国公州流入到鄂伦春或阿伊努,这是确定同类关系之后产生的新问题。这个问题不只是关系到这一同类故事的渊源关系,还关系到熊神崇拜的传播流向,根据传播流向可以确定熊神崇拜的来源。

3. 熊妻故事的流传时间与熊神崇拜的流向

公州型熊妻故事的空间分布是如何生成的,是必须解决的问题。解决这个问题的最直接方法是研究清楚此类故事在各地形成的时间,比较故事形成的先后时间顺序，就很容易知道此类故事的原产地，也由此可以判断熊神崇拜的原产地。最早的故事自然就是此类故事的原产地，时间相对迟晚的故事应当是接受了来自其他民族的故事。然而这一问题的难度显然不在于比较时间的先后顺序，而在于研究故事形成的时间，由于神话或故事多是口传文学，研究形成时间就成了难度极大的问题。绝大多数的研究者有意回避时间问题，如果先行研究已经研究过此类故事最初形成的时间，也研究过各地同类故事形成的时间，那么完全可以省略这个研究。但是目前尚未发现相关的研究成果，神话学家与民俗学家热衷于调查故事的空间分布，无意探讨故事类型形成的时间，这是不可理解的研究方式。研究时间难度极大，但在条件允许的情况下，必须全力研究时间，否则就无法明白故事空间分布是如何形成的。空间分布只能说明这个故事类型的流传程度，不能说明传播的流向。空间分布的调查比较容易，但无法解决研究中存在的各种问题。空间研究不能替代故事形成的时间研究，时间研究是不可放弃的。

通古斯人的此类故事类型形成的时间不明，公州熊妻故事的形成时间也是不明。下面将研究公州熊妻故事的形成时间，这对探讨熊神崇拜传播的流向有着直接的参考意义。如果能够明确公州熊妻故事的形成时间，就可以判断流向，也可以缩小其他各民族这一故事形成的时间范围。

其一，熊津地名与熊妻故事的关系。

熊津又名熊川、熊州，是百济的都城之一，百济是由夫余的子孙创建的。夫余是一个各种民族杂居的国家，其中有不少是通古斯人。通古斯人与人熊婚故事的关系确定无疑，当夫余人迁居到朝鲜半岛时，通古斯人的熊妻故事也就流入到了朝鲜半岛。熊津的地理条件与通古斯熊妻故事十分契合，于是熊津与锦江附会作为了故事的发生地。熊津地名的形成应当与熊妻故事有关，如果没有熊妻故事流传，恐怕也就不会产生熊津的地名。公州的熊妻故事有很多版本，其中有一个版本写的是猎人在江边乘船逃走。猎人乘船之处就是渡口，也是熊妻丧命之地，故有熊津之名。熊妻的故事不只是留下了熊津的地名，还留下了相关的物质痕迹，熊津建有熊祠堂。1972 年考古发现了石熊塑像，高 34cm。这个熊石像被认定为百济的遗物，是人熊恋故事的物证。

图 5-1　熊津出土的石熊塑像①

这些遗留物质虽然不能直接讲述熊妻的悲惨故事,但它们是熊妻故事流传的物证,表明熊津的地名并非空有其名。既然熊津的地名源于熊妻的故事,那么也就可以根据熊津地名产生的时间范围,确定熊妻故事流传于此地的大体时间。

其二,人口的流向与熊妻故事的流向。

百济(前 18～660)的建国史是一部移民史,源出夫余。夫余(前 239～前 58)是位于中国东北的古老国家,又称为北夫余,传说解慕漱创建。夫余人的构成较为复杂,但主体是通古斯系的民族,先后有夫余族、鲜卑族、秽貊族、契丹族、女真族、高句丽族、靺鞨族、蒙古族以及汉人等居住。先秦史书开始记载夫余,东汉时夫余初次向汉朝朝贡。3 世纪前期魏明帝派毋丘俭远征高句丽时,夫余王被改为了玄菟太守。后来随着高句丽的强大,尤其是好太王不断征伐,夫余的一部分并入东夫余。据《三国史记》记载 5 世纪末,高句丽彻底合并了夫余。夫余人的最初起源地有诸说,一说以为黑龙江省阿勒楚喀(现今阿什河,哈尔滨东 30 公里),这里也被认为是女真人的起源地。

夫余后来分化出东夫余,夫余人南下建立了高句丽,高句丽人又建立了百济(南夫余)。百济的创始者是朱蒙的儿子温祚王,他在公元前 18 年(?)在首尔的汉江南岸(现在的韩国河南市)创建百济国。百济国名之意是由"初以百家济,因号百济。"②百济又称南夫余,这是百济的圣王在 538 年迁都之后的国号。百济又名南夫余是因为百济人源于夫余。故《周书》载:"百济者,其先盖马韩之属国,夫余之别种。"③百济人是夫余人的子孙,故有夫余之别种的说法。当高句丽人建立百济时,夫余人移居到了百济。人口迁移的流动方

---

① http://www.encyber.com/comm/board/bl_view.php?tid=travelkorea&division=&p=1&schf=&schv=&lskin=list&range=&del_gubun=&modiidxNo=&sOption1=&sOption2=&sOption3=&sOption4=&idxNo=39045&order=7
② 唐·李延寿:《北史·列传第八十二》卷九四,中华书局 1997 年,第 803 页。
③ 唐·令狐德棻等:《周书·列传第四十一》卷四九,中华书局 1997 年,第 228 页。

向是清楚的,是从中国东北的北部、中部向南迁移,迁移到了朝鲜半岛的中南部。从人口迁移的流动方向来看,熊妻故事不会是从百济流向高句丽,又从高句丽再流到夫余。除非历史可以倒流,否则不会出现这样的流向。从这样的人口流向与流动的时间来看,通古斯的熊妻故事流入到熊津的上限时间是公元前 18 年左右,这也是熊津地名产生的上限时间,下限时间是 5 世纪末。

其三,熊津(웅진)地名产生的时间。

熊津地名初见于唐代的文献,最早记载熊津地名的文献是初唐令狐德棻(583~666)《周书·列传第四十一·异域上》卷四十九,稍迟于《周书》的《北史·百济》也有相同记载:

> 其都曰居拔城,亦曰固麻城。其外更有五方,中方曰古沙城,东方曰得安城,南方曰久知下城,西方曰刀先城,北方曰熊津城。王姓余氏,号于罗瑕,百姓呼为鞬吉支,夏言并王也。王妻号于陆,夏言妃也。①

《北史》的记载当源于《周书》,《北史》之后还有不少类似的记载,但皆源于《周书》。熊津的地名初载于 7 世纪,但并不说明这个地名形成于 7 世纪,应当是早于 7 世纪。

熊津看起来像是汉化的地名,虽然出现在统一新罗实行汉化地名之前,但并不说明不可靠。《周书》是在统一新罗之前成书的,既然《周书》已经记载了熊津,说明 7 世纪之前确实已有了这个汉化地名。在《周书》与《北史》记载的百济城市名称中,既有百济语的地名,也有汉化的地名。既然有百济语的地名,说明熊津有可能是百济语地名的吏读标记。如果是吏读标记,那么熊字不一定与熊这种动物有关,津也不一定是渡口。那么熊津这个地名到底是汉化地名,还是吏读标记的汉字呢?是直接源于熊妻故事,还是源于百济语地名的汉译呢?

熊津这个地名还有另一种标记,标记为久麻那利或古莫那罗。这两个地名显然不像是汉化地名,应当是地名的吏读标记。15 世纪的《龙飞御天歌》注记将熊津记载为구마니리(komanili),其音又载为고마나루、고만나루、구마나루、곰나루,即 ko(ku)+ma+naru 或者是 ko+man+naru。구마即熊,音与现在韩国语的곰相近。나루即津,现代韩国语仍为渡口之意,니리(nili)与나루(nalu、naru)相近,据说现在的公州人仍将熊津称为 komanili。显然百济语的地名与汉化地名存在着明确的对应关系,熊津当为汉化地名无

---

① 唐·李延寿:《北史·列传第八十二》卷九四,中华书局 1997 年,第 803 页。

误。最初记载百济语地名的文献不是《龙飞御天歌》，8世纪初的《日本书纪》雄略天皇二十一年条以万叶假名记载了熊津的地名，记载为"久麻那利"（くまなり、こむなり、kumanari、komanari），《日本书纪》齐明天皇六年九月癸卯条又记为"久麻怒利城"。日文的久麻就是熊，那利在日文中并无渡口的意义，久麻那利显然是百济语。百济语熊的发音与日文熊的发音相似。百济语地名与汉化地名确实表明了与熊妻故事的关系。在汉化地名熊津产生之后，没有废弃百济语的地名，两种地名共同使用。汉化地名与百济语地名的对应关系表明汉化地名是百济语地名的汉译，而非直接源于熊妻故事。记载百济语地名的文献时间迟于汉化地名的文献时间，但是百济语地名形成的时间不一定迟于汉化地名产生的时间。

那么熊津地名形成的上限时间可以追溯到何时呢？熊津是城市的名称，也就与熊津的城市历史有一定的关系。百济前后有过三个都城，第一个都城是首尔汉江南岸的河南慰礼城，475年被高句丽长寿王攻陷，文周王将都城从汉城迁至熊津（公州），538年百济圣王又将都城迁至夫余（泗沘）。686年新罗统一，熊津州设置都督府。757年改称熊川。940年高丽太祖改称公州，仍设都督府。在940年以前公州叫熊津、熊川或熊州。从熊津地名的演变史来看，熊津是第一个地名，熊津之前的地名没有任何记载。《周书》记载当熊津只是五方城市中的一个城市，还不是都城时，就已经名为熊津。这说明在熊津成为都城之前，就已经形成了熊津的地名。这意味着5世纪之前就已经有了熊津地名，5世纪是熊津地名形成的下限时间，上限时间不明。

5世纪之前出现汉化的地名并不是不可靠的，百济的第一个都城遗址出土了大量中国产的陶器，其数量比高句丽与新罗遗址的数量多出很多。现在首尔汉江的江南分布着百济王族墓葬群，石村洞古坟群、梦村土城及风纳土城。石村洞古坟群与高句丽古坟相似，为基坛式积石冢，表明百济人确实源于高句丽。河南慰礼城的遗址即风纳土城，这里出土了城墙、神殿、陶器等。墓葬形制类似南朝的梁朝，表明与梁朝有过深远的交流。文献记载百济以梁朝为宗，显然并非杜撰。百济具有较高的中国文化水平，5世纪形成熊津这样的汉化地名完全是可能的。

如果百济人从高句丽南下时带来了熊神崇拜或熊妻故事，那么在立都河南慰礼城时就应当有相关的痕迹。《梁书·百济》卷五十四记载了与《周书》类似的内容，虽然没有记载熊津，但都记载了都城固麻：

> 号所治城曰固麻，谓邑曰檐鲁，如中国之言郡县也。其国有二十二檐鲁，皆以子弟宗族分据之。其人形长，衣服净洁。其国近倭，颇有文身者。今言语服章略与高骊同，呼帽曰冠，襦曰复衫，袴曰裈。其言参诸

夏,亦秦、韩之遗俗云。①

《梁书》是隋唐时期的姚思廉(557～637)撰写的,其父姚察承隋文帝杨坚之命,续撰梁、陈的历史。贞观三年(629),姚思廉奉诏撰梁、陈二史,贞观十年完成《梁书》。百济在《三国志》、《后汉书》初载为伯济,初记为百济的文献是《晋书》。伯与百通假,后载为百济。固麻见于很多文献,固麻是都城还是都城的名称不是很清楚,但固麻的意思比较容易明白。固麻即熊(고마、곰、くま),固麻与久麻是吏读汉字,吏读汉字不同,但百济语的发音相同,此说不误。如果说固麻就是熊,那么固麻也就是熊城。有人以为固麻就是久麻那利,即熊津,但此说不确。《周书》记载了都城固麻,此外还记载熊津在都城的北方,说明固麻与熊津并非同一城市。如果固麻就是河南慰礼城,那么熊津应当不是在河南慰礼城的北方。不知这是《周书》记载之误,或者另一个地方名为熊津。固麻又被认为是山形、神、大、后等,고(구)即"ko(ku)","커"(kho)就是大的意思,此说误否不明。金富轼《三国史记》记载的大豆城(대두성),被认为是熊津的另一地名,此说无法证实。② 根据《梁书》与《周书》等文献记载,百济的第一个都城就是固麻,固麻即熊城,那么河南慰礼城的时代就已经具有了熊神崇拜,或者熊妻故事已经在首尔汉江南岸流行了。首尔汉江南岸也完全具备熊妻故事流行的地理条件,可以将汉江附会为熊妻沉水之处。百济的历史长达700多年,三个都城以河南慰礼城历时最长,熊津(475～538)与泗沘(538～660)时期较短。百济人在河南慰礼城长达500年左右的时间里,完全没有流传熊妻故事,到了熊津才开始流传是不可理解的。

固麻名称的来源不明,《满洲源流考·部族三·百济》卷四考证固麻城名源于通古斯女真语,固麻是女真语格们的转音:

> 城曰固麻,《北史》谓居拔城,即固麻城。以满洲语考之,固麻为格们之转音。《唐书》云:王居有东西两城,则居拔即满洲语之卓巴。两城皆王都,故均以格扪称之。其曰建居拔者,建字乃汉文,《通考》连三字为城名,误也。③

---

① 唐·姚思廉:《梁书·列传第四十八》卷五四,中华书局1997年,第208页。
② 〔韩〕金富轼:《三国史记·百济本纪第四·文周王》卷二六:"春二月,修葺大豆山城,移汉北民户。"(吉林文史出版社2003年,第307页。)大豆的韩国语音是콩,콩的近音字是큰(khn),큰通커(kho),即大。固麻的音是ko(ku)+ma,意思是大村。《梁书》、《周书》与《北史》等文献明确记载固麻为城市或都城,现解为村恐误。
③ 清·阿桂等撰、孙文良、陆玉华点校:《满洲源流考·部族三·百济》卷四,辽宁民族出版社1988年,第35页。

固麻的地名源于满洲语,或源于其他的通古斯语。《满洲源流考》是清代官修的史籍,于敏中(1714~1779,江苏金坛人)等奉撰,书中系统搜集了有关文献,是研究东北满族与其他民族的重要资料。清人文廷式认为百济语与女真语相通:"林寿图《启东录》五曰:'百济王所治城,曰固麻。《北史》谓居拔城,即固麻城。以满洲语译对,固麻为格们之转音。《旧唐书》云:王居有东西两城,居拔即满洲城之卓巴,两城皆王都,故均以格们称之。其曰建居拔者,建字乃汉文。《通考》误连建、居、拔三字为城名。'按此则古百济语与今满洲语有可通处。《录》又云《唐书》、《五代史》新罗立金真平女'善德为王,宗室大臣乙祭总知政事。蒙古语谓全部之部曰伊济,与乙祭音近。'是新罗语又可通蒙古语,然此条尚俟考定也。"①如果固麻为女真语或通古斯语,那么意味着女真人或通古斯人曾经移居于此地,这与百济的建国历史是吻合的。《满洲源流考》记载了百济居民的构成:"《后周书》为是其都曰居拔城,亦曰固麻城,其外更有五方,方有十郡。其人兼有新罗、高丽、倭等,亦有中国人。有僧尼,多寺塔,而无道士。"②高丽是指高句丽,高句丽本来与百济同源于夫余,因而有高句丽人是必然的。此外还有新罗人与中国人当不误,有无倭人不明。

百济语已经消亡,但各种文献中尚存地名、人名与官名等几十个词汇,这些词汇是了解百济语的基本资料。韩国忠南大学教授都守熙认为百济语并非是马韩语,主要应当是夫余系的语言。《周书》记载王姓余,有时也记载姓夫余,余为夫余的简称。百济国王称于罗瑕,百姓呼为鞬吉支,这说明百济并非只有一种语言,王族与南下的夫余族系使用一种语言,当地人使用另外一种语言。他比较研究了百济语与通古斯的鄂温克语、日本语,指出百济语与通古斯语、日本语存在着源流关系:

  在"功木达一云熊闪山"里得到"功木:熊"的对应。"功木"的上占音是 kung—muk,中古音也是 kung—muk。在这里如取消末辅音—ng 和—k,"功木"只剩 kumu。再把它变为东俗音就成 koma,这就连上了中世韩国语的 kom,koma(熊)。《龙飞御天歌》注记里也有 komanili(熊津),至今当地仍把熊津称为 komanalu。它对应于日本语的 koma,kuma(熊),对应于拉穆特语的 kuma (the greatseal),鄂温克语的 kumaka

---

① 清·文廷式撰:《春常子枝语》卷二五,《续修四库全书》第 1165 册,上海古籍出版社 2002 年,第 378 页。
② 清·阿桂等撰、孙文良、陆玉华点校:《满洲源流考·部族》卷三,辽宁民族出版社 1988 年,第 28 页。

(stag,elk)。①

从固麻、久麻那利等地名来看,百济语与通古斯语、阿伊努语、日本语相近,存在近缘关系。② 中国学者也展开了比较语言学的研究,提供了类似的证据,认为阿伊努人的语言属于阿尔泰通古斯语系,鄂温克语与阿伊努语在动词等词汇方面存在着类似性。③ 如果日本的阿伊努人源于东西伯利亚的通古斯人,那么从阿穆尔河流域南下的通古斯人,一部分就定居在了朝鲜半岛,还有一部分移居到了日本。通古斯人是韩国民族的来源之一,随着通古

---

① 〔韩〕都守熙:《百济语研究概要之三——百济前期语言与古代日本语的关系》,《当代韩国》1998 年第 1 期。
② "在'泉井郡一云於乙买,南川县一云南买,水入县一云买伊县'里,依据'买:井一川一水'的对应,发现'买'是'川、井、水'意思的固有语。这个'买'可以读为中古汉音 mai～may 的借音标记。这个 mai 可以与鄂温克语 m·(水)、满语 nuke(水)、蒙占语 mren(江)做比较,也可以与古代日本语(以下称日本语)midu(水)和白济语(后)mir(水)比较。只是 mai 读音中辅音形成双重元音的语形,在日本语尚存语中辅音'd',在百济语(后)中失去语末元音只剩语末辅音而已。""在'麻田线县一云泥沙波忽'里发现'泥沙:麻'或'沙:麻'。俞吕均(1980:310)把'泥沙'推读为 n·rsam,朴炳采(1968:80)把'沙'读为 sam。'沙'是在 sam 中省略 m 而标记的。在这里参考了药救急方(13 世纪)的'板板 n·lsam(＞n·lsam)'时,'泥沙'像是 n·lsam 的借音标记。然而,假若在这里选择'泥沙:麻'对应,就可以'泥'的中古音 ni·i 为基准调整为东俗音 ni。那么,'泥沙'可以推读为 nisa。这个 nisa 的语头辅音脱落而形成的语汇也许是日本语的 asa(麻)。兰姆斯蒂德(Ramstedt,1949)把'三'跟阿伊努语 su·gi 和日本语 sugi＜sum−ki(ki＝wood,tree)做了比较。"(〔韩〕都守熙:《百济语研究概要之三——百济前期语言与古代日本语的关系》,《当代韩国》1998 年第 1 期。)
③ 参见朝克《论日本阿夷奴语和鄂温克语共有动词》(《民族语文》1992 年第 1 期)、《论日本阿夷努语和通古斯诸语共有词的元音对应规律》(《满语研究》1999 年第 1 期)。朝克认为:"尤其是阿夷努语与满一通古斯诸语的比较研究方面已有不少论文闻世。其中有关词汇方面的研究成绩最为突出。国内外不少专家从构词学、语音学、语义学的角度,对阿夷努语和满一通古斯诸语之间存在的共有词进行了有一定深度和广度的科学研究,从而引起了学术界的极大关注和重视。另外,在此之前也刊发了一些涉及有关语法关系和形态结构方面进行比较研究的论文。所有这些富有新意和创新精神的论文在国内外权威学术刊物上的出现,对于那些曾经提出日本阿夷努语与阿尔泰诸语毫无关系的学说给予了有力的驳斥。不过,提出日本阿夷努语与阿尔泰诸语有关系论的目的并不是为了否定无关系论,而主要是实事求是地阐明这些语言内确实存在的深层次的共有关系。至于这些共有关系是日本阿夷努和阿尔泰诸语在历史发展过程中,某一特定时期由于相互长期接触而相互影响、相互作用、相互借用所导致的共有关系,还是和这些语言的发生学有直接相联系等问题,现在虽然难能一言为定,但从现有的语言材料和语言实事出发,从理论上进行深入浅出地科学分析、归纳和阐述是很有必要的。"朝鲜语与满通古斯语也有着密切的关系,赵杰《满语词与朝鲜语语系归属》(《满语研究》1999/1)、奇车山《朝鲜语和满语、锡伯语同源词的语音对应规律探析》(《满语研究》1995/1)等等。韩国历史发展过程中与满通古斯人的交流不是仅仅体现在兽神信仰,语言的近缘性也证明了曾经产生过的关系。

斯人(夫余人)南来到朝鲜半岛,将通古斯语词汇带到了熊津,使这里产生了固麻和熊津(구마나리、komanili、くまなり、久麻那利)的地名。如果参照固麻形成的时间与夫余人、高句丽人南下的时间,那么1世纪前后是熊妻故事传入的上限时间。

仅仅依靠神话与语言的调查,总会产生不够踏实的感觉。也确有学者反对此说,以为百济并非源于夫余和高句丽,是原住民建立的国家。① 不过值得庆贺的是DNA技术应用于族源研究,取得了可喜的成果。最近日本科学家研究了东西伯利亚的通古斯人与日本阿伊努人、绳文人的遗骨,成功地以DNA技术证明了通古斯人与阿伊努人、日本绳文人的族源关系。按照这个遗传基因结构图来看,阿伊努人与乌尔奇人、鄂霍次克人、尼布赫人最为相近;其次涅吉达尔人、科里亚克人、伊杰里门人;② 其次是乌德盖人(原为鄂伦春的分支)与北海道绳文人最近,与阿伊努人也比较近;再次是鄂温克人。这个图表说明阿伊努人、绳文人应当源于东西伯利亚阿穆尔河流域的通古斯人。③ 在此之前阿伊努人与通古斯人的关系是争论不休的问题,难以得出确定的结论。DNA的科学研究最终确定了阿伊努人与通古斯人的族源关系,也确定了阿伊努熊妻故事的来源,其实也证明了百济的族源与熊妻故事的来源。鄂温克人、鄂伦春人、阿伊努人、韩国人都有相同的熊妻故事,熊妻故事的流向、语汇的关系与DNA的检测结果基本一致,说明文化研究也具有科学性。

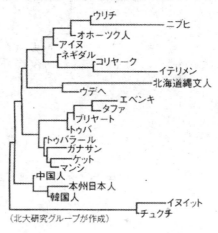

图 5-2

---

① 参见刘子敏《百济起源与夫余、高句丽无关》,中国朝鲜史学会会刊《朝鲜·韩国历史研究》第十二辑(2012)。
② 科里亚克人、伊杰里门人同源,主要居住在堪察加半岛、鄂霍茨克沿海岸北部,信奉萨满教,属俄罗斯联邦堪察加州。
③ 石田肇、增田隆一在雄山阁出版的《季刊考古学》第118期(第85—87页,2012年2月)发表了《阿伊努民族与鄂霍次克文化人集团(アイヌ民族とオホーツク文化人集団)》,这一期是研究日本列鸟人形成史的专集。增田隆一的相关成果还发表在日本人类学会的英语电子版杂志(アンスロポロジカル·サイエンス)。增田隆一是北海道大学的生物学家,主要从事分子系统学、集团遗传学等领域的研究。他研究了北海道与库页岛遗迹鄂霍次克人的人骨102个,从37个骨赅中提取了遗传基因。做了DNA的检测,结果发现只有乌(转下页)

第四,东西伯利亚贝加尔湖一带是熊神崇拜的起源地之一。如果认定熊妻故事与熊神崇拜来源于北方的通古斯人,那么通古斯人熊神崇拜的起源时间将会是重要的依据。通古斯人熊妻故事形成的时间难以确定,但是比较容易确定通古斯人熊神崇拜的起源时间。早在新石器时代通古斯人就已经出现了熊神崇拜,比朝鲜半岛熊神崇拜的历史悠久得多。通古斯人熊神崇拜的起源可以追溯到东西伯利亚的贝加尔湖一带,这里是熊神崇拜的起源地之一,也是通古斯诸民族的发源地。俄罗斯的考古学家在贝加尔湖一带发现了熊神崇拜的遗留物质,贝加尔湖一带的文明始于旧石器时代,熊神崇拜从新石器时代开始较为多见。

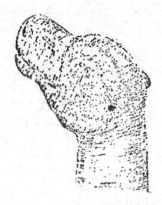

图 5-3　东西伯利亚出土的布拉得斯克熊像①

(接上页)尔奇、尼布赫等东北亚通古斯诸民族具有相同的遗传基因。2010 年 12 月 25 日,在北海道大学学术交流会馆讲堂举行了 2010 年度考古遗迹调查报告会。80 年代以后,不断地发现鄂霍次克文化人的骨骸,这使鄂霍次克文化人与阿伊努人的渊源关系可以得到了解决。北海道大学大学院理学研究院进化遗传学的增田隆一准教授做了《从遗传基因看鄂霍次克文化人的特征(遗伝子からみたオホーツク文化人の特徴と起源)》的报告,检测了鄂霍次克文化人遗骨 78 具。遗传基因分为 16 个类型,其中有 10 个类型与尼布赫、乌尔奇民族相同。5 个类型与阿伊努人共有的部分为 16%,明确了鄂霍次克文化人与阿伊努的遗传关系。鄂霍次克文化人与阿穆尔河下游居民的遗传基因极为相近,阿穆尔河下游人通过鄂霍次克文化向阿伊努人流动,阿伊努人具有北海道绳文人没有的基因。石田肇的《鄂霍次克人骨の形态特征与生活志复原》从形态学的角度分析了头盖骨形态的细小变化,从库页岛与鄂霍次克沿海的阿伊努人到东北亚,可以看到到鄂霍次克人形质的影响。骨中残留的变形与病变可以复原当时的生产活动与日常生活,可以更为详细地还原鄂霍次克文化人的生活。根据安定同位体分析还原了饮食生活,表明与在北海道北部、东部摄取的动物性蛋白质不同。http://www.h7.dion.ne.jp/~hokkouko/HK_sub2_02.html。

① 〔韩〕金贞培:《韩国民族的文化与起源》,上海文艺出版社 1993 年,第 196 页。

图 5-4　东西伯利亚出土的熊像①

布拉得斯克的熊像是雕刻在石杵把手上的,总体来说是写实的雕像。下图中的熊神雕像是阿穆日拉拉伊兹人的遗物,是贝加尔湖地区森林中新石器时代的熊像。这些熊雕基本是写实的,由于使用的材料不同,木雕的熊像缺乏石雕的圆润。贝加尔湖谢洛沃文化墓葬中出土过新石器时代的骨雕熊像:"其中一件骨制是细长弯曲的骨条,一端是熊的身体雕像,在其后有一个人头,另一端有一个人面雕像。这件器物设计独特,可能是原始萨满教的神像。"②这里出土的还有骨制的假鱼、软玉制品等等。这是5500～4000年前的文化,这个时期大体相当于中国的红山文化。孔东文化遗址出土了熊像与女人像,③一些墓葬之中出土了大量的兽骨,主要是熊骨与鹿骨。这一系列考古发现说明贝加尔湖一带的原始人具有普遍的熊神崇拜。这里还发现了无文筒形陶罐,这种陶罐亦见于朝鲜半岛,这是韩国民族起源于贝尔湖一带古亚细亚民族的根据。通古斯人的熊神崇拜远远早于朝鲜半岛,因而只能认为东西伯利亚是熊神崇拜的源头。

二、坛君神话与通古斯乌德盖的祖先神话

1. 坛君神话与乌德盖祖先神话的比较

如果要证明坛君神话是外来神话,就必须找到高度相似的其他民族神

---

① 〔韩〕金贞培:《韩国民族的文化与起源》,上海文艺出版社1993年,第196页。
② 冯恩学:《俄国东西伯利与远东考古》,吉林大学出版社2002年,第128页。
③ 同上,第213页。

话。为此很多学者付出了巨大的努力,但很难认为此类研究是成功的。熊虎同穴或熊虎同出是坛君神话的一个因素,这个因素常常作为判断外来神话的依据。有的学者认为熊与虎是两个不同的部落或民族的图腾,坛君神话是关于熊图腾与虎图腾部落的神话。韩国的历史学家认为在原始社会走向文明社会的过程中,虎图腾部落没有能够及时地吸收外来文明,只好留在了野蛮社会。天神桓雄代表的是外来的文明部落,熊图腾部落在与外来部落融合过程中吸收了文明,成为了文明的部落。这就是坛君神话象征的历史内容,也表明了社会历史发展的进程。为了证明熊虎代表不同的部落,必须找到对应的部落及其历史,而且还必须证明坛君神话与对应部落的关系,否则这种说法只能是猜测。有的中国学者也认为熊与虎是两个姻亲关系的部落,在中国西南一些少数民族中虎图腾民族与熊图腾民族存在近缘关系,由此认为韩国民族与西南民族有共同的族源关系。①

然而兽神与图腾是否完全相同,不同的兽神是否就是不同的部落,是需要研究证明的问题,绝不是能够不证自明的。事实上东亚的动物神或植物神与图腾的概念、理论并不完全吻合,真正意义上的图腾在东亚并不多见,图腾的概念与理论是否适用于坛君神话尚有不少的疑问。其实同一部落或民族拥有很多兽神,不同的兽神也有着不同的角色和功能。欧亚美大陆的北方民族普遍存在着熊神信仰,贝加尔湖及中国东北的广大地区是熊神崇拜较为集中的地方,其中包括中国的鄂伦春族、鄂温克族、赫哲族,西伯利亚奥加河溪谷的布拉得斯克人、西伯利亚东北部的吉尔略克人以及阿因人、斡兜人(乌孜别克族)、高尔利得族、阿穆日拉伊兹人等等,还有北欧的萨米人、北美的爱斯

---

① 一种看法认为韩国民族源出黄帝,西北羌族也是源出黄帝。在羌族系的神话传说中熊虎并出,熊与虎应当是具有类似婚姻关系的两个部落。北亚地区有丰富的熊神信仰,不过并无熊虎并出的神话。这是否定坛君神话与中国东北通古斯诸民族神话关系的根据。这种看法相当有说服力,但这是以熊与虎不证自明地是两个部落为前提。不少中国与韩国学者奔向了中国西南少数民族地区,寻找熊图腾部落与虎图腾部落共居一地的少数民族。中国西南普米族有三个祖先神,有"赃"(草祖先)、黑虎祖先哩娘孜戛公和黑熊祖先棍娘却拍。白族原有熊氏族、虎氏族、蛇氏族、鼠氏族和毛毛虫氏族,分别是熊、虎、蛇、鼠及毛毛虫五种图腾的子孙。云南怒江地区的傈僳族有十九个氏族,它们分别来自"腊扒,'(虎)、"俄扒"(熊)等十九种图腾物。碧江县普乐乡怒族人,分属腊老姚(虎)、腊蚌姚(熊)、腊里姚(麂子)、腊乌齐(蛇)和腊快姚(从岩缝里钻出来的人)等五个氏族。凉山彝族手抄本《什列虎氏族源流》中,什列氏族以虎为图腾,而其近邻利木沙马氏族则以熊为图腾。熊、虎双重崇拜的彝族、白族、纳西族、普米族及傈僳族等民族,都起源于更古老的羌族,其根源可上溯至黄帝时代。羌文化系统主要分布在北纬400线左右,东到辽东、西到甘肃的狭长地带,与居住在北纬500线左右的北亚唯熊独尊的图腾信仰是有所区别的。(参见苑利《朝鲜族熊虎同穴神话源出北方羌族考——兼论中国彝语支民族熊虎图腾崇拜的北来问题》,《民族文学研究》2003年4期)

基摩人。东亚很多民族拥有熊神崇拜，同时也拥有虎神崇拜，这不是一个罕见的现象。鄂伦春、鄂温克、赫哲、乌德盖等民族是多神崇拜的民族，鄂伦春族崇拜熊、狐狸、虎以及树木等，鄂温克族崇拜熊、狼、鹰、天鹅等，赫哲族崇拜熊、虎、鸟、鱼、旱柳等。在通古斯诸民族的神话中，熊虎二神功能不同，角色也不同，它们共同体现了同一氏族对祖先与自然的认识。本来属于同一部落的兽神，硬是分割给不同的氏族，这不一定符合一个民族或部落的兽神形成的历史。

相对同时崇拜熊神与虎神的现象而言，熊虎同出的神话确实难得一见。俄罗斯学者西罗克格洛夫根据通古斯人对人与熊、虎的关系解释了熊虎不同出的原因："据通古斯人说，彼此竞争的三个群体有人、虎、大熊。如果虎占领了某处，或者小山谷，那么人或熊不能侵入虎的领地。如果人居于这个地方，虎会咬死马，恐吓妇女儿童，但几乎不会咬死人类。如果人类移居于相邻的山谷，虎不会跟踪而来，也会不伤害家人和马。虎一般不会进入有大熊的山谷。在熊的领地，围绕巢穴的树木都有特殊的标志，这是很容易识别出来的。离巢穴一定距离的树木，都被熊轻轻咬出印迹。一般认为人不宜居于熊占领的山谷，当人移居到熊的领地时，熊也会做和虎一样的事情。另一方面熊也不会去人或虎，或其他熊的领地。"①在现实之中人与熊、虎形成了互相回避的习惯，因而在神话中难得出现熊虎同出的故事。这种说法一定程度上说明了熊虎同出较为少见的原因，但未必适合于所有的通古斯人和通古斯人的神话故事。这种看法不适合于坛君神话，也不适于韩国民族的生活历史，在韩国的古代文献中有不少熊虎出现于同一地方的记载。

在通古斯人丰富的熊神故事中寻找与坛君神话相似的故事，一直是学术界努力研究的方向。日本学者三品彰英是最早比较研究熊女婚媾神话与通古斯诸民族神话的学者之一，他的开拓性的研究引导了后来的研究方向。东京大学教授大林太良是著名的神话学家与民族学家，他在三品彰英的研究基础上，进一步推进了坛君神话与诸通古斯民族神话关系的研究。早在1975年，大林太良发表论文提出了他的基本看法，1984年出版《东亚的王权神话》时收入了相关论文，并做了修改。他的基本看法非常鲜明，认为坛君神话的人熊婚故事源于乌德盖人的祖先神话，与文明高度发达的中国汉族文化没有关系。这个观点可以分解为两个层面，一是认为人熊婚的母题产生于通古斯人；一是认为坛君神话源于乌德盖人的祖先神话。

---

① 〔俄〕西罗克格洛夫撰、川久保悌郎及田中克已译：《北方通古斯的社会构成（北方ツングスの社会構成）》，东京：岩波书店1941年，第79页。

与其说人熊婚的母题是从高度发达的中国文明中产生出来,不如说是从接触山中野生熊机会较多的生活状态中产生出来的,他们以为熊近于人类,或者意识到熊具有与人类同样的品格。正如泽田所说,熊妻谭不是从中国内部的《续搜神记》之中产生,熊妻故事是从通古斯流入华北的,我觉得这样解释更为自然。①

人熊婚的神话故事分布于通古斯诸民族,也分布于中国汉族与韩国。人熊婚故事母题的原产地,是多年以来学术界一直研究的问题。大林太良认为熊妻谭(人熊婚)故事的母题不是从中国文学流入到通古斯诸民族,而是从通古斯民族流入到了中国文学,通古斯诸民族是熊妻谭故事的原产地。如果只是在这个层面上论述坛君神话人熊婚的形成,那么大林太良的研究基本上停留在三品彰英的水平上,没有多大的推进。但这个问题比较复杂,通古斯诸民族的文化没有中国汉民族那样发达,汉民族较早记载了熊神崇拜与人熊婚的故事,通古斯诸民族的神话记载的时间相当迟晚。采集与记录的时间并不证明神话形成的时间,但文献的时间也具有不可替代的意义。先秦两汉时期的文献已经记载了人熊婚的神话故事,说明汉民族人熊婚神话的形成时间不一定迟于通古斯人。如果要证明通古斯的人熊婚神话故事是源头,那么比较可靠的方法是研究确定通古斯人熊婚故事最初形成的时间范围。然而研究神话故事之类口传文学的形成时间是难度极大的问题,因而不大有人愿意从事此类艰苦的研究。通古斯诸民族可能是人熊婚故事母题的原产地,但不可能找到比汉民族更早的文献。其实汉民族的熊神崇拜未必源于通古斯人,汉民族还有其他的熊神崇拜来源,也就意味着在熊神崇拜的基础上独自生成人熊婚神话的可能性是存在的。

大林太良认为坛君神话源于通古斯乌德盖人的祖先神话,这是从未有人提及过的,也是大林太良的重要发现。直到现今坛君神话与通古斯诸民族神话关系的研究多限于鄂温克、鄂伦春、赫哲(那乃)、女真等民族,没有注意到乌德盖人的祖先神话。究其原因,主要是乌德盖人生活在俄罗斯阿穆尔河流域,研究者几乎都是俄罗斯学者,研究成果也多以俄语撰写。大林太良是在德国学者的著作中发现了乌德盖民族的祖先神话,注意到了这个神话与坛君

---

① 〔日〕大林太良:《东亚的王权神话(東アジアの王権神話)》,东京弘文堂昭和五九年,第375页。

神话的关系。①

　　檀君神话是熊女与桓雄结婚的母题,这应当属于通古斯系统,尤其是阿穆尔·通古斯系的系统。理由之一是在这个神话中熊是作为虎的相对之物出现的,正如前节所论,这是阿穆尔·通古斯神话分布的特征。即只有在乌德盖族的同一故事中,出现了人同熊虎结婚的故事。这就让人想到檀君神话中的熊虽然只与人结婚,但虎也出现在了同一神话。②

　　大林太良特别指出坛君神话与乌德盖族的祖先神话关系最近,在通古斯诸民族的神话中,只有乌德盖祖先神话熊虎同出,还出现了熊、虎与人的婚姻,这是大林太良提出人熊婚的母题源于通古斯的最重要的根据。这种看法存在着极强的说服力,熊虎同出的神话极为少见。在汉民族文学中确实找不到类似的神话故事,可以认为坛君神话的熊妻婚与中国文化没有关系。

　　然而大林太良没有在此基础上进一步深入研究,实际上坛君神话与乌德盖祖先神话的关系还存在着许多问题:坛君神话与乌德盖祖先神话究竟是在神话层面上产生了关系,还是在族源层面上有过关系?抑或是在熊神崇拜的层面上发生了关系?坛君神话与乌德盖祖先神话确实存在着相似性,如果据此认为两个神话之间存在着文学层面的影响关系,那么两个神话又存在着太多不相似的因素,不相似的因素似乎表明两个神话没有文学层面的影响关系。这是一个非常困难的问题,无论认为两者产生过影响关系或没有产生过影响关系,都会陷入一种难以说清的困境,这正是需要进一步深入研究的问题。如果是在共有的熊神崇拜基础上各自产生了类似的神话,就意味着乌德盖祖先神话与坛君神话没有产生过交流关系,那么类似的因素是如何产生的?熊虎同出的因素又是如何形成的?这些基本问题是必须解答的。

　　下面来看看通古斯乌德盖人的祖先神话,故事的主要内容如下:

---

① 大林太良参考的是 ALBERT. Friedrichi. 1956, Die Waidmenschen Udehe. Froschungsreisen im Amur—und Ussurigebiet. C. W. Leske Verlag. Marstadt. 第 109～111 页, cf201. 当今学界的主要参考书目是俄文的著作,有 В.к·阿尔谢尼耶夫:《森林中的乌德盖人》。符拉迪沃斯托克,1948 年。В.Г·拉里金:《乌德盖人的宗教信仰》,符拉迪沃斯托克. 1961 年。В.Г·拉里金:《乌德盖人的历史与文化》。列宁格勒,1989 年。这表明乌德盖民族的研究还有很多的研究空间,然而由于学者自身的条件,显然不能进入到更为广阔的研究领地。

② 〔日〕大林太良:《东亚的王权神话(東アジアの王権神話)》,东京弘文堂昭和五九年,第 375 页。

从前有一个名叫耶格达的人,和他的妹妹一起生活,此外没有其他的人。有一次妹妹对哥哥说:"你去找一个老婆吧。"耶格达走了很远,看到了一个帐篷。他走进去,有一个赤身裸体的少女,与妹妹长得一模一样。耶格达问:"你不是我妹妹吗?"那女人说:"不是。"耶格达回来之后,就向妹妹讲述了刚才的经历。妹妹平静地说,世上的女人长得都差不多。哥哥又要出去了,妹妹说她要到别的地方去找男人。妹妹从小路超过了哥哥,走进帐篷,脱了衣服,等着哥哥到来。哥哥来了,就和这个女人一起生活了。结婚之后生了一男一女。一次父亲不在家的时候,男孩在外面玩,用弓射伤了一只鸟。鸟儿问:"为什么要伤害我?"男孩说:"因为我是人,你是鸟儿。"鸟儿说:"你错了,你是兄妹生的,与其他动物没有什么不同。"男孩回家对母亲讲了此事,母亲非常吃惊,告诉他不能向父亲讲,不然就会被父亲扔进河里。父亲回来之后,男孩要向父亲讲这件事情,被母亲喝止。夜里等大家都睡着了,父亲就向男孩问了事情原委。第二天早上,父亲穿上雪靴出去,来到了极为险峻的崖边,插好了弓箭。他回来后对女人说:"我射伤了一头鹿,你顺着我的脚印,去把肉拿回来。"女人穿雪靴去了,滑落悬崖,被箭穿死。不久,耶格达将儿子、女儿带到了森林,把女儿放在通常公熊经过的小路,把儿子放在雌虎走过的小路上,然后自己投河而亡。后来女儿就做了熊的妻子,儿子就成了雌虎的丈夫。熊与女儿结婚生出了孩子,这就是乌德盖族的祖先。儿子与雌虎没有生出孩子。乌德盖人把熊看成是儿子,熊与虎都是不可侵犯的神兽。

在另一传说中少年长大成了猎人,一次他射杀了一头熊,熊临死时说:"我是你妹妹的丈夫。今后妹妹不可以吃哥哥杀死的熊的肉,女人不可以在熊皮上睡觉,女性要世世代代贴身保管熊的阴茎骨。"①

这是一个非常美丽的悲剧故事,与坛君神话的相似性十分明显,这主要表现在如下方面:第一,熊虎同出是坛君神话与乌德盖人祖先神话的共同因素。无论在韩国的神话还是在通古斯诸民族的神话,熊虎同出的神话极为罕见。越是罕见就越具有证明力,证明乌德盖祖先神话与坛君神话之间存在过影响的关系。大林太良认为通古斯人虽有丰富的人熊婚故事,但只有乌德盖祖先神话出现过熊虎同出的因素,因而乌德盖祖先神话与坛君神话产生过交流关系的可能性是很大的。如果熊虎同出的因素相当普遍,那么反而难于判

---

① 〔日〕大林太良:《东亚的王权神话》,东京弘文堂昭和五九年,第352~353页。

断影响关系。正是由于这一原因,大林太良高度重视熊虎同出的因素。

第二,婚姻与生殖是坛君神话与乌德盖祖先神话的共同因素。坛君神话写了天神与熊女的婚姻,其实可以看成是人与熊的婚姻。乌德盖祖先神话也写了人熊婚的因素,尽管不是出现在神话的主体部分,只是在故事的结尾之处简单记述而已,但人熊婚毕竟是创造了民族的祖先。坛君神话的人熊婚创造了韩国民族的祖先,也创造了韩国民族的第一个国家。坛君神话熊神的主要意义就在于生殖,乌德盖祖先神话的熊神比坛君神话的熊神更为简单,但熊神的基本意义也是生殖。乌德盖祖先神话的附加部分还记载女性必须珍藏熊的阴茎骨,更为明确地表现了熊神的生殖意义。

第三,坛君神话与乌德盖祖先神话的虎都是失败者。坛君神话中的虎没有能够成功地变成人,也就失去了结婚生殖的机会,没有生出人类。乌德盖祖先神话的雌虎也是一个失败者,虽然成功地与男孩结婚,但没有能够生出后代,也就失去了生出乌德盖祖先的资格。虎无论是在韩国还是在乌德盖,都注定了失败的命运,这无疑是惊人的相似。

然而两个神话的不同因素也相当多,这主要有如下方面:第一,乌德盖祖先神话的兄妹婚是主要的婚姻形态,坛君神话完全没有兄妹婚的因素。耶格达与妹妹结婚,这是婚姻悲剧的根本原因,表明这是兄妹婚时代的遗绪。产生这一神话时兄妹婚时代已经过去,已经进入到了更为先进的非血缘关系的对偶婚时代。然而兄妹婚仍然残留在记忆之中,这样也就载入这个神话,这个神话应当形成于两种婚姻形态转换时期。坛君神话没有兄妹婚的因素,但这不表明坛君神话形成的时间更为迟晚。各个民族婚姻形态的发展并不是同步的,有的民族较早进入了相对先进的婚姻形态,有的民族较长时间保留了相对原始的婚姻形态。

第二,熊虎的性别不同。坛君神话的熊是雌性,乌德盖神话的熊是雄性,两者完全相反。乌德盖神话中的虎是雌性,坛君神话中虎的性别不明,没有任何相关的记载。如果坛君神话与乌德盖神话有过影响关系,那么虎应当是雌性的。大林太良以为虎是雌性的,天神与虎也有婚姻关系。然而李氏朝鲜时期佛僧雪岩(1651~1706)在《雪岩杂著》记载了坛君神话的另一种版本,在这个版本中与雌熊结婚的不是桓雄,而是虎,雄虎与雌熊生出了坛君。

《第代朝记》云:桓仁之子桓熊降于太伯山神檀下居焉。熊一日与白虎交通生子,是为檀君,为我东方立国之君长。而帝尧并年,则非世人爱奇,踵谬之说明矣。①

《妙香山志》记载的坛君神话发生地也是妙香山,这与一然记述的坛君神话相同。雪岩记载的坛君神话表明坛君神话有多种口传的版本,并非只有一然和尚记载的坛君神话。一然与雪岩记载坛君神话的时间相隔约300年,因而雪岩记载的坛君神话也可能是《三国遗事》之后产生变化的。雪岩记载的坛君神话不能看成《三国遗事》坛君神话的一部分,但可以看成是对《三国遗事》坛君神话的理解与补充,这种理解也比较符合《三国遗事》的坛君神话。这样看来乌德盖祖先神话与坛君神话的婚姻对象是不同的,乌德盖祖先神话的熊虎各自结婚,而不是熊虎结婚。生殖是两个神话的共同因素,但表现形态也是完全不同。乌德盖祖先神话强调的是男性的生殖意义,坛君神话中承担生殖意义的是雌熊,女性是生殖的象征。

第三,坛君神话含有高度文明的丰富因素,乌德盖祖先神话中的文明因素较为稀少。坛君神话的神坛、坛树、风伯、雨师、云师、大蒜、艾炷、符印、主命、主司、主病、主刑、主善恶等等都是文明的因素,涉及社会、科学、技术、医药、法律等等诸多方面,尤其是艾炷、大蒜是高度文明的医学因素,表明檀神话是高度文明的神话。乌德盖神话中也不是没有人类文明的因素,帐篷、弓箭是文明发展的一个标志,也表明了乌德盖人的狩猎与居住的生活形态。坛君神话没有出现弓箭,并不等于古代韩国民族没有弓箭。弓箭是韩国民族历史上最早出现的兵器之一,广泛使用于狩猎与战争。坛君神话与乌德盖祖先神话表现出来的文明程度完全不同,说明两个神话形成的社会背景、发展程度完全不同。

坛君神话与乌德盖祖先神话存在明显的相似因素,但也存在太多的不同因素。如果两个神话是通过交流影响形成的,那么应当具有更多的相同因素,也应当具有相似的故事形态。但现在坛君神话与乌德盖祖先神话存在着太多的不同因素与特征,很难认为坛君神话与乌德盖神话有过直接的文学交流关系。欧亚美大陆的北方存在着普遍的熊神崇拜,这也就说明完全有可能是共生现象,是在各自的熊神崇拜基础上产生了各自的神话。然而如果是共生现象,就又觉得两个神话又存在着太多的相似因素。相似的因素是通过交流形成的,还是由于共同的兽神崇拜与自然环境造成的,是需要进一步研究的问题。

熊虎同出是坛君神话与其他神话渊源关系的依据,但熊虎同出是源于朝

---

① 〔韩〕雪岩秋鹏:《雪岩杂著·妙香山志》卷一,尹以钦编《檀君:理解与资料》,第708页。

鲜半岛的实际生活与自然条件,还是源于乌德盖人的神话,是通过研究可以调查清楚的问题。实际上韩国民族并非只有坛君神话是熊虎同出,在其他神话故事中还是出现了熊虎同出的情节。下面这个故事没有人熊婚的因素,但是熊虎同出,与坛君神话有些类似。

  在金刚山附近有一个著名的铳手,一次出去打虎再也没有回来。此时妻子生下了一个儿子。儿子长大之后,决心为父亲复仇。他听说父亲是闻名的铳手,就苦练九年之后,来到了金刚山寻找老虎。他一一看破和杀死了化妆成僧侣、老婆婆、年轻姑娘、行者等模样的虎。最后看到一头像大山一样大的老虎,他的铳弹都打在虎牙上,反弹回来被虎吞了下去。最后他也被虎吞进腹中,在虎腹中他看到了父亲的骨骸和铳,也发现了正在昏迷的大臣女儿。大臣女儿来山里采山菜时,被虎吞进了腹中。他与大臣女儿合力,用菜刀切割虎腹。虎腹疼难忍,这时来了一位医师,医师是一头熊,熊告诉虎吃苹果就不疼了。虎吃的苹果被腹中的两个人吃掉,两个人就更有力地切割虎腹。熊告诉虎,喝水就可以止痛。可是虎喝的水也被两个人喝了,使二人更加有力。二人终于切开了虎腹,杀死了大虎。两个人出来之后,大臣让两个年轻人结婚。从此年轻人将母亲与老婆婆接来一起生活。①

  这个故事的年代不一定很早,有一些因素相当晚近,铳就不可能是远古的因素。熊是医生,这一角色也表明这个因素形成的时间不会太早。熊医师给虎出的止痛疗法,完全不具备医学知识,更像是童话里的情节。这个故事中出现了虎和熊,但完全异于坛君神话,也异于乌德盖祖先神话。熊虎同出的原因是韩国民族既崇拜熊神,也崇拜虎神,多神信仰是熊虎出现于同一神话的根本原因。
  熊虎同出或同穴的情节,应当是源于朝鲜半岛古代的日常生活。在古代的日常生活之中,熊虎同出并不是罕见的。《高丽史》记载虎熊时常进入到京城和王宫:

  高宗四年三月壬午,狐鸣御果园。六年四月壬辰,虎入赏春亭。十一月丙辰,有獐出自广化门。七年四月丙子虎入寿昌宫寝殿。九年九月丁未,鹿入市。十三年八月庚戌,熊入城。十月丁酉,熊又入市街。二十

---

① 〔韩〕崔仁鹤:《朝鲜昔话百选》,东京:日本放送出版协会1974年,第277页。

二年二月辛巳,虎入御井。二十九年四月,北界熊多入海岛。①

高丽时期的京城是最为繁华发达的城市,王宫又是京城中防范最严的地方,可是仍然有熊虎进入京城,甚至进入到王宫,在这样的生活环境中想象熊虎同出并不是不可理解的。在更为悠远的神话时代,熊虎与日常生活的关系必然是更为密切。

在通古斯人的故事中也可以看到熊虎同出的因素,赫哲人的《口弦琴的传说》也出现了熊虎同出的因素,熊虎不仅同出,而且同穴,同穴的还有树神与山神。《口弦琴的传说》(1980 年 6 月,尤青山、吴连贵讲述,同江县衔津口、八岔)的主要情节:

从前一个城市里发生了瘟疫,人都死光了,只有一个小女孩被路过的老人带走。转眼小姑娘长到了 16 岁,小姑娘听到自己的身世之后非常伤心,眼泪滴到了鱼叉上,响起了悦耳的声音。老人就仿照鱼叉做了一个口弦琴。额图山的熊神听到了琴声,趁小姑娘睡觉时偷走了口弦琴。小姑娘很悲伤,老人说被熊神用过的东西都会变成宝物,可以救活已经死去的父母。小姑娘来到山上,洞里的熊神、虎神、山神和树神正在饮酒弹琴跳舞,后来他们都累了,就睡着了。小姑娘把口弦琴拿了回来。石头老人告诉小姑娘必须乘坐石头天鹅,否则拿宝物的人会变成石头。小姑娘来到出生的地方,弹起了口弦琴,所有的人都活了过来。小姑娘对父母说要去接抚养自己的老爷爷,回来时跳下石头天鹅没走几步,就变成了石头人。②

这个故事与坛君神话、乌德盖祖先神话的情节完全不同,但出现了坛君神话的所有主要角色。熊神、虎神、山神、树神都是坛君神话中的角色,坛君后来进入阿斯达山,变成了山神,檀树神是树神,这都是相同的因素。熊神、虎神、山神、树神是赫哲、鄂伦春等民族生活中最重要的神,因而赫哲人的故事中同时出现熊神、虎神与树神,是合乎通古斯人生活状态的想象。坛君神话不可能源于赫哲人的《口弦琴的传说》,两个神话除了有共同的因素之外,没有相似的情节。只能认为坛君神话与《口弦琴的传说》是在韩国民族与赫哲民族的自然神崇拜的基础上,各自形成了不同的神话或传说。

---

① 〔韩〕郑麟趾:《高丽史·志八·五行二·金》卷五四,首尔大学校奎章阁本。
② 王士媛、马名超、黄任远:《赫哲族民间故事选》,上海文艺出版社 1986 年,第 206~207 页。

熊虎同出是坛君神话的特征之一,但熊虎同出是如何生成的,又意味着什么,是研究坛君神话与乌德盖祖先神话关系之前必须解决的问题,否则无法研究清楚两个神话的关系。坛君神话与乌德盖祖先神话都有熊虎同出的因素,但不能因此认为坛君神话源出于乌德盖神话。只能认为韩国民族与乌德盖人都有过熊神崇拜与虎神崇拜,由于两个民族有过相同的兽神崇拜,因而形成了熊虎同出的因素。坛君神话与乌德盖人的祖先神话不存在直接交流的关系,但在熊神崇拜与族源关系层面上有无交流关系是另一个问题。熊神崇拜与族源关系的研究并不就是神话研究,但涉及神话形成的条件。

2. 乌德盖人的原始信仰、人口流向与秽(濊)貊

熊神崇拜随着通古斯人一起流入到了朝鲜半岛,通古斯有狭义与广义的两种概念,狭义是指鄂温克族,广义是指中国东北与俄罗斯东西伯利亚阿穆尔河、库页岛的诸民族,其中有鄂温克、鄂伦春、赫哲、乌德盖、埃文、乌尔奇、尼布赫、尼基塔尔等等。在中日韩的历史文献中出现过肃慎、秽、獩貊、东胡、夫余、沃沮、高句丽、百济、悒娄、勿吉、靺鞨、女真族等,这些大多是通古斯民族,或者与通古斯人有着千丝万缕的关系。根据历史文献可以推算出这些民族活动的历史时间,由此可以了解通古斯诸民族流入韩国民族的大体过程。下面从乌德盖人的起源与历史,看看乌德盖人与韩国民族的关系。

其一,乌德盖人与韩国民族的族源关系。

乌德盖(Udege people)是通古斯族的一支,又称"乌德"、"乌德赫"或"乌迪埃",金代的"兀的改"、元代的"兀的哥"、清朝的"乌德赫"当是乌德盖人的一部分。乌德盖是俄文的音译,又称为乌德赫。乌德盖人分布于俄罗斯东西伯利亚,19世纪生活在乌苏里江、阿穆尔河和日本海之间。人口1982人,原本没有民族的名称,19世纪末俄罗斯学者从南部鄂伦春(奥洛奇)人划分出来。乌德盖语是阿尔泰语系的通古斯语,现在大部分乌德盖人一般已经不会乌德盖语。老人一般使用俄语,偶尔夹带乌德盖语的词语或句子。20世纪30年代初,乌德盖人根据拉丁文创造过文字,曾有人以这种文字写过诗歌与小说。但随着北方各民族纷纷使用基里尔文,乌德盖文字被废弃。1989年在基里尔文基础上创造了新的乌德盖文。1930年以前乌德盖人主要从事游牧经济。

俄国学者根据考古学的发现,认为乌德盖人主要是通过秽系民族融合,

接受了较为先进的文明。① 秽系民族是韩国民族最直接的族源之一,夫余的民族成分之一是秽系民族,夫余是当时最为先进的东北古国。俄国学者提出过乌德盖人起源的北来说与南来说,南来说认为乌德盖人与鄂伦春人源于南方,乌德盖人可能是从朝鲜边境和乌苏里江上游地区来到鞑靼海峡的。或认为乌德盖人来自于中国东北的南部,主要是源于女真人,乌德盖与女真的语言相近。北来说认为乌德盖和鄂伦春是从黑龙江和乌苏里江迁徙到锡霍特—阿林山脉东麓的。两江流域即使不是故乡,亦是迁徙的阶段性居住地。鄂伦春的游牧帐(尤尔塔)和婴儿悠车的结构,同鄂温克人的帐房和婴儿悠车相似,因此应当源于北方。

乌德盖也是多民族融合形成的混合体,具有多民族的因素与特征。考古资料表明新石器时代末期和早期铁器时代,东西伯利亚原始林的一部分通古斯狩猎部落移居到了黑龙江下游和沿海北部,他们的语言是阿尔泰语系的通古斯语。他们就是中国历史上的肃慎人及其后裔挹娄人,是波采尔文化的创造者。挹娄文化(波尔采文化)不是单纯的古通古斯文化,是古通古斯人与古代当地秽系部落共同创造的文化综合体,从公元前8~6世纪一直延续到公元之后最初的几个世纪。沃沮人(俄称克罗乌诺夫卡文化)主要是沿海古秽系民族的后裔,公元前5~3世纪以养畜、渔猎和农耕为生,生活地域从现今日本海岸延展到兴凯湖流域。沃沮文化在黑龙江流域和沿海发生变化,形成了一个新的古通古斯人为主的民族共同体——勿吉文化(靺鞨文化,俄称奥利加文化)。勿吉文化是发达的铁器时代文化,由挹娄文化与秽系沃沮文化融合而成。勿吉在北魏太和十七年(493)占据了古夫余,粟末靺鞨中包括了大量的夫余人。渤海国建国之前靺鞨人又吸收了秽系民族豆莫娄和高句丽的居民。这个发展过程是肃慎——挹娄——勿吉——靺鞨——渤海,这是与古秽系民族不断融合的过程。乌德盖人融入于肃慎、挹娄、夫余等古通古斯民族与国家,然后又融入到了韩国民族,成为韩国民族的一部分。

---

① 有关乌德盖人的研究成果不多,相关成果主要是介绍了俄国学者的成果。姚凤、林树山《通古斯满语民族乌德盖人的民族起源问题》,《吉林师范学院学报》1998年11月。姚凤、林树山《满通古斯语族民族乌德盖人的传统精神文化》(上、下),《黑龙江民族丛刊》(季刊)1998第3期、第4期。张嘉宾《乌德盖人的语言与民间文学》,《黑龙江民族丛刊》(季刊)2000年第2期。张嘉宾《乌德盖人的传统的宗教信仰与生活习俗》,《黑龙江民族丛刊》(季刊)1999年第3期。杨衍春《俄罗斯境内满—通古斯民族及其语言现状》,《满语研究》2008年1期。日本学术界近些年出版了几本专著,《乌德盖的两个故事(ウデヘの二つの昔話)》,札幌:北海道大学大学院文学研究科2004年。宫冈伯人《乌德盖语自传笔记——通古斯语言文化论集(ウデヘ語自伝テキスト—ツングース言語文化論集)》17.大阪学院大学1999—2002。荻原真子《東北アジアの神話・伝説》,東方書店1995年,以上内容主要参考了上述论著。

乌德盖人的宗教信仰与生活习俗近似于鄂伦春、鄂温克、赫哲等通古斯民族。乌德盖人信奉萨满教，相信万物有灵。乌德盖人的宇宙观与灵魂观颇有特色，乌德盖人以为最初天地混沌一片，后来天向上漂浮，与大地分离；宇宙分为三界，上界(天上)、中界(地上)、下界(地下或阴间)。乌德盖人认为人的灵魂有三个阶段，最初是小鸟(奥米)附着在新生的婴儿身上，后来小鸟变成飞蛾形(高包多)。婴儿会走路时飞蛾转化成与婴儿一样的小人(哈尼)附在婴儿的胸间。人死后灵魂离开人体，落入阴间"大姑妈妈"神手中。大姑妈妈将灵魂变成与相反的性别后，以小鸟(奥米)的形式回到原来的氏族投胎。乌德盖人的三魂观与赫哲人的三魂观相似。在乌德盖人的文化中三是极为重要的数字，中韩文化中的三也是具有特殊意义的数字。清者上浮为天、浊者下沉为地与汉族的创世神话相似。

乌德盖人认为日、月、星辰是天神，山、川、湖、海也是神。狩猎之前乌德盖人要祭祀山神盎库，盎库有时化为虎、熊、貂、鸟，也可能会化为神情严肃、手持弓箭和长矛的中年男子。祭祀时燃火，在树上刻出太阳和月亮，或者刻出人像，摆食品、烟草、布料等祭品，请求山神保佑顺利狩猎。此外还要祭祀野兽保护神大姑妈妈和她的助手神。猎人打到野兽后，要以猎物的头和心脏作为祭品再祭祀。乌德盖人崇拜火神，认为火神是野猪的主人，野猪是火神的狗。乌德盖人在捕蛙鱼前要祭祀水神嘎尼黑、水神的助手燕子特木和鲤鱼神玛玛莎，认为蛙鱼群的大小取决于鲤鱼神玛玛莎。祭祀时要在水边搭好祭坛，在祭坛上燃鱼油，摆祭品。捕鱼后还要祭祀。乌德盖人认为鱼神有着人的外形，鱼神偶像放在特别的小木屋。

神树崇拜在乌德盖人的生活中占有非常重要的地位，乌德盖人与赫哲人以为萨满神树的树根在下界(地下)，中部在中界(地上)，上部树冠在上部(天上)。因而祭天时要在桦树或杨树、柳树下进行，在桦树或杨树、柳树树干的东边砍出一个三角形，下面摆不带血的祭品，还有一、两个圆头的神偶和无腿、无手的若干尖头神偶，然后叩头祭拜，祈求保佑身体健康和渔猎顺利。

乌德盖人崇拜熊、虎、水獭、燕子等，熊和虎是最重要的兽神。乌德盖人认为他们是熊的后代，通过吃熊肉能够与熊的灵魂沟通。猎熊与吃熊肉要严守禁忌，祭熊仪式主要是吃熊头。只许男子参加，不许女性参与。妇女只能吃熊后腿内侧的肉。乌德盖人认为虎是其他的氏族的"人"，虎是神兽，能听懂人话，比人更有力气，也更狡猾，因此不许猎虎吃虎肉。乌德盖的氏族之名源于兽神，基蒙高氏族源于野猪，长满金嘎氏族源于虎。

乌德盖神话与坛君神话的差异很大，但在乌德盖人的信仰生活中可以找到坛君神话的所有因素。在这里可以看到坛君神话的天神与神树，只是坛君神话的天神佛教化了,神坛树也被认为是朴达树(桦树),这是与坛君神话相关的重要信息。《三国志》记载高句丽祭天仪式要置木刻神偶。在坛君神话与其他神话中,熊与虎也是山神,坛君最后进入山中,化为了阿斯达山的山神。比较乌德盖的祖先神话、信仰、生活与坛君神话,会发现乌德盖的信仰与生活更接近于坛君神话,有更多的相似因素。这说明乌德盖人与韩国民族的族源关系更为重要,这是真正交流的层面,乌德盖祖先神话与坛君神话的相似性是族源关系的一部分。

其二,秽貊与熊罴的关系。

俄罗斯考古学家以为乌德盖人融入于秽系民族,秽系民族又曾是夫余人的组成部分。学术界一般认为秽貊是韩国民族的直接来源之一,因而其实也有必要考察一下秽貊与熊罴的关系。秽貊不是一个民族,也是由若干个通古斯民族构成的混合体。文献中最初出现的是貊,早在西周时已经出现了貊。《诗经》有如下的记载:

《韩奕》

溥彼韩城,燕师所完。以先祖受命,因时百蛮。
王锡韩侯,其追其貊。奄受北国,因以其伯。
实墉实壑,实亩实籍。献其貔皮,赤豹黄罴。①

周朝有两个韩国,一个是在陕西,一个是在河北,此诗的韩城是河北韩国的韩城。貊国献兽皮,与韩国有过往来。《尚书》也有貊国的记载:"华夏蛮貊,罔不率俾。"②《尚书》的蛮貊不一定是特指,但周朝已有貊是确定的。古朝鲜始于西周,周时貊与箕子朝鲜并存。《管子》最早记载了朝鲜,也记载了貊:

(桓公)九合诸侯,一匡天下。北至於孤竹、山戎,秽、貉。③

《管子》的记载有了变化,并记秽与貉。貉即貊,用字不同,实指相同。《管子》的记载表明秽和貊不是一个古族。《逸周书·王会解第五十九》记载:

---

① 程俊英、蒋见元:《诗经注析·大雅》(下册),中华书局1991年,第908页。
② 汉·孔颖达等:《尚书正义·周书·武成第五》卷十一,《十三经注疏》上册,中华书局1980年,第185页。
③ 清·戴望:《管子校正·小匡第二十》卷八,《诸子集成》第五册,中华书局2006年第2版,第126页。

"秽人前儿,前儿若弥猴,立行,声似小儿。"①与箕子朝鲜比较,貊是相对落后的古族,与通古斯人较为落后的状况相合。《孟子》更为具体地记载了貊的状况:

> 夫貉五谷不生,惟黍生之。无城郭宫室宗庙祭祀之礼,无诸侯币帛饔飧,无百官有司,故二十取一而足也。②

貊人是狩猎民族,没有城郭宫室,也没有宗庙祭祀和官僚机构,因此税收极低。这种状况到三国时仍没有变化:"今辽东戎貊小国,无城池之固,备御之术,器械铢钝,犬羊无政,往必禽克,诚如明诏。"③秽的状况与貊差不多,《三国志·东秽》:"秽……无大君长……其俗重山川,山川各有部分,不得妄相涉入。"④秽没有建立成熟的国家,然而秽人的发展并不平衡,《后汉书》记载:"夫馀国,在玄菟北千里。南与高句骊,东与挹娄,西与鲜卑接,北有弱水。地方二千里,本濊地也。"⑤夫余的起源地是黑龙江省松花江流域,然其核心地区是吉林的中部,可知夫余的主要民族是秽族。夫余是高度发展的国家,也产生过相应的建国神话。高句丽的主要民族之一是貊族:"(高句丽)厚葬,金银财币,尽于送死,积石为封,列种松柏。其马皆小,便登山。国人有气力,习战斗,沃沮、东濊皆属焉。又有小水貊。句丽作国,依大水而居,西安平县北有小水,南流入海,句丽别种依小水作国,因名之为小水貊,出好弓,所谓貊弓是也。"⑥夫余的主要民族之一是秽貊,那么高句丽人中有貊族也必然的现象。

秽和貊本来就不是一个民族,但到了汉代以后时常并称。《史记》:"诸左方王将居东方,直上谷以往者,东接秽貊、朝鲜;右方王将居西方,直上郡。"⑦《史记》并记秽貊与朝鲜,说明秽貊与朝鲜并存。《汉书》的记载大体相似,但

---

① 黄怀信等:《逸周书汇校集注·王会解第五十九》卷第七(下册),上海古籍出版社1995年,第879页。
② 汉·赵氏注,宋·孙奭音义并疏:《孟子注疏·告子章句下》卷十二下,《十三经注疏》下册,中华书局1980年,第2760页。
③ 晋·陈寿撰,宋·裴松之注:《三国志·吴书》卷八,中华书局1997年,第325页。
④ 晋·陈寿撰,宋·裴松之注:《三国志·魏书》卷三十,第223页。
⑤ 宋·范晔撰,唐·李贤等注:《后汉书·东夷列传第七十五》卷八五,中华书局1997年,第727页。
⑥ 晋·陈寿撰,宋·裴松之注:《三国志·魏书》卷三十,中华书局1997年,第222页。
⑦ 汉·司马迁:《史记·匈奴列传第五十》卷一百十,中华书局1997年,第732页。

也有不同:"玄菟、乐浪,武帝时置,皆朝鲜、濊貊、句骊蛮夷。"①汉武帝设乐浪四郡,乐浪四郡的主要居民是朝鲜、秽貊与句骊等民族。秽貊并称表明了东北诸民族越来越明显的融合现象。融合源于民族的迁徙,也源于不断发生的战争:"冬十二月,高句骊、马韩、秽貊围玄菟城,夫馀王遣子与州、郡并力讨破之。"②高句丽、马韩、秽貊、夫余等等诸民族与国家的战争不断,战争是冲突与融合的形式,使诸民族的融合程度越来越高。汉时各据一方,统一韩国民族的形成要等到建立强大的统一国家。

貊族以貊为名,不管这个名称是自称的,还是其他民族称谓的,必然与貊有着某种关系。貊人应当是以貊为主要的兽神,也就有必要探究貊是何种动物。汉人在称周围其他民族时,总是以禽兽名字命名。表面看来这是一种蔑称,但在远古时期不一定有贬义。汉人神话中的祖先也多以禽兽来命名,禹为虫,鲧是鱼,说明以禽兽命名祖先或部落是源于动物神的崇拜。华夏民族首先走进了更为发达的文明时期,走出了以动物命名的时代。这种现象说明貊是与貊族关系密切的动物。

《尔雅》、《说文》释貊,均认为貊就是白豹。但不是普通的白豹,是形似熊罴的食铁猛兽。《毛诗草木鸟兽虫鱼疏广要》:"《王会篇》云:屠州有黑豹、白豹,别名貘,今出建宁郡。毛黑白臆,似熊而小,能食蛇,以舌舐铁,可顿进数十斤,溺能消铁为水。"③貊字通貘,如此看来貊是一种豹。明代《赤雅》又以为貘与貊不同:

> 白貘:貘生铜坑中,象鼻、犀目、牛尾、虎足,食铜铁,不茹他物。衣其皮,杀鬼精。炼粪为兵,可以切玉。接溺为水,可以销铁。有十头者,谓之白貘。《蜀都赋》:"戟食铁之兽,射噬毒之鹿",则指貊也。貊似熊,与貘不同。④

根据这一记载来看,貊又是似熊的一种动物,而不是白豹。貊字与貉字相通,貉是另外一种动物,貉即狸,比狐小的动物。《诗经》记载貊献貔皮,注家以为是貔即白熊。

---

① 汉·班固撰、唐·颜师古注:《汉书·地理志第八下》卷二八下,中华书局1997年,第426页。
② 宋·范晔撰、唐·李贤等注:《后汉书·安帝纪第五》卷五,中华书局1997年,第79页。
③ 吴·陆玑撰、明·毛晋广要:《毛诗草木鸟兽虫鱼疏广要·羔裘豹饰》卷下之下,《毛诗草木鸟兽虫鱼疏》第二册,中华书局1985年,第104页。
④ 明·邝露撰:《赤雅·鸟兽虫鱼》卷三,中华书局1985年,第40页。

> 献其貔皮：貔似虎，或曰似熊，一名执夷，一名白狐，其子为豰。辽东人谓之白罴。①

貊似狸，但并不是狸，其实是狸的误称。熊罴是神兽，可以化为龟蛇，也可以化为狐狸。

> 能寿五百岁者，则能变化狐狸。②

熊与能二字相通，可化为狐狸，又被误认为是貊。其实熊与貊、狐狸存在着变化关系，这让人想起熊是最聪明动物的通古斯人的观念。从这些记载可以略知貊族的兽神崇拜应与熊有关。

通古斯诸民族往往或多或少都有熊神崇拜，然而通古斯诸民族经历了极其复杂的不断混合过程，这不是一对一的融合，是多渠道、多层面、多间隔、多触点的漫长过程，因而很多通古斯民族都是混合民族。乌德盖民族也不是例外，不可能是直接融入于韩国民族，而是先融入于其他通古斯民族，再经过与其他通古斯民族混合，最后汇入到了韩国民族。乌德盖民族原本曾经是为鄂伦春的一个分支，也是不断与其他通斯民族混合而成的民族。因此很难想象韩国民族的熊神崇拜来自于通古斯民族中的哪一个民族，应当认为很多通古斯民族融入到了韩国民族之中，诸多通古斯民族把他们的熊神崇拜带入到了韩国民族，同时也把熊神故事带入到韩国民族，公州的熊妻故事就是其中之一。然而坛君神话与公州的熊妻故事不同，无法认为坛君神话直接来知于通古斯民族的神话。或许可以认为坛君神话的熊女故事部分来自于通古斯民族，但即使是这个部分也不会是现在的形态。去除了灵艾、大蒜、忌日光百日、三七日等等衍生因素，应当是与通古斯人熊婚的故事形态比较接近。

熊神崇拜应当是坛君神话的原始因素，上限时间可以追溯到新石器时代，但这个上限时间不等于朝鲜半岛熊神崇拜形成的上限时间，也无法以为坛君神话最初形成于新石器时代。熊神崇拜的上限时间与坛君神话的上限时间不同，为了准确地描述坛君神话的上限时间，有必要进一步缩小朝鲜半岛熊神崇拜形成的时间范围。然而在缺乏文献状况下，只能更多地依赖于考古学的发现与研究。但目前考古学的发现与研究显然还不足以解决这个问

---

① 吴·陆玑撰、明·毛晋广要：《毛诗草木鸟兽虫鱼疏广要·献其貔皮》卷下之下，《毛诗草木鸟兽虫鱼疏》第二册，中华书局 1985 年，第 105 页。
② 晋·葛洪：《抱朴子·内篇 对俗第三》卷一，《诸子集成》第八册，中华书局 2006 年第 2 版，第 9 页。

题,日本学者最近运用 DNA 技术研究阿伊努人与通古斯人的关系,开展此类研究没有多长时间。族源关系是可以确定的,但是需要更多的发现与研究,才能准确地确定民族融汇的时间范围。

第二节 熊神崇拜的另一起源

一、红山文化的诸神与熊龙的传播

1. 红山文化的诸神与韩国建国神话的诸神

熊神崇拜源于通古斯民族,后流入朝鲜半岛和中国汉文族文化。这是坛君神话熊神崇拜的产生基础,也是中国文学中出现熊神崇拜的原因。然而这种常见的看法不一定完全正确,通古斯只是一个源头,还有另一个源头是红山文化,红山文化的发现给坛君神话的研究打开了新的可能性。国内已有学者把红山文化的熊神崇拜与坛君神话直接联系起来,认为坛君神话的熊女应当源于红山文化。红山文化引起了韩国学术界的高度关注,有人以为辽河流域是坛君神话的舞台。[①] 北朝鲜的学者也提出了类似的看法,认为从辽宁西部的辽河流域到辽东、辽东半岛南部和朝鲜半岛的遗迹都有丰富的同类遗物。[②] 从红山文化到《三国遗事》相隔 4000 多年,直接认定红山文化就是坛君神话发生的地点,似乎缺乏根据。不过红山文化与韩国民族文化的关系,是应当认真研究的问题。红山文化与朝鲜半岛熊神崇拜的源流关系,必须建

---

① 韩国学者认为古朝鲜始建于公元前 1000 年左右,正是新石器时代与青铜器时代转换的时期。这个古朝鲜就是坛君朝鲜,是先进的青铜器部族消灭统治新石器阶段的部落氏族的神话。坛君神话是青铜器时代形成的神话:"韩国形成青铜器文化的同时,在满洲与韩半岛各处,新的青铜器优势文化部族统治了新石器文化阶段的部族。当时是以檀君神话为建国神话,优势部族自称是上帝的儿子,确认自己的传统权威,赞扬自己的文化。这些统治力量最先兴起的是古朝鲜,以大凌河流域的朝阳、锦州地区为根据地,早期与周朝交流,到了中国春秋时代渐渐往东移动,从大凌河流域移到辽东,再从辽东转移到大同江流域,占有南满洲与韩半岛,形成一大部族联盟体,为东方社会政治势力的中心。古朝鲜君长为檀君王俭,拥有祭祀与政治权,自称是太阳神桓因之孙子,象征其政治统治者的威严与权力,而且主张克服新石器时代氏族社会的孤立性,以新的政治秩序造福人间。"(李元亨:《韩国史》,第 19 页)如果将坛君朝鲜始建于公元前 1000 年左右的朝阳、锦州一带,那么这个时期辽西地区主要是夏家店上层文化。

② "从西北朝鲜到辽河流域所发现的这一时期的遗址,如平安北道龙川郡双鹤里遗址、定州郡大山里堂山遗址、辽东半岛北部的沈阳市铁西区肇工街遗址、辽东半岛南部的双陀子第二文化层类型遗址,在遗物类型上都呈现着一系列新的文化萌芽。"(朝鲜民主主义人民共和国社会科学院考古研究所编、李云铎译:《朝鲜考古学概要》,黑龙江省文物出版编辑室 1983 年,第 64 页。)

立在调查红山文化熊神崇拜的空间分布与流动时间的基础上。下面先看看红山文化的诸神与韩国建国神话的关系,再看看红山文化玉龙的特征与性质。

其一,韩国建国神话中的动物神与红山文化中的动物神。

坛君神话与其他建国神话中最重要的是天神或太阳神,此外还有熊、虎、马、青蛙、龟、鳖、蛇、马、鸟、鸡龙、鹰、虫等动物神。这些动物神在神话中的地位不同,有的是神话的主角,有的是配角,或者只是过场的角色。如果比较韩国建国神话与红山文化的动物神,就会发现韩国建国神话的动物神在红山文化中几乎全都出现过。熊、青蛙、龟、蛇、龙、鸟是建国神话的主要动物神,这些动物神在红山文化中也有着类似的地位。红山文化出土的玉雕动物很多,主要有玉龙、鸟玉龙、玉鸟、玉鸮、玉龟和猴、狮、虎、刺猬、蛇晰等,此外还有羊、鹅、玉蚕、玉蝉、玉鱼、玉扇贝与夹虫、螳螂等等。有以玉为材料的,也有以石、骨、玛瑙为材料的。红山文化的动物大概可以分为两个系统,一是猛兽类,二是一般的动物类,多与农业生产、日常生活相关。两类动物神承载着两种意义:一是象征着生命力和生殖力,一是代表了生产与生活的意义。如果说韩国建国神话与红山文化的动物神大多都可以重合,那么不能不让人想到两者可能存在源流关系。

龟是朱蒙神话与伽耶国神话的角色,在伽耶国建国神话中天降金卵之前,神龟之歌预示了即将发生的事情,神龟是与王权有关的动物。朱蒙逃出夫余过河时,正是鱼鳖架起了桥,使朱蒙摆脱了追兵,最终建立了高句丽国,也是与王权有关的神。玉龟是红山文化中出现最多的动物雕像之一,造型虽异,但基本是写实的。玉龟出土的地方较多,下面是胡头沟积石冢出土的玉龟。

图 5-5 青玉龟①

图 5-6 牛河梁第五地点一号冢中心大墓尸身双手握玉龟②

---

① 冯永谦:《红山文化玉器与新品鉴考》,辽宁人民出版社 2009 年,第 140、156 页。
② 郭大顺:《红山文化考古记》,辽宁人民出版社 2009 年,第 96 页。

牛河梁遗址的发现是红山文化研究的里程碑。牛河梁第五地点一号冢21号墓的主人,左右手分别握着玉龟,胸前还有一只勾云型玉佩。

这是中心大墓,墓主人的身份必然比较特殊,被认为是古国的最高酋长。玉龟绝不是普通的动物神,象征着最高的神权和政治权力,在后世的历史中转化为了龟与王权的关系。在中国古代文化中神龟又是超常生命力的象征,生命崇拜是原始社会动植物崇拜的原初意义之一。

鱼在朱蒙神话中和鳖一起为朱蒙架起了渡河的桥,虽然不是重要的角色,但毕竟也是出现在了建国神话。鱼在红山文化玉器中是重要的角色,鱼型玉器分布广,数量多,从内蒙古赤峰一带一直延伸到辽宁北部。

图5-7　红山文化玉鱼(敖汉旗出土)①　　图5-8　红山文化猪吻鱼形佩(辽宁法库出土)②

图5-9　玉鱼(辽宁法库出土)③

法库位于辽宁北部,这里也有红山文化遗址,红山文化的空间范围从内蒙古东部的赤峰、辽宁西部的辽河流域延伸到了辽宁北部。法库曾是杂有秽貊人的夫余国地域范围,红山文化与夫余空间范围的重合具有深刻的意义。虽然不能因此直接把红山文化与夫余、高句丽联系起来,但也提供了产生关系的基础。

新罗赫居世的神话中出现过神马,是神马带着新罗人来到了诞生赫居世的卵旁,后来神马飞上天空而去。在夫余神话中马也有过类似的功能,马带

---

① 柳冬青:《红山文化》,内蒙古大学出版社2002年,第107页。
② 同上,第108页。
③ 同上,第108页。

着夫余的老国王找到了金蛙王子。在高句丽的古坟壁画中也出现了马,有骑马狩猎的写实场面,也有非同寻常的神马。

图 5-10　飞虎、飞廉、飞马①

马也是红山文化玉器中的一种兽类,但没有引起学术界的关注。红山文化玉器中出现的家畜主要马、牛、羊等,研究者主要是关注了龙、熊等兽类,对家畜类关注的较少。

图 5-11　黄玉马龙玦
（朝阳建平出土,牧民收藏）②

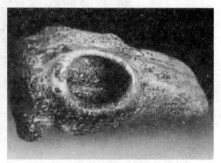

图 5-12　马头骨形器
（内蒙古奈曼旗徵集）③

红山人已经掌握了蓄养家畜的能力,但马首玉龙的造型表明马不是普通的动物或家畜,也是神兽之一,是红山文化兽神崇拜的一部分。

鸟类是韩国建国神话的主要角色之一,鹰是伽耶国建国神话中出现的神禽,朱蒙神话中的柳花也曾以鸟形出现。除了坛君神话之外,大多的建国神话都是卵生神话,卵生神话多与鸟神崇拜有关。鸟类也是红山文化中的主要神禽,牛河梁女神庙出土了鹰神,位于女神庙的北室。虽然不能恢复鹰神的整个原型,但是发现了鹰爪,长达 15 厘米。从鹰爪的长度可以看出整个鹰神雕像应当比较庞大。

---

①　吴广孝:《集安高句丽壁画》,山东画报出版社 2006 年,第 201 页。
②　柳冬青:《红山文化》,内蒙古大学出版社 2002 年,第 136 页。
③　同上,第 185 页。

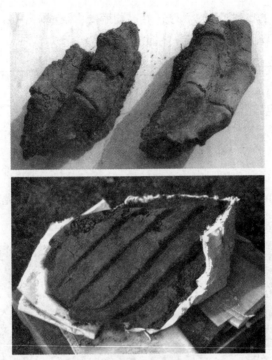

图 5-13　鹰爪与翅膀①

红山文化的玉鸟数量相当多,鸟玉龙、玉鸟、玉鸮多见于积石冢。

图 5-14　巴林右旗那斯台红山文化鸟形玦②

女神庙中的鹰神像与鸟形玦都属于鸟神崇拜的系统,考古学者认为鸟类是连通人神的工具,萨满能够绝地通神主要靠的是鸟神。神鸟的卵象征的是

---

① 朝阳市文化局、辽宁省文物考古研究所编:《牛河梁遗址》,学苑出版社 2004 年,第 21 页。
② 冯永谦:《红山文化玉器与新品鉴考》,辽宁人民出版社 2009 年,第 25 页。

生殖,神鸟带来了人类的生命,这是鸟神崇拜中的重要内容。女神庙中的鹰神与女神一起共同担负着创造生命的使命。

坛君神话的虎是一个失败者,是一个小角色。红山文化中有无虎神崇拜似乎不是问题,大多的红山文化研究的著作都会提到虎,但写到兽型玉器时只是顺便提及,没有认真研究过:"红山文化玉器造型中尤以动物形玉最富特征,题材有熊龙、猪龙、虎、龟、鸟、鱼,还有蚕、草虫等,不时有出人意料的新形制出现。"① 已经出版的红山考古文物图录也有不少,但几乎没有收录出土的玉虎图片,征集的玉虎图片也极为罕见。不过红山文化有其他材料的虎形器物,下面是两只蚌虎。

图 5-15　蚌虎②

图 5-16　蚌虎③

这是以蚌壳制成的虎形器,尽管不是玉器,但也应当具有与玉虎类似的功能和意义。有趣的是红山文化的蚌虎与商朝的玉虎形态类似。

---

① 郭大顺、张星德:《东北文化与幽燕文明》,江苏教育出版社 2005 年,第 143 页。
② 王冬力:《红山宝器》,华艺出版社 2009 年,第 273 页。
③ 同上,第 274 页。

图 5-17　商代晚期的玉虎①

图 5-18　商代晚期的玉虎②

尽管红山文化中虎的地位不高,但是在后世的文化中越来越重要。红山文化的蚌虎与商朝玉虎的类似形态,表明它们之间可能存在着传承关系。

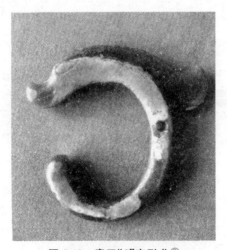

图 5-19　青玉"C"字形龙③

---

① 杨伯达主编:《中国玉器全集》上册,河北美术出版社 2005 年,第 149 页。
② 同上,第 149 页。
③ 冯永谦:《红山文化玉器与新品鉴考》,辽宁人民出版社 2009 年,第 136 页。

其二,红山文化的熊龙与猪龙。

龙、蛇是韩国建国神话中的主要角色,新罗神话中的鸡龙是最有代表性的复合兽神,《好太王碑》记载的朱蒙神话中也出现过龙。在高句丽的古坟壁画描绘了各种形象的龙,龙是主角之一。红山文化最有代表性的是玉龙,玉龙分为两类,一是C字龙,一是玦形龙。两种玉龙形态各异,但都是蛇与其他兽类的复合形象。一些考古学家认为红山玉龙是中华龙的起源。

C字龙形态简单,却也具有龙的粗略形态。与熊神崇拜关系密切的是玦形龙。1981年郭大顺等人在辽宁西部的建平县、凌源县的交界处牛河梁发现古墓,这里出土了玦形龙。

图 5-20　牛河梁遗址第四号墓出土的玉龙①

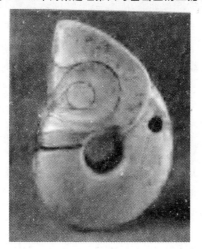

图 5-21　建平县牛河梁出土的玉雕龙②

---

① 郭大顺:《红山文化考古记》,辽宁人民出版社 2009 年,第 77 页。
② 冯永谦:《红山文化玉器与新品鉴考》,辽宁人民出版社 2009 年,第 33 页。

牛河梁遗址第四号墓的玉熊龙是第一次挖掘出来的,这是具有决定性意义的发现。此前熊龙在世界各地流传,但因为失去了熊龙与地层的关系,也就难以解读熊龙的意义和年代,玦形龙问题最多,问题集中在玦形龙基本性质的认定。玦形龙最初名之为猪头龙,牛河梁遗址考古简报名为猪龙。后又名为熊头龙、熊龙,还称玉龙,究竟是猪龙还是熊龙,尚无统一的看法。将猪龙改称熊龙,其根据有三:

第一,此类玉龙的形态更像熊,外在形态是命名的主要根据。考古学家郭大顺以为:"关于'C'字形龙与玦形龙的原形,是最让人难以捉摸的问题。最初将这两类型识别为红山文化时,曾都认定为猪。……有以为'C'字形龙的原形是猪,但也有以为是鹿。如是猪,其颈上长鬣应为猪鬃,如为鹿,长鬣应为角。至于玦形龙,多称其为'猪头龙',不过短耳圆睛的表现,更具熊的特征,所以,现多以为是熊,称熊头龙。"①仅仅依据外在形体的特征判断,多少有一些不够充分的感觉:"曾以为玦形龙似猪,称'玉雕猪龙'。从总体特征分析,非猪更似熊,应为玉雕熊龙。也有以为多数为猪龙,个别可为熊龙。"②形态特征可以作为根据,但只在形态特征层面上研究,恐难得到明确的结论。2008年考古学者朱乃城指出了确定猪龙或熊龙的难点:"我认为兽面玦形玉饰的兽面理解为熊首比理解为猪首更准确些。经前面的分析,可以看出,红山文化兽面玦形玉饰的形制和兽面纹饰经历了一个有规则的演变,其中兽面由形象向抽象演变,按照已抽象化的兽面纹饰去探讨其象征的含义,必然是难解其意。所以应以最初的形象的兽面纹饰去探求其象征的本义。……其兽面表现的特征应是熊,其象征的含义自然应是熊。但形象的熊首不久就演变得十分抽象,兽面纹饰是否仍然象征着熊首或者象征着猪首等其他兽面,根据已发现的这些兽面玦形玉饰的兽面纹饰等特征分析,是很难考证。"③通过玉熊龙的演变过程,再次证明所谓的猪龙应当是熊龙。这种证明方式已经推进了一步,但仍然没有改变仅从外在形态确认的方法。

第二,熊龙的关键证据,是牛河梁遗址女神庙的泥塑熊神像。1983年孙守道、郭大顺等人到牛河梁一带发掘,此次发现的女神庙是里程碑式的重大发现。女神庙出土了泥塑的熊下颚和熊掌残体,还出土了双熊头三孔玉器。

---

① 郭大顺:《红山文化考古记》,辽宁人民出版社2009年,第74页。
② 郭大顺:《红山文化》,文物出版社2005年,第146页。
③ 朱乃诚:《红山文化兽面玦形玉饰研究》,《考古学报》2008年第1期。

第五章　兽神崇拜与祖先神话　333

图 5-22　熊的下颚与熊爪①

初时这些残件被认为是猪龙塑像,但现在认为是熊龙塑像。熊掌残件具有典型的熊的特征,只有熊掌才会露出四趾:"南单室内出一彩塑熊龙下颚,硕大的獠牙绘成白色;北室出鹰爪一对,趾节与爪尖皆很写实……它们的个体都在原形的两倍以上,作为神的陪衬,大大增加了庙的威严气势。"②这是认定熊神的重要根据。从熊下颚与熊爪可以看出熊像是相当写实的,不像玉熊龙那样抽象。除了女神庙的熊龙之外,发现过写实的玉熊雕像,这也是熊龙的根据。

图 5-23　红山文化玉熊③

除此之外牛河梁遗址还出土了熊下颚残骸,埋葬在积石冢内。红山文化的积石冢内出土过不少的动物骨骼,这些骨骼也为研究红山文化的兽神提供

---

① 朝阳市文化局、辽宁省文物考古研究所编:《牛河梁遗址》,学苑出版社 2004 年,第 20 页。
② 郭大顺:《红山文化考古记》,辽宁人民出版社 2009 年,第 59 页。
③ 柳冬青:《红山文化》,内蒙古大学出版社 2002 年,第 37 页。

了根据。如果与女神庙的泥塑熊残骸联系起来考察,就可以更明确地做出熊龙的判断。

考古学家郭大顺以为:"在牛河梁红山文化积石冢中曾多次发现熊骨,不少是完整的熊下颚骨,如牛河梁第二地点4号冢的下层积石冢之上,上层积石冢之前(南)就放置一完整的熊下颚骨。这当反映红山人有以熊为祭的习俗。"①"以牛河梁女神庙已发现的两个个体的兽类,都为熊,是红山人盛行能崇拜的实证。这也与附近积石冢中祭熊的习俗相吻合。"②熊的残骸主要是出现在后红山文化,小河沿文化出土过两例熊体残骸,这些熊骨残骸是熊龙的重要依据。

图 5-24 牛河梁出土的熊下颚③

然而不能否认猪龙说仍有其合理的依据:第一,野猪龙的形象。1985年内蒙古敖汉旗兴隆洼村附近小山遗址出土的陶尊形器上画有鸟兽图,鸟兽图中的动物从左向右分别是鹿、野猪、鸟,身体部分皆为龙蛇。经C14测定,此件陶器的年代距今约6800年。

---

① 郭大顺:《龙出辽河源》,百花文艺出版社2001年,第124页。
② 同上,第125页。
③ 同上,第124页。

图 5-25　小山出土的雄性野猪龙(赵宝沟文化)①

尊上刻画的猪龙的头部显然是雄性野猪,尖长的牙齿清楚地表明了野猪的性别,身体部分是龙蛇,因而这是一头野猪龙。兴隆洼小山遗址和牛河梁遗址分别属于赵宝沟文化与红山文化,但赵宝沟文化是红山文化的来源之一,从这个意义上说赵宝沟文化的猪龙图可以作为红山玉龙即猪龙的证据。

第二,北方民族多饲养猪,以猪为神是普遍的观念。在红山文化遗址中出土过不少的猪骨,表明曾经存在祭猪的习俗。通古斯人也有养猪的习俗,所谓通古斯就是"养猪之人"或"东方之人"的意思,依此来看说成猪头龙亦无不可。当今学术界并用熊龙与猪龙,当符合事实,也不排除玉龙中存在猪神的可能性。

不过把红山玉龙认定为猪龙并非没有疑问:小山遗址和牛河梁遗址相隔1300年,在如此漫长的时间完全没有发生任何变化是无法相信的。② 那么究竟发生了怎样的变化呢?至少诸神的地位发生了变化,牛河梁遗址女神庙的结构与熊神的位置证明,熊神是动物诸神的主神,玉龙的数量最多,目前发现的有二十余件,数量与地位应当存在关系。猪龙即使在红山文化时期仍然存在,也只是小角色,没有成为代表性的主神,没有熊神那么高的地位,因而出现那么多的猪龙就显得难于理解。看来在考古遗物层面上不能排除各种疑问,彻底解决这个问题还需要更多的发现。

2. 红山文化熊龙的东线传播与变化

红山文化的文明向东流传到了朝鲜半岛和日本,成为了韩国与日本文化的一部分;向西流动,进入到中原,成为了中国汉族文化的一部分。认为红山文化是东亚文明的源头之一,并不是虚张声势的宣传。国内外学者在韩国、

---

① 朱延平:《小山尊形器"鸟兽图"试析》,《考古》1990年第4期。
② 有的学者以为牛河梁女神庙选在遥对猪首山的地方,因而玉龙当为猪龙。在进行如此判断之前,必须应当调查清楚所谓的猪首山的地名形成于何时,否则这个根据完全不成立。至少红山文化时期有无猪首山的地名是完全无法验证的,在这种情况下以此为据显然缺乏基本的学术性。

日本可以找到与红山文化类似的遗物。韩国学者禹实厦指出，红山文化的玉制耳饰与韩国江原道、高城文岩里史前遗址出土的耳饰极其相似。日本的考古学界也发现了与红山文化相似的东西，这些东西分布在日本海沿岸的北海道、新泻、富山、福井等地。① 这说明辽西的红山文化与朝鲜半岛、日本的西海岸之间存在过交流的关系，在理论上交流的时间最远可以推至5500年前。辽西的积石冢、栉文土器、琵琶型铜剑，都是不见于中原的东西，但在朝鲜半岛和日本出现得相当多。由此很容易想到红山文化的流传路径：以红山文化为起点经过朝鲜半岛，一直延伸到了日本。② 问题不在于想象这个路径，重要的是从辽西到朝鲜半岛的地域中找到相关的物证，才是研究的关键。

红山文化的遗留物质在韩国与日本的发现，只能证明红山文化与韩国、日本确实有过交流关系，不能证明熊神崇拜也一同向东传播，成为了通古斯

---

① 〔日〕安田喜宪的《龙的文明·太阳的文明（龍の文明·太陽の文明）》(PHP新书，2001年9月)研究了红山文化与日本文化的渊源关系，主要依据是辽西红山文化查海遗址的玉玦、玉匕与出土于日本福井县金津町桑野遗迹玦状玉器耳饰极其相似，为绳文文化早期的遗物。此外滋贺县守山市赤野井湾遗迹、京都府舞鹤市浦入遗迹、兵库县淡路町丸山遗迹、新泻县堀之内町清水上遗迹、大分县本耶马溪町枌洞窟遗迹发现了更为类似的玦状玉器耳饰。由此作者进一步推论"7000年前开始越过日本海，与中国东北有过交流。"（第30页）红山文化流入朝鲜半岛和日本列岛应当是可信的，玉玦、玉匕在查海文化以后的红山文化遗址中仍有发现，因而不能认为7000年前红山文化流入了日本。安田喜宪还认为绳文中期以后的土偶、翡翠和蛇崇拜、龙崇拜、女神崇拜、玉器信仰也应当是源于红山文化。红山文化的女神以及怀孕女神像也都是泥土制成，日本泥土制成的女神偶像源于红山文化的可能性是存在的。

② 红山文化的发现是对东亚文明的起源与关系提出新看法的契机，韩国学者李洪博（音译，Rhee、Hong Beom）博士是美国Huntigton Career College的校长，他撰着的《亚洲理想主义》(Asian Millenarianism)在美国、日、韩、中国大陆以及台湾，引起了极大的反响。他曾在日本东京大学法学部学习政治学，又在美国东部宾西法尼亚大学的历史系获得国家关系史博士学位，并在哈佛大学学习东亚关系。克林顿前总统会见了李洪博，美国学术界为李洪博的《亚洲理想主义》一书举行过纪念会。此书的基本观点之一是韩国民族创造的文化是创造中国、日本文化的母体，过去韩国古代文化受中国文化的影响、近代文化受日本文化影响的观念和知识是错误的。在纪念会上哈佛大学的罗伯特·斯卡拉比诺也做了演讲，他是美国总统的顾问，朝鲜问题专家。还有人认为红山文化是韩国民族文明的起源地，公元前2000年～1500年的夏家店下层文化与古朝鲜文化存在着联系。齿状的石城和琵琶型铜剑曾被认为是古朝鲜文化的象征，同一时期的中原并无此类的文物，这是高句丽特有的文物。辽河流域的文化早于中原文化，新乐（公元前7000年）、小珠山（公元前7000年）、兴隆洼（公元前6000年）、红山（公元前3500年）、夏家店下层（公元前2400～1500年）。红山文化发现了文字，这些文字要比甲骨文早得多。红山文化的文明比河南殷墟（公元前1700～1100年）早得多（《东亚日报》2005年9月21日）。中国学者也注意到了红山文化与韩国民族文化的关系，叶舒宪《熊图腾——中华祖先神话探源》提出黄帝族的共同图腾是熊，并认为熊图腾是黄帝族与朝鲜民族的共同纽带。以上诸说存有不少质疑之处，但问题都指向了红山文化与韩国民族文化起源的关系。

人与韩国民族熊神崇拜的一部分。如果要证明红山文化的熊神崇拜也传播到了通古斯人与韩国民族,那么必须调查红山文化熊神崇拜在中国东北与朝鲜半岛的分布情况。

1. 吉林农安左家山遗址的石龙。

熊龙最多见于辽西和赤峰一带,由此向东在吉林省农安县左家山遗址出现了石龙。吉林省的红山文化遗址除了左家山遗址①之外,还有张俭坨子遗址、②洮南镇郊。③ 然而红山文化器物在吉林的数量较少,并无传统。黑龙江省发现的红山文化遗址较多一些,有 26 处之多。主要分布于松嫩平原、张广才岭、小兴安岭,玉器数量达 105 件,主要是玉璧、玉璜等等。农安县具有悠久的历史,这里发现了多处新石器时代的遗址,其中有左家山遗址、山湾子遗址、元宝沟遗址、元宝沟南遗址和卜尔墩遗。左家山遗址与元宝沟遗址,是吉林省最早的新石器时代遗址。1984 年在左家山发现了筒形罐、侈口罐、钵和碗等陶片。1985 年吉林大学学者首次发掘,一个重大发现就是遗址下层的石龙,石龙是以石灰岩雕刻而成的。

图 5-26 吉林农安左家山出土的石龙④

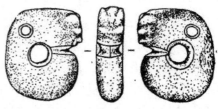
图 5-27 左家山石龙⑤

---

① 吉林大学考古教研室:《农安左家山新石器时代遗址》,《考古学报》1989 年第 2 期。
② 王国范:《吉林通榆新石器时代遗址调查》,《黑龙江文物丛刊》1984 年第 4 期。
③ 赵宾福:《吉林省新石器时代玉器初探》,《博物馆研究》2001 年第 1 期。
④ 柳冬青:《红山文化》,呼和浩特:内蒙古大学出版社 2002 年,第 150 页。
⑤ 吉林大学考古教研室:《农安左家山新石时代遗址》,《考古学报》1989 年第 2 期。

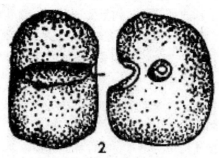

图 5-28　左家山出土的雕塑①

这件左家山石龙有两点应当特别注意：其一，左家山石龙与牛河梁出土的玉熊龙极其相似。考古简报上没有称之为熊龙，但有这样的描述："形似石龙……形似熊头，有眼、嘴。"②"周身光滑无纹，背有一孔，形似猪更似熊，与红山文化的玉雕龙形制有一致的地方，但年代早于红山文化晚期。"③与牛河梁出土的玉龙比较，左家山石龙显然没有那么精致，但是基本形态相同。④

左家山石龙与辽宁西部的玉龙应当属于同一类型，左家山遗址距今7000～4000年之间。左家山石龙是第二期的遗物，第二期的时间是 C^{14} 测定距今为 6100 ± 80 年。⑤ 此外第四期的遗物中还有四件石雕，四件石雕的形态比石龙更为简单一些，但基本特征相似，也可以称之为石熊龙。这件石龙的时间稍早于辽宁西部玉熊龙，或者差不多是同一时期的东西。⑥

2. 辽宁法库红山遗址的玉熊龙。

除了农安左家山遗址出土了石龙之外，在辽宁法库的红山文化遗址也出土了玉龙（玉猪龙或玉熊龙）。法库位于辽宁北部，吉林农安的南部，距离西辽河流域更近，出土的熊龙也更多。法库还出土了龟、鱼等等其他遗物，表明法库遗址与西辽河流域的文化关系是比较全面的。

---

① 吉林大学考古教研室：《农安左家山新石器时代遗址》，《考古学报》1989年第2期。
② 吉林大学考古教研室：《农安左家山新石器时代遗址》，《考古学报》1989年第2期。
③ 郭大顺、张星德：《东北文化与幽燕文明》，南京：凤凰出版社2005年，第243页。
④ "左家山第二期段属不明的T4出土的石猪龙，跟辽西地区红山文化晚期的玉猪龙形制基本一致，左家山这件石制品的质地和做工都较粗劣，有可能是仿制品。"（陈雍：《左家山新石器时代遗存分析》）
⑤ 吉林大学考古教研室：《农安左家山新石器时代遗址》，《考古学报》1989年第2期。
⑥ 赵宾福：《吉林省出土的史前玉器及相关问题》，《东亚玉器》第一册，1998年。刘国祥《牛河梁第二地点21号墓玉器新探》，《中国文物报》1999年8月4日第三版。

 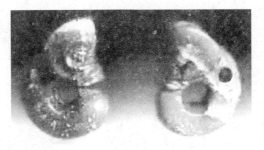

图 5-29　红山玉龙(辽宁法库县发现)①　　图 5-30　玉猪(熊)龙(法库出土)②

这个玉龙属于红山文化的 C 字龙系统,特征基本相同。法库还出土了熊龙,也与辽宁西部的熊龙几乎相同。

 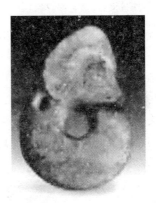

图 5-31　玉猪(熊)龙(法库出土)③

从地理位置来看,吉林农安左家山与辽宁法库的遗址具有重要的意义,这里曾是夫余与高句丽的地域范围。红山文化与夫余、高句丽在空间范围有重合的部分,地域分布的部分重合说明韩国民族的熊神崇拜有可能源于红山文化。农安与法库的熊龙与东西伯利亚的熊神雕像形态完全不同,韩国民族的熊神崇拜与红山文化有过渊源的关系。在农安与法库的熊龙说明这一地带的先民接受了来自红山文化的熊龙崇拜,后来肃慎、夫余、高句丽等民族继承,最后融入到了韩国民族之中。

红山文化的早期玉龙与熊龙的形态差异较大,早期玉龙也见于辽宁法库,还见于朝鲜半岛。早期玉龙更为抽象,几乎看不出兽类的基本特征。

---

①　柳冬青:《红山文化》,内蒙古大学出版社 2002 年,第 126 页。
②　同上,第 116 页。
③　同上,第 119 页,第 229 页。

图 5-32　早期玉龙(内蒙古奈曼旗)①　　图 5-33　早期抽象型玉龙(法库遗址徵集)②

　　上面的玉龙是内蒙古奈曼旗和辽宁法库遗址徵集的,法库的红山文化遗址也出土过早期玉熊龙。早期玉熊龙比较抽象,造形也比较简单,难以看出兽类的基本特征。

　　朝鲜半岛也出土了类似的玉饰,这不只是有空间分布的意义,也有着时间的意义。朝鲜半岛类似玉饰的年代较为迟晚,这是应当注意的。伽耶出土的玉器与红山文化的玉龙形态极其类似,尽管数量不多,但也传达出了极其重要的信息。

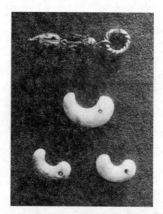

图 5-34　翡翠勾玉③

　　晋州古坟出土的勾玉与附属金环饰,一起出土的还有青铜镜、铁钉、铁

---

①　柳冬青:《红山文化》,内蒙古大学出版社 2002 年,第 125 页。
②　同上,第 131 页。
③　《朝鲜古迹图谱·马韩、百济、任那、古新罗时代》第三册,朝鲜总督府藏版大正五年,第 287 页。

枪、铁刀、铁钉等等,此外还有银空玉、管玉、小玉等。晋州古坟的玉器形态与红山文化早期玉龙几乎相同。

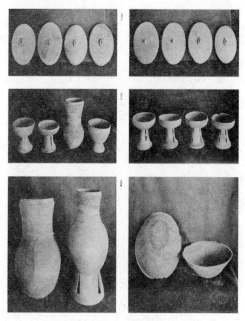

图 5-35　晋州古坟出土的陶器①

古坟出土的陶器与红山文化的陶器不同,这说明不同的器物有着不同的渊源。辽宁法库的早期玉龙与伽耶晋州古坟的玉器应当存在着渊源关系,尽管两者存在数千年的时间差,但还是保存了红山文化早期玉龙的特征。这里曾是伽耶国地界,伽耶国(前1~6)是支石墓区域,以农耕生产为主,公元前一世纪建立了古国。三世纪产生了弁韩、辰韩等12个古国,其中几个联合建立了辰国,辰国国王发展农耕和萨满,但并不具备政治权力。百济近肖古王时代与伽耶诸国开始往来,接受了百济的文化影响。四世纪后半期开始,伽耶诸国与百济、新罗、高句丽建立了真正的关系,王权得到加强,君王的坟墓越来越大。据《三国志》记载弁辰狗邪、狗邪韩国是倭、中国的海上交通要道。五世纪开始伽耶国成了百济与新罗争夺的地方,伽耶诸国加强了联盟关系,但难免冲突。新罗利用混乱的状态,逐渐侵略吞并,532年完全把伽耶并入了新罗。但直到新罗统一之前,此地还有相当的独立性,真正受到新罗的直接统治是始于统一三国之后。《朝鲜古迹图谱》记为勾玉。如果不与红山文化的早期玉龙比较,就无法为伽耶

---

① 《朝鲜古迹图谱·马韩、百济、任那、古新罗时代》第三册,朝鲜总督府藏版大正五年,第290页。

勾玉归类,红山文化的发现使伽耶勾玉找到了归类。

此类玉器并非只分布于伽耶,在古新罗、古伽耶国也都有分布。

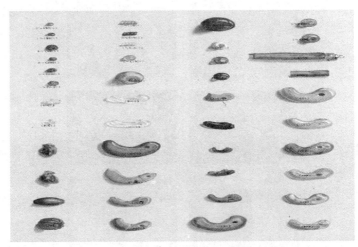

图 5-36　芬皇寺石塔中发现的玉器①

古新罗芬皇寺在庆北,芬皇寺石塔石函内发现了玉器与陶器,还发现了水晶、璃璃制品等等。芬皇寺石塔发现的玉器数量不少,其中玉龙形的玉器共有 18 件。

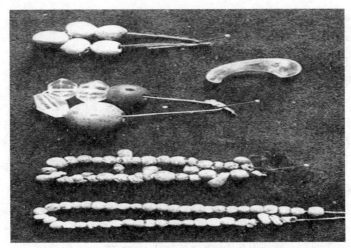

图 5-37　庆州郡发现的玉类(诸鹿央雄氏收藏)②

---

① 《朝鲜古迹图谱·马韩、百济、任那、古新罗时代》第三册,朝鲜总督府藏版大正五年,第 330 页。
② 同上,第 365 页。

此类玉器流入到了日本,这是日本人的藏品。再看与新罗比邻的伽耶国的此类玉饰。这是金海良洞里古坟群与大成洞古坟群出土的玉饰,这两个古坟群都是伽耶国时期的古坟。新罗与伽耶的玉饰形态类似,也近似于红山文化的熊龙,不过与红山文化玉熊龙的差异也很明显。良洞里的玦形饰物与玉熊龙的形态非常相似,此类饰物也出现在日本,是红山文化流传到日本的重要证据。然而从红山文化的玉熊龙到新罗、伽耶的玉饰相隔数千年,新罗、伽耶的玉饰不会直接源于红山文化的玉熊龙,但此类玉饰形态的远祖是辽河流域或辽宁法库的玉熊龙。

图 5-38　颈饰出土状态(良洞里)①

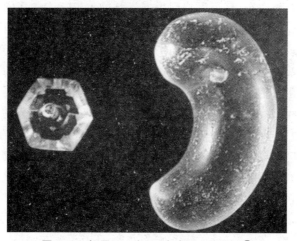

图 5-39　切子玉·勾玉(大成洞 29 号坟)②

---

① 〔韩〕林孝泽、郭东哲:《金海良洞里古坟文化》,大阪朝鲜考古学研究会 2001 年,第 112 页。
② 同上,第 54 页。

3. 吉林延边兴城文化的陶熊。

兴城文化因吉林延边朝鲜族自治区和龙县东城乡兴城村而名,是较早的青铜器时代,时间大体是 3885±150～3200±110。这里出土有陶塑熊与猪、狗。

图 5-40　兴城文化器物——陶塑熊①

这里是沃沮人的生活地域,沃沮是韩国民族的来源之一。这个陶熊与红山文化的玉熊龙造型不同,不是熊龙合体的形象,造型相当写实。从这一点来看,兴城文化的陶熊似源于东西伯利亚,东西伯利亚的熊神雕像也是写实的。然而红山文化也有写实的熊神雕像,熊神崇拜究竟是源于红山文化还是源于东西伯利亚难于明断。

4. 高句丽的熊神崇拜。

从农安县再向东,还可以找到熊神崇拜的痕迹。吉林集安与北朝鲜相邻,这里曾是高句丽的第二个首都,有不少高句丽的墓葬。《三国志》记载了高句丽的地理位置:"高句丽在辽东之东千里,南与朝鲜、濊貊,东与沃沮,北与夫馀接。都于丸都之下,方可二千里,户三万。"②现今出土的高句丽考古文物中较少出现熊雕或熊像,玉器也极少,较多的是陶器、铁器、铜器等等。不过在高句丽的古坟出土了熊骨。《吉林集安高句丽墓葬报告集》的《03JYM0540出土的动物骨骼遗存研究》记载03JYM0540出土的动物骨骼共有261件,其中碎骨102件,鱼骨1件,鸟骨69件,哺乳类动物骨骼89件。主要的鸟类有环颈雉、金雕、鹭,兽类有梅花鹿、野猪、东北狍、野兔,黑熊骨8件,其中有枢椎、股骨、俳骨、胫骨跟骨、膑骨。03JYM0540下出土的动物骨骼有101件,软体动物6件,鸟类2件,哺乳类93件。其中有背角无齿蚌、圆顶蛛蚌、环颈雉、鹭、猪、猪獾、东北狍、梅花鹿,还有黑熊右侧第三掌骨等。大部分骨骼都很破碎,考古学者认为可能是骨料。但鸟类与黑熊的骨骼与其他兽类遗骨不同,相对完整。有学者疑为动物殉葬,但又不大有这样的葬俗,或

---

① 郭大顺、张星德:《东北文化与幽燕文明》,江苏教育出版社2005年,第527页。
② 晋·陈寿撰、宋·裴松之注:《三国志·魏书》卷三十,中华书局1997年,第222页。

与盗墓有关。盗墓是常见的现象,但盗墓者将完整的鸟类和熊骨放进墓室,是难以理解的行为,尤其熊骨是珍贵的药材,没有必要白白地扔进墓穴。

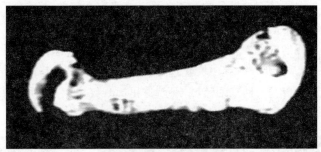

图 5-41　黑熊左膑骨①

中国东北的很多古墓都出土过动物骨骼,这种现象也见于东西伯利亚的古墓和红山文化的积石冢。古坟的动物骨骼与兽神崇拜有关,也与当时的生活有关。一部分家畜的骨骼表明了当时家畜饲养的技能,野生动物骨骼表明了狩猎生活的状态,但也有一部分体现了当时的兽神崇拜。这座高句丽古坟的动物骨骼中没有家畜,全都是野生动物,这说明高句丽崇拜的是熊。这与高句丽人狩猎的生活方式有关,高句丽人狩猎方式记录在了古坟壁画。

图 5-42　春季打猎赛②

打猎是高句丽最普遍的壁画题材之一,画中前面奔跑的动物疑为黑熊。高句丽朱蒙神话没有直接表现熊神崇拜,但是解慕漱与柳花交合的地方是熊神山,这个地名传达出了熊神崇拜的信息。

3. 红山文化熊龙的西线传播与变化

红山文化的熊神崇拜向西传播成为了中原文化的来源之一,大林太良曾

---

① 陈全家:《03JYM0540 出土的动物骨骼遗存研究》,《吉林集安高句丽墓葬报告集》,科学出版社 2009 年,图版 22。
② 《高句丽壁画》,平壤:朝鲜民主主义人民共和国文物保存指导局画册编辑室 1979 年,第 23 页。

经认为中国中原的熊神崇拜应当源于通古斯人,但事实证明这种说法不一定是正确的。这主要是大林太良的时代还没有发现红山文化,更不可能认识到红山文化与中原的熊神崇拜的渊源关系。在没有文字的时代,熊龙雕像就是了解兽神崇拜传播的主要文献。

红山文化的熊龙雕像从红山文化的中心地带向西流动,先是出现在河北、天津一带。河北卢龙红山文化遗址出土的熊龙较多,基本特征与红山熊龙相似。河北卢龙与西辽河流域不远,这里出现红山熊龙并不奇怪。① 河北的其他地方也出现了熊(猪)龙,并一直向西延伸。

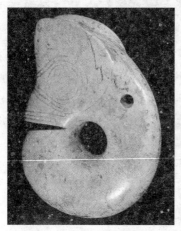 

图 5-43　红山文化玉猪龙②　　图 5-44　红山文化玉猪龙③

第一张照片的玉猪(熊)龙出土于河北省围场县下伙房村,现藏于河北博物馆。围场县位于河北东北角,在承德地区的最北部、内蒙古赤峰的西边,离红

---

① 在河北与河南一带原本就有熊神崇拜,兽神崇拜源于原始人的狩猎生活,狩猎的动物是最初神化的对象。在北京郊区的上宅文化(距今 7000～6000 年)出土了不少陶器,其中有猪首、羊首、熊首、海马、蛇等,另外还有小石龟、小石鱼、小石鸮。北京延庆县葫芦沟墓、玉皇庙是青铜器时代的遗址,殉葬的家畜马、牛、羊、狗,数量颇多。玉皇庙出土的剑柄一端的饰物是虎、豹、熊、马、鹿、羊、蛇等。周朝燕国玉器的动物主要有鱼、龟、鸟、龙、虎、兔、蚕、蝉等形。在北京琉璃河燕国墓中出土了与红山文化有关的玉器,勾云形玉佩、玉龟壶等等,表明燕国文化与红山文化的承继关系。战国末期的燕辛庄头墓遗址也出现了蹲熊噬羊图。蹲熊噬羊图与红山文化熊龙的造型不同,实际上除了来自红山文化的熊神崇拜之外,还有原本就有的熊神崇拜。此地出土的铜兵器异形铜戈,与朝鲜半岛、日本列岛青铜器时代的早期铁戈的形制相同,这是很值得重视的。(参见郭大顺、张星德:《东北文化与幽燕文明》,江苏教育出版社 2005 年,第 126 页。)

② 古方等主编:《中国出土玉器全集·北京、天津、河北》第一册,科学出版社 2005 年,第 121 页。

③ 同上,第 122 页。

山文化的中心地区不远,出现红山文化玉猪(熊)并不奇怪。第二张照片的玉猪(熊)龙出土于河北省阳原县姜家梁新石器时代遗址,藏于河北文物研究所。阳原县位于河北北部的张家口地区,与山西大同相邻,红山文化向西延伸的状态一目了然。山西绛县横水西周时期的一号墓出土的龙形玉佩,基本形态与红山文化玉龙相似,藏于山西考古研究所。① 从山西再向西,陕西也出土了不少与红山文化玉龙类似的龙形玉佩。值得特别注意的是天津出土的玉猪(熊)龙。

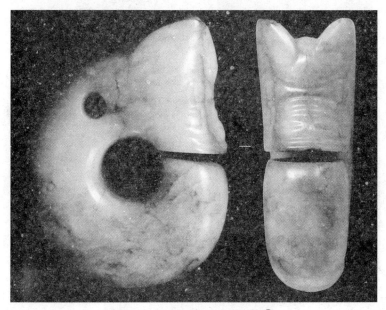

图 5-45　红山文化玉猪(熊)龙②

此件玉猪(熊)龙出土于天津市武清区十四仓清代墓葬,收藏于天津市文化遗产保护中心。天津已经向西远离了红山文化的中心地区,也可以证明红山文化向西的传播路径。

河南是中原文化的中心地区,这里也出现了与红山熊龙相似的玉龙,这就意味着红山文化延伸到了上古中原文化的核心地带。红山文化与商朝相隔近2000年,但仍然可以清楚地看到与红山文化熊龙的渊源关系。下面是商朝后期殷墟出土的玉龙。

---

① 古方等主编:《中国出土玉器全集·山西》,科学出版社2005年,第47页。
② 古方等主编:《中国出土玉器全集·北京、天津、河北》第一册,科学出版社2005年,第103页。

图 5-46 龙形玉玦①

图 5-47 玉龙②

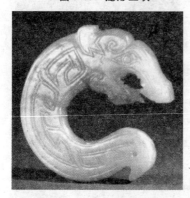
图 5-48 玉蟠龙(商朝晚期)③

图 5-49 玉双角蟠龙(商朝晚期)④

  商朝晚期玉龙是1976年河南安阳殷墟妇好墓出土的,形态大体分为两类:一是形态相对简单的玉龙,龙形玉玦更近似于红山玉熊龙,形态如出一辙。只是少了红山文化玉熊龙的圆孔,但这不影响两者的渊源关系。一是大体形态相似,但细部更为复杂,也更为艺术化,同样也缺少了红山文化熊龙都有的圆孔。但可以清楚地看到商代玉龙与红山熊龙的关系,学术界认为商人源于红山。殷墟妇好墓出土的玉龙数量不算少,呈现了从简单形态向复杂形态发展的倾向。这一发现完全可以修正中原熊神崇拜源于通古斯人的说法,黄帝与夏禹的熊神故事未必源于通古斯人。

  陕西出土了一些红山文化的玉龙,墓葬的时间稍迟于河南的,是西周时

---

① 柳冬青:《红山文化》,内蒙古大学出版社2002年,第230页。
② 杨伯达主编:《中国玉器全集》上册,河北美术出版社2005年,第147页。
③ 同上,第148页。
④ 同上,第148页。

期墓葬出土的玉器。

图 5-50　龙形玉佩①

图 5-51　玉龙（西周）②　　　　图 5-52　玉龙圈（西周）③

1985 年玉龙出土于陕西长安县张家坡 121 号墓、60 号墓、304 号墓、176 号墓，长安县属西安市，今改为长安区。这些玉龙现藏于中国社会科学院考古研究所。周朝的玉龙可以分为两类：一是比较简单的形态，既与红山文化的熊龙比较接近，也与 C 字龙相似。西周的玉龙圈就属于此类，使用的材料是和田青白玉。一是较为复杂的形态，类似于商朝形态复杂的玉龙。周朝的玉龙与红山文化的玉龙一样，都有一个圆孔。

春秋、战国、秦朝、西汉都有类似的玉龙。随着时间上的向后推移，玉龙的形态既有相似之处，也有不少变化。陕西韩城梁带村芮国墓地是春秋早期

---

① 古方等主编：《中国出土玉器全集·陕西》第十四册，科学出版社 2005 年，第 44 页。
② 杨伯达主编：《中国玉器全集》上册，河北美术出版社 2005 年，第 160 页。
③ 谢天宇主编：《中国玉器收藏与鉴赏全书》上册，天津古籍出版社 2004 年，第 104 页。

的古坟,其中也出土了玉熊龙。① 战国时期的夔龙型玉佩不属于熊龙系统的玉器,但与红山文化的 C 字龙比较相似。

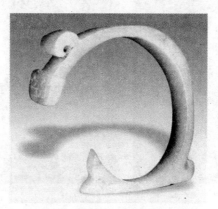

图 5-53　夔龙型玉佩(战国)②

下面的双首龙形玉佩是 2006 年春在纪南城北郊的濠林村院墙湾(荆州院墙湾 M1),出土的玉器有 29 件,其中还有一些造型类似红山文化的勾云型玉佩。荆州纪南是战国七雄一的楚国都城,分布着不少战国时期的楚墓。这件新近出土的龙形玉器与殷商玉龙造型相似,也与红山文化的玉熊龙相似。

图 5-54　双首龙型玉佩③

---

① 芮国始于商末周初,公元前 640 年被秦穆公所灭。2005 年春天,陕西韩城梁带村芮国墓地被发现,是当年"全国十大考古发现"。这一墓群几乎未遭盗扰、遗迹遗物保存完整。芮桓公的夫人芮姜的墓出土了 571 件玉器,其中有一件玉猪(熊)龙,呈土褐色,杂有黄色斑点,头硕大,身体蜷曲,形成首尾几乎重合的环形,头上双耳是两道竖起的圆弧,一双略凸起的圆眼。这只玉出土于春秋早期中原国君夫人的墓,说明了红山熊龙传播到了陕西。《左传·桓公》记载芮桓公死后,苗姜不满儿子耽于美色,把他驱逐出境,她自己来统摄国政。秦国轻敌趁机发兵,不想大败,从此不敢犯芮。芮桓公墓出土的鼎上刻有铭文,据此断定墓主当为芮姜。(柳青《红山玉猪龙现身春秋墓——"金玉华年陕西韩城出十周代丙国文物珍品展"昨开幕》,《文汇报》2012 年 5 月 10 日第 9 版。)
② 谢天宇主编:《中国玉器收藏与鉴赏全书》上册,天津古籍出版社 2004 年,第 228 页。
③ 赵晓斌、田勇等:《荆州院墙湾楚墓幸存的龙形玉佩》,《收藏》2011 年第 4 期。

陕西是出土熊龙较多的地方,凤翔县南指挥镇战国中期三号秦墓,藏于陕西考古研究所。凤翔县属宝鸡市,在宝鸡市的东北。

图 5-55　玉猪(熊)龙佩①

此件玉器具有明显的红山文化玉熊龙的特征,这里与红山文化的传承关系是确定无疑的。凤翔县上郭店村春秋晚期墓葬还出土了红山文化的勾云形玉佩,藏于凤翔县博物馆,②红山熊龙在河南与陕西频频出土,这是令人深思的问题。西汉时期的古墓也出土了类似红山玉龙的玉器。

图 5-56　玉龙形环(西汉晚期)③

西汉晚期的玉龙形环变化较大,虽有红山玉龙的某些特征,但差异度也相当高。红山熊龙传入中原之后,随着与红山文化的时间与空间距离越来越远,踏上了自己的发展道路,也具有了更多自己的特征。

---

① 古方等主编:《中国出土玉器全集·陕西》第十四册,科学出版社 2005 年,第 25 页。
② 同上,第 26 页。
③ 杨伯达主编:《中国美术全集·玉器》第九册,文物出版社 1986 年,第 102 页。

图 5-57　清末云南哈尼族银制手镯①

随着时代的推进,红山玉龙形态的各种遗物分布到了更为遥远的地方,形态与用途也发生越来越大的变化。清末云南哈尼族的银制手镯,形态与红山文化的玉熊龙或多或少也有存在一定的相似性。红山玉龙也曾出土于清代墓葬,类似的器物在清朝流传并不奇怪。18 世纪的朝鲜文人李德懋描述过若熊的虫兽,其时间相当于清朝。

此类玉龙的源头并不一定只有红山文化,安徽凌家滩文化也出土过比较相似的玉龙。凌家滩遗址 1985 年发现于安徽省含山县铜闸镇凌家滩村,测定年代为约 5300 年至 5600 年前,是长江下游巢湖流域最完整的新石器时代聚落遗址。自 1987 年以来经过 4 次考古发掘,发现了居址、墓地、祭坛、作坊以及近 3000 平方米的红陶块建筑遗迹,还有玉礼器、石器、陶器等。

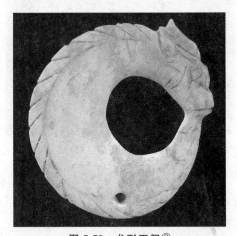

图 5-58　龙形玉佩②

---

① 李旭:《美镯银脉》,《收藏》2011 年 2 期。
② 安徽省文物考古研究所编:《凌家滩玉器》,文物出版社 2000 年,第 11 页。

这是安徽含山县凌家滩文化遗址出土的玉龙,形态与红山文化的玉熊龙有相似之处,也有不同之处。凌家滩文化的玉龙于与红山文化的玉龙基本是同一时期的,难以认为凌家滩文化影响了红山文化。龙起源于中华各地,后来逐渐在中原汇合,最终形成了中华龙的形象。①

红山熊龙的空间分布证明红文化山文化的熊神崇拜传播到了中原与通古斯诸民族、韩国民族。通古斯人的熊神崇拜不只是来源于东西伯利亚,也来源于红山文化。通古斯诸民族的熊神崇拜又继续向东传播,成为韩国民族熊神崇拜的来源。红山文化的熊神崇拜向西传播,形成了以汉民族为中心的熊神崇拜与熊神故事。总体而言汉民族的熊神崇拜形成了自己的特征,与通古斯人的熊神崇拜存在着一定的差异。东线传播与西线传播的差异还体现在线路的延伸与数量,西线传播是连贯的,从红山文化开始经过河北、天津、到河南、陕西,都出土了玉熊龙,而且数量比较多,从这个意义上说西线是主要的传承者。西线的玉熊龙较多保持了原来的形态,随着年代的推进,也逐渐地发生变化,但仍然可以看出形象的渊源关系。东线的传播基本上在辽宁北部、吉林中部就停止了,从这里继续向东传播的不是成熟形态的玉熊龙,而是早期的玉熊龙。从传播的强度来看,东线传播弱于西线传播。此外还必须注意的是西线与东线的熊神崇拜向着完全相反的方向推进,在以后的历史中各自分流。但二者并非没有交流,在韩国的熊神崇拜中仍然可以看到汉民族熊神崇拜的影响痕迹。

二、熊龙的文献依据:兽首蛇身与琴虫

1. 熊龙的身体与《山海经》的琴虫

在调查红山玉龙流入到了中原之后,随后应当追问的一个比较重要的问题是红山熊龙在中原是否产生过影响,是否留下过玉器之外的任何痕迹。如果红山玉龙产生过影响,那么应当在中国最早的一些文献中留下痕迹,那些文献中留下过痕迹对认识红山玉龙的性质应当具有极其重要的作用。文字文献总是能够提供物质形态的遗物不能提供的准确信息,考古遗物也能够提供文字文献不能替代的信息,因而必须研究文字文献与考古遗物的关系。史前时期的考古遗物与文明时代的文字文献属于不同的时代,不过如果存在源流关系,那么文字文献对研究史前时期的考古遗物也具有重要的参考价值。

---

① 有学者认为凌家滩玉龙是由蛇的身驱、牛的头、鳄鱼的鳞综合而成的,红山文化玉龙则是由蛇的蟠曲体、马的长露、猪首等选择、幻化的结果。(参见陶治强《浅析凌家滩、红山文化玉龙、玉龟的文化内涵——兼谈史前社会晚的几个特点》,《文物春秋》2007年第1期)

至今在红山玉龙的研究中,存在的最大问题是玉龙基本性质的认定。这是有两个问题构成的:一是玉龙的头部是什么,一是玉龙的身体是什么。玉龙的身体部分到底是蛇还是虫,或者是人类的胚胎,存在较大的争议。[①] 其实熊龙也好,猪龙也好,都是当今考古学家命名的术语。如果没有文献的依据,那么这种命名多少还是令人不安。如果按照古代文献命名,那么应当命名为琴虫,琴虫就是兽首蛇身的神兽。《山海经》有关肃慎的条目记载:

> 大荒之中,有山名曰不咸。有肃慎氏之国。有蜚蛭,四翼。有虫,兽首蛇身,名曰琴虫。[②]

这是至今学术界尚未使用过的文献。《山海经》的记载与红山玉龙完全吻合:第一,琴虫兽首蛇身的特征与红山熊龙的身体特征。《山海经》的记载琴虫不是指一、两种特定的神兽,而是指兽首与蛇身组合而成的诸神,蛇身是这一诸神群体不变的共同特征。《山海经》等文献中出现了各种形态的神兽,其中有人面鸟身、人面兽身、豕身人面、鸟身人面、马身龙首、龙身人面、蟲身人首、鸟身而龙等等,[③]大体而言兽首蛇身的琴虫可归入这些形态怪异的诸神之中。但《山海经》显然把兽首蛇身归纳为了一个特别的类型,就是因为每一种琴虫的身体都是蛇身。其他的古代文献也是将琴虫作为了特别的类型:"黑兽如熊,曰猎猎。青兽如虎,曰罗罗。海蛮师,虎首鱼身。琴虫,兽首蛇身。"[④]红山文化最有代表性的诸神群体形象就是兽首蛇身,熊头龙、猪头龙、鸟首龙、马首龙、鹿首龙、C字龙等等,所有兽神的共同特征就是蛇身,又给蛇身安上了各不相同的兽首。熊龙作为这个诸神群体的一个兽神,身体部分只能是蛇身,此外不存在任何其他的可能性,完全不可能是虫类或人类的胚胎。这个诸神群体的形象与琴虫的概念完全相合,由此来看《山海经》的这一记载不是随意杜撰的,指称的应当就是红山玉龙。

第二,红山玉龙与琴虫的分布空间吻合。琴虫的意义不只是在于外在形态的特征,空间分布的范围同样也具有特别的意义,琴虫是指特定空间范围的诸神群体。《山海经》记载琴虫分布在肃慎,肃慎有不咸山(长白山)。肃慎是中国东北最早出现的国家,肃慎的空间范围极为辽阔,完全覆盖了红山文

[①] 孙守道以为是熊首蚕身,熊蛾合体。(孙守道:《红山玉蚕神考》,《中国文物世界》153 期,1988 年,台北。)
[②] 清·郝懿行:《山海经笺疏·大荒北经》卷十七,巴蜀书社 1985 年,第 1—2 页。
[③] 清·郝懿行:《山海经笺疏·中山经》卷五,巴蜀书社 1985 年,第 1~54 页。
[④] 清·刘灿《支雅·形异》卷下,《续修四库全书》第 193 册,上海古籍出版社 2002 年,第 18 页。

化的区域。先秦文献只是大略记载了肃慎的地理位置:"我自夏以后稷、魏、骀、芮、岐、毕,吾西土也。及武王克商,蒲姑、商奄,吾东土也;巴、濮、楚、邓,吾南土也;肃慎、燕、亳,吾北土也。"①东北的大部分地区都属肃慎,从西辽河流域到农安与法库,也属于肃慎。肃慎的存亡时间不明,但商周时期肃慎已经存在了。周时肃慎曾经朝贡献矢:"肃慎氏贡楛矢、石砮,其长尺有咫。先王欲昭其令德之致远也,以示后人,使永监焉,故铭其括曰'肃慎氏之贡矢'。"②《鬼谷子》亦记载了肃慎献白雉于文王之事,肃慎存在的时间迟于红山文化1000年左右。而在同一时期,商周古坟出土了熊龙,因而《山海经》的记载应当不是偶然的。《山海经》记载的琴虫的地理范围与红山文化完全吻合,由此可以认为《山海经》记载的就是红山文化的诸神。这是第一次记载以熊龙为代表的红山文化诸神的文献,说明兽首蛇身的诸神群体在《山海经》成书的年代仍然流行于世。

兽首蛇身的诸神为何名为琴虫呢?琴又是什么呢?琴当非乐器之名,《白虎通义》云:"瑟者,啬也,闲也。所以惩忿窒欲,正人之德也。故曰:瑟有君父之节,臣子之法。君父有节,臣子有义。然后四时和。四时和,然后万物生。故谓之瑟也。琴者,禁也,所以禁止淫邪,正人心也。"③此说与琴虫之意远了一些,红山文化兽首蛇身的神兽不一定会含有如此繁琐的儒家思想。《水经注》云:"城之东北,有楚武王冢,民谓之楚王琴。(朱讹作瑟,下衍城字。《笺》曰:瑟城当做琴城。三十二卷《注》云,楚人谓冢为琴。六安县都陂中有大冢,民传曰公琴,即皋陶冢也。"④按照这一文献来看,琴虫就是冢中之虫,红山文化兽首蛇身的神兽皆出于大冢。红山文化已经消失,肃慎人只能从大冢中可以看到琴虫,故云琴虫。琴即冢是楚人的说法,《山海经》恐怕沿用了楚人的说法,因而命名为琴虫。《本草纲目》将琴虫记载记载为了琴蛇:

  大荒经云:肃慎国有琴蛇,兽首蛇身人面者。⑤

琴蛇(*Trimorphodon*)是现实的一种蛇类,主要分布于美国、墨西哥、危地马拉、洪都拉斯、尼加拉瓜、哥斯达黎加等地区。琴蛇长约一米,头部宽阔,眼

---

① 清·严可均辑:《全上古三代文·景王·以阎田辞于晋》卷二,商务印书馆1999年,第27页。
② 曹建国校注:《国语·鲁语下·孔丘论楛矢》,河南大学出版社2008年,第182页。
③ 清·陈立撰、吴则虞点校:《白虎通疏证·礼乐·五声八音》卷三(上册),中华书局1994年,第125页。
④ 南北朝·郦道元:《水经注笺·汝水》卷二十一,江苏古籍出版社1989年,第1788页。
⑤ 明·李时珍:《本草纲目·诸蛇》卷四三(下册),人民卫生出版社2005年第2版,第1963页。

睛较大,瞳孔为直线型,身体颜色以黑色或棕色为主。琴蛇是夜行蛇类,主要食蜥蜴、啮齿目动物以及蝙蝠。琴虫之名当非源于美洲的琴蛇,琴蛇的翻译与《本草纲目》的记载完全是巧合,所指之物当非同一之物。《本草纲目》显然是依据《山海经》记载的,但又与《山海经》的记载稍有不同,不同之处就是在兽首蛇身之外增加了人面。这是人体的因素,其实也传达了一个重要的信息,兽首蛇身是兽首与蛇身两种动物身体部分的组合,现在又增加了人体的因素,也就是兽、蛇、人的组合。《本草纲目》没有提供增加人面的依据,但很容易想到人面蛇身的大禹,人面蛇身也属于琴虫。红山文化熊龙与人体复合的连体形象,也与文献的记载相合。琴虫的身体部分是蛇,郭璞将琴虫直接注为蛇类,应当没错。在古代文献中虫常常指称的就是蛇,《山海经》记载的琴虫与兽首蛇身存在对应的部分,那就是虫与蛇,虫是指身体部分的蛇,否则就不会出现琴虫的名称,《本草纲目》也不会直记为琴蛇。

图 5-59　早期玉龙(奈曼旗徵集)①

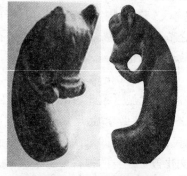
图 5-60　红山文化的兽首虫身坠②

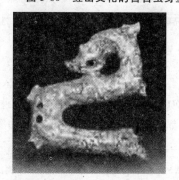

图 5-61　红山文化玉龙晚期③

---

① 柳冬青:《红山文化》,内蒙古大学出版社 2002 年,第 125 页。
② 谢天宇主编:《中国玉器收藏与鉴赏》上册,天津古籍出版社 2004 年,第 19、21 页。
③ 柳冬青:《红山文化》,内蒙古大学出版社 2002 年,第 132 页。

红山早期的玉龙确有虫状的形态,晚期的玉龙也有虫状的形态,这是认定身体部分是虫的依据。

从早期的玉龙到晚期的玉龙,虫身形态变化的过程比较清楚,最后的形态最近于龙。无论是幼虫还是长虫,都应当是龙蛇身之身。

 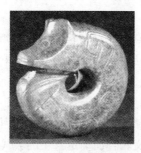 

图 5-62　甲骨文龙字①　　图 5-63　虺型玉玦(商朝晚期)②　　图 5-64　红山玉龙③

《山海经》记载的琴虫与红山文化兽首蛇身的关系,是不可忽略的文献,因为这个文献是确定红山文化熊龙身体性质的依据。除了《山海经》的记载之外,还可以找到甲骨文的证据。从时间上说甲骨文早于《山海经》,也更接近于红山文化的年代,是最接近于史前时期的依据。

甲骨文的龙字有多种写法,上面的龙字是其中的一种写法,这个写法与繁体字"龍"的字形相似。这个甲骨文的写法也提供了两个重要的信息:

第一,这个甲骨文的龙字形态与商朝虺型玉玦、红山玉龙相似。甲骨文的龙字与商朝玉龙基本相似,身体部分几乎完全相同,都是将身体蜷曲成圆形,但又都保留了缺口,因而它们都是没有不完整的圆圈。身体部分的花纹也基本相似,甲骨文身体部分的花纹不是写实的,商朝玉龙身体部分的花纹也不是写实的。不过二者的不同也较明显,甲骨文龙字的头部稍有变化,与商朝玉龙不同。不过这种差异并不影响甲骨文龙字与商朝玉龙的相似特征的认定。龙是一种超现实的想象之物,如果完全凭空想象,完全没有可以摹写的对象,就很难出现甲骨文龙字与商朝玉龙相似的形态。甲骨文是象形文字,与摹写对象之间必然存在相似的形态,形态的相似性表明了二者的关联性。如果以商朝玉龙作为摹写的象形对象,再稍加变化,就完全可以写出甲骨文的龙字。甲骨文的龙字表示的是龙,不可能表示其他事物,那么在商周人的观念之中玉龙的身体也只能

---

① 中国科学院考古研究所编:《甲骨文编》卷一一·一四,中华书局 1965 年影印本,第 458 页。
② 杨伯达主编:《中国玉器全集》上册,河北美术出版社 2005 年,第 160 页。
③ 朝阳市文化局、辽宁省文物考古研究所编:《牛河梁遗址》,学苑出版社 2004 年,第 36 页。

是龙蛇,不可能是其他的虫类或人类胚胎。人类胚胎的认识恐怕是与人体解剖学的高度发展为前提,在新石器时代是否产生过人体解剖学都是存在极大的疑问,红山玉龙的身体不大可能是人类的胚胎。商周人认为商朝玉龙的身体是龙蛇,那么红山玉龙的身体也应当是龙蛇,因为商朝玉龙源于红山玉龙,图中的红山玉龙出土于牛河梁遗址。商朝人产生这种看法恐怕还有更多的依据,只是现在只留下了甲骨文的字形,其他信息已经完全丧失了。

第二,相同的出土地点与甲骨文龙字形态的渊源关系。甲骨文与商朝玉龙都出土于殷墟,这种相同地点的空间关系表明甲骨文字龙字的字形与商朝古坟的墓主群体有过直接的关系。商朝古坟的墓主都是王族或贵族,王族与贵族是当时使用甲骨文的主要群体之一。商朝玉龙出土于妇好墓,妇好墓是商代后期奴隶主贵族的墓葬,位于河南安阳市小屯村西北,这是唯一历史文献、甲骨文与出土青铜铭文相合而确定墓主的殷代墓葬。甲骨文的使用者与商朝玉龙的拥有者相同,这就是甲骨文龙字的字形与商朝玉龙相似的原因,也表明了甲骨文的龙字形体源于商朝玉龙。商朝龙源于红山文化,红山玉龙的起源时间远远早于甲骨文,商朝玉龙受到甲骨文龙字形态影响的可能性是不存在的。甲骨文的龙字作为文字必然具有一定的稳定性,这种稳定性必然是与摹写对象的一定数量联系在一起。事实证明商周时期出土过一些玉龙,虺型玉玦只是商朝玉龙中的一件,此外还有数件出土的商朝玉龙和周朝玉龙,说明商周时期这一形态的玉龙在贵族阶层比较流行,这是甲骨文龙字作为共同拥有之物符号的条件。从甲骨文龙字的字形来看,中华龙的起源虽有多处,但主要应当是源于红山玉龙。

从红山玉龙到商周玉龙和甲骨文,可以知道红山玉龙确实融入到了汉民族的文化,并留下了深深的痕迹。红山文化虫状的琴虫也较多出土于朝鲜半岛,而且文献也有明确的记载。李氏朝鲜时期的文人李德懋记载:

  又有出於虫兽,若熊(檀君,熊之子。其后为高朱蒙,徐氏亦出於百济夫余氏,即檀君之后。)①

李德懋的记载有两点应当注意:第一,虫兽与琴虫、熊龙的关系。李德懋没有描述"若熊"虫兽的具体形象,但从虫与熊的组合关系可以想象出虫兽的形象。所谓的虫当是蛇类,兽就是熊。新罗、伽耶的遗址出土过与红山文化的早期玉龙相似的玉器,从这一类的玉器来看,虫兽的头部应当是熊头,身体

---

① 〔韩〕李德懋:《青庄馆全书·盎叶记五》卷五八,尹以钦编《檀君:理解与资料》,第498页。

应当是蛇身。这种形象与兽首蛇身的琴虫相同,也与红山熊龙相同。朝鲜半岛确实出现过兽首蛇身的琴虫,新罗鸡龙的一种形象便是鸡头蛇身,鸡龙形象的形成可以追溯到琴虫,也可以追溯到红山文化的鸟龙。"若熊"虫兽若是熊首蛇身,李德懋名为虫兽十分准确。

第二,"若熊"的虫兽与坛君神话的关系。李德懋认为坛君神话的熊女就是源于"若熊"的虫兽。"若熊"的虫兽是否就是坛君神话熊女起源,还需要进一步展开研究。坛君神话没有出现过虫蛇的形象,坛君神话的熊女与蛇没有关系。直接认为"若熊"的虫兽就是坛君神话的熊女,恐怕不是很妥当。坛君神话没有直接描写桓因的外在形象,但佛典记载了桓因的形象,因而可以考知桓因的形象。

> 释提桓因者,帝释之异名也,持龙形像者,谓变作龙身也。①

桓因一般持龙形之物,还可以变成龙身,其实桓因就是一条神龙。如果坛君的祖父是一条龙,那么父亲桓雄也应当是一条龙,母亲是一头熊。这样坛君神话中也有了熊与蛇的组合关系。但桓因是衍生的佛教因素,不是坛君神话的原始因素。这意味着龙的身体形象是通过衍生的佛教因素带入坛君神话的,不一定是坛君神话原有的。但也存在另外一种可能性,坛君神话的天神原本就是龙神,给龙神取桓因这一名称的原因,不只是佛教化,同时还因为桓因其实也是龙神。由于添加了桓因的名称,龙蛇的形象消失在文本之外,或隐藏于桓因的名字之内,因而没有人注意到隐藏的龙蛇因素。但这一切只能是可能性,此外没有任何更多的依据和信息,因而也不可能得到比较可靠的答案。

随着时间的推移,红山文化的熊龙形象在东北与朝鲜半岛逐渐少见,熊神与龙神不再合为一体,代之出现的是熊与龙分离独立的形象。在高句丽等古坟的壁画与雕塑中可以看到龙和熊,但看不到熊龙了。这表明坛君神话的熊神崇拜与红山文化的熊龙不会存在近距离的关系,如果有关系,也只能是远祖的关系。人类与兽类的复合形象逐渐失去了神圣感,变成了难以理解的怪异形象,这是因为已经逐渐远离了神话时代,神话思维也变得诡异,不可理解。古人的解释也变得相当曲折费解:"古之圣人多有奇表,所谓蛇身人面,非被鳞臆,行无有四支;牛首虎鼻,非戴角垂胡。曼颊解颔,亦如相书。龟背鹄步,鸢肩鹰喙耳。"②所谓蛇身人面只是比喻,并非确有类似动物的外形。

---

① 《楞伽阿跋多罗宝经批注》卷六,《大正新修大藏经》第三九册,第399页。
② 晋·张湛注、唐·殷敬慎释文:《列子·黄帝第二》卷二,《诸子集成》第三册,中华书局2006年第2版,第27页。

这是人类与禽兽的区别意识越来越明确之后做出的牵强解释。从儒家思想来看人与禽兽存在着本质的区别,这种区别强调了人类的高贵和禽兽的低贱。如果说一个人具有人兽复合的形体,是一种对人的污辱。然而这是高度文明时期的观念,原始人类并不以为蛇身人面有何不好,相反以为这是非寻常之人的标志,是大德圣人、大贤智者的标志。

熊神崇拜是坛君神话熊女故事形成的基础,如果追根溯源,那么从朝鲜半岛的虫兽到肃慎的琴虫,再到农安左家山与法库出土的熊龙,再向西就是辽西的红山文化中心地区。兽首蛇身与熊首蛇身神兽的空间分布大体上可以构成清楚的路线,这无疑是熊神崇拜流传的路径。空间的分布在时间上也大体呈现了依次迟晚的特征,空间分布与时间顺序大体相合,呈现了由西向东逐渐推进过程。坛君神话的熊女只是这个庞大的熊神崇拜系统中的一个点,也是熊神崇拜推进过程中的一个产物,从这个意义上说坛君神话的熊女源于琴虫或虫兽是没有问题的。

2. 熊龙或猪龙的文献依据

红山玉龙是熊龙还是猪龙,也许是更重要的问题。现在看来猪龙的看法似乎更为普遍,一般多标记为猪龙。如果仅仅依据考古学发掘的遗物研究,这个问题难以解决,因为考古学提供了同样多的证据。红山古坟既出土了熊的遗骨,也出土了猪的遗骨。更重要的是熊和猪的外在形态相似,难以辨认。古代文献也记载过熊豚难以辨认的问题:"《说文》云:熊兽似豕,山居冬蛰。《诗义疏》云:熊能攀援上高树,见人则颠倒投地而下。冬入穴蛰始春而出。"①"《埤雅》云:熊似豕,坚中当心有白脂如玉,味甚美,俗呼熊白。"②在尚未建立动物园制度的古代社会,古代猎人对动物最为熟悉,猎人的表述最具有权威性。可是连猎人都以为猪与熊相似,甚至出现了猪熊的名称:"今猎者云:熊有两种,猪熊其形如猪,马熊其形如马,各有牝牡。"③古人不至于不能辨别猪与熊,但猪与熊相似是客观事实。何况红山玉龙不是完全写实的,具有一定的抽象化与象征性,这就使熊龙或猪龙的问题更加复杂化了。在这种情况下勉强确认熊或猪,不大容易得到确定的答案。

那么有无解决问题的办法呢?能否依据古代文献来解决呢?红山文化是史前时期的文明,古代文献是文明时期的记载,二者属于不同的时代,似乎不存在能够彼此印证的关系。然而文明时期的人类想象不是无中生有,总是

---

① 明·冯复京:《六家诗名物疏·小雅·鸿雁之什二·熊》卷三七,夏传才、董治安主编《诗经要籍集成》第 20 册,学苑出版社 2002 年,第 133 页。
② 同上,第 133 页。
③ 宋·罗愿:《尔雅翼·释兽二》卷十九(第三册),中华书局 1985 年,第 210 页。

在史前文明基础上的承继与发展。如果完全割断史前时期与文明时期的关联性,就永远也无法明白最初的人类想象是如何生成的,同样也永远不能明白史前时期的人类想象。从这个意义上说,还是有必要研究史前遗物与文献记载的关联性,探讨源与流的流动过程。红山文化的玉龙向西传播,分布于河北、河南、陕西等地,这可能出现两种结果:一是红山玉龙产生影响,并在后世的文献中留下痕迹;一是进入中原之后完全断流,没有留下任何痕迹。红山玉龙流入中原之后没有断流,虽然形态逐渐地变化,但仍然可以看到源流的继承关系。甲骨文与《山海经》已经证明红山玉龙与文献之间的关联,那么能否在文献中找到更多的痕迹呢?如果红山玉龙是猪龙,那么在时间较近的文献中应当有所记载,至少出现猪与龙蛇的组合关系;如果红山玉龙是熊龙,那么后世文献中应当出现熊龙组合的想象。这显然不是最有力的证明方法,但在目前的条件下,似乎也是唯一可证的方法。

其一,红山猪龙与古代文献的关系。

从先秦文献到南北朝之前,有关猪的记载极其丰富,但尚未查到猪与龙组合关系的痕迹。猪蛇同出的文献相当罕见,只是找到了两、三例而已。在《春秋左传》中封豕与长蛇同出,但与兽神崇拜没有关系。《春秋左传》:"初,伍员与申包胥友。其亡也,谓申包胥曰:'我必复楚国。'申包胥曰:'勉之!子能复之,我必能兴之。'及昭王在随,申包胥如秦乞师,曰:"吴为封豕、长蛇,以荐食上国,虐始于楚。……"①封豕不是被赞美崇拜的对象,而是令人厌弃、贪得无厌的畜类。所谓封豕就是乐正后夔取之,生伯封,实有豕心,贪婪无餍,忿类无期。兽神崇拜形成的基础是赞美崇拜,如果没有这样的意义就难以成为兽神。封猪与长蛇在文中只是并列,二者之间没有形成特定的组合关系。

随着志怪小说的流行,南北朝时期出现了猪与龙蛇同出的志怪故事。南朝宋刘敬叔撰的《异苑》记载了一则故事:"宏农杨子阳,闻土中有声,掘得玉独(豚),长可尺许。屋栋间乃自漏秫米,如此三年,昼夜不息。米坠既止,忽有一青蛇,长数尺,住在梁上,每落粪辄成碎银。子阳获银米,遂为富儿。锻银作器,货卖倍售;余家市者,随以破灭。"②玉豚与青蛇带来了财富,二者同出于这个故事,它们之间必然存在某种关系。但实际上它们的关系不太明确,玉豚与青蛇是变化关系,还是玉豚引来青蛇,仅从故事的记述难以判断。南朝刘义庆《世说新语》也记载了猪与龙的关系:"孙绰作《列仙·商丘子赞》

---

① 《春秋左传正义·定公四年》卷五十四,《十三经注疏》下册,中华书局1980年,第2137页。
② 南朝宋·刘敬叔:《异苑》卷二,王根林、黄益元、曹光甫校点《汉魏六朝小说大观》,上海古籍出版社1999年,第604页。

曰:'所牧何物？殆非真猪。倘遇风云,为我龙摅。'"①《列仙传》记载晋人商丘子好吹竽牧豕,年七十不娶妻而不老,渴饮寒泉,饥食菖蒲,其实所牧殆非真猪,如果遇上风云,就会龙一样腾上天空。这是比喻,也是想象,因为不是真正的猪,条件具备时就会龙飞云上。然而猪与龙的关系同样也不明确,猪似乎是神龙所化。猪与龙构成了组合关系,这恐怕是唐代出现猪龙的准备。

猪龙是考古学家为红山玉龙起的名称,然而猪龙这一名称并非始于当代,唐代文献中出现过猪龙的名称。既然唐代文献中出现过猪龙的名称,似乎可以断定红山玉龙为猪龙,但显然不能急于做出结论。唐代的猪龙有两种,一是佛典中的龙豚,一是龙首猪身的猪龙。唐代佛教文献的龙豚是佛教的十大吉祥之一,唐代变文《十吉祥》记载:

> "猪诞龙豚"者,猪性下劣,多游秽恶之中。梦产龙豚,为傍生之异瑞;诠其所表,状菩萨之神胎。託阴凡间,生於浊世。是以猪表娑婆之秽土,龙胎者,如大圣之降生龙也。布祥云於霄汉,洒润泽於乾坤。菩萨道圆,用慈垂於六趣,将喜舍为万有梯航。所以圣胎将诞,梦启贞祥;猪产龙豚,其由嘉瑞。②

变文记载的十吉祥并非没有依据,随意杜撰出来的,其他的佛典也记载过佛教的十吉祥:"有十种吉祥事故,所以菩萨名妙吉祥也。何为十种吉祥之事？一天降甘露,二地涌伏藏,三仓变金粟,四庭生金莲,五光明满室,六鸡生鸾凤,七马产麒鳞,八牛生白（牦）,九猪诞龙豚,十六牙象现,所以菩萨因瑞障名也。"③然而变文与佛典没有记载龙豚的具体形象,因而不知道龙与豚组合成为了怎样的形象。苏轼记载的"猪母佛"当是源于佛教:"眉州青神县道侧,有一小佛屋,俗谓之猪母佛。云,百年前,有牝猪伏于此,化为泉,有二鲤鱼在泉中,云:'盖猪龙也。'蜀人谓牝猪为母,而立佛堂其上,故以名之。"④母猪化为泉水造福于人,是为佛之善事。佛教龙豚与安禄山所化的猪龙完全不同,二者不一定有共同的来源。

龙首猪身的猪龙形象见于唐代姚汝能《安禄山事迹》卷上,这是安禄山睡梦中化为猪龙的传说。此事载于很多文献,《太平广记》记载:

---

① 南朝宋·刘义庆:《世说新语·轻诋第二十六》卷下之下,王根林、黄益元、曹光甫校点《汉魏六朝小说大观》,上海古籍出版社 1999 年,第 974 页。
② 黄征、张涌泉校注:《敦煌变文·十吉祥（三十八）》,中华书局 1997 年,第 613 页。
③ 宋·释延一:《广清凉传》卷一,《大正新修大藏经》第 51 册,第 1102 页。
④ 孔凡礼校:《苏轼文集·杂记异事·猪母佛》卷七十二（第六册）,中华书局 1986 年,第 2306 页。

玄宗御勤政楼，下设百戏，坐安禄山于东间观看。肃宗谏曰："历观今古，无臣下与君上同坐阅戏者。"玄宗曰："渠有异相，我欲禳之故耳。"又尝与之夜宴，禄山醉卧，化为一猪而龙头，左右遽告。帝曰："渠猪龙，无能为也。"终不杀之。①

安禄山所化的猪龙是龙头猪身，虽然没有具体描写，但对此不必存疑。《骊山记》的描写更为具体："禄山尝醉卧明霞阁下，宫人误覆水于面。禄山瞋目喷气，头上生角，体亦生翼，蜿蜒欲飞。帝急往观，曰：'不足畏也，此乃猪龙。'少顷，禄山睡觉，曰：'臣梦为人以水沃臣，臣化为龙。'妃以问帝，帝曰：'禄山非真龙，乃是猪龙；异日须死兵刃。'妃曰：'莫为患乎？'曰：'此外非汝可知。'"②龙首生角，这是龙首的重要标志。宋代洪迈《夷坚志》记载的猪豚蛇其实是猪身："成俊治蛇：武功大夫成俊，建康屯驻中军偏校也，善禁咒之术，尤工治蛇。绍兴二十三年，本军于南门外四望亭晚教。有蛇自竹丛出，其长三尺，而大如杵，生四足，遍身有毛，作声如猪，行趋甚疾，为逐人吞噬之势。众皆惊扰，不知所为，适有马槽在侧，急取覆之。而白统制官，遣呼俊。俊至，已能言其状，且名是猪豚蛇，啮人立死。"③这段文字没有描写头部形象，只写了身体部分，身体部分显然是猪，这种想象可能与安禄山所化的猪龙有关，只是没有名为猪龙，而是名为了猪豚蛇。唐宋以来的猪龙与红山玉龙差异很大，龙首与猪首完全不同，身体部分也不相同，红山玉龙没有四足，没有生毛，身上是鳞，二者虽然皆名猪龙，但具体形象差异太大，与红山玉龙不大可能存在渊源关系。

在宋代以后猪龙的文献中还出现了猪与龙变化的想象，虽然不是猪与龙的复合形象，但也表明了猪与龙的组合关系。《太平广记》记载了猪龙致雨的故事：

---

① 宋·李昉等编：《太平广记·安禄山》卷二二二（第五册），中华书局1961年，第1702～1703页。

② 宋·曾慥编纂、王汝涛等校注：《类说校注·骊山记》卷四十六，福建人民出版社1996年，第1396页。

③ 宋·洪迈撰、何卓点校：《夷坚志·支戊卷第三》第二册，中华书局2006年第2版，第1070页。又《余氏蛇怪》："……虽村巫社觋，亦能去之。甚者化为人，或为蛇，与妇人乱。于是余氏疑焉。程意状罔罔，稍与平日异，亦莫知其遭祟与否也。踰月而死，方敛尸于地，蛇复来，蹯其腹，形模全似前所睹者。人携杖至，巫奔趋而出，不知所在。此蛇盖名曰猪豚云。"（宋·洪迈撰、何卓点校：《夷坚志·支景卷第二》第二册，中华书局2006年第2版，第893页。）

濮阳郡有续生者,莫知其来,身长七八尺,肥黑剪发,留二三寸,不着裈裤,破衫齐膝而已。人遗财帛,转施贫穷,每四月八日,市场戏处,皆有续生。郡人张孝恭不信,自在戏场,对一续生,又遣奴子往诸处看验,奴子来报,场场悉有,以此异之,天旱,续生入泥涂,偃展久之,必雨,土人谓之猪龙。市内有大坑,水潦停注,常有群猪止息其间,续生向夕来卧。冬月飞霜着体,睡觉则汗气冲发,无何,夜中有人见北市灶火洞赤,径往视之,有一蟒蛇,身在灶里,首出在灶外,大于猪头,并有两耳。伺之平晓,乃是续生,拂灰而出,后不知所之。①

续生就是猪龙,为人形时黑肥剪发,为莽蛇时头大于猪头;又常为猪形与群猪止息于水潦大坑。旱时续生入水,必会下雨。《北梦琐言》记载的猪龙也是母猪:"邛州临汉县内有湫,往往人见牝豕出入,号曰母猪龙湫。唐天复四年,蜀城大旱,使俾守宰躬往灵迹求雨。于时邑长具牢醴,命邑宰偕往祭之。三奠迄终,乃张筵于湫上,以神昨客。坐于烈日,铺席以湫为上,每酒巡至湫,则捧觞以献。俟雨沾足,方撤此筵。歌吹方酣,忽见湫上黑气如云,氤氲直上,狂电烨然,玄云陡暗,雨雹立至。"②这也是猪龙的传说,没有具体描写猪龙的形态,但"牝豕"二字表明应当是母猪的形象。

明清文献也有猪龙的记载,猪龙有时是灾患:"《柳亭诗话》云:'金陵水西门有猪龙为患,相传明祖以沈仲荣聚宝盆镇之,乃止,故名"聚宝门"。'"③明清时期还出现了猪龙河的河名,《水经注》记载:"济水於温城西北(会贞按:遥接前出于温句,叙济水正流。)与故渎分。(会贞按:今济河至河内县西之柏香镇分为二,盖即济水与故渎分处。一自镇南东南流入河,曰猪龙河,即济水之道也。)"④猪龙河原名济水,猪龙河的名称出于注释,而不是载于《水经注》的本文。《清史稿》记载:"东南:猪龙河自安平缘界入,一曰蟾河,屈南迳白塔村入蠡。"⑤在更早的文献中不见猪龙河的地名,猪龙河当是明清时期的河名,产生此类地名当与猪龙传说渐渐传世有关。

---

① 宋·李昉等编:《太平广记·异人三·续生》卷八三(第二册),中华书局1961年,第532页。
② 五代·孙光宪撰、贾二强点校:《北梦琐言·逸文》卷三,中华书局2002年,第425—426页。
③ 清·李调元:《剧话》卷下,中国戏曲研究院编《中国古典戏曲论著集成八》,中国戏剧出版社,1959年,第63页。
④ 北魏·郦道元注、杨守敬、熊会贞疏:《水经注疏·济水一》卷七(中册),江苏古籍出版社1989年,第636页。
⑤ 赵尔巽等撰:《清史稿·地理一·直隶》卷五四(第一册),中华书局1997年,第535页。

根据上述文献的记载,可以得出如下的结论:第一,从红山文化到南北朝之前历数千年,有关猪的文献极其丰富,但在所有的记载中,猪与龙蛇几乎没有什么关系。如果红山玉龙是猪龙,那么从先秦到南北朝之前的文献中至少应当出现猪与龙蛇的组合关系。但在数千年的时间里没有出现过猪与龙组合的痕迹,这说明红山玉龙不一定是猪龙。红山玉龙传入到了中原,不只是在商周时期的古坟中出土过红山玉龙,在春秋战国、秦朝、汉朝的古坟中也出土过红山玉龙,而且数量还比较可观。在相应时期的文献中从来没有出现过猪与龙的组合,考古遗物与文献记载无法吻合,这说明红山玉龙为猪龙的说法存在一定的疑问。

第二,唐宋以来的猪龙形象与红山文化的玉龙差异太大,二者之间不会存在形象层面的源流关系。但在猪与龙的组合关系层面上,复合形象的想象与变化关系的想象都是猪与龙蛇的组合,这一点与红山玉龙相似。然而从红山文化到南北朝之前的数千年时间里,尤其是先秦到汉魏几乎没有出现过猪与龙蛇的组合,说明红山玉龙与唐宋以来的猪龙是断层的,这个巨大的断层表明二者之间没有直接的渊源关系。后世文献中的猪龙另有起源,不是源自于红山文化。既然没有渊源关系,也就不能将唐宋以来的猪龙作为研究红山玉龙性质的依据,因而唐宋时期的猪龙文献没有太多的文献价值。

其二,红山熊龙与古代文献的关系。

甲骨文龙字的字形与《山海经》的记载表明红山玉龙确实留下了痕迹,那么红山玉龙留下的文献痕迹是否只有这些呢?其实熊与龙蛇的组合出现在最早的一些文献,尤其是在与黄帝族神话相关的文献,熊神与龙神在中原形成了比较稳定的组合关系。虽然尚未发现熊龙的名称,也没有出现熊首蛇身的形象,但熊龙的组合关系构成了丰富的想象,这就有必要研究熊龙的组合关系是如何生成的。

最有代表性的是黄帝族的神话,黄帝是传说中的人物,有关黄帝的生存时间(公元前2697~公元前2599)不必特别认真,但大体的时间可以与红山文化相接或重合。黄帝族传说最早的流传范围与红山熊龙西传的分布范围基本相同,是以河南与陕西为主。黄帝族是崇拜熊神的部落,也是崇拜龙神的部落。在黄帝族的神话中既可看到诸神的复合形态,也可看到诸神的转化关系。《史记·五帝本记》记载黄帝为少典之子,姓公孙,名轩辕,居于轩辕之丘。河南新郑即黄帝的都城有熊,有熊是国号,也是熊神崇拜的标志性名称。黄帝之父少典是有熊国的君主,是伏羲帝和女娲帝直系的第七十七帝。伏羲和女娲皆为蛇身,是崇拜龙蛇的氏族,伏羲又号黄熊,可见伏羲与熊神崇拜也存在着关系。

鲧是黄帝的后人,其实就是一种大鱼,死后化为了黄熊。《左传》昭公七年:"昔尧殛鲧于羽山,其神化为黄熊,以入于羽渊。"①《国语·晋语八》:"昔者鲧违帝命,殛之于羽山,化为黄熊,以入于羽渊。"②《左传》与《国语》的记载稍异,黄能与黄熊看似两种动物,实为一种动物。鲧为黄熊,死后竟然入水变成能,在水为能,在陆为熊。能字还写为熊,下面三点即表示三足。《山海经》记载:"鲧复生禹。(……鲧死三岁不腐,剖之以吴刀,化为黄龙也)"。③ 鲧死化为黄龙的传说与《左传》的记载不同,看起来是矛盾的说法。此外还有鲧化为鱼的传说:"然於杂记更谓化为玄鱼,其大千尺,故鲧之字从玄从鱼,不知骸骸禹父。而鲧鲧乃鱼名。……玄鱼黄熊,四音相乱,盖疑于此也。"④鲧可化为黄熊、黄龙、玄鱼等,诸说之间彼此矛盾,难以判断孰是孰非。古人以为这是四音相乱造成的,这种说法是不对的。鲧死化为各种兽神,可能是由于时间与地域的不同,产生了各种不同的版本。但最重要的是熊、龙、鱼、龟之间本来存在转化的关系,无论是化为黄熊还是化为黄龙,其实没有什么不同,因为黄熊与黄龙的本体是同一兽神,是熊与龙组合而成的一体兽神。

　　禹是夏朝的第一个天子,是黄帝的玄孙、鲧的儿子。鲧可以化为熊,禹也可以化为熊。禹去治水,行前对妻子涂山氏说:"欲饷,必闻鼓声乃来。"⑤禹排石时石子误击鼓,涂山氏闻声给禹送饭,看到了禹化为熊正在用熊爪开山。于是涂山氏离开,至嵩山化为了石头。禹无奈便道:"归我子。"石头裂开,禹的儿子启蹦了出来。夏禹的母亲修巳是以蛇为图腾的氏族,修巳即为长蛇。巳即蛇:"巳,火也,其禽蛇也。"⑥修巳感物而生禹,实际就是感天而生。《金楼子》:"帝禹夏后氏,名曰文命,字高密。母修巳,山行见流星贯昴,意感。又吞神珠薏苡,胸坼而生禹於石坳,夜有神光,长于陇西大夏县。"⑦禹与鲧不只是名义上的父子,父子皆可化为熊,表明了二者的血缘关系。禹与妻子涂山氏不是转化关系,其实是熊与蛇的组合关系。

　　禹的父亲鲧是黄龙或黄熊,母亲是长蛇,那么作为熊蛇之子的禹应当有怎样的形象呢?《列子·黄帝篇》记载了禹的外在形象:

---

① 晋·杜氏注、唐·陆德明音义、孔颖达疏:《春秋左传正义·起昭公七年至八年》卷四四,《十三经注疏》下册,中华书局1980年,第2049页。
② 曹建国校注:《国语·晋语八·郑子产来聘》,河南大学出版社2008年,第294页。
③ 清·郝懿行:《山海经笺疏·海内经》卷十八,巴蜀书社1985年,第11页。
④ 宋·罗泌:《路史·余论九》卷九,清乾隆元年(1736)进修书院,第8页。
⑤ 宋·祝穆:《古今事文类聚后集·禹化为熊》卷三十六(第二册),上海古籍出版社1992年,第572页。
⑥ 汉·王充:《论衡·物势篇》,《诸子集成》第七册,中华书局2006年第2版,第31页。
⑦ 梁·萧绎:《金楼子·兴王篇一》卷一,第6页。

　　　　庖牺氏、女娲氏、神农氏、夏后氏,蛇身人面,牛首虎鼻;此有非人之状,而有大圣之德。①

　　这段文字罗列了几个神话人物,他们都有着非人的形象。蛇身人面,牛首虎鼻,是大圣之德的共同特征。夏禹也应当是蛇身人面,禹字从虫,即长虫,也就是蛇类。禹应当是熊首蛇身,这样才符合熊父蛇母之子的形象。但《列子》记载的是蛇身人面,其实无论是蛇还是熊,皆可化为人形,各类兽神都与人形存在着变化关系。因而禹可以是蛇身人面,也可以是熊首蛇身。

　　熊与龙蛇的组合关系常见于后世的文献,在古人的观念之中,熊与蛇存在着特别的变化关系,还与雉(鸟)、龟、鳖、鱼也存在着变化关系。兽神的转换不是随意地变化,熊神转化为其他兽神是有限定的:一是对象的限定,二是时间的限定。

　　　　任昉《述异记》:江淮中有兽名能,音耐,蛇精所化,冬为雉,春复为蛇。②

　　《述异记》记载的是江淮一带的神兽能,但这不过是托名为江淮而已,江淮不可能有蛇精所化的兽类。熊是蛇精,冬天化为了雉鸟,春天又化回为蛇。这里涉及的神兽有能、蛇、雉。三种神兽之间可以按照一定的时间转化,表明三种神兽存在着内在的联系。所谓的能就是熊,熊又是龟鳖:

　　　　《通雅》曰:能即熊字,又为三足鳖之名,后人疑不能明也。束晳《发蒙记》:鳖三足,曰熊。《韵会》曰:熊即《左传》黄能,入寝之能。③

　　能是熊的别称,也是三足鳖的名称,此说亦见于《尔雅》卷下。如果说能即熊,熊又是龟鳖,那么在熊与蛇、雉的转化关系基础上,实际上还增加了龟鳖。

---

① 晋·张湛注、唐·殷敬慎释文:《列子·黄帝第二》卷二,《诸子集成》第三册,中华书局2006年第2版,第27页。
② 清·陈大章:《诗传名物集览·兽·维熊维罴》卷四(第二册),中华书局1985年,第95页。
③ 同上,第95页。

《说文》：熊，本兽名。《山海经》：从山多三足鳖，大苦山多三足龟，阳羡君山池有三足鳖。《尔雅》：鳖，三足，曰能。释文兽非入水物，故是鳖，或疑东海人祭禹庙，不用熊白及鳖，不知此祭禹者因所闻而然，岂足据耶？[1]

熊、龟、鳖皆为三足，又可转换，这种转换显然是在限定的兽神范围内。清人陈大章怀疑熊的转换与禹庙有关，禹就是可以化为熊，也可以化为龟鳖。葛洪《抱朴子·内篇》卷三记载熊还可以化为狐狸，这一转换关系代表的是另一种观念。

朝鲜半岛的熊神也有与龙的转换关系，《三国遗事》记载惠通和尚降龙的传说，惠通和尚降伏的恶龙后来变成了机张山的熊神。

王曰："和尚神通，岂人力所能图？"乃舍之。王女忽有疾，诏通治之。疾愈。王大悦通因言，恭被毒龙之污滥膺国刑。王闻之心悔，乃免恭妻孥，拜通为国师。龙既报冤于恭，往机张山为熊神，惨毒滋甚民多梗之。通到山中，谕龙授不杀戒，神害乃息。[2]

这是非常有趣的记载，表面看来龙神转化为作为山神的熊神，似乎是随意的转换。但如果置于熊与龙的特定转化与组合关系，就会明白这个故事中熊与龙的转化关系不是随意设定的，这应当是熊神崇拜或龙神崇拜的一部分。

如果比较红山玉龙西传的分布空间与黄帝族神话流传的地域，总是使人觉得这不是偶然的重合，黄帝族的神话与红山熊龙之间存在着源流关系。在黄帝族的神话中熊与龙的组合是主体，在红山玉龙之中熊龙也是主神。如果说红山玉龙与文献记载有所不同，那就是文献中的熊不只是与龙蛇有组合关系，同时还与龟、鳖、鸟、鱼、狐狸有着组合关系。这似乎说明文献记载的熊神想象与红山玉龙没有关系，然而在红山玉龙中也可以看到熊与龟、鸟、人的组合关系，红山玉龙表现的想象与文献记载的熊神想象基本上是吻合的，只是红山玉龙中没有熊与狐狸的组合关系。

---

[1] 清·陈大章：《诗传名物集览·兽·维熊维罴》卷四（第二册），中华书局1985年，第95页。

[2] 〔韩〕一然著、李载浩译注：《三国遗事·惠通降龙》卷五（第二册），舍出판사1997年，第320页。

第五章　兽神崇拜与祖先神话　369

图 5-65　三合一连体型的兽神①　**图 5-66**　顶玉猪龙玉鸟器②　**图 5-67**　顶猪龙人像③

这些造型可以分为两类：一是复合形象，熊龙就是复合形象，是将不同的兽类组合为了一体；一是连体形象，是将完整的不同动物连为一体，构成一个完整的画面。第一张是连体形象，后两张是连体形象与复合形象的综合。这些遗物出土地点不明，但具有明显的红山文化特征，因而不管哪种类型的造型，都是承载了红山人的想象。第一张图片是熊负龙、龟的形象，下面是熊，中间是龙，最上面的是龟，三种神兽连接为一体。④ 第二张是熊龙与鸟的连体，也就组合了熊、龙、鸟，比这种造型更为常见的是鸟龙。第三张是熊龙与人体的连体，组合了熊、龙、人。

从上述文字文献与考古遗物中，可以看出如下的信息：

第一，红山玉龙的组合关系与文献中的组合关系基本吻合，这表明红山玉龙不是猪龙，而是熊龙。在文献中以熊与龙蛇为核心诸神构成了组合关系，这个组合关系中还有龟、鳖、雉、狐狸等。在红山玉龙中也是以熊（或猪）与龙蛇为核心诸神构成了组合关系，在这个组合关系中还有龟、鸟、马等等。如果对照文献中的组合关系与红山玉龙中的组合关系，就会发现两个组合基本吻合，不同的因素有狐狸、马等。如果一、两个兽神重合可能是偶然巧合，但现在看到的两个组合系统基本吻合，就无法认为是偶然巧合了，因为有太

---

① 柳冬青：《红山文化》，内蒙古大学出版社 2002 年，第 171 页。
② 陈逸民、陈莺：《玄鸟生商——顶玉猪龙玉鸟器赏析》，《上海工艺美术》2002 年第 2 期。
③ 陈逸民、陈莺：《红山玉器收藏与鉴赏》，上海大学出版社 2004 年，第 138 页。
④ 第一张熊负龙、龟的造型，使人想到楚辞《天问》："焉有石林，何兽能言。焉有虺龙，负熊以游。雄虺九首，倏忽焉在。"（楚·屈原：《楚辞·天问》）虺龙负熊以游，是很特别的想象，有人以为鲧、禹神话零片，熊则鲧，虺龙则禹，以为此句写的是禹负鲧的情景。但此说也有不少疑问，按照《天问》所写虺龙负熊的情景不可能存在，那么熊负虺龙是否存在呢？其实第一张图片的情景正是熊负虺龙。

多重合的因素。这说明两个系统之间存在着渊源关系,文献中的诸神系统应当源于红山文化。文献中的组合系统中根本就没有猪,由此可以认为猪不属于龙、蛇、龟、雉等系统中的因素。熊显然是龙、蛇、龟、雉等诸神组合系统的因素,而且熊与其他限定的诸神存在着彼此转化的关系。

从文字文献与史前遗物的时间关系来看,黄帝族的神话是中国历史上最早的神话之一,如果再往前追溯,只能进入到史前没有文字的时代去寻找答案。当然也可以认为黄帝族的全部神话想象始于大量使用文字的文明时代,也就是说在文字时代之前完全没有产生过熊与龙蛇组合关系的想象。但这种说法显然不符合事实,在史前时期考古遗物中可以发现大量的相关想象。只不过这些想象不是以文字记载,而是以各类雕塑的方式表现出来,应当认为各类雕塑与文字文献之间、史前时期与文明时期之间存在继承与发展的关系。既然史前时期的雕塑与文字时代的文献记载存在着源流关系,而且这个源流关系基本上没有断层,因而文献中熊与其他诸神的组合、转化关系,可以作为研究红山熊龙的参考依据。

第二,复合形象、连体形象与诸神的转换。复合形象在红山文化中相当普遍,连体形象虽不多见,但也出现在了红山文化。无论是复合形象还是连体形象,构成形象的诸神因素的组合是不可否认的事实。那么复合形象与连体形象包含了红山人的怎样想象呢？从后世记载的神话文献来看,存在两种诸神的想象:一是通过想象把不同兽神拼合而成的复合形象,一是想象限定的兽神之间可以互相变化,同时还想象兽神与人类之间也可以变化。复合形象的想象与考古遗物完全重合,不会存在疑问。但是如果认为红山人已经形成了兽神之间、人兽之间变化的想象,似乎没有任何证据。变化想象只有文字记载的动态过程中才能够看得清楚,雕塑是静态的造型,难以看出变化的过程。然而在没有文字的时代,如果要记录兽神之间、人兽之间的变化想象,除了复合形象与连体形象之外,恐怕没有任何其他的记录形式了。只有将不同的兽神或人兽组合在一起,塑造出不同诸神的复合或连体的形态,才能表现它们之间可以彼此变化的想象。从这个角度来看黄帝族与兽神的变化来自于红山文化,似乎是自然而然可以得出的看法。也可以认为神话与民间故事中人与诸神的转换关系、诸神之间的转换关系始于史前时期。

3. 熊龙的意义:汉族神话与坛君神话熊神崇拜的关系

如果红山文化是东亚熊神崇拜的源头之一,那么红山文化的熊龙与后世的熊神崇拜不会只在熊神外在的形象上体现出继承性,熊神的基本意义也会包含着渊源关系。坛君神话与朝鲜半岛熊神崇拜的基本意义是生殖崇拜,那么这种意义是否可以延伸到红山文化的熊神崇拜,也是考察坛君神话、朝鲜半岛熊神崇拜与红山文化渊源关系的重要方面。

坛君神话的熊神崇拜是与女性、生殖联系在一起的,这给人的感觉是性别在熊神崇拜中具有特别的意义。然而英国学者卡罗琳·汉弗蕾曾从性别的二元角度研究过通古斯人的熊神故事,但最终承认熊神性别的二元分析方法是失败的,是没有意义的,因为性别没有规则性。[1] 卡罗琳·汉弗蕾失败的原因不在于性别的角度,而是在于研究方法存在问题。首先她以异化、道德、权力等现代意识和共时性的立场进行研究,显然不是正确的方法。熊神崇拜或熊神故事不是现代社会的产物,其中很多因素是道德意识尚建未建立或尚为模糊的人类早期社会形成的。熊神崇拜中也会包含权力因素,但与现代社会的权力形态不同。通古斯人的熊神故事是数千年来形成的,其中包含着不同历史时代的各种故事与因素,因而通古斯人的熊神故事是形形色色的。熊神的角色、性别当然也不可能是稳定的,似乎也完全没有什么规律可循。因而坛君神话的熊女在角色、性别层面上,在共时层面上到底与红山熊龙有无关系难以判断。如果只在共时的层面上研究,就只能看到形形色色的形态,看不到熊神崇拜的历史演进过程。如果在历时的层面上进行研究,就可以看到不同历史时期各种形态与因素的演进过程。遗憾的是从事神话与民间故事研究的学者不大从事历时的时间研究,其结果常常会因形形色色、杂乱无章的形态而失败。

德国学者哈尔威是研究萨满教的专家,他对始祖神的性别也产生过浓厚的兴趣,他的看法与卡罗琳·汉弗蕾不同,以为性别在兽神崇拜中具有稳定的形态与意义,但也提出了难于理解的一个问题:"如果考察上述种族的传说与信仰观念,动物一般是作为氏族的始祖父出现的。因而古人确实相信女人可以与动物结婚……交合是在梦中进行,从自然民族的观点来看舍特尔贝尔克的解释是非常容易理解的。可是正如通常认为的那样,这样的兽交即使是牡兽也可以,人可以和任何一种性别的动物交合,这是必须注意的。……氏族动物与传说结合时,动物一般是父亲,而不是母亲。有的动物是氏族始祖

---

[1] 卡罗琳·汉弗蕾以为:"这三则熊故事都利用熊与人类的相似性与差异性来探索男性和女性、内在和外在、道德和不道德、此世界和另一世界的概念。熊可能是外在的,但它们关于"雄性"和"雌性"的属性则可能是双向的(内、外)。因为这一原因,以共时的、二元的方法去对待这些故事看来并不十分有效,因为它们彼此矛盾。""这只出现在我们故事中的熊并不仅仅是只熊。很明显,它同时还是个妖怪,居住在与萨满教中的'另一世界'极为相似的地下世界。这样,熊就代表了异化了的和危险的雄性的另一面性质。或许可以进一步这样去解读故事:给男孩的父亲带来死亡,鬼怪来源于已故祖先。"([英]卡罗琳·汉弗蕾撰、朝戈金译:《一则关于熊和男孩变为男人的达斡尔神话》,《民族文学研究》《民族文学研究》1994年第4期。)

母,这种信仰不知何据,理解起来更是困难。这样的氏族动物,据我所知仅限于西伯利亚诸民族中的天鹅。据伊尼塞(鄂温克)人说,天鹅的月经与女人完全相同。可是氏族祖先的天鹅是否从一开始就具有母亲的功能尚不明确。"① 按照哈尔威的看法,性别应当是有意义的。卡罗琳·汉弗蕾与哈尔威的两种意见完全对立,到底哪种说法更切近于坛君神话呢?哈尔威的说法比较适合于感生神话,感生神话一般是父为兽神或其他东西,母为人类,交合是在梦中,或者以超现实的方式进行。不过以兽神为始祖母的神话其实也不算很少,坛君神话是此类神话,公州熊妻型故事亦属于此类故事。公州熊妻型故事中有一部分是祖先神话,也就是所谓的兽祖始母型。

那么性别在熊神崇拜与神话中究竟有没有呢?如果有意义,那么又是怎样的意义呢?熊神崇拜最初产生的意义不只是熊神崇拜的一部分,也是关系到神话故事生成的重要问题。生殖崇拜是红山文化的基本特征之一,红山文化的生殖崇拜与性别联系在一起,又与熊龙存在着密切的关系。女神庙中最重要的是女神,熊龙置于女神庙,因而应当从女神庙的基本意义去解读熊龙的意义。女神像的面部保存较为完整,没有任何的性别争议。红山女神的发现提供了探讨女性与生殖崇拜关系的可能性,也显露了女性与熊神存在着特别关系的信息。

图 5-68 牛河梁遗址女神像②

女神的面部特征相当明显,额头平直,鬓角整齐,颧骨高耸,眼角稍挑。这个女神面目特征表明红山人是蒙古人种,与现今中国北方人的长相基本吻合。这证明红山文化是中国北方文化的源头之一,与其他东亚民族文化也有着渊源关系。原始人以为生命的繁殖主要是依赖于女神,女性是生命的直接创造者,女神也就成了是生命的象征和生殖的象征。认识到男性在生殖方面

---

① 〔德〕哈尔威著、田中克彦译:《萨满教(シャマニズム)》,东京:三省堂1971年,第426页。
② 朝阳市文化局、辽宁省文物考古研究所编:《牛河梁遗址》,学苑出版社2004年,第19页。

的作用,是迟于女神生殖崇拜形成的,这是女神较早出现的原因之一。红山文化出土了怀孕女性的雕像,辽宁朝阳东山嘴出土的孕妇像和牛河梁积石冢出土的孕妇像,都体现了女神与生殖崇拜的关系。

图 5-69　辽宁阳东山嘴出土的孕妇像①　图 5-70　牛河梁积石冢出土的小型孕妇像②

东山嘴和牛河梁孕妇像的意义很明显,无非是祈求多子,强盛的生育力是原始人类共同的渴望。牛河梁第五地点二号冢出土的孕妇小雕像,左脚上还塑有短腰皮鞋。这说明了东北渔猎人的生活状态,说明红山文化不是农耕文化,而是渔猎文化,渔猎文化是产生熊、龟等动物神的原因。

不过红山人也认识到了男性也具有同样重要的生殖意义,因而生殖崇拜并非只体现在女性,也体现在了男性。红山玉器中既有男性的生殖器,也有女性生殖器。

图 5-71　玉男祖器③　　图 5-72　玉女阴器④

男性生殖器形的玉器是 1984 年出土于辽宁法库的红山遗址。男女生殖器的造型很明确地表现了红山人对两性关系与生命诞生的关系,红山人并不认为生命是单性繁殖的产物。从单性繁殖到两性繁殖的认识是生命观念的

---

① 张星德:《红山文化研究》,中国社会科学出版社 2005 年,第 73 页。
② 郭大顺:《红山文化考古记》,辽宁人民出版社 2009 年,第 58 页。
③ 王青路:《红山诸文化玉石考》,人民美术出版社 2009 年,第 333 页。
④ 同上,第 333 页。

飞跃,但并不意味着女性生殖象征意义的淡化或消失,女神庙与怀孕女神雕像都证明仍然占有着主体的地位和意义。

女神像和男女生殖器形的玉器,只能证明红山人的生殖崇拜,并不能说明生殖崇拜与熊神有关系。不过女神与熊龙同体的玉器造型,女神与蛙、鸟的连体形象也应当表达了红山人的观念。

图 5-73 生殖崇拜(女神胸前捧猪龙)①

图 5-74 猪龙首跪身神像②

图 5-75 顶蛙女神像③

图 5-76 顶鸟龙首女神像④

① 柳冬青:《红山文化》,内蒙古大学出版社 2002 年,第 29 页。
② 陈逸民、陈莺:《红山玉器收藏与鉴赏》,上海大学出版社 2004 年,第 101 页。
③ 同上,第 129 页。
④ 同上,第 106 页。

女神手捧猪龙(熊龙)就是将女神与熊龙组合在了一起,女性与熊龙的组合体现的应当是生殖意义。也许顶蛙女神与顶鸟女神更明确地传达了生死崇拜的意义,女神丰硕的乳房、鼓胀的腹部,象征的是生殖力。青蛙与鸟是象征生殖力的动物神,青蛙庞大的产卵数量,鸟神与卵生神话的关系,在很多考古遗物与神话中时常出现,表明蛙、鸟与生殖存在着象征关系。从这一类的玉器来看,熊龙应当包含了生殖的意义。河北卢龙也是红山文化区域,这里也出现了熊龙与女神连体的雕像,其中还有与熊龙同体的男女正在交合的造型。

女神与熊龙的组合关系也是女神庙的基本特征,女神庙的结构与女神、熊龙的位置、大小是解读女神与熊龙的依据。女神庙由主室、东西侧室、北室和南室组成,庙中的神像大小与位置有一定的规则。西侧室的神像大小相当于真人的二倍,主室中央位置的神像大小相当于真人的三倍,主室周围是真人大小的神像群。这说明红山文化时代是多神崇拜,诸神的地位不同。女神与熊龙位于主室的中央和顶部,又比周围的人群与兽群大了很多。依此来看女神是红山文化的主神是女神,熊龙是兽神的主神:"庙内供奉有动物神。主室顶部卧一巨大泥塑熊龙,龙首朝向北部山台,有长吻,双爪向前……"①女神和熊龙的位置与大小说明了女神与熊龙的地位,熊龙的地位仅次于女神,女神与熊龙的组合关系十分明确。从女神与熊龙、蛙、鸟的连体形象可以知道,女神庙的女神与熊龙也应当包含了生殖的意义。然而红山文化中心大墓的墓主都是男性,表明红山文化时期是男性掌握了权力的父系社会。这似乎与女神庙的特征不合,不过女神庙的女神崇拜应当是母系社会流传下来的,父系社会并不否定女神的生殖意义。

女神庙熊龙身体的大小与女神的组合关系,使人想到中国古代曾经存在过的一种特别的观念:

> 问以罴,则云,熊是其雄,罴即熊之雌者。罴为尤猛,或曰罴大于熊。盖熊为罴之雄,而称熊,犹羖为羭之牯而称羖,兕为犀之牸而称兕也。盖皆相类而为牝牡,尤麋与鹿交。②

《尔雅翼》:猎者云:罴,熊之雌者,力尤猛。③

---

① 郭大顺:《红山文化考古记》,辽宁人民出版社2009年,第59页。
② 宋·罗愿:《尔雅翼·释兽二》卷十九(第三册),中华书局1985年,第210页。
③ 清·陈大章:《诗传名物集览·兽·维熊维罴》卷四(第二册),中华书局1985年,第95~96页。

宋代的猎人以为黑熊是公熊,棕熊是母熊,母熊比公熊身体更为高大,也更为有力。这与现今通常的认识不同,一般认为雄性动物身体高大,雌性动物身体稍小。其实熊与罴是熊科的两种动物,前者指黑熊,后者指棕熊,一般而言棕熊的身体大于黑熊。不知宋人的这种观念完全是来自于当时的错误认识,还是来自于神话传说。

熊神崇拜的另一意义是强大的生命力,生命力是原始崇拜的意义之一。红山熊龙是熊与蛇的组合,生命崇拜的对象往往是能够死而复生、循环不止的动物与植物。熊冬蛰春出,蛇冬伏春出,这被认为是死而复生,生命无限。《山海经》记载:

> 又东一百五十里,曰熊山。有穴焉,熊之穴,恒出神人。夏启而冬闭;是穴也,冬启乃必有兵。其上多白玉,其下多白金,其林多樗柳,其草多寇脱。①

熊洞有神人出入,也暗示了熊与神人的转化关系,熊可以化为神人,神人也可以化为熊神。熊山生长着柳,柳也被认为是具有超常生命力的树木。柳插地而生,枯而复荣,因而成为了生命崇拜的象征。《抱朴子》记载熊寿500岁,可谓长寿。熊可化为龟鳖,龟鳖在古人的观念之中是长生不死的神兽,熊又化为雉,雉即野鸡,也是鸟类,鸟类的卵生象征着独特的生殖力,生命力与生殖力是联系在一起的。

黄帝族神话是汉民族代表性的神话之一,但黄帝族神话的熊神与红山熊龙有着明显的差异。黄帝族神话中的熊神都是男性,与男性标记联系在一起的是熊神的王权化与政治化,同时也应当注意到熊神生殖意义的表现形态发生了变化。感生神话作为了生殖的表现形态,而不是将熊神作为生殖的直接载体。在感生神话中光是生命的象征,也与熊神有着极为密切的关系。黄帝族崇拜熊神,黄帝族的熊神与光存在着特别的关系。黄帝是因母亲感光而孕出生的:"母曰附宝,见大电绕北斗枢星,光照郊野,感而孕。二十五月而生帝于寿丘。弱而能言,龙颜,有圣德,劾百神朝而使之。"②光象征着祥瑞,象征

---

① 清·郝懿行:《山海经笺疏·中山经·熊山》卷五,巴蜀书社1985年,第37页。
② 李民:《古本竹书纪年译注·附王国维〈今本竹书纪年疏证〉》卷上,中州古籍出版社1990年,第218页。(王国维原注:以上出《宋书·瑞符志》。案《宋志》此节杂采《大戴·五帝德》、《春秋元命苞》、《山海经》、《史记·五帝本纪》、《帝王世纪》诸书为之,但伪为附志者,实袭《宋志》,故但引《宋志》证之,不复旁及他书,以下放此。)

着圣明,从这个意义上说汉民族也是光的民族。也许是黄帝感光而生的原因,熊与光、火产生了不解之缘。因而古人喜欢以熊来描写火光:

《天官书》:熊赤色有光,与荧荧同。又《山海经》:南望昆仑,其光熊熊,音荧。①

《周礼》穴氏掌攻蛰兽,各以其物火之。谓熊罴之属冬藏者,烧其所食之物于穴外,以诱出之,故熊罴皆从火。罴又加罔也。后郑解罗氏,蜡则作罗襦引火田之事,以为今俗放火。②

《山海经》、《周礼》等文献也记载了熊与火光的关系,本来火光与动物熊罴没有什么关联,但古人以"火光熊熊"来描写,这使人感觉不可思议。对此可有二说:一是熊有朱者,朱熊有光,故有熊熊火光之喻。二是火烧食物,诱冬眠的熊出洞,所谓旦有火光,熊熊奔出,故火光熊熊。不管熊与火光的关系是如何产生的,二者有密切的关系是可以确定的。由熊神生育到感光而孕,表现形态显然完全不同,这应当与熊神的性别变化有关。

熊神的男性化带来了王权化与政治化,王权化、政治化与熊罴象征超常能力有关,无论是君王还是贤臣,都是具有超常能力的巨人。熊即能,能就是有能之人,有熊之人即有能之人,有熊就是有君王的意思,动物之能与人才之能具有了相同的意义。

吾非敢自爱,恐能薄。(正义:能,才能也。高祖谦言材能薄劣,不能完全其众。能者,兽,形色似熊,足似鹿。为物坚中而强力,人之有贤才者,皆谓之能也。)③

这种意义上的熊或能是后来衍生出来的,熊的政治意义不断强化,生命意义不断减弱或转化。显然熊神的男性标志不是没有意义,这种意义是与社会形态历史时期存在着密切关系。如果在共时层面上考察,熊神的性别不定,但从历时的角度考察,熊神的生殖意义早于政治化、王权化的意义。

比较红山熊龙、黄帝族神话、通古斯民族熊神崇拜与坛君神话,就会发现

---

① 清·陈大章:《诗传名物集览·兽·维熊维罴》卷四(第二册),中华书局 1985 年,第 95 页。
② 宋·罗愿:《尔雅翼·释兽二》卷十九(第三册),中华书局 1985 年,第 210 页。
③ 汉·司马迁:《史记·高祖本纪第八》卷八,中华书局 1997 年,第 93 页。

它们之间既存在相似因素,也存在不少的不同因素。① 坛君神话的熊神崇拜好像居于几种熊神崇拜的交汇点,具有如下的特征:

第一,坛君神话的熊神崇拜是通古斯、红山文化与汉民族熊神崇拜的混合体。熊神的王权化、政治化是汉民族熊神崇拜的特征之一,这种特征在坛君神话中也有明显的体现,这证明坛君神话的形成过程中确实受到了汉民族熊神崇拜的影响。但是在神话故事形态层面上,很难认为坛君神话的熊女故事受到了黄帝族熊神故事的直接影响,二者的故事形态没有近似的因素。如果说坛君神话在熊神崇拜的层面上受到了汉民族神话的影响,那么汉民族熊神与王权的特别关系也许是选择熊女神话作为开国建国神话的原因之一。朝鲜半岛的国家历史固然是坛君神话形成的前提条件,但选择什么样的兽神故事作为开国神话的一部分是存在很多可能性的。能够选择熊神作为开国神话当与熊神崇拜的王权化、政治化存在着密切的关系,描写熊梦的韩国古代诗歌与其他文献已经证明了熊神与王权化、政治化的密切关系,也证明了与中国文学的关系,因而坛君神话熊神崇拜的王权化与政治化应当是来自于中国文学。

通古斯民族拥有着悠久的熊神崇拜历史与丰富的熊神故事,但在通古斯诸民族的神话故事中,几乎看不到王权化与政治化,显然王权化与政治化不可能来自于通古斯诸民族。坛君神话的熊女故事与汉民族熊神故事存在着距离,坛君神话的熊神是女性,黄帝族神话的熊神是男性。在通古斯人的神话中有不少熊神是女性,而且具有熊女与人类婚媾的形态,显然在故事形态层面上,坛君神话更近于通古斯人的神话。但也应看到坛君神话与通古斯人神话故事的距离,通古斯人的神话故事不只是缺少王权化与政治化,还缺少高度发展的文明因素。总而言之,坛君神话的熊神崇拜是独特的,表明坛君神话是在各种文化交流过程中形成的。这不是说坛君神话在形成过程中吸收了各种不同民族的熊神崇拜,而是认为朝鲜半岛的熊神崇拜是混合体,坛君神话是在混合体的熊神崇拜基础上形成的。熊神崇拜中有通古斯的因素,也有汉民族的因素,更有朝鲜半岛国家历史的因素。朝鲜半岛的熊神崇拜是混合体,坛君神话也是一个混合体,这样的混合体显然不可能是外来之物。坛君神话熊神崇拜的混合状态,也表明坛君神话不会是熊神崇拜起源地的神话。

---

① 有些学者比较研究黄帝族的熊神故事与坛君神话,以为黄帝轩辕与桓因谐音,因而桓因源于轩辕。相似的语音可以作为证据,但这不是十分有力的证据。坛君神话与黄帝族的熊神崇拜异同共存,但差异是主要的,难于认为坛君神话与黄帝族神话有过交流关系;坛君神话没有直接写到过光,有人以为桓即天,天即光,这种解释有多少可信度尚待研究。在坛君神话中光是禁忌,母熊在洞穴中避日一百天,才变成女人。

第二,坛君神话熊神崇拜形成的上限时间。由于坛君神话熊神崇拜是混合体,至少有三个起源的上限时间:一是东西伯利亚熊神崇拜形成的新石器时代,二是红山文化熊神崇拜形成的新石器时代,三是黄帝族熊神崇拜形成的时间。然而坛君神话熊神崇拜的王权化与政治化是将熊神崇拜与国家的历史结合在一起,这就必须将国家的起源也作为熊神崇拜的附加条件。坛君神话熊神崇拜虽然源于东西伯利亚与红山文化,但不能认为坛君神话的熊神崇拜形成于东伯西利亚与红山文化时期,因为那个时期熊神崇拜不可能已经出现王权化与政治化。一些学者提出坛君是政教合一时代大巫与君王一体化的人物,因为在人类社会发展的早期阶段,王权依赖于原始宗教权力而存在。然而这实际上又提出了一系列的复杂问题,所谓的政教合一的时代是存在什么历史时期?是在箕子朝鲜之前,还是三国时期?政教合一的时代在时间上是比较模糊的概念。与其采用如此模糊的概念进行研究,不如以城市的起源与都城的起始作为熊神崇拜的王权化与政治化的上限时间,因为王权化的标志之一是都市的形成,都市的形成可以得到物质遗迹的印证。正如前文已经研究过朝鲜半岛都市的起源,比较可靠的都市起始时间是公元前2世纪,这个时间应当是熊神崇拜与王权化、政治化结合的上限时间。

第三节　虎神崇拜与三的形式

一、三机能主义与坛君神话虎神的意义

坛君神话中的虎神不大受到受到学术界的注意,相关研究不算丰富,大体而言有两种较为流行的看法:一、虎和熊各自象征着不同的氏族部落,虎神是祖先的象征。二、虎神是军权的象征,代表着国家的王权与体制。这是完全不同的两种看法,究竟哪一种看法正确是需要验证的。坛君神话有关虎神的记载不多,提供的相关信息极为有限,这就给研究虎神的性质、意义、来源等问题带来了极大的困难。虎神不是坛君神话的重要问题,不过确实是最大的研究难点之一。确定虎神的角色、性质与意义需要两个方面的研究验证:一是极大限度地捕捉坛君神话文本中虎神的信息,一是研究韩国虎神崇拜的历史,研究虎神崇拜的历史与坛君神话虎神的关系。通过这两个方面的信息,也许能够使极为模糊的虎神变得清晰一些,从而进一步摸索虎神的来源。

首先应当明确坛君神话中虎神的特征和意义,根据坛君神话的内容可以总结虎神的特征如下:第一,虎神是变成人类的失败者,虎神与人类的关系远

于熊神与人类的关系。虎神期望变成人类,但没有成功,其原因是虎神不能谨守禁忌,可是究竟为何不能谨守禁忌是真正的问题。然而坛君神话没有直接提供虎神不能成功变成人类的原因,表面看来虎神不能谨守禁忌是虎神的性格造成的,但此外似乎还有其他的原因。兽神与人类的关系是坛君神话的基本因素,兽神与人类关系的远近决定了兽神成为人类的成败。

第二,虎神是生殖的失败者。虎神失去的不只是变成人的机会,更重要的是还失去了生育人类的机会。根据坛君神话可以知道,如果虎神变成人类,那么下一个情节必然是生育人类。坛君神话文本中没有这样的内容,这虽然是推测出来的,但这一内容应当是潜在于坛君神话的文本。在雪岩和尚记载的坛君神话另一版本中,虎熊交合生出了坛君。如此来看虎神应当是雄性的,在东亚传统中虎是属阳之兽,虎神的性别符合东亚的传统。不过大林太良的理解有所不同,虎神与熊神是分别与人类交合,那么虎神就不一定是雄性了。不管虎神的性别如何,生育显然是虎神在坛君神话中应当承担的使命,只是失去了这一使命而已。

第三,虎神在坛君神话中的地位不高。虎与熊同出于坛君神话,但二者的地位完全不同。熊成为了坛君朝鲜国家体制的主要成员,虎神则失之交臂,永远地失去了成为国家因素的机会。虎神不是坛君神话的主角,是一个跑龙套的小角色。《三国遗事》之后的很多文献干脆删除了虎神,虎神成了可有可无的角色,其地位微不足道。这种低下的地位显然是虎神失去变成人的机会、失去生育的机会造成的,决定熊神与虎神地位的最终原因是神的生育。

那么坛君神话的虎神源于何处呢?这最好是从13世纪之前韩国与东亚的虎神崇拜中寻找。韩国古代文献有关虎的记载非常丰富,出现过各种虎神的意义,也体现了不同的虎神崇拜。各种虎神的意义都可以作为研究坛君神话虎神的参考依据,但并不是所有的虎神意义切合于坛君神话,只有切合坛君神话虎神的意义才是研究的依据。

大林太良很注意虎神的象征意义,他曾留学于美国哈佛大学,喜欢运用西方的理论来研究东亚神话。他运用三机能体系①的理论研究的成果,在日

---

① 三机能体系是法国著名的比较神话学家、语言学家乔治·杜梅斯(Georges Dumézil,1898年3月4日~1986年10月11日)提出的理论,杜梅斯通晓印度与欧洲的30种语言,亦曾学习中国语。三机能体系是杜梅斯最为闻名的理论,他认为印欧神话都有三分结构,又名为三分意识形态、三机能构造等等。按照杜梅斯尔的看法,原印欧语系各族的社会、宗教与神由上到下有三种机能,即主权、战斗与生产,分别称为第一机能、第二机能和第三机能。第一机能又分为咒术最高权、法律最高权。三机能又与统治者、保护者、生产者相对应。杜梅斯的理论对斯特劳斯的结构主义产生了深远的影响。吉田敦彦是杜梅斯的弟子,大林太良也是三机能体系的推行者与实践者。

本与韩国产生了深远的影响。他研究的核心问题之一就是坛君神话中的三的形式,从形式上看坛君神话有很多三的组合,风伯、雨师、云师三个天神、三个天符印、三千天神、三危山、汉分三郡等等,这些都是直接显露于文本的。此外还有一些隐含的三的组合,桓因、桓雄、檀雄的三组合,桓雄、熊女与坛君的三组合,三七日中的七个三等等。在一个不足 300 字的神话中出现那么多的三,确实令人关注。这是大林太良以三机能理论研究坛君神话中三的形式的原因,也是大林太良的学说产生广泛影响的原因之一,至少具有极高的形式上的切合度。

三在坛君神话中确有特别的意义,那么三的构造与意义是怎样的,是首先遇到的问题。先看大林太良的表述:

> 在这个神话的前半部,桓雄带着从桓因那里得到的三千天神与三个天符印,降临到了太伯山。冈正雄认为这个部分与日本天孙降临对应。而我认为这个神话里的主要登场人物桓雄、虎、熊分别代表着主权、军事、丰穰三个机能,是印欧三机能体系在东亚中的一个例子。①

大林太良注意到了三的数字与三机能理论在数字上的吻合,按照大林太良的解释,桓雄、熊、虎象征的意义是构成国家的基本因素。桓雄、虎、熊构成了三的组合关系,代表了主权、军事、丰穰三种意义。主权其实就是王权,是国家的基本因素。军权是与主权联系在一起,是国家王权的一部分。丰穰是国家存在与发展的基本条件,丰穰就是生产,无论是狩猎或者是农耕,是古代国家的经济基础。三机能主义认为主权、战斗与生产是由上而下的三种机能,主权最高,是第一机能;其次是战斗,再次是生产,分别是第二机能和第三机能。坛君神话是国家神话,那么以国家的三种基本权力解读桓雄、虎、熊是可以理解的。但大林太良的说法是否能够成立,需要两个方面的验证:一是13世纪之前虎神与军权的关系,一是三机能的权力结构与坛君神话对应的关系。

在东亚历史的传统观念之中,虎神与军权具有象征的关系,军权又与王权结合在一起,这是大林太良提出虎神是象征军权的根据之一。韩国古代君王多用虎为名,或以虎字为年号。文虎王法敏、虎神王无恤、川王名男虎、虎宁王斯摩、文虎王,虎后、神虎王、虎宗等等,顺弘角干追谥成虎大王。赫居世

---

① 〔日〕大林太良:《东亚的王权神话》,东京:弘文堂昭和五九年,第 345 页。

神话的第四个村觜山珍支村,长曰智伯虎;第六个村明佸山高耶,长曰虎珍,初降于金刚山。金庾信追封公为兴虎大王。韩国古代武将的官名多用虎字,《三国遗事》记载左虎卫大将军苏定方、《高丽史》记载神虎卫大将军卢能训等等。高丽时期设置了神虎卫,李奎报《丁公寿为神虎卫上将军官诰》:"由霸以降,用虎之邦,董千军之勇也,不若选贤将而任焉,责万人之效也。"① 神虎卫是军队的机构,所谓的神虎是指像神虎那样无敌的军队。人名常用虎字,黄虎猛、梁元虎等等,在史籍中有许多类似的名字。此类名字中虎字的意义就是武力或强大,或者寄托了对强大武力的渴望。

在韩国传说故事中虎神与王权、兵事有关,是虎神象征意义的演化与再现。

> 又古记云:昔一富人居光州北村,有一女子,姿容端正。谓父曰:"每有一紫衣男到寝交婚。"父谓曰:"汝以长丝贯针刺其衣。"从之。至明尽丝于北墙下,针刺于大蚯蚓之腰。后因妊生一男,年十五,自称甄萱。至景福元年壬子称王,立都于完山郡,理四十三年。以清泰元年甲午,萱之三子篡逆。萱投太祖,子金刚即位。天福元年丙申,与高丽兵会战于一善郡,百济败绩。国王云:初萱生孺褓时,父耕于野。母饷之,以儿置于林下,虎来乳之,乡党闻者异焉。及壮体貌雄奇,志气倜傥不凡。②

这是《三国遗事》后百济的故事,甄萱之父是大蚯蚓,母虎曾喂养甄萱。甄萱和坛君一样有不寻常的生长经历,表明他不是寻常的人物,最终成为了国王。甄萱体貌雄奇,这与母虎喂养有关。甄萱是王权和军队的标志,虎与王权、军权搭上了关系。这个故事的虎神可以作为虎与王权、军权的分析对象,然而这个因素是高度文明时期的产物。故事的主体部分源于中国,日本也有类似的故事。

虎神象征着军权,也象征着兵事,象征着不祥。《三国史记》记载了一则高句丽的君王之梦:

> 九十年,秋九月,丸都地震。王夜梦,一豹啮断虎尾。觉而问其吉凶,或曰:"虎者,百兽之长;豹者,同类而小者也。意者王之族类,殆有谋

---

① 〔韩〕李奎报:《东国李相国全集》卷第三十四,影印标点《韩国文集丛刊》第2册,韩国民族文化推进会1990年,第55页。
② 〔韩〕一然著、李载浩译注:《三国遗事·后百济·甄萱》卷二(第一册),舍壹판사1997年,第335页。

绝大王之后者乎?"王不悦,谓右辅高福章曰:"我昨梦有所见,占者之言如此,为之奈何?"答曰:"作不善,则吉变为凶;作善,则灾反为福。今大王忧国如家,爱民如子,虽有小异,庸何伤乎?"①

梦中的虎象征着王权,虎的异样情节象征着灾难。在《三国遗事》的记载中,虎神是凶神:"高丽、靺鞨二国兵来围之,相击未解。自五月十一日至六月二十二日,我兵危甚。王闻之,议群臣曰:'计将何出?'犹豫未决。庾信驰奏曰:'事急矣,人力不可及。唯神术可救。'乃于星浮山设坛修神术。忽有光耀如大瓮,从坛上而出,乃星飞南北去(因此名星浮山。山名或有别说云:山在都林之南,秀出一峰是也。京城有一人谋求官,命其子作高炬,夜登此山举之。其夜京师人望,人皆谓怪星现于其地。王闻之忧惧,募人禳之。其父将应之,日官奏曰:此非大怪也。但一家子死,父泣之兆耳。遂不行禳法。是夜其子下山,虎伤而死)。"②这种虎神的意义与汉民族的虎神意义相同,《高丽史》使用主兵一词来表现虎与兵事的关系,主兵一词常见于中国的文献:

太祖元年八月戊辰,虎入都城黑仓垣内,射获之。筮之曰:"虎猛兽不祥,是主兵也。"③

这段记载只说虎主兵,是不祥的预兆。《三国遗事》记载了虎与兵事应验的关系:"大历之初……是年七月,北宫庭中先有二星坠地。又一星坠。三星皆没入地。先时宫北厕圊中二茎莲生,又奉圣寺田中生莲。虎入禁城中,追觅失之。角干大恭家梨木上雀集无数。据安国兵法下卷云:天下兵大乱。于是大赦修省。七月三日,大恭角干贼起,王都及五道州郡并九十六角干相战大乱。大恭角干家亡,输其家资宝帛于王宫。"④虎入禁城是多种不祥之一,结果发生天下兵乱。这些文献充分地支持了大林太良的看法,把坛君神话置于这样的历史传统去解读,只能得出与大林太良相同的看法。

---

① 〔韩〕金富轼:《三国史记·高句丽本纪三·大祖大王九十年》卷十五,吉林文史出版社2003年,第194页。
② 〔韩〕一然著、李载浩译注:《三国遗事·纪异第一·太宗春秋公》卷一,솔출판사1997年,第200页。
③ 〔韩〕郑麟趾:《高丽史·志八·五行二·金》卷五四,首尔大学校奎章阁本。
④ 〔韩〕一然著、李载浩译注:《三国遗事·惠恭王》卷二(第一册),솔출판사1997年,第244~245页。

韩国民族的虎神崇拜并非只有军权的意义,此外还有其他的意义。古代韩国人崇拜虎神的记载最早见于中国的官修正史,濊是三国时期的一个小国,后成为韩国民族的来源之一。《后汉书》濊传记载:

> 岁时朝贺,无大君长,其官有侯、邑、君三老。耆旧自谓与句骊同种,言语法俗大抵相类。……其俗重山川,山川各有部界,不得妄相干涉。同姓不昏,多所忌讳。疾病死亡,辄捐弃旧宅,更造新居。知种麻、养蚕,作緜布。晓候星宿,豫知年岁丰约。常用十月祭天,昼夜饮酒歌舞,名之为舞天。又祠虎以为神。①

《后汉书》只有"祠虎以为神"一句,此外别无更为具体的记载。濊人崇拜虎神,但虎神究竟意味着什么并不清楚。濊国没有君王,应当不是成熟的国家,虎神未必是王权或军权的象征。濊人俗重山川,虎神很可能是山神。但文中记载濊人"晓候星宿",白虎是二十八星宿的重要因素,说明濊人的虎神也可能是白虎。

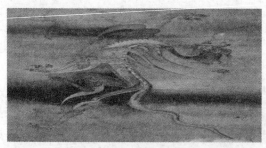 

图 5-77　遇贤里中墓玄室西壁白虎②　　图 5-78　三室冢第二室朱雀与白虎③

濊与高句丽相接,与高句丽语言和法俗相类。高句丽人也是以虎为神,高句丽古坟壁画中出现过不少白虎,也出现过不少北斗七星。遇贤里中墓的白虎生有飞翅,这是四神的白虎形象。高句丽的坟墓壁画经常出现朱雀、白虎、玄武、青龙,说明高句丽的虎神崇拜与四神有关。虎出于高句丽的古坟,还出现在高丽时期的王陵。下图的石虎是高丽恭愍王陵上的雕像,王陵位于朝鲜开成。

---

① 南北朝·范晔:《后汉书·东夷列传第七十五》卷八十五,中华书局1997年,第729页。
② 《朝鲜古迹图谱·高句丽》第二,朝鲜总督府藏版大正四年,第224页。
③ 《朝鲜古迹图谱·乐浪·带方·高句丽》,第85页。

图 5-79　恭愍王陵石虎雕像①

　　龙、虎、龟、鸟是很多民族共有的神兽,但是它们形成固定的组合关系,是中国汉族文化的产物。上述四神图就是这一组合关系的表现,高句丽古坟的四神图正是高句丽民族接受汉族文化的证据。

　　四神又叫四象、四灵,四象初指水、火、木、金分布的四方之象,即东龙、南鸟、西虎、北龟蛇(武),分别表示东南西北四大区星象。春秋战国时期四象与青龙、白虎、朱雀、玄武结合,两汉时期成为道教的神灵。战国早期曾侯乙墓出土漆箱盖上画着二十八宿和青龙、白虎,说明战国时期已经形成了四神。四神的基本功能有二:一是辟邪恶、禳灾祸、调阴阳、祈丰穰。虎神还具有惩恶扬善、发财致富、喜结良缘等多种神力。虎是属阳的神兽,它的威猛可以用来降服鬼怪。二是象征军事和王权,是军队布阵方位的标志。白虎是战神、杀伐之神,白虎也是凶神,俗称白虎煞。虎作为百兽之长的地位,必然与王权产生关系。其形象多出现在宫阙、殿门、城门或墓葬建筑及其器物上,上面图片中的虎神都是出现在高句丽与高丽的古坟,这个空间位置决定了虎神的意义只能是镇慑邪魔,保护亡灵,与军权没有直接的关系。

　　东亚的虎神与军权的传统关系,为大林太良确定坛君神话虎神的性质与意义提供了丰富的证据。但这种关系是否与坛君神话吻合,三机能的权力结构是否能够与坛君神话对应,都是需要一一验证的。如果三机能主义与坛君神话不能吻合,或者部分地吻合,那么就必须考虑是否应当使用或多大程度上使用三机能主义的理论了。总体而言,三机能与坛君神话的切合度不是很高,只有部分相合而已。相合的部分是桓雄与主权,其实这个部分也有问题。真正代表主权的不是桓雄,而是坛君,坛君才是坛君朝鲜的君王。桓雄虽然

---

① 《开城的文物古迹》,朝鲜民主主义人民共和国文物保存指导局画册编辑室(无出版年代),第 15 页。

是坛君的父亲,但他不是国家的君王,不能代表国家的主权。如果将桓雄作为主权的代表,那么桓因也是主权的代表。大林太良为何一定要将桓雄与主权对应起来,实在是难以理解的问题。不过桓雄对应为国家主权,也不是完全没有合理性。不过三机能与坛君神话的差异更为明显:

第一,坛君神话中没有军权的因素。不管虎神与军权有过怎样的密切关系,最重要的是坛君神话中应当包含虎神与军权的关系。否则只能是从外部塞进了坛君神话中本来不存在的因素,其结果不可能正确地研究坛君神话。事实上在坛君神话中虎与军权毫无关系,坛君神话中没有军队的因素。坛君神话记载了主谷、主病、主命、主刑与主善恶,但没有主兵。主刑和主兵相近,但完全是不同的概念。既然军权是坛君神话最重要的三要素之一,那么应当有主兵。但文本中偏偏没有主兵,这不能不是一个憾事。桓雄带着三千天神来到人间,三千天神可以理解为军队,但这样的理解显然不符合《三国遗事》的记载。天神与天兵是不同的概念,天兵固然也是天神之一,但天兵不能等同于天神。三千天神主要从事在农耕、医术、刑律等方面的事务,而不是承担军队的角色。另外更遗憾的是虎神没有能够变成人类,也就没有能够参与到坛君朝鲜建立的过程。实际上虎神与坛君朝鲜的建国没有直接的关系,也就更不可能与军权产生任何关系。坛君创建国家的基础不是军队,而是他的天帝之孙的血统。

坛君神话并非与军权完全没有关系,但这是通过君王的名字体现出来的。在坛君神话中周武王写成了周虎王:

> 周虎王即位己卯,封箕子於朝鲜。①

这不是误记,应当是避讳。虎字之所以成为武字的避讳字,因为虎象征着武,武象征着军队。《三国遗事》还有一些中国帝王的名称年号都是如此改记,东汉的虎帝和建虎年号(光武帝及其年号)、西晋的虎帝(晋武帝司马炎)、东晋中宗(晋元帝司睿)的建虎年号等等,其原因与周武王相同。周虎王名字中的军权因素虽然属于坛君神话,但与坛君没有关系,周虎(武)王并不是韩国古代的君王,因而并不表明坛君神话中包含了军权的因素。

第二,熊女的意义与地位不合于三机能体系。在坛君神话中熊女的基本意义不是生产,而是生殖。生殖与生产固然有一定的联系,但毕竟二者并不相同。丰穰主要是指农耕生产,生殖是指人类生命的繁殖。熊女有两个祈

---

① 〔韩〕一然著、李载浩译注:《三国遗事·古朝鲜》卷一(第一册),솔출판사1997年,第71页。

愿，一是变成女人，一是生子。此外熊女没有提出过其他的要求，熊女与农耕生产没有直接的关系。坛君神话中确有丰穰的因素，但不是通过熊女表现出来的，表现丰穰的因素是主谷与风伯、雨师、云师。在主谷、主病、主命、主刑、主善恶之中，主谷是第一位的，但主谷与熊女无关。坛君神话的第二机能不是虎神，而是熊神，这显然与坛君神话完全不合。

第三，三的形式与来源。坛君神话确有不少三的数字，不过三只是形式，三的内容各不相同，没有什么规定性。那么三的形式来自于何处呢？三对于东亚古代社会有着特别的意义，无论是汉民族或者是通古斯人都有丰富的三的形式。汉民族多以三为基本单位，三皇、三礼、三公、三军等等，此类例证不胜枚举。通古斯萨满教是以三的组合观念认识宇宙的，赫哲人、乌德盖人都以为世界分为三界，人的灵魂也有三个。通古斯文化和汉民族文化没有完全对立的关系，很多因素是共同的，韩国民族与日本文化中的三也具有同样的重要意义。有的学者以为中国文化中三的形式源于红山文化，红山文化以三为基本单位，圆形祭坛分为三层，与北京天坛相似。通古斯民族的三的形式也有可能源于红山文化，但这需要更深入的研究和证明。坛君神话有可能通过佛教接受印欧的三机能，但三的形式更多体现的是与汉民族文化的关系，坛君神话三的形式不可能源于印欧三机能体系。风伯、雨师、云师的三组合确实可能源于佛典，但是早在佛教传入之前已经形成风伯、雨师、云师，先秦文献就记载过三神。这就是说三神有可能通过佛典成为坛君神话因素的，但是三神代表的是汉民族的文化，而不是印欧文化。西方的三机能体系与东亚的三的组合只是形式的相似，本质上未必相合，以印欧的三机能解释坛君神话的三的组合不一定能够得到正确的结果。

最后还有一点需要考虑的是坛君神话分为两个部分，虎神显然属于熊女神话的部分，不是属于坛君朝鲜国家传说的部分，至少王沈《魏书》的记载就是如此。熊女神话原本就不是国家神话，至多是祖先神话，虎神与军权没有任何的关系也是必然的。国家传说是坛君神话的另一部分，国家传说与熊女神话结合时带入了国家因素，但是国家因素与熊女神话显然没有完全融为一体。虎神与军权无关就是坛君神话的两个部分结合时留下的痕迹，这一痕迹也证明了王沈《魏书》的记载是可靠的。大林太良将军权与虎神结合起来，固然符合东亚虎神崇拜的传统，但是与熊女神话不合，大林太良失误的主要原因是没有研究坛君神话的形成。

二、虎神的地位与现实生活的关系

坛君神话中虎神的地位不仅与三机能理论不合，与韩国古代生活中虎的地位也是不合的。在朝鲜半岛古代的生活之中,虎与人的关系更为密切,也具有比熊更为重要的地位。《三国史》、《三国遗事》与《高丽史》都有不少关于虎的记载,大多记载虎入都城与王宫之事。从虎入都城和王宫的次数,可以了解虎与韩国民族生活的关系是何等密切,也可以明白生活中的虎与坛君神话虎神的地位相差甚远。

《三国史记》是官修正史,记载了不少虎入王城与王宫的事件。此类事件发生在新罗,也发生在高句丽与百济。《三国史记》新罗本纪多次记载了虎入王宫之事:

(十三年)夏六月,虎入大官庭,杀之。①

(四年)六月,京都雷雹伤草木。大星陨皇龙寺南。地震声如雷,泉井皆渴。虎入宫中。②

(六年六月)二十九日,虎入执事省,捉杀之。③

(五年)秋七月,五虎入神宫园。④

十一年春二月,虎入官庭。⑤

《三国史记》高句丽本纪也有类似内容的记载:

十一年冬十月,虎入王都,擒之。⑥

十八年秋九月,九虎一时入城食人,捕之不获。⑦

---

① 〔韩〕金富轼:《三国史记·新罗本纪七·文武王十三年》卷七,吉林文史出版社2003年,第99页。
② 〔韩〕金富轼:《三国史记·新罗本纪九·惠恭王四年》卷九,第128页。
③ 〔韩〕金富轼:《三国史记·新罗本纪九·惠恭王六年年》卷九,第129页。
④ 〔韩〕金富轼:《三国史记·新罗本纪十一·文圣王五年》卷十一,第150页。
⑤ 〔韩〕金富轼:《三国史记·新罗本纪十一·宪康王十一年》卷十一,第158页。
⑥ 〔韩〕金富轼:《三国史记·高句丽本纪七·阳原王十一年》卷十九,第239页。
⑦ 〔韩〕金富轼:《三国史记·高句丽本纪十·宝藏王十八年》卷二十二,第267页。

十三年春二月,王都老姬化为男。五虎入城。王母薨,年六十一岁。①

《三国史记》百济本纪的记载:

二十三年春正月,王都老姬化狐而去。二虎斗於南山,捕之不得。②

《三国史记》的新罗本纪记载得比较详细,高句丽与百济本纪记载得比较简略,但并不证明高句丽与百济虎入王宫或都城的次数比新罗少,这是以新罗为正宗记载的结果。《三国遗事》不是官修正史,没有按照《三国史记》的方式记载虎入王宫与都城之事,但记载的事件更为具体,也使人更深地体会到虎与人的关系。《三国遗事》记载:

王之代有阏川公、林宗公、述宗公、虎林公(慈藏之父)、廉长公、庾信公会于南山[百一日十ㄣ]知岩议国事。时有大虎走入座间,诸公惊起。而阏川公略不移动,谈笑自若,捉虎尾扑于地而杀之。阏川公膂力如此,处于席首,然诸公皆服庾信之威。③

此事的记载有些夸张,但虎显然不是远离生活,而是近在咫尺,这种迫近感在各种文献中体现得十分真实:"释惠现,百济人,小出家,苦心专志诵莲经为业。……遂往江南达拏山居焉。山极岩险,来往艰稀。现静坐求忘终于山中,同学舆尸置右室中。虎啖尽遗骸,唯髑舌存焉。三周寒暑,舌犹红软。过后方变紫,硬如石。道俗敬之藏于石塔。俗龄五十八。"④释惠现圆寂之后,虎食遗体,唯存其舌。都城与王宫是守备森严的地方,虎居然能够频频进入,由此可以知道虎与日常生活不是极其地遥远。

三国与统一新罗时期的这种状况,到了10世纪王建高丽建立之后,并没有多大的变化。《高丽史》记载了虎、熊等兽类进入都城的情况,下面是根据《高丽史》统计的表格。

---

① 〔韩〕金富轼:《三国史记·百济本纪一·温祚王十三年》卷二十三,第276页。
② 〔韩〕金富轼:《三国史记·百济本纪四·东城王二十三年》卷二十六,第312页。
③ 〔韩〕一然著,李载浩译注:《三国遗事·真德王》卷一(第一册),舍출판사1997年,第168页。
④ 〔韩〕一然著,李载浩译注:《三国遗事·避隐第八·惠现求静》卷五(第二册),第388页。

表 5-1　高丽时期各类动物入城统计表①

序号	时间	虎与地点	时间	其他兽类	虎伤人
1	太祖元年八月戊辰	虎入都城	三年闰十月壬申	獐入球庭	
2	六年三月	虎入归仁门	六年三月	狐登右仓囷	
3	七年七月壬戌	虎入城	仁宗七年十月丙戌	狐鸣都省厅及大仓北垣	
4	十年五月	京畿多虎	十一年五月丙寅	獐入兵部前路	
5	十一年九月壬申	虎入城	十五年二月辛丑	狐鸣寿昌宫中	咬人
6	德宗元年二月壬戌	虎入宣喜门	十八年四月辛未	豹入城	
7	靖宗二年八月丁未	虎入京城	高宗四年三月壬午	狐鸣御果园	
8	文宗二十年二月甲午	虎斗死于宫城北	高宗十一月丙辰	獐出自广化门	
9	二十一年闰正月	虎屡入京城	九年九月丁未	鹿入市	
10	肃宗六年十二月癸卯	虎入城中	十三年八月庚戌	熊入城	害人
11	八年十一月戊戌	虎入禁苑山呼亭	十月丁酉	熊又入市街	
12	八年十一月壬寅	京畿多虎	二十九年四月	北界熊黑多入海岛	命军士捕之
13	睿宗六年十一月	虎入都城	元宗四年五月庚子	十鹿入城	多害人物
14	十三年二月戊午	虎入太子行宫	元宗七年十月壬戌	狐鸣于寝殿	
15	毅宗元年七月壬申夜	虎入选军	元宗十年八月辛丑	鹿入宫中	

① 根据首尔大学校奎章阁本《高丽史·志八》卷五四编制。

第五章　兽神崇拜与祖先神话　391

(续表)

16	八月己亥夜	虎入大明宫	忠烈王三年七月辛亥	二鹿入市	
17	十二年七月己未	虎入京城	十一月乙未	鹿入城	
18	明宗六年九月甲辰	虎入大明宫	四年五月壬寅	鹿入城	
19	八年九月戊子	虎入京城	五年六月乙巳	鹿入沙坂宫	
20	十年正月戊寅	虎入城市	十月丁亥	鹿入城	
21	十九年十一月乙丑	虎入延庆宫内	六年十月庚辰	鹿入沙坂宫	
22	二十七年正月癸卯	虎入穆清殿	忠烈王九年六月丙戌	鹿入城	
23	高宗六年四月壬辰	虎入赏春亭	忠烈王十三年四月乙亥	有狐昼入大殿	
24	七年四月丙子	虎入寿昌宫寝殿	己卯	狐入城	
25	二十二年二月辛巳	虎入御井	八月癸丑	鹿入城	
26	元宗元年二月壬寅	虎入内城	十九年三月己丑	鹿入城	
27	二年正月	虎聚固城县石泉寺洞	四月己丑	鹿入宫中	击鼓而舞
28	六年七月壬戌	虎入阙东门外咬杀人	二十二年四月庚戌	鹿入城	
29	十五年四月己酉虎	昼入京城	三十四年四月	羚羊入行省	
30	忠烈王九年四月庚戌	虎入城	宣王五年五月己亥二	狐入延庆宫	咬人
31	忠烈王九年五月辛酉	虎入市	忠肃王十一年五月乙未	鹿入城中	
32	十年二月戊戌	虎入市	十二年九月丙子	獐入旻天寺毛色异常	

(续表)

33	十三年闰二月甲子	虎入城	后六年十一月癸丑	狐鸣时坐宫	
34	十五年五月甲申	虎入城	十六年四月甲午	獐入康安殿	咬人
35	十八年七月丙戌	虎入城	忠惠王后二年五月己卯	鹿入城	
36	十九年二月癸巳	虎入王宫	四年三月辛卯二	獐入城	
37	二十一年二月壬辰	虎入城	四月壬寅	獐入城	
38	二十二年二月癸亥	虎入寿宁宫	丁酉	狐鸣于市廛廊上	
39	三月丁丑	虎入城	忠穆王三年五月己巳	獐入城	
40	二十三年二月乙未	虎入城	四月庚辰	獐入城	
41	二十九年五月丙申	虎入城.	八月丙子	二鹿入寿德宫	
42	闰五月辛巳	虎入市	忠定王元年九月丁丑	山羊及狐獐入城市	
43	忠宣王三年四月	虎连入城中	三年正月癸亥	狐入城	
44	五月丁亥	虎入城	九月辛亥	鹿入城	
45	忠肃王三年二月癸未	虎入城	恭愍王四月壬戌	豹入城	
46	忠肃王后六年五月戊申	虎入城	癸亥	獐入城	
47	忠惠王三年三月丁酉	虎入城	十二月	二鹿入城	咬人
48	五年二月甲午	虎入城	二年四月壬子	獐入城	
49	丁酉	虎入城	八月辛亥	狐入城	

(续表)

50	忠穆王四年二月乙未	虎入城	九月辛卯	狐鸣于延庆宫	
51	恭愍王元年正月辛未	虎入城	三年九月乙亥	狐鸣于延庆宫	
52	三月壬申	虎入城	十月甲午	狐入丰储仓	
53	十四年七月辛巳	虎入城	四年四月丁巳	獐入城	
54	九月丁卯夜	虎入城.	六年闰九月壬戌	狸入延庆宫苑内	
55	十九年十月壬辰	虎入城	庚午	狸入阙内而死	
56	辛禑元年正月己巳	虎自宣义门入城	十二年闰三月癸未	二獐入城中	
57	四年八月丙午	虎京城	戊子	獐入城中	多害人物
58	忠让王九月甲寅	虎入新都门下府	十三年六月己酉	狼入城	抟人而去,时迁汉阳才数日。虎多害人,畜人皆畏惧。王遣使祭白岳木觅城隍以禳之。
59	三年九月丙午	虎入城	癸未	狐鸣于宫北	
60			十一月癸丑	狐鸣景灵殿	
61			十五年四月辛巳	獐鸣东宫	
62			九月丁未以	狼入城设金经道场	
63			十六年四月壬子	獐入时坐宫坊	
64			癸亥	狼及獐入于市,又獐入城	

(续表)

65			二十二年五月甲辰	獐入城
66			二十三年四月丙申朔	獐入城
67			四月壬子	獐入城
68			二年五月甲寅朔	獐入都省球庭
69			三年三月辛巳	狐入宫中
70			五年正月辛卯	狐鸣于本阙
71			八月癸巳	狐鸣于球庭
72			七年二月己丑	獐入城
73			庚寅	二獐入城
74			四月甲子	獐入城
75			五月庚戌	獐入城
76			八年二月甲戌	狐入城
77			九年正月乙巳	妖狐鸣于阙傍
78			三月己酉	狐鸣于花苑.
79			八月丁丑	獐入城
80			十年二月己卯	獐入城
81			四月己卯	獐入城
82			十一年七月癸酉	狐鸣康安殿.
83			十三年九月己卯	狐鸣于时坐所
84			恭让王二年正月辛未	狐出寿昌宫西门
85			三月甲申	獐入城
86			四年五月丁亥	獐入孝思观
87			六月丙辰	鹿入京城

在这个表格中虎是最频繁地进入城市与王宫的兽类,共有59次,其他动物合计为87次,其中较多的是獐、鹿、狐等等,熊只有3次。熊、豹、狼等是比

较危险的动物,但均无伤人的记载。忠让王迁移汉阳之后,还专门派人去祭祀城隍,以消除虎患,虎已经成了日常生活的一大灾害。据说在二战之前,韩国人翻越山岭时要佩带铃铛,夜里要举火把,以防猛虎的袭击。

从《三国史记》、《三国遗事》与《高丽史》的记载,需要研究的问题有二:一是官修正史与野史记载虎入王宫、都城的原因。中国的官修正史不大记载此类事件,这是韩国古代的官修正史不同于中国的官修正史之处。"王都老妪化为男。五虎入城。""二十三年春正月,王都老妪化狐而去。二虎斗於南山",皆为纪异。虎入都城与老妪化男、老妪化狐并记,表明虎入都城是作为纪异来记载的。《三国遗事》也有类似的记载:"大历之初,康州官署大堂之东,地渐陷成池(一本大寺东小池)从十三尺,横七尺。忽有鲤鱼五六,相继而渐大,渊亦随大。至二年丁未,又天狗坠于东楼南,头如瓮,尾三尺许,色如烈火,天地亦振。又是年,今浦县稻田五顷中皆米颗成穗。是年七月,北宫庭中先有二星坠地。又一星坠,三星皆没入地。先时宫北厕圊中,二茎莲生,又奉圣寺田中生莲。虎入禁城中,追觅失之。"①与"虎入禁城"一并记载的是其他的怪异之事。高丽朝的诗人李穑为虎入京城专门写了一首诗歌,《记事》:"虎入京城古所稀,况今雉堞似长围。将军一箭风生□,上有神明耸国威。天生猛兽亦云稀,夹镜双瞳腰十围。城底有狐应落胆,只缘当日假渠威。"②《高丽史》记载虎入都城的次数不少,但仍然不能认为是常见之事,是当时少见的重大事件。李穑从虎入京城想到的是军威如虎,震慑城底群狐。

坛君神话虎神的地位不是来自于韩国古代的现实生活,不是来自于虎与韩国古代的军兵关系。在《三国史记》、《三国遗事》与《高丽史》的记载之中,虎显然是最重要的,熊的地位完全不能与虎相提并论。虎入都城与王宫的次数最多,这自然是当时实际状态的记录,但同时也应当认识到这是不完整的记录。除了上述记载的兽类之外,恐怕还有许多小型动物也时常进入都城与王宫,其次数完全可能多于虎,但完全没有记载其他的小型动物。记载虎入都城与王宫最多,因为这是重要的事件。显然虎在朝廷与庶民的生活之中占有极为重要的地位,但在坛君神话中虎完全失去了就应有的地位,这只能表明坛君神话虎神的地位不可能来自于古代的现实生活。坛君神话熊神的地位与上文的表格完全不符,表格中的熊只出现过三次,而虎出现过59次。如果将熊与虎的次数调换过来,就与坛君神话的熊神与虎神的地位大体相合了,这个表格说明坛君神话熊神的地位也不是来自于现实生活。

---

① 〔韩〕一然著、李载浩译注:《三国遗事·惠恭王》卷二,솔출판사1997年,第244~245页。
② 〔韩〕李穑:《牧隐诗藁》卷之九,影印标点《韩国文集丛刊》第4册,韩国民族文化推进会1990年,第72页。

三、通古斯人的虎神崇拜与虎神的渊源

坛君神话的虎神地位或来自于其他的民族,或来自于韩国远古的崇拜。大林太良曾提出过坛君神话源于乌德盖人祖先神话的看法,在通古斯人的文化中虎神是一个极为普遍的现象,坛君神话的虎神与通古斯人的虎神产生关系的可能性是存在的,但这个问题也是需要验证。

在通古斯人的神话中虎神是山神,具有极其重要的地位。对生活在山林里的民族来说,山林是通古斯人获取食物、赖以生存的地方,山神的重要性毋须多论。在黑龙江沿岸萨卡奇——阿梁村的岩画上有一只虎,表明赫哲人崇拜虎神的历史极为久远。赫哲人在打猎之前要祭山神:"赫哲人仍然十分尊崇虎,称它为'山神爷'。在狩猎时,有很多关于虎的禁忌,如每到一个新的猎场,带队的劳德玛发(把头)都要竖起篝火烧剩的木棍,率领全体猎人跪求山神爷说:'保佑我们打猎顺顺当当,多打猎物,年轻人如有说咸适淡的,山神爷要多担当些。'在山里遇到锯剩的树桩子,猎人不能坐,因为人树桩子是'山神爷'坐的。据老年讲,古时候的猎人不猎虎,看见虎的足迹,要马上避开;在狩猎中偶然遇见被虎咬伤或追捕的野兽,他们仍碰都不碰,还对远去的老虎说:'这只野兽是你的,不是我的。'赫哲族中的阿克坚克氏族自称是虎的后代。其他氏族的人在无意中打死了虎,得拿着赎罪供物到阿克坚克氏族居住的村子去,举行赎罪仪式。"① 虎神是山神,也是赫哲族阿克坚克氏族的祖先。鄂伦春人称虎为"博如坎"(神的意思),猎人相信新生的虎崽能够保佑人的生命,建立人与虎的和谐关系是鄂伦春人的理想。

鄂伦春、鄂温克和赫哲族有极其相似的虎神故事,赫哲族的神话《三月三、九月九节日的来历》的主要内容:猎人走了之后,妻子准备睡觉时,突然门咚咚响起来,一只扎了树刺的虎爪伸了进来,虎爪血淋淋的。妻子拔出了树刺。后来虎每隔两、三天就送各种猎物,再后来老虎不见了。猎人上山打猎之前,把食品放在山上,还敬了酒,结果打到了很多猎物。猎人告诉了其他人,从此猎人进山打猎时,都要祭拜山神老虎。每年的三月三与九月九要举办大型的祭祀山神爷的仪式,庆贺与祈祷狩猎的丰收。② 《山神爷》(赫哲族渔民吴连贵讲述者采录于 1980 年 10 月 26 日)的主要情节:从前一个老太婆在黑龙江边遇到一只老虎,老虎来找人拔刺,老太婆帮助虎拔掉了刺。老虎

---

① 黄任远、黄永刚:《虎熊神话和虎熊崇拜——黑龙江三小民族神话比较之三》,《佳木斯大学社会科学学报》2005 年第 1 期。
② 王士媛、马名超、黄任远:《赫哲族民间故事选》,上海文艺出版社 1986 年,第 206~207 页。

驮野猪谢恩,从此就形成了供山神(即虎神)的习俗。① 鄂温克族神话《老虎报恩情》的主要情节:说不清哪一年哪一月,在深山老林老虎伸爪子求助,小猎人拔出木刺。老虎送来一头大马鹿,老虎驮小猎人回家。从此每年进山给山神送祭羊。② 鄂伦春族的神话《白那恰的传说》也是一篇虎的故事:古时候的一个冬天,一个寡妇的孩子在草甸子遇到老虎,老虎前爪被树杈夹住,孩子救下了老虎。老虎送野猪表示谢意,还驮孩子回到家中。从此形成了奉白那恰(虎神)的习俗。③ 上述的虎神故事相似,只是在细节上有所变化,这表明这些故事是通过交流形成的。这个故事一方面表现了人与虎的亲近关系,另一方面也表现了弱虎的特征。虎神与人的和谐关系不只是体现在这一类型的故事,在其他的故事中也有同样的观念。在呼玛地区流传鄂伦春人的《古善和老虎》故事:猎人古善救出了压在树下的小虎崽儿,用鹿肉去喂受伤的小虎,还把猎物分给照看小虎的两只老虎。从此古善得到老虎的照顾,为他送来各种猎物,古善的后人也得到了老虎的照顾。④ 这个故事显然与上面的故事类型无关,说明人与虎神的和谐关系是通古斯人的普遍观念。

然而通古斯人的虎的形象是多方面的,在很多故事中虎是猛兽,人与虎之间存在着对立的关系。赫哲族的《天鹅湖的故事》讲了青年向天鹅姑娘求婚的故事,天鹅姑娘的爸爸给青年出了三个难题:一是一箭射死大雁,二是一叉叉住大鳇鱼,三是一枪打死猛虎。青年果然做到了。⑤《山羊和小老虎》(黑龙江逊克一带,鄂伦春人孟兴全讲述,1981年孟淑珍整理)讲的是山羊将羊角说成神刀,欺骗小虎,最终安然逃命。⑥ 在山羊与小虎的较量之中,小虎虽然是强者,但其实也是愚蠢的弱者,这个故事更多体现了民间故事的娱乐性。通古斯人的虎神故事很多,形成于各个不同的历史时期,虎神形象不可能是单一的。

通古斯人与韩国民族的虎神故事之间也发生过交流关系,有一些几乎完全相同的故事分布于东亚的各个民族。通古斯人的《欺师忘恩的老虎》讲述了虎向猫拜师学艺的故事,虎最终是学艺的失败者。韩国民族、日本民族与

---

① 黄任远、黄永刚:《虎熊神话和虎熊崇拜——黑龙江三小民族神话比较之三》,《佳木斯大学社会科学学报》2005年第1期。
② 王士媛、马名超、白杉:《鄂温克族民间故事选》,上海文艺出版社1988年,第226~227页。
③ 隋书金:《鄂伦春族民间故事选》,上海文艺出版社1988年,第14~17页。
④ 同上,第297~300页。
⑤ 王士媛、马名超、黄任远:《赫哲族民间故事选》,上海文艺出版社1986年,第220~223页。
⑥ 隋书金:《鄂伦春族民间故事选》,上海文艺出版社1988年,第338~339页。

汉民族都有这个故事,不管这个故事的源头在哪里,交流产生于何时,各民族之间产生过交流是确定无疑的。韩国的《虎兔故事》:有一天虎要吃兔子,兔子说:"我太小了,你吃不饱,我带你去一个地方,吃个够。"虎与兔子来到河边,兔子让虎把尾巴伸进河里,说会有很多鱼咬住尾巴,把尾巴抽回来,就可以吃到很多的鱼。这时是寒冬,虎感觉到尾巴越来越重,以为有越来越多的鱼咬住了尾巴。过了一夜,尾巴结结实实地冻在了河中,虎不能动,结果被人抓住了。① 鄂伦春人的《黑熊与狐狸的故事》与韩国的《虎兔故事》几乎相同,只是把虎与兔换成了黑熊与狐狸。日本的《猿的尾巴(猿の尾)》也极为类似,只是将熊换成了猴子。② 这个故事表明鄂伦春、韩国、日本的故事之间存在着交流关系,但是从韩国民族流向了鄂伦春人,还是从鄂伦春人流向了韩国民族,尚未见到相关的研究成果。

韩国民族、通古斯人与汉民族的虎神意义多种多样,但没有任何一种与坛君神话的虎神高度相似。韩国民族与汉民族以军权为核心的虎神确实存在过交流关系,13世纪之前的韩国文献中虎的出现频率极高。几乎所有的文人都会在诗文中提到过虎,大多的虎与军权、军威有关,或者是单纯描写虎的凶猛,有时也会涉及作为四神之一的白虎。但此类虎神之中毫无生殖的色彩,坛君神话的虎神不可能源自于此类虎神。通古斯人的虎神比汉民族的虎神更接近于坛君神话的虎神,通古斯人与韩国民族的虎神同样存在过交流关系。然而通古斯人的虎神与坛君神话的虎神也存在着相当大的差异:作为山神的虎神保佑狩猎顺利,打到更多的猎物,这与坛君神话毫无关系;作为山神的虎神地位并不低,在通古斯人的生活中占有极其重要的位置,这是坛君神话虎神的地位不能相提并论;通古斯人的虎神与人具有美好的亲近关系,但在坛君神话中虎神终究没有能够变成人,虎神与人的距离显得比较遥远。

如果坛君神话虎神的生殖意义仅见于坛君神话,那么有理由怀疑生殖并不是坛君神话虎神的意义。既然坛君神话体现了虎神崇拜,虎神的生殖意义就不应当是绝无仅有的。然而虎神无论是军神,或者是山神,抑或是娱乐性的民间故事的角色,都与生殖没有关系。作为祖先的虎神包含了些微的生殖因素,虎神是赫哲族阿克坚克氏族的祖先,既然是阿克坚克氏族的祖先,那么其中必然包含了生殖的因素。熊神与虎神都是赫哲族的祖先,但二者稍有区别,熊神是赫哲族的祖先,虎神只是赫哲族一个氏族的祖先。既然坛君神话虎神的生殖意义并非绝无仅有,那么还是可以确认生殖是坛君神话虎神的

---

① 〔韩〕孙晋泰撰、全华民译:《朝鲜民族故事研究》,民族出版社2008年,第178页。
② 〔日〕高木敏雄:《日本传说集·猿尾(猿の尾)》,筑摩书房2010年,第255页。

意义。

13世纪之前的神话与故事现今保存得不多,但《三国遗事》记载的《金现感虎》也是一则有关虎神生殖的故事。《金现感虎》的主角是男性,虎神是美丽可爱的女子。虎神对爱情忠贞不渝,仁慈多情,最终以自我牺牲的壮举结束了生命。

《金现感虎》

新罗俗:每当仲春,初八至十五日,都人士女,竞绕兴轮寺之殿塔为福会。元圣王代,有郎君金现者,夜深独绕不息。有一处女念佛随绕,相感而目送之绕毕,引入屏处通焉。女将还,现从之。女辞拒而强随之。行至西山之麓,入一茅店。有老妪问女曰:"附率者何人?"女陈其情。妪曰:"虽好事不如无也。然遂事不可谏也,且藏于密,恐汝弟兄之恶也。"把郎而匿之奥。①

金现与母虎私通成婚,金现对母虎一往情深,母虎对金现也是义薄云天,情深似海。当母虎的三个哥哥要吃掉藏匿起来的金现时,母虎决定牺牲自己,以自己的生命换得金现的官位。母虎的话更是感人至深:"始吾耻君子之辱临弊族,故辞禁尔。今既无隐,敢布腹心。且贱妾之于郎君,虽曰非类,得陪一夕之欢,义重结褵之好。三兄之恶,天既厌之,一家之殃予欲当之。与其死于等闲人之手,曷若伏于郎君刃下以报之德乎?妾以明日入市为害剧,则国人无如我何。大王必募以重爵而捉我矣,君其无㤉,追我乎城北林中,吾将待之。"②母虎觉得自己不是人类,羞于向金现现出自己的原形。但在最后即将走向死亡之际,向深深爱着的金现吐露了心中的苦闷。最后母虎自杀而亡的情景,更是令人唏嘘感叹。

次日果有猛虎入城中,剽甚,无敢当。元圣王闻之,申令曰:"戡虎者爵二级。"现诣阙奏曰:"小臣能之。"乃先赐爵以激之。现持短兵入林中,虎变为娘子,熙怡而笑曰:"昨夜共郎君缱绻之事,惟君无忽。今日被爪伤者,皆涂兴轮寺酱,聆其寺之螺钵声则可治。"乃取现所佩刀,自颈而仆,乃虎也。现出林而托曰:"今兹虎易搏矣。"匿其由不泄,但依谕而治

---

① 〔韩〕一然著、李载浩译注:《三国遗事·金现感虎》卷五(第二册),솔출판사1997年,第370页。
② 同上,第370页。

之,其疮皆效,今俗亦用其方。现既登庸,创寺于西川边,号虎愿寺。①

这是极为壮烈的悲剧故事,悲剧之美体现在母虎的善良之美。母虎在临死之前告诉金现,那些被抓伤的人只要涂了兴轮寺的酱就可治好。金现不负母虎的夙愿,为母虎建造了虎愿寺。《金现感虎》不是神话,但体现了韩国民族对虎的观念。猛虎本来是最为可怖的兽类,这个故事的虎也有可怕的一面,冲入城中抓伤了人。这样的故事并非没有现实的依据,古代史书有不少虎入都城的记载。

《金现感虎》的核心因素是爱情,虽然没有生育的情节,但不能认为完全没有生殖的因素。从坛君神话的生殖失败者到《金现感虎》的恋爱失败者,既有相似的因素,也有不同的因素。生殖与恋爱是不同的概念,但恋爱的结果之一也是生殖,从这个意义上说《金现感虎》的虎神其实也是生殖的失败者。生殖与爱情是起源于不同时代的欲求,生殖的欲望起源于原始时期,爱情产生的时间迟于生殖欲望产生的时间。生殖是人类的本能,爱情是人类情感高度发展的结果。如果这种看法是正确的,那么坛君神话具有更为浓厚的原始色彩,《金现感虎》具有更多的文明色彩。坛君神话与《金现感虎》同载于《三国遗事》,但二者不属于同一时代,《金现感虎》的形成时间应当远远迟于坛君神话。

《三国遗事》记载的另一则虎神故事是来自于中国的申屠澄的故事,②在这个故事中虎神也是女性。这个故事与《金现感虎》不同,虎女成功地结婚生子,但由于人与虎的界线难以超越,最终还是变回为了虎:"贞元九年,申屠澄自黄冠调补汉州,什方县之尉。……澄尤加敬爱。尝作赠内诗云。一官惭梅福。三年愧孟光。此情何所喻。川上有鸳鸯。其妻终日吟讽。似默有和者。未尝出口。澄罢官馨室归本家。妻忽怅然谓澄曰:'见赠一篇,寻即有和。'乃吟曰:'琴瑟情虽重,山林志自深。常忧时节变,辜负百年心。'遂与访其家,不复有人矣。妻思慕之甚,尽日涕泣。忽壁角见一虎皮,妻大笑曰:'不知此物尚在耶。'遂取披之,即变为虎。哮吼拏攫,突门而出。澄惊避之,携二子寻其路。望山林大哭数日,竟不知所之。"③这样的故事模式常见于中国文学,这个故事与《金现感虎》不大相同。《申屠澄》与坛君神话、《金现感虎》也有些类

---

① 〔韩〕一然著、李载浩译注:《三国遗事·金现感虎》卷五(第二册),솔출판사1997年,第370~371页。
② 此故事与《太平广记》卷四二九《申屠澄》相同,当非韩国本土的故事。
③ 〔韩〕一然著、李载浩译注:《三国遗事·申屠澄》卷五(第二册),솔출판사1997年,第371页。

似,但《申屠澄》只是爱情悲剧,并没有生殖悲剧。申屠澄与虎女的爱情最终破灭,是由于人与禽兽之间的界线最终是无法彻底摧毁的。这种观念来自于儒家,儒家思想极力强调人与禽兽的界线。《申屠澄》比通古斯人的虎神故事更多体现了虎神与人的界线,坛君神话也没有表现出通古斯人的人与虎的近缘观念,虎神不能遵守禁忌,失去了变成人的机会。

从上述研究可以知道坛君神话虎神的意义与地位并不是偶然的:第一,坛君神话虎神的意义与地位源于现实中虎的特征。虎本来就不是具有强大生殖力的猛兽,《尔雅》《本草纲目》等相关文献都比较完整地记载过虎,但无论哪一种文献都没有把生殖作为记录的重点,只是提及虎的繁殖特性而已。虎一年产一次,一次多则5、6个,这样的生殖力在动物世界之中实在算不上是重量级的角色。韩国古代历史文献有少关于虎的记载,但没有一条文献记载过虎的生殖。虎入都城、王宫的记载与生殖无关,古代韩国人从中解读出来的意义是兵事。这都表明古代韩国人没有将虎看成是生殖力强大的动物,也就不可能将虎作为生殖崇拜的对象。

第二,生殖意义在虎神崇拜的历史中是微弱的。虎神与生殖的关系在古代韩国民族的文化之中并非仅见于坛君神话,尽管这种关系极为淡薄,但还是存在的。这为确定坛君神话虎神意义的提供了依据,也为解读虎神低下的地位提供了依据。虎神是神话传说中经常出现的角色,然而生殖从来都不是虎神的主要意义。13世纪之前虎神的故事中或多或少包含生殖的因素,《金现感虎》《申屠澄》《甄萱》等故事中的虎不是作为生殖之神出现的。甄萱食母虎奶汁长大,但重点表现的不是母虎的生殖力,而是虎的力量与凶猛,甄萱的魁岸体魄、强大力量,这显然受益于母虎。通古斯人虎神的角色非常丰富,但同样生殖不是进入通古斯人生活意识的主要意义。在神话传说中包含了生殖的因素,但生殖不大容易成为虎加入诸神行列的依据。

第三,虎神与熊神的地位是随着历史变化的。从虎神崇拜的历史来看,大体经历了由弱到强、从低到高的过程。随着王权与军权成为国家的第一权力,虎的地位不断地得到提升,占有了举足轻重的地位,但这都是与成熟的国家形态、高度发展的文明结合在一起。随着文明发展的程度越来越高,熊神与虎神的地位也发生了变化,虎神超越了熊神,熊神的地位逐渐下降。在东亚兽神崇拜的历史中,从新石器时代开始熊与虎就进入到了人类的生活与意识。红山文化的兽类主神是熊神,虎神的因素微乎其微,几乎看不到虎的造型。红山文化形成了熊与龙复合而成的熊龙形象是代表性的标志,但没有形成龙与虎复合而成的代表性形象,虎神没有与龙相匹配的地位。但进入文明时期之后,红山文化的龙与熊的组合被龙与虎的组合代替,龙虎军、龙虎将军或龙争虎斗等语词和故事的生成就证明了这一点。如果说虎象征着强大和胜利,熊常常象征着失败或失利。高句丽古坟壁画可以证明虎神的地位是高度文明时期的产物,也表明了与中国文化的交流关系。

坛君神话虎神的地位是低下的,在以生殖作为基本意义的神话中,虎神难于占有重要的地位,生殖失败者的弱小角色更适合于虎神。虎神的地位是不断变化的,这种变化与虎神的意义有关,当虎神象征王权与军权时地位得到了极大的提高。这表明坛君神话虎神的地位不是高度文明时期的产物,而是承袭了远古虎神地位的传统。

结　论　坛君神话因素的来源系统与模拟原始形态

东亚诸民族的熊神神话故事相当丰富,不过坛君神话非常独特,甚至可以认为是独一无二的。坛君神话既不同于通古斯人的神话,也不同于汉民族的黄帝族神话,到现在为止没有找到相似度较高的神话故事。坛君神话与异国神话的巨大差异,表明坛君神话与异国神话没有产生过直接的交流关系。这种独一无二的特征表明坛君神话形成于韩国本土,并非是外来神话。但这并不意味着坛君神话在形成的过程之中,没有与其他国家、民族的文化产生过交流。坛君神话诸因素的来源表明,很多因素来源于异国文化,但外来因素不是直接来源于其他民族的神话,而是来自于本国的生活世界。韩国民族在形成和发展过程中不断地吸收其他民族的文化,形成了其他民族的文化与韩国民族文化融合而成的生活世界。这个生活世界是坛君神话形成的真正土壤,既然本国的生活世界之中已经包含了外来因素,那么外来因素不能不进入到坛君神话。本国的生活世界是坛君神话形成的土壤,同时也是提供外来因素的土壤,这样本国的生活世界就成为了坛君神话吸收外来因素的中间媒体。

坛君神话的形成过程还表明,坛君神话与异国因素的交流主要不是出现在文学层面,而是出现在生活世界。文学层面的交流主要是在文学的文本之间或者诗人之间进行的,但在坛君神话中看不到多少与异国神话直接交流的痕迹。生活世界层面的交流其实就是历史层面的交流,对于坛君神话形成的当时而言就是生活世界,对于后世而言就是历史。生活世界与历史是以不同的时间作为标准而言的,其实二者的所指是相同的,生活世界与历史的差异就在于时间。探索时间是坛君神话研究的基本使命,坛君神话诸因素的上限时间大体有两类,一是时间较早的因素,一是时间较迟的因素。这表明坛君神话的形成有两个特征:一是经历了漫长的形成过程,说明坛君神话是伪造的说法是不正确的；一是坛君神话的很多因素是高度发展的文明时期的事物,说明坛君神话最终形成的时间不会太早。

总体而言,坛君神话的诸因素来源于四个系统:其一,韩国的历史文化因素。坛君神话是国家神话,国家因素的形成时间极为重要,因为这是坛君神话的基础部分。这一部分主要有朝鲜、王权、国家、都城、平壤、阿斯达、藏唐京、王险、王俭等因素。国家形成的上限时间是箕子朝鲜,也就是公元前1100年左右,文献记载坛君朝鲜的时间是3世纪。坛君神话国家因素的上限时间或早或晚,时间跨度极大。有些因素的上限时间甚至迟于其他的文明因素。平壤的地名最早载于5世纪,平壤作为坛君朝鲜的都城的时间也只能是在5世纪之后,只能是衍生因素。王沈《魏书》记载的坛君朝鲜传说中就没有出现平壤的地名,说明《魏书》的记载是可靠的,也证明平壤确实是在5世纪之后添加进去的。

其二,中国文化的因素。此类因素多是衍生因素,大多是来自于高度发展的中国文明,形成的上限时间比较迟晚。主要有灵艾、蒜、不见日光一百日、忌三七日等医学因素,大蒜的上限时间可以追溯到公元前115年,但实际生成的时间要迟晚得多。有一些因素既是中国文化的因素,也是佛教的因素,佛教在中国本土化的过程中吸纳了中国本土的因素。风伯、雨师和云师是中国古代神话的因素,但也是道教和佛教的因素。如果三师源于佛典,那么三师形成的上限时间应当是在5世纪之后。主谷、主命、主病、主刑是占星学因素,形成的上限时间是春秋战国时期,但较多见于官修正史,实际成为坛君神话因素的上限时间是东汉之后,也应当是衍生因素。

其三,佛教与道教的诸因素。坛君神话的佛教因素相当丰富,从坛君神话到檀君神话的演进过程就是佛教化的过程,是不断地改编和添加佛教因素的过程。坛君神话的人名、地名与树名的佛教化,把坛君神话改造为了佛教神话。佛教因素主要有桓因、桓雄、檀树、无叶山、妙香山、三危山、主善恶、三个天符印等,衍生于坛君神话的上限时间是5世纪之后。由佛教因素再次衍生的因素是朴达树,上限时间是13世纪。大多的佛教因素经过研究可以剥离,从而还原出坛君神话的原始形态。佛教化的檀君神话是坛君神话发展的第二个阶段,佛教信徒的包装改变了坛君神话,但佛教信徒也是坛君神话的保存者。如果没有佛教信徒的保存,坛君神话有可能完全失传,佛教僧徒的贡献是不可否定的。很多学者根据坛君神话的佛教因素,认为坛君神话是佛教僧徒编造出来的,这是错误的看法。

坛君神话中确有道教因素,但道教因素极为有限,不宜扩大。坛君长生不死,最后又化为山神,就是道教因素。然而风伯、雨师、云师以及主谷、主命、主病、主刑是否一定就是道教因素，尚有可以讨论的空间，因为在道教形成之前风伯、雨师与云师就已经存在了。这些因素可以是道教因素，也可以是佛教因素，或者是神话因素、占星学因素，没有必要强调一定是道教因素。纯粹的道教因素在坛君神话中极为稀薄，过分强调道教因素，不利于还原坛君神话的原始状态。

其四，红山文化与通古斯萨满教的因素。这个部分因素的上限时间可以追溯到新石器时代，主要有天神、熊女、婚媾、神坛与坛树、坛君等，这是删除衍生因素之后剩下的原始因素。天神、熊神、神坛等因素可以追溯到红山文化，然而追溯到红山文化的意思并不是说坛君神话最初生成于红山文化，只是认为这些因素在红山文化时期就已经存在了。这些因素流入到吉林与辽宁一带，与通古斯人的相关因素融合，由此又流入到了朝鲜半岛。天神、熊神崇拜的形成与发展是坛君神话形成的土壤，坛君神话就是在这些原始因素的基础上生成的。

通古斯文化与坛君神话的关系向来是学术界研究的重点，天神、熊神也是通古斯文化的因素，可以上溯到东西伯利亚的新石器时代。坛君神话中确实存在着少量的通古斯因素，过度地强调通古斯文化的因素，甚至认为坛君神话是通古斯神话，基本上是错误的认识。坛君神话的熊女故事最初有可能是通古斯人的神话，但坛君神话在传承与丰富的过程中逐渐地脱离通古斯文化，越来越多地吸收中国文化。不加辨析地将坛君神话看成通古斯萨满教的神话，不符合坛君神话生成、发展的复杂过程。日本学者三品彰英与大林太良等人对通古斯萨满因素的研究贡献最大，但也产生了诸多问题和失误。最明显的失误就是将三个天符印释为萨满教三神器，其实天符印根本就不是神器；蒜、艾草、避日光百日、风、雨、云等，与通古斯萨满因素风马牛不相及。坛君神话诸因素的来源各不相同，必须深入地研究诸因素的来源与时间，才能够准确地把握诸因素的本质。

坛君神话诸因素的来源分为四个系统，只有红山文化与通古斯文化的因素是原始因素。原始因素不多；将这些原始因素连接起来，可以讲述为一个简单的神话故事：天神降临人间，人间有虎和熊，熊变成了女人，女人向神祈子，并与天神交媾，生出了一个男孩，这个男孩成了一个部落的祖先。这是将衍生因素删除之后剩下的故事内容，也是坛君神话的模拟原始形态。这些因素何时组合在一起生成为神话故事，现在无法了解。不过从王沈《魏书》记载来看，坛君朝鲜传说中完全没有天神熊女生子的因素，这说明坛君朝鲜的传说与天神熊女生子的神话原本是两个故事，后来两个故事结合生成了作为建国神话的坛君神话。

坛君朝鲜的传说是国家传说,带来了国家、都城、王权、神坛等因素。熊女之子的身份将坛君朝鲜传说与天神熊女神话联结起来的关键因素,很多通古斯族的神话就是通过置换这一因素,改造成为了不同民族或氏族的祖先神话。坛君朝鲜传说与天神熊女生子的神话结合是比较简单自然的,二者本来就具有近缘关系,国家祖先与部落祖先在故事具体形态上没有多大的不同。如果给天神与熊女生的孩子名为坛君,把坛君朝鲜传说与熊神故事合并为了一个故事,就形成了坛君神话。王沈的《魏书》只记"坛君王俭",这个名字与熊神故事没有必然的联系,完全可以用嫁接的方式结合。两个故事合成的时间应当是在3世纪之后,因为王沈《魏书》的记载中没有熊神故事。

  模拟的坛君神话原始形态非常简单,其实中国的很多神话与传说故事最初也是非常简单的,只有一、两句或数句,在后来传承过程中不断加入各种因素,最终形成了较为复杂丰富的故事。坛君神话的传承也经历了类似的过程,最初也是非常简单的神话,但在后来传承过程之中没有停止生长,不断地加入了各种衍生因素,最后形成了《三国遗事》记载的坛君神话。如果不去研究坛君神话诸因素形成的上限时间,就不能发现坛君神话经历的漫长形成过程,也永远不会明白哪些是原始因素,哪些是衍生因素。探索坛君神话诸因素形成的上限时间以及实际形成时间需要非常艰苦困难的研究,也许是这个原因,神话研究基本上抛弃了时间因素。抛弃了时间因素之后,使神话研究变得容易轻松了很多,但是也使神话研究走向了谬误百出的困境。坛君神话形成于特定时间的看法都不是正确的,只有动态地跟踪研究坛君神话形成的过程,才能够最大限度地接近事实,但这是以不放弃研究时间因素为前提。

  如果比较坛君神话的模拟原始形态与东北通古斯诸民族的熊神故事,就会发现这个模拟的原始形态在通古斯诸民族的神话中相当常见。通古斯诸民族的神话也多讲述天神与熊婚媾生子的故事,诞生的是氏族部落的祖先,不是开国君王。根据这样的模拟原始故事可以推测坛君神话最初也是通古斯部落祖先的神话,而不是国家神话,建国神话是在祖先神话基础上添加国家因素改造而成的。模拟的原始形态与真正的原始形态不一定完全相同,只能是原始形态的近似形态。在几乎没有文献还原出更为原始的形态的情况下,模拟原始形态并不是没有价值,通过还原模拟原始形态可以大体了解坛君神话的生成与发展过程,这是研究坛君神话的客观基础。所有因素的研究是以诸因素的上限时间为基础展开的,这个时间是客观因素,不是可以主观编造的。时间的客观性保证了研究的客观性,这是避免主观随意猜想的依据。

  在了解了坛君神话的生成与发展过程之后,就会明白任何一种只以一种文化研究坛君神话的方法是错误的。坛君神话是由各种不同的文化系统因素构成的,不能认为坛君神话是通古斯神话或佛教神话,也不能认为是受中国文化影响产生的神话。在坛君神话中可以看到各种不同文化系统的因素,只有将各种因素还原到各自本来的文化系统,还原到各自的空间,才能正确地认识坛君神话。坛君神话诸因素的研究尚存不够充分深入的部分,弓忽山、今弥达、藏唐京等因素尚未研究或不够深入。虽然提出了一些倾向性的看法,但没有能够得出明确的结论,这是今后需要继续研究的部分。

参考书目

一、中文文献

1. 李昉编. 太平御览. 中华书局. 1961.
2. 金毓黻. 东北通史. 乐天出版社. 1971.
3. 十三经注疏. 中华书局. 1980.
4. 张华. 博物志. 中华书局. 1980.
5. 段玉裁注. 说文解字注. 上海古籍出版社. 1981.
6. 王嘉. 拾遗记. 中华书局. 1981.
7. 缪启愉校释. 齐民要术校释. 农业出版社. 1982.
8. 袁珂. 古神话选释. 人民文学出版社. 1982.
9. 逯钦立辑校. 先秦汉魏晋南北朝诗. 中华书局. 1983.
10. 傅斯年. 东北史纲. 吉林人民出版社. 1983.
11. 傅朗云、杨旸. 东北民族史略. 吉林人民出版社. 1983.
12. 干志耿. 古代橐离研究. 民族研究. 1984.2.
13. 鄂温克民间故事. 内蒙古人民出版社. 1984.
14. 沈约. 竹书纪年. 丛书集成初编. 中华书局. 1985.
15. 郝懿行. 山海经笺疏. 巴蜀书社. 1985.
16. 陈大章. 诗传名物集览. 中华书局. 1985.
17. 罗愿. 尔雅翼. 中华书局. 1985.
18. 邝露. 赤雅. 中华书局. 1985.
19. 李冗. 独异志. 丛书集成初编. 中华书局. 1985.
20. 萧统. 文选. 上海古籍出版社. 1986.
21. 马端临. 文献通考. 中华书局. 1986.
22. 汪玢玲. 论满族水神及洪水神话. 民间文学论坛. 1986.4.
23. 朱锡禄编著. 武氏祠汉画像石. 山东美术出版社. 1986.
24. 段成式. 酉阳杂俎. 中华书局. 1987.
25. 史游. 急就篇. 岳麓书社. 1989.
26. 定宜庄. 神树崇拜与满族的神杆祭祀. 北方民族. 1989.1.
27. 王士媛. 鄂温克族民间故事选. 上海文艺出版社. 1989.
28. 郦道元. 水经注. 江苏古籍出版社. 1989.
29. 富育光. 萨满教与神话. 辽宁大学出版社. 1990.
30. 王小盾. 原始信仰和中国古神. 上海古籍出版社. 1991.

31. 任昉. 述异记. 丛书集成初编. 中华书局. 1991.
32. 马清福. 东北文学史. 春风文艺出版社. 1992.
33. 崔羲秀. 朝鲜族和满族的始祖传说的比较. 延边大学学报. 1992.1.
34. 王肯、隋书金等. 东北俗文化史. 春风文艺出版社. 1992.
35. 何星亮. 中国图腾文化. 中国社会科学出版社. 1992.
36. 金贞培. 韩国民族的文化与起源. 上海文艺出版社. 1993.
37. 贾庆超. 武氏祠汉画石刻考评. 山东大学出版社. 1993.
38. 高福进. 太阳神话及其研究. 思想战线. 1994.3.
39. 傅朗云. 朝鲜民族族源神话研究. 黑龙江民族丛刊. 1995.2.
40. 郑樵. 通志. 中华书局. 1995.
41. 金开诚、董洪利、高路明校注. 屈原集校. 中华书局. 1996.
42. 朱锡禄. 武氏祠汉画像石中的故事. 山东美术出版社. 1996.
43. 李德山. 东北古民族与东夷渊源关系考论. 东北师范大学出版社. 1996.
44. 赵尔巽等撰. 清史稿. 中华书局. 1997.
45. 陈立、吴则虞校点. 白虎通疏证. 中华书局. 1997.
46. 包玉柱主编. 鄂温克族自治旗志. 内蒙古文化出版社. 1997.
47. 耿铁华. 好太王碑记载的神话传说及其科学意义. 高句丽渤海研究集成. 哈尔滨出版社. 1997.
48. 杨治经、黄任远. 通古斯——满语族神话比较研究. 洪叶文化事业公司. 1997.
49. 许辉勋. 朝鲜民俗文化研究——神话传承与民族文化原型. 延边大学出版社. 1998.
50. 崔羲秀. 朝鲜族与满族始祖传说、神话之比较. 延边大学学报. 1998.2.
51. 张碧波. 对古朝鲜的几点思考. 北方论丛 1998.1.
52. 满、锡伯、赫哲、鄂温克、鄂伦春、朝鲜族文化志. 1998.
53. 司马迁. 史记. 中华书局. 1998.
54. 班固. 汉书. 中华书局. 1998.
55. 范晔. 后汉书. 中华书局. 1998.
56. 陈寿. 三国志. 中华书局. 1998.
57. 沈约. 宋书. 中华书局. 1998.
58. 姚思廉. 梁书. 中华书局. 1998.
59. 魏收. 魏书. 中华书局. 1998.
60. 令狐德棻. 周书. 中华书局. 1998.
61. 魏征. 隋书. 中华书局. 1998.
62. 李延寿. 北史. 中华书局. 1998.
63. 欧阳修. 新唐书. 中华书局. 1998.
64. 黄怀信等. 逸周书汇校集注. 上海古籍出版社. 1995.
65. 刘义庆. 世说新语. 上海古籍出版社. 1999.
66. 严可均辑. 全上古三代文. 商务印书馆. 1999.
67. 严可均辑. 全晋文. 商务印书馆. 1999.

68. 严可均辑. 全三国文. 商务印书馆. 1999.
69. 严可均辑. 全宋文. 商务印书馆. 1999.
70. 黄任远. 鄂温克族文学. 北方文艺出版社. 2000.
71. 孟慧英. 中国北方民族萨满教. 社会科学文献出版社. 2000.
72. 张碧波、董国尧. 中国古代北方民族文化史. 黑龙江人民出版社. 2001.
73. 杨军. 也谈高句丽柳花神话溯源. 社会科学战线. 2001.1.
74. 张碧波主编. 中国古代北方民族文化史. 黑龙江人民出版社. 2001.
75. 于晓飞. 赫哲族与阿伊努文化比较研究. 黑龙江人民出版社. 2002.
76. 张春海. 试论"朝鲜"和"阿斯达"的含义及关系. 中央民族大学学报(哲学社会科学版). 2002.1.
77. 李炳海. 夫余神话的中土文化因子——兼论夫余王解慕漱系中土流人. 民族文学研究. 2002.1.
78. 徐光启. 农政全书. 岳麓书社. 2002.
79. 高福进. 太阳崇拜与太阳神话. 上海人民出版社. 2002.
80. 于晓飞. 赫哲族与阿伊努文化比较研究. 2002.
81. 冯恩学. 俄国东西伯利亚与远东考古. 吉林大学出版社. 2002.
82. 尹国有. 高句丽壁画研究. 吉林大学出版社. 2003.
83. 汝松. 试论坛君神话与道教的基本文化精神. 中国道教. 2004.2.
84. 李岩. 从神话传说原型到作家长篇叙事巨制中的「复活」—李奎报《东明王篇》艺术结构简析. 第七届环太平洋韩国学国际学术大会论文集初稿. 中华民国韩国研究学会. 2004.
85. 李时珍. 本草纲目. 人民卫生出版社. 2005.
86. 古方等主编. 中国出土玉器全集. 科学出版社. 2005.
87. 杨伯达主编. 中国玉器全集. 河北美术出版社. 2005.
88. 郭大顺. 东北文化与幽燕文明. 江苏教育出版社. 2005.
89. 洪迈. 夷坚志. 中华书局. 2006.
90. 庄周. 庄子. 诸子集成. 中华书局. 2006.
91. 李丽秋. 中韩始祖神话比较研究——以契神话、后稷神话和朱蒙神话为中心. 当代韩国. 2006.4.
92. 骆承烈、胡广跃编著. 汉魂——武氏祠画像石考释. 群言出版社. 2006.
93. 姜承哲. 中韩太阳神话比较研究. 黑龙江人民出版社. 2006.
94. 黄灵庚. 楚辞章句疏证. 中华书局. 2007.
95. 张仲景. 金匮要略方论. 学苑出版社. 2008.
96. 吴守贵. 鄂温克族社会历史. 民族出版社. 2008.
97. 金艺玲. 朝鲜与满族神话之比较——以朱蒙神话与布库里雍顺神话为中心. 西南民族大学学报. 2008.4.
98. 权锡焕. 三国遗事. 岳麓书社. 2009.
99. 鄂温克族简史编写组. 鄂温克族简史. 修订本. 民族出版社. 2009.

100. 王充. 论衡. 上海古籍出版社. 2010.
101. (俄) 克柳耶夫 (H. A. Клюев). 宋玉彬译. 19—20世纪俄罗斯远东南部地区考古学主要作者生平及著作目录索引. 文物出版社. 2010.
102. 吕不韦. 吕氏春秋. 中华书局. 2011.
103. 严绍璗. 比较文学与文化"变异体"研究. 复旦大学出版社. 2011.

二、韩文、日文文献

1. 李承休. 帝王韻紀. 朝鮮古典刊行會景印原本. 昭和十四年.
2. 安在鴻. 壇. 檀 兩字의辨白. 朝鮮上古史鑑上. 1947.
3. 金廷鶴. 檀君說話와 토오테미즘. 歷史學報－歷史學會. 歷史學會 7. 1954.12.
4. 金戊祚. 단군신화의文學的 試攷. 釜山大. 國語國文學誌 3. 1961.
5. 金戊祚. 단군신화의動植物 象徵考. 李商憲回甲紀念論文集. 1968.
6. 李丙燾. 韓國史〔古代篇〕. 震檀學會. 乙酉文化社. 1967
7. 韓圭性. (檀君)天符經解論. 서울: 마음의廣場. 1968.
8. 崔南善. 三國遺事. 民衆書館. 1969.
9. 金貞培. 古朝鮮의住民構成과文化의 複合. 白山學報 12. 1972.
10. 朝鮮總督府中樞院調查課編. 朝鮮世宗實錄地理志. 文化財管理局藏書閣. 1973.
11. 崔南善. 朝鮮의神話. 六堂崔南善全集第五卷. 玄岩社. 1973.
12. 李基白. 韓國古代史論. 탐구당. 1975.
13. 金載元. 檀君神話의新硏究 서울: 探求堂. 1976.
14. 金載元. 檀君神話의新硏究. 正音社.1976.
15. 金元龍. 武梁祠畫像石과 檀君神話에대한再考 대등표제. 서울한국미술사학회 계속간행 1980.
16. 朴性鳳. 高敬植. 三國遺事: 附: 高大所藏 晚松(金完燮)文庫本. 瑞文文文化社. 1980.
17. 盧思愼編. 增補東國輿地勝覽. 明文堂. 1981.
18. 洪萬宗. 海東異跡. 乙酉文化社. 1982.
19. 김재원. 檀君神話의新硏究. 探求堂.1982.
20. 安啓賢. 佛敎徒가전해준檀君神話. 韓國佛敎史硏究. 同和出版社. 1982.
21. 金秉模. 단군신화의고고민속학적연구. 柳承國博士華甲紀念 東方思想論攷. 1983.
22. 李殷昌. 三國遺事의考古學的 硏究: 檀君神話의考古學的 考察을中心으로. 영남대학교민족문화연구소. 三國遺事硏究上. 1983.
23. 林基中. 天符印에對하여. 고전문학연구. 아세아문화사. 1983.
24. 李在云. 三國史記와 三國遺事의比較 考察: 本紀와紀異編을中心으로. 忠南大學校. 1983.
25. 金鉉龍. 韓國古說話論: 三國遺事 說話를中心으로. 새문社. 1984.

26. 손정희. 三國史記와 三國遺事에 나타난 異變과 그 象徵性 研究. 부산대학교. 1985.
27. 金烈圭 編. 三國遺事와 韓國文學. 學研社. 1985.
28. 강수원옮김. 桓檀古記：三聖紀 檀君世紀 北夫餘紀 太白逸史. 온누리. 1985.
29. 朴勝俊. 檀君神話 研究——聖顯을 中心으로. 培花論叢. 培花女子專門大學 4. 1985. 5.
30. 金東春. 天符經과 檀君史話. 서울：가나출판사, 1986.
31. 鄭宗大. 檀君 神話의 構造 分析 試考：調信 說話와의 構造的 換置에 關聯하여. 한국국어교육연구회. 국어교육 55-56. 1986. 7.
32. 李恩奉 編. 檀君神話研究. 온누리. 1986. 3.
33. 金鍾烈. 古朝鮮時代의醫學內容研究：檀君神話를中心으로. 慶熙大學校. 1987.
34. 一然 저. 李丙燾 譯註. 三國遺事. 明文堂. 1987.
35. 李相時. 檀君實史에관한文獻考證. 가나출판사. 1987.
36. 金正玿. 檀君信仰에관한經典研究. 한국정신문화연구원. 정신문화연구 32. 1987.
37. 李基白 편. 檀君神話論集. 새문사. 1988.
38. 俞好仁. □谿集. 影印標點韓國文集叢刊第十五冊. 韓國民族文化推進會. 1988 年.
39. 金時習. 梅月堂詩集. 影印標點韓國文集叢刊第十三冊. 韓國民族文化推進會. 1988.
40. 徐居正. 四佳文集. 標點影印韓國文集叢刊第十一冊. 韓國民族文化推進會. 1990.
41. 閔仁伯. 苔泉集. 影印標點韓國文集叢刊第五九冊. 景仁文化社. 1990.
42. 李奎報. 東國李相國全集. 影印標點韓國文集叢刊第一冊. 韓國民族文化推進會. 1990.
43. 河廷鉉. 一然의神話認識에관한研究：三國遺事의紀異篇 所載 始祖神話를中心으로. 서울大學校. 1991.
44. 金廷鶴. 韓國上古史研究. 泛友社. 1992.
45. 金榮晩. 韓國說話와古小說研究. 世宗出版社. 1992.
46. 宋時烈. 宋子大全. 影印標點韓國文集叢刊第一一四冊. 韓國民族文化推進會. 1993.
47. 崔秉斗. 檀君神話와武梁祠 畫像石에對한比較研究：巫教的 構造를中心으로. 教育論叢－檀國大學校. 檀國大學校出版部 8. 1993. 2.
48. 尹徹重. 檀君神話의桓雄과神雄의辨別. 陶南學會. 陶南學報 14. 1993/1994.
49. 金得臣. 柏穀集. 影印標點韓國文集叢刊第一○四冊. 韓國民族文化推進會. 1993.
50. 이은봉엮음. 檀君神話研究. 온누리. 1994.
51. 윤이흠. 檀君：그이해와자료. 서울대학교출판부. 1994.
52. 李晬光. 芝峰類說. 乙酉文化社. 1994.
53. 宋鎬洙. 檀君思想과民族運動. 韓國北方學會. 韓國北方學會論集창간호. 1995.
54. 徐永大 편. 北韓學界의檀君神話 研究. 白山資料院. 1995.

55. 尹敬洙. 檀君神話에 나타난 神檀樹의 一考察. 부산외국어대학교 국어국문학과. 牛岩語文論集 5. 1995. 2.
56. 民族文化編輯部 編. 三國遺事：順庵手澤本. 民族文化. 1995.
57. 일연지음. 이민수옮김. 삼국유사. 을유문화사. 1995.
58. 이하석지음. 삼국유사의현장기행. 문예산책. 1995.
59. 金昌翕. 三淵集. 影印標點韓國文集叢刊第一六五冊. 韓國民族文化推進會. 1995.
60. 鄭求福. 三國史記의原典 檢討. 韓國精神文化研究院. 1995.
61. 鄭求福. 譯註三國史記. 韓国精神文化研究院. 1996.
62. 李康來. 三國史記 典據論. 서울：民族社. 1996.
63. 朴政學. 檀君에 관한 歷史學 관련자와 일반인의 認識 比較 研究. 강원대학교, 1996.
64. 安鼎福. 東史綱目. 民族文化推進會. 1996.
65. 古朝鮮史와 檀君. 高麗學術文化財團、東亞日報社. 1996.
66. 一然 지음. 李載浩 옮김. 삼국유사. 솔. 1997.
67. 徐大錫. 口碑文學. 完成社. 1997.
68. 河廷龍. 李根直共著.《三國遺事》校勘研究. 新書苑. 1997.
69. 朴成壽. 檀君에대한認識變遷. 한국정신문화연구원. 淸溪史學 13. 1997. 2.
70. 金富軾. 原本三國史記. 한길사. 1998.
71. 董再恒. 立齋遺稿. 影印標點韓國文集叢刊第二一○冊. 韓國民族民族文化推進會. 1998.
72. 權擘. 應制詩注. 日出社. 1999.
73. 趙載九. 檀君神話에나타난民族信仰의理解 단군신화의신앙체계와 기독교신앙. 서울한국사상문화학회계속간행. 1999.
74. 유경환. 檀君神話의原型의 象徵性：英雄출현원리를중심으로. 새국어교육. 한국국어교육학회57. 1999. 1.
75. 정무룡외저. 삼국유사의문화적탐색. 신지서원. 1999.
76. 이병도역. 삼국사기·삼국유사. 두계학술재단. 1999.
77. 왕희자. 단군(檀君)신화의天符印 三個와 일본아마테리스(天照) 신화의三種의 神器 연구. 국제비교한국학회. 비교한국학5. 1999. 12.
78. 김성환. 高麗時代 妙香山의檀君傳承. 명지사학회. 明知史論 11/12 合輯. 2000. 11.
79. 문흥구. 檀君神話 教育 方法論 研究. 한국국어교육학회. 새국어교육 59. 2000. 1.
80. 鄭淵奎. 언어속에투영된한민족의상고사──桓因·桓雄·檀君時代의言語材料 分析. 한국문화사. 2000.
81. 이동희. 단군의나라. 풀길. 2000.
82. 震檀学会编. 东国李相国集. 一潮阁. 2000.
83. 최동희. 天道教와檀君神話──하늘신앙을중심으로─. 단군학연구2, 2000.

84. 宋能相. 雲坪集. 影印標點韓國文集叢刊第二二五冊. 韓國民族文化推進會. 2001.
85. 張起雄. 檀君傳承의比較神話學的 考察. 조선대학교인문학연구소. 인문학연구 25. 2001. 2.
86. 沈伯綱 編. 檀君古記錄四種. 서울：民族文化研究院. 2001.
87. 鄭元容. 經山集. 影印標點韓國文集叢刊第三〇〇冊. 韓國民族文化推進會. 2002.
88. 金成煥. 高麗時代의檀君傳承과認識. 서울：경인문화사. 2002.
89. 박진태[등]지음. 삼국유사의종합적연구. 박이정. 2002.
90. 하정룡 지음. (교감 역주) 삼국유사 : 원본의 복원을 위한 삼국유사전. 시공사. 2003.
91. 길태숙. 윤혜신. 최선경[공]지음. 삼국유사와여성. 이회. 2003.
92. 宋秉璿. 淵齋集. 影印標點韓國文集叢刊第三二九冊. 韓國民族文化推進會. 2004.
93. 한국·동양정치사상사학회. 한국정치사상사 : 檀君에서解放까지 한국·동양정치사상사학회엮음. 서울：백산서당. 2005.
94. 고조선단군부여자료집. 서울고구려연구재단. 2005.
95. 河廷龍. 『三國遺事』史料批判:『三國遺事』의編纂과刊行에대한研究. 민족사. 2005.
96. 일연. 삼국유사. 신원문화사. 2005.
97. 일연. 권순형편역. 삼국유사. 타임기획. 2006.
98. 辛英建. 檀君王朝 阿斯達에관한 傳統經營論的 研究. 韓國傳統商學會. 韓國傳統商學研究 20-1. 2006. 6.
99. 김성환. 朝鮮時代檀君墓에관한認識. 한국사학사학회. 韓國史學史學報 13. 2006. 6.
100. 지승. 거울과 방울과 칼 의뜻을 받을어:가산사 단군제. 다산글방. 2007.
101. 일연지음. 권상로역해. 삼국유사. 동서문화사. 2007.
102. 金成煥. 朝鮮時代檀君墓認識. 경인문화사. 2009.
103. 지은이. 정우락. 삼국유사 원시와 문명사이. 역락. 2012.
104. 박정의.『삼국유사』단군에근거한 국민국가관연구. 인문사. 2012.
105. 一然著. 坪井九馬三. 日下寬校正. 三國遺事. 刊寫者未詳. 刊寫年未詳.
106. 三浦周行. 朝鮮の開國傳説. 歷史と地理 1-5. 1918.
107. 三品彰英. 日鮮神話傳説の研究. 大阪：柳原書店. 1943.
108. 三上次男. 古代東北アジア史研究. 東京：吉川弘文館. 1966.
109. 白鳥庫吉. 白鳥庫吉全集：1-10. 東京：岩波書店. 1969~1971.
110. 三品彰英. 建国神話の諸問題. 東京：平凡社 1971.
111. 三品彰英. 神話と文化史. 東京：平凡社 1971.
112. 三品彰英. 古代祭政と穀霊信仰. 東京：平凡社 1973.
113. 末永雅雄、三品彰英、横田健一. 神話と考古学の間. 東京：創元社. 1973.
114. 村上四男ほか. 三國遺事考證. 東京：塙書房. 1975~1995.
115. 玄容駿等. 日本神話と朝鮮. 東京：有精堂出版. 1977.

116. 国分直一ほか. 日本神話と考古学. 東京：有精堂出版. 1978.
117. 知里真志保編訳. アイヌ民譚集. 東京：岩波書店. 1981.
118. 鄭大聲. 朝鮮食物誌：日本とのかかわりを探る. 東京：柴田書店. 1979.
119. 中村亮平 編. 朝鮮の神話伝説. 東京：名著普及会. 1979.
120. 田中俊明. 檀君神話の歴史性をめぐって－史料批判の再檢討－. 韓國文化 4－6. 4－11. 1982. 6.
121. 斎藤忠編著. 古代朝鮮・日本金石文資料集成. 東京：吉川弘文館. 1983.
122. 大林太良. 東アジアの王権神話：日本・朝鮮・琉球. 東京：弘文堂. 1984.
123. 吉田敦彦執筆. 神話の考古学. 東京：福武書店. 1984.
124. 都淳. 檀君神話の歴史性に関する研究－－檀君神話形成の歴史性を中心に. 二松学舎大学東洋学研究所集刊 15. 1984.
125. 石毛直道編. 論集東アジアの食事文化. 東京：平凡社. 1985.
126. 直木孝次郎. 古代日本と朝鮮・中国. 東京：講談社. 1988.
127. 松前健. 古代信仰と神話文学：その民俗論理. 東京：弘文堂. 1988.
128. 君島久子編、大林太良［ほか］執筆. アジアの創世神話. 東京：弘文堂. 1989.
129. 三上次男. 日本・朝鮮陶磁史研究. 東京：中央公論美術出版. 1989.
130. 三上次男. 神田信夫編. 東北アジアの民族と歴史. 東京：山川出版社. 1989.
131. 日本・朝鮮陶磁史研究. 東京：中央公論美術出版. 1989.
132. 大林太良. 北方の民族と文化. 東京：山川出版社. 1991.
133. 依田千百子. 朝鮮神話伝承の研究. 東京：瑠璃書房. 1991.
134. 鳥越憲三郎. 古代朝鮮と倭族：神話解読と現地踏査. 東京：中央公論社. 1992.
135. 松前健. 日本の神話と古代信仰：王権論を中心に. 東京：大和書房. 1992.
136. 鳥越憲三郎. 古代朝鮮と倭族：神話解読と現地踏査. 東京：中央公論社. 1992.
137. 張光直著. 伊藤清司、森雅子、市瀬智紀訳. 古代中国社会：美術・神話・祭祀 東京：東方書店. 1994.
138. 李亨求著. 申鉉東、亀田博訳. 朝鮮古代文化の起源. 東京：雄山閣出版. 1995.
139. 高橋亨. 三國遺事の註及檀君傳説の發展. 朝鮮學報 7. 1995.
140. 荻原真子. 東北アジアの神話・伝説. 東京：東方書店. 1995.
141. 金両基. 韓国神話――熊女・虎・神木・亀たちの息づく世界. 青土社. 1995.
142. 在日本朝鮮歴史考古学協会 編訳. 朝鮮民族と国家の源流：神話と考古学. 東京：雄山閣出版, 1995.
143. 東潮、田中俊明編著. 高句麗の歴史と遺跡. 東京：中央公論社. 1995.
144. 長野覺、朴成壽［共］編. 韓國檀君神話と英彦山開山傳承の謎：日韓古代史シンポジウム. 福岡：海鳥社. 1996.
145. 加藤由子. 檀君神話に見るトラとクマ. アプロ21 2(1). 42－45. 1998. 1. アプローツーワン.
146. ビキン川のほとりで：沿海州ウデヘ人の少年時代. 札幌：北海道大学図書刊行会. 2001.

147. 李成市、早乙女雅博編. 古代朝鮮の考古と歴史. 東京：雄山閣. 2002.
148. 宮岡伯人. ウデヘ語自伝テキストーツングース言語文化論集 17. 大阪学院大学. 1999－2002.
149. 李成市、早乙女雅博編. 古代朝鮮の考古と歴史. 東京：雄山閣. 2002.
150. 全成坤. 崔南善における檀君神話の発見と親日派の再解釈——植民地朝鮮における「同化政策」をめぐって（特集 戦死者のゆくえ）. The Journal of Japanese studies (21)，33－56，2002－03 大阪大学文学部日本学研究室.
151. 鄭永振著. 成澤勝編. 古ツングース諸族墳墓の比較研究：靺鞨・高句麗・渤海を中心に. 仙台：東北大学東北アジア研究センター. 2003.
152. ウデヘの二つの昔話. 札幌：北海道大学大学院文学研究科，2004.
153. 小峰有美子監修. 秘伝密教宿曜占星術. 東京：学習研究社. 2005.
154. 高橋庸一郎.『檀君神話』成立時期の周辺. 阪南大学学会. The Hannan ronshu 40 (2)，1－13. 2005.3.
155. 金厚蓮、田畑博子編著. 韓國神話集成. 東京：第一書房. 2006.
156. 大野晋、金関恕編、馬場悠男［ほか対談・鼎談］. 考古学・人類学・言語学との対話：日本語はどこから来たのか. 東京：岩波書店. 2006.
157. 大野晋，金関恕編；馬場悠男［ほか対談・鼎談］. 考古学・人類学・言語学との対話：日本語はどこから来たのか. 東京：岩波書店 .2006.
158. 阿曽村邦昭. 講義録 蒙古の対外膨張に対する大陸周辺諸国の対応と檀君神話. Reitaku University forum 13.
159. 依田千百子. 朝鮮の王権と神話伝承. 東京：勉誠出版. 2007.
160. 申来鉉 編. 朝鮮の神話と傳説. 東京：竜渓書舍. 2008.
161. 金香淑. 朝鮮神話の源流：「バリ公主神話」と「ダンクン神話」を巡って. 横浜：春風社. 2012.

后　记

　　坛君神话不长，正文353个字，故事部分286个字，核心部分只有100个多字，为此写出45万多字是始料未及的。如果平均计算，每一个字写了数千字。但实际上并不是平均用力，第二章只研究了坛君神话的"坛"一个字，写了5万余字，其他部分写得相对少一些。我一边研究，一边在研究生课上讲授坛君神话。坛一个字就讲了一个月，一个学期都讲坛君神话，但没有讲完。一个月只讲了一个字，对研究生来说也许所用的时间与学到的知识不成正比，似乎完全是在浪费时间。但我想研究生课的重点不是学习知识——知识每天都在爆炸，永远也学不完。学习研究方法是研究生阶段学习的关键，如果懂得了如何深入细致地研究，如何解决问题，那么应当完成了研究生课的任务。我希望研究生能够懂得如何一个字一个字地研究，而不是大而化之地主观分析，随意宏论。

　　此书原本是作为《韩国文学发生学》的一部分写的，但由于坛君神话部分写得太多，只好独立出来。坛君神话的部分写得太多，是因为问题太多，各个问题彼此牵连，因而欲罢不能，只能穷追到底，结果就写成了现在的样子。坛君神话虽然很短，但几乎字字是问题，字字是陷阱。100多年来中韩日学者取得了相当大的成就，形成了浩瀚的研究史，但很多问题依然纠缠不清，难明正误。为了解决一个个的问题，就不得不细致地研究。虽然不免琐碎，但若不如此，就无法解决问题。我想重要的是最终解决问题，尽力还原原始形态。不管实证研究还是理论分析，宏观或是琐碎，如果不能解决问题，都是价值不高的。好在于通过细致的研究，还是得到了一些收获。13世纪第一次记载坛君神话，是学术界的定说。然而这些说法尚有怀疑的空间，王沈《魏书》第一次记载了坛君神话，这使第一次记载的时间提前了1000年，也就破除了坛君神话编造于12世纪之后的说法。檀君神话是700多年来的标准标记，但檀君神话当为坛君神话，一字之异，掩盖了坛君神话的原始信仰700余年。此外其他的天符印、灵艾、蒜、风伯、雨师、云师、五主以及地名、人名等等因素也做了新的探索，竭尽全力还原了坛君神话的原始状态。但由于水平和条件有限，仍有一些问题未能解决。

　　13世纪之后有关坛君神话的文献相当丰富，高句丽研究财团2004年编辑出版的《古朝鲜·檀君·扶余资料集》是像大型工具书一样篇幅的上中下三大巨册,有数百万字,几乎汇集了从13世纪到20世纪之前各类文献中的所有记载。这是坛君神话研究不可或缺的资料集,然而这套资料集没有13世纪之前的文献。研究13世纪之后的坛君神话并不困难,只要根据这些文献研究就可以了。问题在于13世纪之前坛君神话是如何形成与传承的,如何了解13世纪之前坛君神话的形成过程,是很多学人想知道的问题,我的兴趣也恰恰是在13世纪之前。在几乎没有文献的情况下如何研究,就成了必须深思的问题。最终我采用了历史研究的方法,通过研究神话中的诸事物在历史层面的生成过程来探索神话的形成,希望能够突破没有文献的困境。

多少年来我因眼疾所困,视力越来越低下,工作起来十分艰难。输入每一行字,阅读每一段文字,都感到了难以诉说的苦楚和焦虑。2010年8月24日,同仁医院号称"京城第一刀"的施玉英教授为我做了手术。术后视力恢复,眼前是一片明亮的世界,突然觉得眼前一切皆如幻象,那么不真实,那么不可靠,但又是那么真切,那么实在。如果说过去的书都是在昏暗中写出来的,那么这是在阳光中写出来的书,心中感慨良多。这里还要特别感谢前韩国比较文学会会长、韩国江原大学教授姜东烨和他的女儿姜贵仁,他们从韩国购来的丰富资料是我展开研究的基础。庆应义塾大学大野广之先生是满文与中文研究专家,他专门到东京神保町的东方书店等处查找女真语文献,在这里表示谢意。感谢北大出版社资深编辑张冰女士和责任编辑李哲,为此书也付出了巨大的心血。我的妻子为核对书中引用的文献付出了巨大的精力,研究生毛建雷核对了部分的文献。每一本书都是在他人的帮助下完成的,每一本书都是欠债的结果,这让我觉得学者的生涯是不断地欠债的过程。

张哲俊

2011年7月6日初稿于京师园

2012年12月7日最终改毕